Treasures for Scholars Worldwide

龙向洋 编

哈佛燕京图书馆书目丛刊第19种

美国哈佛大学哈佛燕京图书馆藏中国新方志目录

Catalogue of the New Chinese Local Gazetteers in the Harvard-Yenching Library, Harvard University, U.S.A.

［书名分类索引］

·7·

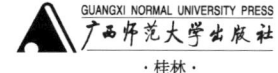
广西师范大学出版社
·桂林·

书名分类索引目录

哲学、宗教 ………………… 4007
 中国哲学 ………………… 4007
 宗教 ……………………… 4007

社会科学总论 ……………… 4009
 社会科学现状及发展 …… 4009
 社会科学机构、团体、会议… 4009
 统计学 …………………… 4009
 人口学 …………………… 4010

政治、法律 ………………… 4013
 中国共产党 ……………… 4013
 工人、农民、青年、妇女运动与
  组织 …………………… 4020
 中国政治 ………………… 4026
 外交、国际关系 ………… 4067
 法律 ……………………… 4067

军事 ………………………… 4078

经济 ………………………… 4089
 经济概况、经济史、经济地理…
   ………………………… 4089

经济计划与管理 ………… 4094
农业经济 ………………… 4113
工业经济 ………………… 4135
交通运输经济 …………… 4216
旅游经济 ………………… 4235
邮电经济 ………………… 4236
贸易经济 ………………… 4243
财政、金融 ……………… 4260

文化、科学、教育、体育… 4288
 文化与文化事业 ………… 4288
 信息与知识传播 ………… 4293
 科学、科学研究 ………… 4300
 教育 ……………………… 4303
 体育 ……………………… 4347

语言、文字 ………………… 4349
 汉语 ……………………… 4349
 中国少数民族语言 ……… 4351

文学 ………………………… 4352

艺术 ………………………… 4360
 中国艺术 ………………… 4360

雕塑 …………………… 4360	农学（农艺学）………… 4658
工艺美术 ……………… 4360	植物保护 ……………… 4658
音乐 …………………… 4360	农作物 ………………… 4659
舞蹈 …………………… 4365	园艺 …………………… 4660
戏剧艺术 ……………… 4367	林业 …………………… 4661
电影、电视艺术 ………… 4372	畜牧、动物医学、狩猎、蚕、蜂…
	…………………………… 4662
历史、地理 ……………… 4372	水产、渔业 …………… 4664
地方史志 ……………… 4372	
传记 …………………… 4559	**工业技术** ……………… 4665
文物考古 ……………… 4567	一般工业技术 ………… 4665
风俗习惯 ……………… 4571	矿业工程 ……………… 4665
地理 …………………… 4573	石油、天然气工业 …… 4665
	冶金工业 ……………… 4667
天文学、地球科学 …… 4609	电工技术 ……………… 4668
测绘学 ………………… 4609	化学工业 ……………… 4669
地球物理学 …………… 4609	轻工业、手工业 ……… 4669
大气科学（气象学）…… 4610	建筑科学 ……………… 4669
地质学 ………………… 4612	水利工程 ……………… 4673
自然地理学 …………… 4614	
	交通运输 ……………… 4686
生物科学 ……………… 4614	铁路运输 ……………… 4686
植物学 ………………… 4615	公路运输 ……………… 4687
动物学 ………………… 4618	水路运输 ……………… 4687
昆虫学 ………………… 4621	
	航空、航天 …………… 4687
医药、卫生 …………… 4622	
预防医学、卫生学 …… 4624	**环境科学、安全科学** … 4688
中国医学 ……………… 4651	环境保护管理 ………… 4688
内科学 ………………… 4652	灾害及其防治 ………… 4690
药学 …………………… 4653	环境质量评价与环境监测… 4690
	安全科学 ……………… 4690
农业科学 ……………… 4653	
农业基础科学 ………… 4654	**综合性图书** …………… 4690
农业工程 ……………… 4656	

书名分类索引

哲学、宗教

中国哲学

012175681 孔子志/1397
012175685 孟子志/1397
008975370 曾子志/1397
009675998 墨子志/1397
012175668 管子志附晏子志/1397
009244827 郑玄志/1397

宗教

011313032 北京宗教志回族章讨论稿/11
012505218 浑源县宗教志/274
008864728 忻州地区宗教志/337
012950361 包头民族宗教志稿/387
009348174 扎兰屯民族宗教志/426
010278712 鞍山市宗教志/512
009243437 辽阳市宗教志2001/548
012679108 朝阳市宗教志/563
008789327 上海宗教志/723
012051734 南京民族宗教志/803
013379137 徐州民族宗教志1910-1985/841
010777042 常州市宗教志/863
010008896 南通市民族宗教志/904
013464211 盐城市民族宗教志/924
012680050 杭州民族宗教志/971
008955631 临海宗教志/1092
012202971 居巢区宗教志239-2007/1126
008830488 滁州市民族宗教志/1163
009804587 福州市宗教志/1204
011294778 泉州宗教志/1243
009147476 江西省宗教志/1279
011440966 临沂地区民族宗教志/1560
012903545 郑州市中原区民族宗教志/1648
008987756 开封民族宗教志/1669
012900068 新乡市宗教志初稿/1721
009413793 南阳民族宗教志/1767
011325420 泌阳县宗教志/1952
013597575 湖南宗教志/1968
013776048 沅陵县宗教志/2097

012967588 广州宗教志/2134
003034765 佛山市宗教志/2182
013626260 东莞市民族宗教志/2239
011564603 灌县宗教志/2438
008670968 绵阳市民族宗教志/2474
009854376 乐至县宗教志/2588
008104836 云南地方志道教和民族民间宗教资料琐编/2719
010475290 安宁县民族宗教志/2749
010476388 西双版纳傣族自治州民族宗教志/2861
012609534 大理白族自治州民族宗教志/2865
009890603 漾濞彝族自治县民族宗教志/2882
011479322 祥云县民族宗教志/2873
012877267 巍山彝族回族自治县民族宗教志/2884
010576585 洱源县民族宗教志/2879
009433667 剑川县民族宗教志/2880
013956885 德宏傣族景颇族自治州宗教志/2885
010730010 迪庆州宗教志/2900
008453796 咸阳市民族宗教志/2973
009010249 武威市民族宗教志/3053
010201609 灵武县民族宗教志/3126
009836893 妈祖的传说/1232
013129976 湄洲妈祖志/1232
011500800 宜春禅宗志/1353
012898605 湖南佛教寺院志/1968
013314435 甘孜州佛教协会志/2600
008081724 中国近现代佛教人物志/3263

012349256 中华佛缘人物志/3263
012713876 保定佛教文化志/181
011066935 临汾市佛教志/343
010598150 宁波佛教志/1006
011955271 七塔寺人物志/1006
010007691 厦门佛教志/1225
008527784 霞浦县佛教志/1276
003713416 少林武僧志/1666
006783675 曹溪禅人物志/2163
012679295 峨眉山佛教志/2523
007428129 云南地方志佛教资料琐编/2719
013317841 崆峒佛教志/3062
011313028 北京道教志讨论稿/11
011312423 茅山道教志第1卷/951
012551544 福清市道教志/1216
013507512 桐柏仙域志/1781
013093265 青城山道教志/2438
013787961 白云山白云观道教志/3008
013684609 商洛市道教志/3013
012881185 中国伊斯兰教简志/3263
011068424 本溪市伊斯兰教志初稿/528
011793424 云南穆斯林人物志/2720
013091056 甘肃省伊斯兰教教志初审稿/3025
011313030 北京天主教志讨论稿/11
011068422 本溪市天主教志初稿/528
010239053 南阳天主教志初稿/1767
012634984 中国地方志基督教史料辑要/3263
011068420 本溪市基督教志初稿/528
008527772 霞浦县基督教志/1276

社会科学总论

社会科学现状及发展

012899379　山西社会科学志/249

013183623　吉林市社会科学学术志稿/598

008982675　上海社会科学志/723

008216021　南京社会科学志/812

008662225　浙江省哲学社会科学志/959

008664268　江西省社会科学志/1290

008429483　绵阳市社会科学志/2475

010243909　楚雄彝族自治州社会科学志/2832

007503395　"中华民国"史学术志初稿/3232

社会科学机构、团体、会议

012724114　中国社会科学院社会学研究所所志 1980-2010/26

010254042　中国社会科学院哲学研究所所志 1996-2005/26

013373955　河北省社会科学院志初稿/125

012872417　河北省社会科学院志/125

011584499　辽宁省文史研究馆馆志/472

009303530　福建省文史研究馆志/1210

008422412　河南省社会科学院志 1979-1999/1639

009863854　广州市文史研究馆志 1953.9-2003.6/2134

009145753　贵州省文史研究馆志/2636

008536778　鞍山市社科联志/512

统计学

009557480　朝阳区统计志 1949-1995/49

009441447　房山统计志/59

009145099　昌平县统计志第6卷/65

013819243　大兴区统计志 2001-2010/68

010252979　大兴县统计志/68

008827890　天津口岸统计志 1949-1999/84

011763488　石家庄市统计志 1947-1990/120

012814248　太原统计志/256

013126149　巴彦淖尔统计志至 2005/431

009242619　抚顺统计志/522

011294615　黑龙江省统计学会志 1990.6-2000.10/645

011890837　黑龙江统计志 1986-2005/646

007791099　上海统计志/723

012880334　南汇统计志/767

012899339　青浦统计志/779

009744793　江苏省统计志/797

009338430　武进统计志/875

008446283　常熟市统计志第7卷/895

011793443　浙江省统计志/959

011328171　杭州统计志 1908-1994/971

010118504　桐庐统计志/1002

012661653　闽侯县统计志/1219

012636919　福建省漳浦县统计志/1259

009001327　江西省统计志/1290

010777321　江西省志江西省统计志/1279

010278938　东营市统计志/1474

012265098　济宁市统计志/1517

012052011　威海市统计志/1545

008987689　河南统计志 1949-1987/1616

012759014　焦作市统计志 1949-2000/1734

009686833　攸县统计志/2006

012679122　郴州统计志 1840-2005/2073

009959571 广州市白云区统计志/2151
009673733 翁源县统计志 1988-2002/2166
013728660 高明市统计志/2195
009332456 信宜统计志/2210
011805635 梅州市统计志/2222
012714097 东莞市统计志/2239
012264330 桂林市统计局志/2294
008595556 北海市统计志/2308
008134471 重庆市统计志/2359
008487187 四川省统计志/2405
012759015 金牛区统计志/2433
009253958 青川县统计志/2496
013861859 井研县统计志/2530
013958932 黔西南布依族苗族自治州统计志/2686
008836903 峨山彝族自治县统计志/2784
013925263 个旧市统计志 1949-2008/2845
013702936 大理市统计志/2870
013133779 巍山彝族回族自治县统计志初稿/2884
013706883 西安统计志/2937
008417696 宝鸡市统计志/2954
008993270 陇县统计志/2967
008488227 延安地区统计志/2990
013603205 天水市统计志/3049
010253385 宁夏统计志/3114
010253980 银川市统计志 1949-1990/3121
012208219 石嘴山市统计志/3129
011571010 新疆生产建设兵团统计志/3154
013680578 昌吉回族自治州统计志/3190
011479418 新源县统计志 1949-2000/3211
009769314 中国民间组织年志/3263
009020725 南京社团志/803

010143783 青岛社团志/1432
012639822 崂山区社团志/1441
013323140 云浮同乡总会志/2252

人口学

013793176 临县人口志/364
009840209 汾阳人口志/360
013319817 南汇人口志/767
008985300 南京人口志/803
011480523 浙江省人口志/959
010137479 安徽省人口志/1113
009878455 灵璧县人口志/1175
008254858 福州市人口志/1204
011293537 泉州市鲤城区人口志/1248
009472618 江西省人口志/1289
010200714 淄博市人口志/1451
011319984 枣庄市人口志 1597-1985/1465
008425919 开封市人口志/1669
011571172 宜昌人口志/1872
011294792 秭归县人口志/1882
012132538 长阳人口志/1883
013961378 枝江人口志/1879
011578881 茶陵县人口志/2008
006088105 醴陵人口志/2004
013628040 醴陵市人口志第四稿/2001
011580015 衡阳人口志/2021
009385019 岳阳市人口志/2038
009699694 岳阳县人口志/2044
013792195 汉寿县人口志/2058
013097971 张家界市人口志 1988-2007/2063
008538786 靖州县人口志/2102
008848069 [湘西土家族苗族自治州]人口志/2111

007989869 广州人口志/2134	013462850 武进县计划生育志/875
003055732 佛山市人口志/2182	009744808 苏州人口与计划生育志/881
009203821 成都市龙泉驿区人口志/2434	009252965 常熟市人口与计划生育志第6卷/895
006877074 内江地区人口志/2510	
013860526 甘孜州人口志/2600	012680526 南通人口和计划生育志/904
011954044 官渡区人口志/2743	007728238 如东人口计划生育志/911
012723420 玉溪市人口志/2772	013924953 人口与计划生育志 1955-2010/928
008836823 峨山彝族自治县人口志/2785	
012175101 新平彝族傣族自治县人口志/2789	009408180 浙江省计划生育志/959
	012769497 余杭人口和计划生育志/993
012613946 施甸县人口志 1912-2008/2797	012836152 衢州市计划生育协会志/1075
008424910 永胜人口志/2811	012832528 罗源县人口与计划生育志/1222
012995308 楚雄彝族自治州人口志/2832	
012956561 祥云县人口志/2873	012503634 安溪县计生协会志 1985-2007/1254
012967944 环县人口志/3071	
009393529 东丽区计划生育志/92	012614298 宁德市蕉城区计划生育协会志/1274
010108716 燕赵人口勘察志 河北省第三次人口普查摄影集锦/112	
	009399343 即墨市计划生育志 1988-2002/1447
013925260 藁城人口和计划生育志/131	
013506621 成安县人口和计划生育志/165	013791146 东营市人口和计划生育志/1474
008534990 河津计生志/326	008452142 龙口市计划生育志/1496
012811391 河津市人口和计划生育志/326	008378603 兖州县人口计划生育志/1521
	008487303 微山县计划生育志/1529
013732349 乌海人口和计划生育志/396	012836340 泗水县计划生育志 1991-2000/1533
009349662 赤峰市人口计划生育志/397	
010280136 盘锦市人口和计划生育志/553	013225728 荣成市人口与计划生育志/1548
	011499614 日照市计划生育志 初稿/1549
012811426 黑龙江省计划生育志 地市篇 1986-2005/646	009408055 平邑县人口与计划生育志/1570
012814190 上海市长宁区计划生育志/751	
	008452291 德州市计划生育志/1574
013793242 六合人口和计划生育志/825	012612961 沾化县人口和计划生育志 1956-2008/1598
013732351 无锡人口和计划生育志/829	

013343614 郑州市中原区计划生育志 1956-1989/1648

011311863 二七区计划生育志 1986-2002/1651

013726964 二七区人口和计划生育志 2002-2010/1651

009959995 郑州市郊区计划生育志征求意见稿 一稿/1657

010195520 商丘地区人口计划生育志/1782

013797015 新蔡县人口计生志/1810

012638971 黄石市人口和计划生育志/1850

013603202 天门市人口与计划生育志 1949-2004/1955

013630697 攸县计划生育志/2006

013751439 宝安计划生育志 1963-2011/2173

012718814 高明市人口与计划生育志/2195

013226683 信宜人口与计划生育志/2210

011804247 东莞市人口与计划生育志/2239

013776347 云浮市人口与计划生育志/2252

013776338 云城区人口和计划生育志/2256

012718882 桂林市计划生育志/2294

008992462 重庆市计划生育志/2359

011809654 永川市人口与计划生育志 1990-2006/2383

012542917 双流县人口和计划生育志 2005 年本/2444

005159426 郫县计划生育志/2447

013343515 游仙区人口计划生育志/2482

009253953 青川县人口民族志 1942-1985/2496

013002334 蓬溪县人口与计划生育志 1986-2005/2504

010778543 大英人口计生志/2507

012999203 犍为县人口和计划生育志 1986-2005/2525

013130978 沐川县人口与计划生育志 1942-2005/2532

013010988 兴文县计划生育志/2552

011804191 达县地区人口与计划生育志/2557

012969585 石棉县计划生育志 1986-2000/2571

013002355 平昌县人口和计划生育志 1728-2005/2581

011997229 乐至县人口和计划生育志 1986-2005/2588

013225608 清镇市人口和计划生育志/2639

013883836 安顺市人口和计划生育志/2662

013625736 安龙县人口和计划生育志/2689

013353526 玉溪市计划生育志/2771

013224587 丽江市人口和计划生育志/2808

011475233 景东人口与计划生育志/2817

010293024 马关县计划生育志/2858

012542745 怒江傈僳族自治州计划生育志/2891

013788238 宝鸡市人口和计划生育志/2955

013818234 宝鸡市渭滨区人口和计划生育志 1971-2010/2961

013628103 洛南县人口与计划生育志/3015

012174952 天水市计划生育志/3049

013072724 新疆生产建设兵团人口和计划生育志/3155

009472790 阿克苏地区人口和计划生育志/3179

013133789 乌苏市人口与计划生育志/3215

政治、法律

中国共产党

008694311 中国共产党历史图志/3263

007475937 中国共产党通志/3263

008982616 中国共产党北京房山区历史大事记 1928-2000/59

009015815 中国共产党北京市大兴县大事记 1948-1990/68

009227294 中国共产党河北省井陉县组织史资料 1925-1987/134

013940828 中共唐山市委办公厅志 1987-2005/142

013705572 秦皇岛机关党建志/151

012636559 中国共产党保定市组织志 1922-1988/181

009310446 中国共产党宣化县地方史 1937-1949/201

010111960 中共沈阳市委志对军工企业的领导 送审稿/472

010112016 中国共产党沈阳地方组织志 送审稿/472

009790430 中国共产党沈阳地方组织志/472

011943216 大连市甘井子区中共地方组织志/507

008536019 中共鞍山市委组织志/513

009312426 中国共产党鞍山地方党史大事记 1991.1-1995.12/512

009334523 中共抚顺市委志/523

009310621 中共朝阳地方史 新民主主义革命时期/563

013797324 中共吉林市委组织部简志 1948.4-2008.12/599

008842828 中共上海党志/723

010137192 中国共产党在上海 85 年图志/724

011445782 中国共产党徐州党务志 1914-1949/841

008924656 中国共产党张家港市历史大事记 1949.4-1998.12/898

009348835 中共盐城地方史大事记 1949-1999/924

010277979 中国共产党镇江史/942

010001024 浙江省中国共产党志 评审稿/959

011295515 浙江省中国共产党志/960

013131049 宁波市党史胜迹图志/1006

009408184 中国共产党平湖历史大事记 1949-1999/1038

009683319 中共合肥市委志 1926.9-1995.5/1118

008532509 中国共产党福州地方组织志/1204

009840149 中国共产党江西省地方组织志/1279

009413710 中国共产党景德镇历史图志/1304

012636576 中共萍乡市委志 1921-1992/1307

009346105 中国共产党上高县历史大事记 1919-2002/1363

008986814 中共乳山党史大事记 1949-1992/1549

013797316 中共德州市委政策研究室志/1574

013735972 中国共产党三门峡市组织工作志 1924-1990/1758

007682732 中共南阳县委志/1767

012903600 中国共产党湖北历史图志/1816

011571437 中国共产党湖北志/1816

009310520 中国共产党武汉历史图志/1827

013957671 [中共孝感市委]机关工委简志 1950.9-2007.12/1903

009442836 中国共产党八十年湖南图志/1968

013824969 中国共产党湘潭历史图志 1921-2001/2011

011586221 中国共产党湘潭县历史图志 1919-2005/2019

011910315 中共衡阳党史图志/2021

011140387 中共邵阳县委工作纪事/2034

013661607 中共双牌县委组织部志 1989-2010/2089

007886134 中国共产党佛山市组织志/2182

009852620 中国共产党南海市地方组织志/2188

013824338 中共茂名市委办公室简志 1958-2008/2209

009379655 中共封开县组织志/2216

012506621 云浮市中共组织志/2252

009852629 中国共产党广西历史图志 中国共产党广西历史图志 行业篇/2271

008594838 社会主义时期中共柳城县党史大事记 1949.11-1998.12/2291

009405823 中共贺州市(县级)党史大事记 1949.11-2002.10/2325

010251133 潼南县组织志 1928-1985/2386

012967570 中国共产党成都地方组织历史图志/2419

011910330 中国共产党成都历史图志 1923-1949/2419

013093127 绵阳市共产党志 征求意见稿/2475

009336825 中共绵阳市志/2474

011910327 中共仪陇县委志 1985-2002/2541

012769669 中共名山县委志 1950-2005/2568

012970958 中共石棉县委志 1950-2000/2571

010201263 巴中县组工志/2574

013898490 南江县直工委志 1953-2003

/2580

013996265 遵义市党史工作志 1981-2011/2651

012635496 安顺地区党群志 1949.11-1990.12/2662

009346577 中共安顺市西秀区委组织志/2664

013072560 威宁县党史志 1982-2007/2674

012545786 中国共产党昆明市组织志 1926.2-2008.12/2727

010577434 官渡区党群志 1927-1996 修订稿/2743

010252854 官渡区党群志 1927-1999/2743

012769615 中共石林县委志/2755

012173622 安宁县党群志/2749

009016170 中共澄江县党史大事记/2779

008836881 峨山彝族自治县党群志/2785

012839279 政协镇沅彝族哈尼族拉祜族自治县委员会志/2819

008426844 中国共产党临沧地区委员会志/2822

013626213 楚雄彝族自治州党派群团志/2832

011319967 元阳县党群志/2850

011998497 文山壮族苗族自治州党群志 1927.3-1996.3/2853

009337993 新民主主义革命时期中国共产党大理地方党史大事记 1919-1950.3/2865

009254051 中国共产党永平县地方党史大事记 1949.12-2000.12/2878

008715965 兰坪白族普米族自治县党群志 1943-1990/2897

012769614 中共香格里拉县委志 1978-2005/2903

012663846 中国共产党西安市委员会志 1925.10-2002.7/2937

008417656 [中国共产党宝鸡市]中心工作志/2955

008993336 中共陇县县委志/2967

009106199 中共陇县县委组织志/2967

013776436 中共咸阳市委中心工作志 1984-2008/2973

009010213 中国共产党咸阳市组织志 1925-1990/2973

010308028 中国共产党山阳县历史大事记/3017

013866318 中国共产党天水市委员会志 1985-2011/3049

009346059 中共北道区党史大事记 1949-1999/3051

008668115 中国共产党青海地方组织志/3091

012663827 中共互助县委组织部志/3102

008786609 中国共产党彭阳县历史大事记/3140

008924804 中国共产党奇台县历史大事记 1949.10-1989.12/3194

013991265 农二师组织志/3199

009393128 中国共产党乌恰县简史/3205

008924813 中国共产党福海县历史大事记 1949.10-1998.12/3222

009408142 中国共产党九团组织史资料/3226

009408153 中国共产党十三团组织史资料/3226

012878965 中共闻喜县委党校志 1958-2010/330

013134047 中共通辽市委党校志 1948-2010 /407

008040266 中共呼盟委党校志 /417

012690080 中共阿拉善盟委党校志 1980-2010 /449

009244578 中共沈阳市委党校校志 1949-1989 /472

012317260 中共沈阳市委党校校志 1949-2009 /472

013512020 中共鞍钢党校志 /512

009244551 中共鞍山市委党校志 /513

011571321 中共本溪市委党校校志 1949-1999 /528

013797318 中共葫芦岛市委党校校志 /567

011311030 中共吉林化学工业公司委员会党校志 1958-1988 /574

013940822 中共吉林市委党校志 1952-2002 /598

013901276 中共四平市委党校志 1949-2009 /611

007293405 中共黑龙江省委党校校志 1948-1988 /652

011571430 中国共产党黑龙江省委员会党校志 1948.2-1998.5 /652

012003136 中国共产党黑龙江省委员会党校志 1948-2008 /652

010293051 中国共产党绥化地区委员会党校志 1959.3-1999.7 /713

012636573 中共上海市委党校上海行政学院志大事记 1949-2009 /724

009387400 中共上海市委党校志 /724

012208592 中共江苏省委党校史志 1926-2008 /803

008192053 徐州市委党校志 1949-1994 /842

011500846 镇江市党校志 /942

012903550 中共杭州市委党校简志 /971

013735945 中共开化县委党校校志 1952-2012 /1080

010138098 中共安徽省委党校校志 1951-2001 /1118

009378080 怀远县委党校志 /1137

012661785 泉州党校工作志 /1243

008664298 江西党校志 /1293

013323173 中共东营市委党校校志 1985-2010 /1474

011793512 中国共产党广饶县委党校志 1945.5-2005.5 /1486

012256640 中共烟台市委党校志 /1487

013708138 中共福山区委党校校志 1947-1997 /1494

012636579 中共莱州市委党校志 1939-2009 /1497

012003121 中共寿光市委党校志 1948-2008 /1510

012903552 中共济宁市委党校志 1951.10-2001.10 /1517

012690105 中共泰安市委党校志 1950-2010 /1535

013012696 文登党校志 1950-2010 /1547

013512022 中共临沂市委党校志 1942-2002 /1560

010278940 中共聊城市委党校志 1948.11-1998.6 /1586

013689490 中共滨州市委党校志 1951-2011 /1594

011294791 中共洛阳市委党校志 /1682

011480549 中共焦作市委党校志 1957-2007

/1734

012903559 中共荆门市委党校志 1959-2009 /1896

013866370 中国共产党钟祥市委员会党校志 1959.8-2008.12/1899

013707134 应城党校志 1959-2011/1906

013647458 恩施州委党校志 1952-2012 /1943

012003110 中共长沙市委党校五十周年校志/1978

011910322 中共湖南省委直属机关党校志/1978

012256634 中共湘西土家族苗族自治州委党校志 1952-2002 增订本/2108

009145709 中共广东省委党校志 1950-1990 /2134

007464571 从化县委党校志/2158

013901274 中共深圳市宝安区委党校深圳宝安广播电视大学 深圳市宝安区行政学校志 1958-2004/2173

009379591 汕头党校志 1952-1991/2177

009864099 汕头市党校志/2177

012956921 中共惠州市委党校校志 1956-1996/2219

013759090 中共中山市委党校志 1959-2008 /2243

013143816 桂林地委党校简志 1949-1995 /2294

013012699 中共兴安县委党校简志 1962-1997/2300

013940829 中共重庆市委党校函授志 1985-2010/2359

009783262 中共江北县委党校志 1959-1990 /2378

013961383 中共重庆市渝北区委党校(行政学校)志 1991-2009/2378

012208588 中共成都市委党校志/2419

009232070 威远县党校志/2516

012545758 中共阿坝州委党校志/2590

012100930 中共昌宁县委党校志/2800

010144770 中共丽江市委党校志/2808

013776438 中共云县县委党校志 1962-2012 /2827

013012690 中共大理州委党校校志 1951-2001 修定版/2865

013323166 中共大理州委党校校志 1951-2011/2865

013606592 中共未央区委党校志 1958-2009 /2945

008992943 中共陇县县委党校志/2967

012970790 中共甘州区委党校志/3059

008994775 [新疆生产建设兵团]党校教育中心志/3164

010732111 农六师党委党校志 1959-2003 /3228

013510637 无锡宣传志 1949-2009/829

013939602 宿州宣传志 1949-2009/1171

013225593 青岛市宣传工作志/1432

011294761 广饶宣传志/1485

012811286 高密宣传志 1925-2008/1513

013064946 聊城市宣传志/1586

013897271 菏泽地区宣传志 1949.8-1990.5 /1600

014052922 夷陵宣传志 1949-2009/1876

013866310 中共长沙市委理论教育讲师团志 1985-2011/1978

011995636 高明市宣传志/2195

013987638 恩平宣传志 1949-2012/2203

009378455 中共封开县委宣传志/2216

009689060 中共南川市委宣传部志/2385

012724121 忠县宣传志 1950-2002/2393

012175563 中共绵阳市委宣传工作志/2475

013776430 中共阿坝州委宣传部部志 1992.1-2011.7/2590

013379660 中国共产党宝鸡市委员会宣传志 1997-2010/2955

008993386 陇县宣传志/2967

013957002 甘肃省宣传思想志 1949.10-1983.12/3026

009387131 中卫宣传志/3141

009147338 中国共产党武安市纪律检查志/162

013369199 沧州市监察志/216

012251320 晋城市纪检监察志/298

013317821 介休检查志 1979-2000/313

012766477 运城地区纪律检查志 1950.2-1993.4/322

014052313 万荣县纪检监察志/329

009961849 辽宁纪检监察志 1949-2000/459

011584504 辽宁省行政监察志 1950-1959/459

011805899 沈阳市纪检监察志 1949-2007/473

013776043 于洪区纪检监察志 1979-2010/494

009413725 大连纪检监察志/501

012506232 台安纪检监察志 1950-2008/520

012956923 中共吉林省纪(监)委志/575

013374427 吉林市纪检(监察)志 1950.8-1985.12/598

013507926 黑龙江纪律检查志/646

012545811 大庆石油化工总厂纪检监察志 1961-1997/687

008983523 大兴安岭纪律检查志 1949-1999/719

013225507 邳州市纪检监察志/856

013735525 张家港市纪检监察志 1962-2011/898

012769493 余杭纪检监察志 1986.1-2002.12/993

012100936 中共建德市纪检志 1949.5-1997.12/996

010118619 中国共产党浙江省富阳县纪检志 1950-1992/998

013506721 阜阳地区党的纪律检查志 1950-1991/1168

013317829 金寨县纪检志 1950-1987/1180

012266021 萍乡市纪检监察志 1951-2003/1307

011586222 中国共产党宜春地区纪检志 1950-1990/1353

013185967 潍坊市纪检监察志 1950-2011/1503

012722371 寿光市纪检监察志 1979-2010/1510

012811651 莱钢纪委志 1979-2003/1555

012049261 费县纪检监察志/1569

012140147 平原县纪检监察志 1950-2008 征求意见稿/1584

013179435 东昌府区纪检监察志 1950-2009/1590

012139190 菏泽地区纪律检查志/1600

013148921 郑州市行政监察志 1950-1959/1988-1993/1628

011439826 焦作市纪检监察志 1950-2002

/1734

012767064 襄樊纪检监察志 1950-2007 /1884

013751660 鄂州市纪检监察志 1951-2007 /1892

008835666 浏阳县纪检专志/1990

011580007 衡阳纪检监察志 1950-2003 /2021

008964772 岳阳市纪检志/2038

008380636 中国共产党沅陵县纪检志 /2097

012316926 湘西州监察志 1989-2007/2109

009378479 广东纪检监察志 1950-1995 /2125

009046324 韶关市纪检志 1950-1987/2160

012505342 龙湖区纪检监察志 1983-2007 /2179

013939701 永川纪检监察志 1989-2007 /2383

013731645 四川省纪检监察志 1949-2007 /2405

010201332 绵阳市纪检志/2475

010201368 绵阳市监察志/2475

010201406 中国共产党四川省梓潼县纪检志 1950-1992/2487

013728693 广元市元坝区纪检监察志 1987.1-2007.12/2493

012968205 乐山市纪检监察志 1950-2006 /2519

012967953 [犍为县]纪检监察志 1951-1999/2525

013604562 宜宾纪检监察志 1949-2007 /2547

013002348 平昌县纪检监察志 1951-2005 /2581

012814412 务川仡佬族苗族自治县纪检监察志/2661

012541549 官渡区纪检监察志/2743

011328551 西山区纪检监察志 1990-2002 /2746

014052425 西山区纪检监察志 2003-2008 /2746

012174034 [晋宁县]纪检志 1953-1988 /2751

012264261 富民县纪检监察志 1951-2005 /2752

011293348 中国共产党安宁县纪律检查志/2749

013774222 江川县纪检监察志/2778

010577057 易门县纪检监察志/2783

011757301 保山纪检监察志/2792

012831334 大理州纪检监察志/2865

012611052 鹤庆县监察志/2881

008417764 宝鸡市监察志/2955

008993344 中共陇县纪律检查志/2967

012871756 安康地区监察志/3009

009313222 中共安康地区纪检志/3009

014032787 会宁县纪检监察志 1951-2012 /3048

012969393 宁夏纪检监察志 1949-2008 /3114

013797184 银川市纪检监察志/3121

013379424 永宁县纪检监察志 1950-2010 /3127

009561913 共青团中央团校中国青年政治学院志 1948-1998/11

013990681 华北油田团志 1976-1998/112

013626438 共青团文水县委志/361

007966136 呼伦贝尔盟共青团志/417

012766286 内蒙古大兴安岭林区共青团志/424

008536799 共青团鞍山市志/511

013925266 共青团海城市志/519

012541735 葫芦岛共青团志 1989-2009/567

013067281 松江共青团志/775

010730226 常州共青团志 1926-1999/863

010777306 共青团浙江省团校浙江青年专修学院志 1950-2000/971

011066937 安徽共青团志 1919-1996/1113

012541545 共青团罗源县组织志/1222

014280724 晋江共青团志/1251

013707194 漳浦县共青团志 1927-2011/1259

009683388 闽西共青团志 1926-2003/1267

009082295 东营共青团志/1474

012097697 莱钢共青团志 1973-2002/1555

009962094 共青团德州市志/1573

011328566 湖南共青团志/1969

011809688 攸县共青团志/2006

010576835 茶陵共青团志/2008

010197249 衡阳市共青团志/2021

009378538 广州市东山区共青团志 1916-1999/2144

010252911 仁化县共青团志/2166

013728657 高明共青团志/2195

013772624 共青团云浮市组织志/2252

011809625 永川共青团志 1989-2006/2383

008420666 共青团四川省委志/2405

013067222 双流县共青团志 2005 年本/2444

009855911 新疆生产建设兵团共青团志/3155

工人、农民、青年、妇女运动与组织

010138124 北京工会志二审稿/11

009839154 北京市教育工会志/11

009988754 北京铁路分局工会志 1921.1-1999.12/11

009959459 北京铁路局工会志稿/12

011477174 清华大学工会志 1950-2000/12

012003023 燕山石化工会志 1973-2007/18

009310659 朝阳区工会志/49

011294238 河北省海员工会志/112

010252674 河北省交通工会志/112

011320051 石家庄市公路运输工会志/120

011442084 唐山工会志 1919-1988/142

009380867 唐山交通工会志/142

011310835 邯郸市工会志初稿/157

008379232 邯郸市工会志 1898-1988/157

011579918 河北省承德地区交通工会志/209

011444083 兴隆矿务局工会志 1955-1999/211

007682730 沧州地区交通工会志/216

010473953 沧州市工会志 1926-1989/216

011320308 河北省廊坊市交通工会志/229

009253157 山西省工会志/249

012998992 国营第二四五厂工会志 1953-2002/256

012505346 娄烦县工会志/268

011955817 阳泉工会志/275

013865494 阳泉市城区工会志/278

013097937 盂县工会志/282

013731064 沁水县工会志初稿/302

013320919 沁水县工会志/302
012878916 泽州县工会志/307
012832158 介休工会志/313
012816166 运城市工会志 1925-2000/322
012899933 夏县工会志/334
012503916 汾西县工会志/355
013145335 山西杏花村汾酒工会志/360
012718940 呼和浩特市工会志/378
009817677 包头工运志/387
013926349 加格达奇铁路分局工会志 1970
　-1994/429
011475289 辽宁邮电工会志/459
010200281 沈阳鼓风机厂工会志 1949-1999
　/477
009243878 沈阳市工会志/473
010476153 沈阳铁路局工会志 1986-2004
　/473
009244096 沈阳铁路局工会志稿/473
012684713 沈阳市沈河区工会史志/489
009159991 大连市工会志 1923-1990/501
013987610 大连市工会志 1991-2010/501
013958691 金州区工会志 1945-1992/509
013145610 瓦房店市工会志 1949-1986/509
008536607 鞍山市工会志/513
011757774 抚顺市工会志 1901-1985/523
011067175 本溪市工会志/528
012661322 锦州市工会志/536
009243420 辽阳市工会志/548
013933256 盘锦市工会志/553
013369245 朝阳市工会志 1986-2005/563
009241182 长春铁路分局工会志 1949-1997
　/585
012174026 吉林铁路分局工会志 1988-2002
　/598

010293686 吉林市龙潭区工会志 1986-2002
　/606
013686447 永吉县工会志/610
013792536 蛟河工会志/607
010292136 辽源矿区工会志/615
012956065 图们铁路分局工会志 1945-1999
　/633
009560797 黑龙江农垦工会志 1949-1988
　/646
007832578 黑龙江省邮电工会志/646
007779402 哈尔滨工会志 文献篇 1928-1990
　/652
010109053 哈尔滨铁路局工会志 1946-2004
　/652
005555650 哈尔滨铁路总工会志 1946-1985
　初稿/652
006074912 阿城县工会志/662
009310495 木兰县工会志 1946-2000/667
006092435 龙江县工会志/676
007288799 鸡西工会志 1946-1985/679
008383877 鹤岗矿区工会志/682
009685671 绥滨农场工会志 1949-1989/683
006356633 大庆市工会志 1960-1985/687
009879593 佳木斯铁路分局工会志 1947-
　1999/697
013629330 七台河市工会志 1958-2008/703
009879596 牡丹江市工会志 1946-1986/704
011310898 七星泡农场工会志 1956-1986
　/710
007682657 德都县工会志 1948-1985/712
006356620 绥化县工会志 1946-1982/714
007838015 上海工运志/724
012766501 上海铁路分局工会志 1949-1990
　/724

012661857 上海市嘉定县工会志 1912-1993 /761
010253959 奉贤工会志/784
009413495 江苏省工会志/797
009553770 江苏省教育工会志/798
010243642 金陵石化工会志/803
008517570 南京工会志/803
012265314 六合县工会志/826
009993432 无锡市工会志 1990-2003/829
013792484 江阴市工会志 1994-2012/837
009009953 宜兴工会志/840
008193895 徐州工会志/842
008446339 铜山县工会志 1882-1993/853
011328195 丰县工会志/858
011328223 沛县工会志/859
010278778 睢宁县工会志/861
011585128 新沂市工会志/855
011499502 邳州市工会志/856
010474200 常州市工会志/863
008195193 金坛县工会志/879
013067289 苏州市工会志/881
008446327 吴江工会志/890
010474429 常熟市工会志/895
010522131 昆山市工会志/901
008446238 南通市工会志/904
008532035 南通县工会志/907
008446250 海安县工会志/910
012541612 海安县工会志/910
010243542 如东县工会志/911
014049928 启东县工会志/907
010278532 连云港市工会志/914
013932458 连云港市工会志 1990-2011/912
008446378 东海县工会志/917
013901037 盐城市工会志/925

013776012 盐城市郊区工会志/927
008378618 扬州市工会志/932
008446304 镇江市工会志/942
012175546 镇江市工会志 1990-2009/942
010143097 丹阳市工会志/948
012097660 靖江市工会志/954
012999267 靖江市工会志 1990-2009/954
009046132 泰兴市工会志/955
008528769 浙江省工会志/960
011066955 杭州工人运动志 1876-1992/971
011293520 杭州市职工技协志 1964-1991 /971
012872387 杭州铁路分局工会志 1949-1995 /972
009790250 萧山工会志/988
010576638 余杭工会志/993
013771896 富阳工会志/998
008532130 临安工会志/1001
013461813 宁海县工会志/1017
012956606 永嘉县教育工会志/1028
012613318 乐清工会志/1026
012872492 湖州市工会志 1990-2010/1042
010252145 越城工会志 1923.5-1994.11 /1051
012903500 浙江省绍兴县工会志 1922-1990 /1052
012832186 金华市工会志/1060
012663913 舟山市工会志 1927-1991/1082
014028669 定海工会志/1084
012898996 椒江工会志/1088
013093112 丽水地区工会志 1927-1995 /1098
012899043 丽水市工会志/1098
013926412 缙云县教育工会志/1102

010007540 蚌埠市工会志/1134	011320038 临清市工会志初稿/1590
012174204 马钢工会志/1141	008057179 郑州工会志/1627
013897657 金寨县工会志/1180	009332627 郑州铁路局工会志 1919-1996/1628
010194013 福州工会志/1204	012816209 郑州市二七区总工会志 1987-2002/1651
013508546 连江县工会志/1220	012998906 登封工会志/1666
013824311 长乐市工会志/1218	009407955 开封市工会志/1670
012877145 三明工会志/1236	007534733 洛阳工会志/1683
013404249 福安市工会志/1275	011496812 安阳市工会志 1949-1989/1708
009147470 江西省工会志/1280	012722203 三门峡市工会志/1758
009386077 江西省邮电工会志/1280	013987647 奋进二十年 1975-1995/1797
011805788 南昌市工会志/1293	013362648 十堰工会志/1856
013822150 萍乡市工会志/1307	013824868 [中国第二汽车制造厂]工会志 1973-1984/1859
009687442 江西省瑞金县工会志 1924-1988/1331	012612985 云梦县工会志 1950-2007/1911
013817864 安福县工会志/1351	013774634 麻城工会志/1928
009147637 齐鲁石化工会志/1451	009385020 湖南省工会志大事记 1840-1989.12/1974
011501621 淄博市工运志/1451	010475327 湖南省工会志人物志 1919-1989/1974
010279804 枣庄工会志第1卷/1465	011580047 湖南省石化工会志/1969
012256561 枣庄工会志第2卷 1986-2005/1465	009814622 长沙市工会志/1978
009349677 东营市工会志/1474	009385001 株洲市工会志/1995
011321378 胜利油田工会志 1964-1998/1474	010199796 株洲市化学工业局工会志 1958-1990/1995
013660296 胜利油田工会志 1999-2008/1474	009797376 [湘潭电机厂]工会志 1936-1993/2012
012208499 烟台港工人运动志/1487	009814643 湘潭市工会志/2011
012722941 潍坊工会志 1840-2008/1503	008538674 湘乡工会志/2015
012266457 潍坊邮政工会志/1503	010197247 衡阳工会志人物志 1922-1989/2021
010475985 昌邑市工会志/1514	009335617 衡阳市工会志/2021
013994022 五莲县工会志/1552	010110050 中国有色金属工业总公司衡
013374463 莱钢工会志 1973-2002/1556	
008452221 德州市工会志/1574	
013958759 陵县工会志 1950-2010/1581	
012100675 阳谷县工会志 1926-2006/1591	

阳有色冶金机械总厂工会志 1935-1990 /2023

009383904 岳阳市工会志/2038

009383618 常德工会志人物志/2053

012249832 鼎城区工会志/2056

012954935 津市市工会志/2057

010199689 益阳地区工会志 1914-1988 /2066

008384121 零陵地区工会志/2084

008195189 沅陵县工会志/2097

012173817 广州市工会志/2134

009145557 广州铁路局工会志 1949-1992 /2134

009767853 广州市东山区工会志 1840-2000 /2144

007914648 从化县工会志/2158

012140272 汕头工会志/2177

009673294 佛山市工会志 1921-1985/2182

009851653 南海市工会志/2188

010776960 三水县工会志/2193

009863744 封开县工会志/2216

013129740 揭阳市工会志/2248

012872993 揭阳市榕城区工会志/2250

012251143 惠来工会志/2252

011809736 云浮市工会志/2253

010195279 新兴县总工会专志初稿/2258

012956626 郁南县工会志 1926-1995/2260

011320060 藤县工会志/2307

013776455 重钢工会志 1950-2010/2359

009689067 重庆市工会志 1998-2002/2359

008427888 重庆市总工会志/2359

009689072 重庆市江北区工会志/2372

009689000 江北县工会志/2378

010200255 丰都县总工会志 1930-1985 /2391

008669053 四川省总工会志 1949-1990 /2405

008670688 成都工会志 1877-1993/2419

009348291 成都铁路局工会志 1953-1988 /2419

013379700 中铁二局工会志 1950-2000 /2419

008672467 自贡市工会志/2451

012816277 自贡硬质合金有限责任公司工会志 1965-2000/2451

008671489 攀枝花市工会志/2458

011067724 绵阳市工会志 1927-1985 征求意见稿二稿/2475

013461925 三台县总工会志 1927-1985 /2484

008992439 江油县工会志 1931-1988.6 /2483

008430448 广元县工会志/2491

009387578 剑阁县教育工会志 1905-1995 /2499

013131333 遂宁县总工会志 1922-1985 /2501

010117807 内江地区工运志/2510

013932238 乐山工会志/2519

009231546 犍为县工会志续编 1988-1999 /2525

010201259 巴中县总工会志/2574

013002345 平昌县工会志 1933-2008/2581

013859305 安岳县总工会志 1986-2005 /2586

011997271 乐至县总工会志 1986-2005 /2588

008430453 简阳县总工会志 1925-1982

/2584

010730151 铁道部第五工程局工会志/2633

013630734 镇宁工会志/2665

013626218 大方县工会志/2670

013321268 兴仁县工会志 1956-2010/2687

013134023 镇远县工会志/2696

013923897 岑巩县工会志/2696

009336921 锦屏县工会志/2697

008541305 剑河县工会志/2698

012769537 云南省邮电工会志 1926-1990/2720

013184281 昆明市总工会志 1927-2009/2727

011585352 云南纺织厂工会志 1949.12.9-1987.10/2727

011320813 官渡工会志/2743

010474360 昆明市西山区工会志 1962-1990/2747

012635699 呈贡县工会志/2739

012954922 江川县工会志 1956-2005/2778

013772835 华宁县工会志/2782

012900149 易门县工会志/2783

012100582 新平彝族傣族自治县工会志/2789

012662332 腾冲县工会志/2798

012139555 墨江哈尼族自治县工会志/2816

012903478 云县工会志/2827

013776037 永德工会志/2828

013461633 禄丰县工会志/2841

010243554 个旧市工会志/2845

012713987 大理白族自治州工会志/2865

013859487 大理市工会志/2870

013140904 宾川县工会志 1911-2005/2875

012955308 怒江州工会志/2891

012873280 泸水县工会志/2894

012636883 迪庆藏族自治州工会志/2900

008637969 西安市工会志/2937

008993383 陇县工会志/2967

009010216 咸阳市工会志/2973

013133866 延安市工会志/2990

010687023 兰州市工会志/3034

011996997 兰州市城关区工会志/3040

012505419 宁夏工会志/3114

013899430 石嘴山市教育工会志/3129

012956949 中卫县工会志/3141

008994780 新疆维吾尔自治区乌鲁木齐市总工会工会志 1950.5-1997.5/3164

009106230 昌吉回族自治州工会志/3190

010730239 农一师工会志/3181

012100682 伊犁哈萨克自治州工会志/3205

011066404 新疆兵团农八师工会 新疆石河子市总工会志/3224

008384893 南海县农民组织志/2188

007682709 揭阳县农运志/2248

008993841 宝鸡市农民组织志/2955

012541547 内蒙古通辽市科尔沁区关工委志/410

008982921 上海青年志/724

012816179 浙江省青年运动志试行本/960

010201667 杭州青年运动志/972

009157311 余杭青年运动志 1919-2001/993

012052402 武义县关工志 1989-2004/1071

013443088 蕉城区关工委志 1990-2010/1274

009687438 江西省青少年组织志/1280

009887231 河南青年运动志初稿/1616
012540838 宝安青年运动志1922-2002/2173
013787971 宝安青年志1926-2010/2173
013144636 平泉县妇女志1941-2009/212
007505440 呼伦贝尔盟妇联志/417
011066941 铁岭妇女志1948-1987/559
011759029 哈尔滨市妇联志/652
013316322 鸡西妇联志1946-2006/679
008445223 大庆妇女志/687
008523842 上海妇女志/724
013898450 南汇妇女志/767
013936398 松江妇女工作志/775
011312395 江阴市妇女联合会志1988-2006/837
008661999 江都妇女志/938
012836330 泗洪妇女志1949-2009/958
012613017 余杭妇女运动志1927-2008/993
012639808 连江县妇女志/1220
008451905 罗源县妇女志/1222
012638709 同安县妇女志/1230
010577320 泉州市妇女组织志/1243
009441450 惠安县妇联志/1252
009055273 江西省妇女组织志/1280
011804263 东营市妇联志/1474
013148670 烟台妇女志1937-1985/1487
012097756 临沂妇女工作志1927-2007/1560
008425111 郑州妇女志/1628
008848059 [湘西土家族苗族自治州]妇女团体志/2108
009335682 广州市东山区妇女志1840-2000/2144
006160963 佛山市妇联志/2182

009851543 南海市妇女组织志/2188
008453678 三水县妇女志/2193
009378429 封开县妇女志/2216
008990723 梅州妇女志/2222
013958765 罗定市妇女志1925-2012/2257
012252542 双流县妇女工作志2005样本/2445
013066378 绵阳市妇联志/2475
012900203 玉溪市妇联志/2772
012956578 新平县妇联志/2789
013751593 楚雄彝族自治州妇女志1991-2005/2832
010577015 兰坪妇联志/2897
008993981 陕西省宝鸡市妇女组织志1907-1987/2955
008993317 陇县妇女志/2967
009010228 咸阳市妇女志/2973
008845968 延安市妇女运动志/2990
008993420 陕西省安康地区妇女志1908-1989/3009
012900163 银川市妇联志1979-2009/3121
011793321 伊犁哈萨克自治州妇运志/3205

中国政治

012956588 阳泉统战志1950-2010/275
008534989 河津统战志/326
007685851 呼伦贝尔盟统战工作志/418
013462860 武进县统战志1825-1985/875
010143113 京口区统战志/946
013226604 新昌县统战志/1058
013681561 阜阳县统战志/1168
011444019 厦门市统一战线志/1225
011293222 泉州市鲤城区统战志/1248

009385310　崇仁县统战政协志/1371
012609871　广饶统战志/1486
011477189　汝州市统战志 1911-2006/1704
008835645　浏阳县统一战线志 1923-1988/1990
009378452　封开县统一战线志/2217
009335879　梅县统战志/2224
009379535　陆丰统战志/2230
007412387　新兴县统一战线工作志/2258
010195480　海口市统战志/2348
013936431　通江县统战志/2577
012613327　乐至县统战志 1994-2005/2588
012878885　玉溪统战志/2772
012899040　丽江统战志/2809
011328163　文山州统战志/2853
012831438　富宁县统战志 1931-2009/2860
013402940　大理市统战志/2870
013098037　中共宾川县委统战志 1950-2009/2875
008992922　中共陇县县委统战志/2967
009244982　中共安康地委统战志/3009
013336255　乐都县统战志 1949-2010/3101
013096555　乌鲁木齐统战志/3164
012140389　同安台湾关系志/1230
012141572　中国改革志吉林卷/575
012663844　中国改革志汕头卷/2177
012769667　中国改革志西藏卷/2910
009397206　河北省改革志/112
011998188　上海改革开放30年图志/724
011995379　常州市改革开放志/863
001691615　新中国第一志/1628
013823004　新乡改革开放三十年图志/1721
008842838　武汉改革志/1828

013792545　荆门市接待志 1949-2008/1896
009312155　湖南改革开放图志/1969
012662266　深圳创新图文志 1978-2009/2168
009962557　奉节县改革开放志 1978-1999/2395
012541939　甘肃60年图志/3025
009411762　新疆改革开放二十年志 1978-1998/3155
009310630　北京市东城区人民代表大会志 1950-1998/43
013179285　北京市门头沟区人民代表大会志 1948.12-2011.1/57
012132439　北京市顺义区人民代表大会志 1949-1989/62
010245194　怀柔县人大志 1954-2002/69
013342431　平谷人大志/70
013506548　北辰区人大志/96
012613892　石家庄市井陉矿区人大志/129
013508485　井陉县人大志/134
008379086　秦皇岛市人民代表大会志 1949-1990/152
012173852　邯郸人大志/157
013726886　大名县人民代表大会志 1949.10-2012.1/166
011295622　邱县人大志/169
009412666　武安市人大志/163
009553718　邢台市人民代表大会志/171
009397063　隆尧县人民代表大会志/176
013660374　威县人大志 2005-2011/179
012208289　威县人民代表大会志/179
012639013　沙河市人大志/174
013402837　保定市人民代表大会志/181

009348653 张家口人民代表大会志/198
010278954 蔚县人民代表大会志/204
013222253 怀安县人民代表大会志/205
013702919 赤城县人民代表大会志/208
013732493 兴隆县人大志/212
011471243 沧县人民代表大会志/223
013093180 南皮县人民代表大会志/226
014052365 吴桥县人民代表大会志 1995.1-2011.3/228
012967629 河间市人大志/223
010008959 广灵县人民代表大会志/273
008983208 阳泉市人民代表大会志/275
012719168 [阳泉市]矿区人大志/279
009411648 平定县人民代表大会志/281
012658248 长治市人民代表大会志/283
012871860 长治县人民代表大会志/287
012899495 屯留县人民代表大会志/289
011296181 黎城县人大志/292
013343356 武乡县人民代表大会志/295
013184353 潞城市人民代表大会志/287
008471280 晋城市人民代表大会志/298
012968116 晋城市城区人大志/300
013860537 高平市人民代表大会志/301
013002465 山阴县人大志/309
012611121 怀仁县人大志/311
010778630 左权县人民代表大会志/314
012505335 灵石人大画志/320
013065005 灵石县人大志/321
013129763 介休市人民代表大会志/313
011793434 运城市盐湖区人民代表大会志/324
013630144 万荣县人民代表大会志/329
011066354 闻喜县人民代表大会志/330
012049534 稷山县人民代表大会志 1947.4-2004.4/331
012506394 新绛县人民代表大会志/332
011497902 绛县人民代表大会志/332
012689919 垣曲县人民代表大会志/333
012899950 夏县人民代表大会志/334
012174808 平陆人大志/335
013323115 永济市人民代表大会志/325
013820231 河津人大志/326
013506656 繁峙县人民代表大会志/340
013629658 神池县人民代表大会志/341
013899688 五寨县人民代表大会志/341
012613303 岢岚县人民代表大会志/341
011479312 襄汾县人民代表大会志/350
011472962 浮山县人民代表大会志/352
013321195 隰县人民代表大会志/354
013183417 汾西县人民代表大会志/355
013000403 柳林县人民代表大会志 1981-2010/365
013791170 汾阳市人大志 1949.8-1998.7/360
013333446 包头市人大志/388
013955610 包头市人大志 2000-2010/388
013771480 包头市九原区人民代表大会志/394
012899821 乌达区人民代表大会志/397
013751582 赤峰市松山区人民代表大会志 1948-2011 送审稿/402
013308801 阿鲁科尔沁旗人民代表大会志/403
009687513 巴林右旗人民代表大会志 1950-2004/405
013000289 科尔沁左翼后旗人民代表大会志/411
013528611 阿荣旗人民代表大会志 1980.5-

2003.12/427

013314330 鄂伦春自治旗人民代表大会志 1948-2011/429

012714117 鄂温克族自治旗人民代表大会志/430

013140994 陈巴尔虎旗人民代表大会志 1950-2011/427

011955794 牙克石市人民代表大会志/424

013899683 五原县人大志 1950-2010/434

013145622 乌拉特中旗人大志 1950-2009/435

013626575 杭锦后旗人大志/436

013939404 乌兰浩特市人民代表大会志 1949-2011/441

013126131 阿巴嘎旗人民代表大会志 1946-2007/446

011477227 苏尼特左旗人民代表大会志 1946-2006/446

013961360 正蓝旗人民代表大会志 1946-2007/448

013319770 内蒙古自治区人大常委会阿拉善盟工作委员会志 2005-2010/449

011757648 额济纳旗人民代表大会志 1949-2003/451

012950334 鞍山市人民代表大会常务委员会志 1980.5-2010.5/513

008536637 鞍山市人民代表大会志/513

009242550 抚顺市人民代表大会志/523

009961847 抚顺市人民代表大会志 1993-2003/523

013402999 丹东市人民代表大会志 1946-1990/533

013508434 锦州市人民代表大会志 1949-1990/537

010253348 阜新市人民代表大会志 1988-2005/545

012831427 阜新蒙古族自治县人民代表大会志 1949-1989/548

010275923 彰武县人民代表大会志 1949-1989/547

011764820 铁岭市人民代表大会志/559

011496865 朝阳市人大志 1945-1985/563

013774539 凌源人大志 1950-2011/565

009889526 长春市人民代表大会志 1989-2002/585

012898618 桦甸人大志 1949-2004/608

013822135 磐石市人民代表大会志/610

013319707 柳河县人大志/621

013901232 长岭县人大志/626

011995230 白城人大志 1985-2007/628

012970779 镇赉县人大志/630

011479441 延边朝鲜族自治州人民代表大会志 1945.11-2007.12/631

012662342 图们市人民代表大会志/633

013128880 敦化市人民代表大会志/634

012898570 黑龙江省人大政协会议图志 2011/646

012638821 哈尔滨市人民代表大会志/652

012638826 哈尔滨市人民代表大会志 1992.12-2007.1/653

009310493 木兰县人民代表大会志/667

011067725 齐齐哈尔市人民代表大会志 1945-1987/669

013775129 齐齐哈尔市人民代表大会志 1945-2006/669

012766966 铁锋区人大志/674

013793085 克东人大志/678
014026688 大庆市人民代表大会志 1980-2010/687
012969712 绥化地区人大志 1979.11-2000.6/714
012899448 绥化市人民代表大会志 2000.6-2007.1/714
013335373 呼玛县人民代表大会志/721
008534814 上海人民代表大会志/724
010476509 嘉定县人民代表大会志 1949.10-1993.4/761
013990730 嘉定县人民代表大会志 嘉定县第2册 1954-1979/761
009881520 松江人民代表大会志/775
009472775 青浦人民代表大会志 1949-2003/779
012609739 奉贤人民代表大会志/784
009338392 南京人民代表大会志/803
011762323 江宁人民代表大会志/822
011762362 江阴市人民代表大会志 1949-2007/837
012140854 徐州市人民代表大会志 1949-2008/842
010110144 常州市人民代表大会志/863
012762237 昆山人民代表大会志 1954-2004/901
012051956 太仓市人民代表大会志/903
013775007 南通市人大志/904
008971742 海安县人大志/910
008532497 如东县人大志/911
011892434 如东县人大志/911
012051780 启东市人大志/907
011444173 扬州市人民代表大会志 1983-2004/933

012100877 浙江人民代表大会志初稿/960
009855978 浙江省人民代表大会志送审稿/960
010253301 浙江省人民代表大会志/960
009480346 杭州市人大志/972
009480371 萧山人大志/988
010293897 杭州市余杭区人大志/993
012100014 桐庐县人大志 1949-2005/1002
009688767 淳安县人大志/1004
010280414 建德市人大志/996
013319697 临安市人民代表大会志/1001
009312783 宁波市人民代表大会志 1949-2003/1006
009688829 宁波市海曙区人民代表大会志/1010
013184436 宁波市江东区人民代表大会志 1949-2003/1010
008985598 鄞县人民代表大会志/1011
012506370 象山县人民代表大会志 1949-2003/1015
009349830 宁海县人民代表大会志/1017
009312782 慈溪市人民代表大会志/1013
009319934 奉化人民代表大会志/1014
009393271 温州市人民代表大会志/1018
012877280 温州市龙湾区人民代表大会志/1022
013190015 永嘉县人民代表大会志/1028
010201648 苍南县人大志/1031
009105941 文成人民代表大会志/1033
012613866 泰顺县人民代表大会志/1033
009804241 瑞安市人民代表大会志/1023
011312101 乐清市人民代表大会志/1026
010135037 嘉兴市人民代表大会志 1949-2003/1034

011954096 海宁市人民代表大会志/1036
008446519 绍兴县人大志/1052
011534048 绍兴县人大志 1996-2007/1052
012613237 新昌县人民代表大会志/1058
009744972 金华市人民代表大会志/1060
013627983 金华市婺城区人民代表大会志/1064
013531078 金华县人民代表大会志/1064
009744979 武义县人大志/1071
013131074 浦江县人民代表大会志/1073
009996012 磐安县人民代表大会志/1074
013000300 兰溪市人民代表大会志/1065
009678994 义乌人大志/1067
013630695 永康县人大志/1070
011066405 江山市人大志/1078
013798855 舟山市人民代表大会志/1082
008845108 浙江台州温岭人民代表大会志/1091
013328713 丽水市人民代表大会志/1098
012505484 青田人大志/1101
009995839 缙云县人大志/1102
012613871 遂昌县人大志/1103
010779076 松阳县人民代表大会志/1104
009335189 云和县人大志 1949-2000/1105
013404440 合肥市蜀山区人民代表大会志/1125
009019431 芜湖市人民代表大会志/1128
011320757 蚌埠市人民代表大会志/1134
013680554 蚌埠市东市区人民代表大会志 1949-2002/1136
013687119 蚌埠市中市区人民代表大会志 1952-2002/1136
013702862 蚌埠市郊区人民代表大会志 1949-2002/1137

012662295 泗县人民代表大会志/1175
012173820 贵池市人民代表大会志/1184
009000459 鼓楼区人大志/1212
011431407 福州市台江区人民代表大会志/1213
012132476 仓山区人民代表大会志 1951-2005/1213
013508547 连江县人大志/1220
012968227 连江县人大志 1994-2006/1220
012680463 罗源县人民代表大会志/1222
012661655 闽清县人大志/1224
013319954 莆田县人民代表大会志/1232
014052844 仙游县人民代表大会志/1235
012174846 三明市人民代表大会志/1236
008385537 清流县人民代表大会志/1240
012810580 福建沙县人大志 1950.3-2006.12/1242
012955905 泉州市鲤城区人民代表大会志 1993-2007/1248
013012586 永春县人民代表大会志/1255
011312494 德化县人民代表大会志/1255
013731371 石狮市人民代表大会志/1249
009009796 晋江市人大志/1250
009319938 南安市人民代表大会志/1251
013134010 漳州市人民代表大会志/1256
012722060 浦城县人大志 1991-2006/1266
013659613 龙岩市人民代表大会志/1267
013145643 霞浦县人民代表大会志/1276
012658441 福安市人民代表大会志/1275
009020784 江西省人民代表大会志/1289
012542704 南昌县人民代表大会志 1949-1997/1301
013133836 新建县人民代表大会志 1949-2002/1302

013751434 安义人大志 1949.5-2009.5/1303
011439925 乐平人大志 1930-2000/1306
008299873 萍乡市人民代表大会志/1307
013129779 九江市人大志 1994-2011/1310
013531119 九江市人民代表大会志 1925.7-1994.5/1311
012722980 武宁县人大志 1930-2003/1317
012809961 德安县人大志 1928-2008/1319
008426040 瑞昌县人民代表大会志/1315
009687497 鹰潭市人民代表大会志/1324
009386258 信丰县人民代表大会志/1332
009994092 于都县人大志/1340
009385273 安福县人民代表大会志/1351
013369789 奉新人大志 1930-2010/1361
011579759 奉新县人民代表大会志/1361
013897138 高安人大志 1949.7-2006.3/1359
008429213 广丰县人民代表大会志/1378
012877083 铅山县人大志/1379
010110371 波阳县人民代表大会志/1382
011909098 婺源县人民代表大会志 1933.2-2007.1/1383
012505481 青岛市人民代表大会志 1949.9-2000.6/1432
013704306 即墨市人民代表大会志/1445
012174803 平度市人民代表大会志 1949-2008/1448
012096404 博山区人大志/1460
012051664 临淄人大志/1461
013129031 高青人大志/1463
012003078 枣庄市人民代表大会志/1465
013702985 东营区人大志/1480
011473073 广饶县人大志/1486
012724234 龙口市人大志/1496
011763503 寿光市人大志/1510

013224425 济宁市郊区人民代表大会志 1949.10-1991.12/1519
013730085 济宁市任城区人民代表大会志 1992-2000/1519
012723353 兖州市人民代表大会志 1990-2010/1521
008378611 兖州县人民代表大会志/1521
013774219 嘉祥县人民代表大会志 1954-2012/1531
013795546 泗水县人大志/1533
011312128 东平县人大志/1543
011585047 威海市人民代表大会志/1545
013321147 文登市人民代表大会志/1547
013462795 五莲县人大志 1949-2011/1552
009043178 兰山区人大志/1563
013958859 罗庄区人大志/1564
012832043 河东区人大志/1564
013343511 沂水县人大志 1954-2011/1566
012889237 苍山县人大志/1568
009994961 费县人大志/1569
011805819 平邑县人大志/1570
011584673 蒙阴县人大志/1572
012203009 临沭县人大志 1949.10-2007.12/1572
013681530 德州市人民代表大会志 1946.6-1993.1/1574
012837824 沾化人大志 1987-2009/1598
013702903 博兴县人大志/1599
012970984 邹平县人大志 1949-2010/1600
011762055 菏泽市人民代表大会志/1601
012969374 牡丹区人大志 1949-2009/1603
011066924 成武县人大志 1981-1998/1604
011564522 东明县人大志征求意见稿/1606
011431350 东明县人大志/1607

013772878　惠济人大三十年志／1657
008421292　郑州市郊区人大志／1657
011570846　通许县人大志／1679
011311831　尉氏县人大志／1679
010244036　嵩县人大志 1949-2004／1697
009411513　宜阳县人民代表大会志／1698
012208105　平顶山市石龙区人民代表大会志／1703
011585091　舞钢市人大志／1703
013689061　汝州市人民代表大会志 1949-2011／1704
012836399　汤阴县人民代表大会志 1954-2008／1715
010576678　内黄县人民代表大会志 1940-2004／1717
009959849　鹤壁市人民代表大会志／1718
013507866　河南省新乡市人民代表大会志 1948-1989／1721
011571164　延津县人大志／1732
012837695　孟县人大志／1741
010008732　襄城县人民代表大会志 1949-1999／1755
013096356　陕县人民代表大会志 1949-1985／1765
009332606　卢氏县人民代表大会志／1766
009852680　南阳市卧龙区人民代表大会志／1774
009147355　商丘县人大志／1786
012545530　信阳市平桥区人大志／1793
012638896　淮阳县人大志／1803
013606627　驻马店市驿城区人大志／1806
013096268　汝南县人大志 1949-2011／1809
011954260　湖北省人民代表大会志 1922.1-2008.2／1816

011328558　武汉市人民代表大会志 1949.9-2003.1／1827
012636845　新洲区人大志 1951-2002／1848
009790357　黄石市人民代表大会志 1954.7-2004.2／1850
011909979　阳新县人民代表大会志／1855
010008658　大冶市人民代表大会志／1853
013090918　长阳土家族自治县人大志／1883
013660416　襄阳市人民代表大会志 1950.6-2012.1／1884
009797102　保康县人大志 1950-2003／1891
012639009　沙洋人民代表大会志 1987-1998／1902
013236332　云梦县人大志 1950-2009／1911
012658099　安陆市人大志／1907
010279682　汉川市人民代表大会志／1908
013096309　沙市市人民代表大会志 1949-1994／1915
010197124　英山县人民代表大会志 讨论稿／1932
013375417　蕲春县人大志 1949.12-2004.12／1934
013821859　浏阳县人大志／1991
009385008　株洲市人大志／1995
009685927　茶陵县人大志／2008
006088109　醴陵人大志／2004
008382966　湘潭县人大志 1911-1990／2019
014032668　衡南县人大志 1949.10-2012.3／2029
011578910　常宁人大志 1950-1996／2026
013601790　临湘市人民代表大会志／2043
010197233　常德市武陵区人民代表大会志 1949-2001／2056

012249836 鼎城人大志/2056

013342604 桃源县人大志 1949-2005/2061

009686280 桂阳县人大志/2077

013189999 宜章县人大志/2078

013319703 临武县人大志/2080

013629341 祁阳县人民代表大会志 1949-2010/2087

008453593 蓝山县人民代表大会志/2091

013824335 芷江侗族自治县人民代表大会志 1994-2012/2101

008835197 [湘西土家族苗族自治州]人民代表大会志/2108

009863850 广州市人民代表大会志/2134

009335694 广州市越秀区人民代表大会志 1949-1993/2145

009863799 广州市白云区人民代表大会志/2151

011431377 番禺人大志/2153

007443249 从化县人大志/2158

008990694 韶关市人大志/2161

003034766 佛山市人民代表大会志/2183

009851967 南海市人民代表大会志/2188

013096404 顺德县人大志 1950-1992/2192

012998944 高明人大志/2195

009145589 怀集县人民代表大会志/2216

013771881 封开县人大志 1950-1995/2217

012132471 博罗县人大志/2220

012249756 汕尾市城区人大志/2229

013090964 东莞市人民代表大会志/2240

013759369 中山市人大志 2002-2011/2243

013751480 潮州市人大志/2245

012970758 云浮市人大志/2253

013753552 罗定市人大志 1949-2007/2257

010244064 南宁市人民代表大会志/2277

012967594 桂林市人民代表大会志稿 1990.11-2006.11/2294

011294811 扶绥县人民代表大会志/2338

011473122 海口市人大志/2348

013688684 海口市人民代表大会志/2348

010778524 三亚市人民代表大会志/2351

007590155 重庆市人民代表大会志/2359

013759380 重庆市渝中区人大志/2368

011067709 北碚区人大志/2375

013940889 重庆市北碚区人民代表大会志 1990-2002/2375

011809628 永川人大志 1990-2007/2383

013756399 潼南县人民代表大会志/2386

012724118 忠县人大志 1986-1999/2393

012202974 开县人大志 1987-2006/2394

009840264 成都市金牛区人民代表大会志/2433

013726896 大邑县人民代表大会志 1950.1-2005.12/2448

010009387 米易县人大志 1951-1990/2463

013000487 绵阳市人大志/2475

013066366 绵阳市涪城区人民代表大会志 1993-2003/2481

013508678 绵阳市市中区人民代表大会志/2481

013730372 平武县人民代表大会志/2488

009253928 青川县人大志/2496

012956020 遂宁市人大志/2501

013793477 蓬溪县人大志/2504

012969575 射洪县人民代表大会志 1950-2007/2505

011431323 大英县人民代表大会志/2507

008991927 犍为县人大志 1909-1998/2525

013130975 沐川县人大志/2532

013461822 蓬安县人大志/2541

013626443 广安市人民代表大会志 1993-2008/2553

012970640 宣汉县人大志/2562

012969592 石棉县人民代表大会志 1986-2002/2571

012969735 通江县人大志/2577

013863102 南江县人大常委会志续1 1984.5-2003.2/2580

014047857 平昌县人大志 1950-2005/2581

010778960 阿坝州人大志/2590

009232085 汶川县人大志/2593

012998938 甘孜州人大志 1950-2010/2600

011567115 凉山彝族自治州人民代表大会志送审稿/2609

009336265 白云区人大志/2639

013090704 白云区人大志 2001-2010/2639

013377032 清镇市人大志 1950-2011/2639

012878955 正安县人大志/2658

012263908 安顺市西秀区人民代表大会志 1949.11-2008.6/2664

013659765 黔西县人民代表大会志/2671

013369923 贵州省江口县人民代表大会志/2679

013379490 玉屏侗族自治县人民代表大会志/2681

013797079 兴仁县人民代表大会志 1944-2011/2687

009388453 昆明市人民代表大会志/2727

013795664 五华区人民代表大会志 1953.10-2011.12/2740

009343449 昆明市官渡区人民代表大会志/2743

013335469 昆明市西山区人民代表大会志/2747

010201457 呈贡县人民代表大会志/2739

012049304 富民县人民代表大会志/2752

008992663 路南彝族自治县人大工作志/2755

013959380 石林彝族自治县人民代表大会志 1950.1-2011.3/2755

013145449 嵩明县人民代表大会志 1950-2003/2754

013148661 寻甸回族彝族自治县人民代表大会志 1950-2010/2758

013659775 云南省曲靖市人大志 1950-1997/2760

013821943 马龙县人大志/2764

012831445 富源县人大志/2768

009106161 玉溪市人民代表大会志/2772

012814533 玉溪市人民代表大会志/2772

013144461 江川县人民代表大会志 1950-1997/2778

009678121 华宁县人民代表大会志/2782

008836928 峨山彝族自治县人民代表大会志 1949-1993/2785

012956632 元江哈尼族彝族傣族自治县人民代表大会志/2791

013226333 腾冲县人民代表大会志/2798

013821884 龙陵县人大志/2800

011910298 镇雄县人民代表大会志/2806

012542719 宁蒗彝族自治县人民代表大会志 1950-2007/2812

012139564 墨江哈尼族自治县人民代表大会志/2816

013144511 澜沧拉祜族自治县人民代表大会志 1958.5-2007.2/2822

012658199 沧源佤族自治县人民代表大

会志/2831
010730752 楚雄市人民代表大会志/2836
012208532 姚安县人大志 1950.2－2003.3/2838
012208545 元谋县人民代表大会志/2840
013462829 武定县人民代表大会志/2841
012541685 红河哈尼族彝族自治州人民代表大会志 1950-1993/2842
012251188 建水县人民代表大会志 1950-1998/2849
008992636 泸西县人民代表大会志/2850
009399181 文山县人民代表大会志 1950-2000/2855
010201621 西畴县人民代表大会志 1949-2004/2856
008424920 麻栗坡县人民代表大会志/2857
009744945 西双版纳傣族自治州人民代表大会志/2861
012639190 景洪县人民代表大会志 1950-1993/2863
013863045 勐海县人民代表大会志/2864
012264084 大理白族自治州人民代表大会志/2865
012758758 大理市人大志/2870
012956564 祥云县人民代表大会志/2873
013923881 宾川县人民代表大会志/2875
012723436 云南省弥渡县人民代表大会志/2876
013956860 洱源县人民代表大会志/2879
013726901 德宏傣族景颇族自治州人民代表大会志 1950.4-1998.3/2885
013958764 潞西市人民代表大会志/2888
013774596 潞西市人民代表大会志 1950-2010/2888
009002333 梁河县人民代表大会志/2890
013626255 迪庆藏族自治州人民代表大会志/2900
012767051 香格里拉县人民代表大会志 1950.5-2003.5/2903
009337863 西安市人民代表大会志 1949.7-1997.5/2937
013222244 户县人民代表大会志 1949-2010/2950
008417728 宝鸡市人民代表大会志/2955
008993360 陇县人民代表大会志/2967
013224466 泾阳县人民代表大会志/2980
013334545 澄城人大志/2988
013730073 华阴人大志 1949-2010/2986
009107324 延安市人民代表大会志/2990
013706867 吴起县人民代表大会志 1934-2011/2995
013143678 富县人民代表大会志 1940-2009/2995
013793262 洛川县人民代表大会志/2996
013226754 宜川县人民代表大会志/2996
013143823 汉中市人大志 1996.6－2001.4/2998
014047459 靖边县人民代表大会志 1953-2011/3005
012809965 定边县人民代表大会志/3006
011497044 甘肃省人民代表大会志初审稿/3026
013236283 永昌县人民代表大会志/3045
012587000 白银市人大志/3046
013863150 平川区人大志/3047
013991343 秦安县人民代表大会志 1990-2009/3051

012970527 武山县人民代表大会志/3053

013072544 天祝藏族自治县人民代表大会志 1949-2008/3057

012832481 灵台县人民代表大会志/3063

013956998 甘肃省肃北蒙古族自治县人民代表大会志 1949-2010/3068

013531012 华池县人大志/3072

011890488 成县人民代表大会志/3076

013791109 宕昌县人大志 1950-2012/3077

013145630 西和县人民代表大会志 1996-2010/3077

009411406 甘南人大志/3081

013736512 舟曲县人民代表大会志 1949.10-2011.9/3083

013000432 碌曲人大志/3084

010009344 夏河县人大志/3084

012951944 大通回族土族自治县人大志征求意见稿/3100

013369754 大通回族土族自治县人大志/3100

012251005 海北藏族自治州人民代表大会志/3103

010293699 杂多县人大志 1949-2003/3108

012831228 称多县人大志/3108

009414226 盐池县人大志/3136

012252322 青铜峡市人民代表大会志 1949.11-1997.4/3135

013898964 青铜峡市人民代表大会志 1998-2012/3135

011311855 西吉县人民代表大会志/3139

013898895 彭阳县人大志/3140

012252738 乌鲁木齐市人民代表大会志 1981.9-2007.12/3164

009995349 克拉玛依市人民代表大会志/3172

012995269 博州人大志/3195

010730549 阿克苏地区人大志/3179

013706202 沙雅县人大志/3183

009554102 克孜勒苏柯尔克孜自治州人大志/3203

012661380 喀什市人民代表大会志/3185

010779194 泽普县人大志/3186

013183474 和田地区人大志/3188

011479473 伊犁哈萨克自治州人大志/3205

011809412 和布克赛尔蒙古自治县人民代表大会志/3219

012998925 富蕴县人大志/3221

008533222 天津政府志 1404-1990 蓝本/81

010279010 西青区政府志/93

009441865 河北省驻京办事处志/112

009881337 文水县政府志/362

008594130 内蒙古自治区人民政府驻北京办事处志/372

012503627 阿拉善盟行政公署志/449

009312396 鞍山市人民政府办公厅志 1945-2001/513

008379012 鞍山市人民政府志/513

008537971 抚顺市政府志/525

013751478 朝阳市人民政府志/563

009046226 吉林省驻京办事处简志/575

013627962 吉林省人民政府接待办公室简志 1950-1995/585

009335549 黑龙江政府志/646

009335869 南通市政府志 958-1990/904

011432652 合肥市政府志 1949.1-1985.12/1118

009106002 福州市政府志/1205

008451939 连江县政府志/1220

009107184 同安县政务志/1230

012252385 三明市政府志/1237

011294268 泉州市政府志/1246

009310601 江西省人民政府志/1280

009386165 南昌市政府志/1293

009386195 萍乡市政府志/1307

012680311 九江市人民政府志/1311

009312390 鹰潭市人民政府志/1324

009147443 宜春政府志/1353

011749144 山东省政权大事记 1840-1985/1397

011320324 聊城地区政权志 1840-1990/1586

008846146 东昌府区政府志/1590

013683700 河南省政府志 1978-2000/1617

013129117 河南省政府志资料手册 远古-2008/1617

011891869 焦作市行政服务中心建设志 2000.11-2004.6/1734

012132722 鄂州市政府志/1892

012613253 孝感市人民政府志 1949-2008/1903

011287765 沙市政权志 1911-1985/1915

013335265 公安县机构编制志/1920

013926353 监利县权力机关志/1921

008538072 湘乡机构编制史/2015

009686209 常宁县政府志/2026

009797322 安乡县地方国家权力机关志/2057

010244546 零陵县权力机关志/2086

008842812 [湘西土家族苗族自治州]政务志/2108

009863853 广州市人民政府参事室志 1991-2000.6/2134

003033415 佛山市政府志/2183

009852028 南海市政府志/2188

013314442 高明市委志 1981-2002/2196

013222033 高明市政府志 1981-2002/2196

011806034 吴川市政府志/2208

007412375 平远县政府志/2228

012250983 揭阳县政府志/2248

012769534 云浮市政府志/2253

009154028 梧州市政府志/2305

008670025 富顺县人民政府志送审稿/2456

013932512 泸州市人民政府志 1949-1994/2465

009231806 绵阳市政府志/2475

009253917 青川县政权志/2496

011579705 大英县政府机关志/2507

011910018 仪陇县人民政府志 1985-2002/2541

012814473 宜宾市政府志 1895-2000/2547

012542689 名山县政府志/2568

012969596 石棉县人民政府志 1952-2000/2571

013863103 南江县人民政府志/2580

013512169 遵义市人民政府志 1997-2007/2651

009673772 安顺市西秀区人民政府志/2664

008837071 昆明市政府志/2727

008719085 官渡区政府志/2743

010577312 安宁县政务志/2749

011570926 文山壮族苗族自治州政府志/2853

008993240 陇县人民政府志/2968

009000260 咸阳市政务志/2973	009511189 沧州政协志/216
008913717 延安地区政务志/2990	013933241 南皮县政协志/226
008846105 天水市政府志/3049	010468946 黄骅县政协志/222
009016894 宁夏驻京办事处志/3114	011757883 固安县政协志 1950-2007/233
013757985 永宁县人民政府志 1978-2010 /3127	009107204 大城县政协志 1949-2002/234
	013684590 三河政协志/232
008420671 台湾省政府建设厅志/3232	012766427 清徐县政协志/267
012614289 平谷政协志/70	012503855 大同市新荣区政协志/272
011320761 宁河政协志/101	009799337 阳泉市政协志/275
013901309 中国人民政治协商会议河北省委员会志送审稿/112	012540880 长治市政协志 1949-2009/283
	011533887 长治郊区政协志 1984-2004/286
010778635 石家庄市政协志 1952-2007/120	013128807 长治县政协志/288
012174081 井陉矿区政协志 1984-2002/129	012100033 屯留县政协志 1984-2008/289
008593685 井陉县政协志 1983-1999/134	012955825 平顺县政协志/290
011328627 栾城县政协志/136	012505272 黎城政协志/292
011809810 赵县政协志 1940-2002/141	012505455 沁源县政协志/296
009397197 鹿泉市政协志/133	008949918 晋城市政协志/298
009397061 卢龙县政协志 1981-2003/157	013374447 晋城市城区政协志/300
013506622 成安政协志/165	012877106 沁水县政协志/302
013179388 大名县政协志 1956.2-2010.12 /166	008949921 阳城县政协志/304
	012251423 陵川政协志/305
013090931 磁县政协志/167	011312390 高平市政协志/301
013894610 肥乡县政协志/168	013961203 应县政协志/310
013901062 永年县政协志 1959.2-2011.3 /168	013707156 右玉县政协志 1984-2011/310
	011296179 怀仁县政协志/311
011066575 武安市政协志 1955-2005/163	013759482 左权县政协志/314
013775998 邢台市政协志/172	013603454 昔阳县政协志/316
011320870 宁晋县政协史志 1956.12-2006.12 /177	013601947 平遥政协志/319
	013144525 灵石县政协志/321
012662376 威县政协志/179	012541912 介休政协志/313
013067072 沙河市政协志/174	011500822 运城市政协志/322
013994265 张家口市政协志 1949-2013/198	012899098 临猗政协志/328
013752457 怀安县政协志 1982-2012/205	013145617 万荣县政协志/329
011809487 兴隆县政协志/212	013897624 绛县政协志/333

009995043　垣曲政协志/333

009397242　平陆政协志 1981-2001/335

012264999　河津政协志/326

012048836　代县政协志 1957-2008/339

013936364　神池县政协志 1983-2012/341

012505330　临汾市政协志 1950-1997/343

012252368　曲沃县政协志/347

013144646　蒲县政协志/355

013627958　霍县政协志/346

012545465　孝义政协志/359

013143598　汾阳政协志/360

011328754　呼和浩特市政协志/378

012173993　呼和浩特市回民区政协志/384

013096529　托克托县政协志/385

013704155　和林格尔县政协志/386

013990663　和林格尔县政协志 1984.3-2012.6/386

009854315　包头政协志 1950-1990/388

009854316　包头政协志 1991.1-2003.6/388

013774441　昆都仑政协志 1984-2012/393

012684579　青山政协志 1984-2007/393

013955612　包头市九原区政协志 1984-2010/394

012662346　土默特右旗政协志 1981-2008/395

012132601　赤峰市政协志/398

012140288　松山区政协志/402

013817963　巴林左旗政协志/404

013601788　林西政协志/402

011328643　通辽市政协志/407

013861873　科尔沁左翼后旗政协志 1980-2003/411

012969381　奈曼旗政协志/412

012723474　扎鲁特旗政协志/413

013957664　霍林郭勒市政协志 1986-2005/411

009687871　伊克昭盟政协志 1949-2001/413

011320740　鄂托克旗政协志/416

012718886　海拉尔政协志 1955-2009/422

011757664　鄂温克族自治旗政协志 1957-2007/430

011955729　新巴尔虎左旗政协志/428

013010926　新巴尔虎右旗政协志/428

011955798　牙克石市政协志/424

011496824　巴彦淖尔盟政协志 1955.4-2004.7/431

012175043　乌兰察布政协志/436

012173687　察哈尔右翼后旗政协志 1984-2007/439

011497010　丰镇政协志/437

011479282　锡林郭勒盟政协志 1955-2004/444

014052433　锡林浩特市政协志 1981-2008/445

012769606　政协阿巴嘎旗委员会志 1980-2007/446

012877198　苏尼特右旗政协志 1956-2005/446

012636898　东乌珠穆沁旗政协志/447

011312064　太仆寺旗政协志 1981-2006/447

013771867　多伦县政协志/446

013751419　阿拉善盟政协志 1982-2002/449

009961924　辽宁省政协提案志 1955-2005/459

013752427　和平政协志 1951-2011/490

013626282　法库县政协志 1956-2011/496

009125958　大连市政协志/501

010278447 中山区政协志 1950-1991/506	012766518 尚志政协志 1959.8-2010.1/664
013994027 西岗政协志 1983-2013/506	012636591 政协齐齐哈尔市委员会志 1987-2007/669
009242636 甘井子区政协志 1950-1955 1984-1994/507	013606602 中国人民政治协商会议黑龙江省齐齐哈尔市委员会志 1950-1987/669
012503972 甘井子区政协志 1995-2007/507	
012879060 庄河政协志/510	013129126 黑河市政协志/710
013759465 庄河政协志/510	012051906 上海人民政协志/725
013922766 鞍山市政协志/513	008534838 上海人民政协志/725
013756106 台安县政协志 1949-2012/520	011500589 上海人民政协志 1993.2-2003.2/725
011442059 台安县政协志 1963-2002/520	
013183432 抚顺市政协志 1946.2-1995.2/523	011763410 上海市闸北区政协志/753
010200273 本溪政协志 1950.9-2000.12/528	012766420 青浦县人民政协志/780
012049512 桓仁政协志/532	013369788 奉贤政协志/785
013222222 黑山政协志 1961-2008/541	007932147 南京市政协志/804
011444215 营口市政协志 1950-1990/542	009889554 江宁政协志/822
013779551 鲅鱼圈区政协志/544	013630439 徐州政协志 1949-1985/842
007902457 阜新市政协志/545	008446343 铜山县政协志/853
010011532 辽阳市政协志/548	013791182 丰县政协志 1950-1990/858
011312724 铁岭市政协志 1984.9-2005.12/559	013506660 丰县政协志 1990-2003/858
	011892361 沛县政协志 1950-2005/859
012266429 铁岭县政协志 1955.11-2004.12/561	012766881 睢宁县政协志/861
	012877318 新沂市政协志 1981-2005/855
013140950 昌图县政协志 1956.4-2010.10/562	013319937 邳州市政协志/856
	013758758 张家港政协志/898
012764736 凌源市政协志/565	012811647 昆山市政协志/901
012814050 农安县政协志 1959.9-2002.12/594	009241641 太仓市政协志/903
	011534040 南通市政协志/905
009061018 磐石市政协志 1949-2000/610	010476396 海安县政协志/910
013822143 磐石市政协志 2001-2010/610	007505450 江苏省如东县政协志/911
011499160 梨树县政协志 1957-2006/614	012766391 启东市政协志/907
010143066 通化市政协志/617	010143120 连云港市政协志/914
012249624 安图县政协志/636	013732479 新浦政协志/913
012141561 政协木兰县委员会志/667	013183446 赣榆县政协志/916

012096745 灌南县政协志 1981-2007/919
013688948 金湖县政协志/924
009189834 扬州市政协志/933
011478582 泰州市政协志/952
012658513 高港区政协志 1997-2007/952
011328714 靖江市政协志/954
011793452 浙江省政协志/960
010146840 杭州市政协志文字初稿/972
009855935 杭州市政协志 1950-2002/972
009881657 萧山政协志/988
009678931 杭州市余杭区政协志/993
009996264 桐庐县政协志/1002
012173725 淳安县政协志 1984-2004/1004
008985639 建德市政协志/996
012049311 富阳市政协志 1984-2006/998
009149567 宁波市政协志/1006
013333839 北仑政协志/1010
010201690 鄞州政协志/1011
009335176 象山县政协志/1015
012836046 宁海县政协志/1017
009700617 慈溪政协志/1013
010280102 温州市政协志/1018
010201683 鹿城政协志/1022
011499473 瓯海政协志/1023
012814518 永嘉县政协志/1028
013684568 平阳县政协志/1029
013184639 瑞安市政协志 1956-2011/1023
013328707 嘉兴市政协志/1034
013369239 长兴县政协志/1046
008446515 绍兴县政协志/1052
011908762 绍兴县政协志 1994.1-2007.2/1053
013629556 上虞市政协志 1982.10-2012.2/1054

011294818 金华市政协志征求意见稿/1060
012898999 金华市政协志/1060
012099717 浦江县政协志/1073
014047869 浦江县政协志 1950-2001/1073
013705221 磐安县政协志/1074
009679001 义乌市政协志/1067
010280313 义乌市政协志/1067
013148746 永康市政协志/1070
009744975 衢州市政协志/1075
010779006 龙游政协志/1081
009790124 江山政协志/1078
013630815 舟山市政协志/1082
013771852 定海政协志/1084
013795522 嵊泗县政协志/1086
012139355 椒江市政协志/1088
012175212 玉环县政协志/1095
009996270 温岭市政协志/1091
012052034 温岭市政协志 1995.10.1-2007.1.22/1091
012139477 临海政协志 1998-2006/1092
013185824 遂昌政协志/1103
012689946 云和县政协志/1105
013143825 合肥市政协志 1949-1987/1118
010730154 芜湖政协志 1993-1997/1129
012316895 芜湖政协志 1998-2002/1129
013510719 芜湖县政协志 1980.6-2011.6/1132
013374023 怀远县政协志 1981-2011/1137
013404366 固镇县政协志 1979-2009/1138
010731798 淮南市政协志 1950.9-2006.6/1138
012680154 潘集区政协志 1984-2005/1140
010193979 马鞍山政协志/1141
013772722 含山县政协志 1981-2011/1145

013335402 淮北市政协志 1966-1991/1146
013706409 濉溪县政协志 1980.6-2010.1 /1148
009046608 安庆市政协志 1949-1999/1151
012540689 安庆市宜秀区政协志 1987.5- 2007.1/1153
012662355 屯溪政协志 1955-2006/1160
013726986 阜南县政协志 1980-2009/1170
012613031 颍上县政协志 1980-2009/1171
012723184 萧县政协志 1981-2008/1174
013627955 霍邱县政协志 1981-2005/1179
012722377 舒城县政协志/1179
013728673 广德县政协志 1981.2-2011.10 /1188
013703343 福州市政协志/1205
012831143 仓山区政协志/1213
013508684 闽侯县政协志/1219
008451935 连江县政协志/1220
011805608 罗源县政协志/1222
010195242 永泰县政协志 1984-1999/1224
010138259 厦门市政协志 1950-1998/1225
012052408 厦门市政协志 1950-2006/1225
012174847 三明市政协志/1237
010195225 梅列区政协志 1987-2002/1237
010195227 明溪县政协志/1239
010195235 清流县政协志/1240
009378162 大田县政协志/1241
012175197 永安市政协志 1956-2006/1238
011292511 泉州市政协志/1243
010200436 鲤城区政协志/1248
011294618 洛江区政协志/1249
010197240 德化县政协志/1255
009378274 福建省石狮市政协志/1249
013730303 南安市政协志/1251

013961346 长泰政协志 1980-1992/1260
011320723 平和县政协志 1980-2000/1261
010200057 龙海市政协志 1949-1999/1258
012811575 建阳政协志 1955-2008/1265
011441036 龙岩市新罗区政协志 1956-2006 /1269
010201684 上杭县政协志/1271
010194024 连城县政协志/1272
010195230 屏南县政协志/1277
012264236 福安市政协志 1991-2008/1275
013726975 福鼎县政协志/1276
010280429 福鼎政协志续编 1991-2005 /1276
008692740 江西省政协志/1280
009386254 西湖区政协志/1301
009386174 南昌县政协志/1301
010143340 新建县政协志 1962-1992/1302
008300093 进贤县政协志 1959-1989/1304
008390695 景德镇市政协志/1304
012955004 乐平政协志/1306
014047864 萍乡市政协志/1308
010242581 九江市政协志/1311
013508527 九江市政协志 1994-2006/1311
012251439 庐山区政协志/1315
013379063 武宁县政协志/1317
008424845 武宁政协志/1317
009386312 修水县政协志/1317
012191730 德安县政协志 1984-2006/1319
011328664 星子县政协志 1984-2005/1319
009385344 都昌政协志略/1320
011066679 彭泽县政协志/1321
009386220 瑞昌政协志/1315
012252888 新余市政协志/1322
010143343 新余市渝水区政协志/1323

009560887 分宜县政协志/1324
011431582 贵溪县政协志/1326
009010103 赣县政协志 1949-2000/1332
009386260 信丰县政协志/1333
012099684 宁都县政协志/1337
010280135 于都县政协志/1340
013236284 于都县政协志 2007.3-2011.6/1340
013957674 吉水县政协志/1348
010143138 奉新县政协志/1361
009386247 万载县政协志/1362
010253970 宜丰县政协志 1959-2005/1364
012899008 靖安县政协志 1981-1990/1366
009386212 清江县政协志/1358
012967560 高安市政协志 1959-2005/1359
010110604 临川政协志 1955-2004/1369
010143337 南城县政协志/1370
010143327 黎川县政协志/1370
010279690 南丰县政协志 1949-2002/1371
008429460 乐安县政协志/1371
012832033 广昌县政协志 1958-2008/1374
009386233 上饶县政协志/1377
008429478 广丰县政协志/1378
007351333 玉山县政协志/1378
009386211 铅山县政协志/1379
013379456 余干县政协志 1959-2010/1381
012503650 波阳县政协志 1953-2002/1382
012836464 万年县政协志 1959-2008/1383
012714081 德兴市政协志/1376
008429438 德兴县政协志/1376
009962117 济南市天桥区政协志/1420
010279169 历城政协志 1984-2002/1421
010200474 平阴政协志 1981-2005/1424
013684606 商河政协志 1981.8-2008.6/1426

013630786 中国人民政治协商会议青岛市黄岛区委员会志/1437
011805496 莱西市政协志/1450
013686601 张店区政协志 1961-2011/1458
009817819 临淄政协志/1461
012049327 高青县政协志 1961-2006/1463
011320491 枣庄市政协志/1465
012175180 峄城区政协志/1470
013045501 东营区政协志/1481
012097690 垦利县政协志 1984-2007/1483
011954570 利津县政协志 1984-2006/1484
012139138 广饶政协简志 1980-1999/1486
014028778 福山政协志 1983-2013/1494
012612847 烟台市莱山区政协志 1994-2007/1492
012612854 长岛县政协志/1503
013704409 莱州市政协志/1498
011570916 潍坊市政协志/1504
013704063 寒亭区政协志 1980-2010/1506
012096419 昌乐县政协志 1980-2003/1516
010730419 诸城政协志 1980-2004/1508
012506209 寿光市政协志 1979-2009/1510
012635659 昌邑市政协志 1949-2006/1514
008662148 济宁市政协志/1517
013374436 济宁市任城区政协志 1984-2011/1520
013730088 济宁市市中区政协志 1949-2010/1520
008378836 兖州县政协志 1955-1991/1522
009700305 微山县政协志 1980-2003/1529
011329704 曲阜市政协志/1524
009962180 邹城市政协志/1526
013899619 泰安市政协志/1535
009414269 东平县政协志 1984-2004/1543

013097845 新泰市政协志 1981-2011/1538
012609726 肥城市政协志 1984-2009/1541
011478715 威海市政协志/1545
013225725 日照市政协志 1981-2011/1550
009340743 兰山区政协志/1564
012873288 罗庄区政协志/1564
012251418 临沂市河东区政协志/1564
013323105 沂水县政协志/1566
009552791 费县政协志/1569
011892372 平邑县政协志/1570
012832447 临沭县政协志/1572
009994929 德州市德城区政协志 1949.9-2000.12/1580
010244162 齐河县政协志/1583
011763245 平原县政协志 1959.10-2006.12/1584
012970517 武城县政协志 1981.1-2007.12/1585
013064957 聊城市政协志/1586
011564507 东昌府区政协志 1956-2006/1590
012722181 茌平县政协志 1981-2008/1592
013898033 临清市政协志/1590
012173685 滨城区政协志 1959-2008/1596
010731579 沾化政协志 1984-2006/1599
011313037 博兴县政协志/1599
009700281 牡丹区政协志/1603
012052567 鄄城县政协志/1605
012954952 鄄城县政协志/1606
012636886 定陶县政协志/1606
011757617 东明县政协志/1607
008987287 河南省政协志/1617
012758973 惠济区政协志 2003-2006/1657
011311826 邙山区政协志 1998-2003/1657

009560787 登封市政协志/1666
011585054 尉氏县政协志 1959-2001/1679
012769611 政协宜阳县委员会志/1698
013186144 偃师政协志/1693
013601944 平顶山市石龙区政协志/1703
013775949 舞钢市政协志 1983-2008/1703
012639025 汝州市政协志/1704
012173653 安阳市政协志/1708
011500667 汤阴县政协志/1715
013730291 内黄县政协志 1940-2011/1717
011439850 焦作市政协志/1734
012719119 焦作市政协志 1949-2006/1734
012954930 焦作市解放区政协志 1984-2009/1738
013606626 中站区政协志 1984.5-1998.3/1738
013440999 焦作市马村区政协志 1984.5-2006.5/1739
012713895 博爱县政协志 1981-2009/1742
012613316 温县政协志/1744
011311875 沁阳市政协志 1956.6-2003.4/1739
012832561 孟县人民政协志 1984.9-1995.12/1741
013342539 渑池政协志 1984-2007/1764
011805872 陕县政协志 1949-2006/1765
012097787 卢氏县政协志/1766
013824265 义马市政协志 1984-2007/1761
009413434 商丘县政协志 1956-1997/1782
013705127 梁园区政协志 1956-2011/1785
013706405 睢阳区政协志 1997-2011/1786
012662304 睢县政协志 1960-2004/1788
013961204 永城市政协志 1981-2008/1786
012052462 信阳市平桥区政协志 1998-2006

/1793
009959886 信阳县政协志/1793
012718829 光山县政协志 1981-2010/1794
011474483 湖北省政协志 1983.4-2003.1/1816
012052513 宜昌市政协志 1949-2006/1872
013072840 远安县政协志 1981-2007/1880
013134401 秭归县政协志 1981-1992/1882
013134029 枝江政协志 1980.12-1996.11/1879
011066999 襄樊市政协志 1956-1994/1885
009472553 襄阳县政协志 1980-1999/1885
012175080 襄阳县(区)政协志 1999.1-2005.12/1887
011066696 保康政协志 1982-2002/1892
012967544 鄂州市政协志 1984-2006/1892
011564526 鄂州政协志 1950.2-1989.4/1892
012714088 东宝区政协志 1987-2007/1899
012661362 京山政协志 1981-1999/1901
013190412 钟祥市政协志 1988.1-2008.2/1900
011327100 钟祥县政协志/1900
013179399 大悟县政协志/1910
013236336 云梦县政协志/1911
012541634 汉川政协志 1956.2-1999.2/1908
010195601 沙市市政协志 1955.5-1991.12/1915
009472525 监利县政协志 1956.5-1996.5/1922
012999209 江陵县政协志/1923
009472542 蕲春县政协志 1981.1-2001.1/1934
013863639 神农架林区政协志 1984.12-2011.1/1956

006088099 醴陵政协志/2001
013507928 衡阳市政协志 1949.11-2011.6/2021
012811447 衡阳县政协志 1982-2009/2028
011955280 祁东县政协志 1982.1-2006.12/2030
013317861 耒阳政协志 1980-2010/2025
012809912 常宁政协志 1992.1-2008.12/2026
013776336 岳阳市君山区政协志 1997-2012/2042
013955637 常德市政协志/2053
013462614 桃源政协志 1980-2010/2061
010199759 益阳市政协志/2066
010110046 沅江政协志 1983-2004/2070
012048737 郴州市北湖区政协志 1990-2004/2076
012545593 宜章县政协志 1983-2007/2079
012955048 临武县政协志 1983-2007/2080
009082291 湖南省湘西土家族苗族自治州政协志/2108
009145488 广州市东山区政协志 1950-1992/2145
007682674 越秀区政协志 1956-1990/2145
009959574 广州市白云区政协志/2151
011431388 番禺政协志/2153
014032757 花都政协志 1981-2005/2155
007443181 从化县政协志/2158
013731154 仁化县政协志/2166
013097836 新丰政协志 1980-2006/2167
009852042 南海市政协志 1979-2002/2188
007908407 南海县政协志/2189
012758823 高明政协志/2196
013686260 台山政协志/2201

007727228 恩平县政协志 1980.12－1993.4 /2203

013321265 信宜政协志/2210

013507976 怀集县政协志 1980-2002/2216

009378459 封开县政协志/2217

011954623 龙门县政协志/2221

013375307 梅县政协志/2224

011312108 汕尾政协志 1989-2004/2228

013461619 陆丰县人民政协志 1980－1990 /2230

012174177 陆丰市政协志 1990-2005/2229

009378639 龙川县政协志/2232

012872243 东源县政协志 1980-2010/2232

009145265 东莞政协志 1956-1998/2240

012251317 揭阳县政协志/2248

010777315 惠来县政协志/2252

012545698 云浮市政协志/2253

012767138 新兴县政协志/2258

012899138 罗定市政协志 1980-2010/2257

013793255 罗定政协志 1980-2010/2258

009239582 梧州市政协志/2305

013072763 宜州政协志/2328

010244018 扶绥县政协志 1981-2002/2338

011892284 宁明县政协志 1980-2000/2338

010238240 龙州县政协志 1980.12－2005.12 /2339

012898315 大新县政协志 1980.12－2004.5 /2339

013626523 海口市政协志/2348

012251011 海口市政协志 1993.6－2007.1 /2348

012252391 三亚市政协志/2351

009553239 重庆政协志 1950.1-1997.5/2359

009553273 重庆市中区政协志/2368

008427922 沙坪坝区政协志 1950.11-1993.2 /2373

009867406 大足县政协志/2377

009336841 大足县政协志续修 1986.1-2003.2 /2377

012139312 江北县政协志 1956-1990/2378

013866292 长寿政协志 1950-2009/2380

013752424 合川政协志 1986-2006/2382

013756860 潼南政协志 1987.1－2008.1/2386

013863860 铜梁县政协志 1980-2007/2388

009962554 丰都县政协志/2391

009962562 忠县政协志 1950.4－1998.12 /2393

013757199 秀山政协志 1950.3－2005.12 /2396

008670723 成都市政协志/2419

013379671 中国人民政治协商会议成都市锦江区委员会志 1991-2011/2431

012684878 温江政协志 1956.12－2006.6 /2437

013726897 大邑县政协志/2448

013865440 新津县政协志 1985-2010/2449

013335029 都江堰市政协志 1950－2009 /2438

011499498 彭州市政协志/2440

008672730 自贡市政协志/2451

013866380 自贡市政协志 1991-2010/2451

013129974 泸州市政协志/2465

012967621 合江县政协志 1957.6－2006.6 /2468

013510844 叙永县政协志/2468

013185779 什邡市政协志八届卷/2472

012832585 绵竹市政协志 1950-2002/2473

012873304 绵阳市涪城区人民政协志

/2481
013461921 三台县政协志 1950-1990/2484
013342495 三台县政协志 1991-2007/2484
013958927 平武县政协志/2488
013010683 旺苍县政协志 1950-2003/2493
014032911 剑阁县政协志/2499
011328573 蓬溪县政协志 1986-2002/2505
013131220 射洪县政协志 1986-2006/2506
010476512 大英县政协志/2507
013863671 四川省乐山市市中区政协志/2522
009799350 犍为县政协志/2525
013958883 沐川县政协志 1942-2012/2532
013337477 马边政协志/2535
012873320 南充市政协志/2535
010777089 南部县政协志/2540
012208098 蓬安县政协志 1981-2005/2541
012970541 西充县政协志 1981-2005/2542
012767166 宜宾市政协志 续志 1989-1997/2547
009867152 珙县政协志/2551
009231728 筠连县政协志 1987.1-2000.12/2552
012049403 广安市政协志/2553
013010672 通川区政协志 1979-2008/2559
013939615 宣汉县政协志/2562
013221076 大竹县政协志 1957-2006/2564
013958942 渠县政协志 1950-1987/2564
012969648 四川省石棉县政协志 1984-2006/2571
013342607 天全县政协志/2573
013933290 平昌县政协志 1981-2003/2581
013902054 资阳市雁江区政协志 1981-2006/2584

013402716 安岳县政协志 1957-2006/2586
013861796 简阳市政协志 1987.3-2005.12/2584
013861864 九寨沟县政协志 1949-2010/2596
009082543 甘孜藏族自治州政协志/2600
011294835 新龙县政协志/2605
009388336 石渠政协志 1950-1998/2606
011328731 贵阳市政协志 1950.1-2007.1/2633
009043386 花溪区政协志/2638
013959475 乌当区政协志/2637
013184634 清镇市政协志 1983.3-2008.3/2639
013795572 绥阳县政协志 1981-1997/2657
013512012 正安县政协志/2658
012635558 安顺市西秀区政协志/2664
010476442 紫云苗族布依族自治县政协志/2666
013222981 黔西县政协志 1981-2007/2671
012956920 织金县政协志 1981-1997/2672
012658591 赫章县政协志/2673
013958705 凯里市政协志 1950-2008/2695
013096256 榕江县政协志 1950-2007/2700
013732347 瓮安县政协志/2708
008539753 云南政协通志/2720
011996948 昆明市政协志/2727
011500739 五华区政协志 1993.2-2004.2/2740
013819391 官渡区政协志/2743
012100536 西山区政协志/2747
012951922 呈贡县政协志 1950.11-2008.2/2739
013726995 富民县政协志/2752

009091764 路南政协志 1965-1988/2755	政协志 1953-2003/2821
013379039 嵩明县政协志 1950-1999/2754	013730189 临沧县政协志 1950-2004/2824
012766209 禄劝政协志/2757	013072857 云县政协志 1950-2004/2827
012837541 寻甸回族彝族自治县政协志/2758	011571194 永德县政协志 1950-2005/2829
013659623 马龙县政协志 1950-2006/2764	009245178 双江政协志 1963-2003/2830
008597839 政协玉溪地区志/2771	013314451 耿马傣族佤族自治县政协志 1952-2007/2831
008597842 政协玉溪市志/2771	011430400 沧源佤族自治县政协志/2831
012141558 政协江川县志/2777	008992642 楚雄彝族自治州政协志/2832
008664841 政协澄江县志/2779	012899172 南华县政协志 1950.3-2006.3/2838
009561884 政协华宁县志/2782	012873283 禄丰县政协志 1950-2002/2841
011571180 易门县政协志 1950-2005/2783	012680072 红河哈尼族彝族自治州政协志 1998.4-2008.2/2842
008836897 政协峨山彝族自治县志 1951-1994/2784	013822147 屏边苗族自治县政协志 1984.8-2004.8/2852
013606604 政协元江县志 1950-1994/2790	011328455 红河县政协志/2851
013883849 保山地区政协志/2793	013066328 绿春县政协志 1961-2001/2851
012661520 隆阳区政协志/2797	009411848 马关县政协志/2858
010253968 施甸县政协志 1984.3-2005.3/2797	011066386 西双版纳傣族自治州政协志/2861
010113106 腾冲县政协志/2798	008426258 大理白族自治州政协志 1957-1992/2865
011805550 龙陵政协志/2800	012714016 大理市政协志/2871
013140943 昌宁县政协志 1984-2010/2801	012767161 漾濞彝族自治县政协志/2882
012061157 镇雄县政协志 1984.6-2007.12/2806	012767073 祥云县政协志 1984-2002/2873
013684470 丽江市政协志 1950-2010/2809	013726789 宾川县政协志 1984.4-2010.12/2875
013824276 玉龙纳西族自治县政协志/2812	013461671 弥渡县政协志/2876
012814520 永胜县政协志 1949-2005/2811	013133781 巍山彝族回族自治县政协志/2884
013897578 华坪县政协志 1950-2010/2812	013994239 永平县政协志 1984-2012/2878
012174084 景东彝族自治县政协志/2818	012878889 云龙县政协志 1984-2009/2879
012762136 景谷政协志 1984-2007/2819	012832046 鹤庆县政协志/2881
011474582 江城哈尼族彝族自治县政协志 1954-2003/2821	
013461668 孟连傣族拉祜族佤族自治县	

009688716 德宏傣族景颇族自治州政协志/2886

012208158 瑞丽市政协志 1950-2004/2888

012542657 潞西市政协志 1952.3 - 2009.7/2888

013821904 陇川县政协志 1950-2005/2891

013131054 怒江傈僳族自治州政协志/2892

013144588 泸水县政协志/2894

013528850 福贡县政协志 1951.8 - 2007.10/2895

013336252 兰坪政协志/2897

012831369 迪庆藏族自治州政协志 1978-2007/2900

013961376 政协迪庆藏族自治州委员会志/2900

012839286 中甸县政协志/2903

010475956 拉萨市政协志 1959.12 - 2000.12/2913

012657669 阿里地区政协志/2919

012663825 [西安市未央区]政协志 1955.1-1993.12/2945

013000333 临潼政协志/2948

012753153 宝鸡市政协志/2955

013183678 金台区政协志/2961

013313481 陈仓政协志/2964

012658439 扶风县政协志/2966

008993366 陇县政协志征求意见稿/2968

013319719 陇县政协志 1955.7-2010.7/2968

013333850 彬县政协志/2981

009387338 兴平县政协志/2978

012689876 宜川县政协志 1984-2009/2996

013991263 宁强县政协志 1981-2010/3000

012662268 神木县政协志 1984.6 - 2006.12/3004

010201234 子洲政协志 1984-2004/3008

013684391 嘉峪关市政协志 1983 - 2003/3043

013863844 天水市政协志/3049

013989038 甘谷政协志 1949.10 - 2009.9/3052

013706869 武都政协志/3076

012506658 政协西和县志/3077

013862776 礼县政协志/3078

009198296 甘南政协志/3081

013627750 互助土族自治县政协志/3102

013375312 门源县政协志 1950.3 - 2011.1/3104

012541677 贺兰县政协志 1949-2007/3128

013751612 大武口区政协志 1990 - 2010/3131

009016925 盐池县政协志/3136

009081907 同心县政协志/3137

012879018 中宁县政协志/3142

012967605 海原政协志/3143

008845788 新疆政协志/3155

012638863 呼图壁县政协志/3192

011890422 阿克苏地区政协志/3179

011996893 库车县政协志/3183

009441876 克州政协志/3203

012811375 和田地区政协志/3188

012636788 伊犁哈萨克自治州政协志/3206

013817845 阿勒泰政协志 1992-2011/3220

011995629 富蕴县政协志 1950.10 - 2002.12/3221

004411353 中华人民共和国职官志/3263

013506560 昌平区人事志/66

009123735 天津市机构编制志/81
011500691 天津市河北区人事志/91
011756477 保定市人事志/181
013133872 阳泉人事志 1947.5-1991.12/275
008535810 赤峰市人事志/398
009242177 鞍山市人事志 1948.2-1985.12/514
012096394 本溪市人事局志/528
013145345 上海人事志/724
013319822 南汇人事志/767
012266207 青浦人事志/780
008383076 南京人事志/803
010474222 常熟市机关事务管理志 第3卷/895
011585388 浙江省人事志/960
010253388 浙江省人事志 1949-2000 送审稿/960
008845103 萧山人事志/988
011312392 绍兴县人事志/1052
011320165 合肥市人事局志/1119
010577324 泉州市人事志/1243
011292477 南安县人事志/1252
008101460 漳州人事编制志/1256
009310605 江西省人事志/1289
009386163 南昌市劳动人事志/1294
008300115 景德镇市劳动人事志/1305
008429078 瑞金县劳动人事志/1331
011311824 抚州行政机关志 前202-2002/1367
011748879 山东人事史志资料/1398
009408043 东营市人事志/1474
010293848 烟台机构编制志 1978-2002/1487
012723348 烟台人事志 1840-1985/1488

012636816 烟台人事志 1986-2008/1488
012051959 泰安市人事志 1985-2006/1535
012814176 日照市人事志 1949-2009/1550
008378612 临沂地区人事志/1560
013064864 聊城地区人事志/1587
013045544 冠县人事志/1593
013646893 滨州人事志 1840-2009/1594
009251607 郑州人事志/1628
009685636 [信阳市]劳动人事志/1791
008452484 武汉市人事制度改革志 1978-1998/1827
008453130 大冶县劳动人事志/1853
009685867 钟祥机构编制志/1900
011327615 钟祥县劳动人事志/1900
013183710 荆州人事简志/1912
009553759 监利县编制志/1922
012969618 石首机构编制志/1917
009797362 湖南省机关事务志/1969
009685929 茶陵县人事志/2008
008538079 湘乡劳动人事志/2016
010473869 汕头市人事志/2177
007982866 佛山市人事志/2183
009851993 南海市人事志/2189
012679338 高明市人事志/2196
007908330 封开县人事志/2217
012541003 东莞市人事志/2240
007884728 中山市人事志 1911-1990/2243
013776350 云浮市人事志/2253
009198609 重庆人事志/2360
009553075 江北县人事志/2378
010251131 潼南县劳动人事志/2386
012679129 成都人事机构编制志 1990-2005/2419
013510556 双流县人事志 2005年本/2445

010201372 绵阳市人事志/2475

009253984 青川县人事志/2496

011890528 大英人事志/2507

006074816 内江地区人事志/2510

013774471 乐山市人事志 1734-2003/2519

013002358 平昌县人事志 1946-2005/2581

011997231 乐至县人事志 1950-2005/2588

009684008 石阡县劳动人事志 1941-1985/2679

011320271 昆明市盘龙区劳动人事志/2741

008836981 峨山彝族自治县劳动人事志/2786

012680401 丽江市人事志/2809

013179273 楚雄州人事志 1988-2010/2832

008598478 西安市人事志/2937

008993253 陇县劳动人事志 1949-1985/2968

013072795 榆中县人事志 1949.8-2005.12/3043

011478760 武威人事志/3053

009673289 武威市人事志/3055

011759041 哈密地区劳动人事志 1950-1990/3176

008380061 中国警察服装志/3263

008593582 西青区公安志/93

010278909 石家庄市公安局长安分局志 1956-1996/128

010275945 邢台市公安志/172

008844918 涿州市公安志/186

010280458 阳曲公安志/268

012100667 阳城县公安志 1937-2005/304

009995033 孝义公安志/359

008983833 包头公安志/388

012049238 鄂尔多斯市公安志 1948-2008/413

009675790 中华人民共和国满洲里边防检查站志/423

013991244 内蒙古大兴安岭森林公安志/424

008829157 临河市公安志/433

012956079 乌拉特中旗公安志/435

012638634 乌兰察布盟公安志/436

010238378 辽宁省公安志 1986-2000/460

011500597 沈阳公安志 1902-1985/473

009961949 沈阳铁路公安志/473

011579666 大连经济技术开发区公安志/501

009242172 鞍山市经济保卫志 1905-1989/513

012208253 台安公安志/520

008864762 抚顺公安志/523

012969468 清原公安志 1945-2008/527

011499220 辽阳市消防志/549

009334603 消防支队志 1970-1994/553

013897593 吉林市公安交通志/599

011995655 公主岭市公安志/612

009560806 黑龙江省林业公安志 1949-2000/646

009311360 呼兰县公安志/661

008385412 阿城交警大队志/662

008645408 五常公安志/664

008488242 伊春市公安志/694

009348745 佳木斯公安史志资料 1986-2000/697

009879595 牡丹江公安志/704

009335574 大兴安岭公安志/719

007824192 上海公安志/724

008842837 卢湾公安志/749
009313291 杨浦公安志/755
007684057 闵行公安志/756
013898464 南汇公安志/767
009160230 奉贤警察志/785
013820369 建邺公安志 大事记 1949-2005/803
007895599 南京公安志/803
012999228 江宁区公安志/823
013462788 无锡市公安志 1949-1987/829
011444125 徐州公安志 1906-1985/842
011319915 武进县公安史志 初稿/875
012252601 苏州市公安志/881
008446332 吴县公安志/887
008842895 常熟市公安志/895
008446222 连云港市公安志/914
009385238 淮阴公安志/922
012191347 宝应县公安志/941
012208574 镇江市公安志/942
013528824 丹徒县人民公安志/947
012264123 丹阳人民公安志 1949-2002/948
012506457 扬中公安志/950
012661369 靖江公安志/954
008530660 浙江人民公安志/960
009688791 杭州市人民公安志/972
012052599 浙江大学保卫工作志/972
012317092 余杭公安志/993
012266446 桐庐县公安志/1002
008846411 淳安县公安志/1004
010118476 建德市公安志/996
009840450 富阳公安志/998
008662699 宁波公安志/1007
008830173 鄞县公安志/1011
008450377 象山县公安志/1015

010252881 宁海县公安志/1017
008532120 慈溪市公安志/1013
009996075 温州市公安志/1018
013072781 永嘉县公安志/1028
010473947 瑞安市公安志/1023
008450228 乐清县公安志/1026
008848187 长兴公安志/1046
010201686 绍兴市公安志/1048
011441973 绍兴县公安志/1052
013145410 嵊州市公安志 1986-2005/1056
008662797 金华市公安志/1060
008848238 武义县公安志/1071
009840486 浦江县公安志/1073
009335273 衢州公安志/1075
013730150 开化县公安志/1080
012265111 江山公安志/1078
008671078 舟山市公安边防志/1082
008848283 台州边防志/1087
009561907 台州公安志/1087
010577529 椒江公安志/1089
011474504 黄岩公安志/1090
008532143 天台县公安志/1096
008865027 温岭市公安志/1091
010577085 临海市公安志/1093
009415123 丽水公安志/1099
010238429 青田县公安志/1102
010291673 合肥公安志/1119
013314272 滁州市公安志/1163
012174019 霍邱县公安志/1179
012506311 厦门市人民公安志 1949.10-1994.12/1225
011294745 泉州公安志/1243
013601951 浦城公安志/1266
011580182 江西省公安派出所简志/1280

008389993 江西省公安志/1280
010143325 进贤县公安志/1304
008299887 萍乡公安志/1308
009386133 九江市公安志/1311
012175217 玉山县交通警察志/1379
012811552 济南公安志1948-1985/1408
012663820 章丘公安志1941-2008/1422
012769684 淄博高新技术产业开发区公安志/1451
011957561 淄博市公安志/1451
012503985 高青县公安志/1463
009340758 沂源县公安志/1464
011908963 滕州公安志/1472
009411624 东营市公安志/1475
009799313 胜利油田公安保卫志1964-1990/1475
012813933 利津县公安志/1484
013321021 泰安市公安交通警察志1987.3-2011.6/1535
011908934 泰安消防志/1535
013958953 荣成公安志1940-2009/1549
013224470 莒县公安志/1554
010009396 莱芜公安志1902-1986/1556
012266392 郯城县公安志/1566
012873062 聊城市公安志/1586
012256608 郑州市公安局金水分局史志1991.1-2002.12/1655
011954030 巩义公安志/1659
012545524 新郑公安志/1663
009082522 登封市公安志/1666
013066342 洛阳市公安志/1683
011805621 洛阳铁路公安处志1986-1990/1683
011312222 安阳公安志/1708

008865383 安阳县公安志/1714
009685484 汤阴县公安志/1715
008999353 内黄县公安志/1717
009332599 林州市公安志/1712
009743677 濮阳县公安志/1749
012252920 许昌公安志/1750
012662486 舞阳县公安交警志/1756
009252701 武汉公安志/1828
012639095 荆门交警志1978-2000/1896
012202877 监利公安志/1922
008869289 鹤峰交通警察志/1950
010197192 长沙市公安志送审稿/1978
010197228 长沙消防志1904-2004/1978
011794383 株洲公安志1990-2000/1995
011794389 株洲公安志1949-1990/1995
011480743 株洲消防志/1995
009686605 攸县公安志/2006
013037902 茶陵县公安志重修本/2008
006088094 醴陵公安志/2002
008538070 湘乡公安志/2015
011809732 岳阳市公安志1369-2002/2038
012545693 岳阳县公安志/2044
007657694 华容县公安志/2045
011910276 张家界市警卫志/2063
008383038 [慈利县公安局观音桥派出所]所志/2064
012662750 益阳市公安志/2066
014032682 安化县公安志1901-1990/2072
008380310 沅陵县公安志/2097
009818833 湖南省溆浦县公安志/2100
010252908 广州市公安局东山公安志1991-2000/2145
012679390 广州市公安局白云区公安志1949-2000/2151

007677625 从化县公安志/2158
013097832 新丰公安志/2167
011892281 南雄公安志/2164
012638867 深圳市公安志 1979-2005/2168
012249764 澄海市公安志/2181
007884709 佛山市公安志/2183
009851754 南海市公安志/2189
011763321 三水公安志 1996-2004/2193
010008230 江门市公安志/2200
011890916 惠州铁路公安处处志 1992-1999/2219
007988976 梅州公安志 1890-1985/2222
013236303 云城公安志/2257
008466664 罗定公安志/2258
011954062 广西地方铁路公安志/2271
011890754 广西壮族自治区铁路护路联防志 1993-2001/2277
008665413 南宁市公安志/2277
008665311 桂林市公安志/2295
009061880 平南县公安志/2316
012256689 重庆市公安志/2360
013661837 重庆市沙坪坝区公安志/2373
008835882 金牛公安志/2433
013936379 双流县公安局交通警察志 1987-1996/2445
012722427 双流县公安志 2005年本/2445
008414558 自贡市公安志/2451
013940918 自贡市公安局自流井区分局志 1986-2005/2455
011479455 盐边县公安志/2464
007845521 绵阳市公安志/2475
007845514 三台县公安志/2485
013732538 盐亭县公安志/2486
008865315 北川县公安志/2490

008992429 江油市公安志/2483
014052334 旺苍县公安志 1730-2005/2494
009253986 青川县公安志 1942-1985/2496
013131274 遂宁公安志 1900-2000/2501
009995190 大英公安志/2508
008421816 内江地区公安志/2510
011570875 威远县公安志/2516
008428876 乐山市公安志/2519
008992449 夹江县公安志 1949-2000/2531
013958881 沐川县公安志/2533
011067667 南充县公安志/2535
011478668 通川公安志/2559
014047669 芦山县公安志 1950-2007/2573
008672091 通江县公安志/2577
013863146 平昌县公安志/2581
013508649 凉山彝族自治州公安志 1991-2006/2609
012096713 甘洛县公安志 1986-2006/2618
008598418 贵阳消防志/2633
013606731 遵义市公安志/2651
012816164 云南省森林公安志 1980-2009/2720
011891886 昆明公安志 1904-2000/2727
010244046 昆明消防志续 1 1996-2000/2728
009388603 五华区公安志/2740
012252744 五华区公安志续 1 1994-2000/2740
011313061 五华区公安志续 1 终审稿/2740
011293209 昆明市盘龙区公安志/2741
012614293 盘龙区公安志续 2 1996-2000/2741
009388584 官渡区公安志/2743
010201480 官渡区公安志续 1 1994-2000/2743

011585095 西山区公安志/2747
010243963 西山区公安志 1994-2000/2747
011472166 呈贡县公安志/2739
011890492 呈贡县公安志续 1 1996-2005/2739
012658453 富民县公安志 1906-2005/2752
012208536 宜良县公安志 1997-2006/2753
008992665 路南彝族自治县公安志/2755
009867357 石林彝族自治县公安志 1991-2000/2755
012967308 安宁市公安志 1950-2000/2749
013730071 华宁县公安志 1950-1990/2782
008837001 峨山彝族自治县公安志/2785
013226618 新平彝族傣族自治县公安志/2789
008420913 昭通地区公安志/2802
011585229 彝良县公安志/2807
012208227 思茅地区公安志 1905-2003/2813
009561857 临沧地区公安志/2822
012832441 临沧市公安志/2823
012048807 楚雄州公安志/2832
010293536 马关县公安志/2858
012837450 西双版纳傣族自治州公安志/2861
013506635 大理白族自治州公安志/2866
013726786 宾川县公安志 1950-2009/2875
013863074 南涧县公安志/2883
013601796 潞西县公安志 1950-1989/2888
013774479 梁河县公安志/2890
013224659 陇川县公安志/2891
013000673 怒江公安志/2891
013404259 福贡县公安志/2895
011479280 西藏消防志 1961-2001/2910

009854372 陕西出入境管理志/2930
009312594 陕西警卫志/2930
013865246 西安铁路公安处志 1949-2009/2937
013369103 宝鸡市公安局渭滨公安志/2962
013133814 西宁市消防志/3097
011955230 宁夏公安志/3114
013096382 石嘴山市公安志/3130
008598558 新疆生产建设兵团公安志/3155
009411812 乌鲁木齐公安志/3165
013012551 伊犁哈萨克自治州公安志/3206
008983841 包头公安交通管理志/388
009472639 大连公安交通管理志 1945-1994/501
009992766 长春市公安交通管理志/585
009392318 九江市公安交通管理志/1311
011911546 淄博市公安交通管理志/1451
012097383 桂林市公安交通管理志征求意见稿/2294
014030782 桂林市公安交通管理志 1949-2006/2295
011066656 昆明公安交通管理志/2727
012141545 昭通市昭阳区公安道路交通管理志/2803
013793103 兰州市公安交通管理志 1998-2009/3034
013994014 乌鲁木齐市公安局车辆管理所十周年志 1984-1994/3165
009380893 石家庄市民政志/120
013756270 唐山民政 1978-1988/142
009839230 磁县民政志/167

012140473 武安市民政志续 1989-2007/163	012051794 青浦民政志/780
011756473 保定市民政志/181	007843349 南京民政志/804
008983038 涿鹿县民政志/207	009686863 江宁民政志/823
012661710 平泉县民政志/212	009687013 溧水县民政志/827
009988806 沧州市民政志/216	011792982 无锡市民政志/829
013375371 南皮县民政志/227	012662408 无锡市民政志 1986-2005/829
011804221 大同市民政志/269	007682746 江阴市民政志/837
014053091 长治民政志/284	013510888 宜兴县民政志/840
007982842 长治市民政志第2卷/284	009082346 徐州民政志/842
008983220 陵川县民政志/305	012814445 徐州市民政志 1989-2009/842
012051897 山西省运城市盐湖区民政志/324	009560871 沛县民政志 1912-1985/859
011998174 山西省闻喜县民政志/330	012100599 新沂民政志/855
013133932 翼城民政志/348	010777041 常州民政志/863
013091041 浮山县民政志/352	012970522 武进民政志 1994-2007/875
013184340 临县民政志/364	010280377 武进县民政志/875
014028770 汾阳民政志/361	009865171 常熟市民政志第5卷/895
008594336 呼和浩特市民政志/378	012899192 南通县民政志/907
013128793 包头民政志/388	013369900 灌云县民政志/918
012809884 巴彦淖尔市民政志/431	013820620 涟水民政志/922
011292527 辽宁省民政志征求意见稿/460	013630426 盱眙县民政志清末民初-1985/923
010475352 辽宁省民政志 1840-1990/460	011500788 扬州市民政志/933
009994468 沈阳民政志/473	012819732 高邮市民政志 1986-2005/940
013369782 法库县民政志/496	012758826 高邮县民政志/940
008536766 鞍山市民政志/513	010276129 沭阳县民政志/957
010279112 本溪市民政志/528	007493550 浙江省民政志/960
013461567 辽阳市民政志/549	010146846 杭州市民政志/972
010468538 辉南县民政局志/620	012264968 杭州市民政志 1986-2005/972
012837551 延边州民政志/631	012999106 杭州市上城区民政志/984
008794007 大兴安岭民政志/719	008830181 杭州市江干区民政志/985
008569835 上海民政志/725	011294274 西湖区民政志/985
012721883 南汇民政志/767	012899976 萧山民政志/988
007824169 金山县民政志/772	013994115 萧山县民政志/988
010476175 松江民政志/776	013148759 余杭民政志 1990-2006/993

013994240 余杭县民政志/993
013626216 淳安县民政志/1004
013751800 富阳市民政志/998
012639778 临安市民政志/1001
012174795 宁海县民政志 1986-2008/1017
013771711 慈溪市民政志/1013
013096538 温州市民政志/1018
010293987 永嘉民政志/1028
009678942 平阳县民政志/1029
013753741 平湖市民政志/1038
008297358 绍兴县民政志/1052
009024945 诸暨民政志/1055
013756069 嵊州市民政志/1057
010146858 武义县民政志/1071
009335267 衢县民政志/1077
008446592 玉环县民政志/1095
009959529 仙居县民政志/1097
013510713 芜湖市民政志 1906-2010/1129
013143968 淮南市民政志 1949.10－2006.12/1138
012052428 萧县民政志 1985-2005/1174
009878453 灵璧县民政志/1175
009226949 金寨县民政志/1180
009385957 福州民政志/1205
008451930 连江县民政志/1220
012140399 同安县民政志/1230
013861739 惠安县民政志/1252
011473056 ［光泽县］民政志/1266
012951982 福安民政志/1275
008847201 江西省民政志/1281
009790036 南昌民政志/1294
013508498 九江民政志/1311
010777323 九江县民政志/1316
008430350 赣州市民政志/1327

009385286 安远县民政志/1335
012689939 袁州区民政志/1356
009687445 江西省铜鼓县民政志/1366
009385346 丰城县民政志/1357
013647468 高安民政志/1359
011996728 济南民政志 1948-2007/1408
013706205 商河民政志 1998/1426
013794845 青岛民政志/1432
012202883 胶州市民政志 1840-1987/1443
011432847 即墨市民政志/1445
013736557 淄博民政志/1452
013987572 博山区民政志/1460
013225782 山东省淄博市周村区民政志 1840-1985/1462
013775716 滕州市民政志 1912-2011/1472
011496999 东营市民政志/1475
012872239 东营区民政志/1481
009442052 东营市河口区民政志/1482
013752713 垦利县民政志 1991-2009/1483
010275842 利津县民政志/1484
013866305 芝罘区民政志 1986-2005/1493
011805857 莱阳市民政志 1840-1987/1496
013190060 招远县民政志/1500
013603029 寿光市民政志/1510
008379612 兖州县民政志讨论稿/1521
010475781 鱼台县民政志/1530
012836057 宁阳民政志/1542
011995509 东平县民政志/1543
013689608 文登民政志/1547
012049666 莒县民政志/1554
012636782 沂南县民政志 1986-2005/1565
013148741 沂水县民政志初稿/1566
012203065 蒙阴县民政志/1572
008452210 德州市民政志初稿/1574

012639051 庆云民政志/1582
010151349 临邑县民政志/1583
013994108 夏津县民政志/1584
012174850 山东省聊城市民政志/1586
011292482 沾化县民政志 1942-1987/1599
010577408 东明县民政志/1607
013686615 郑州市民政工业志未定稿
　/1628
009889462 郑州市民政志征求意见稿/1628
012690053 郑州市中原区民政志 1948-1996
　/1648
012690063 郑州市中原区民政志 1997-2002
　/1648
012144898 管城回族区民政志/1653
008421265 郑州市郊区民政志征求意见稿
　二稿/1657
013994202 新郑市民政志 1948-2008/1664
008424702 安阳市民政志 1912-1987/1708
008424734 卢氏县民政志/1766
009413781 南阳地区民政志/1768
013319849 南阳市民政志 1986-2006/1768
013822741 唐河县民政志 1986-2006/1779
013190069 柘城县民政志/1789
009685644 信阳民政志/1790
012175073 息县民政志/1796
011908726 上蔡民政志/1807
008452508 武汉民政（志稿）1840-1985
　/1828
012658191 蔡甸区民政志 1980-2000/1844
012140280 十堰市民政志 1969-1989/1856
011310904 宜昌市民政志 1949-1985/1872
013072759 宜昌市民政志 1979-2004/1873
013226576 孝感市民政志 1724-1991/1903
012970554 孝感市民政志 1949-2005/1903

013865414 孝南区民政志 1990-2008/1905
012613250 孝南区民政志 1991-2001/1906
013865536 应城民政志 1882-1985/1906
009675369 [沙市]民政志/1915
009675351 江陵县民政志/1923
003035283 松滋县民政志/1919
009961559 黄冈县民政志 1882-1984/1927
009472532 蕲春县民政志 1987-2002/1934
012096477 赤壁市民政志 1840-2003/1937
010201242 湖北省巴东县民政志/1947
012766546 神农架林区民政志/1957
010109995 长沙民政志/1978
011294815 湖南省浏阳市民政志 1875-2002
　/1991
008914132 株洲市民政志/1995
009685915 茶陵县民政志/2008
006088104 醴陵民政/2002
008538035 湘乡民政志/2016
008453528 衡阳市民政志/2021
008453525 衡阳市民政志续编/2021
010577460 南县民政志/2071
008847983 桂阳县民政志/2077
010244288 零陵县民政志 1840-1984/2086
008538791 靖州县民政志/2102
013958930 黔阳县民政志/2096
008848007 [湘西土家族苗族自治州]民
　政志/2109
009686265 古丈县民政志/2114
009796915 广州市东山区民政志/2145
007443144 从化县民政志/2158
010252200 汕头民政志/2177
012099830 汕头民政志 1988-2000/2177
013528798 潮阳民政志/2180
012679337 高明市民政志 1981-2002/2196

009839187 高明县民政志/2196
012208257 台山民政志/2201
007908320 梅州民政志 1911-1988/2222
008453645 海丰县民政志/2229
012723425 云城区民政志 1990-2005/2257
013510797 [新兴县]民政志 1979-2000/2259
008665283 柳州市民政志/2286
013793501 平乐民政志 1910-1990/2303
008835072 东兰县民政志/2330
013404392 海口市民政志/2348
009689066 重庆民政志/2360
014056720 重庆市万州区民政志/2369
009387541 涪陵地区民政志/2371
008670016 涪陵县民政局志/2371
009553190 重庆市沙坪坝区民政志/2373
009232320 江北县民政志/2378
009818017 黔江土家族苗族自治县民政志/2379
011809644 永川市民政志 1989-2006/2383
009818020 永川县民政志 1950-1988/2383
010244227 潼南民政志/2386
009552901 丰都县民政志/2391
008672116 武隆民政志/2392
008992453 金牛区民政志/2433
008670624 龙泉驿区民政志/2434
013510553 双流县民政志/2445
008672629 自贡市民政志/2451
013958917 攀枝花市民政志 1965-2005/2458
012175203 游仙民政志 1993-2002/2482
009414520 三台县民政志/2485
012546806 梓潼县民政志 1861-1987/2487
009442619 北川县民政志 1912-2000/2490

008992424 江油市民政志/2483
014032908 剑阁县民政志/2499
008835912 苍溪县民政志/2500
008669935 苍溪县民政志/2500
010476511 大英民政志/2508
009818009 乐山市民政志/2519
013130964 沐川县民政志 1941-2006/2533
009565775 南充市民政志/2536
009818012 南部县民政志/2540
013369903 广安市民政志 1993-2005/2554
013955622 达县民政志 1949-2008/2560
008427322 宣汉县民政志/2562
008672190 雅安市民政志/2566
013775243 石棉县民政志 1986-2005/2571
008669329 巴中县民政志/2574
008672095 通江民政志/2577
013863078 南江县民政志/2580
008669079 安岳县民政局志/2586
011997102 乐至县民政志 1986-2005/2588
009818005 简阳县民政局志/2584
009106205 金川县民政志/2597
009106236 阿坝县民政志/2599
010146606 四川省会东县民政志 1912-1990/2614
008541283 息烽县民政志/2640
013860472 凤冈县民政志/2658
011329677 黔西县民政志/2671
011954546 黎平县民政志 1912-2005/2699
011292808 云南民政志/2720
011996943 昆明市五华区民政志/2740
011762433 官渡区民政志/2744
010239359 寻甸回族彝族自治县民政志/2758
013699147 安宁县民政志/2749

012900185 玉溪地区民政志/2772
012952112 红塔区民政志/2777
013464221 易门县民政志/2783
013863843 腾冲县民政志/2798
013994219 盐津县民政志/2805
008865406 丽江地区民政志/2809
008420610 云县民政志/2827
013630680 永德县民政志/2829
010144772 沧源佤族自治县民政志/2831
013319723 禄丰县民政志/2842
012251181 建水县民政志/2849
012679184 大理白族自治州民政志/2866
013224432 剑川县民政志/2880
013603424 ［未央区］民政志/2937
008994067 咸阳市民政志/2973
013629503 三原县民政志/2979
009349743 延安市民政志/2990
012872622 嘉峪关市民政志 1965-2007/3044
012877259 天水市民政志/3049
013145628 西和县民政志/3077
012613310 乌鲁木齐市民政志 1986-2005/3165
008838602 塔城地区民政志 1945-1985/3214
008982501 中国福利会志/725
013319812 南汇红十字志/767
013994207 徐州红十字志/842
012051948 苏州红十字会志/881
011955646 泰安市社会福利院志 1916-2006/1535
013012677 郑州市社会福利院院志/1628
013093118 陵川县老干部志/305
012506167 沈阳市军队离退休干部安置志 1980-2000/473
009242375 西岗区退管志 1984.11-1994.11/506
009412922 河南省南阳地区老干部暨高级知识分子志/1768
012636599 郑州铁路局武汉老协分会武汉老干部部志 1980-1994/1828
011809634 永川市老干部工作志 1981-2006/2383
014052306 潼南县老干部志 1982-2010/2386
013940824 中共彭水苗族土家族自治县委老干部局志 1983-2011/2397
012900209 元谋县老干部志/2840
013793377 宁夏老干部工作志/3115
009414214 石嘴山市老干部局简志/3130
012766468 山东省压煤搬迁与采动损害补偿志 1949-2000/1398
008566890 洪洞大槐树移民志/351
011480529 浙江省电站水库移民志/960
011497913 金溪县移民志/1372
009251598 淅川县移民志/1778
012872483 竹山县移民志 1969-1989/1869
010230660 兴山县移民志 1984-2003/1881
008453123 秭归县移民志/1882
009441908 秭归县移民志续卷/1882
011757389 长阳移民志/1883
008453098 漳河水库移民志/1897
013065007 柳山湖镇移民志 1958-2010/1937
011890436 巴东县移民志 1971-2005/1947
012265064 怀化市水库移民志/2093
012723983 柘溪库区新化移民志/2107
012542647 泸溪县移民志/2112

012999127 河源市省属水库移民志 1958-2008/2230

009265540 海南移民史志/2345

011295921 重庆三峡移民志 第1卷 库区原貌/2360

012816266 重庆三峡移民志 第2卷 论证与规划/2360

012636506 重庆三峡移民志 第3卷 移民实施/2360

010779014 忠县三峡移民志/2393

013776461 忠县三峡移民志/2393

013379150 盐边县移民志/2464

013659700 怒江州移民开发志 2005.8-2011.8/2892

009890620 黄河三峡移民志/3078

012658574 国家质量监督检验检疫总局汶川特大地震抗震救灾志/12

013129089 国务院侨务办公室汶川特大地震抗震救灾志/12

012809947 中国科学院抗震救灾英模志/12

013756914 汶川特大地震南京援建志/804

013775929 汶川特大地震宿迁援建志/956

012251481 宁波市支援四川抗震救灾重建家园图志/1007

013067208 山东卫生系统援川抗震救灾来鲁伤员救治 对口支援北川志/1398

013795620 汶川特大地震山东省救助援建志/1398

013756912 汶川特大地震济南救助援建志/1408

014052354 汶川特大地震烟台市援助援建志/1488

013775921 汶川特大地震洛阳救援志/1683

013823023 兴山县对口支援志 1984-2004/1881

013756909 汶川特大地震红十字系统四川灾后重建志/2406

013779546 "5·12"汶川特大地震四川工会抗震救灾志/2405

012657655 "5·12"汶川特大地震四川监狱系统抗震救灾志 2008.5-2009.5/2405

013689610 汶川特大地震四川民政抗震救灾志/2406

013140829 "5·12"汶川特大地震四川司法行政系统抗震救灾志 2008.5-2009.12/2405

013894410 成都市商务局抗震救灾重建志 2008-2011/2419

013795621 汶川特大地震上海市对口支援都江堰市灾后重建志/2438

013898406 泸州市"七二三"抗洪救灾志/2465

012970510 汶川特大地震德阳抗震救灾志/2469

013731920 汶川特大地震罗江抗震救灾志/2474

013959468 汶川特大地震涪城抗震救灾志/2481

013965111 汶川特大地震梓潼抗震救灾志/2487

012520467 北川"5·12"大地震抗震救灾纪实/2490

012832040 杭州市支援青川县灾后恢复重建指挥部志/2496

012956975 杭州市支援四川抗震救灾和青川灾后恢复重建志/2496

013775922 汶川特大地震石棉县抗震救灾志/2571

013899672 汶川特大地震宝兴抗震救灾志/2573

013922811 巴中市灾后恢复重建志/2574

012503621 阿坝藏族羌族自治州防震减灾志/2592

013179228 "5·12"汶川大地震抗震救灾十日志 2008.5.12-5.21/2594

012506226 四川省红十字会"5·12"抗震救灾图志/2594

013630064 四川省教育系统汶川特大地震抗震救灾志/2594

013863898 汶川特大地震电力行业抗震救灾图志/2594

013863900 汶川特大地震电力行业抗震救灾志/2594

013959469 汶川特大地震国务院扶贫办抗震救灾志/2594

013863902 汶川特大地震抗震救灾志武警部队志/2594

013959474 汶川特大地震中央企业抗震救灾志/2594

013731915 汶川特大地震陕西抗震救灾志/2930

012662398 汶川特大地震陕西宝鸡水利抗震救灾志/2955

012658463 甘肃电力抗震救灾志/3026

013096541 汶川特大地震甘肃工会抗震救灾志/3026

013939400 汶川特大地震甘肃抗震救灾志甘肃省水利抢险救灾资料长编 2008.5.12-12.31/3026

012662835 玉树"4·14"抗震救灾影像志/3108

010293696 吉林市龙潭区信访志 1987-2002/606

012810605 甘南县信访志/677

011579768 奉新县信访志/1361

013822101 南阳地区信访志/1768

009686834 攸县信访志/2006

007443129 从化县信访简志/2158

009863754 封开县信访志/2217

008991851 犍为县信访志 1979-1999/2525

008417651 宝鸡市信访志 1951.6-1985.12/2956

008993369 陇县信访志/2968

011321247 栾城县殡仪馆志/136

013037870 保定市殡仪馆志/181

013730076 济南殡仪馆志 1962-2012/1408

014028684 东营市殡仪馆志 1972-2011/1479

011480538 郑州市收容遣送站志/1628

012678984 北京侨联志/12

012814188 上海港澳台侨胞联络志/725

008842762 上海侨务志/725

012689996 浙江省华侨志/961

009046562 文成华侨志/1033

013144720 瑞安市华侨志/1023

011475261 乐清华侨志/1026

013506431 安徽侨务志稿 1949-1990/1113

009835678 福建省华侨志/1200

003989830 厦门华侨志/1225

013991536 思明侨志/1229

013957675 集美区侨联志/1229

009835475 同安华侨志/1230

010577246 泉州市华侨志/1244
009836632 惠安县华侨志/1253
011804673 惠安县华侨志稿/1253
007347925 安溪华侨志/1254
013991431 石狮市华侨志/1249
007478017 晋江华侨志/1250
008451843 南安华侨志/1252
009683639 漳州华侨志/1257
009835667 浦城县侨务志/1266
008865157 江西省侨联志/1289
009025845 江西省侨联志/1289
009386161 南昌侨务志/1294
014047636 聊城市外事侨务志/1586
007508985 长葛侨务志 1980-1991/1753
009335686 广州市东山区侨务志/2145
010777313 白云区华侨港澳志/2151
013129720 黄埔侨志/2152
009116151 花县华侨志/2156
013462046 深圳侨务史志/2168
012546768 珠海侨务志/2174
012505253 金湾区侨务志/2176
012132556 潮阳市华侨港澳台同胞志/2180
003034764 佛山市华侨志/2183
009852012 南海市外事侨务志/2189
008453686 三水县华侨志/2193
009557570 台山县华侨志/2201
013704219 鹤山华侨志/2203
009379639 肇庆华侨志/2211
009250816 惠州华侨志/2219
009046334 梅州市华侨志/2222
009379619 兴宁县华侨志/2226
013736501 中山华侨志/2243
010195276 新兴县华侨志/2259

013732482 新兴县外事侨务志 1979-2000/2259
012264278 灌阳侨务志/2301
010010056 四川省侨务志/2406
012831251 达县侨务志 1911-2007/2560
012723213 新疆侨联志/3156
008452324 郝家居委会志/1596
009688211 胜利居委会志/1596
009851822 南海市精神文明创建志/2189
009010234 咸阳市精神文明建设志/2973
012256568 张掖市精神文明建设志 1979-2005/3057
008846157 雷锋志/460
009699793 内蒙古"文化大革命"通志/373
009385295 安远县知青志/1335
009472103 贵阳知青图志/2634
008359599 中国民主党派上海市地方组织志/725
013012693 中共虹口区委统战部区民主党派 工商联 侨联 社院史志/754
013866325 中国民主党派上海市松江区地方组织志/776
008383080 南京政党志/804
009106495 浙江省民主党派志/961
011497746 杭州政党志初稿/971
008532478 福州市党派志/1205
010252871 中国民主党派江西省地方组织志送审稿/1281
009198431 中国民主党派江西省地方组织志/1281
013995964 中国民主促进会九江市委员会志 1989-2009/1311
008538039 湘乡党派群团志/2016

009346499 佛山市民主党派志/2183
008671054 内江地区党派群团志/2510
011499610 群众团体昆明地方组织志/2728
012871825 宝鸡市民主党派志/2955
008993237 陇县社会群团志/2968
011478723 温州民革志/1018
013861898 乐清民革志/1026
011804290 福建民革志/1200
010476411 中国国民党江西省地方组织志/1280
012506335 湘西苗民革屯史志/2109
010474457 中国国民党及其他党团昆明地方组织志/2728
011477089 宁夏民革志/3115
013901297 中国民主同盟石家庄市志/120
012661425 廊坊民盟志/229
011499432 内蒙古民盟志/373
011430374 本溪盟志 1952.8-2006.9/528
012837649 营口民盟志 1957-2010/541
011757439 常州民盟志/862
011575349 安徽民盟志 1946-2000/1107
014032762 淮南民盟志/1138
013226650 新余民盟志/1321
013659637 民盟海南组织史志 1951-2010/2345
013000704 攀枝花民盟志/2458
009388404 中国民主同盟岳池组织志 1946-1995/2555
013865188 武胜民盟志 1946-2010/2555
012504002 个旧市民盟志 1957-2007/2845
013512084 中国民主促进会河北省会志/112

010476147 邯郸民进会志 1981-2005/158
013072726 邢台民进志 1981-2006/172
013458002 辽宁民进志 1952-2002/460
010475995 中国民主建国会合肥市地方组织志 1952.11-2002.11/1119
013708146 中国民主建国会合肥市地方组织志 2002.1-2011.12/1119
010252472 中国民主建国会福建省地方组织志/1200
011479298 中国民主建国会厦门市地方组织志/1225
013958952 中国民主建国会泉州市地方组织志 1956-2006/1244
011294831 中国民主建国会晋江市地方组织志/1250
009387084 中国民主建国会江西省地方组织志/1281
012542684 民建吉安市委会志 1956-2006/1344
012898455 海南民建志 1990-2010/2345
010280142 江津民建志/2381
012256657 中国农工民主党石家庄史志 1981.10-2004.10/120
010474445 常州农工党志 1931-1991/863
012638652 温州农工党志/1019
012766327 平阳农工党志/1029
012832208 中国农工民主党晋江市地方组织志 1949-2009/1250
012839340 中国农工民工(主)党江西省地方组织志 1930-2000/1280
011328577 中国农工民主党昆明市委员会志 1989-2003/2728
013074824 致公党泉州市地方组织志 1957-2008/1244

011478721 温州九三志 1957-2007/1018
013000274 九三学社泉州市委员会志 1986-2008/1244
011500837 枣庄市九三学社志/1465
008987302 河南九三志/1617
013705174 洛阳九三志/1683
011312729 河津工商联志/326
009243854 沈阳商会志 1862-1995/474
013222182 黑山工商联志 1950-2010/541
009243421 辽阳市工商联志 1949-1999/549
008445225 大庆市牧工商联合公司志/687
010576562 大兴安岭林管局农工商联合公司志/719
009676913 南汇工商联(商会)志/767
011311290 常州市工商业联合会 常州市商会志 1905-1995/863
013955635 常州市工商业联合会 常州市总商会志 1996-2005/863
012505288 溧阳工商联(商会)志 1906-2006/878
009157282 浙江省工商业联合会志/961
009995770 杭州市工商业联合会(商会)志/972
011444032 萧山工商业联合会(总商会)志/988
012878881 余杭工商联合会(总商会)志/993
011294777 宁波市工商业联合会(总商会)志/1007
009388742 新昌县工商联志/1058
013374060 黄岩工商联(总商会)志/1090
013994007 温岭工商业联合会(商会)志/1091

012542808 泉州市商会志/1244
011570134 南昌商会志 1901-2002/1298
008380660 沅陵县工商联志/2098
011805557 龙山工商联志 1911-2006/2115
009332447 广州市东山区工商联志 1952.10-1992.10/2146
007982769 佛山市工商联志/2183
009851658 南海市工商联志/2189
010007722 东莞市工商联志/2240
010251356 潼南县工商业联合会志 1919-1985/2386
009688489 都江堰市工商业联合会志/2438
014052881 雅安市雨城区工商联志/2567
012967988 简阳市工商业联合会(商会)志 1903-2003/2585
013375253 罗平县工商联志/2767
012636690 云县工商业联合会(商会)志 1909-2008/2828
011328104 个旧市工商业联合会会志/2845
008992919 铜川工商联志 1943-1991/2951
008993374 陇县工商联志/2968
013959422 孙蒋社区地方志 1997-2006/836
012506487 尧南社区志/886
010779216 杨庄社区志/1419
013756871 王家村社区志 2012/1442
011998230 胜利油田孤岛社区管理中心志 1997-2006/1475
013683713 华夏社区志/1563
012968222 李庄社区志/1563
012503647 滨南社区志 1997-2007/1594
013660422 小榄镇东区社区志 1152-2009/2242

012613274 金河社区志 1274-2009/2727
010779124 中卫社区志/2776
013821878 龙江社区志/2836
013925168 东峡社区志 1950-2012/3063
013510914 余杭老龄志/994
013317853 兰溪老龄十年志/1065
011312499 九江市老龄志/1311
009385972 高安市老龄志/1360
013861841 江阴市残疾人联合会志 1991-2011/837
012661240 即墨市残疾人联合会志/1445
012609661 东营市残联志/1475
012758848 广饶县残疾人联合会志 1990-2007/1486
012877192 泗水县残疾人联合会志/1533
010140390 残疾人联合会志 1991-2003/1653
013143622 十堰市老龄工作志 1985-2009/1856
013756356 潼南县残疾人联合会志 1959-2005/2386
012051990 铜仁地区残疾人事业志/2678
012898397 个旧市残疾人事业志/2845
013144493 开远市残疾人事业志/2847
013000692 怒江州残联志 1988-2010/2892
013369099 宝鸡市残疾人事业志 1989-2010/2955
012175191 银川市残联志 1980-2005/3121
013129066 广州市人民政府打击走私综合治理办公室志/2134
009796938 忻城土司志/2334
013955655 大新土司志/2339
008668954 四川国民党史志/2406
007567197 "中华民国""内政"志/3232
007658498 "中华民国"史公职志初稿/3232
004814643 "中华民国"史"内政"志初稿/3232
007507764 中美合作所志/3232
009576239 江苏帮会志/798
009408172 无锡帮会志/830
012542709 宁波帮志教育卷/1008
012542710 宁波帮志科技卷/1008
012542711 宁波帮志历史卷/1008
012542713 宁波帮志文化卷/1008

外交、国际关系

013507950 呼伦贝尔盟外事志/418
008254870 上海外事志/725
008446442 浙江省外事志/961
013506719 福州市外事志/1205
012662516 厦门外事志/1225
009338454 江西省外事志/1281
009840152 南昌外事志/1294
014047862 萍乡市涉台事务志/1308
008435593 赣南外事志/1327
013730078 济南外事志 1978-2010/1408
009414022 郑州市外事志/1628
009335299 湖北外事志 1858-1985/1816
008453708 肇庆市外事志/2211
008430333 成都市外事志/2420
008842823 上海租界志/744
009312728 汉口租界志/1828

法律

009310641 北京司法行政志/12
013629889 石家庄市司法行政志送审稿/121
012899386 山西司法行政志/249

009244091 沈阳司法行政志 1644-1986/473
009620052 凌源县司法行政志/565
009398884 上海司法行政志/726
013898482 南汇司法行政志/767
009744791 江苏省司法志 1988-2000/798
008569807 南京司法行政志/804
013939603 徐州司法志 1912-1985/842
011566164 靖江司法志/954
010245078 杭州司法志/972
010291672 安徽省司法行政志/1114
012831053 安徽司法行政志 1986-2006/1114
012837453 厦门司法行政志/1226
012880337 晋江市司法行政志/1250
008692715 江西省司法行政志/1281
009783947 山东司法行政志 1840-1995/1399
010010329 山东司法行政志 1996-2000/1399
012542829 山东司法行政志 2001-2005/1399
013926346 济南法学志 2005.1-2012.9/1408
013148926 郑州司法志/1629
013732489 信阳司法行政志/1791
013659377 江夏区城市管理行政执法志 1949-2011/1845
008848151 [湘西土家族苗族自治州]司法行政志/2109
013507821 广州司法行政志/2135
009959564 广州市白云区司法行政志/2151
012872281 佛山市城市管理行政执法志/2183
009852006 南海市司法行政志/2189

009863750 封开县司法行政志/2217
007988978 梅州司法行政志/2222
007677596 梅县市司法行政志/2224
013819288 东莞市司法行政志/2240
013961205 永川司法行政志 1989-2006/2384
013775899 铜梁县司法志/2389
013865435 新津县司法志 1981-2008/2449
013990953 绵阳市市中区司法志/2482
012968213 乐山市司法行政志 1981-2005/2520
013131000 沐川县司法志 1942-2007/2533
013772625 广安市司法行政志 1993-2005/2554
013002364 平昌县司法行政志/2581
013925248 甘孜藏族自治州政府法制志 1984-2011/2601
011584436 昆明市西山区司法行政志 1981-1990/2747
012956621 玉溪司法志/2772
012900151 易门县司法志/2783
008837004 峨山彝族自治县司法志/2785
013688981 隆阳区司法志 1980-2009/2797
013961224 永胜县司法志/2811
013603430 西安政府法制志 1986-2009/2937
008418406 宝鸡司法志/2956
009010226 咸阳市司法行政志/2974
013148682 延安地区司法行政志/2990
013464230 司法行政志/3002
009016793 兰州市司法行政志/3035
010112042 宁夏司法行政志/3115
014052934 永宁县司法行政志/3127

009245013 新疆生产建设兵团司法行政志/3156

013897206 邯郸政法志 1949-2009/158

013224518 科左后旗政法志/412

011311315 中国共产党辽宁省政法志 1945-1985/460

013134041 中共沈河区委政法志 1958-2011/489

010293701 中共龙潭区委政法委志 1986-2002/606

011793086 厦门政法志 1906-1990/1226

012543020 同安政法委志 1981.11-2002.12/1230

011890955 济南政法委志/1408

012661245 济南政法委志 2002-2009/1408

012877254 滕州市政法志 1905-2009/1472

013961379 中共东营市委政法委志/1475

013793096 来宾政法志/2333

012877297 西山区政法志/2747

012635485 安宁市政法志/2749

009392969 岳普湖县政法志/3187

010238561 北京市丰台区人民法院院志 1952-1992/53

013091104 和平区人民法院志/89

010138615 河北省审判志/112

012249698 长安区人民法院志 1958.4-1994.6/128

012758876 河北省井陉县人民法院院志 1938-1997/134

012769581 正定县人民法院院志 1938-1997/136

012758880 河北省赞皇县人民法院志 1949-1997/139

010252645 平山县人民法院志 1950-1997/140

008380782 新乐市人民法院志 1950-1996/132

010139892 秦皇岛法院志/152

013373952 河北省沙河市人民法院志 1950-1995/174

012899373 山西公安司法志(法院部分)/249

012899343 清徐法院志/267

012003024 阳泉市城区人民法院志/278

014052311 屯留县法院志 1938-2008/289

013991352 沁源县人民法院志/296

012955874 沁水县人民法院志 1953.11-2005.12/303

011321072 泽州县法院志/307

013775973 隰县人民法院志/354

013221117 方山县人民法院志/366

011890862 呼和浩特铁路运输中级法院院志 1995-2000/378

007657493 包头法院志/388

013090720 包头铁路运输法院志 1980-2010/388

009313108 伊克昭盟法院志 1649-1996/414

008067509 呼伦贝尔盟法院志/418

013958901 内蒙古磴口县人民法院志 1950-2010/434

010244549 乌兰察布盟法院志/437

013037814 阿拉善盟法院志 1980-1995/449

012741944 阿拉善盟中级人民法院志 1995-2010/449

010376751 辽宁审判志资料选编/460

008536600 鞍山法院志/513

008537940 锦州法院志 1840-1985 送审稿/537

010777075 辽阳市法院志/549
011580107 建平县法院志/566
013375223 辽源市中级人民法院院志 1902-2005/615
012636806 延边朝鲜族自治州中级人民法院志 1952-1992/631
012636808 延边朝鲜族自治州中级人民法院志 1992-2001/631
012832091 安图法院志 1949-2006/636
010476006 农垦法院志 1982-2002/646
013626491 哈尔滨铁路运输中级法院志 1953-2008/653
010475960 南岗区法院志 1991-2000/660
009149422 上海审判志/726
012174039 嘉定县法院志 1911-1992/761
010243644 松江审判志/776
011763270 青浦审判志/780
013404246 奉贤县法院志/785
008383072 南京审判志/804
012661266 江宁法院志/823
013174663 常熟法院志/895
012252382 如东县人民法院志/912
013647332 东海县法院志 1912-2005/917
013732519 盐城审判志/925
012249776 大丰市法院志 1941-1999/928
012680295 靖江县法院志/954
011329736 杭州法院志/972
012100535 西湖法院志/985
013145653 萧山县法院志 1912-1984/989
013148752 余杭法院志/994
009962520 宁波法院志/1007
013898666 瓯海法院志/1023
013319943 平阳法院志/1030
011584860 绍兴市法院志/1048

008865050 金华法院志/1060
013531059 金华县法院志/1064
013865234 武义法院志/1071
013958948 衢州法院志/1075
010147011 龙泉法院志 1911-1993/1100
014026306 安徽法院志 1667-1985/1113
014026308 安徽法院志 1986-2011/1113
013090713 蚌埠法院志 1935-1985/1134
013705579 青阳县人民法院志/1185
013757201 宣城地区中级人民法院志 1949-1988/1186
012837534 宣城市中级人民法院志 1989-2002/1186
012636821 宣城市宣州区人民法院志 1949-2006/1187
013926348 绩溪县人民法院志/1189
012542717 宁国市人民法院志/1187
012609867 鼓楼区人民法院院志 1956-2006/1212
012316912 厦门法院志/1226
013319952 莆田法院志/1232
012878929 漳州法院志/1257
012680439 龙岩法院志/1267
008423019 江西省法院志/1281
013793330 南昌法院志送审本/1294
013861861 九江法院志/1311
009386335 于都县人民法院志/1340
010252916 吉安法院志 1840-2000/1344
013897118 抚州法院志 1840-1990/1367
013897120 抚州法院志 1991-2010/1367
008429174 临川县法院志/1369
008385406 南丰县法院志/1371
011566144 上饶地区法院志/1374
008385534 波阳县法院志/1382

009046575 万年县法院志/1383
011534007 济南法庭志/1408
009340727 济南法院志/1408
012208136 人民法庭志 1987-2005/1419
011911538 淄博市法院志 初稿/1452
009472726 东营市中级人民法院志/1475
013726911 东营市东营区人民法院志/1481
013011220 烟台法院志 1949-2009/1488
012758862 海阳市人民法院志/1502
012956073 微山县法院志/1529
012542931 泗水县人民法院志/1533
012662422 五莲县法院志/1552
014047543 聊城法院志/1587
014047541 聊城法院志/1587
012191752 东昌府区法院志/1590
013955638 滨州市中级人民法院志 1950-2010/1594
010778950 无棣县人民法院志/1598
013771736 单县人民法院志 1940-2008/1603
011310749 郑州法院志 1913-1985/1628
008421457 郑州市郊区法院志 征求意见稿 一稿/1657
011566183 开封法院志 1840-1983 第一稿/1670
012175106 新乡市人民法院志/1721
013686412 新乡县人民法院志/1730
009334838 灵宝市法院志 1947-1994/1762
012611059 湖北法院志/1817
012613205 新洲区人民法院志 1979-2005/1848
013756074 十堰法院志 1866-2009/1856
013012564 宜昌法院志 1840-2005/1873

012956916 枝江法院志 1949-2005/1879
013757993 云梦法院志 1950-2010/1911
013683687 汉川法院志 1873-1985/1909
012541771 黄冈市法院志/1925
012767003 武穴法院志 1645-2005/1929
013096605 仙桃法院志 1894-2006/1952
010142804 长沙审判志 1840-1990/1978
013323306 株洲市法院志 1991-2010/1995
012506611 攸县人民法院志 1949-2000/2006
006088100 醴陵法院志/2002
013072717 湘潭市法院志 1840-1989/2011
008538671 湘乡法院志/2016
012898574 衡阳法院志/2022
012003054 岳阳县法院志/2044
007672830 华容县法院志/2045
013819171 常德市法院志 1988-2010/2053
012898275 慈利县法院志/2064
012141517 沅江市法院志 1983-2004/2070
011892376 祁阳县法院志/2087
009686479 蓝山县法院志/2091
008213709 花县法院志/2156
012684690 韶关市中级人民法院志 1950.3-2000.3/2161
012832495 龙湖区法院院志 1949-2005/2179
012096468 澄海市审判志/2181
003035352 佛山市法院志/2183
007988974 梅州法院志 1890-1987/2222
012174866 汕尾市中级人民法院院志/2228
011499601 清远市中级人民法院志 1989-1998.6/2234
012251314 揭阳县法院志 1920-1992/2248

010291862 广西审判志讨论稿/2271
008665268 北海法院志/2308
012661759 琼山法院志/2350
009413692 昌江法院志/2354
012546760 重庆法院志 1844-1989/2360
010252663 重庆市沙坪坝区人民法院志/2373
011809629 永川市法院志 1990-2006/2383
009348255 四川审判志/2406
009556389 四川政法审判篇/2406
007843464 成都法院志/2420
008667841 成都市锦江区法院志/2432
012951935 崇州法院志/2442
011501605 中江法院志/2473
010201365 绵阳市审判志/2476
008671832 三台县法院志/2485
008992433 江油市审判志 1840-1999/2483
009253979 青川县法院志/2496
008421838 内江地区审判志/2510
013130047 沐川县法院志 1942-2009/2533
009442653 南充地区法院志/2536
013958726 阆中法院志/2539
013955621 达州法院志/2557
013002340 平昌县法院志/2581
012541884 简阳法院志 1986-2005/2585
013860523 甘孜藏族自治州法院志 1911-2005/2600
008835973 美姑县检察志 1956-1993/2618
013129071 贵阳法院志/2634
012766977 威宁彝族回族苗族自治县法院志/2674
010777230 云南审判志 1900-1994/2720
009799617 昆明法院志 1950-1990/2728
010243660 五华区法院志 1956-1996/2740

010577207 昆明市盘龙区人民法院志 1956.8-1988.12/2741
012758835 官渡区法院志/2744
012613317 昆明市西山区人民法院志 1956-1988/2747
012132582 呈贡县法院志 1950-1987/2739
012831235 呈贡县法院志 1988-2007/2739
008992668 路南彝族自治县法院志/2755
010201235 嵩明县法院志 1942-2000/2754
013131105 曲靖市法院志 1942-2009/2760
011890503 澄江县法院志/2779
008836916 峨山彝族自治县法院志/2785
012202962 景东法院志/2818
013958753 临沧地区法院志 1953-2004/2823
008992647 楚雄州审判志/2833
012898578 红河哈尼族彝族自治州法院志/2843
013861798 建水法院志/2849
013090941 大理白族自治州法院志/2866
013090770 宾川县审判志/2875
010576579 德宏法院志/2886
012832310 [兰坪白族普米族自治县]法院志 1912-1990/2897
013336250 [兰坪]法院志 1912-1990/2897
013226397 维西傈僳族自治县人民法院志/2905
013897574 户县审判志/2950
013321028 铜川法院志 1943-1986/2951
011066732 宝鸡市法院志/2956
011471182 凤翔县司法审判志/2965
008993363 陇县法院志/2968
008598482 咸阳审判志/2974
009046068 延安地区审判志/2990

008793358	榆林地区审判志/3002
008993417	安康地区法院志 1935-1989/3009
013096353	陕西省商洛地区法院志/3013
009988820	兰州铁路运输中级法院志/3034
013939723	榆中法院志 1950.4-2011.4/3043
009557531	武威市审判志/3054
012140660	武威铁路运输法院志/3054
012814163	青海审判志/3091
011066962	宁夏审判志送审稿/3115
008487003	宁夏审判志/3115
012769464	银南法院志/3133
013795593	同心县人民法院志 1950-1990/3137
013224443	新疆生产建设兵团审判志/3156
013660388	乌鲁木齐市法院志 1935-1991/3165
013528987	哈密地区审判志/3176
009995330	阿克苏地区审判志/3179
009769246	西青区检察志/94
010278913	长安区人民检察院志 1958-1997/128
013629884	[石家庄市桥东区]检察志/128
011890969	[石家庄市新华区]检察志/129
011475500	满城县检察志 1951-1991/190
009796971	廊坊市检察志/230
012249622	安平县人民检察院检察志/241
013066960	沁水检察志 1951-2011/303
012661468	临汾市人民检察院志/343
012877313	乡宁检察志 1955.4-2005.12/353
012609684	鄂尔多斯市检察志/413
010376736	辽宁检察志资料选编/460
009243825	沈阳检察志 1950-1985/473
013751435	鞍山检察志/513
012609914	海城检察志 1950-2003/519
010200271	本溪检察志 1924-1985/528
010730275	吉林省检察志/575
011564898	黑龙江检察志/646
010293680	哈尔滨铁路检察志 1953-2003/653
008794010	大兴安岭检察志/719
008534778	上海检察志/726
010293698	上海铁路检察志/726
013184548	普陀区检察志/752
012753171	宝山检察志/759
013045715	嘉定检察志/761
013898466	南汇检察志/767
010242637	松江县检察志/776
011320850	青浦检察志/780
008188523	南京检察志/804
012545396	无锡检察志/830
013925256	高新区(新北区)检察志/870
012899892	武进检察志 1951-1997/875
013379061	武进检察志续一 2006/875
009154294	靖江检察志/954
013461825	平湖市检察志/1038
009996523	义乌市人民检察志 1951-2000/1067
011892415	衢州检察志/1075
013140853	安徽检察志 1986-2005 征求意见二稿/1114
013987330	蚌埠市检察志 1986-2006/1134
012174190	马鞍山市检察志 1954-2002

/1141
012832074 黄山市检察志 1951-2006/1158
013732431 萧县检察志 1950-2007/1174
012898437 贵池市人民检察志 1986-2000/1184
010194014 福州市检察志/1205
008451925 福建省连江县检察志/1220
013794801 莆田市检察志/1232
011293413 泉州市检察志/1244
012208130 泉州鲤城区检察志/1248
012612939 漳州检察志/1257
008692556 江西省检察志/1289
013221064 崇义县检察志 1986.1-2011.3/1334
008092146 宜丰检察志/1365
008300247 婺源检察志 部门志 1955-1988/1384
010239248 山东省检察志 讨论稿/1398
010290962 山东省检察志大事记 征求意见稿/1398
012872534 黄岛检察志/1437
011320246 枣庄检察志/1465
009688174 东营市检察志/1475
009009928 招远市人民检察志/1500
008453900 泰安县检察志/1535
010577343 聊城地区检察志/1586
013128853 东昌府区检察志/1590
008422407 河南检察志 1950-1985/1617
009391368 郑州检察志 1911-1985/1628
013661602 郑州检察志 1986-2003/1629
014028666 登封检察志/1666
009685631 [信阳地区]检察志/1791
009241090 湖北检察志/1817
012139223 湖北检察志 1978-2000/1817

011954556 醴陵检察志/2002
008538044 湘乡检察志/2016
013957440 衡阳市检察志 1949-2006/2022
010253022 澧县检察志/2058
013661561 益阳市检察志/2066
009686497 蓝山县检察志/2091
008199891 [湘西土家族苗族自治州]检察志/2109
007654335 广州检察志/2135
012762476 荔湾检察志/2147
009378349 东山区检察志 1955-1990/2145
013129062 广州市东山区检察志 1991-2003/2145
009887105 广州市天河区检察志 1985-2005/2150
009863439 白云区检察志/2151
012719029 黄埔区检察志 1979-2000/2153
013703323 番禺检察志/2154
007908322 花县检察志/2156
009673575 佛山市检察志 1954-1986/2183
012872328 高明市检察志 1982-2002/2196
008453721 肇庆市法院志 1833-1992/2211
007988973 梅州检察志 1949-1985/2222
012173755 东莞市检察志/2240
012636511 中山市检察志/2243
012141528 云城区检察志/2257
012952041 广西检察志资料 1906-1990/2271
010577078 桂林地区检察志 1910-1998/2295
008665309 桂林市检察志 1910-1995/2295
008665395 广西壮族自治区合浦县检察志/2310
008665402 广西壮族自治区象州县检察

志/2335
009840530 重庆市人民检察院第二分院志/2360
007995587 大足县检察志 部门志/2377
011809632 永川市检察志 1986-2005/2383
008835862 成都市金牛区人民检察院志 1956-1990/2433
013990954 绵竹市人民检察志 1941-2006/2473
008670951 绵阳市检察志/2475
013990951 绵阳市市中区检察志 续写修改本/2482
013509257 三台县检察志 1937-1985/2485
009253908 青川县检察院志/2497
010244172 大英检察志 1906-2003/2508
008421765 内江县检察志/2515
008670455 乐山市检察志/2520
009231556 犍为县检察志 续编 1986-1999/2525
013130115 沐川县检察志 1942-2009/2533
013901056 宜宾市检察志/2547
012898283 达州检察志/2557
013732019 通江县检察志/2578
011997065 乐至县检察志 1986-2005/2588
013752791 凉山彝族自治州检察志 1939-1990/2609
013939435 西昌市检察志 1911-1990/2612
008541266 息烽县检察志/2641
013683678 贵州绥阳县检察志 1950-2010/2657
013098036 织金县检察志/2672
009388541 云南省检察志 1910-1985/2720
010473960 昆明检察志 1910-1988/2728
010146998 昆明铁路检察志/2728

012970513 五华区检察志 1992-2002/2740
010242589 昆明市盘龙区检察志 1955-1988/2741
013129801 昆明市官渡区人民检察院检察志 1991-2007/2744
012256504 宜良县检察志/2753
012613256 江川检察志 1955-2003/2778
012831243 澄江县人民检察院检察志 1955-2008/2779
008836907 峨山彝族自治县检察志/2785
013661501 新平彝族傣族自治县检察志 1955-2005/2789
012256534 元江哈尼族彝族傣族自治县检查志/2791
012048721 保山市检察志 1945-1997/2793
012956823 昭通检察志/2802
010201640 昭通市检察志/2802
008426214 鲁甸县检察志/2803
012202965 景东检察志 1955-1999/2818
013461575 临沧地区检察志 1945-2000/2823
012048805 楚雄彝族自治州检察志/2833
011995396 楚雄市检察志 1941-2004/2836
012250944 个旧检察志/2845
012638648 文山壮族苗族自治州检察志/2853
008597931 大理白族自治州检察志/2866
012540905 大理市检查志/2871
012837577 漾濞检察志/2882
012723172 祥云县检察志 1944-1990/2873
013343366 祥云县检察志 1955-2010/2873
010243923 剑川县检察志 1906-1991/2880
013000682 怒江傈僳族自治州检察志 评审稿/2892

013531164 兰坪检察志 1956-1990/2897
008993354 陇县检察志/2968
010280097 延安市检察志/2990
010293542 兰州铁路检察志/3034
012722502 秦安县检察志/3052
013630259 武威市凉州区检察志/3055
013823021 兴庆检察志/3126
008543122 新疆生产建设兵团检察志/3156
009677940 新疆生产建设兵团检察志续/3156
010577021 乌鲁木齐市检察志 1986-2002/3165
013863904 无锡律师志 1911-2009/830
012662382 温州律师志 1916-2008/1019
010290303 山东律师志 1901-1995/1398
009228120 山东律师志 1996-2000/1398
013629511 山东海宇清律师事务所所志 1995-2007/1502
010201226 山西公证志世纪版/249
011764762 苏三监狱志明代监狱志/351
011497840 吉林省监狱管理局镇赉分局志 1956-2006/630
012505171 黑龙江省牡丹江监狱志 1969-2005/704
011432709 黑龙江省北安监狱志 1948-2005/711
009343439 上海监狱志/726
012505388 南京监狱志 1905-2007/804
012658102 白湖监狱管理分局志 1985-2002/1128
012967422 巢湖监狱志 1986-2006/1126
011580170 江西省第一监狱志 1949-1990/1294

011566130 江西省洪都监狱志 1990-2004/1302
010009673 山东省监狱志 1955-1985/1398
010293862 山东省监狱志 1986-2004/1398
010009675 山东省监狱志 1991-1995/1399
013824987 淄博监狱志 1951-2010/1452
014032662 河南省监狱志/1617
010778493 郑州市监狱志 1993-2003/1629
011474426 河南省新郑监狱志 1951-2005/1664
013224508 开封市监狱志 1983-2001/1670
012811419 河南省第四监狱志 1955-2001/1683
012658587 河南省洛阳监狱志 1951-2001/1683
013222168 河南省豫西监狱志 1980-2001/1683
013224672 洛阳市监狱志 1984-2004/1683
011469929 安阳市监狱志 1982-2003/1708
012661216 河南省内黄监狱志 1952-2001/1717
011954149 河南省新乡监狱志 1951-2001/1721
011954127 河南省第二监狱志 1949-2001/1721
011474432 河南省豫北监狱志 1954-2005/1722
013373961 河南省南阳监狱志 1949-2005/1768
013222161 河南省商丘监狱志 1982-2007/1782
011954195 河南省豫东监狱志 1952-2001/1782
011954154 河南省信阳监狱志 1951-2005

/1791

011474435 河南省驻马店监狱志 1953-2001/1805

011474491 湖南省网岭监狱志 1984-2002/2006

011474486 湖南省赤山监狱志/2070

013731643 四川省川北监狱志 1952-1998/2406

013334391 成都监狱志 1958-2003/2420

014056745 自贡监狱志 1958-2011/2451

013940819 至诚监狱志 1962.5-2011.12/2578

013625826 安宁监狱志/2749

012903475 云南省元江监狱志 1954-2004/2791

012679151 楚雄监狱志/2833

011328407 陕西监狱志/2930

013626616 宁夏监狱志/3115

009016841 银川监狱志 1949-1999/3121

009880947 吴忠监狱志 1955-2004/3133

012758730 北京市双河劳教所(农场)志 1956-2005/14

011444252 [辽宁省马三家劳动教养院]院志 1957-1997/494

011563745 笔架山劳改支队志 1953-1990/685

012586986 安徽劳动教养志 1955-2005/1114

013687079 江西省劳改劳教志/1281

011566111 江西省第二劳改支队志 1959-1989/1294

013320935 山东省劳改劳教志 1840-1985/1398

009854356 山东省劳教志资料长编/1399

011570214 山东省济南市劳教所志 1958-1998/1408

011954208 河南省郑州少年管教所志 1984-2001/1629

011954137 河南省焦作少年管教所志 1955-2001/1734

011804563 湖南省坪塘劳动教养管理所所志 1979-2002/1979

013096419 四川省大堰劳教所志 1961-2007/2583

012097376 贵阳市三江劳教志/2634

013335450 昆明市劳动教养管理所志 1991-2008/2728

012317161 云南省第三劳动教养管理所志 1990-2003/2789

012317166 云南省漠沙亚热带园艺场劳改劳教志 1956-1989/2789

013148797 云南省第二劳动教养管理所志 1951-2011/2842

012998931 甘肃劳改工作志 1949-1989/3026

013601940 宁夏劳动教养志 1956-2006/3115

012927577 新疆劳动教养志 1956-2002/3156

002155701 武汉抗战法制文献选编/1828

007490013 "中华民国"史法律志初稿/3232

军事

008543112 新疆生产建设兵团基本建设志送审稿/3156
008543108 新疆生产建设兵团志司法行政志 1984-1990 初稿/3156
007495292 兵团史志/3169
009313378 一〇四团志/3165
008598564 一二九团志/3172
009854397 一三七团志/3172
008835409 一三〇团志/3173
009348302 一〇三团志 1949-2001/3228
011809354 二二一团志/3175
009016979 新疆生产建设兵团哈密农场管理局志/3176
011500772 二二二团志/3192
009414699 一〇六团志/3193
009157273 一一一团志 1962-2001/3193
008994545 一四七团志/3193
010293881 一〇八团志 1958-2003/3195
008838540 一九〇团志/3194
009799605 一九〇团志 1958-2000/3194
009414705 一一〇团志/3195
009016972 一〇一团志/3229
009700539 一〇七团志/3195
009254036 一七〇团志/3217
008378549 八十九团志 1963-1997/3196
008614847 八十六团志/3196
009342979 八十四团志/3196
009342989 八十五团志/3196
008543155 九十团志 1960-1998/3196
009480295 农五师志 1949-2003/3197
009342978 八十二团志 1959-1999/3197

008598586 八十三团志/3197
008994537 九十一团志 1959-1997/3197
010001268 八十八团志/3198
009117625 八十七团志/3198
008543147 二十八团志/3199
009411738 二十九团志/3199
007519781 农二师志/3199
008482755 三十团志/3199
008994842 十八团渠管理处志/3199
009342966 三十二团志/3200
008382868 三十三团志/3201
008994513 三十四团志/3201
009411734 三十一团志/3201
008382878 三十六团志/3201
008543146 二十七团志/3203
009411722 二二三团志/3201
008543144 二十三团志/3202
008378545 二十一团志/3202
009411729 二十四团志/3202
008994511 二十五团志/3202
008994475 工一师二团志/3181
008384856 农一师志鉴 1994-1996/3181
010001270 农一师志鉴 1997-1999/3181
012100566 一团志新疆生产建设兵团农一师 1953-1995/3181
010730217 五团志/3182
009854399 农一师四团志/3184
008994729 三团志/3184
008543190 农三师志初稿/3185
010001272 农三师志/3185
009400340 和田农场管理局志/3188

009082533 四十七团志/3189
008668365 农四师志/3207
007519792 农七师志/3208
009414708 一三一团志/3208
009342969 新疆生产建设兵团农四师七十团志/3209
009117634 新疆生产建设兵团农四师六十八团志/3213
008994758 新疆生产建设兵团农四师六十九团志/3213
008994530 新疆生产建设兵团农四师六十七团志/3213
008772244 六十三团志/3210
009117632 新疆生产建设兵团农四师六十二团志/3210
009117638 新疆生产建设兵团农四师六十六团志/3210
010001285 新疆生产建设兵团农四师六十四团志/3210
009149413 新疆生产建设兵团农四师六十五团志/3210
009149415 新疆生产建设兵团农四师七十三团志/3211
008543148 七十一团志/3211
008492746 新疆生产建设兵团农四师七十二团志/3211
009082531 七十六团志/3212
009232175 七十四团志/3212
009107144 新疆生产建设兵团农四师七十七团志/3212
009117773 新疆生产建设兵团农四师七十五团志/3212
009010265 新疆生产建设兵团农四师七十八团志/3212

009117617 新疆生产建设兵团农四师七十九团志/3213
008543160 一六二团志/3215
008375232 一六三团志/3215
008841188 一六三团志评审稿/3215
009254038 一六四团志/3215
008543136 一二八团志/3215
008543168 一二六团志送审稿/3216
008994541 一二七团志/3216
008841164 一二三团志送审稿/3216
008598566 一二三团志/3216
009106504 一二四团志/3216
008846026 一二五团志/3216
008668392 农九师志/3216
008492780 一六八团志/3217
009254034 一六九团志/3217
008543162 一六六团志评审稿/3217
008994573 一六七团志/3217
008375236 一六五团志/3217
008543157 一六一团志/3219
008668175 一八四团志/3220
008838543 新疆生产建设兵团农十师一八一团志/3221
009408677 新疆生产建设兵团农十师一八七团志/3222
010146808 新疆生产建设兵团农十师一八三团志送审稿/3222
009411696 新疆生产建设兵团农业建设第十师一八八团志/3222
008432705 一八二团志/3222
009342958 一八三团志/3222
010146805 新疆生产建设兵团农十师一八五团志送审稿/3223
009342961 一八五团志/3223

008994550 新疆生产建设兵团农十师一八六团志/3223

009025007 一五二团志/3224

008994581 工一师七团志/3226

009245031 九团简史/3227

008994487 九团志/3226

012051918 农一师十六团志/3227

012051920 农一师十三团志/3226

008994489 十四团志/3227

009890543 十团大事记 1957-2004/3227

008668369 十一团志/3227

009890558 新疆生产建设兵团农一师十五团简史/3227

009414718 五十二团志/3228

009995533 农六师简史 1927-2004/3228

008994885 农六师志讨论稿/3229

008841184 一〇二团志/3228

008543117 一〇二团志/3228

008543202 农十师志送审稿/3230

009105230 新疆生产建设兵团农十师大事记 1949.9-2001.12/3230

009060264 东城区人民防空志/43

009959446 北京市朝阳区人民防空志 1949-1995/49

008382873 [石家庄市]防空志/121

012099918 石家庄市人民防空志 1947-2007/121

010108677 沧州防空志/216

012191965 衡水市防空志/236

013863241 太原人民防空志/256

013961348 长治市防空志/285

012999141 呼和浩特市防空志/378

008828728 赤峰市防空志/398

008378080 黑龙江省防空志/646

009411577 佳木斯市人民防空志 1950-1990/697

008842797 上海民防志/726

007848941 南京人民防空志/804

013604542 徐州人民防空志/842

011293524 福州市人民防空志/1205

011293547 厦门市人民防空志/1226

011293540 三明市人民防空志/1237

011293534 南平市人民防空志/1262

010293541 南昌防空志/1294

008987295 河南省防空志/1617

013353486 中南地区人民防空志 1949-2000/1828

010199654 湘潭市人民防空志 1987-2000/2011

009767860 广州市东山区人防志/2145

007621191 重庆市防空志/2360

013002313 攀枝花市人民防空志 1969-2008/2458

012878896 云南省防空志 1937-2000/2723

008637878 陕西省防空志 1934-1990/2931

008997497 咸阳市防空志/2974

011910073 银川市人防志/3121

009232056 遂宁市军转志/2501

010201785 中国武警志水电第二总队志/1322

009232103 中国武警志四川省总队志/2406

012816254 中国武警志贵州总队志/2626

011066730 中国武警志云南省总队总队医院志/2720

013323256 中国武警志辽宁省总队医院志 1948-2005/487

009154332 中国武警志山东总队志 1949-2000/1399

011447150 中国武警志白山市森林支队志 1950-2000/622

010243968 中国武警志河南省总队志 1951.1-1999.12/1617

010252957 中国武警志内蒙古自治区森林总队志 1952-2000/373

011447155 中国武警志呼伦贝尔市森林支队志 1952-2000/418

009330486 中国武警志黄金第六支队志 1979-2000/1758

011447165 中国武警志通辽市森林支队志 1981-2000/407

010475972 中国武警志浙江省总队 衢州市支队志 1986-1999/1075

012956549 武警北京市总队志/12

010252868 武警交通部队志审查本/12

013404412 邯郸市武警志/158

008377408 大兴安岭支队志/719

008839737 上海武警志/726

010475878 浙江省武警志 1949-1999/961

011497884 江西省武警志/1281

010577075 山东武警志支队志 1949-2000/1399

010475978 山东武警志聊城支队志 1949-2000/1587

012839326 中国湖北武警志襄樊市支队志/1885

009336639 武警第三支队志/2420

009336643 武警第四支队志/2420

009336636 武警第一支队志/2420

009336769 武警自贡市支队志/2451

009336775 武警攀枝花市支队志/2458

009336659 武警泸州市支队志/2465

009336762 武警德阳市支队志/2469

008991723 武警绵阳市支队志/2476

009336663 武警广元市支队志/2491

009336660 武警遂宁市支队志/2502

009336664 武警内江市支队志/2510

009336767 武警乐山市支队志/2520

009336771 武警南充市支队志/2536

009336760 武警宜宾市支队志/2547

008991722 武警达川地区支队志/2557

009336780 武警雅安地区支队志/2566

009336666 武警阿坝州支队志/2590

009336759 武警甘孜州支队志/2601

009336773 武警凉山州支队志/2609

012638621 武警贵州省总队志贵阳指挥学校志/2634

009864528 武警贵州省总队志医院志/2634

013072602 武警贵州省总队志遵义市支队志/2652

009010570 武警贵州省总队志第一支队志/2634

008991129 武警贵州省总队志第二支队志/2634

013660106 陕西武警志总队医院志/2938

013660109 陕西武警志延安市支队志/2991

013959352 陕西武警志第四支队志/2931

008543115 新疆生产建设兵团武装志送审稿/3157

009442044 平罗县民兵志/3132

013625865 北京市崇文区军事志/43

014026363 北京市西城区军事志/46

014026367 北京市宣武区军事志/46

013402893 北京市朝阳区军事志/49

013751463 北京市丰台区军事志/53

012758732 北京市门头沟区军事志/57

013625871 北京市房山区军事志/59
012635634 北京市通州区军事志/61
013140890 北京市大兴区军事志/68
013625894 北京市怀柔区军事志/69
013140896 北京市平谷区军事志/70
014026362 北京市密云县军事志/71
014026370 北京市延庆县军事志/72
013704422 乐亭县军事志/150
009042879 沧州市军事志/216
012967366 沧州市军事志/216
014026441 沧州市运河区军事志 1980-2005 /219
008983183 太原军事志/256
012956029 太原市军事志 1997-2006/256
013342596 太原市尖草坪区军事志 前572-2005/265
014047661 娄烦县军事志 前453-2005 终审稿/268
012503851 大同市军事志 前300-2005/269
008864719 襄垣县军事志/288
012100030 屯留县军事志 前1793-2005/289
013926409 晋城市城区军事志 前426-2007 /300
012613949 陵川县军事志 前550-2005/305
013002409 祁县军事志 前556-2005/318
012955053 灵石县军事志 前205-2005/321
013958688 介休市军事志 前789-2005/313
012970507 闻喜县军事志 前110-2005/330
012898660 稷山县军事志 前629-2005/331
012872274 汾西县军事志 前590-2005 初稿 /355
009442087 离石县军事志/357
013732494 兴县军事志 556-2006/363
013898034 临县军事志/364

012766856 石楼县军事志 前665-2006/365
008983835 包头军事志/388
007443582 赤峰军事志/398
011805992 通辽市军事志/408
012132432 巴彦淖尔市军事志 前300-2005 /431
009244792 乌兰察布军事志/437
012609679 多伦县军事志/446
009227412 抚顺军事志 1840-1992/523
009814657 长春军事志 1989-2000/585
010254034 怀德县军事志/612
008712477 上海军事志/726
012969570 上海市奉贤区军事志 751-2006 /785
012814038 南京市军事志/804
013753721 南京市江宁区军事志/823
012873327 南京市六合区军事志/826
012956979 常州市军事志/863
013096525 常州市天宁区军事志/871
012951900 常州市钟楼区军事志/871
014049859 常州市戚墅堰区军事志/872
013221021 常州市武进区军事志/875
012968110 金坛市军事志/879
013822222 如皋市军事志/908
013897135 赣榆县军事志 前523-2007/916
012506644 镇江市军事志/942
012612912 镇江市京口区军事志 前538-2005/946
012816193 镇江市润州区军事志/946
012503869 丹阳市军事志 前538-2005/948
012613144 扬中市军事志 1127-2005/950
012613293 句容市军事志 前128-2005/951
008530696 浙江省军事志/961
009554409 余杭军事志/994

011312090 建德市军事志/996
009561908 温州市军事志/1019
012266313 绍兴县军事志/1053
013798794 舟山市定海区军事志/1084
012208126 全椒军事志 231-1984/1167
012202978 利辛县军事志/1183
012813975 罗源县军事志/1222
008452031 福清市军事志/1216
011955321 泉州市鲤城区军事志 669-2005 /1249
008692559 江西省军事志/1281
011584374 九江市军事志/1311
007508939 井冈山地区军事志/1346
013446286 井冈山军事志/1346
011954495 康县军事志 约前 920-2007.6 /1372
013794854 山东省军事志 1986-2005/1399
013752516 济南市历下区军事志 1840-2005 /1419
012999194 济南市槐荫区军事志 1840-2005 /1419
013772947 济南市历城区军事志 1840-2005 /1421
013775119 平阴县军事志 1840-2005/1424
013775161 青岛市市北区军事志 1949-2005 /1436
013753785 青岛市四方区军事志 1388-2005 /1436
013752637 胶南市军事志 前 476-2005/1437
013775158 青岛市黄岛区军事志 1840-2005 /1437
013753782 青岛市李沧区军事志 1949-2005 /1441
013793099 莱西市军事志 1840-2005/1450

013798873 淄博市军事志 前 1101-2005 /1452
013776524 淄博市张店区军事志 1925-2005 /1458
013752463 桓台县军事志 1860-2005/1462
012636677 枣庄军事志/1465
013758755 枣庄市市中区军事志 1840-2005 /1469
013795584 滕州市军事志 1840-2005/1472
013894515 东营市东营区军事志 1840-2005 /1481
013751657 东营市河口区军事志 1830-2005 /1482
013772626 广饶县军事志 前 523-2005/1486
013797240 长岛县军事志 1840-2005/1503
013774447 莱州市军事志 前 685-2005/1498
012266454 潍坊军事志/1504
013795606 潍坊市军事志 前 203-2005/1504
013775915 潍坊市寒亭区军事志 1840-2005 /1506
013756902 潍坊市坊子区军事志 1840-2005 /1507
013756903 潍坊市奎文区军事志 1840-2005 /1506
013790272 昌乐县军事志 1840-2005/1516
013775164 青州市军事志 311-2005/1507
013798864 诸城市军事志 1840-2005/1509
013751432 安丘市军事志 1840-2005/1512
013772616 高密市军事志 1840-2005/1513
013790275 昌邑市军事志 1840-2005/1514
010010338 济宁军事志 1840-1990/1517
013316353 济宁市军事志 1986-2005/1517
013752529 济宁市任城区军事志 1841-2005 /1520

012141474 兖州市军事志 1840-2005/1522
008378616 兖州县军事志资料/1522
013774213 嘉祥县军事志 1840-2005/1531
014052375 五莲县军事志 1840-2005/1552
013319704 临沂市军事志/1561
013774531 临沂市军事志 1840-2005/1561
013793237 临沂市兰山区军事志 前524-2005/1564
013774536 临沂市罗庄区军事志 1840-2005/1564
013774524 临沂市河东区军事志 1840-2005/1565
013756226 郯城县军事志 前473-2005/1566
013309032 苍山县军事志 前1040-2005/1568
010476011 费县军事志/1569
013791151 费县军事志 1840-2005/1569
012982203 莒南县军事志 前741-2005/1571
013793174 临沭县军事志 前585-2005/1572
012636877 德州市军事志/1574
008844034 德州市军事志 1368-1988/1574
013789844 滨州市军事志 1986-2005/1595
013789840 滨州市滨城区军事志 1840-2005/1596
013772881 惠民县军事志 1840-2005/1597
013797223 沾化县军事志 1840-2005/1599
013090780 博兴县军事志 1840-2005/1599
013751471 曹县军事志 1840-2005/1603
013752709 巨野县军事志 1840-2005/1604
013797216 鄄城县军事志 1840-2005/1605
013774298 鄄城县军事志 前632-2005/1606
013141140 登封市军事志 约前30世纪-2005/1666
013683726 辉县市军事志/1729

013753752 濮阳市军事志 前21世纪-2005/1745
013145341 商丘市军事志 前1600-2005/1782
011325497 云梦县军事志初稿/1911
013323113 应城市军事志 1949-2005/1906
012052487 宣恩县军事志 1979-2005/1948
013894621 芙蓉区军事志 1840-2005/1988
013936421 天心区军事志 1840-2005 内部版/1988
012256529 雨花区军事志 1840-2005/1989
013901238 长沙县军事志 1840-2005/1993
013932475 浏阳市军事志 1840-2005/1991
013897262 荷塘区军事志 1960-2005/2000
013932501 芦淞区军事志 1970-2005/2001
013936374 石峰区军事志 1960-2005/2001
013899632 天元区军事志 1959-2005/2000
012879046 株洲县军事志 41-2005/2005
013923903 茶陵县军事志 879-2005/2008
013939664 炎陵县军事志 1211-2005/2010
013932453 醴陵市军事志 1681-2005/2002
013072719 湘潭市军事志 1840-2005/2011
008538069 湘乡军事志/2016
013894488 大祥区军事志 1977-2005 内部版/2032
013936385 双清区军事志 1840-2005 内部版/2032
013883883 北塔区军事志 1840-2005 内部版/2032
013936352 邵东县军事志 1840-2005 内部版/2033
013939595 新邵县军事志 1840-2005/2034
013936354 邵阳县军事志 1840-2005 内部版/2034

013894553 洞口县军事志 1840-2005 内部版/2036

013899611 绥宁县军事志 1840-2005/2036

013939528 新宁县军事志 1840-2005 内部版/2037

013894418 城步苗族自治县军事志 1840-2005/2037

013899690 武冈市军事志 1840-2005 内部版/2033

013097959 岳阳市军事志/2038

013097950 岳阳楼区军事志 1644-2005/2042

013940754 岳阳县军事志 280-2005/2044

013933211 汨罗市军事志 1854-2005/2043

013932470 临湘市军事志 935-2005/2043

013923910 常德市武陵区军事志 前277-2005/2056

013922761 安乡县军事志/2057

013897216 汉寿县军事志 1130-2005/2058

013898027 临澧县军事志 1949-2006/2059

013899627 桃源县军事志 1978-2005/2061

009685809 [石门县]军事志/2062

013936376 石门县军事志 1985-2005/2062

013926403 津市市军事志 1854-2007/2057

013933344 桑植县军事志 1840-2005/2065

013923837 北湖区军事志 1840-2005/2076

013897186 桂阳县军事志 1840-2005/2077

013901059 宜章县军事志 1840-2005 内部资料/2079

013939711 永兴县军事志 1840-2005/2079

013933336 汝城县军事志 1840-2007/2081

013940905 资兴市军事志 1840-2005/2076

013932247 冷水滩区军事志 1840-2005/2085

013926356 江华瑶族自治县军事志 1840-2005 内部资料/2092

013926338 怀化市军事志 1840-2005/2093

013926300 鹤城区军事志 前202-2005/2095

012175558 中方县军事志 前205-2007/2096

013939498 新晃县军事志 前276-2006/2101

013932180 靖州县军事志 225-2005/2102

013897305 洪江市军事志 前218-2006/2096

013932498 娄星区军事志 1961-2005 内部版/2105

013899457 双峰县军事志 1840-2005 内部版/2107

013939488 新化县军事志 1840-2005/2107

013932243 冷水江市军事志 1960-2005/2105

013932461 涟源市军事志 1952-2005/2106

009413481 湘西州军事志/2109

013689508 广州市军事志 1840-2005/2135

009433690 中南五省(区)军事志修志诗词选/2135

013689511 广州市荔湾区军事志 1840-2005/2147

013689514 广州市越秀区军事志 1840-2005/2145

012679407 广州市海珠区军事志 1840-2005/2148

012758850 广州市天河区军事志 1840-2005/2150

013689499 广州市白云区军事志 1840-2005/2151

013689507 广州市黄埔区军事志 1840-2005/2153

013689501 广州市番禺区军事志 1840-2005/2154

013689504 广州市花都区军事志 1283-2005 /2156

013689618 增城市军事志 1840-2005/2157

013686648 从化市军事志 1840-2005/2159

013689622 珠海市军事志 757-2005/2175

013689624 珠海市香洲区军事志 757-2005 /2176

013689620 珠海市斗门区军事志 1279-2005 /2176

009673579 佛山市军事志/2183

008990724 三水县军事志/2193

009378434 封开县军事志/2217

008986844 新兴县军事志/2259

013236326 云浮市云城区军事志 1576-2005 /2261

013859470 城北区军事志 1049-2005/2282

013728798 横县军事志 1389-2005/2285

008665281 柳州市军事志/2286

008665417 鹿寨县军事志/2291

009189354 桂林市军事志/2295

013736554 资源县军事志 988-2005/2302

012132506 昌江军事志 前 110-2005/2354

008670897 重庆市军事志/2360

013680641 成都市军事志 1991-2005/2420

012613276 金牛区军事志/2433

013793490 郫县军事志 1991-2005/2447

008672538 自贡市军事志/2451

011499483 攀枝花市东区军事志 1973-2005 /2462

012175069 攀枝花市西区军事志 1973-2005 /2462

012208155 攀枝花市仁和区军事志 1973- 2005/2462

012174782 米易县军事志 1951-2007/2463

012175134 盐边县军事志 1913-2006/2464

009105460 泸州市军事志/2465

008669998 德阳市军事志/2469

009414566 德阳市旌阳区军事志 1911-2000 /2470

009190516 中江县军事志 1986-2000/2473

012969342 罗江县军事志/2474

012173813 广汉市军事志/2471

009472788 绵竹市军事志 1911-2003/2473

012132429 安县军事志 1986-2005 送审稿 /2487

009312683 广元市军事志 1912-2000/2491

008421850 内江地区军事志/2510

008421712 内江县军事志/2515

012968208 乐山市军事志 188-2005/2520

008991868 犍为县军事志 续编 1986-1999 /2526

013792607 井研县军事志/2530

012251172 夹江县军事志 前 311-2005/2531

013130963 沐川县军事志 687-2005/2533

008421691 南充地区军事志/2536

012969385 南充市顺庆区军事志/2538

011910009 仪陇县军事志/2541

011757538 达州市通川区军事志 1976-2005 /2559

011757525 达县军事志 1911-2005/2560

011444135 宣汉县军事志 1911-2005/2562

011762415 开江县军事志 1911-2005/2563

011757612 大竹县军事志 1911-2005/2564

012208124 渠县军事志 1911-2005/2564

011443960 万源市军事志 1911-2005/2561

011469843 阿坝藏族羌族自治州军事志 前 316-2005/2591

014050111 若尔盖县军事志 前 316-2005

/2599

013379027 四川省甘孜藏族自治州康定县军事志/2602

012766279 木里藏族自治县军事志/2619

012663812 越西县军事志 1911-2005/2617

008454134 贵州军事志资料/2626

008541278 息烽县军事志/2641

008541251 遵义市军事志/2652

013939459 习水县军事志 1109-2007/2659

012614264 黔西南布依族苗族自治州军事志 第24卷 1987-2005/2686

012587023 册亨县军事志 1727-2005/2688

012263887 安龙县军事志/2689

009818260 玉溪市军事志/2772

008837044 峨山彝族自治县军事志/2785

013775989 新平彝族傣族自治县军事志 1388-2005/2789

010201473 凤庆县军事志/2825

009411844 文山州战备支前志/2853

011327133 麻栗坡军事志/2857

013628131 麻栗坡县军事志 1665-2005/2857

013659569 [兰坪]军事志 1912-1990/2897

009198562 西安市军事志/2938

012684937 西安市雁塔区军事志/2948

012723003 西安市临潼区军事志 前4000-2005/2948

009442073 长安区军事志/2949

012049501 蓝田县军事志 前704-2005/2949

009244995 户县军事志/2950

009399142 铜川市军事志/2952

012174960 铜川市王益区军事志 前221-2005/2954

012051986 铜川市印台区军事志 1980-2005/2954

012175161 宜君县军事志 前215-2005/2954

012809896 宝鸡市金台区军事志 前7100-2005/2961

012173674 宝鸡市陈仓区军事志 前1039-2005/2964

013771892 凤翔县军事志/2965

012679311 扶风县军事志 前12世纪-2005/2966

008993318 陇县军事志/2968

012251435 陇县军事志 前776-2005/2968

012051666 麟游县军事志 598-2005/2972

012139112 凤县军事志 前1914-2005/2972

012051952 太白县军事志 1953-2005/2972

009045925 咸阳市军事志/2974

012100538 咸阳市秦都区军事志 前16世纪-2005/2977

012202950 泾阳县军事志 前823-2005/2980

012613021 永寿县军事志 前21世纪-2005/2981

012132534 长武县军事志/2981

012132609 淳化县军事志 前400-2005/2982

009399134 渭南市军事志/2983

012140456 渭南市临渭区军事志 前209-2005/2984

012049715 华县军事志 前806-2005/2986

012809951 大荔县军事志 前2020-2005/2987

012097408 合阳县军事志 1953-2005/2987

011997481 蒲城县军事志 前617-2005/2988

012096324 白水县军事志 前823-2005/2989

012898472 韩城市军事志 前654-2005/2985

012049506 华阴市军事志 前1046-2005/2986

008667315 延安军事志/2991

012316988 延安市宝塔区军事志/2993

012175127 延长县军事志前221-2005/2993

012141472 延川县军事志前1085-2005/2994

012175610 子长县军事志前627-2005/2994

012173641 安塞县军事志前221-2005/2994

012317254 志丹县军事志前328-2005/2995

012208323 吴起县军事志前445-2005/2995

012191827 甘泉县军事志前358-2005/2995

011943612 富县军事志前330-2005/2995

012051691 洛川县军事志前406-2005/2996

012317035 宜川县军事志前1912-2005/2996

012611125 黄龙县军事志前359-2005/2997

012049514 黄陵县军事志前11世纪-2005/2997

009045886 汉中市军事志/2998

010144644 汉中市汉台区军事志/2999

012690004 镇巴县军事志/3001

009676079 榆林市军事志/3002

012613003 榆林市榆阳区军事志/3003

012099908 神木县军事志/3004

012264255 府谷县军事志/3005

012139194 横山县军事志前823-2005/3005

012541967 靖边县军事志/3005

012048861 定边县军事志/3006

012542950 绥德县军事志前635-2005/3006

011805647 米脂县军事志/3007

011804693 佳县军事志/3008

012052395 吴堡县军事志/3008

012208122 清涧县军事志前639-2005/3008

012003258 子洲县军事志前210-2005/3008

011805510 岚皋县军事志1634-2005/3012

012100914 镇坪县军事志1476-2005/3012

011499336 洛南县军事志/3015

012140266 山阳县军事志/3017

011294362 秦安县军事志/3052

011584676 民勤县军事志/3056

012722018 平凉市崆峒区军事志/3062

011805448 静宁军事志/3064

011908915 肃北蒙古族自治县军事志/3068

012889123 阿克塞哈萨克族自治县军事志1919-2006/3069

012967938 华池县军事志/3072

013319714 陇南地区军事志/3076

013989041 甘肃省卓尼县军事志至2006/3083

011570184 青海省海北藏族自治州军事志内部本/3103

012174837 青海省海西蒙古族藏族自治州军事志/3109

008994416 宁夏军事志/3115

008994468 银川军事志/3121

009399488 银川市军事志/3121

009687876 银川市城区军事志/3126

010143742 银川市新城区军事志/3126

009016811 永宁县军事志/3127

010779147 灵武军事志/3126

009553966 石嘴山军事志/3130

009854344 大武口区军事志/3131

009010258 平罗县军事志/3132

009553968 吴忠军事志/3133

009319856 银南军事志/3133

009340681 青铜峡军事志/3135

008994470 固原军事志/3138

010280110 固原县军事志/3138

011809292 西吉县军事志/3139	012649851 黄埔军校图志/2153
013353482 泾源县军事志/3140	009688510 阿坝州兵要地志/2591
009889690 彭阳县军事志/3140	010253033 宁夏黄埔军校同学会志/3115
012636881 新疆维吾尔自治区巴音郭楞蒙古自治州县(市)军事志/3198	012873342 宁夏黄埔军校同学会志/3115
012175158 伊犁军事志/3206	008571387 新四军征战日志/3264
011480588 中国海疆炮台图志/3264	011301743 中国人民解放军历史图志/3264
007672859 中国近代海军史事日志 1860-1911/3264	013965099 驻沈铁军代处志 1950-2008/473
012661340 近代国造舰船志/3264	009389884 东江纵队志/2174

经济

经济概况、经济史、经济地理

011320458 丰台区综合经济管理志/53	012174778 满洲里边境经济合作区志/423
012713905 昌平县计划志/66	009060994 乌拉盖综合开发区志/444
009962442 天津经济技术开发区简志/81	010277952 沈阳人民生活志 1901-1988/474
009688695 天津经济技术开发区志/81	013790300 大连保税区志 1992-2007/501
009511212 秦皇岛经济技术开发区志 1984-2003/152	010008930 大连经济技术开发区志 1984-2004/501
010473847 承德市计划志 1949-1988/209	008537941 锦州市计划志 1948-1990/537
011295618 廊坊经济技术开发区志/230	013221000 长春国家高新技术产业开发区志 1988-2005/585
009387253 太原市经委志/256	011890464 长春经济技术开发区志 1992-2004/586
013319721 娄烦县计划志/268	
013994247 运城地区计划管理志/322	011890468 长春经济技术开发区志 2005-2007/586
012542614 临汾经济技术开发区建区十周年志庆 1998-2008/344	013092962 集体经济志 1979-1989/599
012541707 呼和浩特经济开发区金川工业园区志/378	012758978 吉林集安经济开发区志/619
013646866 包头国家稀土高新技术产业开发区志/392	009160242 上海计划志/726
	012872507 淮海经济区志/842
013859320 包头市计划志/388	009115952 南京计划管理志/804

008985323 南京经济协作志/805

009241482 江宁经济志/823

012766306 南京江宁经济技术开发区志/823

013659370 江苏省武进高新技术产业开发区志 1996-2009/875

012638622 武进镇街道开发区简志 1986-2007/874

012718892 杭州经济技术开发区图志 1990-2007/973

012718899 杭州经济技术开发区志 1990-2007/973

011909253 萧山经济技术开发区志/989

012613241 新安江开发志/1004

012999114 合肥高新技术产业开发区志 1991-2005/1119

013704152 合肥经济技术开发区志 1993-2007/1124

012872400 合肥新站综合开发试验区志 1992-2005/1124

011793075 厦门市计划志/1226

009863426 泉州市计划管理志/1246

010577274 泉州市经济体制改革志/1244

012872287 福建东侨经济开发区志/1273

009378230 宁德地区计划志/1273

009385316 当代江西经济科学志/1281

009198424 江西省国民经济计划志/1282

013508499 九江市计划志/1311

008664374 鹰潭市计划志/1324

011811073 山东省国民经济计划志资料长编/1399

013731168 山东明水经济开发区志/1423

011432830 即墨经济开发区志 1992-2003/1445

013731170 山东省平度经济开发区志 1992-2012/1448

009244934 淄博高新技术产业开发区志/1452

013959338 山东河口经济开发区志/1482

010293919 烟台经济技术开发区建设环保土地志/1488

009340747 龙口外向型经济开发区志/1496

013863891 潍坊高新技术产业开发区志 1991-2011/1504

012899419 寿光市发展和改革局志 1955-2007/1511

010779095 泰安高新技术产业开发区志/1535

013731949 威海经济技术开发区志 1992-2010/1545

012680410 聊城经济开发区志/1587

011068429 菏泽地区计划志修改稿/1601

011564810 河南省开封经济技术开发区志/1670

012684679 商丘地区计划志/1782

013316265 湖北省发展改革志 1949-2009/1817

013686398 武汉盘龙城经济开发区志/1847

013225845 十堰经济开发区志/1856

012545460 襄樊高新技术产业开发区志征求意见稿/1885

012662527 襄樊高新技术产业开发区志 1992-2009/1885

012967649 洪湖市老区建设促进会志 1991-2007/1918

012832119 嘉鱼县经济贸易志 1979-2005

/1938
011762183 湖南四水流域图志/1969
013726810 长沙经济技术开发区志 1992-2011/1979
012718952 湖南省浏阳市工业经济志 1988-2002/1991
013771543 常德经济技术开发区志 1992-2011/2053
012898249 郴州经济开发区志 1988-2008/2073
002924984 中国经济特区简志/2125
008997476 广州保税区志/2135
006915569 广州经济技术开发区志/2135
009863847 广州经济技术开发区志 1991-2000/2135
010138276 广州市经济技术开发区志送审稿/2135
007664419 汕头经济特区志/2177
009852514 南海市综合经济志 1979-2002/2191
012663831 中国湛江经济技术开发区志 1984-2005/2204
012096753 广西北部湾经济区简志/2271
008844118 重庆经济科技社会发展战略研究史志史 1983-1988/2361
008414535 重庆市计划管理志/2361
008414534 重庆市经济综合志/2361
009689004 江北县计划志 1912-1990/2378
013752623 江津发展改革志 1986-2010/2381
010777048 江津县计划经济志/2381
009387607 彭水苗族土家族自治县扶贫开发志/2397
001813373 近现代四川场镇经济志/2406

007538801 四川经济志/2406
008835874 成都市金牛区个体劳动者协会志 1983-1990/2433
013898870 彭县综合经济志/2440
011570165 攀西开发志 第1卷 综合卷/2458
012216380 攀西开发志 第2卷 凉山卷/2458
012216381 攀西开发志 第3卷 攀枝花卷/2459
011579699 大英县发展计划志/2508
008671070 内江地区经济总志/2511
013131011 沐川县文体志 1930-2006/2533
008991735 筠连县非公有制经济志/2552
012995246 巴州区发展计划志 1910-2002/2576
012811654 乐至县发展和改革局志 1986-2005/2588
011566459 乐至县经济志/2588
008992419 若尔盖县计划经济志/2599
012927955 中国贵阳经济技术开发区志 1993-2008/2638
013512167 遵义市汇川区(经济技术开发区)志/2654
012836121 黔南布依族苗族自治州招商引资志/2706
011500820 云南省扶贫开发志 1984-2005/2720
010476002 昆明高新技术产业开发区志/2728
012762205 昆明高新技术产业开发区志 2001-2008/2728
013097964 云南玉溪高新技术产业开发区志 1992-2007/2772
008836909 峨山彝族自治县经济技术协作志/2785

013994008 文山州扶贫开发志 1986-2010 /2854

012831330 大理白族自治州发展计划志 1949-2005 /2866

012723168 祥云县计划志 /2873

011329469 梁河县经济综合志 /2890

013141144 迪庆藏族自治州宏观经济管理志 1978-2007 /2900

012951951 迪庆藏族自治州计划志 /2900

013923576 宝鸡市国有资产监督管理志 1991-2010 /2956

009010232 咸阳市经济体制改革志 /2974

011320470 咸阳市经济体制改革志 /2974

009160185 延安市计划志 /2991

011955658 天水市城镇集体经济志 /3049

013183507 贺兰县发展和改革局部门志 1980-2005 /3128

009016827 固原县计划经济局志 1949-2000 /3138

009105234 新疆生产建设兵团计划志 /3156

012316877 乌鲁木齐经济技术开发区志 2002-2008 /3165

013990949 米东区高新技术工业园志 /3171

009160293 阿克苏地区经济贸易志 /3179

013756081 石河子经济技术开发区志 1992-2010 /3224

008327257 中国地方志经济资料汇编 /3264

002395966 近代上海地区方志经济史料选辑 1840-1949 /727

013775714 唐山市国土资源志 /142

010138588 抚宁县国土资源志 /156

013096209 青县国土志 /224

013144621 南皮县国土志 /227

011805417 晋城市国土资源志 /298

013688957 晋中市国土资源志 /311

005591322 [中华地理志] 内蒙古自治区经济地理 /373

007538853 [中华地理志] 东北地区经济地理 辽宁 吉林 黑龙江 /460

013776370 长春市国土志 1991-2010 /586

013002423 前郭尔罗斯蒙古族自治县国土资源志 1648-2010 /626

013957436 黑龙江省国土资源勘察规划院院志 /653

011472956 丰县国土资源志 /858

013140972 常州市国土资源志 1995-2007 /863

011294781 嵊州市国土资源志 /1057

012265079 黄山市国土资源志 /1158

013221077 砀山县国土资源志 /1173

013072681 厦门市国土资源与房产志 1996-2010 /1226

012662797 于都县国土资源志 /1340

009414910 即墨市国土资源志 /1445

013989055 高青县国土资源志 1988-2011 /1464

010230648 垦利县国土资源志 /1483

012813936 利津县国土资源志 /1485

013991356 青州市国土资源志 /1507

011312055 文登市国土资源志 讨论稿 /1547

011954061 文登市国土资源志 /1547

012639195 莒县国土资源志 /1554

012639760 临沂市国土资源志 /1561

012636776 沂水县国土资源志 /1567

012609731 费县国土资源志 1987-2007 /1569
011477117 平邑县国土资源志/1570
012097667 莒南县国土资源志/1571
013687414 东明县国土资源志/1607
010244097 郑州市管城回族区国土资源志/1653
012714084 登封国土资源志/1666
011810579 秭归县国土资源志/1882
012636584 枝江国土资源志/1879
013321217 孝感市国土资源志 1984-2008 /1903
013334549 崇阳县国土资源志 1949-2005 /1939
012658409 恩施市国土资源志/1945
009383910 岳阳市国土管理志/2039
012678342 安乡县国土资源志/2057
013965122 石门县国土资源志/2062
011943184 郴州市国土资源志 1840-2007 /2073
011578800 北湖区国土资源志/2076
008051777 珠海市国土志/2175
009851762 南海市国土资源志/2189
013012592 云浮市国土资源志/2253
013707164 云城区国土资源志/2257
008986853 新兴县国土志/2260
012636852 [新兴县]国土资源志/2259
012724130 重庆万州国土资源志/2370
010777260 重庆市九龙坡区国土志送审稿/2374
009553169 重庆市綦江县国土志/2376
009553235 重庆市渝北区国土志/2379
010146880 潼南国土志送审稿/2387
010252866 潼南县国土志/2387

009689057 铜梁县国土志/2389
009688867 璧山县国土志/2390
009319917 四川省国土志/2411
009387483 成都市青羊区国土志/2432
012831231 成都市金牛区国土志/2434
008670526 成都市龙泉驿区国土志/2434
013936381 双流县国土志/2447
013924950 大邑县国土志/2448
009231855 蒲江县国土志/2449
013900943 新津县国土志/2449
008670005 都江堰市国土志/2438
012174800 彭州国土志 1840-1998/2441
008669945 崇州市国土志/2442
012249799 德阳国土志 1996-2006/2469
008670934 绵阳市国土志/2476
008865265 北川县国土志/2490
008672064 遂宁市国土志/2502
011570117 内江市国土志 1840-1997/2511
012969377 内江市东兴区国土志 1840-1997 /2515
008670629 隆昌国土志/2518
009867168 乐山市国土志/2520
008991864 犍为县国土志/2529
008865357 夹江县国土志/2531
011066943 沐川县国土志/2534
013130102 沐川县国土志 1949-2009/2534
008671365 南充地区国土志/2536
009700378 南部县国土志/2540
011066951 营山县国土志/2540
013337481 眉山市国土资源志 1997-2010 /2543
008671631 彭山县国土志/2545
009867295 宜宾市国土志 1840-1996/2547
009231723 江安县国土志/2550

009867116 长宁县国土志/2550

008672153 兴文县国土志/2553

009867275 屏山县国土志 1911-1996/2553

008430340 邻水县国土志/2557

013894446 达川市国土志/2557

009232092 宣汉县国土志/2563

009867123 大竹县国土志/2564

013731135 渠县国土志 1911-1997/2565

009867212 名山县国土志/2568

009867298 荥经县国土志/2569

008671856 石棉县国土志/2571

009867111 宝兴县国土志/2573

009867104 巴中市国土志/2576

008672092 通江县国土志/2579

008671772 平昌县国土志/2581

011997031 乐至县国土志/2588

007987876 简阳市国土志/2585

013630186 汶川县国土志/2594

009799367 凉山州国土志/2609

009337764 西昌市国土志/2612

009867202 美姑县国土志/2618

012658554 贵阳市国土资源志 1978-2008/2634

013902072 遵义市国土资源志/2652

014026469 呈贡县国土资源志 1998-2007/2739

013707154 永胜县国土资源志/2811

009890597 勐腊县国土资源志/2864

013224458 泾阳县国土资源志/2980

011997391 洛南县国土资源志/3015

012968192 兰州市红古区国土资源志/3041

012506646 正宁县国土资源志/3072

008453888 祁连资源志/3104

011296143 海西蒙古族藏族自治州资源志/3109

008415714 台湾产业志/3232

经济计划与管理

008829154 临河市工商志/433

013375380 南阳地区工商志初稿/1768

007655874 从化县工商志/2159

009379599 韶关工商志/2162

013130056 沐川县工商志 1942-2006/2533

012545525 新中国工商行政管理史志/3264

012048741 北京市西城区工商行政管理志/46

010474396 北京市丰台区工商行政管理志/53

011329770 北京市工商行政管理局密云分局志 1992-2001/71

010292218 河北省工商行政管理志/112

008377988 石家庄市工商行政管理志/121

012099721 迁安工商行政管理志 1948-2005/148

011756457 保定市工商行政管理志/181

011430252 安国工商行政管理志/189

008983043 涿鹿县工商行政管理志/207

013012542 阳泉市矿区工商行政管理志/279

009561561 晋城市工商行政管理志/298

008382639 临猗县工商行政管理志/328

010730162 赤峰市工商行政管理志/398

012970495 通辽市工商行政管理志/408

012613015 余粮堡工商行政管理志/410

013897706 库伦旗工商行政管理志/412

012970773 扎鲁特旗工商行政管理志/413

008594405 牙克石市物价工商行政管理志/425

008535831 科尔沁右翼前旗工商物价管理志/442

008661468 大连市工商行政管理志 1840-1990/502

008379090 鞍山市工商行政管理志/513

008536820 锦州市工商行政管理志/537

011793377 营口市工商行政管理志/542

013045678 吉林市工商行政管理志 1986-2005/599

012837555 延寿县工商行政管理志/668

008377884 鸡西市工商行政管理志/679

008488238 伊春市工商行政管理志/694

007679415 上海工商行政管理志/727

011996734 嘉定工商行政管理志 1993-2006/761

007984456 嘉定县工商行政管理志/761

013898453 南汇工商行政管理志/768

009319914 松江工商行政管理志/776

012266203 青浦工商行政管理志 2003-2007/780

008066181 南京工商行政管理志/805

013686416 徐州市工商行政管理志/842

008446299 邳县工商行政管理志/856

010730142 常州市工商行政管理志/863

012951888 镇江工商行政管理志 丹徒卷/942

012951898 镇江工商行政管理志 丹阳卷/942

012951902 镇江工商行政管理志 句容卷/942

012816182 镇江工商行政管理志 市直卷/942

012951895 镇江工商行政管理志 扬中卷/942

009679020 浙江省工商行政管理志/961

009995756 杭州市工商行政管理志/973

009335186 萧山工商行政管理志 1985-2000/989

013659356 建德县工商行政管理志 1260-1987/996

010238283 宁波工商行政管理志/1007

009254093 温州市工商行政管理志/1019

010778522 瑞安市工商行政管理志 239-2005/1024

012680048 海宁市工商行政管理志 1991-2005/1036

009678986 义乌工商行政管理志 1992-2002/1067

013757257 义乌市工商行政管理志/1067

013335349 合肥市工商行政管理志/1119

008450976 肥东县工商行政管理志/1127

008450973 肥西县工商行政管理志/1127

008914405 巢湖地区工商行政管理志/1126

008450972 繁昌县工商行政管理志/1133

008914443 无为县工商行政管理志/1133

008914458 淮南市工商行政管理志/1139

013688770 淮南市工商行政管理志 1978-2008/1139

009887039 当涂县工商行政管理志/1144

008914423 濉溪县工商行政管理志/1148

012051988 铜陵县工商行政管理志/1151

012969730 太湖县工商行政管理志/1156

009378108 祁门县工商行政管理志/1162

011327104 滁县地区工商行政管理志/1163

011294266 来安县工商行政管理志/1166

010292673 全椒县工商行政管理志/1167

008914412 太和县工商行政管理志/1170

008914462 阜南县工商行政管理志/1170

008914396 宿县工商行政管理志/1173

008914469 宿州市工商行政管理志/1173

013603190 泗县工商行政管理志/1175

012832491 六安市工商行政管理志/1177

008487166 寿县工商行政管理志/1178

009173790 霍邱县工商行政管理志/1179

008865082 舒城县工商行政管理志/1179

009115644 池州地区工商行政管理志/1183

008914452 青阳县工商行政管理志/1185

010244214 泾县工商行政管理志/1188

008914430 绩溪县工商行政管理志/1189

013897114 福州市工商行政管理志/1205

012832515 罗源县工商行政管理志/1222

012723137 厦门市工商行政管理志/1226

012639047 泉州工商行政管理志/1244

008116875 惠安县工商行政管理志/1253

009389529 工商行政管理志/1249

007508970 宁德地区工商行政管理志/1273

009993514 江西省工商行政管理志/1282

008865155 江西省工商组织志/1289

011476977 南昌市工商行政管理志/1294

011566160 景德镇市工商行政管理志 1903-1986/1304

013319947 萍乡市工商行政管理志/1308

011564594 赣州市工商行政管理志/1327

009385960 赣县工商行政管理志征求意见稿/1332

008428910 瑞金县工商行政管理志/1331

009335425 宜丰工商行政管理志/1365

008487113 上饶地区工商行政管理志/1374

008429201 余干县工商行政管理志/1381

009385288 波阳县工商行政管理志/1382

013681527 德兴市工商行政管理志/1376

011911593 山东省工商行政管理志 1991-2005/1399

011890940 济南市工商行政管理志 送审稿/1409

013225586 青岛市工商行政管理志 1891-1990/1433

011892409 青岛市工商行政管理志 1991-2005 送审稿/1433

012202879 胶州市工商行政管理志/1443

009472734 即墨市工商行政管理志 1988-2002/1445

013092957 即墨市工商行政管理志 2003-2010/1445

011911539 淄博市工商行政管理志 工作发端-2005/1452

011910267 枣庄市工商行政管理志/1465

011911559 东营市工商行政管理志/1475

013702982 东营区工商行政管理志/1481

012139433 垦利县工商行政管理志 1941-2007/1483

012723345 烟台经济技术开发区工商行政管理志 1984-2008/1488

011909932 烟台市工商行政管理志/1488

011805505 莱阳市工商行政管理志 1888-1998/1496

010290908 掖县工商行政管理志/1498

011909055 潍坊市工商行政管理志/1504

011911570 济宁市工商行政管理志发端-2005/1517

013012751 邹城市工商行政管理志/1526

011908932 泰安市工商行政管理志送审稿/1535

011909039 威海市工商行政管理志1898-2005/1545

011892423 日照市工商行政管理志/1550

011891921 莱芜市工商行政管理志送审稿/1556

011892114 临沂市工商行政管理志送审稿/1561

008452231 德州市工商行政管理志/1574

011890532 德州市工商行政管理志/1574

011892075 聊城市工商行政管理志/1587

011810883 滨州市工商行政管理志送审稿/1597

014052363 无棣县工商行政管理志/1598

013990671 菏泽市工商行政管理志/1601

013222125 河南工商行政管理志初稿/1617

009864653 郑州市工商行政管理志1991-2000/1629

010140678 郑州市中原区工商行政管理志征求意见稿/1648

010140393 管城回族区市政管理志1991-2003/1653

013224499 开封市工商行政管理志1965-1994/1670

008666824 洛阳市工商行政管理志/1683

009768516 平顶山市工商行政管理志/1699

008421906 宝丰县工商行政管理志/1705

013508425 焦作工商行政管理志初稿/1734

013899378 三门峡市工商行政管理志/1758

013820235 河南省南阳县工商志/1774

010251360 湖北工商行政管理志/1817

012613212 新洲工商行政管理志1949-2005/1848

009241079 黄石市工商行政管理志1949-1985/1850

012052666 钟祥市工商行政管理志/1900

009992447 湖北省荆州地区工商行政管理志/1912

013129036 [沙市]工商行政管理志/1915

013797248 长沙市工商行政管理志/1979

012814524 攸县工商行政管理志/2007

007971259 醴陵工商行政管理志/2002

008538067 湘乡工商行政管理志/2016

009685986 常宁县工商行政管理志/2026

008848268 邵东县工商行政管理志/2033

009686841 岳阳市工商行政管理志/2038

011320265 岳阳县工商行政管理志/2044

007654350 华容县工商行政管理志/2045

011578938 郴州地区工商行政管理志/2073

009686277 湖南省桂阳县工商行政管理志/2077

010108385 广州市东山区工商行政管理志1840-1990/2145

008117011 天河区工商行政管理志/2150

009020896 深圳市工商物价管理志/2169

003055730 佛山市工商行政管理志/2183

009864064 三水县工商行政管理志/2193

007412399 高明县工商行政管理志/2196

008616560 廉江县工商行政管理志/2206

011477194 汕尾市工商行政管理志/2228

008408792 东莞市工商行政管理志/2240

012609624 东莞市工商行政管理志/2240

008034195 普宁县工商行政管理志/2250

009337612 云浮市工商行政管理志/2253

013776344 云浮市工商行政管理志/2253

009239662 南宁市工商行政管理志/2277

010195445 桂林市工商行政管理志/2295

013794778 平乐县工商行政管理志 1912-1987/2303

013626508 海口市工商行政管理志/2348

009689063 重庆工商行政管理志 1840-1985/2361

008430217 万县市工商行政管理志/2370

010251124 潼南县工商行政管理志/2386

009799863 云阳县工商行政管理志 1912-1985/2394

008668948 四川工商行政管理志/2406

013686235 四川工商行政管理志 1986-2005/2407

012096459 成都市工商行政管理志 1990-2005/2420

008422022 自贡市工商行政管理志/2452

012208642 中江县工商行政管理局志/2474

008672224 中江县工商行政管理局志续集 1986-1995/2474

009253944 青川县工商行政管理志/2497

008421824 内江地区工商行政管理志/2511

008991854 犍为县工商管理志 1986-1999/2526

013774460 阆中县工商行政管理志/2539

008865323 丹棱县工商行政管理志 1903-1995/2546

012998968 广安区工商行政管理志 1949-2006/2554

013010682 万源市工商行政管理志 1987-2007/2561

010577017 名山县工商行政管理志 1911-2002/2568

009414634 通江县工商行政管理志 1912-1986/2578

012758811 甘孜藏族自治州工商行政管理志 1950-1993/2601

012758815 甘孜藏族自治州工商行政管理志 1994-2005/2601

010251878 凉山彝族自治州工商行政管理志 1911-1990/2609

013704047 贵州省绥阳县工商行政管理志/2657

013308885 安顺市西秀区工商行政管理志/2664

013629326 普定县工商行政管理志/2665

013531083 锦屏工商行政管理志/2697

008541296 剑河县工商行政管理志 1283-1987/2698

013897112 福泉县工商行政管理志/2707

008992655 路南彝族自治县工商志/2755

013531013 华宁县工商行政管理志/2782

008836950 峨山彝族自治县工商行政管理志/2785

008426712 鲁甸县工商行政管理志/2803

013093066 景东彝族自治县工商行政管理志/2818

008866676 麻栗坡工商行政管理志/2857

009554118 马关县工商行政管理志/2858

012831332 大理白族自治州工商行政管理志/2866

012872217 大理市工商行政管理志/2871

012877061 怒江傈僳族自治州工商行政管理志/2892

008992614 迪庆藏族自治州工商行政管理志/2900

009251636 宝鸡市工商行政管理志/2956

008418321 宝鸡市工商业者组织志/2956

008993376 陇县工商行政管理志/2969

009337877 延安地区工商行政管理志/2991

010108282 兰州市城关区工商行政管理志/3040

009414231 银川市工商行政管理志/3122

012814488 银川市工商行政管理志 1988-2005/3122

012836474 吴忠市工商行政管理志 1999-2009/3134

010293861 青铜峡工商行政管理志/3135

013074813 浙江省总会计师协会大事志 1988-2008/961

010293581 北京市西城区审计志 1984-2003/46

008527666 房山区审计志 1983-1991/59

009413410 保定市审计志/181

010113545 太原审计志/256

013865502 阳泉市审计志/276

013179330 长治审计志/284

013647559 河津审计志/326

013144515 临汾审计志/343

009398409 宁城县审计志 1918-2000/403

012811352 杭锦后旗审计志/436

011762867 辽宁省审计志 1983-1996/460

013958750 辽阳市审计志 1983-1996/549

009311402 佳木斯市审计志/698

013687103 安达市审计志 1983.7-2011.12/715

008712598 上海审计志/727

012680518 南汇审计志/768

009840134 南京审计志/805

012613305 无锡市审计志/830

013510575 苏州市审计志/881

013775005 南通审计志/905

011497930 靖江审计志/954

012718911 杭州审计志/973

013925191 富阳审计志 1984-2003/998

008830554 池州地区审计志/1184

008532466 连江县审计志/1220

012636536 [仙游县]审计志/1235

009198426 江西省审计志/1290

012832147 江西省审计志 1998-2008/1290

011805794 南昌市审计志/1294

011566167 九江市审计志/1312

011432808 吉安地区审计志/1344

013686440 宜春地区审计志送审稿/1353

013509369 上饶地区审计志/1374

012175606 淄博市审计志 1983-2007/1452

009442059 东营市审计志/1475

012099777 青州市审计志 1984-2002/1507

010009355 威海市审计志/1545

013776023 沂水县审计志/1567

012679308 费县审计志/1569

012265007 河南省审计志/1617

013735940 郑州市审计志 1983-2009/1629

013066331 栾川县审计志/1696

012203057 漯河市审计志 1986-2007/1755

013344009 周口市审计志/1797

011479486 宜昌市夷陵区审计志 1984-2005 /1876

013141198 恩施州审计志 1983-2003 /1943

013045636 湖南省内部审计志 1985-2010 /1969

010293853 长沙县审计志 1984-2004 /1993

009686001 常宁县审计志 /2026

011477200 深圳市审计志 /2169

012636979 高明市审计志 /2196

013236324 云浮市审计志 /2253

013752431 河池市审计志 1984-2003 /2327

013926361 江津市审计志 1984-1999 /2381

013860506 富顺县审计志 1984-2006 /2457

011320817 攀枝花市审计志 1983-2002 /2459

013066379 绵阳市审计志 /2476

011066602 南部县审计志 /2540

013776334 岳池县审计志 1986-2002 /2555

012967344 巴中市审计志 /2574

011997241 乐至县审计志 /2588

008836839 峨山彝族自治县审计志 /2786

013129949 临翔区审计志 /2825

013771767 迪庆藏族自治州审计志 /2900

013775735 铜川市审计志 /2952

009160179 延安地区审计志 /2991

014052899 延安市审计志 1997-2010 /2991

010731630 宁夏审计志 /3115

011892315 宁夏审计志 2005-2007 /3115

012814487 银川审计志 /3122

013225855 石嘴山市审计志 /3130

013959381 石嘴山市审计志 2005-2012 /3130

012899316 平罗县审计志 1983-2005 /3132

008593296 丰台区劳动志 /53

010251857 通县劳动志 /61

013090825 昌平劳动和社会保障志 1996.1-2009.9 /65

012266316 涉县人事劳动志 /167

013133930 翼城劳动保障志 1950-2010 /348

009244062 沈阳市劳动志 1862-1996 /474

008536611 鞍山市劳动志 /514

009242339 本溪市劳动志 /529

013319929 盘锦市劳动志 /553

010280361 吉林省劳动志 /575

012679293 敦化市劳动和社会保障志 1949-2008 /634

009311388 佳木斯市劳动志 /698

008063812 上海劳动志 /727

013319814 南汇劳动和社会保障志 /767

008817347 南京劳动志 /805

012639011 江宁区劳动和社会保障志 /823

010474432 常州劳动志 /864

012051949 苏州劳动保障志 1949-2005 /881

007721931 如东县劳动志 /912

008446318 如皋劳动志 /908

010110334 连云港市劳动志 /914

009679029 浙江省劳动保障志 /961

007682697 绍兴市劳动志 /1048

012636628 浙江省嵊州市劳动和社会保障志 /1056

013757052 武义县人事劳动社会保障志 /1071

012661421 兰溪市人事劳动社会保障志 /1065

012265336 庐江县劳动和社会保障志 /1128

013072554 铜陵市劳动志 /1148

008451949 连江县劳动志/1220
013342626 同安县人事编制志/1230
013606620 中华人民共和国福建省仙游县劳动保障志/1235
010577322 泉州市劳动志/1244
008846566 永定县劳动志/1270
008429243 安义县劳动人事局志/1303
009335412 宜春地区劳动志/1354
013509262 山东省劳动志稿/1399
013222269 即墨县劳动志/1445
013735627 招远市劳动保障志/1500
013098073 诸城市劳动和社会保障志/1509
010278434 济宁市劳动志/1517
008452201 德州市劳动志初稿/1574
013646899 滨州市劳动和社会保障志 1949.10-2009.12/1594
007654343 郑州劳动志/1629
007534738 开封市劳动志/1670
009959893 柘城劳动志初稿/1789
008452503 武汉劳动史志/1828
013707173 郧县劳动志 1986-1994/1868
009382631 襄樊市劳动志/1885
012662540 孝南区劳动保障志/1906
012952064 汉川市劳动保障志 1949-2009/1909
010197199 长沙市劳动志/1979
012174005 湖南省浏阳市劳动和社会保障志 1988-2002/1991
010577307 株洲劳动志/1996
009961641 衡阳市劳动志/2022
008594745 岳阳市劳动志/2038
008382674 益阳地区劳动志/2066
011292468 益阳市劳动志 1949-1987/2066

010108389 广州市东山区劳动和社会保障志/2146
010777092 越秀区劳动志/2146
009804680 深圳市劳动和社会保障志/2169
009673589 佛山市劳动志/2184
009851956 南海市劳动保障志/2189
009145663 廉江县劳动志/2206
012636891 东莞市劳动志/2240
013012596 云浮市劳动和社会保障志/2254
009683915 云浮县劳动志/2253
008665265 北海劳动志/2308
012256519 永川市劳动保障志 1989-2006/2384
012662280 双流县劳动和社会保障志2005年本/2445
013012747 自贡市就业志/2452
008672540 自贡市劳动志/2452
012208095 攀枝花市劳动和社会保障志 1965-2007/2459
013753749 平武县劳动志/2488
010779409 大英劳动和社会保障志/2508
009266254 内江地区劳动志/2511
012613324 乐山市劳动和社会保障志 1851-2004/2520
013130986 沐川县人事劳动和社会保障志 1950-2008/2532
013776029 荥经县人事劳动志 1950-2000/2569
011763225 平昌县劳动和社会保障志/2581
013222030 甘孜藏族自治州劳动保障志 1949-2010/2601

012814085 普洱市劳动和社会保障志/2813

008637820 大理白族自治州劳动志/2866

013859492 大理市劳动志/2871

008417738 宝鸡市劳动志/2956

011294271 商洛地区人事劳动志/3013

009125971 宁夏人事劳动志/3116

013186075 新疆生产建设兵团劳动和社会保障志/3157

013133786 乌鲁木齐市劳动和社会保障志/3166

013145501 铁道部北京物资办事处志/12

010146987 中国铁道建筑总公司物资局志 1948-1995/13

013822788 铁道部天津物资办事处志 1887-1990/81

012971643 保定市物资志/182

013755982 山西物资储备志 1951-2008/256

008983871 呼和浩特市物资局志 1958-1985/378

013225817 沈阳市储运公司志 1953-1990/474

009244085 沈阳市物资局志/474

008536826 锦州市物资志 1949-1985/537

011067816 铁岭物资志/559

011067759 长春物资志/586

011067771 吉林市物资志/599

010777147 吉林物资志/599

011067786 蛟河物资志/607

011067204 四平物资志/611

011067789 辽源物资志/615

011068389 扶余物资志/625

011068431 白城物资志/628

011068400 延边物资志/631

011068398 龙井物资志/635

009311408 佳木斯物资志/698

010010062 上海金属材料流通志/727

011320466 上海木材流通志/727

009348250 上海物资流通志/727

010244221 南京市物资局志简志/805

007884854 南京物资志/805

006283398 无锡县物资志/834

010199848 江阴市物资志/837

010735945 武进县物资志/876

013323146 镇江市物资志/943

009995795 杭州物资志/973

011310903 温州市物资志/1019

013994123 浙江省新昌县物资志/1058

008527465 福州市物资志/1205

013343584 漳州市物资管理志/1257

009348138 江西省物资志/1282

011566169 九江市物资志/1312

009687480 宜春地区物资志/1354

011292466 青岛市物资志 1957-1985/1433

011501623 淄博物资志/1452

010251051 枣庄市物资志/1465

013732517 烟台物资志 1961-1988/1488

008535773 汶上县物资局志 1964-1988/1532

013630491 兖矿集团有限责任公司物业分公司志/1526

011496981 德州地区物资局禹城中转站志 1979-1985/1574

010112093 德州地区物资志/1575

008452218 德州市物资志/1575

008425904 郑州市物资志 1953-1985/1629

013774424 开封市物资局志 1958-1985

/1670

009685459 平顶山市物资志 1960-1986/1700

009959879 新乡市物资志 1949-1985/1722

012722279 商丘地区物资志 1950-1985/1782

013530954 信阳县物资志 1918-1985/1791

013507956 湖北省物资志/1817

011325472 武汉市物资志 自编本/1828

009961570 黄石市物资局志 1953-1985/1850

008846452 鄂州市物资志/1893

013335437 荆门物资志/1896

011310736 长沙市物资局轻化公司志 1960-1985/1979

010291625 株洲市物资局志 1958-1987/1996

004470267 湘潭市物资志/2012

008538665 湘乡物资志/2016

008385180 邵阳市物资志/2031

010244258 东安县物资志/2089

009383726 涟源市物资局志/2106

014052369 梧州市物资局志/2305

008421983 四川省物资志/2407

011570083 内江地区物资志/2511

012969578 师宗县物资志/2766

009799638 保山地区物资志/2793

012878897 云锡物资储运公司志 1997-2008/2845

013131201 陕西省印刷物资供销志 1949-1998 征求意见稿/2931

008992906 铜川市物资志/2952

008993340 陇县物资志 1954-1985/2969

008993239 陇县物资志 续编 1986-1989/2969

010138284 广西名优品牌志/2271

012540841 北京科技园建设(集团)股份有限公司志 1999-2009/13

009332176 北京松下彩色显象管有限公司社志 1987.9-2000.12/13

013925289 中科大洋二十年志 1989-2009/13

009312567 晋城市乡镇企业志/298

008949911 寿阳县化工燃料有限责任公司志/317

009009912 河津乡镇企业志/326

011954596 临汾乡镇企业志/343

013091002 汾西矿业工贸公司志 1979-2009/355

013820628 辽宁省质量技术监督局志 1985-2005/460

009243750 沈阳风险公司志 1988.4-1994.12/474

011310701 沈阳市干鲜果品公司志 1962-1985/474

008536737 鞍山市乡镇企业志/514

013926278 海城乡镇企业志/519

013037889 本钢一建公司志 1976-2010/529

008536834 锦州市乡镇企业志/537

011499212 辽阳技术监督志 1950-1995/549

011313045 吉林乡镇企业志/575

009241059 黑龙江省金属材料公司志 1950-1985/653

009411541 肇东市乡镇企业志 1950-1990/715

009190512 爱建志 1979-1999/727

007538780 上海地方志物产资料汇辑/744

009198566 上海外服公司志/728
009312681 上海质量技术监督志/727
013752545 嘉定质量技术监督志/761
011570373 松江质量技术监督志/776
011328632 南京宝庆银楼志/805
012680264 江宁区质量技术监督志/823
013236374 浙江省乡镇企业志/961
012173861 杭州市乡镇企业志/973
013940803 杭州市质量技术监督志/973
014052848 萧山乡镇企业志 1958-1985/989
008450414 余姚市乡镇企业志/1012
011328483 温州市质量技术监督志/1019
012139437 乐清市民营企业志/1026
012208573 嘉兴市质量技术监督志/1034
008662449 湖州市工商企业志/1043
009840496 绍兴市质量技术监督志/1048
009688841 普陀企业志/1085
010476114 丽水市质量技术监督志/1099
011320304 安徽省桐城县轴瓦厂志/1153
009742384 泉州市乡镇企业志/1244
008986326 江西省乡镇企业志/1282
009386136 九江市乡镇企业志/1312
013097888 鹰潭市驻鹰单位志/1324
012052499 盐湖团志/1359
008664366 大茅山志/1376
013509228 [济南]企业史志 1988-1995/1409
013933347 [山东丰汇集团]五年志 2002.6-2007.6/1423
010200507 青岛市金属材料公司志 1962-1985/1433
013145333 山东省三环制锁集团公司志 1993-2000/1488
013660316 寿光县乡镇企业志/1511

012679332 高密县乡镇企业志/1513
009961999 德州地区金属材料公司志 1964-1985/1575
009962004 德州地区物资服务公司志/1575
008452239 德州市乡镇企业志/1575
009962002 山东省德州地区燃料公司志 1948-1984/1575
013064857 聊城地区金属材料公司志 1964-1985/1587
009887448 河南省乡镇企业志初稿/1617
012758890 河南立新监理咨询有限公司公司志 1993-2008/1629
011566279 开封市电石厂厂志/1670
009813602 洛玻集团公司志/1683
010195521 商丘地区土产果品公司志 1953-1985/1782
013996203 周口地区工商企业志/1797
008452458 湖北乡镇企业志/1817
013936373 十堰市质量技术监督志 1933-2008/1857
012723385 宜昌乡镇企业志 1976-2004/1873
008408137 老河口市乡镇企业志/1888
014052299 通山县乡镇企业志/1940
012251078 湖南当代知名企业企业家图志/1969
013994272 长沙市质量技术监督志/1979
011578896 茶陵县乡镇企业志/2009
009391833 湘潭市乡镇企业志/2012
008538669 湘乡乡镇企业志/2016
013630677 益阳地区金属材料公司志 1962-1987/2066
012662754 益阳市乡镇企业志 1956-1986

/2066
007682681 番禺县乡镇企业志/2154
009335873 南雄乡镇企业志/2164
009852508 南海市质量技术监督志/2189
012832140 江门市质量技术监督志/2200
007995596 东莞烟花炮竹志/2240
003035273 中山市乡镇企业志/2243
007995586 大足县乡镇企业志/2377
011809657 永川市乡镇企业志 1989-2006/2384
008430324 四川省乡镇企业志/2407
012955809 彭县社队企业志/2440
008672711 自贡市乡镇企业志/2452
010009384 米易县乡镇企业志/2463
008992008 广华公司志 1984-1997/2471
009867284 什邡工业供销总公司志 1978-1991/2472
013958898 绵阳市技术监督志/2476
008670980 绵阳市乡镇企业志/2476
008429594 广元县乡镇企业志/2491
012970499 旺苍县乡镇企业志 1978-2000/2494
011570093 内江地区乡镇企业志/2511
008991855 犍为县乡镇企业志 1986-1999/2526
010144741 凉山彝族自治州乡镇企业志 1976-1993/2609
010144736 会理县乡镇企业志 1911-1985/2613
012956582 修文县乡镇企业志/2642
013134409 遵义市质量技术监督志/2652
010201592 昆明市乡镇企业志/2728
010732082 安宁县乡镇企业志/2749
010278006 云南省玉溪地区城乡集体企业志/2772
008836884 峨山彝族自治县技术监督志/2786
008837048 峨山彝族自治县乡镇企业志/2786
012191362 保山聚贤工程咨询志 1997-2006/2792
012873044 丽江市质量技术监督志/2809
010476477 楚雄彝族自治州乡镇企业志/2833
013221071 大理市乡镇企业志/2871
012767070 祥云县城乡集体企业志/2873
008993843 宝鸡市乡镇企业志/2956
011292461 甘肃省金属材料公司志 1963-1985/3035
013933317 秦安县乡镇企业志/3052
008846052 庆阳地区乡镇企业志/3069
011441876 青海省百货公司企业志/3091
011441880 青海省纺织品公司企业志/3091
011441903 青海省民族贸易公司企业志/3091
011441912 青海省农牧生产资料公司企业志 1961-1988/3092
012899309 宁夏质量技术监督志/3116
008917148 上海工商社团志/727
009331984 北京市大成房地产开发总公司志/13
008444038 北京市房地产开发经营总公司志/13
009683351 北京市市政工程总公司志/13
010107848 北京市市政工程总公司志终审稿/41
009839169 大成志续编 1994-1998/13

012191513 昌平县城乡建设志 /66
009333314 昌平县房地产志第7卷 /66
009378153 昌平县市政志第8卷 /66
008533239 天津城建志试写稿选编 /81
008533084 天津城市建设志略 /81
008598634 天津房地产志 /81
008298411 河东区房地产志 /90
008298408 南开区房地产志 /90
008487261 河北区房地产志 /91
008486593 红桥区房地产志 /91
008298388 红桥区民用公房经营管理志 /91
008298397 东丽区房地产志 /92
009769245 西青区城乡建设志 /94
008298402 西青区房地产志 /94
008486471 汉沽区房地产志 /99
008298394 塘沽区房地产志 /99
010139905 石家庄市城乡建设局志 /121
010577214 井陉县建设志讨论稿 /134
008593752 井陉县建设志 /134
009125463 辛集市城乡建设志 /130
007587963 邯郸市建设志 /158
012898465 邯郸市建设志 1991-2007 /158
013772721 邯郸县房产志 /164
011293514 武安市城乡建设志 /163
009240441 邢台市建设志 /172
007290035 定州市建设志 /188
008379958 涿鹿县房地产志 /207
008818689 承德市城乡建设志 /210
013702916 承德市房地产志 /210
010292246 沧州市房地产志 /216
009124966 沧州市建设志 /216
013379017 河北盛泰房地产开发集团有限公司志 /216

012265400 南皮县建设志 /227
008382961 廊坊市建设志 /230
008844719 太原房地产志 /256
012638759 太原房地产志 2000-2009 /256
013822733 太原市政志 /256
012613072 阳泉市政工程志 /276
013926407 晋城城管志 /298
009688313 灵石县城乡建设志 /321
012837627 翼城城乡建设志 /348
012837641 翼城县建设志 /348
010232488 山西省离石县城乡建设志 /357
009340801 孝义城乡建设志 /359
011563617 包头城市建设志 /388
013987629 东胜市城乡建设志 /415
007505363 呼伦贝尔盟建设志 /418
013660283 沈阳房产志 1986-2005 /474
011328344 沈阳房地产志 /474
013957425 和平区房地产志 /490
013462047 沈河区房产志 1987-2000 /489
011472912 大东城管志 1948-2006 /490
013790301 大连市住房公积金管理中心志 1992-2012 /502
008536630 鞍山市城市建设志 /514
013330346 鞍山市房产志 /514
008536631 鞍山市公用事业志 /514
008378567 台安建设志 /520
013791101 丹东市房地产志 /533
009310649 丹东市煤气热力公司大事记 1912-1987 /533
009243645 盘锦市城乡建设志稿 /553
009242337 北票市村镇建设志 /564
012758981 集安建设志 /619
012661748 前郭尔罗斯蒙古族自治县城

乡建设志 1986-2008 /626
009553740 黑龙江省建设志 /647
011757925 哈尔滨房产志 1896-1990 /653
012191856 哈尔滨市第一市政工程公司史志 1952-1987 /653
010140730 南岗区市政志 1898-1989 /660
014049926 ［齐齐哈尔市］产权处处志 /669
013323097 阳光热力集团史志 1997-2005 /669
009685658 鹤岗市城市建设志 1906-1985 /682
013771730 热力公司志 1997-2003 /687
009240703 佳木斯市城市建设志 /698
009240712 佳木斯市房地产志 /698
012096332 北安市建设志 1903-2007 /711
013183535 华龙志 1992-2003 /728
008712375 上海房地产志 /728
008534797 上海公用事业志 /728
008712982 上海市政工程志 /748
008358638 上海住宅建设志 /728
012899404 上海市普陀区住宅建设志 /752
007840181 闵行区城市建设志 /756
008842892 嘉定住宅志 /761
003032430 川沙县建设志 /768
013144615 南汇城乡建设志 /768
010098755 浦东展览馆建设志 /768
008094775 金山县建设志 /772
008487234 松江县房产志 /776
008383090 南京房地产志 /805
007982865 南京公用事业志 /805
007976495 南京市政建设志 /805
012999220 江宁区房产志 /823

013684397 江宁县城乡建设志 /823
011497726 高淳县城乡建设志 1491-1992 /828
013994018 无锡房地产志 /830
011327157 徐州市房地产志 1912-1985 /842
012052472 徐州市房地产志 1912-2005 /843
013464209 徐州市路灯志 /843
012877324 徐州市住房公积金管理中心志 1988-2005 /847
013072588 武进县城乡建设志 /876
013939407 吴县城乡建设志 /888
011571553 常熟市建设志 /896
009687030 南通市建设志 /905
008488476 海安县城乡建设志 /910
008531906 淮阴市城乡建设志 /920
012208514 盐城市郊区城乡建设志 /927
009865174 东台市城乡建设志 /927
012814453 扬州建设志 1988-2005 /933
009389633 高邮市建设志 /940
013735936 镇江建设志 /943
014052863 宿迁市城乡建设志 /956
008994523 杭州市城乡建设志 /973
013096582 西湖区市政志 /986
011809336 萧山建设志 /989
009126227 富阳县城乡建设志 /998
009480364 象山县建设志 /1015
013772673 海宁市城乡建设志 /1037
009018427 湖州市城乡建设志 /1043
013861595 湖州市城乡建设志 1994-2010 /1043
013647285 德清县城乡建设志 /1045
009995818 金华市城乡建设志 /1061
012613041 义乌市城乡建设志 /1067
008450320 衢州市建设志 /1075

007843281 舟山市城乡建设志/1082
013730173 丽水建设志/1099
010252885 遂昌县城乡建设志/1103
013320992 松阳县城乡建设志/1105
011320460 合肥房地产志 1986-1995/1119
009377323 合肥市城市建设志/1119
012684912 芜湖市城市建设志 1986-2002/1129
013987640 繁昌县城乡建设志 1986年前/1133
011067665 蚌埠市城市建设志/1134
010138092 铜陵房产志/1149
013991590 铜陵市城市建设志/1149
007358333 福州市城乡建设志/1205
009124578 福建省福州市鼓楼区建设志/1212
013404292 福州市郊区房地产志/1215
008451944 连江县城乡建设志/1221
008451909 罗源县城乡建设志/1222
012662769 永泰县建设志/1224
008452039 福清市城乡建设志/1216
009405822 福清市建设志/1216
009107177 长乐市建设志/1218
010730243 厦门城市建设志/1226
011793072 厦门市房地产志/1226
013510755 厦门市国土房产志 讨论稿/1226
011327211 厦门市政志/1226
012956054 同安区城乡建设志/1230
011764845 同安县城乡建设志/1230
012141486 永安市城乡建设志 1990-2005/1238
008451097 泉州市城乡建设志/1244
011292505 惠安县城乡建设志/1253

013464340 漳州房地产志/1257
013898513 南平地区建设志/1262
008532534 龙岩市城乡建设志/1267
010252685 江西省城乡建设志 评审稿/1282
008865145 江西省城乡建设志/1282
008429452 南昌市城市建设志/1294
013659394 景德镇市城乡建设志/1305
013090955 德安县城乡建设志 1949-2009/1319
008299956 新余市城乡建设志/1322
012662783 于都县房地产志/1340
009105580 济南市天桥区市政工程志/1420
013185717 商河县建设志 1975-2011/1426
012175238 章丘市城市建设综合开发公司志 1984-2004/1423
012097707 莱西市城乡建设志/1450
012968188 莱西市房产管理志/1450
009126042 淄博市城乡建设志/1452
013994260 张店区房地产管理志 1946-1985/1459
010687028 薛城城乡建设志/1469
009675814 东营市建设志/1475
009881201 山东省东营市城乡建设志/1475
010731667 河口区建设志/1482
013507811 广饶房地产志/1486
012099913 盛泰集团有限公司志/1486
011909928 烟台市福山区建设志/1494
013730382 栖霞县城乡建设志/1501
009881157 梁山县城乡建设志/1534
009126039 威海房地产市场志/1545
011321117 威海市建设志 1398-2006/1545

012252735 文登县城乡建设志 556-1985 /1547
009881167 日照城乡建设志/1550
010113201 沂水县城乡建设志/1567
013689600 平邑县城乡建设志/1570
012249817 德州河东新城建设志/1575
010151032 德州建设志/1575
012758768 德州市房产管理局志/1575
009881013 茌平县建设志/1592
009881028 单县城乡建设志/1603
010577453 巨野县城乡建设志/1605
009881297 郓城县城乡建设志/1605
009881037 定陶县城乡建设志/1606
010577510 东明县城乡建设志/1607
009412911 河南省城建史志稿选编/1617
009413897 郑州房地志 1840-1990 讨论稿 /1629
009814295 郑州房地志 1840-1994 评审稿 /1629
008424748 郑州矿务局房地志 1951-1994 /1629
009814436 郑州市城乡建设志 送审稿 /1630
010244056 郑州市管城建设综合开发总公司志/1630
009413939 郑州市建设志/1630
013148923 郑州市中原区城市建设志/1649
013148972 郑州市中原区房地产志 1948-1994/1649
011329760 郑州市中原区人民政府城市建设拆迁志 1994-2005/1649
008987792 郑州市二七区房地产志 1901-1992/1651

011943198 城市建设拆迁志 1991-2003 /1654
010252953 新郑房地产志/1664
010109014 新郑县建设志/1664
011566184 开封房地产志/1670
009334803 开封市房地产志/1670
009413732 洛阳房地志 讨论稿/1683
013461654 洛阳市政建设志/1684
007505428 平顶山市城市建设志/1700
008421294 平顶山市房地产志/1700
009125467 安阳市城市建设志/1708
012661661 内黄县建设志/1717
014047637 林州市城乡建设志/1712
013510791 新乡市房地产志/1722
009888887 濮阳市城市建设志/1745
010239042 南阳市城市建设志 1840-1985 /1768
010275859 新野县城乡建设志/1780
012684677 商丘地区城乡建设志/1782
009382316 信阳地区建设志/1791
012097424 湖北建设志/1817
011294239 湖北建设志 城乡建设/1817
012714137 房产公司志 1954-1994/1828
012714164 房产公司志 1995-2001/1828
008452487 武汉房地志/1828
008452488 武汉公用事业志 1840-1985 /1829
013689476 武汉市房产测绘志 1906-2012 /1829
012049597 江夏区建设志 1975-2008/1845
008990399 黄石长江公路大桥志/1850
009125500 黄石市建设志/1850
008453153 大冶城乡建设志/1853
013506642 东风汽车房地产有限公司志

1984-2003/1857
012769569 郧县建设志/1868
013757247 宜昌房地志评审稿 初稿/1873
013323109 宜昌市城乡建设志/1873
011327702 宜昌市房地志 1840-1990/1873
010195813 襄樊市房地产志 1886-1987/1885
008407965 城乡建设志/1888
011580219 荆门市建设志/1896
008453149 沙市市建设志/1915
011319950 黄冈县城乡建设志/1927
009382619 随州市城乡建设志 初稿/1941
010201239 巴东县城乡建设志/1947
011809304 仙桃市房地产管理志 1959-2005/1952
012721998 宁乡房产志/1994
013134092 株洲县城乡建设志/2005
007984460 醴陵城乡建设/2002
008538074 湘乡城乡建设/2016
008453524 衡阳市建设志/2022
014032669 衡阳县城乡建设志 1840-1988/2028
009992716 常宁县城乡建设志/2026
009383889 岳阳市城乡建设志/2038
013775107 平江县房地产志/2048
010197232 常德城市建设志 前277-1999/2053
008844149 湖南省桂阳县城乡建设志/2077
008538773 靖州苗族侗族自治县城乡建设志/2102
013775725 通道城乡建设志/2103
008848018 ［湘西土家族苗族自治州］城乡建设志/2109

009125566 凤凰县建设志/2113
007633032 广州房地产志/2135
013883842 宝安地产志/2169
009864111 深圳市城市建设志/2169
011310908 三水县城乡建设志/2193
012503982 高明建设志 1982-2004/2196
009839186 高明县城乡建设志/2197
007591237 荷城建设志/2197
010687034 广宁建设志 1830-1992/2215
008054963 惠州市城市建设志/2219
007908393 梅州城乡建设志/2223
008531928 英德市城乡建设志/2235
008815249 中山市城乡建设志/2243
008379748 普宁县城乡建设志/2250
013707165 云浮市城乡建设志/2254
008437251 云浮县建设志/2254
013037897 宾阳县城乡建设志/2285
009379824 桂林市房地产志/2295
008595485 桂林市路灯志/2295
012317234 昭平建设志/2325
009689065 重庆公用事业志/2361
007670697 重庆市房地产志/2361
008428023 重庆市政建设志资料选辑/2361
009553091 万县地区城乡建设志 1911-1992/2370
014052314 万县市城市建设志 1911-1992/2370
013863865 万县市城乡建设志 1993-1997/2370
008844962 重庆市市中区房地产志/2368
008430565 重庆市江北区房地产志/2372
008421773 重庆市沙坪坝区城市改造建设志/2373

008428063 重庆市沙坪坝区城乡建设志/2373
009688995 江北县城乡建设志/2378
009553228 重庆市渝北区城乡建设志 1991-1997/2378
009553231 重庆市渝北区房地产志 1840-2000/2379
013756396 潼南县城乡建设志/2386
009554025 成都市龙泉驿区城乡建设志/2434
009387477 成都市青白江区城乡建设志/2435
011998294 双流县房管志 2005 年本/2445
014050271 双流县建设志 2005 年本/2445
010201302 灌县城市建设志/2439
008672447 自贡市城市建设志/2452
008671484 攀枝花市城市建设志/2459
013342541 什邡城乡建设志/2472
013508679 绵竹县城乡建设志/2473
013337594 绵阳市城乡建设志 征求意见稿/2476
009387592 绵阳市城乡建设志/2476
008992438 江油城乡建设志/2483
008670325 剑阁县建设志/2499
012969718 遂宁市建设志/2502
008416662 内江地区城乡建设志/2511
011570115 内江市城市建设局局志/2511
011570873 威远县城乡建设志/2516
010010288 威远县房地产管理志/2517
012968198 乐山市城市管理志/2520
013130012 沐川县城乡建设志/2533
010117781 阆中建设志/2539
012967571 广安区城乡建设志 1986-2005/2554

009228154 达县市城乡建设志/2560
008991774 资阳市房地产志/2583
013706912 西昌市城乡建设志/2612
013091096 贵阳市建设志 1949-2009/2634
013606728 遵义市房产管理志/2652
013603316 桐梓县建设志/2656
013775909 铜仁市城乡建设志/2678
011908813 石阡建设志/2679
011066956 昆明东房产建筑段志 1966-1996/2729
011310912 昆明市政建设志/2729
010474101 官渡区城乡建设志/2744
011472186 呈贡县建设志/2739
011998124 曲靖市城乡建设志/2760
013037876 保山市城乡建设志/2793
009190785 腾冲县建设志/2798
013531116 景东彝族自治县城乡建设志/2818
013989058 个旧市城乡建设志/2845
012955177 弥勒县城乡建设志 1991-2005/2848
010577022 云南省泸西县城乡建设志/2850
013756018 陕西省户县城乡建设志/2950
008417798 宝鸡市房地产志/2956
008417742 宝鸡市公用事业志/2956
008993382 陇县城乡建设志/2969
008672876 咸阳市房地产志/2974
008598480 咸阳市建设志/2974
014026319 安康城乡建设志 1991-2012/3009
011499323 洛南城乡建设志/3015
011499331 洛南县城乡建设志续 1991-2006/3015

009266244 丹凤县建设志/3016

008453897 秦安县城乡建设志/3052

009157944 庆阳建设志/3069

013186011 西峰城乡建设志/3071

011312127 定西建设志/3073

009016843 银川市房地产简志/3122

009016845 银川市房地产简志续1/3122

009190518 盐池县建设志/3136

012956114 乌鲁木齐住房委员会办公室志 1988-2008/3166

009105214 阿克苏地区建设志/3179

011793353 伊宁市城市建设志/3207

009392988 石河子市城市建设志 1950-2000/3224

013369934 邯郸市自来水公司志/158

011756469 保定市供水节水志/185

008873889 承德供水志/210

008844907 太原市自来水公司志/257

013342600 太原市自来水公司志 2000-2009/257

010280114 阳泉供水志/276

009768979 长治市供水总公司志 1941-2003/284

009769131 沁水县城乡建设志/303

013994251 运城市引水供水有限公司志 1942-2007/322

009312465 包头市城市供水科学技术志 1939-1995/392

014026338 包头市供水总公司志 1991-2006/389

009854061 大连市城市供水志 1879-2004/502

009242560 抚顺市自来水公司志 1908-1985/523

009242630 阜新城市供水志 1934-1987/545

013374433 吉林市自来水公司志 1927-1995/599

013506636 大庆石油管理局供水公司志/687

013334388 常州市自来水公司志 1927-1985/864

011571300 镇江市自来水志 1912-1990/943

008569829 丹阳市自来水志/948

012872382 杭州市城市供水志 1928.4-2010.6/973

008846428 萧山市自来水公司志/989

009348379 象山自来水公司志/1015

013704382 金华市市区供水志 1994.1-2009.6/1061

012955831 平阴县自来水公司志 1979-2009/1424

012256693 淄博市自来水公司志/1452

013990683 桓台县自来水公司志 1981.3-2011.3/1463

008452398 胜利油田供水公司志 1965-1987/1476

013186120 烟台市福山自来水志 1971-2011/1494

013185837 泰安市自来水公司志/1535

013510786 新泰市自来水公司志/1538

011497955 开封市自来水厂志/1670

008416654 郏县自来水志/1707

009159392 新乡市自来水公司志评审稿/1722

009334752 新乡市自来水公司志/1722

012811634 荆门市供水总公司志 1969-2007/1896

011762367 荆州城自来水志/1912

011328177 沙市市自来水志/1915

010577059 攸县自来水志/2007

011320727 深圳市自来水(集团)有限公司志 1961-2000/2169

012998951 高明市供水志 1982-2002/2197

008665290 柳州市自来水志/2286

012097384 桂林自来水公司志 1936-2005/2295

009231672 犍为县自来水厂志续编 1992-1999/2526

008426285 昆明自来水志/2729

009818346 玉溪市自来水公司志/2772

012713995 大理市供排水志/2871

农业经济

008830452 中国农村改革源头志/3264

012208631 中国农业科学院农业经济与发展研究所所志 1958-2008/13

009743741 黑龙江省农垦科学院志 1979-1988/653

010592492 黑龙江省农垦科学院志 1989-1999/653

008993367 中共陇县县委农村工作志/2969

009796887 顺义区房屋土地管理局局志/62

011762332 延庆县农村合作经济经营管理志 1950-2002/72

013510614 天津市土地管理志蓝本/81

008533101 东丽区土地管理志/92

008533098 西青区土地管理志/94

008533099 津南区土地管理志/95

008533096 北辰区土地管理志第3卷/96

008593568 武清县土地管理志/98

008828105 宝坻县土地管理志第9卷/98

008593578 大港区土地管理志第7卷/99

008533105 汉沽区土地管理志第6卷/99

008593590 塘沽区土地管理志/99

008593587 宁河县土地管理志/101

008533104 静海县土地管理志/102

008828128 蓟县土地管理志/102

009397074 辛集市土地管理志/130

013752543 嘉定土地管理志/761

009018380 南京土地管理志/805

011432917 江浦县土地管理志/820

009115924 南京市浦口区土地管理志/820

009115932 南京市栖霞区土地管理志/820

009115916 南京市雨花台区土地管理志/821

009018366 江宁县土地管理志/823

011440997 六合县土地管理志/826

008672220 南京市大厂区土地管理志/826

011439935 溧水县土地管理志/827

009252832 高淳县土地管理志/828

009993461 徐州市土地管理志/843

009338341 徐州市贾汪区土地管理志/852

008997470 铜山县土地管理志/853

009675558 睢宁县土地管理志/861

010238366 邳州市土地管理志/857

009413551 吴江市土地管理志/890

012871870 常熟市土地管理志/896

012099952 太仓市土地管理志/903

009744805 启东市土地管理志/907

011442055 獭窟岛地志/1253

010777059 安丘县土地管理志/1512
007672825 华容县农村经营管理志/2045
009198612 重庆市土地管理志/2361
013321193 西山区城乡建设土地管理志/2747
010243557 晋宁县土地矿产志/2751
013899636 通海县土地管理志/2780
011376211 长安地志/2942
011475309 临夏回族自治州土地管理志/3079
013824267 银川市土地管理志/3122
009414234 银川市郊区土地管理志/3126
012903630 中卫县土地管理志/3141
012839345 中国农业资源与区划志/3264
013659576 溧水县多种经营志/827
009045511 北京国营农场志精简本/13
008385390 芦台农场志/101
010140740 沙河农场志 1954-1985/174
013991426 胜利农场志/408
013707207 哲里木盟农垦志/408
010292642 哲里木农垦志/408
009335586 大兴安岭农场管理局志/418
012969573 上库力农场志 1956-2010/418
006543071 呼伦贝尔农垦志/422
009149847 东方红农场志/2204
012967484 东方红农场志 1967-2009/429
013321319 牙克石农场志/425
013936438 吐列毛杜农场志/442
012191726 大台山农场志/567
013728795 黑龙江省农垦总局驻北京联络处志 1989-1998/647
010195550 齐齐哈尔农垦志 1986-2000/669
011995306 查哈阳农场志 1991-2000/677
013375408 七星泡农场志 1986-2000/675

012889182 八五六农场志 1983-2000/681
013629467 庆丰农场志 1996-2000/681
009992234 宝泉岭农垦志 1948-1985/682
009992235 二九〇农场志 1955-1985/682
011995603 二九〇农场志 1986-2000/683
009685654 共青农场志 1955-1985/683
009992277 普阳农场志 1996-2000/683
009992385 绥滨农场志 1948-1985/684
009814601 双鸭山农场志 1947-1987/684
012174913 双鸭山农场志 1988-2000/684
012049245 二九一农场志 1986-2000/685
009839637 红兴隆农垦志 1947-1985/685
012967642 红兴隆农垦志 1986-2000/685
008379242 八五二农场志/686
010778498 八五二农场志 1985-2000/686
009147373 八五三农场志 1956-1985/686
010778499 八五三农场志 1986-2000/686
013859306 八五九农场志 1985-2005/686
012173894 红旗岭农场志 1958-2005/687
009744073 红卫农场志 1968-1983/686
010109626 饶河农场志 1986-2000/686
012051936 曙光农场志 1986-2000/702
009996562 洪河农场志 1980-1984/700
012251048 洪河农场志 1985-2002/701
009744125 勤得利农场志 1957-1983/701
009743694 创业农场志 1968-1984/701
012758756 创业农场志 1985-2005/701
011804101 北兴农场志 1955-2000/703
008377743 九三农垦志 1949-1985/712
008385576 嫩江农垦志 1948-1985/712
011496834 北安农垦志 1947-1985/711
012758720 北安农垦志 1986-2000/711
008379329 长水河农场志 1960-1992/711
008378106 绥化农垦志 1946-1985/714

009853111 绥棱农场志 1955-1985 /718	011295847 黄泛区农场志 1985-2004 /1801
012758762 大兴安岭农场管理局续志 /719	009335478 辛安渡场志 /1829
009554023 上海农垦志 /728	008379252 汉南农垦志 /1844
013926379 沿湖农场志 历史年限 1960-1998 /843	013096544 乌金场志 /1844
008662040 东辛农场志 /912	011310739 军垦场志 /1855
013681564 岗埠农场志 1958-2000 /913	009996549 草埠湖农场志 1954-1987 /1878
013404077 方强农场志 1986-2011 /925	009960259 长港农场志 /1895
011328401 临海农场志 1960-1995 /931	012898418 官庄湖农场志 /1900
009961670 [江苏省泗阳棉花原种场] 场志 /957	013236415 朱湖农场志 /1906
009126257 红山农场志 /974	013093043 荆州市农垦志 1994-2005 /1913
013705570 钱江农场志 /974	011764780 太湖港农场志 /1912
009020633 萧山农垦志 /989	010201728 菱角湖农场志 /1917
008488205 萧山围垦志 /991	009799929 人民大垸农场志 1957-1987 /1922
013732669 余杭县农垦志 /994	009442777 六合垸农场志 /1923
008830444 安徽省农资公司志 /1119	010577384 三湖农场志 1960-1985 /1924
013506474 白湖农场志 /1126	012096321 八里湖农场志 1986-2006 /1934
008298973 江西省农垦志 /1282	013184344 龙感湖农场志 1956-1985 /1935
010110753 五星垦殖场志 /1294	012139423 九合垸原种场志 1957.10-1996.12 /1952
008423039 共青垦殖场志 /1312	011325438 西大垸农场志 送审稿 /1953
010110606 琳池垦殖场志 /1337	009996607 总口农场志 1955-1985 /1953
009125953 洋峰垦殖场志 /1349	012132661 东屯渡农场志 /1979
009386102 井冈山垦殖场志 /1346	009383721 建新农场志 /2039
008300091 江西省宜丰县石花尖垦殖场志 /1365	009383739 钱粮湖农场志 /2039
008426049 德胜关垦殖场志 /1370	009383743 屈原农场志 /2039
009385976 怀玉山场志 /1379	009383725 君山农场志 /2042
008430554 康山垦殖场志 /1381	008377790 湖南省贺家山原种场志 /2053
010293888 广北农场志 /1476	008453535 西洞庭农场志 /2053
010730477 黄河农场志 /1476	013186026 西湖农场志 /2058
006548241 黄泛区农场志 /1800	009382754 涔澹农场志 1955-1992 /2057
012541767 黄泛区农场志 大事记 /1801	009382737 北洲子农场志 /2066
	009383645 大通湖农场志 /2071
	007662468 粤西农垦志 /2204

013630557 阳江场志 1956-1986/2233
009379710 广西国营明阳农场志/2277
009379846 良圻农场志/2285
013702959 东昌农场志 1952-2012/2350
013626470 桂林洋农场志/2350
013528961 桂林洋志稿/2350
013705200 南滨农场场志/2351
009380863 东红场志 1958-1985/2351
012251001 国营东路农场志/2352
013626684 海南省国营红华农场场志 1954-2004/2354
012049425 海南省国营卫星农场场志 1958-2008/2354
013630423 新星场志/2355
011311446 南方农场志/2355
011445643 云南省临沧地区勐撒农场志/2823
009995664 云南省临沧地区农垦志 1955-1990/2823
012832555 勐底农场志 1978-2005/2829
011320737 云南省仁兴饲养场场志 建场50周年纪念/2833
010473933 红河州农垦志 1951-1985/2843
012139150 国营坝洒农场志 1956-2006/2853
013369927 国营蚂蝗堡农场志 1956-1996/2853
009744956 农垦黎明志/2861
011068357 东风农场志稿 1958-1987/2863
011995503 东风农场志续篇 1988-2007/2863
011762912 勐养农场志/2863
010238550 国营勐捧农场志 1974-1997/2864

010010048 勐腊农场志/2864
013726905 德宏农垦志 1951-2010/2886
012877138 瑞丽农场志/2889
013731159 瑞丽农场志 1959-2010/2889
013731958 畹町农场志 1959-2010/2889
013735630 遮放农场志 1956-2010/2888
013732565 盈江农场志 1952-2010/2890
013730206 陇川农场志 1955-2010/2891
011584832 陕西农垦志/2931
013464338 张掖农场志 1955-1995/3057
013755975 山丹农场志 1958-2005/3060
007825646 宁夏农垦志/3116
010200341 宁夏农垦志 1989-2004/3116
009414083 南梁农场志/3122
012505421 宁夏回族自治区暖泉农场志 1955-1995/3128
008542911 灵武农场志 1950-1986/3127
012873136 灵武园艺试验场场志/3127
007488680 前进农场志 1952.8-1992.8/3132
013457962 连湖农场志 1954-2008/3135
013684584 渠口农场志/3142
012252814 新疆生产建设兵团农业志/3157
009313368 三坪农场志/3165
009190556 五一农场志/3165
009621940 新疆生产建设兵团农十二师头屯河农场志/3165
009400046 一三六团场志/3172
009232194 红星二场志/3177
008994767 红星一场志/3178
009744942 黄田农场志/3178
008668394 火箭农场志/3178
009349803 柳树泉农场志/3178
009995341 军户农场志 1958-2002/3191

010778355 六运湖农场志 1965-2002/3192
009995560 土墩子农场志 1955-2000/3192
009042845 芳草湖农场志/3193
009234371 新湖总场志 1963-2000/3193
008994548 一四九团场志 1958-1997/3193
008543251 温宿县青年农场志/3182
009996983 红旗农场志 1949-2000/3204
008994754 四十三团场志/3186
009117776 新疆生产建设兵团农四师良繁场志/3207
009117780 新疆生产建设兵团农四师拜什墩农场志/3209
008432676 团结农场志/3217
007506852 新疆石河子一四三团农场志/3219
008378544 一二二团场志/3218
009342932 一三二团场志 1958-1997/3218
009342938 一三三团场志/3218
009042851 一三四团场志 1957-1997/3218
009414710 一三五团场志/3218
007537298 一四二团场志/3218
009342955 一四四团场志/3218
008994542 一四一团场志/3218
009996214 新疆生产建设兵团农十师青河农场志/3222
008668374 石河子总场志/3224
008772238 一五〇团场志/3224
010252551 农六师垦区五家渠市志 附录 世纪眸准噶尔/3228
008906181 农六师垦区五家渠市志 1949-2001/3228
009995546 奇台总场志 1958-1996/3229
012505324 练湖志 1985-2005/949
008385485 通河粮库志/667

008379331 黑龙江省肇东粮库志/715
012208651 中央储备粮邳州直属库志/857
012719171 兰溪农村工作简志/1065
012636767 永川市农村工作志/2384
010252903 北京种植业志简本/14
013461821 盘锦市粮食局志/553
010290973 公主岭市玉米志/612
013464189 萧山粮油食品厂志 1950-1989/989
010108850 河南省武陟县粮食局志/1743
012503746 长沙市第二粮食仓库志 1950-1986/1986
008422530 开县粮食局志/2394
009867293 小金县粮食局志/2598
009414944 西迪粮油总厂志/3210
009553893 江苏省棉麻茶行业志/798
011564667 杭州茶叶试验场场志 1955-1987/974
013899622 泰顺县茶志/1033
011955708 夏津县棉花志/1585
010112135 聊城地区棉花志/1587
013659688 南阳棉花志/1768
008429565 射洪县棉业志/2506
011763232 平谷桃志/70
007895592 南京蔬菜志/806
010576948 邳州大蒜志/857
013902086 信丰脐橙志/1333
013936413 郯城县银杏志/1566
011571315 郑州市园艺场志 1933-1985/1630
009413878 新乡市蔬菜行业志/1722
009252722 武汉市蔬菜行业/1829
010197212 长沙市蔬菜志 1840-1988/1979

010199756 益阳市蔬菜志 1949-1986/2066
013647650 怀化市蔬菜志/2093
009157905 北京林业志/14
012758736 北京市十三陵林场志/14
009332598 朝阳林业志/49
010686791 顺义县林业志/62
009250493 昌平县林业志/66
009333127 北京市怀柔县林业志/69
009198048 密云县国营林场志/71
013606511 赞皇县林业志/139
012610598 河北省沽源县林业志 1950-1991/203
009472348 涿鹿县林业志/207
009561595 山西林业志/250
012684745 太原林业志/257
012766895 太原市国营林场志/257
012766156 娄烦林业志/268
009414475 黎城林业志/292
013793239 灵石县林业志/321
012903636 中阳县林业志/366
009561610 孝义林业志/359
013939426 武川县林业志/387
008594291 内蒙古自治区伊克昭盟林业志/414
013604558 伊克昭盟林业志稿/414
006101054 呼伦贝尔盟地方林业志/418
009244730 阿里河林业局志/429
014032878 吉文林业局志 1958-2008/430
009398341 绰尔林业局志 1958-1999/425
013822113 内蒙古绰源森工公司 内蒙古绰源林业局志 1982-2012/425
009397900 内蒙古大兴安岭林业管理局志/425
013822115 内蒙古大兴安岭图里河森工公司(林业局)志 1982-2012/425
007428158 乌尔旗汉林业局志/425
013708149 中国内蒙古森工集团内蒙古大兴安岭林管局志 2000-2011/425
010475753 莫尔道嘎林业局志/426
011757869 根河林业局志/426
012099659 满归林业局志 1964-2004/427
013140839 阿尔山林业局(森工公司)志/441
011067690 阿尔山林业局志/441
011909121 锡林郭勒盟林业志/444
010376854 辽宁林业志资料选编/461
013603021 沈阳林果志/474
013145377 沈阳市林业果树志/474
013660332 台安县林业志/520
011943576 抚顺市林业志 1986-2000/523
011499598 清原林业志/527
013320921 清原林业志 第3集 2001-2010/527
012096389 本溪林业志/529
009244276 铁岭市林业科学研究所所志 1973-1985/559
013528623 白石山林业志/607
013771471 白石山林业局志 1996-2011/608
013183663 蛟河县林业志/608
010735915 辉南森林经营志/620
011890462 长白朝鲜族自治县林业志/624
012174137 临江林业局志 1991-2000/623
009743692 白河林业志/631
013179393 大石头林业局志/631
013703228 敦化林业局志 1958-2008/634
009839639 黄泥河林业局志/634
008486182 八家子林业局志/635

010280347 安图县林业志 /636
009675284 黑龙江省森林工业木材生产志 /647
009675287 森林工业志 /647
008383966 黑龙江省森林工业总局森林资源调查管理局志 /653
010195567 苇河林业局志 /664
009960254 山河屯林业局志 /664
010140742 山河屯林业局志稿 /664
012877284 五常林业志 /665
008385309 双鸭山林业局志 /684
008383904 友好区(林业局)志 /694
009511224 翠峦区(林业局)志 /695
013961179 翠峦区(林业局)志 1986-2005 /695
007519831 金山屯区(林业局)志 /695
008846561 五营区(林业局)志 /695
008487330 乌马河区(林业局)志 /695
008487335 乌伊岭区(林业局)志 1963-1985 /696
013797179 伊春市红星区(林业局)志 1986-2005 /696
008487292 黑龙江省铁力林业局志 1914.1-1985.12 /696
008385272 朗乡林业局志 /696
008487170 双丰林业局志 /697
008382993 桃山林业局志 /697
009105657 合江林业管理局志 /698
008377586 桦南林业局志 1952-1985 /702
009992268 鹤立林业局志 /702
013093153 牡丹江地方林业志 /704
010293520 林口林业局志 /709
008383935 大海林林业局志 /708
012995154 八面通林业局志 /708

011585028 通北林业局志 /711
010687012 绥棱林业局志 1902-1985 /718
008385504 大兴安岭林业志 /719
012638845 韩家园林业局志 /721
010278423 十八站林业局志 /721
012657672 阿木尔林业局志 1988-2009 /722
011909012 图强林业局志 /722
012873323 南京青龙山林场志 /806
013098053 中国林业科学研究院林产化学工业研究所所志 1960-1989 /806
012661274 江宁区林牧渔业志 /824
009472606 虞山林场志 /896
008709718 浙江省林业志 /962
009881592 淳安县林业志 /1004
013335407 建德林业志 /996
011310921 富阳县林业志 /998
013601938 宁海县茶山林场志 /1017
009415064 温州市林业志 /1019
008662469 湖州市林业志 /1043
008450592 安吉林业志 /1047
013939697 义乌市林业志 /1067
009744987 衢县林业志 /1078
009840425 常山县林业志 /1080
009388703 开化林业志 /1080
009996145 仙居县林业志 /1097
009126422 临海林业特产志 /1093
011477241 遂昌县林业志 1995-2005 /1104
012174156 龙泉市林业志 /1100
010291911 徽州地区林业志 /1159
012898650 黄山市林业志 /1160
011757489 滁县地区林业志 /1163
013314431 阜阳市林业志 /1168
013823032 宿县林业志 /1172
012899116 六安地区林业志 /1177

011497002 东至县林业志/1185
008451937 连江林业志/1221
009742378 厦门市林业志/1227
013956930 福建省厦门市同安县林业志/1230
008830588 仙游林业志/1235
009389564 三明林业志/1237
009389580 清流县林业志/1240
013131052 宁化林业志/1240
007995590 邵武市林业志/1264
012662473 武夷山市林业志/1264
013335410 建瓯林业志/1264
008451128 福建省建阳市林业志/1265
008528018 寿宁县林业志/1278
008664263 江西省林业志/1282
013704373 江西竹资源与产品图志/1282
013659669 南昌市林业志 1840-1985/1294
008983579 枫树山林场志/1305
013774285 九江市林业志/1312
012545403 武宁县林业志/1317
008299930 新余市林业志/1322
011564586 赣州地区国营九连山营林林场场志/1327
009385313 崇义县林业志/1334
009385282 安远县林业志/1335
008423913 江西省全南县小叶栎林场志/1336
009687460 全南县林业志/1336
012661691 宁都林业志/1337
009994089 于都县林业志/1340
009386150 芦溪岭林场志/1348
013604578 永丰林业志/1349
011764790 泰和林业志/1350
011500659 遂川县林业志/1350

011295510 遂川县林业志 1995-2006/1350
008426001 安福县谷源山林场志/1352
009386202 七溪岭林场志/1352
008351227 宜丰林业志/1365
009378211 马头山林场志/1373
008423548 资溪林业志/1373
011327127 济南市林业志/1409
013684600 商河县林业志/1426
012052545 原山林场志/1452
012141471 烟台市林业志 1978-2005/1488
011321151 招远林业志/1500
013627970 济宁市林业志/1517
013757154 新泰市林业志/1539
011319973 费县林业志 1940-1989/1569
008452207 德州市林业志/1575
010112134 聊城地区林业志/1587
010686796 滨州地区林业志/1595
013012673 郑州林业志 综合卷 1978-2008/1630
013148910 郑州林业志 新密卷 1978-2008/1661
013148916 郑州林业志 中牟卷 1978-2008/1668
013375255 洛阳林业志/1684
012505371 孟津县林业志/1694
013757256 宜阳县林业志/1698
012766860 石漫滩林场志/1703
012661664 内黄县林业志/1717
009684757 博爱县竹志/1742
002870296 湖北林业志/1817
012898594 湖北省林业志 1980-2003/1818
011480456 郧西林业志/1869
013797204 远安县林业志/1880
012266372 太子山林场管理局志/1901

013987607 大口林场志 1957-2008 /1900
013316218 汉川市林业志 1986-2005 /1909
003035282 松滋县林业志 /1919
013897298 红安县林业志 /1930
013226363 通山县林业志 /1940
008990609 随县林业志 /1942
012658411 恩施州林业志 1735-1995 /1943
008990584 恩施市林业志 /1945
010686793 宣恩县林业志 /1948
008835675 浏阳县林业志 /1991
009685911 茶陵县林业志 /2009
006101069 酃县林业志 /2010
006088103 醴陵林业志 /2002
008385184 新邵林业志 /2034
007672814 华容县林业志 /2046
011578945 郴州地区林业志 /2073
012713929 郴州市林业科学研究所所志 1963-2001 /2073
012951911 郴州市林业志 1989-2005 /2073
009686538 汝城县林业志 /2081
011586387 资兴市林业志 /2076
011892382 祁阳县林业志 /2087
009686362 江华瑶族自治县林业志 /2092
013627785 怀化地区林业志 /2093
013222254 怀化市林业志 1978-2005 /2093
008195186 沅陵县林业志 /2097
008531837 靖州林业志 /2103
008835166 [湘西土家族苗族自治州]林业志 /2109
010577240 凤凰县林业志 /2113
006536807 从化县林业志 /2159
012952046 广州市流溪河林场志 /2159
008990713 韶关市林业志 /2161
009673695 翁源县林业志 /2166

008466650 高明市林业志 /2197
008616569 廉江县林业志 /2206
008453765 西江林业局志 /2211
008453729 肇庆林业志 /2211
012872562 惠州市林业志 /2219
007682705 揭阳县林业志 /2248
009332459 云浮林业志 /2257
013776046 郁南县林业志 /2260
008466673 罗定林业志 /2258
009864330 广西国有七坡林场场志 送审稿 /2277
013793153 荔浦林业志 /2303
008595562 北海林业志 /2308
008596533 合浦县林业志 /2310
008665386 博白县林业志 /2319
008539725 昭平森工志 /2326
009379971 昭平松脂志 /2326
009124618 林朵林场志 /2329
013629482 琼山县林业志 /2350
011809641 永川市林业志 1986-2006 /2384
009817998 丰都县林业局志 1911-1985 /2391
007969480 四川林业志 /2407
011320058 四川造林志 /2407
011442027 四川省温江地区林业志 /2437
013528917 灌县林业志 /2439
014049965 荣县林业志 1931-1994 /2456
013728689 广元市林业志 /2491
009254010 青川县林业志 /2497
012266061 青川县林业志 1986-2002 /2497
013002473 射洪县林业志 1986-2005 /2506
010238278 大英林业志 /2508
008991926 犍为县林业志 1986-2000 /2526
013863601 仁寿县林业志 /2543

008670081 洪雅林场志/2545
008835936 雅安地区林业志/2566
009411679 石棉县林业志/2571
012967338 巴中市林业志 1910-2005/2574
010201251 巴中县(市)林业志 1986-2000/2576
009414640 通江县林业志/2578
013402703 阿坝林业志 1911-2005/2591
008669063 阿坝森工志/2591
012950243 阿坝州观音桥林业局志/2591
008992126 金川县林业志雪梨志/2597
013863606 若尔盖县林业志/2599
009840276 甘孜藏族自治州林业志/2601
012955040 凉山彝族自治州林业管理局志/2609
011566477 凉山彝族自治州林业志送审稿/2610
008430258 木里藏族自治县林业志/2619
011430389 布拖县林业志送审稿/2615
008835995 美姑县林业志/2618
013446293 开阳县林业志/2640
009839646 绥阳林业局志/2657
012636613 正安县林业志/2658
012635500 安顺地区林业志/2662
013897646 金沙县林业志/2672
013794824 黔东南苗族侗族自治州林业志 1988-2010/2694
010686788 施秉县林业志稿/2695
009310280 天柱县林业志/2697
010279120 锦屏县林业志/2698
008660259 贵州省剑河县林业志/2698
009380818 黎平县林业志/2699
013508528 昆明市林业志/2729
008597825 云南省林木种苗站志/2729

013144477 晋宁县林业志 1346-1988/2751
009341115 曲靖市林业志/2760
009399285 玉溪地区林业志/2772
008836995 峨山彝族自治县林业志/2786
008539876 保山地区林业志/2793
008426230 鲁甸县林业志/2803
009995647 盐津县林业志/2805
008427153 丽江地区林业志/2809
011571219 云南省黑白水林业局志/2809
010243016 云南省巨甸林业局志/2809
012684789 卫国林业局志/2813
012542770 普洱哈尼族彝族自治县林业志/2815
012139559 墨江哈尼族自治县林业志/2816
012899427 思茅市墨江林业局志/2817
013897676 景谷林业志/2819
009125982 临沧地区林业志/2823
010243032 楚雄市林业志/2836
010474219 双柏县林业志/2837
010243033 大姚县林业志/2839
009867377 元谋县林业志/2840
010252601 一平浪林场志/2842
011328353 红河哈尼族彝族自治州林业志/2843
009388479 文山州林业志/2854
010201619 西畴县国营坪寨林场志 1915-2000/2856
010201615 西畴县国营香坪山林场志 1915-2001/2856
012251457 马关县金城林场志/2858
013226529 西双版纳傣族自治州林业志 1978-2005/2861
008597929 大理白族自治州林业志/2866

012714004 大理市林业志/2871	010139910 唐山市畜牧志/143
013402935 大理市林业志 1978-2005/2871	008378743 邯郸市畜牧水产志/158
008837058 永平县林业志/2878	013528640 博野县畜牧志 1949-2009/197
008424696 云龙县林业志/2879	012638961 山西蚕业志/250
012264187 德宏州林业志/2886	013990911 灵丘县畜牧志/273
008426226 怒江傈僳族自治州林业志/2892	009398328 巴林右旗畜牧志/405
008992632 泸水县林业志/2894	010292637 通辽市畜牧志/408
008426262 兰坪白族普米族自治县林业志/2898	012003242 哲里木盟珠日河牧场志 1948-1990/410
009337945 迪庆藏族自治州林业志/2901	008380675 哈达图牧场志/418
010201627 香格里拉县林业志/2903	011995681 哈达图牧场志 1958-2008/422
012769680 周至县林业志/2950	007479168 呼伦贝尔盟畜牧业志/418
013961183 宜君县林业志 1949-2012/2954	012636910 谢尔塔拉种牛场志 1955-2010/422
008993276 陇县林业志/2969	009190273 锡林郭勒盟畜牧志/444
008993445 凤县林业志/2972	013863125 内蒙古自治区五一种畜场志/448
009340867 咸阳市林业志/2974	011329471 辽宁省畜牧业志 1151-2000/461
008838265 延安地区林业志/2991	010275918 沈阳市畜牧业志 1905-1985/475
014052885 延安市林业志 1997-2010/2991	013793081 巨浪牧场志 1960-2000/693
014047780 宁东林业局志 1958-2007/3011	013145354 上海畜牧志/728
012208369 小陇山林业志/3049	009675550 南京畜牧业志/806
011955665 天祝藏族自治县祁连林场志/3057	011327190 徐州市畜牧志 1910-1988/843
009378295 甘南藏族自治州林业志/3082	013342434 莆田市畜牧志/1232
009387140 大通林业志/3100	013751653 东乡县畜牧志/1373
008994459 宁夏林业志/3116	012097503 即墨市畜牧兽医志/1446
009414096 宁夏贺兰山林业志/3128	014028734 东营市畜牧志/1476
012814446 盐池机械化林场志/3136	012541975 莒县畜牧志/1554
010201440 新疆生产建设兵团林业志/3157	009879339 河南省郑州种畜场志/1630
013148730 伊犁地区林业志/3206	009413805 南阳畜牧志/1768
009331043 中国农业科学院畜牧研究所志 1957-1997/14	008987913 淅川县畜牧场志/1778
	010195523 商丘地区畜牧志 初稿/1783
	009768322 光山畜牧志 1894-1999/1794
010278500 河北省畜牧志/112	012049509 淮阳县畜牧志/1803

013379060 武汉市畜牧兽医志 1949-2009/1829

009864805 新洲县畜牧志 1882-1985/1848

012613912 十堰市畜牧兽医志 1866-2008/1857

013819365 房县畜牧志/1872

013819358 鄂州市畜牧兽医志 1949-2009/1893

012899978 孝感市畜牧业志 1949-2008/1903

013704261 浏阳市畜牧水产志 1988-2002/1991

013508664 浏阳县畜牧水产志/1991

013661590 岳阳县畜牧水产志/2044

007672819 华容县畜牧志/2046

013792474 江华瑶族自治县畜牧水产志/2093

008538784 靖州县畜牧水产志/2103

008835171 [湘西土家族苗族自治州]畜牧水产志/2109

013602020 汕头市畜牧志/2177

014052304 潼南县畜牧志/2387

009253219 青川县畜牧志 1942-1985/2497

013731338 射洪县蚕丝志/2506

008991845 犍为县畜牧志 1987-1999/2526

013131012 沐川县畜牧兽医志 1932-2006/2533

013379065 武胜县畜牧志 1986-2005/2556

008428018 宣汉县畜牧志/2562

008672185 雅安地区畜牧兽医志/2566

013002511 石棉县畜牧志 1986-2000/2571

013702855 巴中市畜牧食品志 1912-2003/2574

008428080 通江畜牧志 1912-1985/2578

011310738 简阳县畜牧业志 1911-1985/2585

011431436 甘孜藏族自治州畜牧志/2601

013335276 贵州省畜牧志/2626

008541281 息烽县畜牧志/2641

012173799 官渡区畜牧兽医志/2744

008426208 鲁甸县畜牧志/2803

010201612 文山壮族苗族自治州畜牧志/2854

013730170 兰坪畜牧志 1919-1994/2898

013403086 迪庆藏族自治州畜牧志/2901

008426368 中甸县畜牧志/2903

013629547 陕西畜牧业志/2931

008417684 宝鸡市畜牧志/2956

013601964 清水县畜牧志 初稿/3051

011294283 甘肃省皇城绵羊育种试验场志/3061

009389599 山丹军马场志/3060

012003251 庄浪县畜牧志/3064

013795570 肃北蒙古族自治县畜牧业志/3068

008453828 庆阳地区畜牧志/3069

008453878 甘南藏族自治州畜牧志/3082

011431315 大通种牛场志/3100

012955877 青海省三角城种羊场志/3104

010474227 贵南牧场志 1933-1993/3106

009016958 曲麻莱县畜牧志/3108

009620069 宁夏回族自治区畜牧志 审议稿/3116

013066907 宁夏平吉堡奶牛场志 1986-2005/3122

009799896 宁夏贺兰县京星农牧场志/3128

013689057 平罗县农牧场志/3132

008381191 新疆生产建设兵团畜牧志/3155
009414972 西山农牧场志/3166
009995334 红星二牧场志/3177
009784682 北塔山牧场志 1952-2003/3194
012249640 巴音沟牧场志/3216
008543214 紫泥泉种羊场志/3224
013323254 中国水产科学研究院长江水产研究所所志 1958-2008/14
011328462 唐山市水产志/143
009349839 乌梁素海渔场志/435
009561038 辽宁水产志/461
012503673 查干湖渔场志 1960-2009/627
008379768 茂兴湖水产养殖场志/692
012174780 茂兴湖水产养殖场志 1986-2000/692
008534817 上海渔业志/728
009675551 南京渔业志/816
013097857 徐州市水产志/843
009385268 吴县水产志/888
008531955 射阳县海洋渔业公司志/931
010475319 浙江渔业科技志/962
008446496 杭州水产志/974
009890605 宁波水产志/1007
011998608 象山县渔业志/1016
013681540 洞头县海洋渔业志/1027
010118487 平阳县渔业志/1030
011804122 苍南县海洋与渔业志/1031
008822303 乐清县水产志/1026
009995812 嘉兴市水产志/1034
013145406 嵊泗海洋与渔业志/1086
011312385 温岭市渔业志/1091
012658274 滁州市水产志/1163
012256581 漳州市渔业志/1257

013755978 山东省水产志资料长编/1399
012051792 青岛市海洋与渔业志 1979-2005/1433
011499560 青岛市水产志/1433
013961393 中国水产科学研究院黄海水产研究所志/1433
010200381 胶州市水产志/1443
009561517 东营市海洋与渔业志/1476
014047474 垦利县海洋与渔业志 1950-2012/1483
009962171 烟台水产志/1488
011319990 长岛县水产志/1503
013730083 济宁市郊区水产志 1984-1990/1520
009962098 菏泽地区水产志/1601
010250812 河南省水产志初稿/1618
011762150 湖北省水产供销志 1949-1985/1818
013683688 汉川市水产志 1442-2005/1909
010290775 洪湖县水产志/1918
008990518 黄冈地区水产志/1925
011294339 大通湖渔场志/2071
010577468 沅江县湖洲水产/2070
010778026 中国水产科学研究院南海水产研究所所志 1953-2003/2135
007654337 海康珍珠志/2207
007685877 海丰水产志/2230
013012716 中山市海洋与水产志/2243
013091086 广西水产研究所志 1960-2010/2277
011310837 合浦县珍珠志/2310
008835143 南海水产公司志 1954-1988/2352
009799510 通威志 1984-2002/2420

010278826 昆明渔业志/2729
008422576 南阳蚕业志/1768
009408098 苍溪蚕丝志/2500
007057292 南充蚕丝志/2536
009310422 石家庄市土地志/121
009412686 正定县土地志/136
013940800 赵县土地志/141
011804360 藁城市土地志/131
012836412 唐山市土地志/143
008629179 滦县土地志/149
009959810 滦南县土地志/150
009959811 迁安市土地志/148
012191920 邯郸市土地志/158
012191927 邯郸县土地志/164
012639756 临漳县土地志/164
012191543 成安县土地志/165
012191720 大名县土地志/166
012249958 肥乡县土地志/168
012202867 鸡泽县土地志/169
012191848 馆陶县土地志/170
012208336 武安市土地志/163
009198358 保定市土地志/182
008845010 保定市新市区土地志第5卷/185
009018181 保定市北市区土地志/186
008593862 保定市南市区土地志第4卷/186
009018148 满城县土地志/190
008593809 清苑县土地志/190
008838907 涞水县土地志/191
009009907 阜平县土地志/191
008593858 徐水县土地志/192
009348643 定兴县土地志/192
009198361 唐县土地志/193

008838920 高阳县土地志/193
013335473 涞源县土地志/194
012173649 安新县土地志/195
009018169 易县土地志/195
009198363 曲阳县土地志/196
009198368 蠡县土地志/196
009198371 顺平县土地志/197
008838914 博野县土地志/197
009060284 雄县土地志/197
008593855 涿州市土地志/187
009009909 定州市土地志/188
008593847 高碑店市土地志第2卷/189
012878928 张家口市土地志/198
012900116 宣化区土地志/201
012903492 张家口市下花园区土地志/201
012900122 宣化县土地志/201
012878924 张北县土地志/202
012873002 康保县土地志/203
012872343 沽源县土地志/203
012899408 尚义县土地志/203
013939358 蔚县土地志/204
009240430 阳原县土地志/204
012898625 怀安县土地志/205
009397070 万全县土地志/205
012898638 怀来县土地志/206
012903647 涿鹿县土地志/207
009397065 赤诚县土地志/208
012898266 崇礼县土地志/209
012173706 承德县土地志/211
010577209 平泉县土地志/212
011579747 丰宁满族自治县土地志/213
009125454 肃宁县土地志/226
010292480 河间市土地志/223

008835840 廊坊市土地志 /230	/631
008838893 安次区土地志 /231	009241132 延吉市土地志 1840-1995 /632
008838814 固安县土地志 /233	008661860 呼兰县土地志 /661
008838836 永清县土地志 /233	008445234 阿城市土地志 /662
008838844 香河县土地志 /234	011809585 依兰县土地志 /665
008838826 大城县土地志 /234	009411549 宾县土地志 /666
008838790 文安县土地志 /235	008445237 木兰县土地志 /667
008838875 大厂回族自治县土地志 /236	009411561 双城市土地志 /663
008838800 霸州市土地志 /231	013066430 穆棱市土地志 /708
008838887 三河市土地志 /232	008445215 肇东市土地志 /715
010577220 枣强县土地志 /239	009992258 海伦市土地志 /716
009561630 右玉县土地志 /310	008830094 大兴安岭土地志 /719
008384012 山西省榆次市土地志 /312	009266095 无锡市土地志 /830
009333457 运城市土地志 /322	009675574 无锡县土地志 /834
009561615 孝义市土地志 /359	009405933 江阴市土地志 /838
009398334 巴彦淖尔盟土地志 /432	011954385 江阴市土地志 1996-2007 /838
009349631 乌拉特前旗土地志 /434	009993476 宜兴市土地志 /840
009854067 辽宁省土地志 /460	011311330 常州市土地志送审稿 /864
009854112 沈阳市土地志 /474	009993437 武进市土地志 /876
012140827 新民土地志 /494	010143119 溧阳市土地志 /878
008864769 大连市旅顺口区土地志 /508	009018387 金坛市土地志 /879
013601786 金州区土地志 /509	009147421 吴县市土地志 /888
008864763 瓦房店市土地志 /509	009189810 昆山市土地志 /901
009472692 普兰店市土地志 /510	009310570 南通市土地志 /905
008864765 庄河市土地志 /510	009018342 通州市土地志 /907
008536577 鞍山市土地志 /514	009115978 海安县土地志 /910
012191868 海城市土地志 /519	008378950 如东县土地志 /912
012505267 宽甸土地志 /536	009338412 如皋土地志 /908
009243427 辽阳市土地志 /549	009441941 海门市土地志 /909
013933267 盘锦市土地志 /553	009348823 赣榆县土地志 /916
009411597 铁岭市土地志 /559	011321145 灌云县土地志 /918
011328451 蛟河市土地志 /607	010293579 淮阴县土地志 /922
011311847 松原市土地志 /624	009348109 盱眙县土地志 /923
009334854 延边朝鲜族自治州土地志	009338355 金湖县土地志 /924

009413569 盐城市土地志/925
009107155 盐都县土地志/927
013775979 响水县土地志/929
009992969 东台市土地志/928
013751602 大丰市土地志/929
009338336 邗江县土地志/937
013994281 镇江市土地志/943
008446244 丹徒县土地志/947
009252841 丹阳市土地志/949
009116120 扬中市土地志/950
009744798 句容市土地志/951
010199851 姜堰市土地志/953
013792610 靖江市土地志送审稿/954
009313457 浙江省土地志/961
009105685 杭州市土地志/973
009996513 萧山土地志/989
008450460 余杭市土地志/994
013145604 桐庐县土地志/1003
008846405 淳安县土地志/1004
008450479 建德市土地志/996
008450473 临安市土地志/1001
008717316 宁波市土地志/1007
009335236 镇海县土地志/1010
008662181 象山县土地志/1015
008985579 温州市土地志/1019
008527476 瓯海区土地志/1023
008662200 永嘉县土地志/1028
008662190 苍南县土地志/1031
008662788 瑞安市土地志/1024
009016057 嘉善县土地志/1041
008845857 海盐县土地志/1041
012927963 海盐县土地志 1996-2005/1041
008662804 平湖市土地志/1039
009082426 德清县土地志/1045

008985650 长兴县土地志/1046
009190882 绍兴市土地志/1048
009105939 上虞市土地志/1054
013010945 新昌县土地志/1059
008450442 诸暨市土地志/1055
013959375 嵊州市土地志/1057
010278959 金华市土地志/1061
008822756 金华县土地志/1064
008450487 武义县土地志/1071
008450457 浦江县土地志/1073
008450477 磐安县土地志/1074
012256507 义乌市土地志/1067
008450484 永康市土地志/1070
008450482 衢州市土地志/1075
008845846 衢州市柯城区土地志/1077
009117018 衢县土地志/1078
008662204 台州市土地志/1087
008662187 椒江区土地志/1089
008845175 黄岩区土地志/1090
008450469 路桥区土地志/1090
008662195 玉环县土地志/1095
008450465 天台县土地志/1096
008662202 温岭市土地志/1091
008662212 临海市土地志/1093
008662206 丽水市土地志/1099
009388733 遂昌县土地志/1104
009557441 东至县土地志/1185
012872298 福州市土地志/1206
009378216 马尾土地志/1214
008451951 连江县土地志/1221
008451915 罗源县土地志/1223
012540874 长乐市土地志/1218
010303449 厦门市土地志/1226
012831411 福建省三明市土地志/1237

012139129 古田县土地志/1277	012099672 内黄县土地志/1717
009025844 江西省土地志/1290	009334836 林州市土地志/1712
009414020 郑州市土地志/1630	009413007 鹤壁市土地志/1718
010252149 郑州市中原区土地志/1649	008836327 浚县土地志/1720
010777136 二七区土地志/1651	008666801 淇县土地志送审稿/1720
009412861 管城回族区土地志/1654	009797053 淇县土地志/1720
009675218 金水区土地志/1655	013661505 新乡市土地志/1722
010252172 郑州市上街区土地志/1656	008427135 焦作市土地志/1734
011311334 郑州市邙山区土地志/1657	008427128 焦作市土地志博爱卷/1742
011311320 中牟土地志/1668	013822159 濮阳市土地志/1745
010777141 巩义市土地志/1659	013705554 濮阳市土地志台前卷/1745
013707147 荥阳市土地志/1660	008427146 濮阳市土地志清丰卷/1747
011311328 新密市土地志/1661	009382229 濮阳市土地志范县卷/1748
011311050 登封市土地志/1666	009382333 许昌市土地志/1750
009252008 开封市土地志/1670	013994215 许昌市土地志禹州卷/1752
013776111 开封市土地志第9卷 杞县卷/1678	008427111 许昌市土地志长葛卷/1753
013990887 开封市土地志第9卷 通许卷/1679	009382336 许昌市土地志许昌县卷/1753
	008427142 许昌市土地志鄢陵卷/1754
013990925 洛阳市土地志/1684	013994213 许昌市土地志襄城县卷/1755
008427116 洛阳市土地志郊区卷/1693	009413755 漯河市土地志/1755
013990941 洛阳市土地志偃师卷/1694	009382263 三门峡市土地志/1758
013990933 洛阳市土地志孟津卷/1694	013731286 陕县土地志/1765
013990927 洛阳市土地志栾川卷/1696	013684548 卢氏县土地志/1766
013990939 洛阳市土地志嵩县卷/1697	013705218 南阳市土地志/1768
013990934 洛阳市土地志汝阳卷/1697	013626287 方城县土地志/1775
013990931 洛阳市土地志洛宁卷/1698	013712507 商丘地区土地志/1782
013991282 平顶山市土地志/1700	009382282 商丘地区土地志永城卷/1786
008427107 平顶山市土地志叶县卷/1705	013706213 商丘地区土地志民权卷/1787
008427097 平顶山市土地志鲁山卷/1706	008427133 商丘地区土地志夏邑卷/1790
008427078 宝丰县土地志第1卷/1705	008427072 信阳地区土地志固始卷/1795
013990735 郏县土地志/1707	013712516 周口地区土地志/1797
009252000 安阳市土地志/1708	008427124 周口地区土地志鹿邑卷/1797
009334835 汤阴县土地志/1715	013705583 周口地区土地志周口市卷/1797
	013706066 周口地区土地志项城市卷/1799

008427881 周口地区土地志 扶沟卷/1800
013996257 周口地区土地志 西华卷/1800
013706071 周口地区土地志 商水卷/1801
013706067 周口地区土地志 沈丘卷/1802
013705586 周口地区土地志 郸城卷/1803
013706077 周口地区土地志 淮阳卷/1803
013706069 周口地区土地志 太康卷/1804
013996255 周口地区土地志 鹿邑卷/1805
013373970 湖北土地志/1817
011570938 武汉土地志 1980-2000/1829
013064799 荆门市土地志/1896
009010173 南宁市土地志/2277
011571189 邕宁县土地志/2283
013603387 武鸣县土地志 初稿/2283
009189405 武鸣县土地志/2283
010779155 隆安县土地志/2284
013774638 马山县土地志/2284
012638870 上林县土地志/2284
009227100 宾阳县土地志/2285
012191960 横县土地志/2285
008594857 柳州市土地志/2286
008662168 柳江县土地志/2290
009061859 柳城县土地志/2291
010779158 鹿寨县土地志/2291
012639041 融安县土地志/2292
010779163 融水苗族自治县土地志/2293
013222074 桂林市土地志/2295
012639772 临桂县土地志/2298
008596530 灵川县土地志/2299
013225632 全州县土地志/2300
012877320 兴安县土地志/2301
012636494 资源县土地志/2302
012252742 梧州市土地志/2305
011995286 苍梧县土地志/2307

008595877 藤县土地志/2307
012099669 蒙山县土地志/2308
008595616 岑溪市土地志/2306
008595559 北海市土地志/2308
008596072 合浦县土地志/2310
009061886 防城港市土地志/2312
012872266 防城区土地志/2312
012099896 上思县土地志/2312
009510602 钦州市土地志/2313
011294940 灵山县土地志/2314
012140213 浦北县土地志/2314
008595814 贵港市土地志/2314
009061882 平南县土地志/2316
012898442 桂平市土地志/2315
008595970 玉林市土地志/2316
011570190 容县土地志/2318
008595590 陆川县土地志/2318
010008257 兴业县土地志/2320
008595580 北流市土地志/2318
009154019 百色市土地志/2321
009887116 田东县土地志/2322
013898925 平果县土地志/2322
012613290 靖西县土地志/2323
012639702 那坡县土地志/2323
011954541 乐业县土地志/2324
013775719 田林县土地志/2324
013753534 隆林各族自治县土地志/2324
012505163 贺州市土地志/2325
013512003 昭平土地志/2326
012879028 钟山县土地志/2326
011804333 富川瑶族自治县土地志/2326
008596009 广西壮族自治区河池市土地志/2327
008595858 南丹县土地志/2329

013771885 凤山县土地志/2330
013774607 罗城仫佬族自治县土地志/2330
014032772 环江毛南族自治县土地志/2331
009840853 巴马瑶族自治县土地志/2331
009061851 都安瑶族自治县土地志/2332
013771716 大化瑶族自治县土地志/2332
009510609 宜州市土地志/2328
008539717 忻城县土地志/2335
008595708 象州土地志/2335
012100547 象州县土地志/2335
008596083 武宣县土地志/2336
012872997 金秀瑶族自治县土地志/2336
013772733 合山市土地志/2334
013894435 崇左县土地志/2337
010195313 扶绥县土地志/2338
013066905 宁明县土地志/2338
012174173 龙州县土地志/2339
013334562 大新县土地志/2339
012638742 天等县土地志/2340
012252296 凭祥市土地志/2337
008914144 海口市土地志/2348
013096217 琼海市土地志/2351
012252723 万宁土地志/2352
012542616 临高县土地志/2354
013774428 开阳县土地志/2640
013774443 昆明市五华区土地志/2740
014026661 呈贡县土地志/2739
011294608 石林彝族自治县土地志/2756
013601969 曲靖市土地志/2760
009561858 陆良县土地志/2765
009818303 玉溪市土地志/2777
008837046 峨山彝族自治县土地志/2786

012140831 新平彝族傣族自治县土地志/2789
013144578 龙陵县土地志/2800
013898407 鲁甸县土地志/2803
009126175 镇雄县土地志/2806
013898935 普洱哈尼族彝族自治县土地志/2815
013753710 墨江哈尼族自治县土地志/2817
013752694 景东彝族自治县土地志/2818
009341112 江城哈尼族彝族自治县土地志/2821
010243598 临沧地区土地志/2823
008426201 云县土地志/2828
013865561 永德县土地志/2829
011066879 红河州土地志/2843
009388571 石屏县土地志/2850
013402918 大理白族自治州土地志/2866
012714008 大理市土地志/2871
013129989 弥渡县土地志/2876
013863859 铜川市土地志/2952
011579825 甘南藏族自治州土地志/3082
009411706 新疆生产建设兵团土地志/3155
008846151 米泉县土地志/3172
008492723 克拉玛依市土地志/3173
009393135 昌吉回族自治州土地志/3190
008838587 玛纳斯县土地志/3194
009341039 农五师土地志/3197
013860709 和硕县土地志/3202
008994795 博湖县土地志/3203
011066403 阿克苏地区土地志/3179
008492719 阿克苏市土地志/3181
008994820 温宿县土地志/3182

008994778 乌恰县土地志/3205

012610593 和田地区土地志/3188

008094773 塔城市土地志/3215

013179289 北京市农村合作经济经营管理志/14

012175574 中国农业科学院农业自然资源和农业区划研究所所志 1979-1999/14

009769150 天津市农林志/81

013093024 津南区农林志/95

010253038 北辰区农业志/96

009959799 河北省农林科学院志/127

009560782 唐山市农业资源区划志 1979-2003/143

011472211 赤城县农业志/208

013795604 围场县农业志/215

013958886 南皮县农业志/227

010231712 山西农业志/250

007662444 太原农牧志/257

011325324 武乡县农业志/295

013757229 阳城县农业志/304

013002368 平陆农业志 1949-1993/335

013133933 翼城农业志/348

009561598 文水县农业志/362

012051715 内蒙古中西部垦务志/373

008486599 呼伦贝尔盟农业志/419

011432741 呼伦贝尔盟农作物种子志/419

009398343 拉布大林农牧场志 1955-2000/422

011311955 沈阳辉山农业高新技术开发区区志 2005/475

012766551 沈阳市农业志/475

013092951 吉林省农业科学院畜牧科学分院志/612

010143054 前郭尔罗斯蒙古族自治县农业志/627

007678892 上海农业科研志/728

007975029 上海农业志/728

009688454 嘉定县农业局志/762

008143794 嘉定县畜牧水产局志/762

012880324 南汇农业志/768

012811588 金山县农业志/772

012609805 奉贤县农业续志 1985-2001/785

008189789 [南京市]农林志 860-1985/806

009174342 无锡县农业志/834

011479428 徐州农村经济体制变革志 1926-1985/843

010778583 丰县农业志/858

013462856 武进县农业志/876

013756097 苏州农业志/881

008364140 昆山市农业志/901

013897197 海安县农业志/910

009338299 大丰市农业志/929

010200103 扬州市农业志/933

010239219 镇江市农业志/943

010730448 丹阳市农林志/949

010146871 浙江省农业志送审稿/962

009679031 浙江省农业志/962

009341135 杭州农业志/974

009881653 萧山县农业志/989

013731999 桐庐县农业志/1002

013092978 建德市农业区划志/996

011068458 建德县农业志/996

011499231 临安市农业志/1001

008985633 镇海县农业志暨镇海区 北仑区农业志/1010

011430455 慈溪农业志/1014

012819803 龙湾农业志/1022

010730441 苍南农业志/1032
009688806 乐清市农业志/1026
013899641 桐乡市农业志/1040
008450331 湖州农业经济志/1043
008385543 绍兴县农业志/1053
008839622 诸暨农业志/1055
012049609 金华市农业志/1061
013757961 义乌市农业志/1067
011327121 东阳市农业志/1069
012139488 龙游县农业志/1081
012542602 丽水市农业科学研究所志 1964.6-2009.10/1099
012873278 龙泉市农业志/1100
011319956 怀远县农牧志征求意见稿/1137
010292974 淮北市农业志/1146
013316288 黄山市农业志/1159
010193986 祁门县农业志/1162
010469054 滁县地区农业志征求意见稿/1163
010138018 滁县农业志 1949-1985/1163
008830590 仙游农业志/1235
011292500 惠安县农业志/1253
008664257 江西省农牧渔业志/1282
010779201 南昌市农业志/1295
012661347 进贤县农业志 1986-2005/1304
012657691 安福县农业志/1352
009386317 宜春地区农牧渔业志/1354
008299959 丰城县农业志/1357
009994073 上饶市农业志/1376
011432851 即墨市农业志/1446
009442057 东营市农业志/1476
013630441 烟台农业志 1840-1985/1489
013128922 福山区农业志/1494
013344017 诸城市农业志/1509

013899434 寿光市生态农业观光园建设志 2005-2010/1511
013774214 嘉祥县农业志/1532
011805487 莱芜农业志/1556
008452293 德州市农业志/1575
010112116 菏泽地区农业志/1601
013626591 河南省农业科研志 1948-1985/1618
012052615 郑州市中原区农业志/1649
010244099 郑州市管城回族区农业志/1654
008421268 郑州市郊区农业志征求意见稿一稿/1657
010250789 荥阳县农业志/1660
013183736 开封农林科研所志 1958-1996/1671
012097675 开封市农林科学研究所 1958-2007/1671
009061800 洛阳交通扶贫志/1686
011294751 洛阳农业志/1684
012097808 洛阳市农业科学研究所志 1941-2006/1684
009864595 郏县农业志/1707
008421947 安阳县农业区划志/1714
012639081 濮阳市农牧志/1745
009382218 南阳地区农业志/1769
010243049 周口地区农业志/1797
008453158 鄂西农特志/1818
009252557 湖北农牧业志/1817
008990073 湖北农牧业志附录 1949-1993/1818
013936372 十堰市农牧志/1857
013323310 竹山县农业志/1869
013939754 远安县农业志/1880

013798786 钟祥县农业志 1949-1989/1900	008192178 中山市农业志/2243
013186065 孝感市农业志/1904	012769531 云城区农业志 2009/2257
013097826 孝感市农业志 1949-2009/1904	012689850 新兴县农业志/2259
013222109 汉川农牧志/1909	009227098 广西农业志水产资料长编/2272
010195596 [沙市]农业志/1915	008594809 广西农业志 1986-1995/2272
013990765 监利县农业志/1922	011570019 灵川县农业志/2300
011793364 英山县农牧业志 1841-1990/1932	011995689 合浦县农业志/2311
013959360 神农架农业志 1980-2006/1957	011957269 玉林市农业志/2316
010778547 湖南农业志/1969	013629484 琼山县农业志/2350
010222125 望城县农业志/1989	009818381 重庆市农牧渔业志/2361
008913949 茶陵县农业志/2009	008844129 重庆市农业志综述/2361
010879821 鄞县农业志/2010	009688863 黔江地区农业局志 1987-1997/2380
006088088 醴陵农业志/2002	011809648 永川市农业志 1986-2006/2384
008383758 湘潭县农业志 1821-1989/2019	014052308 潼南县农业志/2387
007672811 华容县农业志/2046	009818002 [丰都县]农业局志/2391
009383625 常德市农业志 1949-1988.6/2053	010253901 四川省农村扶贫志/2407
013308880 安化县农业志/2072	012249744 成都市农业志 1990-2005/2420
013824275 永州市扶贫开发志/2084	013958918 彭县农业志/2440
011477146 祁阳县农业志/2087	008414578 自贡市农业志/2452
012139265 怀化农村改革试验区志/2094	008899328 攀枝花市农牧志/2459
013730208 娄底地区农业志/2104	013179406 德阳三农图志/2469
012252797 [湘西土家族苗族自治州]农业志/2109	008420948 绵竹县农业志/2473
009686263 凤凰县农业志/2113	010201378 绵阳市农业志 1949-1990/2476
012173811 广东扶贫志 1984-2005/2125	011444165 盐亭县农业志/2486
007274748 广州市民乐茶场简志/2159	009253915 青川县农业志/2497
009852517 南雄农业志/2164	010151029 大英农业志/2508
011586383 珠江三角洲农业志初稿/2184	011570050 内江地区农业经济志/2511
005587236 珠江三角洲农业志初稿/2184	008991934 犍为县农业志 1992-2000/2526
008453637 信宜县脱贫志/2210	013130971 沐川县农业志/2533
013776021 阳春农业志/2233	013776002 雅安市农业志/2566
013863580 清远县土地改革志/2234	012969367 名山县农业志/2568
	012898477 汉源县农业局志/2569
	012969590 石棉县农业志 1952-2000/2572

012967321 安岳县农业局志/2586

011997141 乐至县农业志 1986-2005/2589

013936391 四川省喜德县农业志/2616

013897650 金沙县农业志/2672

013702946 德江县农业志/2680

008597982 雷山县农业区划志/2701

011995317 长顺县农业志 1950-2005/2709

010577257 昆明市农业志/2729

010201624 西山区农业志 1990-2003/2747

013703345 富民县农业志/2752

008992671 路南彝族自治县农牧志/2756

012766189 禄劝彝族苗族自治县农业志/2757

010469354 东川市农牧志/2758

010195246 安宁县农业志/2749

013148657 宣威市农业志/2763

008416666 玉溪地区农业志/2773

013133985 玉溪市农经志 1952-2005/2773

010731609 红塔区农业志 1978-2005/2777

012899486 通海县农业区划志/2781

008837040 峨山彝族自治县农牧志/2786

012900050 新平彝族傣族自治县农业志/2789

008488277 元江哈尼族彝族傣族自治县农牧志/2791

012995263 保山地区农牧业志/2793

012742134 保山市扶贫开发志 1978-2008/2793

011892139 鲁甸县农业志/2803

010243558 景东农业志/2818

013128904 凤庆县农业志/2825

013728896 红河州农牧业志/2843

011066897 西畴县农业志/2856

010151391 马关县农业志/2858

013072661 西双版纳傣族自治州农业志 1978-2005/2861

013096512 云南省大理白族自治州农业科学研究所志/2866

010243658 巍山彝族回族自治县农业志/2884

009190771 永平县农业志/2878

009337937 怒江州农牧志/2892

013045490 迪庆藏族自治州扶贫志 1987-2007/2901

010243550 迪庆藏族自治州农业志/2901

013959445 铜川市农业志/2952

013091050 甘肃省静宁县农牧志/3064

010279006 宁夏农业志/3116

012252814 新疆生产建设兵团农业志/3157

011321068 克拉玛依现代农业开发志/3173

工业经济

012146448 中国实业志 山西省 金融/252

012900112 星火志 1936-1949/953

013337513 绵阳物资配套承包供应公司志初稿/2476

008378573 中国铬矿志/3265

008189778 中国铁矿志/3275

008660609 北京黄金工业志/15

008377893 河北省黄金工业志/113

012639173 井陉矿务局第三矿志/134

013335287 邯邢冶金矿山志 1951-1985/159

012999157 黄沙矿志 1989-2009/162

011292168 邢台矿务局志/172

010139919 兴隆矿务局志 1956-1988/211

011066653 [华北地质勘查局]综合普查

大队志 1974-2004/232
009154412 大同矿务局志/270
010686845 雁北地区矿产资源志/270
013096380 石宝铁矿志 1988-2008/391
013126164 白云鄂博铁矿志 1957-2006/394
010143518 柴胡栏子金矿志/398
008535818 平庄矿务局志/398
007479240 大雁矿务局志/430
009242109 鞍钢矿山志/514
009243388 辽宁岫岩金矿志/521
013308908 本钢歪头山铁矿志/529
010778374 中国黄金第一矿夹皮沟金矿史志/608
007825642 辽源矿务局志/615
012506252 通化矿务局志/617
012836445 通化矿务局志 上卷 1948-1985/617
008385298 双鸭山矿务局志 1914-1985/684
009348754 双鸭山矿务局志 1986-1992/684
008661879 乌拉嘎金矿局志 1936-1985/697
007976435 上海海洋地质调查志/730
012208190 上海梅山矿业有限公司志 1991-2001/731
013994263 张家港联合铜业有限公司志 1996-2005/898
011328100 仇山磁土矿志 1954-1994/974
011479306 闲铁矿志 1957-1987/976
011579741 东莹志/1072
008446534 武义萤石志/1072
009840512 浙江省遂昌金矿志/1104
010138034 合肥矿山机器厂志 1951-1985/1121
013753591 马钢矿山志 1911-1986/1142
013000461 马钢南山铁矿志 1916-1985/1142
013991241 南山铁矿志续集 1986-1994/1143
012263870 安徽省矿业机电装备公司志/1146
011580065 淮北矿业勘探工程公司志/1146
012718975 淮北矿业志 1987-2007/1146
013820264 华恒矿业志 1993-2011/1295
011066940 萍乡矿务局志/1308
013093095 九一二大队志 1965-2010/1325
012541750 画眉坳钨矿志/1342
012900133 宜春钽铌矿志 1970-1990/1354
011564535 丰城矿务局志 1996-2006/1357
008429491 永平铜矿科学技术志/1379
008429152 德兴黄金工业志/1376
008429349 德兴铜矿科学技术志/1377
008429097 德兴铜矿志/1377
012898992 江西铜业公司德兴铜矿三期工程建设志/1377
008664385 银山铅锌矿志/1377
013320943 山东冶金地质公司志 1953-1985/1412
009962148 山东明水铝土矿志 1957-1985/1423
008452364 金岭铁矿志/1452
011805851 山东金岭铁矿志 1986-2000/1453
010200534 山东铝业公司志 1986-2003/1453
011909028 王村铝土矿志 1962-1985/1454
013759476 淄博矿业集团公司志 1990-2011/1455
010197251 洪山铝土矿志 1956-1985/1460

013901152 枣庄矿务局第一机械厂厂志 1909-1986/1467

013797220 枣庄矿业集团公司(矿务局)志 1991-2005/1467

011909137 香夼铅锌矿志 1958-1985/1489

013335222 福山铜矿志 1958-1985/1494

011892457 山东镁矿志 1958-1985/1498

010152989 新城金矿志 1975-2005/1498

012099701 蓬莱黄金志/1499

009867052 招远黄金志 1986-2002/1500

009700317 招远金矿志/1500

012003020 兖矿集团有限公司实业分公司志/1522

009472752 兖州煤炭基本建设志 1971-1986/1523

013097979 张家洼矿山公司志 1970-1985/1559

009813616 洛阳矿山机器厂志/1685

012638627 乌龙泉矿志 1991-1997/1830

013342692 武钢矿研所志 1963-1988/1839

011324971 武汉钢铁公司金山店铁矿志 1958-1981/1831

009254205 中南冶勘志 1952-1985/1833

012111052 大冶铁矿志 1986-1995/1854

012355263 大冶铁矿志 1996-2000/1854

012249948 放马山矿务局志 1971-1991/1900

010599818 长沙矿山研究院志/1987

013901237 长沙市麻田磷矿矿志 1974-1985/1980

010199492 湘东铁矿志 1970-1980/1996

010142858 湘潭锰矿志 1913-1980/2013

010275203 湘潭锰矿志 1981-1990/2013

009383780 湘衡盐矿志 1969-1999/2023

009685980 常宁县工矿志/2027

011477207 水口山科学技术志/2027

013603035 水口山矿务局志水口山铅锌志续卷 1981-1995/2027

009797364 湖南省桃林铅锌矿志/2043

010294066 郴县桥口铅锌矿志 1957-1983/2073

012952159 黄沙坪铅锌矿志 1958-1980/2078

012956600 湖南省瑶岗仙钨矿志/2079

010201778 香花岭锡矿志 1912-1980/2081

010142840 麻阳铜矿志 1966-1980/2100

010142831 湖南省新晃汞矿志/2101

010142815 湖南省涟源钢铁厂田湖铁矿志 1958-1980/2106

012639804 涟邵矿务局志/2106

009378356 凡口铅锌矿志/2161

009379577 棉土窝钨矿志 1959-1985/2165

009378439 封开县矿产志/2217

009379613 锡山钨锡矿志 1959-1985/2233

013661593 云浮硫铁矿企业集团公司志/2254

010244206 泗顶铅锌矿志/2292

009154037 平桂矿务局志 1907-1993/2326

011292472 八一锰矿志 1959-1986/2333

010242631 石村矿志/2334

009684349 海南铁矿志 1939-1983/2345

008421046 南桐矿务局志/2376

009105467 松藻矿务局志/2376

009105469 永荣矿务局志 1671-1990/2389

009818516 天府矿务局志 1933-1985/2423

009840269 兰尖铁矿志/2459

008671481 攀枝花矿务局志 1964-1990/2459

009985487 朱家包包铁矿志/2460

009414598 四川省石棉矿志/2572

008598425 开阳磷矿志 1958-1987/2640

011996832 开阳磷矿志 1988-2007/2640

010278966 锦屏磷矿志 1919-1999/2698

013323325 昆钢王家滩铁矿志 1941-1990/2729

013148793 云南磷化集团有限公司海口磷矿分公司志/2731

008423938 东川铜矿志/2748

009388629 昆阳磷矿矿务局晋宁磷矿志 1965-1985/2751

011328471 云南会泽铅锌矿志 1991-2000/2770

011327706 云南会泽铅锌矿志/2770

010577546 易门矿务局志 1952.12-2002.12/2783

011066641 大姚铜矿志 1986-2004/2839

012049336 个旧锡业志/2846

013343569 云锡老厂锡矿志 1940-2009/2846

013190039 云南华联锌铟股份有限公司志/2858

012140671 西安探矿机械厂志 1958-2007/2940

013775241 神华陕西集华柴家沟矿业有限公司志 1992-2009/2954

012048857 第三普查勘探大队志 1955-2005/2975

009889990 澄合矿务局志/2983

012967553 甘肃探矿机械厂志 1957-2007/3026

008846123 靖远矿务局志/3047

013222085 哈密矿务局志 1986-1997/3176

009225088 台湾矿业会志/3232

007544719 台阳矿业公司四十年志/3232

011294738 北京热力集团志/13

012690153 中国石油集团长城钻探工程有限公司苏里格气田项目部志 2005-2009/20

013752538 冀中能源股份公司志 1978-2011/172

013342429 平定县煤气公司志 2000-2010/281

011471165 白音诺尔铅锌矿志/398

009414065 准格尔能源公司志/416

013512164 锦州节能热电股份有限公司志 1992-2002/539

011067738 吉林燃料志/575

010243953 [中国铝业河南分公司]热力志 1998.1-2002.6/1636

011890763 哈汽志 1956-2006/655

010732025 大庆石油管理局钻探集团钻技公司志 1982-2005/688

013090952 大庆油田物资集团志 1986-2005/688

011954110 杭汽轮集团志 1958-2008/974

013129732 建德市农村能源志 1974-2005/996

010110612 南昌柴油机厂志 1953-1992/1296

012252404 山东电力燃料管理志 1949-2003/1400

011292522 枣庄矿务局基本建设志/1467

013990901 利华益集团志 1993-2013/1485

012766439 热力志 2002.1-2006.12/1632

011328657 中国石化集团洛阳石油化工工程公司志 1996-2005/1686

010198778 湖南省动力机厂志 1953-1993 /1981

009414509 东锅厂志 1966.3-1994.12/2452

008488421 自贡市能源志/2453

013706361 四川广旺能源发展(集团)有限责任公司志 1962-1990/2491

013706366 四川广旺能源发展(集团)有限责任公司志 1991-2012/2492

011571243 云南石油化工集团有限公司志 2000.8-2005.8/2732

008993358 陇县红卫农机修造厂志/2969

009415099 中国煤炭史志资料钩沉/3265

008422914 中国煤炭志/3265

009480501 中国煤炭志编纂记/3265

009124390 北焦厂志 1958-1988/14

008469007 井陉矿务局志/134

012541961 井陉矿务局志 1989-2007/134

008869283 开滦煤矿志 1878-1988/143

013628028 开滦煤矿志 1989-2008/143

012638832 邯郸矿业集团志 1991-2006/159

013183421 峰峰煤矿志/162

012264226 峰峰煤矿志/162

011998147 沙河市煤炭志 1052-2005/174

011068339 张家口地区煤炭志/198

012614100 三河尖煤矿志初稿/232

011313042 杜儿坪矿志 1956-2005/257

012814415 官地矿志/257

013010757 西山煤电太原选煤厂志 1959.10-2009.10/259

009881357 西山煤矿志/260

013190004 义海公司志 2003-2010/260

013141176 东曲煤矿志/266

008379697 古交矿区建设志/266

011997412 马兰矿选煤厂志/266

010962603 马兰矿志/266

013822979 西曲矿选煤厂志/267

013379108 西曲矿志/267

012506638 镇城底煤矿志 1981-2006/267

012638686 同煤大唐塔山煤矿志/270

013823134 燕子山矿志 1988-2011/270

011804231 东升志 1996-2006/281

012956609 盂县东坪煤矿志/282

013133980 盂县东坪煤业志/282

011955870 盂县跃进煤矿志/282

011957297 漳村煤矿志 1958-2008/284

014052415 武乡县煤炭工业志/295

009472763 沁源县煤炭志/296

008974056 山西沁新公司志/296

013369661 成庄矿志/298

012636914 凤凰山煤矿志/299

012139128 古书院矿志 1958-2007/298

011805408 晋城矿务局十年志 1986.8-1995.8/299

011996805 晋城煤业集团志/299

013756873 王台煤矿志/299

008864704 阳城煤炭志/304

012175147 阳城县屯城煤矿志/304

012873142 陵川县煤炭工业志/306

013819380 高平科兴申家庄煤业有限公司志/301

012096726 高平市赵庄煤矿志/301

010143854 平朔矿志 1982-1991/308

012252579 朔州煤炭志/308

012836069 平鲁煤炭志/309

013093040 晋中煤炭志/311

012049635 晋中市煤炭规划设计研究院志/312

009411642 河津煤炭工业管理志/326

013706949 忻州煤炭志 /337
008864724 临汾市煤炭志 /344
013404103 汾西矿业紫金煤业志 1929-2008 /355
013415277 华晋焦煤志 /356
013958755 临县煤炭志 /364
013899395 沙曲矿志 1989-2011 /365
009744928 汾阳县煤炭志 /361
008983844 包头矿务局煤炭工业志 1646-1991 /390
009839641 霍林河矿区指挥部志 1976-1990 /408
013898411 露天煤业志 2001-2010 /408
013379382 伊泰集团志 1988-2010 /414
013629661 神华东胜精煤公司志 1984.7-1998.8 /415
012545395 乌兰木伦煤矿志 /417
013702938 大杨树煤矿志 /430
011311895 大雁煤业公司志 1989-2004 /430
010474440 伊敏煤电公司志 /430
009817802 扎赉诺尔煤业有限责任公司续志 1988-2000 /423
011955698 五九(集团)公司志 1957-2006 /425
011501607 中煤沈阳设计研究院院志 1991-2001 /480
013143611 抚顺矿业集团公司十年志 2001-2011 /524
009046379 阜新矿务局志 /545
009015889 海州露天煤矿志 /546
010280417 海州露天煤矿志续集 /546
009244278 [铁岭县高家煤矿]矿志 /561
013601936 南票矿务局志 /567
013659378 蛟河煤矿志 1877-1987 /608

011327711 舒兰矿物局志 1958-1985 /609
011499225 辽源电业志 1917-1999 /615
012877161 杉松岗矿志 /620
012831337 大栗子矿志 1986-2005 /623
009348035 鸡西电业局志 1927-1985 /679
009313216 鸡西矿务局建井工程处志 1950-1985 /679
013461617 龙媒集团鸡西分子公司志 1986-2010 /680
008379154 立新煤矿志 /680
008385438 萝北县电业局志 /683
012173749 大黄山煤矿志 /843
007772029 大屯煤电志 1970-1987 /843
008379287 韩桥煤矿 1882-1986 /843
013045729 江苏宏安集团志 /844
013661508 徐矿集团煤炭生产志 1978-2007 /844
011998127 徐州矿务集团有限公司权台煤矿志 /845
007662456 徐州矿务局志 /845
013706961 徐州矿物集团志 1987-2012 /845
013097853 徐州煤炭志 1882-1985 /845
013630434 徐州市地方煤矿志 1954-1985 /845
006356640 大屯煤电公司志 /859
013936406 睢宁煤矿志 1958-1985 /861
008569855 赣榆县煤矿志 /916
008446216 滨海县韩场煤矿志 /930
009105677 长广煤矿志 /1043
010007555 淮南煤矿志 /1139
008830475 新庄孜煤矿志 1946-1991 /1139
009887034 岱河煤矿志 /1146
009008712 淮北选煤厂志 /1146
011311045 临涣煤矿志 1985-1995 /1146

009959301 临涣煤矿续志 1995-2005/1146
010107806 朔里煤矿志/1146
011478688 童亭煤矿志/1146
012545478 新编童亭煤矿志 1989-2009/1147
011809558 杨庄煤矿志/1147
011910096 袁庄煤矿志/1147
013464423 朱庄煤矿志/1147
013512144 朱庄煤矿续志 1991-2000/1147
009878459 石台煤矿志/1148
012639766 临涣选煤厂志/1148
013320927 任楼煤矿志 1984-2010/1172
012814002 毛郫孜煤矿志/1174
007347926 泉州市煤炭志/1245
008692584 江西省煤炭工业志/1283
008036607 萍乡市地方煤炭工业志/1308
010278495 山东省燃料公司志 1950-1992/1411
013509263 山东省淄博市燃料公司志 1950-1987/1454
011570222 山东淄博矿务局洪山煤矿志 1904-1985 送审稿/1454
011957531 淄博矿务局岭子煤矿志 1958-1985/1455
010278540 淄博矿务局志/1455
014026391 滨岭矿业志 1972-2003/1460
013901040 沂源县鲁村煤矿志 1978-2003/1464
008063814 柴里煤矿志/1465
012049303 付村煤业有限公司志 1998-2008/1466
012811287 高庄煤矿志/1466
012251312 蒋庄煤矿志/1466
011566159 井亭煤矿志/1466

011320046 山家林煤矿志/1466
012638965 山家林煤矿志/1466
009349881 陶庄煤矿志/1466
013706525 田陈煤矿志/1466
011319979 枣庄地方煤炭志/1466
011320449 枣庄矿务局志/1467
011321129 枣庄煤矿志/1467
011310829 朱子埠煤矿志/1467
011320268 八一煤矿志/1473
012541855 济宁三号煤矿志 1999-2006/1517
008379626 兴隆庄煤矿志 1957-1985/1518
012175120 兴隆庄煤矿志 1986-2005/1518
013706965 第一工程处志 1958-1988/1522
009312511 南屯煤矿志 第2卷/1527
013793347 南屯煤矿志 第3卷 1991-2005/1527
012533135 南屯煤矿志 1973-1985/1522
013793342 南屯煤矿志 2006-2010/1527
012613156 兖矿集团有限公司志/1522
013510870 兖矿集团有限责任公司实业分公司志/1522
013148702 兖州矿务局第七十工程处志 1953-1985/1523
012956587 兖州矿务局第三十二工程处志/1523
013464214 兖州矿务局第三十七工程处志 1959-1985/1523
012636798 兖州矿务局唐村煤矿志 1958-1985/1523
009198457 兖州矿务局志/1523
013226733 兖州矿业(集团)有限责任公司第三十二工程处志 1958-1998/1523
012100660 兖州煤业股份有限公司志

/1523
013757226 兖州煤业股份有限公司志 2006-2010/1523
013189985 杨村煤矿志/1524
012635568 鲍店煤矿志/1526
013751441 鲍店煤矿志 2006-2010/1526
013751465 北宿煤矿志 1976-19878/1527
011943105 北宿煤矿志 1988-2005/1527
012814450 第六工程处志 1961-1986/1527
012096620 东滩煤矿志/1527
012836407 唐村实业有限公司志/1527
011909895 新汶矿务局汶南煤矿志/1536
011909897 新汶矿务局西港煤矿志 1970-1989/1536
011793277 新汶矿务局张庄煤矿志 1922-1987/1536
010292242 新汶矿务局志 1840-1987/1536
011793550 中国煤矿工人泰山疗养院志/1537
013064836 良庄煤矿志 1988-2008/1539
011908924 孙村煤矿志 1851-1988/1539
011810868 协庄煤矿志 1962-1991/1539
009411626 协庄煤矿志 1992-2003/1539
013883885 查庄煤矿志 1957-1990/1541
013894474 大封煤矿志 1958-1985/1541
011757546 大封煤矿志 1986-1991/1541
011757704 肥城矿务局志 1958-1990/1541
012264207 肥城矿业集团公司志 1992-2005/1541
012714176 肥城矿业集团公司志泰山铝业公司卷 2001-2008/1541
009685193 河南煤炭工业劳动工资志 1949-1985/1618
011793156 新登志/1632

013380183 郑煤集团志 1984-2010/1632
013940812 郑州市煤建公司志 1949-1989/1634
008425905 郑州市郊区煤建志征求意见稿二稿/1657
010250751 新密煤矿志/1661
009412810 登封煤炭志/1666
013090960 登封煤炭志/1666
009768307 磴槽煤矿志/1667
011310742 开封市煤炭公司志 1949-1985/1672
012140792 新安煤矿志 1978-2008/1695
012956572 新安煤矿志 1996-2010/1695
011955854 义络煤业公司志/1698
008666380 朝川煤矿志 1970-1985/1700
009405906 平顶山矿务局志/1700
010779099 平顶山市煤炭志/1700
012658596 鹤壁市电业局志/1719
008422398 焦作煤矿志 1898-1985/1735
012663909 中马村矿志 1955-2005/1736
012173793 观音堂煤矿志/1758
011995298 曹窑煤矿志 1958-2007/1764
009887151 北露天煤矿志/1761
011995324 常村煤矿志 1958-2007/1761
012096734 耿村煤矿志 1975-2009/1761
011805832 千秋煤矿志 1956-2006/1761
012814481 义马煤矿志/1761
008835465 神火集团志 1983-1997/1783
008828304 葛店煤矿志 1955-1998/1786
008828316 神火选煤厂志/1786
009961563 黄石矿务局煤炭志/1851
013096429 松宜煤炭志/1877
013183687 荆门市煤炭化学工业志/1897
009383650 分水岭煤矿志/2065

009686574 宜章县煤炭志/2079
009560836 永兴煤炭志/2080
013728917 湖南省辰溪煤矿志/2099
012955140 娄底煤炭志 1990-2005/2104
009385013 资江煤矿志 1465-1987/2105
009383733 洛塔煤矿志/2115
009264339 曲仁煤矿志/2163
011570039 梅县市煤炭工业志 初稿/2224
013129857 来宾煤矿志 1958.8-1998.8/2333
009405829 合山矿务局 1905-1990/2334
009332464 东罗煤矿志/2338
009337812 重庆市南桐矿区志/2375
008421972 梁平县国营邵新煤矿志 1969-1993/2390
010010315 梁平县国营邵新煤矿志 1994-2003/2390
010146608 四川省煤建志/2407
009783298 泸州市煤炭工业志/2465
013601813 绵阳市煤炭工业志/2477
008865295 北川县擂鼓煤矿志 1958-1987/2490
009232042 川中矿区志/2501
009232080 威远煤矿志 1940-1990/2517
009337785 滴水岩煤矿志 1964-2000/2526
012967968 嘉阳集团(煤矿)志 1938-2005/2526
008991928 犍为县煤业志 1408-1999/2526
013145424 四川华蓥山广能(集团)有限责任公司志 1986-2005/2555
009783829 达竹矿务局志 1967-1990/2558
013898377 六枝矿务局地宗选煤厂志 1982-1992/2646
010151404 盘江煤矿志/2646
010576823 土城煤矿志 1966-2005/2646

002870945 六枝煤矿志/2648
013320990 老鹰山选煤厂志 1969-1993/2647
009996162 水矿志/2647
013822672 山脚树煤矿志 1966-2004/2647
013404362 高石煤矿志/2707
013462779 瓮安煤矿志/2708
009799954 羊场煤矿志 1958-1998/2763
010474379 吕合煤矿志 1960-1987/2833
013753587 吕合煤业志 1988-2010/2833
011311009 西安煤炭经营志 1911-1990/2939
008993352 陇县煤矿志/2969
009472772 蒲白矿务局志/2988
008426904 韩城矿务局志/2985
013660414 下峪口煤矿志 1970-1988/2985
013757221 延安市煤炭志/2992
012955972 陕北矿业公司志/3002
013726883 大砭窑煤矿志/3004
011321383 神华神府精煤公司志 1981-1998.8/3004
013323120 榆家梁煤矿志 1999-2009/3004
013528901 甘肃省煤炭工业志 1949-1959/3026
013925194 甘肃省庆阳市净石沟煤矿志/3069
008828309 新庄煤矿志 1978-1997/3072
012506148 神华宁夏煤业集团公司志 基建公司分卷/3123
012506150 神华宁夏煤业集团公司志 灵武矿区分卷/3123
012506151 神华宁夏煤业集团公司志 石炭井矿区分卷/3123
012506156 神华宁夏煤业集团公司志 石嘴

山矿区分卷/3123
012506160 神华宁夏煤业集团公司志总卷/3123
008542916 石嘴山煤矿志/3130
008994351 石嘴山煤矿志续/3130
009800062 白芨沟煤矿志 1965-1990/3131
013321227 新疆焦煤集团志/3157
012100054 乌鲁木齐市南山矿区志/3171
012051944 乌苏四棵树煤炭志/3216
009411759 南山煤矿志/3225
009010262 新疆生产建设兵团农业建设第十师农十师煤矿志/3230
006389759 中国石油志/3264
008096759 中国石油志三编/3265
009988776 北京燕山石油化工公司炼油厂志 1967-1990/16
010278924 北京燕山石油化工公司化工一厂志 1973-1995/16
010138214 燕化建筑安装工程公司志 1969-1999/18
013630502 燕山石化图志/18
009988779 燕山石化志/18
008528089 中国海洋石油总公司志/18
009783029 中国石化长城高级润滑油公司志 1958-1996/19
012970970 中国石化润滑油公司志/19
013901320 中国石化润滑油公司志/19
008534490 中国石化销售公司华北公司志/19
013630792 中国石油化工股份有限公司北京燕山分公司物资装备中心志 2007-2011/19
011910406 中国石油天然气股份有限公司华东销售分公司志/25

009313339 渤海油田志/82
006105440 天津石化通志 1962-1988/83
009398802 大港油田志 1964-1993/100
009800057 中海物探公司志 1965-1997/100
009042874 冀东油田志 1988-1997/143
013791130 东方地球物理公司研究院志 1999-2008/187
009415069 石油物探局志 1961-1997/187
012097446 华北油田采油工艺研究院志 1976-2005/220
009341169 华北油田勘探开发研究院志 1973-2000/220
010195488 [三河发电有限责任公司志] 公司志 1994-2004/232
013064796 晋中石油志/311
009840214 河津石油公司志/327
013990943 吕梁石油志/356
012661448 辽宁省石油销售志/462
013958749 辽宁石油销售志 1991-2005/461
009334545 沈阳采油厂志 1971-1990/476
009880387 沈阳工程技术处志 1999-2004/476
012613975 沈阳工程技术处志 2005-2009/477
010275881 沈阳市煤气总公司志 1923-1985/478
013002493 沈阳市石油公司志 1951-1987/478
008536584 鞍山市石油化学工业志/515
009820612 抚顺石油工业志 1909-1987/524
013143613 抚顺石油三厂志 1936-1986/524
010686851 抚顺石油一厂志/524
012832426 锦州采油厂志 1991-2010/537
009247417 钻井二公司志 1974-1993/540

009242639 高升采油厂志 1977-1990/553

013183671 金马油田开发公司志 1998-2008/554

009334588 辽河石油勘探局科学技术研究院志 1967-1990/554

009334577 辽河石油勘探局热电厂志 1970-1988/554

013659580 辽河石油勘探局通信公司志 1990-2008/553

013730181 辽河石油勘探局油气工程技术处志 1999-2010/554

013793165 辽河石油勘探局油田建设工程一公司志 1989-2010/554

013730184 辽河油田公司浅海石油开发公司志 1989-2008/554

013774518 辽河油田经济贸易置业总公司志 1994-2009/554

011440951 录井公司志 1992-2005/554

012174124 [辽河油田分公司电力集团公司]热电厂志 1989-2007/554

013336290 石油化工总厂志 1999-2009/554

009840162 曙光采油厂志 1975-2005/554

009334563 油建二公司志/555

009320010 油建二公司志 1991-2000/555

009247408 油建一公司志 1969-1988/555

009247429 油气集输公司志 1976-1990/555

013190023 油气集输公司志 1991-2008/555

011501633 钻井一公司志 1982-1995/1479

013793161 辽河石油勘探局兴隆台公用事业处志 2000-2009/556

009334614 兴隆台采油厂志 1970-1988/557

010143447 辽河石油勘探局筑路工程公司志/557

009334599 辽河石油勘探局筑路工程公司志 1970-1995/557

013335261 高升工程技术处志 1999-2011/558

009334595 欢喜岭采油厂志/558

009334585 井下作业公司志 1975-1999/558

013730074 吉林石化志 1989-2010/600

013190133 中国石油吉林石化公司炼油厂志 1989-2010/601

013705565 前郭炼油厂志 1988-1998/627

009405908 哈尔滨气化厂志/654

012264953 哈尔滨气化厂志 2001-2006/654

009960118 齐齐哈尔市天然气公司志 1965-2005/670

008661872 采油五厂志 1972-1989/687

013334557 大庆石油管理局第九采油厂志/688

013402976 大庆石油管理局特车总厂志 汽车修理厂 1984.1-1992.4 第二机械厂 1992.4-2001.10 特车制造总厂 2001.10-2003.12/688

008384847 大庆石油化工总厂厂志/688

010730397 大庆物探公司志 1991-2002/688

012264095 大庆油田志 1959-2008/689

011327598 第八采油厂志 1983-1989/689

013771771 第六采油厂志 1983-1992/689

013771774 第六采油厂志 1993-1999/689

011496987 第十采油厂志 1984-1995/689

010238878 林源炼油厂志/689

013342579 试油试采分公司志 1982-2008/689

009240729 佳木斯市石油化学工业志/699

008842816 上海炼油厂志/731

007679366 上海石油化工总厂志/732

013660262 上海世博会中国石油参与志

/732
013926383 江苏石油志 2001-2012/798
011564600 管道二公司史志 1970-1996/843
009962552 浙江石油勘探处志 1970-1997/963
011327599 杭州炼油厂志 1951-1988/975
008830462 合肥石油志/1121
011579794 福建炼化志/1200
007482058 江西省石油化学工业志/1284
012872990 江西省石油总公司赣州分公司志/1328
012680214 济南炼油厂志/1410
010276030 临盘指挥部志/1411
009852696 商河油区志/1426
013375409 齐鲁石化公司胜利炼油厂志/1453
008452410 齐鲁石化检修公司志 1985-1993/1453
007621221 齐鲁石化志/1453
013684644 胜利炼油厂志 1995-2005/1458
014056686 中国石油化工股份有限公司齐鲁分公司研究院志 1997-2010/1454
011570266 测井公司志/1476
008665049 东营油区志/1474
013706291 胜利石油管理局物资供应处志 1964-1985/1476
013822694 胜利石油管理局钻井总公司志/1476
009333594 胜利油田滨南采油厂志 1968-2000/1476
012051914 胜利油田渤海钻井总公司志 1997-2006/1477
012722349 胜利油田测井公司工程志 1961-2008/1477

009348196 胜利油田电力管理总公司志 1988-2002/1477
010010096 胜利油田东辛采油厂志 1986-2001/1477
009333590 胜利油田孤岛采油厂志 1972-1995/1477
013706295 胜利油田孤东采油厂志 1986-2009/1477
009414930 胜利油田海洋石油开发公司志 1994-2003/1478
012613971 胜利油田海洋钻井公司志 1983-2007/1478
012836307 胜利油田技术检测中心志 1991-2010/1478
008193893 胜利油田井下作业公司志 1965-1988/1478
009881283 胜利油田井下作业公司志 1996-2005/1478
010010305 胜利油田胜利采油厂志 1964-2002/1477
011295640 胜利油田石油化工总厂志 2000-2006/1478
009010511 胜利油田通讯公司志 1983-2000/1478
009349696 胜利油田物资供应处志 1986-2002/1476
011294627 胜利油田现河采油厂志 1986-2000/1477
013706299 胜利油田油建二部志/1478
013603022 胜利油田油气集输公司志 1995-2005/1478
013706300 胜利油田运输指挥部志 1962-1987/1478
013706320 胜利油田桩西采油厂志 1989-

1999/1477

012836311 胜利油田桩西采油厂志 2000-2009/1478

009082332 胜利油田钻井工艺研究院志 1991-2000/1477

012663878 中国石油山东销售公司志 2000-2009/1479

009799305 胜利石油管理局钻井五公司志 1976-1996/1481

013706296 河口采油指挥部志 1972-1987/1482

012898549 河口油地共建志 1961-2009/1482

012661225 华北石油局第五普查勘探大队志/1632

012139260 华北石油局华北分公司志 1975-2005/1632

013932198 开封石油商业志/1671

009334792 洛阳石化工程公司志 1956-1985/1685

013461644 洛阳石化志 2001-2010/1685

009839609 洛阳石油化工总厂志/1685

010475786 中国石化洛阳石油化工工程公司志 1986-1995/1686

009393635 中国石油一建公司志 1954-2003/1686

012690182 中原石油化工总厂志 1986-1999/1746

014056714 中原石油化工总厂志 2000-2011/1746

008421912 中原油田志 1975-1982/1746

013736507 中原油田钻井三公司志 1982-2011/1746

013957430 河南油田工程院志 2000-2010/1769

009251579 河南油田志/1769

008422558 南阳地区石油商业志/1769

009854124 石油二厂志 1939-1992/1770

010142788 江汉油田志 1961-1985/1954

010142791 江汉油田志 1986-1990/1954

011996767 江汉油田志 1991-1995/1954

009790336 江汉油田志 1996-2000/1954

013861808 江汉油田志 2001-2005/1819

009311439 [武汉钢铁公司]燃气厂志 1958-1989/1829

011793004 武汉石化志/1832

009310508 荆门炼油厂志 1969-1983/1897

008846444 江汉油田图志/1953

009790371 湖南省石油化学工业志 化学肥料工业篇 初稿/1970

008453592 [湖南省石油总公司零陵地区公司]石油志/2085

008835758 [湘西土家族苗族自治州]石油贸易志/2109

010279679 广州石化志 第3卷/2137

012609872 广州石化志 第4卷/2137

008665202 广州石油化工总厂志 1974-1987/2137

009149876 [中国海洋石油南海东部公司]公司志 1983-1998/2136

009145720 中国石化广州石油化工总厂图志/2138

008378692 中国石化广州石油化工总厂志/2138

007882082 南海西部石油公司志/2204

008298345 中国海洋石油南海西部公司志 1988-1995/2205

012191851 广西石油志/2272

008669938 四川石油管理局测井公司志 1953-1990/2362

008991703 四川石油管理局川东开发公司志/2362

009867433 重庆市天然气工业志 1840-1985/2363

011312464 川北油气田志/2407

009232010 四川石油管理局川东钻探公司志 1900-1990/2422

008835644 四川石油管理局地质勘探开发研究院志/2422

008991691 四川石油管理局供应处志/2422

008670403 四川石油管理局勘察设计研究院志 1958-1990/2422

009331537 西南石油局志/2423

008671958 四川石油管理局输气管理处志/2445

012969655 四川石油管理局川西南矿区志/2450

012968309 泸州市天然气公司志 1962-2002/2465

008991596 四川石油管理局川南矿区志/2465

009232045 四川石油管理局钻采工艺研究所志/2471

013342454 三台县石油公司志/2485

008991486 四川石油管理局川西北矿区志/2483

013686240 四川宏源燃气股份有限公司志/2506

009232033 四川石油管理局油气田建设工程公司志 1958-1990/2512

008991698 四川石油管理局威远天然气化工厂志/2517

008991695 四川石油管理局资中机械厂志 1967-1990/2518

012766863 四川石油管理局井下作业处志 1964-1990/2518

008430348 四川石油管理局南充炼油厂志 1958-1990/2537

013731136 渠县天然气公司志 1986-2007/2565

011908898 四川省阿坝州石油公司志/2591

013464275 云南天然气化工厂志 1987-1997.3/2808

009378285 长庆油田志 1970-1985/2938

013933327 青化砭采油厂志/2991

013630472 子北采油厂志/2993

007704248 兰州炼油化工总厂志/3036

010275874 兰州石油机械研究所志 1960-1985/3036

009442811 中国石油西北销售公司志 1946-2000/3037

011793402 玉门油田志 1939-1986/3066

013377012 青海石油志/3092

011294228 乌石化志 1975-1993/3166

010117863 西北石油局图志/3166

008846044 西北石油局志/3166

009008732 新疆石油管理局钻井公司志/3167

009349875 中国石化(新星石油公司)西北石油局钻井志 1955-2000/3168

009411795 百口泉采油厂厂志/3173

014052852 新疆油田采石一厂志 1960-2011/3173

012636896 新疆昌吉回族自治州石油公

司志/3191
007984042 塔里木石油志/3227
013659768 秦山核电有限公司志 1982-2010 /1041
008378091 北京矿冶研究总院院志 1956-1996/21
010731618 北京矿冶研究总院院志续一 1996-2006/21
012767140 新兴铸管集团志 2000-2010/18
013686620 中国二十二冶志 1978.2-1998.2 /144
009790073 华铝志 1977-1997/187
010292171 沧州市机电冶金志/217
008982514 中国二冶志/391
013462578 沈阳冶金工业志 1933-1986/479
008536616 鞍山市地方冶金工业志/515
010244243 抚顺铝厂志 1936-1986/524
008537956 抚顺冶金工业志 1910-1985/524
008537935 锦州市五金工业公司志 1949-1985/537
009790409 辽阳铁合金厂志 1949-1988/549
012203063 梅山集团公司志 1989-1998/729
007978323 梅山冶金公司志 1969-1988/729
013756042 上海钢球厂志/730
009313309 宝钢集团一钢公司志 1991-2001 /759
013922889 宝钢集团一钢公司志 2002-2011 /759
009700939 中国二十冶志/759
013508407 江苏冶金机械厂志 1956-1985 /807
007977427 南京冶金工业志/809
011499456 南炼志 1958-1998/809
013923913 常州冶金机械厂志/866

009082528 合肥钢铁集团有限公司志 1996-2000/1121
012174195 马钢二机制志 1986-2005/1142
013630656 冶金工业部第十七冶金建设公司志 1963-1985/1143
012191806 福建省冶金(控股)公司志 1958-2007/1207
008692755 江西省冶金工业志/1284
010110387 赣南有色冶金志/1327
011892485 山东冶炼加工厂志 1970-1985 /1400
011328358 淄博冶金志 1948-1987/1455
010113112 烟台冶金志 1956-1985/1489
012814178 山东河西黄金集团有限公司志/1500
013630693 永锋集团志 2002-2011/1583
009685367 河南冶金志资料汇编/1618
011957401 中国铝业河南分公司志 2002-2006/1636
009412784 安阳钢铁集团公司志 1986-1997 /1708
008422387 焦作市冶金建材工业志/1736
011474440 河南豫光金铅集团公司志 1957-2007/1811
012724027 中国兵器装备集团公司中原特钢股份有限公司炼钢厂志 1970-2008 /1811
011292238 十五冶志第1卷 1953-1983/1829
012662453 武汉钢铁集团矿业建设有限责任公司志 1984-2004/1831
011292266 武汉冶金建筑研究所所志 1963-1988/1832
010118647 一冶志/1833
013141204 二十三冶金建设公司第二工

程公司志 1991-2003/1996

010143027 株洲冶炼厂志 1953-1980/1997

012003227 株洲硬质合金厂志 1953-1980/1997

012003236 株洲硬质合金厂志续集/1998

011501619 株洲硬质合金集团有限公司志 1991-2003/1998

009383823 冶金工业部衡阳冶金机械厂志/2023

010577440 湖南省益阳市冶金机械工业志初稿/2067

010199758 益阳市冶金机械工业志/2067

010290699 娄底地区冶金工业志 1805-1984/2104

010142865 冶金工业部湘西金矿志 1875-1980/2110

010278464 广州市冶金工业志/2137

009379663 珠江冶炼厂志 1966-1985/2138

012249627 八一铁合金集团公司志 1997-2006/2333

013940899 重庆铁合金厂志 1940-1985/2363

013771695 成都市冶金工业志 1840-2005 复审稿/2421

013334542 成都冶金实验厂厂志 1958-1985/2422

012545777 中国第五冶金建设有限公司中冶成工建设有限公司志/2423

008670034 攀钢集团钢城企业总公司志/2459

011805673 绵阳市冶金工业志/2480

011570099 内江地区冶金建材工业志/2512

013129773 金川公司志 1969-2005/2520

013958715 昆明东升冶化有限责任公司志 1952-2003/2730

009688758 云南冶金集团志 1983-2003/2732

013129938 兰坪冶金工业志/2898

013704411 兰炭厂志/3036

012661310 金昌冶炼厂志 1986-2005/3044

011804083 白银有色志 1954.9-2004.9/3046

011579852 甘肃省西和县尖崖沟铅锌矿志/3077

009266341 冶金工业部钢铁研究总院院志 1952-1985/18

007801693 石家庄铝厂史志 1970-1990/121

008186374 唐山钢铁公司史志 1943-1989/143

009852658 邯郸钢铁总厂史志 1957-1990/160

012264957 邯钢志新闻媒体报道邯钢经验选编/159

010253973 邯钢志 1957-1984/159

009996585 新兴铸管志军钢志续集 1986-2000/163

013626190 承钢志 1929-1985/210

011328678 长钢志 1947-2007/284

008660645 呼钢志 1958-1984/379

013332330 包钢钢联无缝钢管厂志 2000-2010/389

008828742 包钢志地理志/389

008828770 包钢志概述附录 1927-1990/389

008828754 包钢志勘探志 1927-1990/389

008828749 包钢志人物志 1927-1990/390

008828744 包钢志民族工作志 1950-1990/389

008828737 包钢志厂矿简志 1953-1990/389

008828765 包钢志 大事记 1953-1990/389
008828764 包钢志 建设志 1953-1990/389
008828745 包钢志 文教卫生志 1953-1990/390
008828747 包钢志 科学技术志 1954-1990/389
008828758 包钢志 企业管理志 1954-1990/390
008828740 包钢志 生活福利志 1954-1990/390
008828756 包钢志 生产志 1959-1990/390
008828766 包钢志 集体企业志 1970-1990/389
008828752 包钢志 编年记事 1984-1990/389
012766563 沈阳轧钢厂志/479
012831265 大钢志续志 1986-2002/502
011431306 大连钢厂志/502
012813940 辽宁特钢志 2003.1-2004.9/503
009994100 鞍钢科技志/514
009242082 鞍钢志 1916-1985/514
013702846 鞍钢志 1986-2008/514
009242131 鞍山带钢厂志/514
009242069 鞍山钢铁公司钢铁研究所志/515
010265793 鞍山钢铁公司钢铁研究所志 1948-1985/515
013705123 炼铁厂志 1917-1996/516
009244539 昭和制钢所二十年志 1918-1938/516
010011594 新抚钢志 1958-1985/526
008594656 本钢钢铁研究所志/529
010009423 本钢焦化厂志 1936-1985/529
013506555 本钢职工工学院志 1956-1992/529

009147485 本钢志/529
010143391 二铁厂志 1956-1985/529
013630660 一机修厂志 1910-1985/529
010275921 一铁厂志 1911-1985/529
011804688 吉林铁合金厂志/601
009996581 通钢志 1958-1985/617
010250778 齐齐哈尔市钢管总厂厂志/670
010140729 黑龙江省西林钢铁厂志 1966-1984/695
008982911 上海钢铁工业志/730
010275862 南京钢铁厂志 1957-1985/807
012721889 南京钢铁厂志 1986-1995/808
013145554 铁道部徐州机械厂志 1916-1991/844
013630430 徐州钢铁厂志 1958-1985/844
012100624 徐州钢铁总厂志 1986-2005/844
013627972 铜山钢铁厂志 1970-1985/853
010468934 常州钢铁厂志 1958-1983/865
010143070 常州钢铁铸造厂志 1967-1983/865
011496858 常州市纺工修建工程队志 1975-1982/866
013630076 苏钢志 1957-1985/882
011806045 吴县钢铁厂志/888
010239132 船山矿志 1965-1985/943
006135298 杭钢志/974
013626566 杭钢转炉志 1957-1983/974
011892020 漓铁志/1048
010251104 绍钢志/1048
008450963 合肥钢铁公司志 第2卷 1986-1990/1121
009795627 合肥钢铁公司志 第3卷 1991-1995/1121

009795619 合肥钢铁公司志 1956－1985/1120

012049376 姑山铁矿志 1912-1988/1141

010265820 马鞍山钢铁公司志 1911－1985/1141

011319931 马钢第三轧钢厂志 1958－1984/1142

011313058 马钢江东志 1989-1998/1142

011319939 马钢一轧钢厂志 1961－1983/1142

009471998 马钢志 1911-2000/1142

012174211 马钢重机志 1958-2007/1143

013991375 热轧板厂志 1985-2004/1143

013630425 修建部志 1961-1991/1143

013628133 一铁志 1942-1985/1143

013628136 一铁志 1986-1995/1143

011319946 中板厂志 1970-1984/1143

012766464 三钢志 1998-2007/1237

007590099 江西钢铁志内部本/1283

010110524 洪钢志 1958-1984/1295

008299083 江钢志 1965-1983/1295

008299080 南钢志/1297

011320341 萍钢志 1954-1990/1308

008299934 新余钢铁厂志 1958-1988/1322

007479153 济南钢铁总厂志/1410

013335404 济南铁厂志 1957-1985/1410

009408059 青岛钢铁总厂志 1958－1990/1434

011890846 黑旺铁矿志 1958-1985/1556

008452347 莱钢安装工程处处志 1970-1985/1556

008452357 莱钢第二钢厂志 1970－1985/1556

008452355 莱钢第一钢厂志 1965－1985/1556

008452352 莱钢机修厂志/1556

008452362 莱钢焦化厂志 1970-1985/1556

008452358 莱钢冶炼厂志 1966-1985/1556

008452348 莱钢运输部志 1970-1985/1556

008452336 莱钢志/1557

011961256 莱钢志建工处 1950-1989/1557

012043711 莱钢志山东省冶金设计院志 1958-2000/1558

011961283 莱钢志矿山建设有限公司 1976-2006/1557

011961412 莱钢志新泰铜业公司 1986－2006/1558

011961310 莱钢志莱芜矿业公司 1996－2005/1557

011961352 莱钢志培训中心 1996-2005/1558

011961365 莱钢志热电厂 1998-2005/1558

011961229 莱钢志动力部 2001-2005/1557

011961239 莱钢志机制公司 2001-2005/1557

011961272 莱钢志焦化厂 2001-2005/1557

011961303 莱钢志莱钢医院 2001-2005/1557

011961317 莱钢志炼钢厂 2001-2005/1557

011961325 莱钢志炼铁厂 2001-2005/1557

011961337 莱钢志鲁南矿业公司 2001－2006/1557

011961356 莱钢志汽运公司 2001-2005/1558

011961371 莱钢志烧结厂 2001-2005/1558

011961378 莱钢志生活城房部 2001－2007/1558

011961389 莱钢志泰东劳服公司 2001-2006/1558

011961399 莱钢志特殊钢厂 2001-2005/1558

011961294 莱钢志万和鲁碧公司 2001-2006/1558

011961440 莱钢志 运输部 2001-2005/1559

011961450 莱钢志 轧钢厂 2001-2005/1559

011961459 莱钢志 中型型钢厂 2001-2005/1559

011961470 莱钢志 淄博锚链公司 2001-2007/1559

011961481 莱钢志 自动化部 2001-2005/1559

011961430 莱钢志 永锋钢铁公司 2002-2006/1558

011810573 中信重型机械公司志 1986-2005/1686

011943011 安钢志 1998-2007/1708

008986913 安阳钢铁公司志 1957-1985/1708

011310768 舞钢志 1970-1983/1756

013321156 武钢焦化厂志 1958-1983/1830

008990385 武钢灵乡铁矿志 1958-1994/1830

009252685 武钢乌龙泉矿志 1953-1990/1830

010468504 武钢氧气厂志 1972-1982/1830

012316901 武钢冶金渣公司志 1984-2002/1830

011324969 武汉钢铁公司初轧厂志 1955-1981/1830

011324970 武汉钢铁公司电修厂志 1957-1981/1831

013630250 武汉钢铁公司电讯厂志 1957-1985/1831

011325290 武汉钢铁公司机械总厂志 1954-1982/1831

013379056 武汉钢铁公司机修厂志 1977-1981/1831

011325250 武汉钢铁公司计控厂厂志 1958-1981/1831

011325510 武汉钢铁公司热轧带钢厂志 1974-1985/1831

011325301 武汉钢铁公司修建部志 1961-1981/1831

011328413 [武汉钢铁公司]运输部志 1986-1996/1833

012663815 [武汉钢铁公司]运输部志 1997-2005/1833

009744770 一炼钢厂志 1982-2003/1833

012613047 一炼钢厂志 2004-2008/1833

008990403 大冶钢厂志/1854

011472203 程潮铁矿志/1893

013626268 鄂钢焦化厂志 1995-2001/1893

013626271 鄂钢焦化分厂志 1970-1994/1893

009961488 湖北省鄂城钢铁厂志 1957-1985/1895

013628053 炼铁分厂志 1958-1998/1895

011578920 长沙钢厂志/1980

011998595 湘钢志 1991-2000/2012

010142854 湘潭钢铁厂志 1958-1980/2013

010142835 湖南铁合金厂志 1958-1980/2017

010142811 湖南衡阳轧钢厂志 1958-1980/2022

013957636 湖南衡阳轧钢厂志 1981-1988/2022

009889487 东安铁合金厂志 1984-1987/2089

010142820 湖南省涟源钢铁厂志 1956-1980/2106

009799901 涟钢志 1981-2001/2106

009145485 广钢志/2136

009145491 广州合金钢厂厂志 1966-1990/2136
010253976 韶钢志/2161
008665300 柳钢志 1958-1986/2287
013144527 灵铁志 1968-1989/2300
013736510 重钢动力厂志 1938-2002/2362
009349835 重钢志 1938-1985/2362
010118623 重钢志 1986-2003/2362
013190416 重庆钢铁公司第四钢铁厂志初稿/2362
009689078 重庆特钢志 1934-1985/2363
011325440 重庆铁合金厂厂志 1940-1985 送审稿/2363
009387425 成都冷轧钢材厂厂志 1959-1985/2421
008427884 成都无缝钢管志 1958-1983/2421
007482424 成钢志 1958-1984/2422
008671457 攀钢志 1964-1985/2459
012722005 攀钢志 1986-2005/2459
008671460 攀矿志/2459
010686849 长城钢厂四分厂志 1965-1985/2483
011496838 长城钢厂运输部志 1965-1985/2483
008421978 威钢志 1929-1985/2517
012758767 德胜志 2002-2006/2520
011325468 万福钢铁厂志 1940-1985/2558
008991788 昆钢建设志/2729
012049692 昆钢志 1939-2007/2729
012541970 酒钢志 1958-2008/3065
012955924 山川机床铸造厂 山川铁合金厂志 1965-1995/3098
009312733 八钢志/3166

010198781 湖南省钢铁研究所所志 1973-1980/1981
012265290 临汾钢铁公司志 1957-1998/344
006567450 武钢志/1830
008990383 武钢志 1952-1981/1830
007523545 宝钢志/759
008839895 宝钢志 1993-1998/759
010201664 杭钢图志 1957-2001/974
011293393 北京铜厂厂志概述 1956-1990/16
010193999 北京有色金属研究总院志续 1993-2002/17
009198557 山西铝厂志 1971-2001/250
011501611 中条山有色金属公司志 1956-1996/333
008983850 包头铝厂志 1958-1987/390
008983852 包头铝厂志续集 1988-1990/391
013462055 沈阳铜网厂志 1949-1988/479
008487139 沈阳冶炼厂志/479
013131231 沈阳有色金属加工厂志 1938-2003/479
009790406 葫芦岛锌厂志 1935-1985/567
008534709 上海有色金属工业志/733
013097850 徐州铝厂志/845
010201777 铜山岭有色金属矿志 1912-1980/853
011496859 江苏省常州市有色金属压延厂志/867
009388683 杭州市富春江冶炼厂志 1958-1998/975
012100870 浙江建铜四十周年志/976
009377317 合肥铝厂志 1958-1986/1121
013991588 [铜陵有色金属公司]设计研究院志 1956-1985/1149

008450984 铜陵有色金属公司志 1950-1990 /1149

013996041 中国有色金属工业总公司铜陵有色金属公司建筑安装公司志 初稿 1952-1985/1149

013996044 中国有色金属总公司铜陵有色金属公司卫生志/1149

008865148 江西省铜业志/1284

008420594 江西省钨钽铌工业志/1284

010251902 江冶志 1965-1990/1296

008299903 萍铝志 1970-1989/1308

009386004 江西赣州铝厂志 1958-1986 /1328

012872216 大吉山钨矿志/1336

012872215 大吉山钨矿志 1918-1989/1337

009881196 山东铝厂志/1453

013797094 兖矿铝业志 2000-2006/1527

011908715 山东沂蒙冶炼厂志 1966-1985 /1561

009959901 郑铝志 1956-1985/1632

009814443 郑州市中原铝厂志 1966-1983 初稿/1649

009814507 洛阳有色金属加工设计研究院院志 1964-1984 送审稿/1685

009813680 洛阳有色金属加工设计研究院志 1964-1985/1685

009808485 焦作市铝厂志 1966-1985/1736

010279097 中州铝厂志 1978-1998/1742

013320932 三门峡市黄金志 1964-2007 /1758

012613981 神火铝业股份公司志 1970-2008 /1783

013369757 大冶有色金属公司志 1953-1992 /1854

010197231 长沙有色金属加工厂厂志 /1980

013236407 中国有色金属工业总公司第三建设公司志 1953-1980/1982

012767057 湘铝志/2017

013939470 湘乡铝厂志 1988-1998/2017

011955473 水口山志水口山铅锌志续卷 1996-2005/2027

010197241 东波有色金属矿志 1950-1980 /2074

012969625 柿竹园公司志 1986-2010/2074

010198893 冷水滩耐火材料厂志 1952-1980 /2086

013335268 广东有色金属工业志 至 2005 /2125

009864172 粤西有色稀有金属工业志 1950-1985/2126

009378322 大岭冶炼厂志 1970-1985/2161

009864106 韶关精选厂厂志 1958-1985 /2161

008453728 肇庆有色金属工业志 1950-1985 /2212

009379648 肇庆有色金属公司金子窝锡矿志 1961-1985/2212

009863777 广东省惠阳地区有色金属工业志 1910-1985/2220

009247432 八一铁合金总厂志 1987-1996 /2333

008672727 自贡硬质合金厂志 1964-1985 /2453

012541578 贵铝志/2634

011571247 云铜股份志 1958-2006/2732

011292459 有色金属加工厂志 1969-1986 /2846

012541992 兰铝志/3036

010730040 金川有色金属公司井巷工程公司志/3045

007661122 金川有色金属公司志/3045

012099747 青铝志/3135

013792271 湖南有色金属研究院志 1998-2003/1981

013626463 贵阳铝镁设计研究院院志 1958-2008/2635

013661782 中南冶勘公司研究所所志 1965-1984/1874

012251105 湖南有色冶金劳动保护研究所志 1982-1997/1981

010198880 湖南冶金研究所志 1958-1980/1981

013776421 郑州轻金属研究院志 1965-1995/1634

012970959 中国工程机械行业志 1949-2005/3265

011579920 河北省机电设备公司简志 1962-1986/113

011998245 石泵厂志 1954-1989/122

010138622 河北赞皇机械厂志 1958-1993 卷一/139

010254035 军钢志 1971-1985/159

013464358 国营二四七厂志/257

012505259 晋西机器厂厂志 1986-1997/258

009313064 呼和浩特机械工业志/379

009961929 沈阳标准件厂志 1952-1985/476

011441991 沈阳第三机床厂志 1933-2006/476

013002478 沈阳鼓风机厂志 1986-2004/477

009334540 沈阳气体压缩机厂志 1948-1985/477

012724022 中国泵业志 1988-2008/480

010468923 沈齿厂志 1948-1984/491

008350391 一砂厂志 1940-1984/492

011564496 大连柴油机厂志 1951-1991/502

009994106 鞍山矿山机械厂志 1940-1985/515

008536619 鞍山市机械工业志/515

013143635 抚顺市机电设备公司志 1960-1985/524

009334571 [辽河石油勘探局]机修总厂志 1967-1990/553

012141584 [辽河石油勘探局]总机械厂志 1991-2006/557

008536837 国营锦山机械厂厂志 1970-1985/567

013652722 吉化公司机械厂志 1958-1988/599

013656345 吉林水工机械厂志 1937-1987/600

008378728 哈一机厂志 1950-1985/655

012766331 齐齐哈尔第二机床厂志 1950-1985/670

010250780 齐齐哈尔液压件厂厂志/670

013002418 齐一机床厂志/670

010251357 一机床厂志 1950-1985/670

013343635 中国通用技术集团齐齐哈尔二机床(集团)有限责任公司志 1986-2009/671

008661384 黑龙江省迎春机械厂史志 1949-1984/681

008661874 [大庆石油管理局]总机厂志 1986-1990/687

008379737 大庆石油管理局总机厂志 1991-1995/688

009411583 佳木斯联合收割机厂志 1946-1990/699

013684614 上海滚动轴承厂志/730

007838035 上海机电工业志/731

012639690 南京第二机床厂志 1986-1996/807

008446202 南京机械工业志/808

010474129 无锡动力机厂志 1929-1978/830

011327213 徐州市机械工业志/845

013661510 徐州液压件厂志 1974-1987/845

008846541 常州柴油机厂志/864

013528793 常州市轴承厂志 1970-1983/866

011571307 镇江液压件总厂志/944

008532091 国营第五三一六厂厂志 1970-1989/1004

013630182 温州市机械工业志/1020

012831049 安徽八一齿轮厂志 1956-1985/1119

013461659 马鞍山钢铁股份有限公司车轮轮箍厂志 1984-1993/1142

009115805 滁县地区机械电子工业志/1163

009405819 福建省福州市机械冶金工业志/1206

008664262 江西省机械工业志/1283

013866289 长江毛纺志讨论稿/1312

008299031 江西齿轮箱总厂厂志 1969-1990/1328

011570212 山东省机电设备公司史志 1962-1990/1400

010577355 济南柴油机厂志 1920-1987/1409

010275887 济南市机械工业志/1410

008452316 山东省章丘鼓风机厂志/1423

012208117 青岛锻压机械厂厂志 1946-1985/1433

014050132 山东先河悦新机电股份有限公司志 1986-2011/1454

013626292 方圆集团志 1970-2011/1489

013072733 烟台环球机床附件集团有限公司史志 1949-2007/1489

009962164 山推厂志 1917-1987/1518

013661511 兖矿集团机电设备制造厂志 1986-2010/1527

009961997 德州地区机电设备公司简志 1963-1983/1576

011496985 德州市机械志 1902-1985/1576

011320001 聊城地区机械工业志/1587

009887240 河南省机械工业志仪器仪表专志征求意见稿/1618

009768533 郑州第二柴油机厂志 1958-1985/1633

011579936 河南柴油机厂厂志 1955-1985/1684

009334849 五一一三厂志 1968-1985/1706

010229490 焦作机械工业志 1904-1983/1735

009808445 焦作矿山机械厂志 1948-1982/1735

010229495 焦作市群英机械厂志 1961-1982/1736

009010154 焦作市制动器厂志 1964.10-1984.12/1736

008426281 石油二机厂志 1969-1994/1770

009790353 湖北锻压机床厂志/1818

011325431 武汉锅炉厂志 1953-1983/1831

013990770 江汉第四石油机械厂志 1941-1990/1914

010245164 江汉第四石油机械厂志 1991-2001/1914

013792472 江汉第四石油机械厂志 2001-2011/1841

013380185 黄石市锻压机床厂志 1954-1985/1851

013464369 [中国第二汽车制造厂]化油器厂志 1966-1983/1859

011292467 宜纺机厂志 1966-1986/1874

010199512 湘机创业志/1970

013334369 长沙锅炉厂志 1956-1986/1987

011292063 [长沙冶金机械修造厂]厂志/1979

013045625 湖南机床厂志/1980

013512147 株洲齿轮公司志 1998-2008/1997

013321208 湘潭柴油机厂志 1956-2006/2012

011762174 湖南省邵阳液压件厂厂志 1966-1990/2031

009383619 常德七一机械厂志 1951-1991/2054

009379684 广西第一机床厂志 1966-1988/2295

007590156 重庆市机械工业志 1902-1992/2363

008422612 红岩机器厂厂志 1965-1982/2375

013863566 綦江齿轮厂厂志 1928-1990/2376

013894228 成都标准件一厂志 1966-1986/2420

008672512 自贡市机械工业志/2452

008672635 自贡市轻工机械厂厂志 1958-1985/2453

010009757 泸州市液压附件厂志/2466

009232002 四川飞虹轴瓦股份有限公司志 1966-1996/2502

013131314 遂宁市机器厂厂志 1951-1990/2502

008421988 四川省建材机械厂厂志 1966-1990/2512

008991481 四川石油管理局南充机械厂志/2536

010252859 四川石油管理局资阳钢管厂志/2583

008423884 川压厂志 1966-1985/2585

013708152 中国铁道建筑总公司昆明机械厂志 1954-1995/2732

010730165 陕鼓厂志 1987-1997/2938

008417787 宝鸡机械工业志 1937-1985/2957

013308898 宝鸡石油钢管厂厂志 1958-1985/2957

008993260 陇县轻工机械厂志/2969

011892006 兰州市机械电子工业志/3037

009799256 吴忠配件厂志 1965-1990/3134

008844307 农九师机械厂志/3217

008377845 衡钢志 1958-1991/236

010275882 沈阳线材厂志 1935-1985/479

010469052 常州锻造总厂志 1952-1986/864

010735932 常州金属工艺品厂志/865

010010321 济南第一机床厂志 1944-1985/1409

011892399 青岛钢丝绳厂志 1959-1985/1433

013629524 山东冶金机械厂志 1953-1985/1454

009867042 烟台钢管厂志 1949-1985/1489

009887218 第二砂轮厂厂志 1953-1985 初稿/1630

009768312 二砂厂志 1953-1985/1630

010108857 开封钢丝绳厂志 1956-1984 征求意见稿/1671

009813674 洛阳铜加工厂志 1954-1985/1685

013226412 武汉钢丝绳厂志 1958-1980/1830

013775971 浠水轴承厂志/1933

012758957 衡钢志 1998-2007/2022

010197245 衡阳钢管厂志 1958-1981/2022

009962563 重庆钢丝绳厂志 1943-1985/2362

009149373 金川有色金属公司科技志 1959-1988/3045

009412503 北京煤矿机械厂志/15

013342570 石家庄拖拉机厂厂志/122

013936408 [太原第一机床厂]厂志 1986-2006/257

010265841 沈阳第一机床厂志 1935-1985/476

009790836 沈阳重型机器厂志 1937-1984/480

013528818 大连起重机器厂志 1948-1985/502

010265798 鞍山铁塔厂志 1953-1985/515

009242334 鞍拖厂志 1949-1984/515

009118626 东风朝阳柴油机公司志/563

012048773 长春消防器材总厂志 1959-2000/590

009960110 哈尔滨电机厂志 1951-1985/654

010109121 哈尔滨轴承厂史志 1950-1985/655

011325413 第一重机厂志 1953-1983/675

009147439 徐重厂志 1943-1985/844

011571023 徐州工程机械制造厂志 1948-1985/844

011909901 徐州装载机厂志/846

013402900 常州林业机械厂志 1958-1985/865

013630731 镇江矿山机械厂志 1951-1985/943

009389842 浙江省电力修造厂志/962

011564517 [山东电力设备厂]厂志 1958-1997/1409

012636670 第二机械厂志 1990-2008/1466

013179349 [莱阳动力机械厂]厂志 1943-1985/1497

009866871 山东机床附件厂志 1949-1989/1518

012662695 兖矿集团大陆机械有限公司志 1991-2006/1522

008382885 兖州煤矿机械厂志 1958-1990/1523

010735967 河南省纺织机械厂志 1958-1985/1631

009797043 郑工厂志/1632

012636605 郑煤机志 1958-2008/1632

009251016 [郑州纺织机械厂]厂志 1949-1985/1630

014030786 [郑州纺织机械厂]厂志 1986-2002/1630

008666860 [郑州面粉厂]厂志 1953-1986/1630

011477104 平顶山轨枕厂志 1970-1989/1700

011325263 [安阳火柴厂]厂志 1946-1983 /1708

010108892 新乡机床厂志 1947-1982 未定稿 /1723

013627985 金马重机志 1958-2010/1761

013775938 [武汉钢铁集团机械制造有限责任公司]厂志 1957-2007/1829

009961622 武汉重型机床厂厂志/1832

009961629 武冶志 1954-1984/1833

010197238 [长沙冶金机械修造厂]厂志 1955-1980/1979

011500814 玉柴厂志 1951-1991/2317

010118401 昆明机床厂志 1936-1989/2730

008993834 [宝鸡市消防器材厂]厂志 1959-1985/2957

013990897 [兰州搪瓷厂]厂志 1950-1990/3035

013731320 上海机电工业研究院所志 /730

013128917 福建省机械科学研究院志 /1207

013528657 常州纺织机械厂志 1958-1986 /864

011762269 华冠志 1966.6-1996.6/1556

010195616 武汉纺织器材厂志 1958.6-1982.12/1830

009020885 常德烟草工业机械厂志 1969-1999/2054

009414577 四川绵阳粮食机械厂厂志 1958-1987/2478

009089002 国营咸阳纺织机械厂志 1958-1986/2975

009154307 锦西化工机械厂志 1939-1985 /567

009125488 洛阳耐火材料厂志 1956-1984 /1685

010199489 湘东化工机械厂志 1971-1990 /2007

010686829 常州热工仪表厂厂志 1962-1984 /866

013097886 银河仪表厂志 1965-1989/3123

009992222 一拖厂志 1953-1984/1692

011957407 中国南车集团石家庄车辆厂志 1905-2004/122

013404095 设备修造厂志 1956-2006/356

009243849 沈阳汽车制造厂志 1958-1985 /477

013141151 第一汽车制造厂辽阳汽车弹簧厂厂志 1953-1989/549

009853962 长春客车厂志 1954-1990/586

013797236 长春汽车材料研究所 中国第一汽车集团公司工艺研究所 中国第一汽车集团公司工艺处所志 1954-2001 /587

009992760 长春汽车研究所志 1950-1985 /587

009411585 第一汽车制造厂厂志 1950-1986 /587

011068498 [第一汽车制造厂]车箱厂志 1953-1986/586

011327109 第一汽车制造厂生活福利处处志 1953-1986/587

009865083 [中国第一汽车制造厂]热处理厂志 1954-1986/586

009797065 哈尔滨车辆厂志/654

008534786 上海汽车工业志/731

013319834 南京汽车集团有限公司企业志 2001-2005/808

012903645 南京汽车制造厂铸造厂志 1947-1985/808

013798874 [南京汽车制造厂]总装厂志 1952-1985/806

009786564 南汽厂志 1947-1985/810

011294709 跃进汽车集团公司企业志 1996-2000/810

012191536 常州客车制造厂志 1956-1981/865

010777249 铁道部戚墅堰机车车辆工艺研究所志 1959-1990/872

011311783 第二汽车制造厂志 1969-1983/1864

013128860 东风轮胎厂志 1968-1983/1864

013506645 [东风汽车公司]工业工程公司志 1984-2005/1857

011295474 [东风汽车公司]技术中心志 1983-2003/1857

013403991 [东风汽车公司]热电厂分卷 1999-2008/1857

013404050 [东风汽车公司]重型汽车厂分卷 1999.10.28-2011.5.5/1857

013647314 东风汽车有限公司零部件事业部东风汽车传动轴有限公司志 1998-2008/1864

013647319 东风汽车有限公司零部件事业部东风汽车紧固件有限公司志 1999-2008/1864

013987623 东风志 1984-2007/1864

013629876 十堰电信志 1895-2008/1864

008823330 十堰市大事记要/1864

012174907 十堰市福利汽车零部件厂志/1864

013308918 [郧阳地区]拨叉厂志 1967-1987/1857

013824341 [中国第二汽车制造厂]安技环保处志 1966-1983/1857

013630754 [中国第二汽车制造厂]标准件厂志 1966-1983/1858

013824345 [中国第二汽车制造厂]财务会计处志/1858

013824859 [中国第二汽车制造厂]车架厂志 1965-1983/1858

013512043 [中国第二汽车制造厂]车轮厂志 1969-1983/1858

013323183 [中国第二汽车制造厂]车桥厂志/1858

013824860 [中国第二汽车制造厂]车身厂志 1969-1983/1858

013824861 [中国第二汽车制造厂]冲模厂志/1858

013379643 [中国第二汽车制造厂]传动轴厂志 1965-1983/1858

013630756 [中国第二汽车制造厂]电力处志/1858

013866313 [中国第二汽车制造厂]动力厂志 1966-1983/1859

009808398 [中国第二汽车制造厂]二汽车箱厂志 1966-1983/1859

013824864 [中国第二汽车制造厂]二修志/1859

009839678 [中国第二汽车制造厂]发动机厂志 1966-1984/1859

013824865 [中国第二汽车制造厂]粉末冶金厂志/1859

013824874 [中国第二汽车制造厂]工具处志/1859

013824877 [中国第二汽车制造厂]供应

处志 1966-1982/1859

013961384 ［中国第二汽车制造厂］后勤服务志/1859

013824879 ［中国第二汽车制造厂］机动处志/1860

013824881 ［中国第二汽车制造厂］教育处志/1860

014053139 ［中国第二汽车制造厂］精密铸造厂厂志 1969-1983/1860

013630773 ［中国第二汽车制造厂］劳资处志 1966-1983/1860

013824883 ［中国第二汽车制造厂］全质管理志 1978-1984/1860

013824888 ［中国第二汽车制造厂］设备修造厂志 1966-1983/1860

013630774 ［中国第二汽车制造厂］设备制造厂志/1860

013824889 ［中国第二汽车制造厂］生产调度处志 1965-1984/1860

013824892 ［中国第二汽车制造厂］水箱厂志 1965-1983/1860

013824953 ［中国第二汽车制造厂］通用铸锻厂志 1966-1983/1860

013824955 ［中国第二汽车制造厂］销售处志 1972-1983/1861

011068473 ［中国第二汽车制造厂］仪表厂志 1965-1983/1861

013464383 ［中国第二汽车制造厂］运输处志/1861

014053140 ［中国第二汽车制造厂］中心实验室志 1965-1983/1861

013940868 ［中国第二汽车制造厂］中心实验室志 1965-1983/1861

013134096 ［中国第二汽车制造厂］铸造一厂志 1965-1983/1861

013630776 ［中国第二汽车制造厂］总装配厂志 1966-1983/1861

013512047 ［中国东风汽车公司］柴油发动机厂分卷 1985-1999/1861

013379651 ［中国东风汽车公司］车架厂分卷 1984-1998/1861

013323188 ［中国东风汽车公司］车身厂分卷 1984-1998/1862

013512048 ［中国东风汽车公司］传动轴厂分卷 1984-1997/1862

013512052 ［中国东风汽车公司］东风活塞轴瓦有限公司分卷 1984-1998/1862

013647311 ［中国东风汽车公司］东风康明斯发动机有限公司志 2000-2008/1862

013323193 ［中国东风汽车公司］动力设备厂分卷 1984-1998/1862

013323211 ［中国东风汽车公司］锻造厂分卷 1983-1998/1862

013323219 ［中国东风汽车公司］化油器公司分卷 1984-1998/1862

013661740 ［中国东风汽车公司］基建材料处分卷 1984-1998/1862

013343627 ［中国东风汽车公司］教育培训部分卷 1984-1998/1863

013323224 ［中国东风汽车公司］精密铸造厂分卷 1984-1998/1863

013824966 ［中国东风汽车公司］煤气厂分卷 1983-1999/1863

013512067 ［中国东风汽车公司］刃量具厂分卷 1984-1999/1863

013661736 ［中国东风汽车公司］商用车总装配厂志 1999-2008/1863

013824967 ［中国东风汽车公司］通用铸

锻厂分卷 1984-1998/1863

013323228 [中国东风汽车公司]制泵厂分卷 1984-1998/1863

013940873 [中国东风汽车公司]铸造一厂分卷 1984-1999.6/1863

013708142 [中国东风汽车公司]总装配厂分卷 1984-1998/1863

011911534 株洲汽车齿轮厂厂志 1987-1997/1997

012208173 陕汽厂志 1968-2003/2938

012836239 上海船舶研究设计院院志 1964-2003/729

012251463 毛泽东号志 1946-2008/18

008873844 唐山机车车辆厂志 1881-1992/144

008535764 太原机车车辆厂志 1898-1990/259

009015839 大同机车厂志 1986-2000/270

007682639 大同机车工厂志 1954-1985/270

008487130 沈阳机车车辆工厂志/477

012545760 中国北车集团沈阳机车车辆有限责任公司志/480

008379602 铁道部大连机车车辆工厂志 1899-1987/503

009994122 中国北车集团大连机车研究所志/503

012636943 抚顺矿物局电力机车工厂志/524

013797225 长春机车厂志 1991-2004/586

013797228 长春机车工厂志 1954-1990/586

011890757 哈尔滨轨道交通装备有限责任公司志 1996-2007/654

012661739 齐齐哈尔车辆厂劳动服务公司志 1986-1998/670

013730383 齐齐哈尔车辆厂志/670

013629344 铁道部齐齐哈尔车辆工厂厂志 1925-1984/670

012769623 中国北车集团齐齐哈尔铁路车辆(集团)公司修车厂志第2卷 1993-2003/671

012663835 中国北车集团齐齐哈尔铁路车辆(集团)有限责任公司志第1卷 1995-2004/671

010474099 牡丹江机车工厂志/704

010276024 牡丹江机车工厂志 1938-1985/704

013994313 中国北车集团牡丹江机车车辆厂志 1991-2009/705

011955221 南京浦镇车辆厂志 1908-2007/808

010110114 常州内燃机车厂志 1963-1985/865

013037938 常州市车辆修造服务公司简志 1973-1985/866

013603322 铜陵机车厂志 1970-1985/1151

011310685 济南轻骑摩托车总厂志 1955-1983/1410

008452179 四方机车车辆厂志 1900-1993/1436

009959950 郑州内燃机配件厂志 1953-1983/1634

013144589 洛阳机车工厂志 1969-1985/1684

010475805 武钢企发综合服务公司志 1989-1998/1830

008385416 武汉江岸车辆厂志 1901-1993/1840

011793000 武昌车辆厂志 1986-1995/1842

013795588 铁道部株洲电力机车工厂教育志 1936-1985/1996

013661750 中国南车集团株洲电力机车研究所志 1996-2005/1996

011908991 株洲车辆工厂厂志 1954-1986/1997

008989963 株洲电力机车厂志 1936-1999/1997

011328159 铁道部柳州机车车辆工厂志 1965-1992/2287

013726864 成都车轮厂志 1958-1998/2421

013955632 成都机车车辆厂一分厂志/2421

012956000 四川专用汽车制造厂厂志 1951-1988/2423

008423893 四川拖拉机厂志 1965-1985/2512

012969345 眉山车辆厂志 1966-1995/2543

013860631 贵车厂志 1966-1988/2634

011570774 铁道部株洲电力机车研究所志 1959-1995/1996

009472684 大连造船新厂志 1990-1995/503

008455264 江南造船厂志 1865-1995/729

009700957 中华造船厂志 1926-1990/734

013795662 芜湖长江轮船公司志/1129

009863763 广船志/2136

011311856 国家海洋局南海分局船舶志 1965-2002/2137

013771770 第九六〇厂厂志 1965-1986/17

010243517 国营第六一八厂厂志 1946-1990/53

013897204 邯郸市国防工业志 1963-1988/159

012264990 河北省衡水地区国防工业志 1970-1988/236

013404383 国营第九零八厂志 1953-1985/257

009243277 辽宁省国防科技工业志 1881-1985/461

011313011 国营第二二八厂厂志/587

011292462 国营第二五八厂厂志 1964-1986/1734

011439823 焦作军事工业志 1945-1985/1735

008846392 五一二三厂志 1969-1986/1775

013866330 中国人民解放军第九〇四五工厂志/1907

013897322 湖南国防科技工业志 1978-2008/1969

009383729 六二七厂志 1958-1985/2012

009266333 八六一厂志 1890-1985/2099

012878891 兵器工业系统二九八厂志 1936-1987/2729

013731060 秦川厂志 1953-1986/2938

013735988 中国人民解放军第七二一九工厂厂志 1949-1989/3037

008660569 北开志/17

008536005 沈阳电缆厂志 1937-1986/476

010469104 长春发电设备修造厂厂志 1950-1985/586

013795383 上海人民电器厂厂志 1914-1992/731

011292470 杭州电扇总厂志 1958-1987/975

009855940 钱江电气集团志/976

012506245 天乐志 1974-2009/1057

010275916 福建省电子工业志/1200

010252950 河南送变电建设公司志 1958-2002/1632

009554435 南光志 1877-1985/2422
008993412 彩虹志/2938
009331057 中国电力工业志/3264
008827806 北京电力设备总厂志/15
008443894 北京供电志 1888-1988/15
009042898 北京市电力工业志/15
011943057 北京送变电公司志/16
009415168 华电国际电力股份有限公司志 1994-2003/17
008982605 丰台供电段志 1979-2001/53
011067797 石景山发电总厂志/55
012613857 天津城西供电志 1995.8-2005.7/82
013002631 天津电力建设公司志 1964-1994/82
012506239 天津电力建设公司志 1999-2008/82
013822779 天津科器史志/83
008599905 天津市电力工业志/83
013822782 天津市电力工业志 1991-2002/83
012613852 天津市电力公司供电设备修造厂志 1994-2003/83
012878860 杨柳青发电厂志 1958-1988/94
008298339 河北省电力工业志/113
013222117 河北省电力工业志 1991-2002/113
008486615 华北电力工业志/113
011294816 华北电力工业志 1991-2002 初稿/113
012611111 华北电力工业志 1991-2002/113
010280168 华北电力工业志资料汇编 1991-2002/113
013897239 河北电力建设监理有限责任公司志 1993-2012/121
008534639 石家庄热电厂志 1954-1988/122
012140432 微水发电厂志 1943-1988/135
009020860 栾城县电力志/136
011809279 西柏坡电力志/140
008660622 唐山发电总厂志 1989-1996/143
011955651 唐山供电公司志 1989-2006/144
009159331 邯郸电力工业志 1916-1988/158
009397201 邯郸电力工业志 1989-1999/158
008382871 邯郸供电志/158
012967616 邯郸供电志 1995-2005/159
009818523 马头发电厂厂志 1958-2000/159
010151017 成安县电力志/165
008534598 涉县电力志/167
009334822 邱县电力志/169
012766434 曲周电力志 1963-2009/171
012100056 武安电力志 1957-2007/163
009743444 河北兴泰发电有限责任公司志 1987-2002/172
012140845 邢台发电厂志/172
009411487 隆尧县电力志/176
009332541 广宗县电力志/178
008593728 清河县电力志/179
011320840 临西县电力志/180
013179282 保定电力修造厂志 1956-1988/182
008190754 保定供电志 1917-1988/182
010195486 河北保定电力工业志/183
009332565 唐县电力志/193
013630147 王快水电厂厂志 1973-1993/196
012714087 定州电厂志 2000-2010/188
012878926 张家口电业志 1917-1988/198
012956817 张家口供电志 1989-2008/198
011292532 下花园发电总厂志 1937-1988

/201

012636496 涿鹿县电力志 1939.6-2005.12 /207

008534438 承德电业志 1918-1988/210

012809913 承德供电公司志 1998-2008/210

013958885 南皮电力志/227

012541997 廊坊供电公司志 1986-2006/230

008377841 衡水市电机厂志 1975.2-1994.6 /237

008377978 晋东南电力工业志 1942-1990 /250

008298336 山西省电力工业志 第3卷/250

013775193 山西省电力工业志 1991-2002 /250

013775195 山西输电协会志/251

012967596 国电太原第一热电厂志 1954-2004/257

013629531 山西超（特）高压输变电分公司志 2001-2011/258

008377925 山西电力设备厂志 1959-1995 /258

008378018 山西省电力试验研究所志 /258

008534997 山西省送变电工程公司志 1958-1996/259

013185835 太原第二热电厂志 1954-1987 /259

012722541 太原第二热电厂志 1958-2002 /259

013731722 太原第一热电厂志/259

008383979 太原供电志/259

010293885 古交供电志 1958-2005/266

008534995 大同第二发电厂志 1975-1997 /269

008377933 大同第一热电厂志 1939-1994 /269

007519836 大同发电总厂志/269

008377969 大同供电志 1918-1995/270

012638957 山西电建一公司志/270

008377898 恒山发电厂志 1966-1996/274

008378007 阳泉发电厂志 1938-1990/276

008535461 阳泉供电志 1918-1990/276

013148727 阳泉市区电力工业志 1987-2002 /278

008377890 娘子关发电厂志 1965-1990/281

013958921 平定县电力工业志 1918-2006 /281

008378000 漳泽发电厂志 1976-1991/284

008377992 平顺县电力工业志/290

013185998 武乡发电厂志 1966.9-1996.9 /295

009676021 晋城电力工业志 1949-2003/298

013144656 沁水县电力工业志 1956-2002 /303

008385515 阳城县电力工业志 1946-1992 /304

013461602 陵川县电力工业志 1938-1999 /306

008377904 巴公发电厂志 1968-1995/307

008377983 高平市供电志/301

008844754 山西省电力建设二公司志 /308

009397234 神头第一发电厂志 1989-2000 /308

013629664 神头发电厂志 1971-1988/308

012252571 朔州供电志 1934-2007/308

008378048 晋中地区电力工业志 1909-1990 /311

009312575 榆次供电志 1923-2002/312
009995021 榆社县电力工业志 1958-2004/314
009995024 左权县电力工业志 1929-2004/315
009688249 和顺县电力工业志/315
009881489 昔阳县电力工业志/316
009676046 寿阳县电力工业志 1957-2002/317
008535007 太谷县电力工业志 1922-1998/318
009688236 祁县电力工业志 1909-2004.7/318
009994994 平遥县电力工业志 1924-2004/319
009266240 灵石县电力工业志 1996-2002/321
013820644 灵石县电力工业志 2003-2010/321
008841106 介休市电力工业志 1938-1999/313
008378014 运城地区电力工业志 1928-1990/323
013343446 盐湖区电力工业志/324
008535004 临猗县电力工业志 1953-1998/328
012545393 闻喜县电力工业志/330
012899879 五四一电厂志 1988-2000/333
013145648 夏县电力工业志 1952-2000/334
008873942 永济电机厂志 1969-1998/325
008378003 永济热电厂志 1970-1991/325
011444221 永济市电力工业志/325
012610607 河津市电力工业志/327
009106703 忻州地区电力工业志 1924-1990/337
008378046 临汾地区电力工业志 1929-1990/343
013530969 洪洞县电力工业志 1949-2009/351
009688270 侯马发电厂志 1964-1997/346
008378051 霍州发电厂志/346
011954653 吕梁市电力工业志 1921-2005/356
013776000 兴县电力工业志 1946-1997/363
012832459 临县电力志 1970-2010/364
009001483 柳林电力工业志 1948-1998/365
012813950 柳林供电志 1999-2008/365
011295499 孝义电力工业志/359
008983731 内蒙古电力工业大事记 1903-1996/373
009160008 内蒙古自治区电力工业志/373
008660823 呼和浩特电力志/379
007665149 呼和浩特发电厂志/379
008983946 呼和浩特发电厂志 1919-1987/379
007664479 内蒙古第二电力建设工程公司志 1975-1990/379
007685930 内蒙古第一电力建设工程公司志 1954-1989/380
008660663 内蒙古送变电工程公司志/380
011955679 托克托发电公司志 1983-2006/385
010112018 包头第二热电厂志/390
013332340 包头第二热电厂志 1990-2002/390
008983847 包头第一热电厂志 1952-1986

/390
012713866 包头供电局志 1988-2002/390
013333438 包头供电实业集团公司志 1969-2002/390
010293035 达拉特发电厂志/391
012658304 达茂旗农电局志 1958-2000/391
013093096 九原电力志 1972-2002/394
009994867 赤峰电业局志/398
009398418 赤峰电业志 1986-2000/398
010577407 赤峰发电厂志 1921-1985/398
012638765 松山区电业志 1958-1995/402
009879609 通辽发电总厂志/408
010473856 内蒙古大兴安岭林业电业局志/427
007664480 乌拉山发电厂志/435
009313088 乌兰察布电业志/437
008298331 东北电力工业志/461
013819276 东北电力工业志 1991-2002/461
010376718 东北电业志资料选编/461
009043143 辽宁省电力工业志/461
011892056 辽宁省电力工业志 1991-2002/461
011496990 东电送变电工程公司志讨论稿/475
012542902 沈高公司志 1986-1999/475
009994458 沈阳变压器厂志第1卷 1938-1984/475
013660272 沈阳变压器厂志第2卷 1985-1994/476
013660279 沈阳电力机械厂志 1956-1984/476
009243744 沈阳电业局电气安装公司志 1986-1990/476
009243748 沈阳电业局志 1908-1985/476

013660287 沈阳热电厂志 1958-1985/477
012995340 大连电业局志 1890-1985/502
012831352 大连发电总厂志 1986-2000/502
013343630 大连开发区热电厂厂志 1990-2002/502
009994105 鞍钢第一发电厂志 1991-2000/514
011578758 鞍山电业局志/515
011943016 鞍山电业志 1986-2005/515
010265790 鞍山发电厂志 1973-1984/515
012638762 台安电业志/520
008845826 抚顺电业局志 1936-1996/523
011579807 抚顺发电厂志/523
011292475 辽宁发电厂志/524
011311844 本溪电业局志 1908-1985/529
009241070 桓仁发电厂志/532
008378790 丹东电业局志 1906-1985/533
013373981 华能国际电力股份有限公司丹东电厂志 1986-2009/533
012503896 东北电网有限公司锦州超高压局局志 2000-2007/537
008537963 东北电业管理局第三工程公司志 1949-1999/537
010275863 锦州发电厂志 1977-1985/537
011579815 阜新发电厂志/545
009243396 辽阳农电简志/549
012139442 [辽河石油勘探局]供电公司志 1993-2007/553
009334607 [辽河石油勘探局]水电厂志 1967-1988/555
011499495 盘山发电公司志 1996-2006/558
013822692 神华国华盘电志 1982-2010/558
013141160 东北电业管理局第一工程公司志 1951-1991/559

009242426 东电一公司志/559

013991357 清河发电厂志第1卷 1966-1985/559

009790846 清河发电厂志第2卷 1986-1999/560

011578930 朝阳发电厂志/563

012587080 朝阳市农电志 1958-2008/563

014052262 绥中发电厂志/568

010253903 吉林供电志 1986-2002/575

007662428 吉林省电力工业志/575

013508014 吉林省电力工业志 1991-2002/575

011497832 吉林省火电建设志/576

010469101 长春发电厂志 1908-1985/586

010730160 长春热电二厂志 1984-1996/587

010686826 榆树川发电厂志 1967-1985/593

013374069 吉林电业局志 1907-1985/599

010469188 吉林热电厂志/600

013092952 吉林送变电志 1952-1985/601

013092955 吉林送变电志 1986-2005/601

009242432 丰满发电厂志 1937-1985/607

010469067 蛟河发电厂志 1937-1985/608

010469072 四平电业局志 1917-1985/611

010199810 双辽发电厂志 1988-2001/613

010469194 辽源发电厂志 1918-1985/615

010469294 通化电业局志 1924-1985/617

010468939 二道江发电厂志 1939-1985/618

011580081 浑江电厂志/622

009797061 长山热电厂志 1997-2000/627

012758971 珲电公司志 1978-2001/635

011584556 龙井发电厂志 1938-1985/635

011804500 黑龙江省电力工业志 1986-2002/647

009411565 哈尔滨电业局志 1905-1985/654

009797069 哈尔滨发电厂志 1926-1985/654

011579882 哈尔滨热电总厂志哈尔滨热电厂志卷/654

008378068 黑龙江省电力建设公司志 1949.5-1958.12/656

009879591 黑龙江省火电一公司志 1959-1985/656

008377616 黑龙江省送变电工程公司志/656

011580083 [黑龙江省]火电三公司志/660

011584790 齐齐哈尔电业局志/670

008377866 富拉尔基发电总厂志 1951-1983/675

013659691 讷河电业志 1929-2006/675

009348037 鸡西发电厂志/679

011762211 虎林电厂志 1958-1998/681

008445188 双鸭山发电厂志 1984-1994/684

008379713 新华发电厂志/689

013736495 中国石油大庆油田电力集团志 1998-2006/689

008661889 龙凤热电厂志/692

013758774 肇源县电力志/692

008383871 伊春林业发电厂志 1973-1987/694

013897607 佳木斯第二发电厂志 1986-2007/698

009240697 佳木斯电机厂志/698

009240709 佳木斯电业局志/698

008378098 佳木斯发电厂志/698

009240743 亮子河发电厂志/699

008385388 镜泊湖发电厂志 1917-1985/704

010239202 牡丹江电业志/704

013375341 牡丹江水力发电总厂志/705

009853061 牡二电厂志 1972-1985/707

010469096 北安电业局志 1911-1985/711

008830104 大兴安岭电业局志 1965-1992/720

008528096 华东电力工业志第4卷/729

012541741 华东电力工业志第15卷 1991-2002/729

007479130 上海电力工业志/729

008442966 上海电力建设局电力建设志/729

013002471 上海市电力工业志 1991-2002/732

013660266 上海送变电工程公司志/732

010778935 上海杨树浦发电厂志 1911-1990/733

012661862 上海杨树浦发电厂志 1991-2005/733

013731325 上海闸北发电厂志/753

008534871 上海浦东供电志/768

012969572 上海外高桥发电有限责任公司志 1990-2007/768

013819181 崇明电力工业志 1921-1990/787

013819183 崇明电力工业志 1991-2005/787

013688786 江苏省电力工业志 1991-2002/798

012714072 大唐南京发电厂志 2003-2010/806

012505211 华能国际电力股份有限公司南京分公司(电厂)志 1987-2005/806

012639014 江苏南热发电有限责任公司志 1995-2005/807

013926274 江苏省电力建设第一工程公司志 1953-2007/807

012049560 江苏省电力燃料集团有限公司志/807

010199835 江苏省送变电公司志 1953-2002/807

009043276 南京电力工业志/807

011328227 南京热电厂志/808

013898502 南京市电力工业志 1988-2002/808

009043265 南京市辖五县电力工业志/808

008446206 南京微分电机厂志 1956-1992/809

012721940 南京下关发电厂志 1991-2002/809

013659678 南京线路器材厂志/809

009105525 下关发电厂志/818

012251231 江浦县电力工业志 1988-2002/820

011996785 江宁区电力工业志 1988-2002/824

011997365 六合县电力工业志 1988-2002/826

011439931 溧水县电力工业志 1919-1991/827

011997304 溧水县电力工业志 1988-2002/827

011995633 高淳县电力工业志 1988-2002/828

010280356 无锡电力工业志/830

009252985 徐州坨城电力有限责任公司志 1985-2002/844

008446374 徐州电力工业志 1914-1987/844

013011210 徐州发电厂志 1970-1995/844

013823047 徐州市电力工业志 1988-2002/845

012872982 贾汪发电厂志 1880-1986/852

013684394 贾汪区电力工业志 1917-2007 送审稿/852

012049593 江苏徐塘发电有限责任公司志 1972-2003/857

010778502 常州变压器厂志续编 1984-2005/864

011496845 常州电池厂志 1956-1985/864

013626178 常州电力机械厂志 1957-1987/864

013680637 常州绝缘材料厂志 1958-1985/865

012679105 常州市电力工业志 1988-2002/866

013626184 常州荧光灯厂厂志 1958-1985/867

012251243 江苏华电戚墅堰发电有限公司志 1988-2006/872

008378812 戚墅堰发电厂志/872

012722979 武进电力工业志 1986-2002/876

013630253 武进县电力工业志/876

012968224 溧阳市电力工业志 1988-2002/878

012968107 金坛市电力工业志 1988-2002/879

008379578 金坛县电力工业志/879

008446370 苏州电力工业志 1897-1996/882

009786621 望亭发电厂志/882

012543058 望亭发电厂志 1989-2005/882

013732352 吴江市电力志 1914-2008/890

010008769 江苏常熟发电有限公司志/896

009338416 太仓市电力工业志 1906-1997/903

006319853 南通电力工业志/905

012721944 南通市电力工业志 1988-2002/905

013185857 天生港发电厂志/905

012661688 南通县电力工业志 1899-1985/907

012662341 通州市电力工业志 1986-2005/907

012639037 如东县电力工业志 1988-2005/912

012684563 启东市电力工业志 1986-2005/908

013755962 如皋市电力工业志 1986-2005/908

012679464 海门市电力工业志 1986-2005/909

012679473 海门县电力工业志 1920-1985/909

012251252 江苏新海发电有限公司志 1994-2005/912

010110351 新海发电厂志/913

008661970 连云港电力工业志/914

008446260 灌南县电力工业志/919

013792391 淮安市电力工业志 1988-2004/920

013335403 淮阴电力工业志/920

013143980 淮阴发电厂(有限公司)志 1988-2010/920

013820267 淮阴区电力工业志 1988-2004/922

010242578 盐城发电厂志/925

012316994 盐城发电有限公司志 1989-2005/925

013797091 盐城市电力工业志 1988-2002

/925

012811577 江苏射阳港发电有限责任公司志 1988-2005/931

012811576 江苏华电扬州发电有限公司志 1994-2005/933

008446363 扬州电力工业志 1913-1990/934

013343449 扬州电力设备修造厂志 1969-1987/933

010008914 扬州发电厂志/933

013797099 扬州市电力工业志 1991-2002/933

008446224 谏壁发电厂志 1958-1990/943

012049549 谏壁发电厂志 1991-2002/943

011445724 镇江华东电力设备制造厂志/943

012816189 镇江市电力工业志 1988-2002/944

012636868 丹徒县电力工业志/947

012679208 丹阳市电力工业志 1988-2002/949

012662703 扬中市电力工业志/950

008446234 句容电力工业志/951

008708255 浙江省电力工业志/962

012816175 浙江省电力工业志 1991-2002/962

008446469 浙江省电力系统调度志 1897-1990/962

012713860 半山发电厂志 1958-2006/974

008450305 艮山门发电厂志/974

008531949 杭州市电力工业志/975

012264963 杭州市电力工业志 1991-2005/975

009996911 浙江省火电建设公司志 1958-1990/977

011957312 浙江省火电建设公司志 1991-2005/977

009996861 闸口发电厂志 1929-1990/985

010293936 余杭电力工业志/994

011998458 桐庐县电力工业志 1918-2006/1003

008446594 新安江水电站志/996

012814426 新安江水电站志 1989-2005/997

007561109 富春江水电站志/999

009388672 富阳市电力工业志 1917-1995/999

009107023 宁波市电力工业志 1897-1990/1007

009855931 北仑发电厂志 1980-2003/1010

008450248 镇海发电厂志/1011

011500842 镇海发电厂志 1991-2005/1011

012680545 宁海县电力工业志 1936-2006/1017

008450427 余姚市电力工业志 1917-1990/1012

008446556 慈溪市电力工业志/1014

011909066 温州发电厂志 1979-2005/1019

008446526 温州市电力工业志/1019

012638651 温州市电力工业志 1991-2006/1020

008450225 洞头县电力工业志/1027

008450262 百丈漈水力发电厂志/1033

012872620 嘉兴发电厂志 1986-2006/1035

008446570 嘉兴市电力工业志 1910-1990/1035

012639002 嘉兴市电力工业志 1991-2005/1035

008450226 桐乡县电力工业志 1920-1990/1040

008450325 湖州发电厂志 1912-1990/1043
009393262 湖州市电力工业志二十世纪的湖州电力/1043
008994803 德清县电力工业志 1918-1997/1045
008994793 安吉县电力工业志/1047
009996094 绍兴市电力工业志/1048
013462021 绍兴市电力工业志 1991-2005/1048
010293905 诸暨市电力工业志 1917-2000/1055
012814202 嵊州市电力工业志 1919-2005/1057
008446573 金华电力工业志 1918-1990/1061
013704380 金华电力工业志 1918-2005/1061
008446533 武义电力志/1072
008530664 磐安电力工业志/1074
012719180 兰溪市电力工业志 1915-2005/1066
012541007 东阳市电力工业志 1935-2005/1069
012256524 永康市电力工业志 1921-2005/1070
008662709 衢州市电力工业志/1076
009061171 乌溪江水利发电厂志/1076
012636646 浙江华电乌溪江水力发电厂志 1995-2007/1076
012174057 江山市电力工业志/1079
012003220 舟山市电力工业志 1920-2005/1082
008450270 台州地区电力工业志/1087
012814239 台州发电厂志 1991-2005/1087

012252621 台州市电力工业志 1991-2005/1087
012639017 椒江电力工业志 1917-2005/1089
008450278 椒江市电力工业志/1089
011890908 黄岩区电力工业志 1989-2005/1090
009688855 玉环县电力工业志/1095
008450275 三门县电力工业志/1095
009688853 天台县电力工业志/1096
012722562 天台县电力工业志 1993-2005/1096
009996102 仙居县电力工业志/1098
013732412 仙居县电力工业志 1994-2005/1098
011891863 江厦潮汐试验电站志 1969-2005/1091
008848195 温岭市电力工业志/1091
012899060 临海市电力工业志 1992-2005/1093
007824165 浙江省临海市电力工业志/1093
012097598 紧水滩水力发电厂志 1956-2005/1099
008450266 丽水地区电力工业志/1099
013752748 丽水市电力工业志 1991-2005/1099
008298325 安徽省电力工业志/1114
012095866 安徽省电力工业志 1991-2002/1114
009863210 安徽电建二公司志/1120
010107582 安徽电建公司志/1120
011068448 合肥电机厂志/1120
013990662 合肥发电厂志 1958-2005/1120

010291639 合肥供电志/1121
012758869 合肥供电志 1986-2005/1121
009378143 芜湖发电厂志/1129
012316881 芜湖发电厂志 1986-2005/1129
010280345 芜湖供电志/1129
012316888 芜湖供电志 1987-2004/1129
013506542 蚌埠电力工业志/1134
013726760 蚌埠供电志 1986-2003/1134
011327180 淮南发电总厂志 1930-1985/1139
012139276 淮南供电志 1986-2002/1139
013337589 马鞍山供电志/1142
012265355 马鞍山供电志 1978-2003/1142
013415282 淮北发电厂志/1146
012251120 淮北供电志 1993-2005/1146
012252720 铜陵供电志 1986-2005/1149
012713839 安庆电力志 1897-2003/1152
013706853 望江县电力志 1929-2010/1157
011998451 桐城市电业志 1989-2003/1153
009683280 桐城县电业志/1154
012967428 滁州供电志 1986-2005/1163
012714227 阜阳电力工业志 1973-2003/1168
012969694 宿州电力工业志 1916-2005/1172
013508665 六安地区电力工业志/1177
012968283 六安电力工业志 1986-2005/1177
011319941 梅山水电站志/1180
011294707 佛子岭水电站志续卷/1181
012173713 池州电力志 1985-2005/1184
013958938 青阳电力志 1936-2007/1186
011319998 陈村水电站志/1189
008298309 福建省电力工业志/1200

012810589 福建省第二电力建设公司志 1989-2002/1206
011804300 福建省第一电力建设公司志 1989-2002/1206
013506704 福建省电力建设公司志/1206
013506708 福建省电力试验研究所志/1206
013506712 福建省电网中心调度所志/1206
012191812 福建省福州电厂志/1206
011295659 福建水口发电有限公司志 第3卷/1207
011321130 福州电力工业志 第4卷 1991-2002/1207
012049298 福清电力工业志 1918-2005/1216
011757755 厦门电厂志/1227
011479289 厦门电力工程集团有限公司志 1981-2005/1227
011294332 厦门电力工业志/1227
011998570 厦门电力工业志 1991-2004/1227
011570963 厦门华夏国际电力发展有限公司志 1991-2002/1227
012814079 莆田电力工业志 1990-2002/1233
013509255 三明电力工业志/1237
009010092 大田县电力志/1241
013506629 池潭水力发电厂志/1242
013510891 永安火电厂志/1238
011294344 泉州电力工业志/1245
012814167 泉州电力工业志 1991-2002/1245
011998282 石狮电力工业志 1924-2002

/1250
010198882 福建省华安水力发电厂志/1261
013508751 南平电力工业志/1262
010280166 沙溪口水力发电厂志/1262
013508673 龙岩电厂志/1268
010778933 龙岩电力工业志 1990-2002/1268
012051750 宁德电力工业志 1919-2005/1273
013507789 古田溪水力发电厂志/1277
007482054 江西省电力工业志/1283
013861821 江西省电力工业志 1991-2002/1283
010143158 江西省电力科技志 1904-1990/1283
009386008 江西南昌发电厂志 1988-2000/1295
009386011 江西南昌下正街发电厂志/1295
009386022 江西省电力调度通信局志 1957-2000/1295
011566124 江西省电力设备总厂志 1958-2002/1295
008299026 江西省电力试验研究所志/1295
009798901 江西省通信电缆厂志/1296
008299840 南昌发电厂志 1953-1981/1296
010110542 江西景德镇供电局志 1977-2000/1305
008300112 景德镇发电厂志 1969-1987/1305
013508489 景德镇发电厂志续编 1988-1997/1305

013704333 江西萍乡供电局志 1976-2003/1308
008299875 萍乡发电厂志 1958-1986/1308
008429269 九江火力发电厂志 1953-1986/1312
012719130 九江锁江楼发电厂志 1953-1999/1312
012661262 江口水电厂志 1988-1999/1322
008380649 江西分宜发电厂志/1324
013335253 赣东北供电局志 1988-2000/1327
009866580 赣州供电局志/1328
013462002 上犹江电厂志 1957-1987/1333
009994087 于都县电业志/1340
009994068 瑞金市电业志 1955-2002/1331
012658605 洪门水电厂志 1987-2000/1370
009866622 江西省上饶电力工业志/1374
010143338 上饶供电局志 1987-2000/1374
008298341 山东省电力工业志/1400
012811556 济南明湖热电厂志 1983-2006/1410
013067079 山东电力超高压公司志 2000-2010/1411
013629506 [山东电力建设第二工程公司]志 1952.7-1997.9/1409
009783958 山东电力建设第二工程公司志 1952.7-2002.6/1411
013629509 山东电力建设第二工程公司志 1952.7-2012.7/1411
011328186 [山东电力建设第一工程公司]史志 1956-1995/1409
009783975 山东黄台火力电厂志 1958-2000/1411
010113089 山东送变电工程公司志 1958-

1998/1411
011998163 山东送变电工程公司志 1998.1-2008.6/1411
012661441 历城电力志 1964-2007/1421
012614282 平阴县电业志 1956-2006/1424
010113091 商河县电业志/1426
013684599 商河县供电志 1998-2007/1426
012100865 章丘电业志 1958-2008/1423
013772832 华电青岛发电有限公司志 1935-2009/1433
011292463 青岛电力志/1433
008664538 [山东电力建设第三工程公司]史志 1985-1994/1433
011954452 胶州市电业志 1939-2005/1443
011432838 即墨市电业志/1446
013145331 山东白杨河发电厂志/1453
013506538 山东白杨河发电厂志 1969-1999/1460
011763336 山东南定热电厂志/1453
012661816 山东辛店发电厂志/1454
012690295 淄博供电公司志 2000-2010/1455
012609851 高青电业志 1998-2008/1464
011472931 东营电力志/1476
011805903 胜利油田胜利发电厂志 1988-2007/1478
013143608 福山区电业志/1494
013776004 烟台市福山区供电志 1905-2010/1494
011066876 牟平电业志/1495
013064821 莱州市电力志 1922-2010/1498
009561504 招远电业志/1500
010253278 潍坊供电志 1901-2002/1504
013779548 安丘电力志 1937-2010/1512

013037910 昌邑市电业志 1933-2010/1515
009675823 济宁电业志 1918-1995 修订稿/1517
012611251 济宁发电厂志 1918-2000/1517
013626554 韩庄发电厂厂志 1956-1986/1529
011998323 泗水县电力志/1533
013756149 泰安电业志 1973-1990/1536
013067307 泰安电业志 2001-2010/1536
013186080 新泰市供电公司志 1933-2010/1539
012831396 肥城供电志 1960-2010/1541
012099819 山东石横发电厂厂志 1962-2000/1541
009024935 威海电业局志/1545
012814405 文登电业志/1547
011909075 文登电业志 1926-1997/1547
013689602 日照电业局志 1969-1999/1550
013899362 日照供电公司志 2000-2010/1550
013865169 五莲县电力志 1957-2007/1552
012832071 华电国际莱城发电厂志 1999-2009/1560
009244929 临沂市电力工业志 1921-2000/1561
011955840 沂南电业志/1565
010113203 沂水县电业志 1933-1986 征求意见稿/1567
013820528 莒南县电力工业志 1991-2010/1571
013898429 蒙阴县电业志/1572
010293874 夏津县电业志 1941-2004/1585
011319975 菏泽地区电业志/1601
011579997 菏泽地区电业志/1601

011480480 郓城电业志 1934-2005/1605
009232346 河南省电力工业志/1618
012680059 河南省电力工业志 1988-2002/1618
008988223 郑缆志 1958-1986/1632
009010111 郑州电磁线厂厂志 1950-1983/1633
009814412 郑州供电志 1914-1985/1633
008427942 郑州热电厂志 1914-1985/1634
011475489 洛阳供电志 1920-1985/1684
011805614 洛阳供电志 1986-2006/1684
013793269 洛阳热电厂志/1685
011066366 新安电力集团志/1695
009159350 平顶山电厂志 1955-2001/1700
008989753 平顶山高压开关厂厂志 1970-1985/1700
013379369 姚电公司志/1701
009106520 姚孟电厂志/1701
009553723 内黄县电业志/1717
012967636 鹤壁供电志 2006-2010/1718
011066600 浚县电业志/1720
010008611 新乡市电业局志 1986-2001/1723
012832086 获嘉县电业志 2002-2009/1731
012722946 卫辉市电业志 1920-2008/1728
011996703 辉县市电业志 1950-2003/1729
010229472 焦作丹河电厂志 1966-1983/1735
010229477 焦作电厂志 1902-1984/1735
012097588 焦作电厂志 1985-2004/1735
008488214 修武县电业志/1742
013226420 武陟电业志 1954-2009/1743
012175035 温县电业志/1744
013822166 沁阳市电业志/1739

008994549 襄城县电业志/1755
009839596 长葛电业志 1953-2002/1753
009813702 南阳防爆电机厂志 1970-1990/1769
013822110 南阳市电业志 1986-2000/1770
013508842 蒲山电厂志 1999-2000/1770
013933245 内乡县电业志 1986-2000/1777
013819248 邓州市电业志 1995-2000/1774
012839353 周口供电志 1991-2008/1798
011804490 河南省沈丘县电力工业志/1802
010473834 湖北电力工业农电志/1818
009252638 湖北省电力工业志/1818
013693882 湖北省电力工业志 1991-2002/1818
013957633 湖北省电力试验研究所志 1952-1990/1818
008528146 华中电力工业志/1819
013772848 华中电力工业志 1991-2002/1819
013092902 湖北超高压输变电公司志 1982-2006/1829
012814411 武汉供电志 1906-2008/1831
012970520 武汉华中华能发电股份有限公司 华能阳逻电厂志 1993-2003/1831
011328229 湖北省武昌热电厂厂志 1946-1996/1842
010475757 湖北省青山热电厂志 1982-1995/1843
010577530 青山热电厂厂志 1953-1981/1843
009391553 黄石电厂志 1945-1990/1851
013144405 中国华电集团公司湖北华电黄石发电股份有限公司黄电公司志

1991-2004/1851

013706322 十堰电力工业志 1954-2008/1864

013343574 郧县电力志 1955-2008/1868

013726888 大唐华银电力股份有限公司金竹山火力发电分公司志 1983-2010/1870

013956881 丹江口电力志 1956-2007/1867

009675304 葛洲坝水力发电厂志/1873

014052926 宜都电力志 1926-1985/1877

009685860 襄樊电力工业志 1914-1995/1885

013703305 鄂州电力工业志 1929-2008/1893

013681542 鄂州电力志 1929-2008/1893

011320864 国电荆门热电厂志 1985-2004/1896

012265140 荆门电力变电志 1979-2007/1896

012265150 荆门电力工业志 1922-2007/1896

012265152 荆门电力输电志 1989-2007/1897

012265155 荆门供电公司直属单位简志 1978-2007/1897

012264193 东宝电力工业志 1934-2007/1899

012265134 京山电力工业志 1951-2007/1901

012266240 沙洋电力工业志 1922-2007/1902

012317820 钟祥电力工业志 1950-2007/1900

010109766 孝感电业志 1923-1985/1904

013183524 湖北省汉川发电厂志 1989-1998/1909

009961578 荆州电力志/1913

012872543 黄冈电力志 1918-1999/1925

013683719 黄冈县电力志/1925

010142792 麻城县电力志/1928

012684988 咸宁电力工业志 1907-2008/1936

012132742 恩施州车坝水力发电公司电力工业志 1999-2005/1944

012049241 恩施州电力工业志 1933-2005/1944

012132755 恩施州水利电力工程建设公司电力工业志 1959-2005/1944

012132767 恩施州天楼地枕水力发电公司电力工业志 1970-2005/1944

012132733 恩施市电力工业志 1933-2005/1945

012139231 湖北利川长顺水电有限责任公司电力工业志 1978-2005/1946

012251389 利川市电力工业志 1951-2005/1946

012139147 国投建始小溪口水电有限责任公司电力工业志 1987-2005/1946

011890986 建始县电力工业志 1949-2005/1947

012173662 巴东县电力工业志 1933-2005/1947

011909914 宣恩县电力工业志 1958-2005/1948

012132776 湖北咸丰朝阳寺电业有限责任公司电力工业志 1967-2005/1949

011955715 咸丰县电力工业志 1950-2005/1949

012174105 来凤县电力工业志 1955-2005 /1949

011474445 鹤峰县电力工业志 1956-2005 /1950

008298324 湖南省电力工业志/1969

013693883 湖南省电力工业志 1991-2002 /1969

010197130 长沙电机厂志 1956-1985/1979

010197134 长沙电力志 1897-1987/1979

013222235 湖南省超高压输变电公司志 1952-2002/1980

009383685 湖南省电力试验研究所志 1956 -1990/1981

012174014 湖南省送变电建设公司志 1949 -1985/1981

012832064 湖南省送变电建设公司志 1986 -2009/1981

008835651 浏阳电力志/1991

013961391 中国能建湖南省火电建设公司志 1985-2012.6/1996

010243527 株洲电厂志 1957-1997/1997

012769681 株洲供电志 1922-2000/1997

011957498 株洲华银火力发电有限公司志 1997.7.1-2007.6.30/1997

011327193 株洲市湘东灯泡厂志/1997

010577528 湖南省湘潭地市电力志图纸 /2012

010198801 湖南省湘潭地市电力志 1909- 1982/2012

011068406 湘潭电厂志 1936-1986/2012

010280358 湘潭电机厂志 1936-1989/2012

013865281 湘潭电业局志 1986-2005/2012

008538048 湘乡电业志/2017

011067183 衡阳电力志 1906-1985/2022

012251092 湖南省电力安装工程公司公司志 1958-2007/2022

008950497 湖南省邵阳市电力志 1924-1985 /2031

009383710 湖南省益阳地区电力志 1917- 1983/2067

008453582 湖南省零陵地区电力志 1923- 1989/2084

011580064 怀化电业志/2094

008379104 新化县地方电力志/2108

012968298 龙山县电力志 1950-2000/2115

011890741 广东省电力工业志 1991-2002 /2125

011564619 广东省电力第一工程局志 /2136

010777978 广东省输变电公司志 1958-2000 /2136

009332446 广州电力工业志 1888-2000 /2136

009378499 广州供电志/2136

013183465 国光志 1951-2011/2137

014056673 中国南方电网志 2002-2012 /2138

010195271 黄埔发电厂志 1973-2000/2153

010778382 广东省韶关发电厂志 1958-2000 /2161

013775237 韶关电力工业志/2161

013753910 曲江县电力志/2163

009673647 翁源县电力志/2166

009250893 乐昌电力志/2164

012051909 深圳电力工业志 1935-2000 /2169

012871872 潮阳电力志/2180

013506665 佛山电力工业志/2184

009673570 佛山供电志/2184
008453680 三水县电力志/2193
013772618 高明县电力志/2197
010195251 湛江电力工业志 1926-2000/2204
008385604 廉江县电力工业志/2207
013319754 茂名电力工业志/2209
012758845 茂名热电厂志 1958-2000/2209
008453715 肇庆地区电力工业志 1913-1986/2211
010195289 肇庆电力工业志/2211
009864035 梅州电力工业志/2223
009335776 广东省汕尾电力工业志/2229
009335782 汕尾市南告水电厂志/2229
009378617 和平县河明亮水电站志初稿/2232
009863901 揭阳电力工业志/2248
013776340 云浮电力工业志 1915-2000/2254
010195250 云浮发电厂志 1984-2000/2254
011329742 新兴县电力志/2259
012614038 罗定市电力志/2258
012811316 广西壮族自治区电力工业志/2272
009379730 广西壮族自治区电力工业志/2272
009118400 广西电力工业勘察设计研究院志/2277
011757890 广西送变电建设公司志 1958-2003/2277
008595406 南宁供电志 1915-1988/2278
008596069 马山供电志/2284
009379966 西津水力发电厂志/2286
008594864 柳州电厂志/2287

009379819 桂林供电志 1916-1989/2295
013319700 临桂县供电志/2298
008539686 桂平市电业公司志/2315
008665419 东山水电站志/2319
008595602 陆川县电力志/2319
012871836 北流市供电志/2318
009239655 河池电业局志 1916-1986/2327
007685887 巴马瑶族自治县水利电力志/2331
009379673 大化水力发电总厂志/2332
012873012 来宾县电力志/2333
013512122 重庆市电力工业志 1986-2002/2362
013630053 四川省涪陵地区土坎发电厂志/2371
007486944 四川省电力工业志/2407
012969635 四川省电力工业志 1991-2002/2407
009554075 绵阳市电力工业志/2477
008421970 三台县电力公司志 1986-1993/2485
008671834 三台县永安电厂志/2485
013131322 遂宁县电力公司志/2502
008421796 内江地区水利电力志/2511
013131251 四川马边河电业股份有限公司债务重组志 2000-2008/2535
012814280 瓦屋山水电站建设志/2545
013901050 宜宾发电总厂志/2547
012969631 四川邻水启明星电力有限公司志 1984.1-2005.12/2556
010201403 巴中市电力公司志/2574
013859310 巴中市电业志 1951-2008.6/2575
010201296 甘孜州康定电力公司志/2603

008844071 四川西昌电力股份有限公司志 1940-1997/2612
008298327 贵州省电力工业志/2626
012541583 贵州省电力工业志 1991-2002/2626
009379990 贵阳发电厂志 1927-1995/2634
013404375 贵阳发电厂志 1996-2000/2635
012832036 贵阳供电段志 1984-2004/2635
009380009 贵阳供电志 1926-1994/2635
012832038 贵州送变电公司志/2635
013994012 乌江公司志 1992-2012/2635
009380811 红枫发电总厂志 1958-1988/2639
009380841 清镇发电厂志 1958-1997/2639
010777268 六盘水供电志/2646
013629307 盘县发电厂厂志 1989-2001/2647
012638817 贵州省安顺地区水利电力志/2662
009380845 天生桥水力发电总厂志/2686
012051983 天生桥水力发电总厂志 1998-2007/2686
012956937 中国南方电网超高压输电公司天生桥局志 1999-2009/2687
013758019 云南省电力工业志/2720
008442964 云南省电力工业志/2720
012506624 云南省电力工业志 1991-2002/2721
013129797 昆机志 1989-2009/2730
012265195 昆明发电厂厂志 1957-1997/2730
011584410 昆明供电局志 1908-1988/2730
010577212 云南电力线路器材厂厂志 1988.1-1998.12/2730

012837769 云南电力线路器材厂厂志 1999.1-2008.12/2730
011480447 云南省电力工业局物资处(公司)志 1908-1993/2731
011585355 云南省火电建设公司志/2731
010577077 云南省送变电工程公司志/2731
012661562 鲁布革发电总厂厂志 1999-2005/2767
011294947 玉溪电力工业志/2773
010293954 江川电力工业志/2778
010293950 澄江电力工业志/2779
010146571 通海电力工业志/2781
010146570 华宁电力工业志/2782
010293958 易门电力工业志/2783
010293951 峨山电力工业志/2786
010293957 新平电力工业志/2790
010146575 元江电力工业志/2791
012837774 云南电网公司红河供电局志/2843
010201633 云南省绿水河电厂志 1972-2000/2846
010146817 国电小龙潭发电厂简志 1985-2005/2847
008418598 大理白族自治州电力工业志/2866
013072845 云南省滇西电业局志 1971.8-1987.12/2871
013221090 德宏电力工业志 1932-2006/2886
009388419 西藏自治区电力工业志 第9卷/2910
008298338 陕西省电力工业志/2931
013794971 陕西省电力工业志 1991-2002

/2931
008298334 西北电力工业志 第1卷/2931
010010015 西北电力建设志/2931
013145366 神华电力通信志 1985.10-1998.12/2938
011320004 西安变压器电炉厂志 1958-1986/2939
009340830 西安电力电容器厂厂志 1953-1985/2939
008994025 西安电力机械制造公司志 1953-1986/2939
009337844 西安电力机械制造公司志 1987-2000/2939
011320273 西安高压电瓷厂志 1953-1988/2939
011320833 西安高压电瓷厂志 1989-2001/2939
008637972 西安供电志 1917-1997/2939
013072616 西安供电志 1998-2007/2939
008993837 宝鸡发电厂志 1956-1985/2957
008844083 宝鸡供电志/2957
008993255 陇县电池厂志/2969
008993390 陇县电力志/2969
010732108 咸阳供电志 1936-2000/2975
008835418 潼关县电力志/2987
012208178 陕西蒲城发电有限责任公司志 1983-2002/2989
008420944 秦岭发电厂志/2986
012678337 安康供电志 1931-2009/3009
009411667 商洛供电志/3014
013626431 甘肃省电力工业志 1991-2002/3026
012540818 八盘峡水电厂志 1969-2004/3035

013925246 甘肃送变电工程公司志 1958-2010/3036
010251353 兰州电机厂厂志 1958-1987/3036
008453812 兰州供电局志/3036
009988827 永昌发电公司志/3045
013955613 白银供电公司志 1958-2008/3046
011955662 天缆厂志 1969-1999/3049
013959440 天水电力工业志 1986-2007/3049
013732369 武威市电力志/3054
008453842 张掖地区电力工业志/3058
013735540 张掖电力工业志 1998-2009/3058
012877079 平凉电力志/3062
011998119 庆城县电力工业志 1950-2007/3071
013955697 定西市电力工业志 1955-2009/3073
013092929 徽县电力志/3078
009234425 刘家峡水电厂志/3080
013659606 刘家峡水电厂志 1997-2009/3080
012614174 青海省电力工业志 1991-2002/3092
012265329 龙羊峡水电厂志/3097
012955885 青海送变电工程公司志 1991-2002/3098
013461903 青海省格尔木水电有限责任公司志 1976-2004/3110
004900287 宁夏电力工业志/3116
008053788 宁夏回族自治区电力工业志/3116

012208088 宁夏回族自治区送变电工程公司志 1958-1994/3122

013898663 宁夏回族自治区银川供电志 1986-2007/3123

012661701 宁夏英力特电力集团股份有限公司公司志/3123

012758943 贺兰县供电志 1981-2007/3128

013684565 宁夏回族自治区石嘴山供电志 1991-2002/3130

013603028 石嘴山发电厂志/3130

012252533 石嘴山供电局志 1987-1997/3130

013507822 国电大武口发电厂志/3131

012721964 宁夏回族自治区银南供电志 1986-2007/3134

009016830 青铜峡水电厂志 1958-1985/3135

013461816 宁夏回族自治区固原供电志 1991-2002/3138

012836052 宁夏回族自治区中卫供电志 2004-2008/3141

008528159 新疆维吾尔自治区电力工业志/3157

011809386 新疆维吾尔自治区电力工业志 1991-2002/3157

008598604 苇湖梁发电厂志/3166

008598600 新疆电力试验研究所志/3167

008994747 新疆维吾尔自治区电力安装公司志 1956-1990/3167

009041889 新疆维吾尔自治区红雁池发电厂志 1958-1996/3167

008442963 新疆维吾尔自治区送变电工程公司志 1959-1996/3167

012175096 新疆维吾尔自治区送变电工程公司志 1997-2006/3167

009400318 新疆维吾尔自治区乌鲁木齐电业局志 1953-1995/3167

008838594 吐鲁番地区电力工业志/3174

013145608 吐鲁番电业局志 1999-2010/3174

009128397 哈密地区电力工业志 1938-1998/3176

008598555 新疆昌吉回族自治州电力工业志 1937-1995/3191

012097819 玛纳斯发电厂志/3194

012191505 博尔塔拉蒙古自治州电力工业志 1957-2002/3196

009784693 新疆生产建设兵团农五师电力工业志 1953-1997/3197

011469861 阿克苏地区电力工业志 1938-2004/3180

008994838 西大桥水电厂志 1982-1999/3182

008543223 新疆伊犁哈萨克自治州电力工业志 1909-1994/3206

013659552 奎屯电业局志 1990-2005/3208

008298351 奎屯热电厂志/3208

009414938 塔城地区电力工业志 1936-2000/3214

008906167 阿勒泰地区电力工业志 1938-1998/3220

008543225 石河子热电厂志 1984-1997/3225

009042725 新疆生产建设兵团农八师暨石河子市电力工业志/3225

009042769 新疆石河子红山嘴水力发电厂志 1959-1997/3225

012877258 天津市电力科学研究院院志

1995-2000/83

013991396 山西电力科学研究院志 1992-2007/258

012505375 内蒙古电力科学研究院志 1958-2002/380

012100879 浙江省电力试验研究所志 1960-1988/976

012837839 浙江省电力试验研究院志 1989-2005/977

011954376 江西省电力试验研究院志 1990-2000/1295

013379024 四川电力科学研究院志 1952-2012/2422

012506381 新疆电力科学研究院志 1996-2008/3166

013377053 山西电建四公司志/258

008377914 盂县电力工业志 1956-1995/282

013377047 山西电建二公司志 2000-2011/308

013343580 运城市电力工业志 1991-2007/323

012766972 万荣县电力工业志/329

012758993 稷山县电力工业志/331

013144471 绛县电力工业志/333

013343521 垣曲县电力工业志/333

012766323 平陆县电力工业志/335

012766455 芮城县电力工业志/336

009244738 巴彦淖尔电业志 1950-1996/432

010686868 毛尖山水电站志/1158

011066736 广东火电工程总公司志 1956-2000/2136

013507808 河源电力工业志/2230

013402903 潮州电力工业志/2245

010007609 美菱志/1122

012096378 北京仪器仪表工业志 1999-2005/17

011442090 天津电话设备厂厂志 1932-2002/82

012832243 晶龙志 1996-2008/177

008983869 呼和浩特市电子设备厂志 1943-1983/379

011441076 南京电视机厂志 1970-1989/807

010474103 南京东方无线电厂厂志 1958-1990/807

012191531 常州电机电器总厂志 1959-1983/864

011320307 福建省霞浦电子仪器厂志 1973-1993/1276

013225573 青岛市电子仪表工业公司志/1434

008452228 德州电子仪器厂厂志/1576

009889465 郑州无线电总厂厂志/1635

011292494 风云器材厂志 1955-1988/1722

013939597 新乡市电子工业志 1956-1984/1723

011324978 武汉市电子仪器二厂厂志/1832

008594821 广西微波通信局志/2277

007845528 绵阳市电子工业志/2477

009247436 长控厂厂志 1991-1995/3049

008994462 宁夏机械电子工业志/3116

009408273 中国药厂志/3265

008660619 北京东方化工厂十年志 1978-1988/15

010291861 北京橡胶二厂志未定稿/16

011293391 北京燕山石油化工公司合成橡胶厂志 1970-1990/16

010252907 长城续志 1997-2001/17

008444049 琉璃河水泥厂志 1939-1990/18

013866331 中国石化北京燕化石油化工股份有限公司合成橡胶厂志 1991-2000/19

013630789 中国石化北京燕山石油化工股份有限公司化工一厂志 1996-2002/19

009854395 大沽化工厂志 1939-1987/82

012051974 天津渤天化工有限责任公司志 2001-2005/82

013822774 天津化工厂志 1938-1985/82

013822777 天津化工厂志 1995-2000/82

008379050 华北制药厂厂志 1953-1990/121

013129725 惠达志 1982-2007/143

010473918 唐山陶瓷公司志 征求意见稿/144

007493559 耀华玻璃厂志/152

012999047 邯郸陶瓷志 新石器时期-1989/159

009996566 金隆集团志/172

008378537 保定化工/182

012503642 保定市石油化学工业志/182

013369214 沧州医药商业志 1911-1985/217

009387142 东塑集团公司志/217

013002460 山西焦煤西山化工厂志 1959-2009/258

008844739 平定县化肥厂志/281

007528462 长治市化工志 1936-1989/284

013313469 常青水泥厂志 1979.1-1993.12/321

009147604 金河志 1988-1998/373

013141012 赤峰制药厂志/398

013863837 苏尼特右旗商业志/447

010732099 雅布赖盐化有限责任公司志/449

011500611 东北第六制药厂志 1948-1990/475

009338461 东药厂志/475

013462049 沈化志 1938-1988/475

011500594 沈阳玻璃厂志 1937-1984/476

009994464 沈阳第一制药厂志 1949-1988/476

010473836 沈阳市化工原料公司志 1953-1988/477

009243892 沈阳市化工原料公司志 续集 1986-1990/477

009994536 沈阳市药材公司志 1956-1988/479

009414232 大化志/502

009242037 [鞍山钢铁公司]氧气厂志 1937-1985/516

009242615 抚顺水泥厂志 1934-1988/524

013314467 工源水泥厂志 1940-1985/531

013508432 锦州市化工材料公司志 1965-1985/537

012764445 辽化志 1972-2007/549

011584487 辽宁轮胎厂志 1932-1987/563

012872585 吉化江南设计研究院院志 1958-1989/599

010199805 吉林化学工业公司化肥厂厂志 1954-1988/600

013792424 吉林化学工业公司机动系统专业志 1948-1988 送审稿/600

012952163 吉林化学工业公司建设公司志 1950-1988/600

013374073 吉林化学工业公司染料厂志 1954-1988/600

013772927 [吉林化学工业公司]试剂厂志 1961-1988/601

013316327 吉林化学工业公司有机合成厂志 1976-1988 /600

013183614 吉林化学工业公司志 1938-1988 /600

010777043 [吉林化学工业公司]污水处理厂志 1978-1988 /604

012251201 江炼志 1970-1988 /601

013528615 安图制药厂志 /637

008378076 黑龙江省医疗器械工业志 /647

013626494 哈尔滨制药二厂志 1975-1997 /655

011320485 哈药厂志 1958-1997 /655

013647283 大庆石化总厂化工一厂厂志 /688

008445206 黑龙江省铁骊火柴厂志 /697

009411569 佳木斯橡胶厂志 /699

009790473 国营桦林橡胶厂厂志 1937-1983 /707

007679378 上海高侨石化志 /730

007678881 上海化学工业志 /730

009688458 上海天原化工厂志 /732

008842792 上海橡胶工业志 /732

008380672 上海制皂厂厂志 1923-1990 /734

011439856 金城公司志 /807

008446207 南京金陵制药集团公司志 1981-1997 /808

011477004 南京同仁堂制药厂志 /808

010474126 南京小营制药厂志 /809

013659682 南京中医学院制药厂志 /809

012769674 中国石化金陵石化公司化工二厂企业发展简志 /810

010469002 中国水泥厂志 1921-1985 /810

011571525 中国水泥厂志 1921-2001 /810

009115910 中华人民共和国化学工业部南京化工厂志 /810

013148637 徐州合洗总厂志 1967-1985 /844

011757429 常州合成纤维厂志 1965-1983 /865

013626180 常州化工厂志 1951-1985 /865

013528661 常州勤业塑料厂厂志 1964-1988 /865

009009941 常州制药厂厂志 1949-1985 /867

010469338 扬州农药厂志 1958-1987 /933

013735775 镇江黄山水泥厂志 1972-1992 /943

013994283 镇江钛白粉总厂志 1948-1986 /944

013141168 东南厂志 /974

010201670 杭州市化学工业志 /975

011564682 杭州橡胶厂洋溪轮胎分厂志 1970-1989 /976

010146955 华东药厂志 /976

011584678 民生药业志 /976

011321346 宁波化学工业志 1957-1987 /1007

013704265 虎山集团志 1988-2007 /1079

005285264 江山水泥厂志 /1079

010686947 淮化志 1957-1988 /1139

013991585 铜陵市化纤厂志 1971.12-1985.12 /1149

013987325 安徽省安庆香皂厂志 /1152

008532470 福州市化学工业志 /1207

009683372 德化陶瓷志 /1256

009472623 江西省陶瓷工业志 /1284

009386019 江西涤纶厂志 /1295

009335356 江西油脂化工厂志 1928-1988 /1296

012639695 南昌洪狄氯碱有限公司厂志 1966-2008/1296
013362654 南昌化工简志/1297
011066938 民星志 1936-1998/1302
008299879 萍乡市轻化纺工业志/1308
008300243 九江化学纤维厂志/1312
011327142 山东省塑料工业志 1930-1985/1400
013225569 青岛化工厂志/1434
013705575 青岛耐火材料厂志/1434
008452414 齐鲁石油化工公司橡胶厂志/1461
013461875 齐鲁石油化工公司橡胶厂志 1991-2010/1453
013461954 山东美陵集团志/1453
012252415 山东农药工业股份有限公司志/1453
011441939 山东齐银水泥公司志/1454
010278490 山东新华制药厂志 1943-1990/1454
008994569 中国石化齐鲁股份有限公司塑料厂志/1454
009340767 中国石化齐鲁股份有限公司烯烃厂志/1454
013512099 中国石油化工股份有限公司齐鲁分公司塑料厂志 2002-2011/1454
011501622 淄博陶瓷志/1455
009334576 鲁化厂志 1966-2000/1473
012970654 烟台轮胎厂志 1975-1994/1489
012052020 潍坊海洋化工高新技术产业开发区志 1995-2005/1504
009994968 鲁抗志/1518
013226726 兖矿煤化公司志/1522
013757049 武岭志/1545

010290706 德州制药厂志 1971-1985/1577
010250752 郑州化学制药厂志 1958-1982 讨论稿/1633
009814441 郑州市第二化肥厂志 1976-1995/1634
010250736 郑州嵩山制药厂厂志讨论稿/1635
010250745 郑州卫生材料厂厂志讨论稿/1635
010250649 河南省开封制药厂志 1949-1982 讨论稿/1671
010250647 河南省开封制药厂志 1949-1982 初稿/1671
013628022 开封市油脂化工厂志/1672
010108870 开封橡胶厂厂志/1672
013628024 开封油脂化工厂厂志 1984.7-1999.6/1672
010195502 洛阳市化轻公司志 1964-1984/1685
010250652 河南省伊川制药厂志 1969-1982/1699
009808440 河南玉源化学工业公司志 1970-2000/1709
012265010 河南心连心公司志/1722
010250722 新乡地区制药厂志 1969-1982 讨论稿/1722
012613221 新乡市燃料化肥总厂厂志 1958-2000/1723
012613219 新乡树脂厂志 1966-1995/1723
009335348 华新厂志 1946-1986/1728
010776983 河南轮胎厂志 1965-1985/1734
013143836 河南轮胎厂志 1986-1995/1734
010229484 焦作化工三厂志 1958-1985/1735

013684408 焦作化学工业志/1735

013958683 焦作坚固水泥有限公司志 1958-2006/1735

009808449 焦作耐火材料一厂志 1953-1983/1735

009888236 南阳化学制药厂志 初稿/1769

013183521 湖北省光化水泥厂志 1969-1988/1818

013342695 武汉化工志稿/1832

013185983 武汉制漆总厂厂志/1832

009382657 新州磷肥厂志 1971-1985/1833

009961483 红旗水泥厂志 1958-1988/1851

012251060 湖北省黄石市橡胶厂厂志 1958-1983/1851

013374016 华新志 1986-1996/1851

012967942 华新志 1997-2006/1851

013091074 葛洲坝水泥厂志/1873

012639100 荆门石化志 1984-2008/1897

009241074 荆一化志/1897

012099927 双环公司志/1906

013626682 红安化肥厂志/1930

013775966 浠水氮肥厂志/1933

013316281 湖南造漆厂志 1950-1989/1970

013702905 长沙市化学工业志/1980

012251100 湖南橡胶厂志 1949-1990/1981

012969429 千金药业志 1966-2003/1996

007986734 醴陵花炮厂志/2004

006088110 醴陵陶瓷志/2003

013183529 湖南农药厂志 1950-1999/2012

007530769 湘乡水泥厂志 1958-1993/2017

010142829 湖南省邵东焦化厂志 1967-1981/2033

013797212 岳阳水泥厂志 1958-1988/2039

010777034 湖南省澧县氮肥厂志/2058

010199762 益阳市化学工业志/2067

010198757 湖南省郴州碳素厂志 1958-1980/2074

008531812 湖南九嶷水泥股份有限公司志/2084

009145483 广东医药工业志 1949-1985/2125

012998971 广州昊天化学(集团)有限公司生产技术志 1956-1999/2136

007982871 佛山市化纤工业志/2184

007885130 佛山市塑料皮革工业志/2184

007712599 佛山市陶瓷工业志/2184

007884870 佛山市药业志/2184

007988975 梅州化学工业志 1949-1985/2223

009405848 桂林轮胎厂志 1965-1995/2296

008596000 广西壮族自治区大新县化工厂志/2339

007660652 重庆化工志/2362

009783847 重庆农药厂厂志 1952-1990/2368

009411685 川维厂志/2380

012955996 四川美丰志 1974-2009/2407

009414497 成都化肥厂厂志 1958-1985/2421

008421977 鸿化厂志/2452

011995789 鸿化志 1988.1-2006.6/2452

008414563 自贡市化学工业志/2452

008670028 国营富顺县水泥厂厂志/2457

009387518 四川金顶集团股份有限公司峨眉水泥厂志 1965-1994/2523

008667796 中国铁道建筑总公司川东水泥厂志/2565

008430463 简阳县红塔氮肥厂志 1976-1987

/2585

011570360 四川橡胶厂志 1970-1985/2599

012968237 凉山彝族自治州化学工业志/2610

013647484 贵州赤天化集团有限责任公司赤天化志 1988-1997/2635

013626465 贵州轮胎股份有限公司志 1958-2008/2635

013819437 贵州橡胶配件厂厂志 1969-1986/2635

012998981 贵州兴义化工总厂厂志 1966-2002/2686

013866278 云南省化学工业志补充资料集/2721

013861875 昆明焦化制气厂志 1996-2005/2730

012317133 云轮厂志 1966-1986/2730

010201631 云南磷肥厂志第1卷 1962-1986/2731

013866272 云南磷肥厂志第2卷 1987-1996/2731

011445613 云南磷肥厂志第3卷 1997-2001/2731

013776362 云南省化工研究所志 1957-1985/2731

012175222 云南省化学工业建设公司志/2731

013860478 凤庆县习谦水泥厂志 1972.8-2002.12/2825

011320515 奕标水泥公司志/2834

012317141 云南滇中化工厂志 1971-1986/2842

012837777 云南金星化工有限公司志 1967-2007/2846

008994020 西化厂志 1858-1987/2940

008993370 陇县陶瓷厂志/2970

011579838 甘肃省建材化轻公司志 1963-1985/3035

009378303 兰化志 1952-1988/3036

011996973 兰州生物药厂厂志/3036

010730221 西北油漆厂志 1965-1995/3037

013628081 刘化厂志 1966-1990/3080

013686409 新疆橡胶厂志/3157

009411754 新疆屯河集团有限责任公司志 1983-1997/3191

009001502 南山水泥厂志 1959-1995/3225

008668242 梧桐化工厂志/3229

009341104 新疆梧桐化工厂志/3229

011320493 北京乐器行业志 1949-1999/15

006356503 长芦盐志/82

008380801 天津碱厂志 1917-1992/82

009025835 天津碱厂志 1993-2002/82

008864004 河北省涿州市二轻集体工业志第一稿/187

009387223 山西二轻(手)工业志/250

009962199 山西轻工业志/250

009313188 阳泉五交化股份有限公司志/276

011325465 曲沃二轻志/347

009147601 内蒙古自治区轻纺工业科学技术志/373

008983895 [呼和浩特市]二轻工业志 1581-1984/378

013316260 呼和浩特五交化志/379

007664303 包头二轻工业志 1746-1986/390

007685484 呼伦贝尔盟二轻工业志/419

008864738 海拉尔二轻工业志/422

008378571 黑龙江省化轻公司志 1962-1985

/653

007824180 上海二轻工业志/729

008362852 上海缝纫机一厂厂志/730

012208182 上海化轻物资流通志/736

011763390 上海轻工国际集团有限公司志/731

007677683 上海轻工业志/731

013991407 上海协昌缝纫机厂分厂厂志 1945-1988/732

007848942 南京二轻工业志/807

013226701 徐州二轻工业志/844

013630739 中国常州绣品手帕总厂志 1953-1985/867

010468497 常州市天宁家具厂厂志 1980-1984/871

012139329 江苏省灌东盐场志/925

008446445 浙江省二轻工业志/962

008530666 浙江省轻工业志/963

013647533 杭州地毯厂 1952-1986/975

013404423 杭州毛源昌眼镜厂厂志/975

007503326 杭州市二轻工业志/975

009744966 杭州市轻工业志/975

013686406 萧山县二轻工业志 1840-1984/990

008662686 瑞安市二轻工业志/1024

008450232 乐清县二轻工业志/1026

011591384 东阳市二轻工业志/1069

009388710 丽水地区烟草志/1099

010779011 龙泉瓷厂厂志/1100

010291907 合肥市二轻工业志/1121

011327172 滁州市二轻工业局志/1164

008452035 福清县二轻工业志/1216

012723112 厦门市二轻工业志/1227

012141489 永安市二轻工业志 1986-2005/1238

009683636 漳州二轻工业志/1257

009115848 江西省轻工业志/1283

010143161 江西省烟草志评审稿/1290

008423014 江西省烟草志/1290

013659392 景德镇光明瓷厂志/1305

009386043 江西省赣州地区二轻工业志/1328

011566106 大余县二轻工业志/1333

009687464 上饶市二轻工业志/1376

010278337 山东省二轻工业志稿/1400

009688204 山东省日用机械工业志 1915-1985/1400

011325422 山东酒精总厂志 1920-1985 征求意见稿/1411

012256450 烟台市一轻工业志 1892-1985/1489

013630151 微山县二轻工业志/1529

013144678 曲阜二轻工业志/1525

013144692 曲阜一轻工业志/1525

008452215 德州市一轻工业志/1576

013067094 山东省聊城地区二轻工业志第一稿/1588

011319957 临清市二轻工业志第一稿/1590

008423932 河南省轻工业品进出口公司志 1976-1990/1631

009348660 郑州一轻志/1635

008848306 中国杜康酒志/1636

013628018 开封电线厂志 1956-1985/1671

011566227 开封缝纫机总厂志 1959-1987/1671

013317837 开封搪瓷厂志 1916-1982/1672

010244236 武陟县二轻工业志 1950-1985

/1743
011327197 襄城烟草志/1755
011955722 襄城烟草志 1998-2007/1755
013728749 河南陕县二轻工业志/1765
010291678 内乡县二轻工业志/1777
013991403 商丘市二轻工业志 1918-1985/1783
010198795 湖南省轻工志日用陶瓷工业 修改稿/1969
013926331 长沙市二轻工业志/1980
008844215 浏阳县轻工业志/1991
010142912 株洲烟草志 1991-2000/1998
007884892 醴陵二轻工业志资料汇编/2004
006088101 醴陵二轻工业志/2004
006088102 醴陵盐业志 1991/2003
008382972 湘潭县二轻工业志/2019
010199754 益阳市二轻工业志/2067
010244265 零陵县二轻工业志 1840-1984/2086
009863766 广东省二轻工业志征求意见稿/2125
009119542 佛山轻工业志/2184
009379635 湛江市轻工业志/2204
008616552 廉江县二轻工业志/2207
008086936 平远县二轻志内部发行/2227
008408820 东莞市二轻工业志/2240
009227063 南宁市二轻工业志 1840-1990/2278
009227065 南宁市一轻工业志/2278
013961438 重庆市轻工业志 二轻工业卷/2363
009408284 重庆市轻工业志 一轻工业卷/2363
014026468 成都市制镜厂厂志 1954-1985/2421
010577519 彭县二轻工业志/2440
008414564 自贡市轻工业志/2453
009336954 米易县二轻工业志 1950-1990/2463
008865281 北川县二轻工业志/2490
009253914 青川县二轻工业志 1954-1985/2497
013131278 遂宁轻化工业志/2502
013959356 射洪县二轻工业志/2506
007697832 内江地区二轻工业志/2511
008430299 凉山彝族自治州轻纺工业志/2610
013732374 西昌市二轻工业志/2612
008541257 遵义烟叶复烤厂志/2652
012051984 通海县轻手工业志/2781
008836875 峨山彝族自治县轻手工业志/2786
008539868 腾冲县轻手工业志/2798
013144604 磨黑盐矿志/2815
008993988 宝鸡市一轻工业志/2957
008993359 陇县纸箱厂志/2970
013628698 美水酒厂厂志 1975-2002/2991
013647466 甘肃省轻工业物资公司志 1984-1991/3035
011955309 轻工业部南宁设计院院志 1974-1994/2278
013037881 北京市纺织纤维检验所志 1964-2009/16
008382983 第一印染厂志 1958-1988/121
011586324 国营石家庄第二棉纺织厂史志 1954-1990/122
013706324 棉五厂志/122
008378001 石家庄市纺织工业志 1921-1990

/122

011579912 邯郸市纺织工业志 1945-1985 /159

012999044 邯郸四棉厂志 1956-1985/159

012999056 邯棉一厂志 1950-1985/159

009020830 清河县羊绒志/179

010577419 保定第一棉纺织厂志 1958-1987 /182

013096343 山西纺织印染厂志/258

013730191 临汾纺织厂厂志 1958-2008/343

008983733 内蒙古轻纺工业志/373

009349652 内蒙古第二毛纺织厂厂志 /379

008594195 内蒙古棉纺织厂志 1969-1988 /380

009313476 纺织总厂志 1958-1987/391

008378960 哈尔滨市纺织系统厂志汇集 /654

008358648 上海纺织工业志/729

007679409 上海毛麻纺织工业志/731

007984037 上海丝绸志/732

010280343 无锡纺织工业志 1895-1985/830

009414216 无锡市丝绸工业志/830

010686837 常州第二织布厂志 1931-1985 /864

013528649 常州第一织布厂志 1925-1982 /864

013528660 常州纺织仪器厂志 1949-1982 /865

013528789 常州市纱厂志 1951-1983/866

010686815 常州市针布厂志 1958-1982/866

009385257 苏州织造局志/882

010244782 扬州纺织工业志/933

008530701 浙江省纺织工业志/962

008530669 浙江省丝绸志/963

013647537 杭州工艺编织带厂志 1954-1986 /975

012191702 淳安县茧丝绸志评审稿/1004

008450369 象山县针织厂厂志 1952-1993 /1016

010118468 嘉绢志 1921-1988/1034

010009733 嘉兴市丝绸工业志讨论稿 /1035

009962496 嘉兴丝绸志/1035

010118612 浙江制丝一厂志 1921-1988 /1037

009341137 湖州丝绸志/1043

010107744 安徽丝绸厂志/1114

010290704 安徽第二棉纺织厂厂志 1956-1985/1120

009783873 安徽第一棉纺织厂厂志 1954-1985/1120

011319918 安徽省合肥纺织品站志 1957-1985/1120

010290685 安徽印染厂志 1956-1985 /1120

013680530 安徽针织厂志 1954-1985/1120

011319986 合肥棉织厂厂志/1121

011319969 合肥染织厂志/1121

012638631 芜湖纺织工业志 1896-2004 /1129

013647462 阜阳纺织厂志/1168

013630044 舒城麻纺织厂厂志 1966-1985 /1179

007491017 江西省纺织工业志/1283

008299105 江西棉纺织印染厂志/1295

009386142 九江第一棉纺织厂志/1312

009881050 济南第一棉纺织厂志 1915-1985

/1409

011566078 济南帆布厂志 1919-1985/1409

011762305 济南纺织工业志 1840-1985/1409

009962109 济南纺织工业志 1986-2002/1410

011763315 三棉厂志 1930-1985/1411

012769687 淄博金荣达实业有限公司志 1950-2010/1455

013131176 山东万泰创业投资有限公司二棉分公司志 1981-2011/1466

012766475 山东万泰创业投资有限公司一棉分公司志 1966-2006/1466

009020553 烟台市纺织志 1858-1985/1489

011320002 潍坊市纺织工业志 1840-1985/1504

008378595 兖州县丝绸志/1523

010275867 临沂地区纺织工业志 征求意见稿/1561

009866841 临沂地区丝绸志/1561

012266249 山东临沂丝绸厂志/1561

010200358 德州市纺织分志 1928-1985 征求意见稿/1576

008452299 德州市针织分志草稿/1577

013064850 聊城地区纺织工业志 1840-1985/1587

010239059 郑棉三厂志 1954-1985/1633

008848273 郑州国棉六厂志 1956-1985/1633

009814421 郑州国棉四厂志 1954-1985/1633

009814423 郑州国棉五厂志 1956-1985/1633

008666842 郑州国棉一厂志 1953-1984/1633

011320016 郑州市纺织品行业志 初稿/1634

010251052 郑州市纺织志 1911-1985/1634

013940816 郑州市色织一厂志 1949-1985/1634

007520229 郑州印染厂志 1958-1985/1635

013647578 河南省中原棉纺织厂志 1946-1981 未定稿/1649

011584396 开封毛纺织总厂志 1955-1985/1671

011329712 开封市棉麻公司志 1950-1985/1672

011566441 开封针织厂志 1956-1982/1672

009413874 新乡市化纤纺织厂志 1918-1981 未定稿/1723

010468433 新乡市棉织厂志 1927-1981 未定稿/1723

012900062 新乡市针织厂志 1958-1984/1723

011311044 河南省华新棉纺织厂志 1915-1994/1728

009961494 湖北省纺织工业志/1818

009335506 武汉市第二棉纺织厂厂志 1958-1982/1832

011324976 武汉市第三棉纺织厂厂志 1921-1982/1832

013374052 黄石纺织机械厂志 第1卷 1965-1985/1851

013374050 黄石纺织机械厂志 第2卷 1986-2000/1851

013072754 宜昌市鄂西织布厂厂志 1949-1985/1873

008823854 纺织工业志/1888

013647637 湖北省沙市棉纺织厂厂志 1965-1985/1916

013660085 沙市第一棉纺织厂厂志 1930-1981/1916

013093138 沔阳纺织志/1952

009797331 长沙纺织厂厂志 1943-1981/1980

009382850 长沙市纺织品行业志/1980

009383611 常德地区棉麻蚕茧公司志 1840-1988/2053

010245082 零陵地区纺织厂厂志 1966-1993/2084

013143769 广西桂棉志 1958-1988/2272

008595495 桂林市纺织工业志 1949-1989/2296

008668936 四川省纺织工业大事记 1891-1995/2407

013066363 绵阳市第一纺织厂志 1966.10-1985.12/2477

013131272 遂宁纺织工业志 1840-2005/2502

013753500 六合集团志 1912-2011/2536

013602008 陕西纺织科学技术志 上古-1990/2931

011320302 陕西纺织器材研究所志 1965-1990/2931

013897195 国营西北第六棉纺织厂志 1955-1987/2938

013145626 国营西北第五棉纺织厂志 1954-1986/2938

012956035 唐华四棉志 1956-2005/2938

012684929 西安三棉志 1954-2009/2939

008417745 宝鸡市纺织工业志/2957

013377070 陕棉十二厂志 1986-1998/2957

013863626 陕毛一厂志 1958-1985/2975

009414483 西北二棉志 1986-2002/2975

010009418 西北国棉七厂志 1958-1985/2975

010469070 兰针厂志 1958-1986/3036

013900942 新疆昌吉棉纺织厂志/3191

008379319 新疆湖光纺织针织厂志/3199

008382859 奎屯棉纺织厂志/3208

008482754 八一毛纺织厂志/3225

010146982 中国罐头十年志 1995-2004/3265

006249506 中国名酒志/3266

010777992 北京盐业志/16

009397031 红星酒志 1949-1992/17

009254214 中粮志/21

008298367 长芦汉沽盐场志/99

013706520 塘沽盐场志/100

010138579 长芦大清河盐场志/143

012612882 中盐长芦沧盐志/217

011584828 山西同风集团公司志/270

011804405 海拉尔市食品公司志/422

009313062 河套酒业志/432

013728777 河套酒业志/432

011890427 阿拉善盟盐业志/449

013939623 雅布赖盐化集团有限公司志/449

009348169 吉兰泰盐化集团公司志/450

014056712 中盐吉兰泰盐化集团有限公司志 2001-2012/450

009994479 沈阳市副食品公司志 1851-1985/477

008378687 沈阳市老龙口酒厂志/478

013660291 沈阳市食品公司志 1954-1985/478

011500873 中国吉林市长白山葡萄酒厂厂志 1936-1985/601

012679452 哈尔滨三五味业集团有限公司志 1995-2009/656

010292247 黑龙江省哈尔滨糖厂志/656

010290695 黑龙江省齐齐哈尔糖厂志/669

009240682 黑龙江省友谊糖厂志 1952-1992/685

009311407 佳木斯食品厂志 1939-1983/699

008385284 望奎糖厂志/717

008170142 上海副食品商业志/730

013375376 南通盐业志/905

012956024 台北盐场志/912

013957652 淮安盐业志/920

013321261 新滩盐场志 1941-2011/930

008672223 大丰盐政志/929

008446456 浙江省盐业志/963

013626582 杭州食品厂厂志 1931-1985/975

008446477 浙江钱江啤酒集团志/976

012614304 宁波盐志/1007

008450548 象山县盐业志/1016

013097995 浙江大梁山集团志/1017

009678906 慈溪盐政通志/1014

010779107 温州市盐业志/1020

008450235 乐清县盐业志/1026

009799872 高炉酒厂志 1949-1993/1182

008528049 仙游蔗糖志/1236

008380280 漳浦盐场志/1259

011328499 宁德茶业志/1273

009385955 赣南蔗糖志/1282

009385995 江西第二糖厂志 1956-1985/1328

008429267 江西红都制糖厂志/1331

008300059 丰城县食品厂志/1358

010275892 山东省蔬菜副食品行业志 1949-1985 初稿/1400

009869567 山东省盐业大事记前 26 世纪-1985/1400

010239235 山东省盐业志征求意见稿/1400

009408923 山东省盐业志/1400

009881052 济南挂面厂厂志/1410

011805847 山东百脉泉酒业有限公司志 1948-2008/1423

009399332 青岛啤酒厂志/1434

012836124 青岛啤酒公司志/1434

013002453 山东周村烧饼公司志 1958-2009/1462

008532156 广饶县盐业志/1486

008983338 张裕公司志 1892-1998/1490

013224534 莱州市盐业志/1498

012317231 招远市龙口粉丝志/1500

012661826 山东羊口盐场志/1511

012871854 昌邑市盐业志 1986-2005/1515

012836224 山东泰山生力源集团股份有限公司志 1994-2008/1537

013131161 山东肥城精制盐厂志 1991-2011/1541

012506283 文登市盐业志 1730-1990/1547

011311364 山东兰陵美酒厂厂志/1561

009552878 无棣县盐业志/1598

013507864 河南省土产杂品公司志/1631

009413928 郑州食品总厂厂志 1950-1982/1634

008422442 郑州市郊区食品志征求意见稿一稿/1657

011497953 开封市食品志/1672

009813727 平顶山市啤酒总厂志 1975.1-

1997.8/1700
010251342 南阳副食志/1769
011570148 南阳肉联厂志/1769
008425943 河南省周口市罐头厂厂志修改稿/1797
013865181 武汉肉联厂志 1952-1985/1832
010469350 长沙冷冻加工厂志 1958-1988/1980
011585286 攸县盐业志/2007
010577410 湖南省澧县酒厂志/2058
013379018 石门盐业志/2062
010239111 番禺县糖业志/2154
010138270 恩平食品企业志/2203
009310230 湛江糖果厂厂志/2204
009864163 徐闻县蔗糖志/2208
009335822 东糖志 1991-1995/2240
008665418 伶俐糖厂志/2283
008595491 桂林市糖烟酒志/2296
009783852 重庆华山玉食品总厂厂志/2362
008670903 重庆市食品工业志 1840-1985/2363
012684907 巫盐史志/2395
009414502 成都名酒志/2421
010009728 成都市食品公司志 1954-1988/2421
007534657 成都盐业志/2421
008414561 自贡市食品工业志/2453
008414557 自贡市盐业志/2453
008672734 自流井盐厂志/2455
008671546 攀枝花盐业志/2460
009336957 米糖志 1966-1995/2463
011066626 四川蓬莱盐化有限公司志 1987-2003/2502

010242585 四川省五通桥盐厂厂志 1955-1990/2523
008421688 南充盐业志/2536
013379053 五粮液志/2547
013626558 汉源县盐志/2569
010201258 巴中县盐业志/2575
013661857 遵义市乳品公司志/2652
013688683 贵州酒中酒集团志/2655
006003453 茅台酒厂志/2655
013512076 中国贵州茅台酒厂有限责任公司志/2655
013627988 金沙盐志/2672
011445656 曲靖地区副食品行业志/2760
012969395 盘溪糖厂志/2782
013987577 昌宁茶叶志/2801
008992645 楚雄州盐业志/2833
010243919 大姚县盐业志/2839
011067720 大理市食品志 初审稿/2871
013528829 邓川奶粉厂志 1959-1989/2879
009867345 [兰坪]盐业志/2898
011067744 西凤酒厂志 1956-1989 初稿/2965
013757057 西凤酒志 1992-2010/2965
009889979 陕西省太白酒厂志/2972
011320483 安康酒厂志/3009
013987338 滨河图志/3035
011441882 青海省副食品公司企业志 1950-1988/3092
011441914 青海省肉食品公司企业志/3092
010112049 宁夏食品志/3116
008994737 新疆湖光糖厂志/3202
009002181 伊犁酿酒总厂志/3206
007534668 八一制糖厂志/3225

011441927 轻工业部制盐工业科学研究所所志 1955-1990/100

008835263 武汉糖果厂厂志 1946-1980/1832

008835634 沱牌曲酒厂志/2506

011584796 轻工业部规划设计院志 1953-1992/18

012663908 中国制浆造纸研究院院志 1956-2006/50

010108709 清河县造纸厂志/179

010275864 开原造纸厂科技志 1936-1986/561

009783249 吉林市九站造纸厂厂志/600

011566062 吉林造纸厂志 1940-1985/601

013659755 齐齐哈尔造纸厂志 1949-1985/670

009348443 佳木斯东风造纸厂志/698

009240690 佳木斯造纸厂志 1952-1988/699

012952092 恒丰纸业志 1952-2000/704

013861519 恒丰纸业志 2001-2006/704

013990672 恒丰志 1951-2011/704

007840146 上海造纸志/733

013603193 苏州红叶造纸厂厂志 1920-1990/882

011585405 镇江纸浆厂厂志 1958-1985/944

010294070 杭州新华造纸厂厂志 1952-1986/976

013797096 扬伦志 1949-1985/976

009398945 芜湖东方纸版厂史志 1956-1988/1129

011564570 赣南造纸厂志 1949-1988/1328

010143139 赣南造纸厂志 1950-1986 第二稿/1328

008430485 江西赣江造纸厂厂志 1958-1987/1328

013184273 开封造纸网厂志 1955-1982/1672

008990390 汉阳造纸厂志 1950-1991/1841

010777067 江陵县造纸厂志/1923

010142807 长沙市江南纸箱厂厂志/1989

009145579 广纸厂志/2136

010474144 梧州市纸厂志/2305

009046118 海南华森实业公司志 1993-2000/2348

009414963 西安造纸网厂志 1965-1993/2940

008450391 民丰志 1923-1996/3190

008863903 保定钞票纸厂志/182

011756423 保定钞票纸厂志 1991-2000/182

012251345 昆山钞票纸厂志 1994-2000/901

010118629 当代中国印钞造币志 1948-2000/3266

008863912 北京印钞厂志/17

011757320 北京印钞厂志 1991-2000/17

012141562 中钞实业有限公司志 1996-2000/18

012506661 中国金币总公司志 1987-2007/25

008863914 石家庄印钞厂志/122

011763495 石家庄印钞厂志 1991-2000/122

008863904 东河印制公司五零二厂志/393

008863908 东河印制公司五零三厂志/393

008863905 东河印制公司五零一厂志/393

012249936 东河印制公司志/393

009001577 沈阳造币厂图志 沈阳造币厂建厂

105周年 1896-2001/479
008926147 沈阳造币厂志/479
008487142 沈阳造币厂志 1991-1995/479
012252517 沈阳造币厂志 1991-2000/479
009995129 上海印钞厂志/733
009995134 上海印钞厂志 1991-2000/733
008863916 上海造币厂志/733
012252473 上海造币厂志 1991-2000/733
008863917 南京造币厂志/809
012208083 南京造币厂志 1991-2000/809
010468483 常州人民印刷厂厂志/866
011471305 常州日报社印刷厂志 1958-2008/866
013404431 杭州人民印刷厂厂志/975
011325328 滁州市人民印刷厂志/1164
009798903 江西省邮电印刷厂志/1296
008997545 南昌印钞厂志 1991-2000/1297
010143149 吉安地区印刷厂志 1949-1991/1345
009784068 济南印刷厂志 1940-1985/1410
013704310 济南印刷五厂志/1410
011579963 河南日报印刷厂厂志 1948.11-1989.5/1631
010238996 郑州市标牌厂厂志 1955-1984/1634
010253992 郑州市商标印刷厂厂志 1955-1984/1635
011328561 郑州铁路局印刷厂志 1949-2004/1635
011566275 开封市第一印刷厂厂志 1950-1984/1672
008989695 国营七六零厂志/1722
009961575 京山县印刷厂厂志 1952-1992/1902

013626460 广州铁路局印刷厂志 1946-1988/2137
012208193 深圳光华印制公司志 1983-2000/2169
009025861 成都印钞公司志 1984-2000/2422
008667848 四川新华印刷厂志/2423
012955009 乐山市印刷厂志 1951-1985/2520
013680558 保山市人民印刷厂厂志/2793
013706879 西安市第二印刷厂志 1896-1996/2940
008863910 西安印钞厂志/2940
011793024 西安印钞厂志 1991-2000/2940
008426913 五二三厂志 1967-1995/2966
009016175 眉县印刷厂志 1956-1985/2966
012249934 东河印制公司五零五厂志/2494
009010645 中国人民银行印制科学技术研究所志 1991-2000/46
009768339 河南第一新华印刷厂厂志 1958-1987/1631
008403458 辛集皮毛志/131
013334381 常州皮革机械厂志 1956-1985/865
013688690 海宁皮革志/1037
009687093 无锡服装志 1778-2000/830
009254063 新塘羽绒志/976
011320066 安徽省服装鞋帽工业志/1114
009386071 江西省邮电服装厂志/1284
008423524 抚州针织厂志/1367
011566432 开封市针织内衣厂志 1951-1982 征求意见稿/1672
010468999 烟台木钟厂志 1915-1985/1489

011068433 吉林木材志/575	008841133 平顺县烟草志/290
011759035 哈尔滨市家具装饰工业志 1930-1990/654	013863152 平陆县烤烟志 1984-2000/335
010195538 哈木器厂志/655	011311898 呼和浩特卷烟厂志 1949-2005/379
010140747 铁道部哈尔滨木材防腐厂厂志 1934-1993/656	007685861 呼伦贝尔盟盐业志/419
008424812 铁道部鹰潭木材防腐厂志/1325	011995811 红塔辽宁烟草志沈阳卷/475
011570209 山东木材流通志/1400	011995754 红塔辽宁烟草志营口卷/542
011319963 枣庄市木材公司志 1956-1985/1467	009675744 辽宁烟草志/461
009962086 德州地区木材公司志 1953-1985/1576	010110810 辽宁烟草志图鉴/461
009768351 河南省木材公司志 1952-1986/1631	011499185 凤城烟叶复烤厂厂志/535
007772060 封开县牙签厂志/2217	009743810 黑龙江省烟草通志/647
012679324 甘肃省木材总公司志 1954-2008/3035	010109178 黑龙江省烟草志/647
009856079 中国烟草通志征求意见稿/3265	009009933 哈尔滨卷烟厂志/654
010118664 中国烟草通志二审稿/3265	011759039 哈尔滨市龙江制鞋厂志 1952-1984 初稿/655
010118661 中国烟草通志/3265	009743764 哈尔滨市烟草志/655
010292607 北京钢琴厂志 1949-1992 送审稿/15	009743770 哈尔滨烟叶公司志/655
009385531 北京钢琴厂志 1949-1992/15	009743850 黑龙江省烟草卷烟销售公司志/657
007535968 北京烟草志/16	009743845 黑龙江省烟草物资公司志/656
010278451 化纤地毯厂志 1970-1990/17	009744067 依兰县烟草志/665
011579923 河北省烟草志送审稿/113	010195541 黑龙江金笔厂厂志 1953-1982/669
011890792 河北省烟草志/113	009744048 齐齐哈尔烟草志/670
008382940 南堡盐场志/143	009743879 鸡西市烟草志/680
010138313 保定烟草志/182	009879581 虎林市烟草志 1983-2000/681
009472350 涿鹿县烟草志/207	009743779 鹤岗市烟草志/682
009060275 沧州烟草志/217	009744051 双鸭山市烟草志/684
009511309 山西烟草志/251	009743760 大庆烟草志/688
012814465 阳泉烟草志/276	009797090 伊春烟草志/694
	009743882 佳木斯市烟草志/699
	009744040 七台河市烟草志/703
	009743899 牡丹江卷烟材料厂志/705

009743901 牡丹江烟草志/705
009743903 牡丹江烟叶公司志/705
009743777 海林卷烟厂志/708
009744011 穆棱卷烟厂志/709
009743780 黑河市烟草志/710
011564892 黑河烟草志 1983-1998/710
009744059 绥化卷烟厂志/714
009892564 绥化市烟草志/714
009992264 海伦市烟草志 1983-2003/716
009743762 大兴安岭地区烟草志/719
010293013 上海烟草志送审稿/732
008534851 上海烟草志/733
012684682 上海烟草志 1993-2003/733
010200070 南京盐业志/809
009408033 高淳陶瓷公司志/828
010110367 扬州工艺美术志/933
008530693 浙江省烟草志/963
009840467 杭州西湖伞厂厂志 1958-1986/986
012506374 萧山烟草志/990
012049540 建德烟草志/996
013628065 临安市烟草志/1001
011566084 嘉兴市烟草志/1035
008446528 岱山县盐业志/1085
011570378 松阳烟草志/1105
011319955 合肥手帕厂厂志 1958-1985/1122
013689035 马鞍山烟草志/1142
009009959 枞阳县烟草志/1155
010576729 黄山市烟草志/1159
012871841 亳州烟草志/1182
011890508 池州烟草志/1184
008451947 福建省连江县烟草志/1221
009650196 福建省莆田市烟草志/1232

008527985 大田县烟草志/1241
010293924 漳州市烟草志/1257
009385973 南平地区烟草志/1262
009173834 福建省龙岩地区烟草志/1268
012924882 龙岩市烟草志 1993-2009/1268
011320332 福建省上杭县烟草志/1271
012836042 南昌卷烟厂志/1297
009386177 南昌烟草志/1297
008300161 九江烟草志/1312
008299931 新余烟草志/1322
009866641 江西省石城县烟草志 1988-1996/1344
012967949 吉安烟草志/1345
010110382 抚州烟草志/1367
009009874 济南卷烟厂志 1928-2001/1410
012661754 青岛卷烟厂志 1919-2009/1434
009881276 山东烟台造锁总厂志 1930-1992/1489
012505534 荣成县盐业志 1840-1988/1549
013681529 德州卷烟厂厂志征求意见稿/1576
014032665 河南烟草志征求意见稿/1618
013012661 郑州卷烟厂志 1944-2003/1633
013012665 郑州卷烟厂志 2003-2008/1633
010250791 郑州乐器厂志 1955-1984/1633
010251139 郑州市工艺美术文化用品志初稿/1634
010250794 郑州市金银漆器工艺厂志 1955-1985/1634
010251054 郑州市文化用品厂志/1635
010251058 郑州体育用品厂志 1955-1985 初稿/1635
008988374 巩县烟草志/1659
012316964 新郑卷烟厂志 1990-2009/1664

011327613　新郑烟厂志 1949-1989／1664
008426137　登封县烟草志／1666
010008564　开封卷烟厂志 1950-1982／1671
009992190　洛阳卷烟厂志／1684
013958861　洛阳卷烟厂志 2003-2010／1685
011954698　孟津烟草志 1978-2003／1695
009021807　平顶山烟草志／1700
008414601　叶县烟草志／1706
009864618　汝州市烟草志／1704
009332570　安阳卷烟厂志／1708
011066381　许昌卷烟厂志 1949.2－2003.7／1750
009382341　许昌烟草志／1750
011310985　漯河市烟草志 1858-1990／1755
008415704　舞阳烟草志 1880-1987／1757
012814043　南阳卷烟厂志 1950.7－2008.12／1769
008416689　淅川烟草志／1778
013512123　周口市烟草志／1798
012208356　西平县烟草志 1639-1986／1807
010576599　湖北省烟草志／1818
010576595　湖北省烟草公司卷烟材料厂志／1829
010576597　湖北省烟草科研所志／1829
011324975　武汉卷烟厂厂志 1916－1980／1832
009685711　武汉市烟草志／1832
011295878　武汉烟标图志／1832
010962442　蔡甸区烟草志／1844
010962454　江夏区烟草志／1846
010962452　黄陂区烟草志／1847
010962455　新洲区烟草志／1849
009685699　黄石市烟草志／1851
010109702　阳新县烟草志／1855

010109663　大冶市烟草志／1854
009685704　十堰市烟草志／1865
010962459　郧县烟草志／1868
010962456　郧西县烟草志／1869
010962470　竹山县烟草志／1870
010962472　竹溪县烟草志／1871
010962449　房县烟草志／1872
010962447　丹江口市烟草志／1867
010576615　三峡卷烟厂志／1873
013899388　三峡卷烟厂志资料长编／1873
009685785　宜昌市烟草志／1873
009880087　宜昌县烟草志／1876
009880093　远安县烟草志／1880
009880081　兴山县烟草志／1881
009880101　秭归县烟草志／1882
009879613　长阳土家族自治县烟草志／1883
009880076　五峰土家族自治县烟草志／1884
009880090　宜都市烟草志／1877
013894491　当阳卷烟厂厂志资料长编／1878
010576574　当阳卷烟厂志／1878
009879615　当阳烟草志／1878
009880096　枝江市烟草志／1879
009685779　襄樊市烟草志／1885
010962481　襄阳县烟草志／1885
013732429　襄樊卷烟厂志／1887
010962477　南漳县烟草志／1890
010962475　谷城县烟草志／1891
010962474　保康县烟草志／1892
010576604　老河口市烟草志／1888
010576626　枣阳卷烟厂志／1889
010962484　枣阳市烟草志／1889

010962483 宜城市烟草志/1890
009685682 鄂州市烟草志/1893
013894563 鄂州市烟草志资料长编/1893
009685700 荆门市烟草志/1897
013897666 荆门市志烟草志资料长编/1896
009992467 京山县烟草志/1902
009992697 沙洋县烟草志/1902
009992702 钟祥市烟草志/1900
014056718 钟祥市烟草志资料长编/1901
010008695 孝感市烟草志/1904
013899731 孝感市烟草志资料长编/1904
010008697 孝南区烟草志/1906
010008694 孝昌县烟草志/1910
010008654 大悟县烟草志/1910
010008718 云梦县烟草志/1912
010008708 应城市烟草志/1906
010008650 安陆市烟草志/1907
010008664 汉川市烟草志/1909
009685702 荆州市烟草志/1913
013897668 荆州市烟草志资料长编/1913
009880063 荆州区烟草志/1917
009879618 公安县烟草志/1920
009880054 监利县烟草志/1922
009880058 江陵县烟草志/1923
009880071 石首市烟草志/1917
009880051 洪湖市烟草志/1918
009880074 松滋市烟草志/1919
010109685 黄冈市烟草志/1925
010109697 黄州区烟草志/1928
010008682 团风县烟草志/1930
010008668 红安县烟草志/1930
010008675 罗田县烟草志/1931
010008715 英山县烟草志/1932

011570957 浠水县烟草志/1933
010008681 蕲春县烟草志/1934
010008670 黄梅县烟草志/1935
010008678 麻城市烟草志/1928
010008688 武穴市烟草志/1929
010576620 咸宁卷烟厂志/1936
009685771 咸宁市烟草志/1936
010293968 咸安区烟草志/1937
010293966 嘉鱼县烟草志/1938
010293965 崇阳县烟草志/1940
010293978 通山县烟草志/1940
010293962 赤壁市烟草志/1937
009853122 随州市烟草志/1941
010576593 广水卷烟厂志/1942
009853120 广水市烟草志/1942
010140769 恩施土家族苗族自治州烟草志/1944
009685684 恩施市烟草志/1945
010576612 利川市烟草志/1946
010142780 建始县烟草志/1947
010142785 巴东县烟草志/1947
010142782 宣恩县烟草志/1948
010253931 咸丰县烟草志/1949
013897899 来凤卷烟厂厂志资料长篇/1949
010576601 来凤卷烟厂志/1949
010253927 来凤县烟草志/1950
010253919 鹤峰县烟草志/1950
010576619 仙桃市烟草志/1952
013899716 仙桃市烟草志资料长编/1952
010576613 潜江市烟草志/1954
013898954 潜江市烟草志资料长编/1954
010576617 天门市烟草志/1955
010576616 神农架林区烟草志/1957

010577291 湖南省烟草志送审稿/1970
012106232 湖南省烟草志/1970
010197230 长沙烟草志/1980
013037920 长沙烟草志/1980
013792251 湖南省长沙市浏阳烟草志 1985-2004/1991
012003225 株洲市烟草志/1997
010199655 湘潭市烟草志/2013
013865283 湘潭市烟草志 1992-2003/2013
008538107 湘乡盐业志/2017
013728894 衡阳市烟草志 1996-2003/2022
010577243 衡阳烟草志/2022
012899413 邵阳市烟草志/2031
008948487 岳阳市烟草志/2039
013824295 岳阳市烟草志续志 1991-2000/2039
009797354 常德卷烟厂志 1951-2000/2054
009797359 常德烟草志/2054
009383638 慈利县烟草志/2064
011294637 益阳市烟草志/2067
009889507 郴州市烟草志/2074
009686242 郴州烟草志/2074
012713936 郴州烟叶复烤志/2074
008847971 桂阳烟草志/2077
011294787 永州烟草志/2085
011294632 怀化烟草志/2094
008383002 沅陵县烟草志/2097
008383034 [湘西土家族苗族自治州]烟草志/2110
011998605 湘西土家族苗族自治州烟草志 1991-2000/2110
010730013 凤凰雪茄烟厂志/2113
008383640 湖南省古丈县烟草志/2114
013793243 龙山卷烟厂志/2115

008846485 广东韶关卷烟厂志/2161
007532463 韶关烟草志/2161
009145459 广东省南雄卷烟厂志/2164
007048096 南雄黄烟志/2165
009310896 深圳卷烟厂志/2169
010294078 深圳烟草志/2170
009864190 湛江卷烟厂志/2204
008453634 湛江烟草志/2205
014030708 广西烟草行业志 广西烟草志/2272
014030743 广西烟草行业志 南宁卷烟厂志/2277
014030745 广西烟草行业志 南宁烟草志/2278
014030738 广西烟草行业志 柳州卷烟厂志/2286
014030741 广西烟草行业志 柳州烟草志/2287
014030721 广西烟草行业志 桂林烟草志/2295
014030750 广西烟草行业志 梧州烟草志/2305
014030703 广西烟草行业志 北海烟草志/2308
014030707 广西烟草行业志 防城港烟草志/2311
014030746 广西烟草行业志 钦州烟草志/2313
014030712 广西烟草行业志 贵港烟草志/2314
014030752 广西烟草行业志 玉林烟草志/2316
014030699 广西烟草行业志 百色烟草志/2320

014030727 广西烟草行业志贺州烟草志/2325	010476402 广元市烟草志/2491
014030724 广西烟草行业志河池烟草志/2327	010962492 遂宁市烟草志/2502
	010777221 内江地区烟草志/2512
	010576648 内江市烟草志/2512
009346531 富川烟草志/2327	010686764 乐山市烟草志/2520
012100992 重庆万州烟草志/2370	010962489 峨眉山市烟草志/2523
008421258 涪陵地区盐业志/2371	010576650 南充市烟草志/2536
011809663 永川市烟草志 1621-2006/2384	010686747 眉山市烟草志/2543
009228206 垫江县盐业志/2392	010576666 宜宾市烟草志/2548
010576662 四川省烟草志/2408	010962490 广安市烟草志/2554
011570342 成都卷烟厂志/2421	010576557 达州市烟草志/2558
010962494 成都市烟草志/2421	008835938 雅安地区盐业志/2566
009677847 龙泉驿区烟草志/2435	010576664 雅安市烟草志/2566
009677861 青白江区烟草志/2435	010201249 巴中市烟草志/2575
009677880 新都区烟草志/2436	011570332 巴中市烟草志/2575
009677877 温江区烟草志/2437	010576667 资阳市烟草志/2583
009677840 金堂县烟草志/2443	010962487 阿坝州烟草志/2591
009677871 双流县烟草志/2445	010686752 甘孜州烟草志/2601
009677852 郫县烟草志/2447	010576647 凉山州烟草志/2610
009677098 大邑县烟草志/2448	010280116 西昌卷烟厂志/2612
009677858 蒲江县烟草志/2449	008541286 息烽县烟草志/2641
009677881 新津县烟草志/2450	008541895 盘县特区烟草志/2647
010686759 都江堰市烟草志/2439	008991079 遵义地区烟草志/2652
009677849 彭州市烟草志/2441	013646794 安顺烟草志/2662
009677865 邛崃市烟草志/2442	011496835 毕节地区烟草志/2670
009677096 崇州市烟草志/2442	009379983 毕节县烟草志/2670
010280121 自贡市烟草志/2453	009118613 黔西县烟草志/2671
010476404 攀枝花市烟草志/2460	008542019 金沙县烟草志 1941-1997/2672
010686768 泸州市烟草志/2466	012956918 织金县烟草志/2672
010476400 德阳市烟草志/2470	008541907 纳雍县烟草志/2673
011312461 什邡卷烟厂志/2472	008541905 赫章县烟草志/2673
010476407 绵阳卷烟厂志/2477	008541910 铜仁卷烟厂志/2678
010280120 绵阳市烟草志/2477	010251889 云南省烟草志/2721
009231809 绵阳盐业志/2477	011590236 云南烟草志/2721

011589929 昆明卷烟厂志 1922-2005/2730
011589933 昆明卷烟分厂志 1956-2005/2730
011589938 昆明烟草志/2730
013129804 云南省烟草烟叶公司志 1982-2007/2731
010242765 嵩明烟草志 1921-1992/2754
011584565 禄劝彝族苗族自治县烟草志/2757
008426217 曲靖卷烟厂志/2761
011589972 曲靖卷烟厂志 1966-2009/2761
009341116 曲靖烟草志/2761
011589975 曲靖烟草志/2761
012614099 马龙县烟草志/2764
009962448 陆良县烟草志/2765
009855913 师宗县烟草志/2766
011589884 会泽卷烟厂志 1973-2004/2769
008423047 玉溪地区烟草志/2773
011590018 玉溪烟草志/2773
011589879 红塔集团志 1956-2005/2777
010476390 红塔区烟草志/2777
010280321 江川县烟草志 1978-2005/2778
013334547 澄江县烤烟志/2780
011564491 澄江县烟草志 1662-2005/2779
011329477 通海县烟草志 1662-2005/2781
011804584 华宁县烟草志/2782
011571176 易门县烟草志/2784
009480329 新平彝族傣族自治县烟草志/2790
011910093 元江哈尼族彝族傣族自治县烟草志/2791
013129326 保山香料烟志/2793
011589794 保山烟草志/2794
013753536 隆阳区烟草志/2797

012099915 施甸县烟草志 1945-2007/2797
013822748 腾冲县烟草志/2799
013898383 龙陵县烟草志/2800
012587030 昌宁县烟草志/2801
011590242 昭通卷烟厂志/2802
011590244 昭通烟草志 1982-2006/2802
009414991 丽江地区烟草志/2809
011589941 丽江烟草志/2809
013220498 普洱烟草志/2813
009338003 临沧地区烟草志/2823
011589947 临沧烟草志 1985-2005/2823
011589801 楚雄卷烟厂志 1974-2007/2833
011589812 楚雄烟草志/2833
009388653 楚雄州烟草志/2833
012811482 红河集团志 1985-2008/2843
011589873 红河烟草志/2843
011762114 红河州烟草志/2843
011590010 文山烟草志 1984-2005/2854
008539899 砚山县烟草志/2856
011590012 西双版纳烟草志/2861
010146820 西双版纳州烟草志 1991-2002/2861
011312414 大理卷烟厂志 1950-2005/2867
011589817 大理烟草志/2867
009744958 大理州烟草志/2867
008539806 大理市烟草志/2871
012899154 弥渡县烟草志/2877
011589860 德宏烟草志/2886
011589949 怒江烟草志 1994-2007/2892
011589864 迪庆烟草志/2901
008426900 宝鸡卷烟厂志/2957
008793288 宝鸡市烟草志/2957
008417754 宝鸡市烟酒工业志/2957
009962218 咸阳市烟草志/2975

008994031 渭南市烟草志/2983
009319906 澄城卷烟厂志/2988
011444154 延安地区烟草志/2992
008672884 延安卷烟厂志/2992
009676076 洛川县烟草志/2996
009414477 汉中烟草志/2998
009995083 榆林地区烟草志/3003
008637988 旬阳卷烟厂志/3013
009988792 甘肃省烟草行业志首卷 甘肃省烟草志/3026
009189028 甘肃省烟草行业志定西烟草志/3073
009107138 甘肃省烟草行业志第1卷 兰州卷烟厂志/3035
009234444 甘肃省烟草行业志第2卷 天水卷烟厂志/3049
009107133 甘肃省烟草行业志第3卷 合水雪茄卷烟厂志/3072
009198072 甘肃省烟草行业志第4卷 庆阳烟草志/3070
009145238 甘肃省烟草行业志第5卷 平凉烟草志/3062
009234440 甘肃省烟草行业志第6卷 白银烟草志/3046
009189037 甘肃省烟草行业志第7卷 兰州烟草志/3036
009227060 甘肃省烟草行业志第8卷 陇南烟草志/3076
009145248 甘肃省烟草行业志第9卷 张掖烟草志/3058
009198075 甘肃省烟草行业志第11卷 酒泉嘉峪关烟草志/3044
009250599 甘肃省烟草行业志第12卷 武威烟草志/3054

009250651 甘肃省烟草行业志第14卷 金昌烟草志/3044
009399585 甘肃省烟草行业志第15卷 临夏烟草志/3079
009399086 甘肃省烟草行业志第16卷 敦煌烟草志/3067
013819379 甘肃省烟草行业志兰州烟草志 2001-2010/3035
013866400 甘肃省烟草行业志金昌烟草志 2001-2010/3044
013925218 甘肃省烟草行业志酒泉 嘉峪关烟草志 2001-2010/3065
013703936 甘肃省烟草行业志庆阳烟草志 2001-2010/3069
013866405 甘肃省烟草行业志定西烟草志 2001-2010/3073
013991353 青海省烟草志/3092
008994742 将军烟草集团有限公司新疆卷烟厂志/3208
009743842 黑龙江省烟草科学研究所志/707
010010112 中国农业科学院烟草研究所 中国烟草总公司青州烟草研究所 山东省烟草研究所所志 1958-1998/1508
010475773 贵州省烟草科学研究所所志/2637
009867383 云南省烟草科学研究所志/2776
013236347 云南省烟草科学研究所志 1955-2007/2776
013606508 云南省烟草农业研究院志/2776
011590224 云南烟草科学研究院志 1998-2008/2773

012839320 中国海外集团有限公司志 1997-2007/3265

011586248 中国建筑工程(澳门)有限公司志 1980-1995/3265

008835151 北安公司志 1954-1991/15

013227493 北京北辰实业集团公司志 1986-1997/14

012995268 北京城市开发集团有限责任公司志 1996-2005/14

013333776 北京建工集团志 1993-2010/15

009405808 北京市城市建设工程总公司志 1964-1990/15

009106163 北京市建筑工程总公司志 1953-1992/16

007825517 北京市农村建设总公司志 1981-1991/16

009348463 北京市住宅建设总公司志 1983-1992/16

008949693 北京中铁建筑工程公司志 1979-2000/17

009002290 中国建筑第二工程局志/19

007825657 中国建筑第一工程局志 1953-1993/19

010147438 中国建筑工程总公司志 1982-1995/19

008873771 中国建筑物资公司志 1977-1995/19

013190140 中国水利水电建设集团公司志 中国水利水电第八工程局卷 1952-2006/20

013512115 中国水利水电建设集团公司志 中国水利水电第十四工程局卷 1954-2006/20

013190176 中国水利水电建设集团公司志 中国水利水电第十一工程局卷 1955-2006/20

013134065 中国水利水电建设集团公司志 中国水利水电第十二工程局卷 1956-2006/20

011910424 中国水利水电建设集团公司志 中国水利水电第二工程局卷 1958-2006/20

012545818 中国水利水电建设集团公司志 中国水利水电第六工程局卷 1958-2006/20

012317336 中国水利水电建设集团公司志 中国水利水电第四工程局卷 1958-2006/20

013190156 中国水利水电建设集团公司志 中国水利水电第七工程局卷 1965-2006/20

009441438 北京市东城区建设工程质量监督站站志 1985-1995/43

013343633 中国建筑第六工程局志 1980-1995/83

012317327 中国水电基础局有限公司志 1959-2009/83

013630801 中国水利水电建设集团公司志 中国水利水电第十三工程局卷 1962-2006/83

011480718 中建设备材料公司志 1953-1995/83

009000540 河北省勘察设计志/113

007528458 铁道部山海关桥梁工厂志/155

009397211 晶牛志 1970-2000/172

009699448 涿鹿县水务志/207

008377848 衡水地区机井志/236

013415132 侯壁水电站志 1959-1985/250

012999252 金城公司五十年志 1958-2008/258

013934387 山西省第一建筑工程公司志 1952-2007/258

009198483 山西省电建三公司志 1978-1998 /258

012614060 山西省交通建设开发投资总公司志 /259

008528693 铁道部第十二工程局志 1948-1995 /259

008838584 铁道部第十七工程局志 1950-1995 /259

013861853 晋城水电志 /299

008844879 清华水泥厂志 /323

012542943 粟海集团志 /325

013045581 河津市建筑工程有限公司第七分公司志 1991-2007 /327

012264994 河津市建筑工程有限公司公司志 /327

008844895 文峪河志 /356

011763088 内蒙古自治区第一建筑工程公司志 1950-1984 /380

012956829 哲里木盟第一建筑安装工程总公司建筑志 1952-1985 /408

013659582 辽宁省水利水电科学研究所所志 /475

009243865 沈阳市第三建筑工程公司建筑企业志初稿 /477

008873948 沈阳市建筑业志 /478

011584914 沈阳市建筑业志 1991-2000 /478

010009392 铁道部沈阳桥梁厂志 1937-1985 /480

008536734 鞍山市建筑工程志 /515

010009683 本钢修建公司志 1959-1986 /529

010293047 铁道部第十九工程局志 /549

011320291 小屯水泥厂志 1937-1985 /550

008537930 锦西水泥厂志 1939-1985 /567

011067189 吉林建材志 /575

013940883 中国水利水电建设集团公司志中国水利水电第一工程局卷 1958-2006 /587

013792430 吉林市砖瓦厂志 1950-1985 /600

010140695 哈尔滨市建筑业志 1898-1990 /654

013957141 哈尔滨铁路枢纽扩建工程史志 /655

009790826 大庆市建一公司志 1971-1990 /688

013987613 大庆油田路桥公司志 1981-2011 /688

009411575 佳木斯第一建筑工程公司志 1951-1989 /698

009240725 佳木斯市建筑业志 1888-1985 /699

009790833 桦林集团有限责任公司公司志 1984-1995 /707

007679405 上海建筑材料工业志 /731

007707118 上海建筑施工志 /731

008534824 上海勘察设计志 /731

013131216 上海市装饰装修行业志 2002-2006 /732

010577224 中国建筑第八工程局志 1966-1995 /734

011908906 松江水务志 1991-2004 /776

007843340 建筑材料工业志 /806

010110106 江南水泥厂志 1935-1995 /806

013940884 中建安装工程有限公司志 1983-2012 /810

013752460 淮海水泥厂志 /843

011444111 徐工集团志 /842

013604543 徐州市建筑安装工程总公司志 /845

010110139 常州市建筑工程总公司志 1952-1985/866

013704312 建材二五三厂志 1984-1993/867

008446257 启东市建筑业志/908

009082362 海门建筑业志/909

011321146 江都建筑业志/938

008446302 镇江市第二建筑工程公司志/944

011571296 镇江市建筑工程公司志 1951-1985/944

010239343 镇江四建志 1979-1990/944

009679023 浙江省建筑业志/962

010118541 宇航公司志/976

009996922 浙江省送变电工程公司志 1958-1990/977

011957319 浙江省送变电工程公司志 1991-2005/977

009996590 中国广厦集团志/973

013736497 中国水电十二局志/977

013702939 党湾镇建筑业志/990

008450388 泰顺县水利电力志/1033

013342441 衢州市建筑业志/1076

009962543 浙安公司志 1958-1987/1079

008450251 天台县水利电力志/1096

009796819 安徽省第二建筑工程公司公司志 1952-1987/1120

011430260 安徽省建筑工程总公司志 1952-1986/1120

012658585 合肥建筑材料一厂志/1121

011570035 马钢利民志 1979-2003/1142

012951991 福建省第六建筑工程公司志/1206

011804321 福建省火电工程承包公司志 1984-2002/1206

007493518 福州市建筑志/1207

013866417 中国水利水电建设集团公司志 中国水利水电闽江工程局卷 1955-2006/1207

013957107 [中建海峡建设发展有限公司]公司六十年志/1207

008452049 山仔水利枢纽工程志/1221

012766255 闽清第一建筑工程公司志 1958-1998/1224

011757762 福建省厦门市同安县水利电力志/1230

011564553 福建省水利水电工程局史志/1245

011292525 惠安县水利电力志/1253

009115845 江西省建筑材料工业志/1289

010242608 江西省建筑业志评审稿/1283

007482055 江西省建筑业志/1283

010110564 江西省赣抚平原水利工程志/1296

013774239 江西省建工集团公司志 1993-2012/1296

009386045 江西省建筑工程总公司志 1952-1992/1296

008299029 江西省水电工程局志/1296

010291864 南昌市建筑科学技术志 送审稿/1297

009385951 赣南建材志/1327

008390689 江西省崇义县水利电力志/1335

011497756 红星企业集团志/1373

010279758 山东省水利科学研究院院志 1991-2000/1411

013732542 兖矿集团东华建设有限公司三十七处志 2007-2011/1412

013509220 齐鲁石化公司供排水厂志 1984-1989/1453

013991393 山东寿光建设集团志 1953-2013/1511

010577378 济宁市建筑工程公司志 1952-1991/1517

012689867 兖矿集团东华建设有限公司三十七处志 1986-2006/1522

013687420 东平鑫海建工志/1543

013757196 新泰市市中第一建筑工程公司志/1539

013706855 威海建设集团志 1952-2002/1545

010200350 德州地区建筑材料公司志/1576

008452187 德州市建筑材料工业志/1576

008452287 德州市建筑工程公司志/1576

013064853 聊城地区建筑工程公司志 1951-1990/1587

009962147 山东聊建集团总公司志续编 1991-2000/1588

013045698 山东聊建金柱建设集团有限公司 山东聊建集团有限公司志续编 2001-2010/1588

014030865 河南省第五建筑安装工程有限公司志 1953-2003/1631

013683699 河南省第一建筑工程集团有限责任公司志 第1卷 1951-1985/1631

013647564 河南省第一建筑工程集团有限责任公司志 第2卷 1986-2010/1631

009887267 河南省建材厂志 1950-1984 征求意见稿/1631

008987126 河南省建筑材料公司志 1963-1988/1631

009790080 水电十一局志 1955-1995/1632

009009888 铁道部电气化工程局第三工程处志 1979-1997/1632

008422606 郑州建筑业志/1633

013512019 郑州一建集团志 1951-2011/1635

010243915 中国建筑第七工程局志 1955-1995/1636

009334826 登封水务志/1666

011566255 开封市第一建筑工程公司志 1952.6-1992.6/1671

008874700 铁道部第十五工程局志 1948-1999/1685

013092886 河南省第二建筑工程公司志 1954-1985/1722

008424355 新乡市建筑工程志/1723

012505249 焦作建工集团志 1949-2009/1735

009348677 焦作市建筑工程志/1735

010476492 三门峡市黄河河务移民管理局志/1758

013659781 三门峡水利枢纽简志/1759

011998236 渑池县水务志/1764

012722295 商丘市国基建筑安装有限公司志 1968-2008/1783

009962611 铁道部大桥工程局志 1953-1995/1830

009408262 中国建筑第三工程局志 1965-1995/1833

012636839 新洲区水务志/1848

009437245 [黄石市]灰石厂志/1851

009312801 中国有色五建志 1984-1985/1852

009020532 汉江集团公司志/1867

013037931 长阳水利电力志 1979-2000 /1884

013902029 中建五局土木工程有限公司志 1979-2009/1970

013045629 湖南省第四工程公司司志 /1981

010577527 湖南省建筑工程集团总公司志 1952-2002/1981

013957639 湖南省建筑工程集团总公司志 1952-2012/1981

012888305 铁道部第五工程局第一工程处志 1950-2000/1982

012662727 冶金部第二十三冶金建设公司矿山井巷公司志 1963-1980/1982

013190098 中国建筑第五工程局志 1965-1995/1982

013508662 浏阳县水利水电志/1992

012661212 湖南省第五工程公司志 1953-2008/1996

011998443 铁道部株洲桥梁厂厂志 1958-1987/1996

012816249 中铁株桥志 1988-2008/1996

011447201 株洲市建筑材料工业志/1997

012767158 炎陵县水利水电志/2010

010577072 湖南省醴陵建设集团志（东富）1972-2002/2002

006088095 醴陵市水利水电志/2002

013686276 铁山供水工程志/2039

012174932 桃源县护城垸建设志/2061

008847974 桂阳县水利电力志/2077

010200486 祁阳县水利水电志/2087

008380678 怀化市水利电力志/2094

012638888 怀化市水利水电志/2094

008835179 [湘西土家族苗族自治州]水利电力志/2110

009250823 广州市建筑材料工业志/2137

007507930 广州市建筑总公司志/2137

010293569 中国建筑第四工程局志 1962-1995/2137

009335619 广东省流溪河水电厂志/2159

008453652 东江—深圳供水工程志/2169

010229424 深圳海外装饰工程公司志 1981-1995/2169

009673643 深圳市水务志/2170

012839292 中国宝安集团志/2173

009673577 佛山市建筑业志/2184

007908331 封开县水泥厂志/2217

012096756 广西壮族自治区公路桥梁工程总公司通志/2278

009189333 广西壮族自治区水电工程局志/2278

012250991 广西壮族自治区水电工程局志 1992-2006/2278

011911481 中铁隧道集团四处有限公司志 1999-2005/2278

012877167 上林县水利电力志/2284

012872470 横县水利电力志/2285

008595489 桂林市建筑材料工业志/2296

007677611 全州县水利电力志/2300

013686446 永福县水利电力志/2301

012718828 灌阳县水利电力志/2302

007682665 龙胜各族自治县水利电力志/2304

013628042 荔浦县水利电力志/2303

013093116 荔浦县水利水电工程志汇编/2303

012758831 恭城瑶族自治县水利电力志/2304

013793083 峻山水利电力志纪念峻山水库建设四十周年/2304
013091101 合浦县水利电力志/2311
008665241 贵港市水利电力志/2314
008665404 玉林市水利电力志/2317
008665433 容县水利电力志/2318
009239630 百色地区水利电力简志/2320
011497024 富川瑶族自治县水利电力志/2327
008596798 天峨县水利电力志/2329
008596793 都安瑶族自治县水利电力志/2332
008596078 来宾县水利电力志/2333
012767082 忻城县水利电力志/2335
010244062 合山市水利电力志/2334
012873334 南宁地区水利电力志/2337
008665387 广西壮族自治区大新县水利电力志/2339
009145678 松涛水利工程志/2352
008430548 四川省重庆水泥厂志/2362
008421986 涪陵地区水利电力志/2371
009387522 丰都县水利电力志/2391
010290927 垫江县水利电力志/2392
008430241 铁道部第二工程局第四工程处志 1953-1993/2423
010251885 铁道部第二工程局第五工程处志 1953-1990/2423
009414615 铁道部第二工程局新线铁路运输处志 1950-1995/2423
009232088 五冶志 1948-1985/2423
013961401 中国水利水电建设集团公司志中国水利水电第五工程局卷 1954-2006/2424
013630798 中国水利水电建设集团公司志中国水利水电第十工程局卷 1981-2006/2423
010250954 双流县水利电力志/2445
011068478 郫县水利电力志/2447
010201293 都江堰外江管理处志/2439
009867280 邛崃县水利电力志/2442
008672518 自贡市建筑材料工业志/2453
008671534 攀枝花市水利电力志/2460
010009375 米易县水利电力志/2463
009817989 四川建设发展股份有限公司志 1985-2004/2470
012766249 绵阳市水利电力志/2477
013659631 绵阳市水利电力志 632-1985/2477
008430270 三台县水利电力志/2485
012877189 四川永安水利电力股份有限公司志 1994-2000/2485
013817875 安县水利电力志/2487
012839370 梓潼县水利电力志/2488
010291863 江油县水利电力志/2483
013131327 遂宁县水利电力志/2502
012967969 犍为县建材工业志 1985-2002/2526
009336984 夹江县水利电力志/2531
013512108 中国水利水电建设集团公司志夹江水工机械厂卷 1966-2006/2531
008428010 宣汉县水利电力志/2562
008418417 雅安地区水利电力志/2566
012969640 四川省名山县水利电力志/2568
010117823 通江县水泥厂志/2578
013933280 平昌县水利电力志/2582
010117796 乐至县水利电力志/2589
010290976 简阳县水利电力志/2585

009414674 中国铁路建筑总公司养马河桥梁厂志 1970-1995/2585
008992019 茂汶羌族自治县水利电力志/2596
008992025 马尔康县水利电力志/2593
011328338 凉山彝族自治州建筑志/2610
010144690 会东县第二建筑公司志 1979-1993/2614
010292267 冕宁县水利电力志 1912-1989/2617
013012702 中国水电顾问集团贵阳勘测设计研究院志 2003-2007/2635
013866356 中国水利水电建设集团公司志中国水利水电第九工程局卷 1958-2006/2635
013958703 开阳县水利电力志/2640
007685896 修文县水利电力志/2642
013771742 道真仡佬族苗族自治县水利电力志/2660
007684101 余庆县水利电力志/2659
007988979 贵州省安顺地区水利电力工程志/2663
008086955 玉屏侗族自治县水利电力志贵州省/2681
013958957 沙陀电站建设公司志 2005.10-2013.5/2682
013961170 沿河水电志/2682
014053026 云南省第六建筑工程公司志/2731
008837131 禄劝彝族苗族自治县水利电力志/2758
010577076 寻甸水电志/2759
009688181 会泽县水利电力志/2769
010577232 云南省文山壮族苗族自治州水利电力志/2855
010293539 马关县水利水电志/2858
013183448 广南县水利电力志/2859
013630699 云南省大理白族自治州建筑安装公司志/2869
012636770 盈江县水利水电志/2890
013129889 兰坪白族普米族自治县水利电力志/2898
013067168 陕西省建筑工程总公司志 1950-1990/2938
013961398 中国水利水电建设集团公司志中国水电建设集团十五工程局有限公司卷 1952-2006/2940
013689496 中国水利水电建设集团公司志中国水利水电第三工程局卷 1958-2006/2940
008993349 陇县水泥厂志/2970
013756029 汉中古渠堰述略/2998
012658483 甘肃省建筑工程总公司海外志 1978-2008/3035
009378300 甘肃省建筑总公司志 1949-1989/3035
013860518 甘肃兆远集团志/3036
008385481 永登县水利电力志/3042
012265163 靖会电力提灌工程志/3046
013956994 甘肃省白银市靖远兴堡川电灌工程志 1976.7-1994.12/3047
008453884 古浪县水利电力志/3056
008453844 张掖市水利电力志/3058
012811636 静宁建筑集团第四分公司志/3065
012003182 中国水利水电第四工程局志 1958-2008/3098
011762854 李家峡志/3105

010576642 红寺堡开发区志/3134
008994762 建筑安装工程总公司志/3166
012099929 水利水电工程处志/3181
009106502 第二建筑安装工程公司志/3208
008841179 二建志送审修改稿/3208
011066848 兵团路桥总公司志/3224
007662409 北京工业志燕山石化志/21
007662380 北京工业志电力志/21
010731591 北京工业志煤炭流通志/21
008838290 北京工业志第1卷 电子志/21
008838358 北京工业志第2卷 化工志/21
008838367 北京工业志第3卷 汽车志/21
008838305 北京工业志第4卷 印刷志/21
008527684 北京工业志第5卷 煤炭志/21
008444071 北京工业志第6卷 建材志/22
008444035 北京工业志第7卷 北内志/22
009189009 北京工业志第8卷 综合志/22
009346442 北京工业志第9卷 仪器仪表志/22
009060084 北京工业志第10卷 二七车辆志/22
009060241 北京工业志第11卷 机械志/22
009411389 集团企事业单位部门志汇编/25
012099925 数字行业民俗志/22
013508495 静海县工业志/102
010278970 赞皇县工业志/139
011570931 武安工业志/163
013461989 山西省工业基本建设志初稿/250
010232760 盂县工业志/283
013184298 黎城工业志/292
013756300 通辽市经委系统工业志1947-1986/408
012970775 哲里木盟工业志/408
008534819 上海电子仪表工业志/734
008839729 上海郊县工业志/734
012814192 上海市工业综合开发区志/734
012836304 上海县工业志/756
013684387 嘉定县社队工业志/762
013898460 南汇工业志/768
008096640 松江县工业志/776
012174839 青浦县工业志/780
010113627 奉贤县工业志/785
013629554 上海奉贤工业总公司志1984-2011/785
008096651 上海市奉贤县乡镇工业志/785
010291661 江宁县县属工业志/824
009348845 无锡县工业志/834
009797411 中国房屋建设开发公司常州公司志1981-1986/867
013603341 武进县工业志/876
013630081 苏州工业园区志1994-2005/880
008357563 吴县工业志/888
008446335 吴县乡镇厂矿/888
007347864 张家港市乡镇工业志/898
009413506 昆山市工业志/901
008379259 扬州工业交通志/934
010687040 丹阳市乡镇工业志/949
008446226 泰兴工业志/955
009881601 杭州市工业志/977
008446547 宁波市乡镇工业志/1007
009996073 温州市工业志/1020
008380167 海宁市工业志/1037
013342520 绍兴陶瓷志/1048

008380271 新昌县工业志/1059
008446576 金华市工业志/1061
009126262 兰溪工业志/1066
007445479 舟山工业志/1083
012832211 缙云县工业志/1103
010195458 南平市工业志/1262
009413297 闽东工业志/1273
008299058 江西厂矿志/1284
010251839 江西厂矿志第2辑/1284
009335364 江西工业产品志/1284
009198389 江西省电子工业志/1284
008299835 南昌市轻工业志/1297
008831509 江西省瑞金县化工厂志/1331
009335417 宜丰县经委国营工业志/1365
011066967 江西抚州地区企事业单位组织志 1949-1994/1368
012722008 平度工业志/1448
011479440 烟台工业志 1978-2005/1490
008986823 东平县工业志/1544
010113210 沂水县工业志 1875-1985/1567
009445124 德州市工业志/1577
008987927 郑州重工业志 1911-1987/1636
009814452 郑州市中原区工业志 1948-1996/1649
010239029 郑州市二七区工业志/1651
009839624 淅川县工业志/1778
010140311 新野县工业志初稿/1780
009335140 黄冈地区工业志/1926
013774635 麻城市工业志/1928
013647476 广济县工业志/1929
007986732 醴陵工业志/2003
008538668 湘乡工业志/2017
009383660 衡阳市工业志/2023
011995749 衡阳市工业志 1978-2003/2023

009814629 平江县工业志/2048
012950318 安化县国有工业志 1897-2000/2072
009399293 桂阳县工业志/2078
007843503 安仁县工业志/2082
011892389 祁阳县直工业志/2087
008531853 湖南省靖州苗族侗族自治县企事业系统组织史资料 1949.10-1996.12/2102
008190761 湖南省娄底地区工业志/2104
007908324 花县经委工业志/2156
007443177 从化县工业志/2159
009851753 南海市工业志 1979-2002/2190
009863786 广宁县地方国营工业志/2215
009863747 封开县经委国营工业志/2218
013604747 云浮市工业志/2254
012837763 云浮县经委工业志/2254
008595517 北海市工业志/2309
013601965 琼山县工业志/2350
011496971 大足县工业志/2377
009689002 江北县工业志/2379
013726871 成都市街道工业志复审稿/2424
011955461 双流县计经工业志 2005年本/2446
009414679 自贡市工业志/2453
013403082 德阳工业志/2470
008421991 峨眉铁合金厂志 1964-1985/2523
009414512 洪雅县工业交通局志/2545
013321158 武胜县工业志 1986-2005/2556
008421922 万源县工业志/2561
010201255 巴中县工业局志/2575
008541271 息烽县工业志/2641

013798876 遵义市工业志 1998-2007 /2652

010577333 安宁县工业志 /2750

008836965 峨山彝族自治县国营工业志 /2786

008488280 元江哈尼族彝族傣族自治县国营工业志 /2791

008667604 巧家县工业志 /2804

009115254 云锡志 /2846

013702872 宾川县工业志 /2875

012766320 怒江州工业志 /2892

008838301 咸阳市重工业志 /2975

007530701 张掖工业志 /3058

013222035 固原市非公有经济志 /3138

007534718 新疆生产建设兵团工业志交通志 /3158

011443975 吴江丝绸志 /890

008193843 汉冶萍公司志 /1842

012741928 百年湖湘工业图志 /1970

013659619 陆良县工业交通志 /2765

011293552 咸阳市工业经济志 /2975

008296923 台阳公司八十年志 /3232

交通运输经济

008486270 昌平县交通志 第3卷 /66

009769248 ［西青区］交通运输管理志 /94

011805446 井陉县交通志 /135

011805590 栾城县交通志 /137

009380950 栾城县交通志 1900-1985 /137

009380997 行唐县交通志 /137

009380983 高邑县交通志 /138

009381098 元氏县交通志 /141

009381304 辛集市交通志 /131

013335433 晋州市交通志 /132

008383465 新乐县交通志 /133

008380822 滦县交通志 /149

010278328 秦皇岛市交通志 /152

009381114 抚宁县交通志 /156

011473129 邯郸县交通志 /164

009381289 成安县交通志 /165

013647282 大名县交通志 /166

008534587 磁县交通志 /168

009382244 邱县交通志 /169

009380962 鸡泽县交通志 /169

009380954 广平县交通志 /170

009381300 馆陶县交通志 /170

011954052 馆陶县交通志 /170

009381085 魏县交通志 /171

009380967 曲周县交通志 /171

008378522 宣化县交通志 /201

011890890 怀来交通志 /206

008377732 涿鹿县交通志 /207

010290971 东光县交通志 /225

009381102 海兴县交通志 /225

009381095 盐山县交通志 /225

010290954 肃宁县交通志 /226

012099674 南皮县交通志 /227

010291645 吴桥县交通志 /228

009381107 献县交通志 /228

010291644 孟村回族自治县交通志 /229

010290926 泊头市交通志 1949-1985 /220

009381025 任丘市交通志 /221

009381024 黄骅县交通志 /222

009240568 河间县交通志 /223

013774462 廊坊交通运输志 /230

009380970 香河县交通志 /234

010108684 大城县交通志 1986-1999 /234

009380855 文安县交通志 /235

009381000 大厂回族自治县交通志 /236

009381060 三河县交通志/232	/398
008601018 衡水地区公路运输史/237	008594262 伊克昭盟交通志/414
011320298 景县交通志/241	013335291 杭锦旗交通志 解放前-1985/417
012174858 山西交通志 1978-2008/251	009398321 锡林浩特市公路交通志/445
009312556 太原市交通志/260	012831040 阿拉善盟交通志/449
011442072 太原市北郊区交通志/265	007513884 辽宁省交通志/462
008492810 娄烦县交通志/268	012099910 沈阳市交通志 2001-2005/480
008841141 古交市交通志/267	010275857 台安县交通志/521
009312520 大同市交通志/270	013369832 抚顺县交通志 1948-2010/527
009312559 阳泉公路交通史/276	009406385 盘锦市交通志/555
013510878 阳泉市道路运输协会志/276	013603208 铁岭县交通志/561
009312513 长治市交通志/284	013859412 朝阳县交通志续编/565
013184303 黎城县交通志/292	013374456 喀左县交通志/566
012814161 沁源县交通志/297	013374459 喀左县交通志 1986-2005/566
008471277 晋城市交通志/299	013369154 北票市交通志续编/564
012662716 阳城县交通志 1840-1988/304	009334629 凌源市交通志续编/565
011499292 陵川县交通志/306	012680421 凌源市交通志续编 1993-2005/565
008601035 晋城市郊区城区交通志/307	009853986 吉林交通志/576
012173790 高平县交通志 征求意见稿/301	011943020 白山市交通志 1985-2005/622
009312522 晋中地区交通志 公路交通篇/312	011329318 靖宇县交通志 1949-2006/623
012971006 左权县交通运输志/315	012967370 长白朝鲜族自治县交通志 1908-2008/624
011809299 昔阳县交通志/316	011564910 呼兰县交通志/662
009340808 运城地区交通志/323	008377750 鸡西市交通志/680
009387259 万荣县交通志/329	008379689 上海县交通志/756
011763243 平陆县交通志/335	013144620 南汇交通志/768
013959613 忻州地区交通志/337	012174071 金山县交通志/772
012266027 蒲县交通志/355	010144655 奉贤县交通志/785
009769127 吕梁地区交通志/356	007848967 南京交通志/810
012832465 临县交通志/364	011497862 江宁县交通志/824
013994118 孝义交通志/359	008446237 六和交通志/826
008383015 呼和浩特交通志/380	011499167 溧水交通志 1921-1985/827
012722937 土默特右旗交通志/395	011500730 无锡市交通志/830
014026669 赤峰市交通志 1991-2005 送审稿	

011998519 无锡市交通志 1986-2005/831
011792986 无锡县交通志/834
013531046 江阴市交通志重修本/836
008446258 江苏省宜兴县交通志/840
013011215 徐州市交通志/846
012689862 徐州运管志/846
010143068 丰县交通志/859
011564476 常州交通志/867
010686943 武进交通志/876
013603336 武进交通志 1986-2007/876
013731716 苏州交通运输志 1986-2005/882
008383057 苏州市交通志/882
013224527 昆山市交通志 1986-2006/901
012049396 灌云交通志/918
008446263 灌南县交通志/919
011294347 建湖县交通志/932
008446359 扬州交通志/934
009105492 江都市交通志/938
009687007 句容市交通志/951
013795581 泰州市交通志/952
013684425 靖江县交通志/954
012051946 泗洪县交通志 1990-2007/958
009348316 杭州市交通志/977
013752418 杭州市交通志 1991-2008/977
008846425 萧山交通志/990
009996260 桐庐县交通志/1003
009840428 淳安交通志/1004
013141074 淳安交通志 1994-2008/1005
013236370 浙江省富阳县交通志/999
007837931 宁波市交通志/1008
012545606 鄞州交通志/1011
009149559 慈溪交通志/1014
013506663 奉化市交通志 1986-2010/1015
011328093 温州市交通志/1020

008446599 瓯海县交通志/1023
010118458 洞头县交通志/1027
008446601 永嘉县交通志/1029
013510593 泰顺县交通志/1034
011584466 乐清县交通志/1027
007794181 海宁市交通志/1037
009996023 平湖市交通志/1039
013461828 平湖市交通志 1991-2005/1039
009046547 湖州交通志/1043
011431338 德清县交通志/1045
013126136 安吉县交通志/1047
010278820 绍兴市交通志/1048
012099897 绍兴市交通志/1048
011585116 新昌县交通志/1059
011442019 嵊县交通志征求意见稿/1056
009996183 嵊州市交通志/1057
011312501 金华市公路水运交通志 1991-2005/1061
009561896 金华市交通志/1061
011443985 武义县交通志/1072
013225556 浦江县交通志/1073
009996007 磐安县交通志/1074
011479492 义乌市交通志/1067
013860468 东阳市交通志 1987/1069
012722174 衢州市交通志 1985-2007/1076
009995711 常山县交通志 2000/1080
009995853 开化交通志/1081
013184275 开化县交通志 1986-2006/1081
008446581 江山交通志/1079
008450220 舟山市交通志/1083
009962456 定海交通志/1084
010147410 普陀交通志/1085
011442002 嵊泗县交通志/1086
009840520 台州交通志/1087

011580199 椒江市交通志/1089
011320172 三门县交通志/1095
010118503 天台县交通志/1097
009996125 仙居县交通志/1098
012265293 临海市交通志 1986-2003/1093
013730192 临海县交通志/1093
009962505 丽水市交通志/1099
008450216 青田县交通志/1102
008450406 遂昌县交通志/1104
008446536 松阳县交通志/1105
009996630 云和县交通志/1105
008450276 庆元县交通志/1106
008446587 景宁畲族自治县交通志/1106
013753531 龙泉市交通志 1989-2010/1100
008450238 龙泉县交通志/1101
011067648 合肥市交通志/1122
012832503 庐江县交通志/1128
012208329 芜湖县交通志/1132
013958864 马鞍山市交通志 1986-2005/1143
009001285 淮北市交通志/1147
011294262 徽州地区交通志/1159
009115803 滁县地区交通志/1164
010251835 滁州交通志/1164
013684462 来安县交通志/1166
010474452 嘉山交通志/1166
011066931 阜阳地区交通志/1169
009878450 灵璧县交通志/1175
013630070 泗县交通志/1175
008830265 泗县交通志 1985-2000/1176
013680572 亳县交通志征求意见稿/1181
013684474 利辛县交通志/1183
007474479 福州交通志/1207
012967359 仓山区交通志/1213

011439937 连江县交通志/1221
013336294 罗源县交通志/1223
013508835 平潭县交通志 1995/1224
008452045 福清交通志/1216
002522810 厦门交通志/1227
006548264 同安交通志/1231
007508976 莆田市交通志/1233
008830577 仙游交通志/1236
011998144 三明市交通志/1237
013509261 沙县交通志/1242
010577222 泉州市交通志/1245
008601044 鲤城交通志/1249
013683728 惠安县交通志/1253
007654336 安溪县交通志/1254
007347934 德化县交通志/1256
007825635 晋江市交通志/1251
009553658 南安县交通志/1252
007659730 漳州交通志/1257
013309038 长泰县交通志/1260
009335557 龙海交通志/1258
009310078 南平市交通志/1263
009378278 武夷交通志/1263
013756083 顺昌交通志/1265
011890676 光泽交通志/1266
012680442 龙岩市交通志 1988-2006/1268
008486829 闽西交通志/1268
012967382 长汀县交通志/1270
013510725 武平县交通志/1271
013342311 宁德地区交通志/1273
008527739 霞浦县交通志/1276
009392123 江西交通史志编纂综录/1285
007482046 江西省交通志/1285
012811583 江西省交通志 1991-2005/1285
008299846 南昌市交通志/1297

010110707 南昌县交通志/1302
008300138 景德镇市交通志/1305
010292780 萍乡市交通志/1308
014047518 莲花县交通志/1310
008300148 九江市交通志/1313
012970525 武宁县交通志 1991-2005/1317
013752633 江西省永修县交通志/1318
009385342 都昌县交通志/1320
008299944 新余市交通志/1322
011585251 鹰潭市交通志/1325
009386256 信丰交通志/1333
008428888 宁都交通志/1337
009386332 于都县交通志/1340
011329328 于都县交通志/1340
009687477 兴国县交通志/1342
009744839 会昌县交通志/1343
013755963 瑞金县交通志/1331
008844698 吉安地区交通志/1345
009687423 吉水县交通志/1348
011584998 遂川县交通志/1350
013660369 万安县交通志/1351
009386095 江西省宜春地区交通志/1354
012689877 宜春市交通志 1991-2007/1354
013659395 靖安县交通志资料汇编/1366
008425971 高安县交通资料汇编/1360
013377130 上饶地区交通志/1375
013731328 上饶市交通志 1986-2005/1375
008848182 玉山县交通志/1379
012836100 鄱阳县交通志/1382
013756864 万年县交通志/1383
014028655 德兴县交通志/1377
012836217 山东省枣庄汽车运输有限公司志 1949-2005/1467
011320010 枣庄市交通志/1467

009334597 东营交通志/1479
013793088 垦利县交通志 1986-2009/1483
012542605 利津县交通志/1485
012096749 广饶县交通志 1996-2006/1486
008488225 烟台市交通志 1840-1985/1490
013822090 牟平县交通志/1495
012265276 莱阳县交通志/1497
012506635 招远交通志/1500
008664531 济宁市交通志/1518
008487306 微山县交通志/1529
013661847 邹县交通志/1527
008986830 东平县交通志/1544
012662390 文登交通志/1547
012175048 五莲县交通志/1552
013686436 沂南县交通志/1565
013661549 沂水县交通志 1949-2011/1567
009334490 蒙阴县交通志/1572
012542626 临沭县交通志/1572
010686835 德州市交通志征求意见稿/1577
013755977 山东滨州交运集团有限责任公司志 1952-2012/1595
008987192 河南省交通史志资料汇编航运篇/1619
008987190 河南省交通史志资料汇编公路篇 1957-1966/1619
008987189 河南省交通史志资料汇编地方铁路篇 1959-1982/1618
008988088 郑州市交通志/1636
013379584 郑州市交通志 1995-2000/1636
009251966 中国外运河南公司志 1962-1990/1636
013661776 中牟县交通志/1668
009808375 新密市交通志/1661
013681533 登封县交通志/1667

013704403 开封市交通志/1672
009204325 洛阳市交通史志资料汇编 公路篇 1949-1981/1686
009204328 洛阳市交通史志资料汇编 运输篇 1958-1966/1686
007508834 洛阳市交通志/1686
012614069 洛阳市交通志 1985-2007/1686
009768511 洛阳市汽车运输公司志/1686
012766875 嵩县交通志/1697
010779044 平顶山市交通志/1701
013705133 临汝县交通志 1948-1986/1704
007019980 安阳市交通志/1709
008666387 林州市交通志/1712
008987748 鹤壁市交通志/1719
008421937 新乡交通志/1723
008421701 焦作市交通志/1736
013730282 沁阳县交通志续编 1985-1989 征求意见稿/1740
009814278 许昌地区交通志/1750
008424773 三门峡市交通志/1759
008422563 南阳地区交通志/1770
011570254 商丘地区交通志/1783
013686256 睢县交通志/1788
009685634 信阳地区交通志/1791
008426142 周口地区交通志/1798
013684631 沈丘县交通志/1802
012506363 项城市交通志 1995-2003/1799
008426121 驻马店地区交通志/1805
010279131 济源交通志/1811
011310499 湖北省交通志 水运篇 轮船运输 上册 1858-1949/1819
013923885 蔡甸区交通志 1986-2006/1845
014030798 汉阳县交通志/1845
013861731 黄陂县交通志/1847

012719002 武汉市黄陂区交通志 1980-2000/1847
007659728 黄石市交通志/1852
012613066 阳新县交通志 1986-2005/1855
013369756 大冶县交通志/1854
013860374 大冶县交通志/1854
013225849 十堰市交通志/1865
013661596 郧县交通志/1868
013012729 竹山县交通志/1870
013866376 竹溪县交通志/1871
008835233 宜昌地区交通志/1874
011327703 宜昌市交通志/1874
013866258 远安交通志/1880
013939751 远安县交通运输志 1991-2010/1880
009147404 秭归县交通志/1882
011501628 秭归县交通志续卷/1882
012724013 枝城市交通志 1865-1990/1877
009685675 当阳交通志/1878
013866307 枝江交通志/1879
007506733 襄樊交通志/1887
013865286 襄樊交通志 1986-2005/1885
009960269 鄂州市交通志/1893
013861854 京山县交通志/1902
013865393 孝感地区交通志/1904
008835215 荆州地区交通志/1913
012873000 荆州交通征稽志 1987-2005 定审稿/1913
009961611 [沙市]交通志/1916
013860546 公安交通志/1921
013861791 监利交通志/1922
009675318 江陵县交通志/1924
011327205 石首交通志/1917
010008644 洪湖交通志 1840-1987/1918

003035279 松滋交通志/1919
009961555 黄冈县交通志/1926
012967948 黄州区交通志/1928
012505363 罗田县交通志/1931
013865248 浠水县交通志/1933
013659760 蕲春县交通志/1934
013865269 咸宁交通志/1937
012096484 赤壁市交通志 1987-2005/1937
008990581 恩施自治州交通志/1944
013865267 鄂西土家族苗族自治州咸丰县交通志 1736-1985/1949
013066386 沔阳交通志/1952
009797130 潜江交通志/1954
012877094 潜江交通志 1989-2005/1954
013067178 神农架交通志/1957
009880341 湖南交通志水运分册 内河轮船运输篇 讨论稿/1970
008531829 长沙市交通志/1982
010197196 长沙市交通志 1991-2001/1982
010252192 长沙市联运总公司志/1982
013797250 长沙县交通志/1993
008531872 宁乡县交通志/1994
008531880 浏阳市交通志/1992
008531826 株洲市交通志/1998
009839716 株洲市交通志 1978-2001/1998
013630843 株洲县交通志/2005
012256527 攸县交通志/2007
008531861 酃县交通志/2010
010577301 醴陵市交通志/2003
010199539 湘潭市交通志送审稿/2013
008531865 湘潭市交通志/2013
010008751 湘潭市交通志 1980-2002/2013
008383039 湘潭县交通志/2020
013757072 湘潭县交通志 1988-2008/2020

008382678 湘乡市交通志/2017
009699680 湘乡县交通志/2017
010155160 韶山市交通志/2018
008304387 衡阳市交通志/2023
011954252 衡阳市交通志 1980-2005/2023
009685419 耒阳市交通志/2026
008384914 邵阳市交通志/2031
013822682 邵阳市交通志 1981-2002/2031
013990914 隆回县交通志/2035
008531892 武岗县交通志/2033
009686843 岳阳市交通志/2039
012662868 岳阳市交通志 1980-2001/2039
007657675 华容县交通志/2046
008594732 常德地区交通志/2054
012871864 常德市交通志/2054
012871866 常德市交通志 1980-2001/2054
013894208 常德市武陵区交通志 1988-1998/2056
012831063 安乡县交通志 1949-2008/2057
008452470 澧县交通志/2058
009699704 张家界市交通志/2063
009383839 益阳地区交通志/2067
010199767 益阳市交通志/2067
010280119 益阳市交通志 1980-2001/2068
008453577 郴州地区交通志/2074
008453576 郴州市交通志/2074
009880105 郴州市交通志 1980-2002/2074
008989966 桂阳县交通志/2078
008383453 嘉禾县交通志/2080
010245063 零陵地区交通志/2085
008531824 零陵县交通志/2086
010199442 祁阳县交通志/2087
013684571 祁阳县交通志/2087
009686249 道县交通志/2090

008188539 怀化地区交通志/2094	008594854 柳州市交通志/2287
013507972 怀化市交通志 1980-2001/2094	011441042 鹿寨县交通志/2291
008195185 沅陵县交通志/2098	009553698 桂林市交通志/2296
008378520 黔阳县交通志/2096	013143820 桂林市交通志第一稿/2296
008378576 娄底地区交通志/2105	011294244 梧州交通志/2305
009560846 湘西土家族苗族自治州交通志/2110	008595547 北海交通志/2309
011955720 湘西土家族苗族自治州交通志 1981-2005/2110	012505133 合浦县交通志/2311
007057345 广州交通邮电志/2138	011804486 河池交通志/2327
009251862 番禺县交通志/2154	008421861 万县地区交通志/2370
007443248 从化县交通志/2159	013369826 涪陵交通志 1986-2005/2371
009020894 深圳市交通运输志/2170	009553186 重庆市沙坪坝区交通志/2374
010294042 汕头市交通志/2177	009337818 重庆市江津县交通志/2381
007682699 澄海市交通志/2181	011068405 潼南县交通志/2387
007908441 佛山市交通志/2184	011447194 重庆市铜梁县交通志/2389
009851815 南海市交通志 1979-2002/2190	009688871 璧山县交通志/2390
013601853 南海县交通志/2190	008422545 梁平县交通史志/2390
012679333 高明交通志/2197	013705547 彭水交通志/2397
008466659 高明县交通志/2197	008390679 成都市交通志/2424
007464477 开平县交通志/2202	012048789 成都市武侯区交通局志/2431
009335900 恩平交通志/2203	008670623 成都市龙泉驿区交通志/2435
013148800 湛江交通志/2205	013991530 双流县交通志 2005年本/2443
008567840 广东省廉江县交通志/2207	008672527 自贡市交通志/2454
008453713 肇庆交通志/2212	008672528 自贡市交通志 1986-1995/2453
009378329 大埔县交通志/2226	008430427 富顺县交通志/2457
013604553 阳春县交通志/2233	008671504 攀枝花市交通志/2460
012048895 东莞市交通志/2240	008670956 绵阳市交通志/2478
007884845 中山市交通志/2243	013186047 游仙交通志/2482
011312481 揭阳市交通志/2249	013660328 四川省盐亭县交通志/2486
013012593 云浮市交通志/2254	009336830 梓潼县交通志/2487
008437254 云浮县交通志/2254	013958925 平武县交通志/2488
009864129 新兴县交通志/2259	013989068 广元市交通志/2492
009379622 郁南县交通志/2260	008671786 青川县交通志/2497
	008672066 遂宁市交通志/2503
	008421980 蓬溪县交通志/2505

012969402 蓬溪县交通志 1986-2005/2505
010151027 大英交通志/2508
008424341 内江地区交通志/2512
011570880 威远县交通志/2517
010010290 威远县交通志 1986-2003/2517
013774468 乐山市交通志/2521
008991839 犍为县交通志 1986-2000/2526
009336996 夹江县交通志/2531
013130125 沐川县交通志 1928-2005/2533
008424329 南充地区交通志/2537
010778957 南充市交通志/2537
013933234 南充县交通志/2537
013989062 广安市交通志 1993-2005/2554
009228151 达川市交通志/2558
012967331 巴中地区交通志 1911-2000/2575
008428863 通江县交通志/2578
009867220 平昌县交通志/2582
010201420 资阳市交通志/2583
011997071 乐至县交通志 1949-2005/2589
008992059 阿坝藏族羌族自治州交通志/2591
011566472 凉山彝族自治州交通志/2610
011566045 会东县交通志 1952-1990/2614
008421480 四川省昭觉县交通志/2616
011321349 四川省喜德县交通志/2616
012952048 贵阳市交通志 1978-2008/2635
013072728 修文县交通志 1329-2005/2642
013775167 清镇市交通志/2639
008541247 遵义市交通志/2652
013902081 遵义市交通志 1990-2007/2652
010577396 遵义县交通志/2655
013859472 赤水县交通志/2654
012662271 石阡交通志 1990-2005/2679

012003029 印江交通志 1375-1988/2681
013379030 松桃交通志/2682
008597967 雷山县交通志/2701
012505268 昆明市交通志/2732
010242610 官渡区交通志/2744
011809589 宜良县交通志/2753
008974107 石林彝族自治县交通志/2756
009840413 陆良县交通志/2765
012900231 玉溪地区交通志/2773
008836996 峨山县交通志/2786
012758800 峨山彝族自治县交通运输管理志/2787
008488284 元江哈尼族彝族傣族自治县交通志/2791
009106623 保山地区交通志/2794
009245171 保山市交通志/2794
009245164 施甸县交通志/2797
011066845 腾冲县交通志/2799
009245175 龙陵县交通志/2800
009245168 昌宁县交通志/2801
008426716 鲁甸县交通志/2803
012051685 鲁甸县交通志 1978-2007/2804
008423052 丽江地区交通志/2809
013659696 宁蒗彝族自治县交通志/2812
011477215 思茅市交通志/2813
012769580 镇沅彝族哈尼族拉祜族自治县交通志/2820
009399284 临沧地区交通志/2823
013751669 凤庆县交通志/2825
013819386 耿马傣族佤族自治县交通志/2831
009393191 沧源佤族自治县交通志/2831
010251795 楚雄州交通志/2834
009867350 南华县交通志/2838

011328473 云南省泸西县交通志/2850
013820497 金平县交通志/2852
010473850 广南县交通志/2859
010252872 勐海县交通志/2864
009125983 勐腊县交通志/2864
009388431 大理白族自治州交通志/2867
013660417 祥云县交通志/2874
012766301 南涧县交通志/2883
011478718 巍山彝族回族自治县交通志 1978-2005/2885
011328418 德宏州交通志/2886
013797188 盈江县交通志/2890
008597684 怒江州交通志/2893
012832321 兰坪交通志 1995-2008/2898
012758770 迪庆藏族自治州交通运输志/2901
012767049 香格里拉县交通运输志/2903
008492910 西安古代交通志/2940
008993380 陇县交通志/2970
008994069 咸阳市交通志/2975
011804468 合阳县交通志/2988
011441190 蒲城县交通志/2989
012872377 韩城市交通志/2985
011497742 汉中市交通志/2998
008993792 南郑县交通志/2999
009091786 陕西省城固县交通志/3000
010201231 宁强县交通志/3000
008487102 商洛地区交通志/3014
009337922 丹凤交通志/3016
013901258 镇安县交通志/3018
013415301 会宁县交通志/3048
007516519 张掖交通志/3058
012049417 果洛州交通志/3107
012836140 曲麻莱县交通志 1978-2008 /3109
009399632 石嘴山市交通志/3130
008667355 吴忠市交通志/3134
011476871 哈密地区交通志/3176
008380250 阿克苏地区交通志/3180
011890414 阿克苏地区交通志 1986-1995 /3180
011793324 伊犁交通志/3206
008525586 "中华民国"史交通志 初稿/3232
007550426 中国铁路志/3269
009348453 北京车辆段志 1938-1988/22
013333770 北京车务段志 1896-2008/22
009045514 北京工务段志 1897-2000/22
009081798 北京南站志 1897-1997/22
009988763 北京铁路建设集团有限公司志 1953-2003/22
010253344 北京铁路局志 送审稿/23
010229523 北京铁路局志 1988-2004/23
007590147 北京铁路局志 1881-1987/23
009385677 北京站志 1901-2000/23
010293040 电化局建筑工程处志 1974-1998 征求意见稿/23
010278950 电化局建筑工程处志 房建工程部分 1974-1998/23
008874741 铁道部第十六工程局志 1952-1996/23
009783157 铁道部电气化工程局第一工程处志 1962-1998 送审稿/23
008874567 铁道部电气化工程局志 1958-1998/23
009745128 铁道部建厂工程局志 1953-1995/23
009783037 中国铁道建筑总公司志 1948-

1995/23

010146990 中国铁路工程总公司志 1950-2000 送审稿/23

009232381 中国铁路工程总公司志 1950-2000/24

010280065 中国铁路通信信号集团公司研究设计院院志 1953-2003/24

008444081 广安门站志 1906-1990/46

009742338 广安门站志 1906-2004/46

009741662 西直门车务段志 1905-2000/46

008982600 丰台车辆段志 1902-2002/53

010153147 丰台电务段志 1944-2004/53

008378055 丰台机务段志 1897-1997/54

008949784 丰台机械保温车辆段志 1956-2001/54

008444058 丰台西电力机务段志 1983-1997/54

010153150 丰台西电务段志 1956-2001/54

008382916 丰台站站志 1895-1988/54

012051822 三家店车务段志 1927-2000/57

009045517 石楼车辆段志 1969-2000/59

012662336 天津铁路分局志 1881-1990/83

008838501 铁道部第十八工程局志 1958-1998/84

008874658 铁道部第十三工程局志 1948-1995/84

011294634 铁道部电气化工程局电气化勘测设计研究院院志 1955-1998 送审稿/84

012758740 北京铁路局石家庄物资供应段志 1939-2007/123

010252360 石家庄车辆段段志/122

008487157 石家庄铁路分局志 1897-1990/123

009745124 铁道部第一工程局志 1950-1995/144

009743452 承德车务段志 1933-2000/210

013959388 朔黄铁路公司志 1985-2010/226

009025822 太原机务段志 1934-2000/260

008486290 太原铁路分局志 1896-1985/260

011955639 太原线路大修段段志/260

009415080 铁道部第三工程局志 1952-1996/260

011320263 白洋墅车站志 1906-1987/276

011430407 长电段志 1988-1991/284

012967387 长治北工务段志 1987-2004/284

010278535 榆次站志/313

012956610 榆次站志/313

009106613 呼和浩特铁路局志 1914-1988/380

011476926 内蒙古集通铁路有限责任公司志/380

010251784 包头铁路分局志 1923-1988/391

009162054 通辽铁路分局志 1917-2000/408

008385398 海拉尔铁路分局志 1896-1996/422

008950209 海拉尔铁路分局志 1997-1999/423

008594397 伊图里河铁路分局志 1928-1995/423

009675782 满洲里换装所志 1951-2001/423

009025983 满洲里站志 1901-2001/423

013462051 沈铁沈阳电务大修段段志 1954-1994/480

009244094 沈阳铁路分局志 1898-1988/480

013795395 沈阳铁路局志稿财务管理篇/480

009994561 沈阳铁路局志稿车辆篇/480

009244099	沈阳铁路局志稿电务篇/480
009244104	沈阳铁路局志稿房产篇/480
013795397	沈阳铁路局志稿干部管理篇/481
013795398	沈阳铁路局志稿干线篇/481
009244110	沈阳铁路局志稿工务篇/481
009244111	沈阳铁路局志稿货运篇/481
013795400	沈阳铁路局志稿基建篇/481
009244112	沈阳铁路局志稿集体经济篇/481
009244115	沈阳铁路局志稿计划统计篇/481
009244116	沈阳铁路局志稿教育篇/481
009244117	沈阳铁路局志稿客运篇/481
013795406	沈阳铁路局志稿劳资管理篇/481
013795407	沈阳铁路局志稿群团篇/481
013795409	沈阳铁路局志稿人物篇/481
013795425	沈阳铁路局志稿生活篇/481
009244119	沈阳铁路局志稿土林篇/482
009244123	沈阳铁路局志稿卫生篇/482
013795427	沈阳铁路局志稿武装战备篇/482
013795431	沈阳铁路局志稿政党篇/482
013795433	沈阳铁路局志稿综合管理篇/482
013795438	沈阳铁路局志稿综合篇/482
010278332	丹东铁路分局志1904-1985/533
009387108	沈阳铁路局锦州科学技术研究所所志草稿/538
013990701	吉林化学工业公司铁路运输公司志1958-1988/601
007992207	吉林铁路分局志1896-1985/601
013684649	舒兰车务段志1934-1985/609
010290968	四平机务段志1926-1986/611
009106606	通化铁路分局志1925-1995/617
009244284	通化铁路分局志稿/617
008042321	图们铁路分局志1922-1988/633
008383926	哈尔滨机务段志1898-1998/656
009743732	哈尔滨铁路分局志1896-1995/656
008364343	哈尔滨铁路局志1896-1994/656
013320003	齐齐哈尔铁路车辆集团劳动服务公司志1999-2008/671
008973442	齐齐哈尔铁路分局基层单位志/671
008034789	齐齐哈尔铁路分局志1896-1985/671
010195537	大庆铁路志1897-1984/689
008869584	佳木斯铁路分局志1926-1997/699
009790464	佳木斯站志1937-1997/699
009790470	哈尔滨铁路局牡丹江站志1901-2001/705
009685662	牡丹江铁路分局志1896-1993/705
011066688	绥芬河机务段志1903-2003/707
008067753	加格达奇铁路分局志1958-1994/720
009106104	上海铁路分局志1950-1995/734
012766512	上海铁路局集体经济志/734
009319911	上海铁路局志/734
008534699	上海铁路志/734
013510837	徐州电务一段志1911-1985/846
011327164	徐州铁路分局志1908-1985/846
009840465	杭州铁路分局志1906-1995/977
008662434	金温铁路武义段志/1072
013145546	铁道部第四工程局第四工程

处志 1953-2000/1122

012722578 铁道部第四工程局第一工程处志 1953-2000/1122

013145535 铁道部第四工程局电气化工程处志 1971-2000/1122

011066694 铁道部第四工程局给排水工程处志 1953-2000/1122

010201738 铁道部第四工程局机械工程处志 1984-2000/1122

010201742 铁道部第四工程局物资管理处志 1961-2001/1122

013145521 铁道部第四工程局运输工程处志 1963-2000/1122

008874989 铁道部第四工程局志 1950-1995/1122

013145511 铁道部第四工程局第六工程处志 1950-2000/1129

013706842 铁道部第四工程局建筑工程处志 1950-2000/1130

012889200 蚌埠铁路分局志 1898-1995/1134

009024714 福州铁路分局志 1905-1995/1207

008298986 江西省铁路志/1285

009411589 江西铁路百年图志 1899-2003/1285

012970973 中铁大桥局五公司史志/1297

009386169 南昌铁路局九江机务段志/1313

012051828 山东省地方铁路志 1958-2005/1401

009962106 济南电务段志 1899-1985/1412

008874759 [济南市]物资工作志 1948-1996/1413

009228125 济南铁路分局志 1899-1985/1412

013316336 济南铁路局工程总公司第五工程段志 1953-1993/1412

013316338 济南铁路局工程总公司电务工程公司志 1955-1985/1412

013316342 济南铁路局工程总公司志 1953-1985/1412

013316345 济南铁路局原第二工程处志 1950-1981/1412

007515141 济南铁路局志 1899-1985/1412

012811564 济南铁路局志 1986-2005/1413

008869588 青岛铁路分局志/1434

012690290 淄博工务段志 1897-1985/1455

012175139 兖州矿区铁路志 1965-1986/1524

008380840 兖州站志 1909-1993/1524

012052005 威海铁路志 1987-2002/1545

013185882 威海铁路志 1987-2010/1546

013732023 铁道战备舟桥处志 1964-1995/1584

010275936 禹城车务段志 1972-1985/1581

013098030 郑州车辆轮轴段段志 1954-2004/1636

011440946 [郑州]车辆南段志 1949-1985/1636

011910307 郑州电务段志/1636

013759078 郑州东站志 1953-1990/1636

008424620 郑州铁路分局郑州水电段段志 1948-1987/1637

009010114 郑州铁路分局志 1897-1990/1637

009814407 郑州铁路局郑州工程公司志 1953-1985/1637

009251933　郑州铁路局志 1893-1991/1637

013736505　中铁隧道股份有限公司志 2006-2010/1637

013183731　开封工务段志 1905-1986/1673

008486809　洛阳铁路分局志 1905-1985/1686

009198630　铁道部隧道工程局志 1978-1997/1687

012956942　中铁隧道集团二处有限公司志 1984-2002/1687

011444057　新乡车站志 1904-1986/1723

007986739　新乡铁路分局志 郑州铁路分局志分册 1902-1986/1724

010239125　许昌地方铁路志 1966-1985 暂定稿/1750

010238847　漯舞地方铁路志 1959-1982 征求意见稿/1757

011570141　南阳车务段志 1969-1985/1770

010195533　商丘车站站志 1913-1985 征求意见稿/1783

010238975　济源地方铁路志/1811

008990387　汉口车站志 1898-1998/1833

008874576　铁道部第十一工程局志 1948-1995/1833

009252739　武汉铁路分局志 1893-1990/1834

008990617　江岸车站志 1898-1998/1840

013824895　[中国第二汽车制造厂]铁路运输处志 1970-1983/1865

009962615　铁道部电气化工程局第二工程处志 1978-1998/1886

008492792　襄樊铁路分局志 1958-1995/1887

013321211　孝感车务段段志 1897-1993/1904

009685954　长沙机务段志 1911-2004/1982

011757383　长沙建筑段志 1961-2006/1982

010142808　长沙市铁路志/1982

010577083　机械筑路工程处志/1982

009010657　铁道部第五工程局电务工程处志 1950-1990/1983

011586361　株洲车辆段志 1953-2003/1998

013897326　湖南省醴浏铁路路志 1959-1989/2003

012832051　衡阳车辆段志 1949-2001/2023

008869581　衡阳铁路分局志 1950-1986/2023

011579003　郴州地区铁路志 1933-1988/2074

011432765　怀化铁路总公司志 1970-2005/2094

013097849　新线铁路运输处志 1950-1999/2094

009024972　广铁集团志 1896-2000/2138

009145539　广州铁路局局志 战备人防武装篇/2138

009145671　韶关工务段志/2162

011328655　湛江车站志 1956.1-2006.1/2205

010195456　南宁铁路分局志 1986-1996/2278

008845831　柳州铁路分局志/2287

009106611　柳州铁路局志/2287

009783853　重庆南机务段志 1951-1991/2363

008440063　重庆铁路分局志 1903-1990/2363

013955831　北碚车务段志 1975-2005/2375

013923948　成都机务段志 1952-1992/2424

008042323 成都铁路分局志 1952-1989/2424

008392615 成都铁路局志 1903-1988/2424

010292628 铁道部成都物资办事处志 1958-1992/2424

012638711 铁道部第二工程局第二工程处志 1955-1990/2424

009783165 铁道部第二工程局电务工程处志 1952-1995/2424

008874571 铁道部第二工程局志 1950-1995/2424

011911478 中铁二局路桥工程公司志 1951-2000/2425

013866359 中铁西南科学研究院志 1988-2008/2425

010201384 绵阳站站志 1953-1990/2478

008869578 贵阳铁路分局志 1898-1988/2636

009415174 铁道部第五工程局志 1950-1999/2636

011584403 昆明东站志 1964-1999/2732

013659558 昆明铁路局生活服务总公司志 1999-2009/2732

009994126 昆明铁路局志 1903-2000/2732

013897885 昆明中铁大型养路机械集团有限公司志 1996-2005/2732

013143739 广通车务段志 1970-2000/2823

010243045 开远铁路分局志 1903-1990/2847

008492911 西安铁路分局志 1905-1990/2940

012636509 中铁一局集团有限公司志 1996-2009/2941

013922890 宝鸡车务段志 1938-1996/2958

008417814 宝鸡铁路交通志 1935-1990/2958

010730563 神朔铁路分公司志/3004

009228137 安康铁路分局志 1970-2000/3010

013861888 兰州车站志 1952-2005/3037

009025833 兰州铁路分局志 2002/3037

009010534 兰州铁路局志 1956-1995/3037

011584457 兰州西站志 1952-2002/3037

012256512 颍川堡车辆段志 1959-2000/3037

012208275 天水车辆段志 1952-2002/3050

013822785 天水车站志 1991-2001/3050

011764805 天水机务段志 1945-1995/3050

009411408 武威铁路分局志 1952-2000/3054

012639742 陇西工务段志 1952-2000/3074

013369895 格尔木车辆段志 1983-2002/3110

013369897 格尔木车务段志 1984.5.1-2004.5.1/3110

012250933 格尔木机务段志 1984-2000/3110

012096344 北疆铁路公司志 1985-1999/3168

008440072 乌鲁木齐铁路分局志 1960-1990/3168

008873803 乌鲁木齐铁路分局续志 1991-2000/3168

010117858 乌鲁木齐铁路局志 1971-2000/3168

012786702 台湾铁道文化志 解读铁道王国的文化密码/3233

009250278 北京公路志/24

009250248 门头沟公路志/57	013104451 山西省道路运输管理志/251
008527575 房山公路志/59	009057255 太旧高速公路建设志/251
008531667 通县公路志/61	012766887 太原公路志/260
009250251 顺义公路志/62	010476422 大同干线公路志/270
009250249 昌平公路志/66	013097864 阳泉干线公路志/276
008486256 昌平县公路志第5卷/66	013994225 阳泉汽车修造运输有限公司志/277
008531644 大兴公路志/68	013689478 阳泉市公路志/276
009250291 怀柔公路志/69	013045577 河津龙虎公路志/327
008531647 平谷公路志/70	012723207 忻州公路志/337
009250294 密云公路志/71	008983947 呼和浩特市道路交通管理志/380
009250282 延庆公路志/72	009817679 包头公路交通志/391
008487150 石家庄地区公路志/123	010577231 乌海公路交通志/396
008378027 石家庄市公路交通志/123	009819954 赤峰市公路交通志/399
013897672 井陉县公路工程志 1949-2011/135	012658101 巴林左旗公路交通志/404
010252669 赵县公路交通志/141	010576812 克什克腾旗公路交通志/405
009380959 邯郸县公路交通志/164	009019409 哲里木盟公路交通志/409
009381091 临漳县交通志/165	009687834 呼伦贝尔盟公路交通志/419
008600290 邢台地区公路史/172	008383012 巴彦淖尔盟公路交通志/432
010293028 阜平县公路交通志/191	008385190 锡林郭勒盟公路交通志/444
008378810 张家口地区公路运输志/198	008594343 太仆寺旗公路交通志/447
010251348 张家口地区公路志/199	008600310 阿拉善盟公路交通志/450
009380990 河北省崇礼县公路交通志/209	009242766 辽宁公路志/462
008383067 承德地区公路运输志/210	010376816 辽宁公路志资料选编/462
009412652 承德地区公路志/210	013330352 鞍山市公路志/516
009380978 丰宁县交通志初稿/214	008829248 彰武县公路交通志/547
008486244 沧州地区公路运输史/217	009334617 运输公司志 1970-1990/558
008379983 武强县公路交通史/240	011067810 铁岭市公路运输志/559
009818417 大运高速公路建设志/251	011067234 铁岭市公路运输志续编 1986-1990/559
012814183 山西公路志/251	009334627 凌源县交通志/565
009312577 山西交通征稽志 1987-2002/251	012503704 长吉高速公路建设志/587
013731193 山西省村村通水泥(油)路工程建设志/251	013507825 哈尔滨市道路交通管理志 1898

-1996/656
010475311 哈尔滨市公路志/657
008385539 阿城市公路交通志/662
008661876 大庆运输公司志 1960-1994/690
008377756 牡丹江市公路交通志/705
007824191 上海公路运输志/734
009391953 南京公路运输管理志/810
013861811 江浦县公路志/820
009560861 丰县公路志/859
009415011 萧山道路交通管理志/990
010475968 余杭道路交通管理志/994
013862817 临安市道路交通管理志/1001
012814255 泰顺县公路管理段志/1034
009804307 安徽省公路志/1114
010293545 合肥市公路志/1123
009683289 芜湖市公路志/1130
009683208 蚌埠市公路志/1135
013316287 淮南公路运输志/1139
009683249 马鞍山市公路志/1143
009683237 淮北市公路志/1147
010007656 铜陵市公路志/1149
009377214 安庆市公路志/1152
008450969 黄山市公路志/1159
009683223 滁县地区公路志/1164
009683233 阜阳地区公路志/1169
009378115 宿县地区公路志/1172
009115646 池州地区公路志/1184
009188409 宣城地区公路志总纂稿/1186
008592513 福建省公路志/1201
008096666 泉州市道路交通管理志/1245
009683633 漳州市道路交通管理志/1257
010110685 南昌公路史志资料汇编 1949-1990/1297
011478756 武宁县公路志/1317

010200256 广昌公路段志/1374
010244044 山东省高速公路交通安全管理简志/1398
013369672 城阳公路志 1994.8-2011.12/1442
011432842 即墨市公路志/1446
008528767 平度市公路志/1448
010279879 平度市公路志 2000-2005/1448
008664541 淄博公路志/1455
012811504 桓台公路志/1463
012052491 烟台公路志 1949-2005/1490
012766422 青州公路志/1507
009744854 高密公路志/1513
012542819 任城公路志 1948-2008/1520
009676000 威海公路志/1546
012132623 德州公路志 1986-2003/1577
013045670 惠民地区公路志/1595
011566294 开封市公路志/1673
013686410 新乡地区公路志/1726
012836469 温县公路段志 1956.6-2000.12/1744
012832537 漯河市公路志 干线公路 1988-2000/1756
009511216 济源公路志/1812
012811490 湖北道路运输志 1990-2005/1819
009252283 湖北公路运输志/1819
012832154 交运公司志 1983-2008/1834
010468501 武钢交运公司志 1960-1982/1834
012999161 黄石道路交通管理志/1852
013323309 竹山县公路志 古代-2009/1870
009125493 公安县公路志/1921
013096434 随州道路运输志 1924-2005

/1941
012871856 长永公司志 1993-1998/1983
009383829 益阳地区道路交通管理志/2068
009383836 益阳地区公路志/2068
008486416 广东省公路志/2126
013818135 宝安公路志/2173
013602010 汕头公路志(省养公路)/2178
007987707 佛山市公路志/2185
012721856 梅州公路志/2223
012132686 东莞市公路志/2241
012766435 饶平公路志/2247
013775994 新兴县公路志 1979-2004/2260
012679347 广西瑞通集团志 1952-2007/2287
013143818 桂林公路局志/2296
012097410 河池公路志/2327
013626503 海口陆上交通志/2348
007621133 重庆市公路运输志/2363
011475276 梁平县道路运输管理志 1996-2005/2390
008428874 梁平县公路运输管理所志/2390
008424327 四川省公路志/2408
010730385 成都交通(公路)史志续 1986-2000/2425
010475794 什邡运输集团公司志/2472
013996264 遵义高等级公路管理志/2652
010962590 云南省道路交通管理志/2721
010476393 昆明交通规费征收稽查志/2732
010243531 昆明客运段志 1966-1996/2732
013402844 保山公路志 1999-2008/2794
012191590 楚雄公路管理志/2834

012264050 楚雄交通规费征收稽查志/2834
011472228 楚雄州道路交通管理志/2834
013402913 大理白族自治州公路志/2867
011328449 德宏傣族景颇族自治州公路管理志/2888
008539906 六库公路管理志/2893
012208091 怒江交通运输集团公司志/2893
013369760 迪庆州道路交通安全管理图志/2901
009393155 中甸公路管理总段志/2903
007984429 陕西省道路交通管理志/2932
009003156 陕西省道路交通管理志汉中分志/2998
008542702 陕西省道路交通管理志第1卷 商洛分志/3014
008637906 陕西省道路交通管理志第2卷 延安市分志/2992
008453782 陕西省道路交通管理志第3卷 宝鸡分志/2958
008715627 陕西省道路交通管理志第4卷 渭南分志/2983
008637901 陕西省道路交通管理志第5卷 咸阳分志/2976
008842904 陕西省道路交通管理志第6卷 华阴市分志/2986
008637899 陕西省道路交通管理志第7卷 西安分志/2941
008453780 陕西省道路交通管理志第8卷 铜川分志/2952
009348221 陕西省道路交通管理志第9卷 安康分志/3010
008994033 陕西省道路交通管理志第10卷

　　　　　　杨陵分志/2978
009348223 铜川市公路交通志/2952
013308894 宝鸡古代道路志/2958
009251458 宝鸡市公路交通志/2958
008993616 商州市公路交通志/3015
008600315 白银市公路交通史第1卷/3046
012208565 张掖公路总段志/3058
008453904 平凉市公路交通志/3062
008601041 酒泉地区公路交通史/3065
008453848 临夏回族自治州公路交通史/3079
008601015 甘南藏族自治州公路交通史/3082
012814267 天津海事志/84
010278575 秦皇岛港口近代史图志/152
009553710 秦皇岛港口志/152
012814147 秦皇岛港口志 1996-2005/152
012832198 锦州港志 1986-1999/538
007976487 上海长江航运志/735
008842804 上海港志/735
008254882 上海内河航运志/735
008534861 上海沿海运输志/735
008534865 上海远洋运输志/735
013335415 江阴市口岸志/838
013901016 徐州港务局志 1958-1985/846
009553809 连云港港志/914
010469036 安徽省航运志/1114
011292812 安徽省淮河航道志/1115
008451041 福建航道志/1201
011890631 福建水运志/1201
007347933 福州港志/1208
008532523 福州马尾港图志/1214
009412540 厦门港志/1227
011294819 青岛港志 1978-2005/1434

013758748 枣庄航运志/1467
012097516 济宁航运志/1518
008378585 日照港志/1550
012202947 京杭运河山东北段航运简志送审稿/1577
008665711 湖北水运志/1819
011292515 武汉港口志/1834
012722973 武汉市港口运输总公司企业志/1834
008527995 宜昌地区水运志/1874
009675361 荆州地区水运志/1913
007986709 黄冈地区水运志/1926
013185711 汕头港口志 1860-2010/2178
008380151 南海县水运志/2190
011564625 广西航运志/2272
007621135 重庆内河航运志/2363
007665137 重庆市轮渡公司志 1938-1987/2364
008428059 重庆市水上运输公司志/2364
011500634 四川航运史志文稿/2408
013224679 绵阳航务志/2478
011066852 中国外运上海公司志/735
008452091 山东民航志/1401
009240638 河南民航志/1619
009675400 湖南民航志/1970
012639692 南航深圳公司志 1991-2000/2170
008414536 重庆民航志/2364
013190105 中国民航飞行学院志 1956-2000/2471
009243876 沈阳市电车公司志/482
009241461 吉林市城市客运志 1906-1995/601
013652725 吉林市公共交通公司志 1949-

1986/601

010146844 杭州市公共交通志/977

008662438 温州市公共交通志/1020

012097592 金华公共交通志 1977.6-2007.6 /1061

012831419 福州市公共交通公司志 1952-1995/1208

013404290 福州市公共交通集团有限责任公司志 1995-2005/1208

012249820 德州交通集团志/1577

008421339 郑州市公共交通总公司志/1637

009010106 洛阳市公共交通志/1687

009675273 洛阳市公共交通志 1985-2003/1687

013797243 长沙市第一运输公司志 1951-1986/1983

011499305 柳州市公共交通有限责任公司公司志/2287

011499476 攀枝花公交客运总公司志 1971-2000/2460

010201305 绵阳交通稽征志/2478

013732016 通力公司志/2478

013319762 内江市公共交通有限责任公司志 1958-2008/2512

旅游经济

009391068 南戴河旅游志/152

010732060 南戴河旅游志 1995-2005/152

013091109 河北省北戴河管理处志/155

008848155 涿鹿县文体旅游志/207

010113288 晋商文化旅游区志/249

013689056 平鲁旅游志/309

010280333 关公文化旅游志第7卷/324

009768633 长春净月潭旅游经济开发区志/587

012836299 上海佘山国家旅游度假区志/735

012880330 上海南汇滨海旅游度假区志/769

013991354 青浦旅游志/780

011955397 上海奉贤海湾旅游区志 1979.9-2006.12/781

010280355 无锡市旅游志/831

012542938 苏州市旅游志/882

008846431 浙江乡村旅游志/968

012175544 浙江省建德市风景旅游志/997

011475244 兰溪市旅游志/1066

009020795 江西省旅游志/1285

013630654 养马岛旅游度假区志/1487

013731188 山海天旅游度假区志/1549

009413830 嵩山旅游志/1667

010230879 林州市旅游志/1712

013897332 湖南省旅游志 1950-2011/1970

013461998 汕头市旅游志 初稿/2178

009852607 南海市西樵山旅游度假区志/2187

012636976 高明市旅游志 1982-2002/2198

011500839 肇庆市旅游志/2212

012878887 云浮市旅游志/2254

010008247 桂林旅游志/2296

011805656 绵阳市旅游志/2478

011294804 大英旅游志/2509

013863112 内江地区外事侨务旅游志/2512

008991835 犍为县文体旅游志 1986-2000/2527

012950341 巴中市旅游志 1979-2006/2575

012899033 雷山县旅游志/2701

009881585 昆明滇池国家旅游度假区志/2733

010242591 玉溪地区旅游志/2773

012636822 大理白族自治州旅游志/2867

008418290 宝鸡市外事旅游志/2958

邮电经济

009783216 北京电话图志 1899-1999/24

007990294 天津邮政志/84

008377945 石家庄市邮政志/123

010278926 栾城县邮电志/137

011294642 行唐县邮电志/137

009240604 高邑县邮政志/138

009743449 无极县邮政志/140

012175219 元氏县邮电志/141

008379279 辛集市邮电志/131

009310328 藁城市邮电志/131

008486680 晋州市邮电志/132

009560764 秦皇岛邮电志 1884-1990/153

008534689 邯郸邮电志/160

008487317 魏县邮电志/171

008983086 清河县邮电志/180

009046109 保定邮电志 960-1988/183

009560772 张家口邮电志/199

010291875 沧州邮电志/217

012758959 衡水市邮电志 1991-1998/237

008378938 衡水邮电志/237

008378928 枣强县邮电志/239

008378696 武邑县邮电志/240

008378627 武强县邮电志/240

008379055 饶阳邮电志/240

008379151 安平县邮电志/241

008378623 故城县邮电志/241

008378931 景县邮电志/242

008379120 阜城县邮电志/242

008382979 冀州市邮电志/238

008379041 深县邮电志/239

010279808 山西长线局志 1960-2003/251

008379326 山西邮电志/251

009160145 太原邮电志/260

009561622 阳泉邮电志/277

007350157 长治邮电志/284

010252648 永和县邮电志 1366-1998/354

011320488 侯马邮电通信电缆厂厂志 1968-1998/346

013926324 呼和浩特邮区中心局志 1998-2011/381

008594368 包头邮电志/391

011500716 土默特右旗邮电志/395

008594281 乌海邮电志/396

008671663 赤峰市邮电志/399

008384903 元宝山区邮电志/401

013706396 松山区邮电志/402

013140870 巴林右旗邮电志/405

009687213 敖汉旗邮电志/406

008543229 哲里木盟邮电志/409

009349774 伊克昭盟邮电志/414

010475315 呼伦贝尔盟邮电志/419

009313067 莫力达瓦达斡尔族自治旗邮电志/429

012265370 满洲里市邮电志/423

008660851 巴彦淖尔盟邮电志/432

008983817 巴彦淖尔盟邮电志续编/432

009414019 磴口县邮电志/434

008660865 乌兰察布盟邮电志/437

008594359 兴安盟邮电志/440

009349649 锡林郭勒盟邮电志/444
009387118 阿拉善盟邮电志/450
009243263 辽宁邮电志资料选编/462
010200282 沈阳邮政志 1991-1999/483
009675760 瓦房店市邮电志/509
010252193 丹东邮电志 1896-1995/533
009310684 辽阳邮电志/550
009244283 铁岭邮电志 1890-1989/560
008492459 吉林省邮电志 吉林市卷/576
009312165 吉林省邮电志 通化卷/617
009879604 吉林省邮电志 延边卷/632
008377763 图们市邮电志/633
009311384 呼兰县邮电志/662
009310484 木兰县邮电志 1986-2000/667
008445119 黑龙江省邮政储汇局志/681
008445220 大庆邮电志 1918-1985/690
013791059 研究院志/690
008445211 牡丹江邮电志/705
010576560 大兴安岭地区邮电通信志/720
012252443 上海郊县邮电志/736
011441961 上海市电话号簿公司志 1984-2002/736
008520599 上海邮电志/736
013775234 上海邮电志稿 1991-1995/736
014050245 上海邮电志稿 1996-1998/736
010200093 南京邮政局志/810
008817508 南京邮政志/811
011311459 江宁县邮电志/824
009797404 徐州邮电志 1882-1985/846
012661991 邳州邮电志/857
009335772 苏州邮电志/882
009840137 南通邮电志/905
013404396 海门市邮电志/909

013184318 连云港市邮电志/914
008971423 赣榆县邮电志/917
013179443 东海县邮电志/918
012898423 灌云县邮电志 第42卷/919
008446268 灌南县邮电志/919
008994588 淮阴邮电志/922
009147436 盱眙县邮电志/923
008661994 盐城邮电志/925
008446213 滨海县邮电志/930
009686853 阜宁县邮电志/931
008532012 射阳县邮电志/931
008661986 建湖县邮电志/932
013179383 大丰县邮电志/929
009335673 高邮市邮电志 第63卷/940
009385271 镇江邮电志/944
012679210 丹阳邮电志/949
008358205 扬中邮电志/950
012899015 句容邮电志/951
009790032 靖江市邮电志/955
009553885 泗阳邮电志/957
008662781 杭州市邮政志/978
013959608 萧山县邮电志 1911-1985/990
009962526 桐庐邮电志/1003
012191710 淳安邮电志/1005
010278856 富阳市邮电志/999
009105693 宁波市邮电志/1008
012175083 象山县邮电志/1016
008845920 宁海县邮电志/1017
008662437 温州市邮电志/1020
008450398 平阳县邮电志/1030
008662790 瑞安市邮电志/1024
013530810 海盐县邮电志/1042
008845870 海宁市邮电志/1037
008662795 绍兴市邮电志/1049

009001568 绍兴市邮电续志/1049
008972348 金华市邮电志/1061
010243020 舟山市邮电志/1083
012899460 台州市邮电志/1087
012689896 玉环县邮电志/1095
011954565 丽水邮电志/1099
013508480 缙云邮电志/1103
012174170 龙泉邮电志/1101
009115634 合肥邮政志/1123
010007623 南陵县邮电志/1133
013374031 淮南邮电志/1139
010278306 滁州邮电志/1164
011995621 阜阳邮电志/1169
007507921 长乐县邮电志/1218
009173837 厦门市邮电志/1227
009106055 莆田市邮电志/1233
009106059 仙游邮电志/1236
007508982 泉州市邮电志/1245
008664195 晋江市邮电志/1251
009310672 南平地区邮电志综合卷/1263
012955262 南平地区邮电志武夷山市邮电志/1264
012955256 南平地区邮电志顺昌县邮电志/1265
012955259 南平地区邮电志松溪县邮电志/1266
008527760 霞浦县邮电志/1276
009386082 江西省邮电供应工业志/1285
009386085 江西省邮电科学技术志/1285
009001333 江西省邮电志/1285
012613265 江西省邮电建设工程局志/1298
009335383 南昌邮政志/1298
009386170 南昌县邮电志/1302

011585120 新建县邮电志/1303
009385277 安义县邮电志/1303
010200260 景德镇市邮电志/1305
008844383 乐平邮电志/1306
009687180 萍乡邮电志/1309
009348848 九江邮电志/1313
009386139 九江县邮电志/1316
009386249 武宁县邮电志/1317
009386327 永修县邮电志/1318
009386262 星子县邮电志/1319
008831495 都昌县邮电志/1320
008844370 湖口县邮电志/1320
009386215 瑞昌市邮电志/1315
012003013 新余市邮电志/1322
012878871 鹰潭移动志/1325
008664336 鹰潭邮电志/1325
008665238 贵溪市邮电志/1326
008844335 南康邮电志/1330
008844406 赣县邮电志/1332
008844360 信丰邮电志/1333
008844346 上犹邮电志/1334
008844400 崇义邮电志/1334
008844690 安远邮电志/1335
009687173 龙南邮电志/1336
008844389 定南邮电志/1336
008844685 全南邮电志/1337
008844694 宁都邮电志/1338
008844680 于都邮电志/1340
008844411 兴国邮电志/1342
009683662 会昌邮电志/1343
008844341 寻乌邮电志/1343
008844396 石城邮电志/1344
008471104 瑞金邮电志/1331
008664339 吉安地区邮电志/1345

008664349 吉安县邮电志/1347	009784098 济南市志邮政分志初稿/1413
011311447 吉水县邮电志/1348	013342497 山东省邮电科学研究所志/1413
010110762 峡江县邮电志/1348	011441945 商河邮电志1343-1998/1427
009386321 永丰县邮电志/1349	010253978 青岛邮电志/1434
008664382 泰和县邮电志/1350	010200416 胶州邮电志/1443
008664346 遂川县邮电志/1351	008665132 沂源县邮电志/1464
009386324 永新县邮电志/1352	009387192 烟台邮电志/1490
008664360 井冈山市邮电志/1346	013684550 牟平邮电志1986-1998/1495
008664352 宁冈县邮电志/1347	009414300 龙口市邮电志/1496
008844664 宜春地区邮电志/1354	013512001 招远邮电志/1500
009687149 奉新县邮电志/1361	008379095 兖州县邮电志/1524
009687184 万载县邮电志/1362	013066977 曲阜邮电志/1525
011441949 上高县邮电志/1363	012546810 邹城市邮电志/1527
008844671 宜丰县邮电志/1365	008452375 泰安邮电志/1536
009687170 靖安县邮电志/1366	009003105 新泰市邮电志/1539
010730210 铜鼓县邮电志/1367	008986840 威海邮电志1398-1998/1546
012758802 丰城市邮电志/1358	008844059 日照邮电志/1550
009687195 樟树市邮电志/1358	009994978 五莲邮电志/1552
009687164 高安市邮电志/1360	013704408 莱芜邮电志/1559
009560878 宜黄县邮电志/1372	013506638 德州邮电志/1577
010243547 上饶地区邮电志/1375	009043157 宁津邮电志/1582
010577216 上饶县邮电志/1378	008665102 庆云邮电志/1582
008664381 广丰县邮电志/1378	013321196 夏津邮电志/1585
010200263 铅山县邮电志/1379	012175052 武城邮电志/1585
010200259 横峰县邮电志/1380	012175209 禹城邮电志/1581
010252206 弋阳县邮电志送审稿/1380	009334543 冠县邮电志/1593
010200267 弋阳县邮电志/1380	008452379 临清邮电志/1591
010143368 余干县邮电志/1381	012132610 单县邮电志/1603
008664364 波阳县邮电志/1382	009001275 河南邮电概况/1619
010200265 万年县邮电志/1383	009020903 郑州邮政志/1637
008664388 婺源县邮电志/1384	009001375 开封市邮电志/1673
010200108 德兴邮电志/1377	007534764 平顶山市邮电志1956-1990/1701
009319884 山东联通志/1401	
009869572 山东邮电志评议稿/1401	

009002165 舞钢市邮电志/1704
012218620 汝州市邮电志/1704
013758767 长垣邮电志/1733
011441867 沁阳市邮电志/1739
012767060 襄城县邮电志/1755
008848215 三门峡市邮电志/1759
008421056 灵宝市邮电志/1762
008841153 南阳市邮电志/1770
008421247 信阳地区邮电志/1791
011570305 十堰市邮电志 1840-1985/1865
012878910 郧县邮电志/1868
013464432 竹山邮电志/1870
005018561 钟祥县邮电志 1182-1984/1901
009335326 孝感市邮电志送审稿/1904
010245102 监利邮电志/1922
012722457 松滋邮电志/1919
008453095 黄冈地区邮电志/1926
013510740 浠水县邮电志/1933
013415296 黄梅县邮电志/1936
009335357 随县邮电志/1942
013222037 广水市邮电志/1942
011564524 鄂西自治州邮电志讨论稿/1944
008665518 恩施土家族苗族自治州邮电志/1944
009685798 建始县邮电志初稿/1947
013824323 长沙市邮政志/1983
009382856 长沙邮政志/1983
012249733 长沙县邮电志/1993
008835682 浏阳邮电志/1992
011294329 株洲市邮电志/1998
007986735 醴陵邮电志/2003
008383032 湘潭县邮电志/2020
008538076 湘乡邮电志/2018

008453521 衡阳市邮电志/2023
009384985 岳阳市邮电志/2039
007672821 华容县邮电志/2046
009383799 湘阴县邮电志/2048
008195190 沅陵县邮电志/2098
007664315 广州邮政志 1834-1990/2138
009335667 广州邮政志 1991-1995/2138
013045484 从化市邮电志/2159
008381165 从化县邮电志/2159
013863637 韶关市邮电志/2162
008453688 曲江县邮电志/2163
009673735 翁源县邮电志/2166
009553694 深圳市邮电志/2170
009557574 珠海市邮电志/2175
007915130 汕头邮电志/2178
008665767 顺德邮电志/2192
008466656 高明县邮电志/2198
010473929 江门市邮电志/2200
008453732 肇庆市邮电志/2212
009863790 广宁邮电志/2215
007908329 封开县邮电志/2218
009864121 四会县邮电志 1380-1993/2214
008595379 南宁市邮政志/2279
009379903 柳州市邮电志/2287
008846482 柳江县邮电志/2290
008665295 柳城县邮电志/2291
013508674 鹿寨县邮电志/2292
009557583 融水苗族自治县邮电志/2293
013461920 三江侗族自治县邮电志/2293
008539691 桂林市邮电志 1994/2296
011909974 阳朔县邮电志/2299
008596061 梧州市邮电志/2306
008595507 北海市邮电志/2309
011995607 防城港市邮电志/2312

008539746 钦州市邮电志/2313	009388568 澄江县邮电志/2779
011499287 灵山县邮电志/2314	009388464 通海县邮电志/2781
013236295 玉林市邮电志/2317	008836424 峨山彝族自治县邮电志/2787
009159283 容县邮电志/2318	013510783 新平彝族傣族自治县邮电志/2790
008595599 陆川县邮电志/2319	009867370 思茅地区邮电志/2813
009673752 博白县邮电志/2320	010475766 景谷傣族彝族自治县邮电志 1732-1994/2819
008595576 北流市邮电志/2318	013074820 镇沅彝族哈尼族拉祜族自治县邮电志/2820
009159289 百色邮电志/2320	010201590 红河州邮电志/2843
013462659 田东县邮电志/2322	013531036 建水县邮电志 1886-1993/2849
011564689 河池邮电志/2328	008539930 麻栗坡县邮电志/2857
012952154 环江毛南族自治县邮电志/2331	013128821 大理白族自治州邮电志/2867
009379977 来宾县邮电志/2333	013129124 鹤庆县邮电志/2881
010245090 合山市邮电志/2334	011294657 拉萨邮政志/2913
013129097 海口市邮电志/2348	013923905 昌都地区邮电志/2914
010252460 潼南县邮电志/2387	013307270 阿里地区邮电志/2919
009232095 邮电部第五研究所所志 1965-2000/2425	010475888 林芝地区邮电志/2920
013994124 新都邮电志/2436	007347877 西安邮政简志/2941
009414518 彭县邮电志/2441	009687219 长安县邮电志 1890-1997/2949
008414559 自贡市邮电志/2454	009251404 宝鸡市邮电志/2958
014028661 德阳市邮电志 1983-1998/2470	008672851 三原县邮电志/2979
011327605 绵阳市邮电志/2478	008492905 渭南邮电志/2983
008992436 江油县邮电志/2483	008993641 韩城市邮电志/2985
009554067 旺苍县邮电志/2494	008866435 延安邮电志/2992
009253976 青川县邮电志/2497	013404420 汉中邮电志/2998
008672068 遂宁市邮电志 1903-1995/2503	008672887 榆林邮电志/3003
013508833 蓬溪县邮电志/2505	010275942 榆中县邮电志/3043
011570107 内江地区邮电志/2512	010010036 青海邮运志/3092
009336999 夹江邮电志 1904-1985/2531	008694369 宁夏邮电志/3117
008430267 南充邮电志/2537	008866466 石嘴山市邮电志/3130
012969368 名山县邮电志/2568	009157955 固原地区邮电志/3138
010201299 甘孜州邮电志/2601	009561101 隆德县邮电志/3139
008597965 安顺地区邮电志/2662	

008838482 中宁县邮电志/3142	008864277 太原市电信志/260
008971988 海原县邮电志/3143	008594312 呼和浩特电信志/380
010253954 乌鲁木齐市邮政志/3168	012873058 辽宁长途电信传输志 1884-2000/462
014052361 乌鲁木齐邮区中心局志 1947-2000/3168	012265288 辽宁移动通信志 1989-2005/462
008994833 克拉玛依邮电志/3173	012051651 辽宁省邮电工程局志 1950-2005/482
011806017 吐鲁番地区邮电志/3174	009243738 沈阳电信志 1884-1990/482
013528989 哈密地区邮电志/3176	011432813 吉化通信公司志 1958-2003/602
008866486 博尔塔拉蒙古自治州邮电志/3196	008492451 吉林省电信传输局志/602
008543209 轮台县邮电志/3200	008846521 哈尔滨无线通信简志/657
008598561 和静县邮电志/3202	013377114 上海电信技术研究院志 1994-2004/736
009561805 阿克苏地区邮电志/3180	009744800 南京电信局志/810
011479368 温宿县邮电志/3182	007843345 南京电信志/810
013774300 喀什地区邮电志/3185	012545550 徐州电信局志 1882-2008/846
009677926 巴楚邮电志/3187	010010101 杭州市电信志/977
011890784 和田地区邮电志/3188	010730228 安徽省长途电信传输局局志/1123
009688698 伊犁邮电志/3206	012952014 福州电信志/1208
009399922 奎屯邮电志/3209	009798889 江西省南昌电信器材厂志/1297
012995280 察布查尔锡伯自治县邮电志/3213	010143160 江西省微波通信局志 1973-1992/1298
011432802 霍城县邮电志/3211	009387151 济南电信志/1413
011995662 巩留县邮电志/3211	014050127 山东省长途电信传输局志 1988-2002/1413
011444078 新源县邮电志/3211	008414554 郑州电信志/1637
011445673 昭苏县邮电志/3212	012317827 周口地区无线电管理志/1798
011998438 特克斯县邮电志/3212	013045623 湖北省长途电信传输志 1884-2000/1819
009117757 塔城地区邮电志/3214	011068522 武汉电信志 1884-2005/1834
010001300 阿勒泰地区邮电志/3220	012758965 湖南长途电信线路志/1970
009415002 石河子邮电志 1991-1998/3225	010197189 长沙市电信局史志/1983
008527640 北京无线通信局图志 1976-1998/24	
008527598 北京无线通信局志 1976-1998/24	
008378034 石家庄市电信志 1906-1990/123	

013647587 衡阳市电信志 1978-2008/2023

011910312 芷江电信志/2101

012264284 广东移动通信志 1987-2005/2126

010253026 广东省电信有限公司科学技术研究院研究院志 1958-2003/2138

013011225 中国电信股份有限公司广州研究院志 2003-2008/2138

008594816 广西长途电信线务志/2272

008539738 南宁市电信志/2279

009689062 重庆电信志 1886-1990/2364

010144683 成都铁路通信设备工厂厂志 1969-1997/2425

010117799 眉山通信设备厂厂志 1965-1986/2543

010245149 昆明通信段志 1957-2000/2733

008865404 丽江地区电信志/2810

013706079 日喀则地区电信志/2917

008844068 西信厂志/2941

012658477 甘肃电信精神文明建设志 1979-2002/3026

010278953 兰州市电信局志/3037

008667344 宁夏长途电信传输志/3117

008866473 银川电信志/3123

011501589 中国联通宁夏分公司志 1997-2007/3123

011809345 新疆长途电信线务志 1955-1998/3158

008845097 新疆无线通信志/3158

贸易经济

008531693 北京市崇文区饮食业资料汇编志/44

013045575 河北赞皇兴华饮食二厂志 1984-1994/139

007684066 哈尔滨饮食服务志/657

011499309 六合县饮食服务业志/826

009996948 浙江饮食服务商业志/964

009784108 济南饮食服务行业志 1840-1985/1413

009768581 郑州饮食行业志/1637

010108899 新乡市服务行业志/1724

009814254 新乡市饮食行业志 1923-1983/1724

010735826 许昌地区饮食服务志/1751

009797117 湖北省沙市市饮食服务行业志/1819

011325455 江陵县饮食服务行业志 1863-1985/1924

009384055 岳阳市食品饮食服务业志/2040

009863783 广东迎宾馆志/2138

009378515 广州花园酒店志/2139

009863859 越秀区饮食行业志/2146

013222071 桂林市服务公司志 1976-1990/2296

010117850 北辰区供销合作社志/97

010138612 河北省供销合作社志/114

008379092 [秦皇岛市]供销社志/153

012658577 邯郸供销社志 1949-2000/160

012662265 涉县供销合作社志 1939.9-2009.12/167

010735935 河北省张家口地区供销合作社志 1949-1985/199

011804168 赤城县供销合作社志/208

013144702 任丘市供销合作社志/221

013660383 文安县供销合作志/235

013934391 山阴县供销社志/309

013601792 灵石县供销合作社志/321	010292739 海安县供销合作社志/910
008983941 [呼和浩特市]供销社志/381	013772854 淮安市供销合作社志/920
013140867 巴林右旗供销合作社志/405	011500787 扬州市供销合作社志/934
013012635 哲里木盟供销合作社志/409	010251863 丹阳市供销合作社志/949
008415709 呼伦贝尔盟供销合作社志/419	007590000 浙江省供销合作社志/963
010275866 沈阳市供销合作社志/483	013222112 杭州市供销合作社志/978
013795575 绥中县供销合作社志/568	008913666 江干区供销合作社志/985
011327184 汪清县供销社志 1946.5-1989.12 /636	013343369 萧山县供销合作社志/990
009311365 呼兰县供销合作社简志/662	010201675 建德县供销合作社志/997
009240716 佳木斯市供销合作社志/700	013402904 慈溪市供销合作社联合社志/1014
010243596 上海市第一医药商店店志/736	011908751 绍兴县供销社志/1053
013684629 上海县供销合作商业志/756	008846386 金华市供销合作社志/1061
013702866 宝山县供销合作商业志/759	007825649 安徽省供销合作社志/1115
013684384 嘉定县供销合作商业志/762	010193990 歙县供销合作社志/1161
009414974 川沙县供销合作商业志/769	008830582 仙游县供销合作社志/1236
012174065 金山县供销合作商业志/772	009878619 泉州市供销合作社志 1991-2001 /1245
013706375 松江县供销合作商业志/776	013630716 漳浦县供销志 1934-2007/1259
013705578 青浦县供销合作商业志/780	008865142 江西省供销合作业志/1285
012831405 奉贤县供销合作商业志/785	013531118 九江市供销合作社志/1313
011497861 江宁县供销合作社志/824	009116635 星子县供销合作社志/1319
013898375 六合县供销合作社志 1949-1985/826	013067048 瑞昌市供销合作社志/1316
011294256 溧水县供销合作社志 1950-1995/827	013604572 宜春地区供销合作社志/1354
	009687139 江西省奉新县供销合作社志/1361
013863906 无锡市供销合作社志/831	009962115 济南市商业储运公司志/1413
008063815 江阴市供销合作总社志/838	010275841 济南市郊区供销社社志 1950-1985/1421
008385320 金坛县供销合作社志/879	
012877283 吴县供销社志 1949-1985/888	012202881 胶州市供销合作志 1947-1987/1443
011763329 沙洲县供销合作社志 1962-1986/898	013994261 张店区供销志 1946-1986/1459
	013686427 烟台市供销合作社志/1490
009392044 昆山县供销合作社志/902	014052342 微山县供销合作社志/1529

013074903 邹县供销合作社志/1528
008986836 东平县供销志 1949-1982/1544
012814172 日照市供销合作社志/1550
009866835 临沂地区供销合作社志/1562
010275932 沂水县供销社志 初稿/1567
013189991 沂水县供销社志/1567
009340731 莒南县供销社志/1571
012898342 德州地区供销合作社志/1577
008452301 德州供销志 征求意见稿/1577
010200355 德州农业生产资料采购供应站志/1577
008452308 德州市供销联合社志 1948-1985/1578
008987293 河南省化工公司志 1953-1985/1619
009768571 郑州市郊区供销社志/1658
008424353 开封市供销合作社志/1673
013129876 兰考县供销合作社志 1951-1985/1680
013604233 新乡地区供销合作社志 1949.10-1986.6/1724
008666393 许昌地区供销合作社/1750
009382347 鄢陵县供销合作志/1754
008426147 临颖县农业生产资料志/1757
007690930 南阳地区供销合作社志/1770
011579985 河南省社旗县供销合作社志 1965-1985 初稿/1778
013731292 商丘地区供销合作事业志/1783
013222228 湖北省供销合作社行业志 茶叶卷/1820
009252644 湖北省供销合作社行业志 土特产品 废旧物资卷 1950-1984/1820
008989992 湖北省供销合作社志/1819

009382660 新洲县供销社志/1849
013343619 枝江供销社志 1950-1985/1879
008453161 保康县供销合作社志 1939-1985/1892
008823851 [老河口市]供销合作志/1888
009311425 鄂州市供销合作社志/1893
012872245 鄂州市供销合作社志 1983-2007/1893
011292120 钟祥县供销商业志 1949-1981/1901
003033414 松滋县供销志 1939-1985/1919
010195574 黄冈县供销合作志 征求意见稿/1926
009348781 黄冈县供销合作志/1928
013222223 红安县供销合作志/1930
008990600 随州市供销合作社志 1980-1985/1941
013224688 沔阳县供销合作社志/1952
010197226 长沙县供销合作社志 1920-1988/1993
010142837 浏阳县供销合作社志/1992
006088092 醴陵供销合作社志/2003
009383636 常宁县供销合作志/2027
010142845 绥宁县供销合作社志 1952-1989/2036
009384019 岳阳市郊区供销合作社简志/2042
010198886 华容供销合作社志 送审稿/2046
010198888 华容供销社志 概述篇 初稿/2046
010198889 华容供销社志 大事记 1930-1988 初稿/2046
013792297 华容县供销合作社志/2046
010577382 常德县供销合作社志 评审稿

/2054
008847957 [桂阳县]供销合作志/2078
009686491 蓝山县供销合作志/2091
008195181 沅陵县供销合作社志/2098
008594752 芷江侗族自治县供销合作社志/2102
013464335 增城市供销合作社志/2157
008990715 韶关市供销合作社志/2162
008385599 廉江县供销社志/2207
009145259 东莞市供销合作联社志/2241
011312020 东莞市供销合作联社志 1988-2004/2241
008595409 南宁市供销合作社志/2279
009379944 三江侗族自治县供销合作志初稿/2293
009379827 桂林市供销合作社志 1962-1990/2296
009379813 忻城县供销合作社志 1953-1990/2335
009689070 重庆市供销合作社志/2364
008424687 重庆市农业生产资料商业志/2360
009688499 合川县供销合作社志 1937-1985/2382
010469305 潼南县供销合作社志/2387
010238869 新都县供销合作志/2436
013510551 [双流县]供销社志/2446
010201323 绵阳市供销合作志/2478
013933338 三台县建设区供销合作志/2485
009253964 青川县供销合作志/2497
013131282 遂宁市供销合作社志/2503
013795388 射洪县供销合作志/2506
010778531 大英供销合作志/2508

013793364 内江地区供销合作志/2513
013991381 仁寿县供销合作社联合社志 1985-2002/2543
013991379 仁寿县供销合作社志/2544
008835457 丹棱县供销合作社志/2546
012970674 宜宾市供销合作社志/2548
013067240 四川省简阳县供销合作社志 1951-1982/2585
008541823 道真仡佬族苗族自治县供销合作社志/2660
011496809 安顺地区供销合作社志/2662
013379591 织金县志供销合作社志/2672
013706514 台江县供销合作志 1939-1987/2698
009441857 黎平县供销合作志 1952-1985/2699
010201591 昆明市供销合作社志 1927-1988/2733
011590217 云南省卷烟销售公司志 1982-2006/2733
012954972 昆明市官渡区供销合作社志 1951-1990/2744
009088952 路南彝族自治县供销合作社志 1952-1985/2756
013462597 嵩明县供销合作社志 1952-1985/2754
013461637 禄劝彝族苗族自治县供销合作社志 1952-1985/2757
013528833 东川市供销合作社志/2759
011805628 马龙县供销合作社志 1952-1990/2765
013628086 陆良县供销合作社志 1978-2008/2765
013461640 罗平县供销合作社志 1952-1985

/2767
008836957 峨山彝族自治县供销合作社志/2787
008539889 腾冲县供销社志 1952-1983/2799
009688760 镇雄县供销合作社志/2806
012051658 临翔区供销合作社志/2825
014026671 楚雄市供销合作社志 1952-2008/2836
013133833 祥云县供销合作社志 1952-1990/2874
012900171 永平县供销合作社志 1952-1990/2878
008665677 剑川县供销合作社志/2880
008418254 宝鸡市供销合作社志/2958
008993437 凤翔县供销合作社志/2965
008993327 陇县供销合作社志 1934-1985/2970
008994003 麟游县供销合作社志/2972
008486179 安康供销志/3010
008488416 紫阳县供销合作社志/3012
013958737 凉州区供销合作社志/3055
008994341 庆阳地区供销合作社志/3070
011441906 青海省农副产品公司企业志 1962-1988/3092
011441920 青海省土产杂品公司企业志 1951-1985/3098
007760694 宁夏供销合作社志/3117
007540884 中国通邮地方物产志/3264
012049444 河北省医药商业志/114
009397058 河北石油商业志/114
011067734 承德地区医药行业志 1950-1989 讨论稿/210
008594338 呼和浩特市蔬菜公司志 1949-1986/381
009398350 海拉尔糖酒批发公司志/423
009242656 沈阳市和平区副食志 1905-1984/490
008536832 锦州市百货公司(站)志 1948-1985/538
010150992 长春汽车经济贸易开发区志/587
013776528 哈尔滨市医药商业志/657
009348710 黑龙江省佳木斯医药采购供应站志/700
008379341 佳木斯市医药商业志/700
009865189 江苏省肉禽蛋商业志/798
009046124 江苏石油商业志/798
011320340 南京医药商业志/811
010686940 南京中药商业志/811
013661745 中国江苏常熟服装城志/896
009116825 浙江省市场志/963
009996932 浙江石油商业志/963
006356575 杭州医药商业志/978
010118507 温州医药商业志/1020
011294798 义乌市市场开发服务中心志/1068
009742355 福州市名产志/1205
012191814 福州中药商业志/1208
012140226 清流名产志/1240
009683630 尤溪名产志/1241
011500804 永安名产志/1238
008451084 南平名产志/1263
011321390 山东省拍卖行业协会志/1401
011293544 山东外贸服装志/1401
013319992 齐都药业志/1455
009962017 德州地区药材站志续篇/1578
009685201 河南省金属材料公司志/1637

008421448 郑州市郊区石油商业志征求意见稿 一稿/1658
008422433 郑州市郊区石油商业志征求意见稿 二稿/1658
009413720 开封糖业烟酒志/1673
010254028 洛阳市医药商业志 1911-1984 初稿/1687
009685619 新乡石油商业志/1724
010250785 许昌地区药品生产流通志/1750
008426143 许昌食品志/1751
011320247 南阳百货站志/1770
009252744 武汉医药商业行业志/1834
010195575 黄冈县粮食商业志征求意见稿/1926
009335339 黄冈县粮食商业志/1926
009864759 鹤峰民族贸易志 1885-1985 初稿/1950
009335643 广东省化工商业志/2126
009405853 桂林纺织品批发站志 1950-1990/2296
007685867 昭通地区土特名产志/2802
008844072 陕西省纺织品商业志 1949-1988/2932
008992909 铜川石油商业志/2952
008418266 宝鸡市医药商业志 1949-1987/2958
011441915 青海省石油煤炭商业志/3093
010200344 青海物产志 1995.3-2005.2/3092
008380262 新疆生产建设兵团北疆农业物资供应总站志/3158
009126247 海宁粮油志/1037
008428894 兴国县粮油志/1342
013939760 岳阳市粮油志/2040

007826724 华容县粮油志/2046
014053003 永州市粮油志 1993-2010/2085
009867426 重庆市粮油志/2364
008669044 四川粮油市场志/2408
010201373 绵阳市粮油志/2478
010113990 广元市粮油志 1985-2000/2492
013822201 青川县粮油志 1986-2005/2497
008670633 隆昌县粮油志/2518
009336905 犍为县粮油志 1985-2000/2527
008424160 宣汉县粮油志 1912-1988/2562
008992076 四川省理县粮油志/2595
009867332 昆明市粮油志/2733
013897876 昆明市官渡区粮油志 1950-1990/2744
011327646 路南彝族自治县粮油志/2756
012837759 玉溪地区粮油志/2773
008836989 峨山彝族自治县粮油志/2787
008488273 元江哈尼族彝族傣族自治县粮油志/2791
008660283 腾冲县粮油志/2799
008539885 腾冲县粮油志稿/2799
008426708 鲁甸县粮油志/2804
009995639 巧家县粮油志/2804
009414992 临沧地区粮油志/2823
013901149 云县粮油志/2828
011320063 镇康县粮油志/2829
009388659 弥勒县粮油志 1382-1989/2848
013751608 大理白族自治州粮油志/2867
013859495 大理市粮油志/2872
010687031 贡山独龙族怒族自治县粮油志/2896
013752794 [兰坪]粮油志/2898
008486272 昌平县粮食志第4卷/66
010292141 延庆县粮食志/72

006071800 河北省粮食志 /114
008377956 石家庄市粮食志 /123
012999018 邯郸市粮食志 1890-1985 /158
010278503 张家口市粮食志 /199
008378800 宣化县粮食志 /201
008379948 涿鹿县粮食志 /207
010474195 沧州市粮食志 /217
009688688 廊坊市粮食志 /230
009561591 山西粮官志 /252
010009739 太原市粮食志 /260
008384898 运城地区粮食志 /323
013531032 稷山粮食志 /331
013072830 原平粮食志 /338
011311838 孝义粮食志 /359
011320305 达茂联合旗粮食志 /389
008377776 元宝山区粮食志 /401
013822795 通辽市粮食志 1912-1996 /409
008486597 呼伦贝尔盟粮食志 /419
008829159 临河市粮食志 /433
008536614 鞍山市粮食志 /516
011563736 本溪市粮食局志 /530
009242728 锦州市粮食志 1991 /538
010277947 朝阳县粮食志 /566
008537964 凌源粮食志 /565
011497940 九台市粮食志 /592
013374440 蛟河市粮食志 /608
013510574 松花江粮食志 /657
008385322 阿城粮食志 1726-1994 /662
009411557 双城县粮食志 1814-1985 /663
013936350 尚志粮食志 1879-1995 /664
008661870 五常粮食志 /665
008379705 鸡西粮食志 /680
008385452 大庆市粮食志 /690
013601787 林甸粮食志 /693

008385444 汤原县粮食志 1905-1985 /702
008383949 黑龙江省同江粮食志 /701
008445176 富锦粮食志 /701
010109554 牡丹江粮食志 /705
012208490 逊克县粮食志 /713
012658323 德都县粮食志 /712
013185802 绥化地区粮食志 1685-1992 /714
010291667 绥化县粮食志 /714
008445183 望奎县粮食志 1915-1985 /717
013794849 庆安县粮食志 1905-1995 /717
009797055 安达粮食志 1913-1981 /715
009992254 海伦市粮食志 1895-1995 /716
008830099 大兴安岭粮食志 1889-1999 /720
007677663 上海粮食志 /736
013627989 金山县粮食志 /772
012174925 松江县粮食续志 1986-1998 /776
007848966 南京粮食志 /806
009385263 无锡粮食志 /831
007469670 江苏省江阴市粮食志 /838
011571040 徐州市粮食志 /846
010143132 睢宁县粮食志 /862
009687102 新沂市粮食志 /855
008446288 邳县粮食志 /857
011500744 武进县粮食志 1986-2005 /876
008379722 金坛县粮食志 /879
013939411 吴县粮食志 /888
009413512 昆山市粮食志 /901
010245069 太仓县粮食志 /903
009115960 南通市粮食志 /905
011954026 赣榆县粮食志 /917
010278727 东海县粮食志 /918
013603031 沭阳县粮食志 /957
009335711 泗阳县粮食志 /957
008709716 浙江省粮食志 /963

009388688 杭州市粮食志/978
013145658 萧山县粮食志 1912-1984/989
013775730 桐庐县粮食志/1003
010143096 淳安县粮食志/1005
010201679 建德县粮食志/997
010201661 富阳县粮食志 1460-1990/999
009388721 平阳苍南县粮食志/1032
013753738 平湖市粮食志 1990-2005/1039
009415120 湖州粮食志/1043
013226591 新昌县粮食志/1059
012762255 兰溪市粮食志/1065
013601795 龙游县粮食志/1081
008380240 舟山粮食志/1083
013334568 当涂县粮食志/1145
011325442 滁州市粮食志/1163
009378138 宿县地区粮食志 1949-1996/1172
013342593 泗县粮食志/1176
010244248 泾县粮食志/1188
013404280 福州粮食志/1208
013686513 永泰县粮食志/1224
013096593 厦门市粮食志/1228
009310085 仙游粮食志/1236
012141493 永安市粮食志 1988-2005/1238
010577294 泉州市粮食志/1245
009683641 漳州市粮食志/1257
008451076 南靖县粮食志/1260
013705219 宁德市粮食志/1273
007482056 江西省粮食志/1285
013604261 星子县粮食志/1319
013604576 鹰潭粮食志/1325
008424644 余江县粮食志/1326
010577433 赣州地区粮食志/1327
009385969 赣州市粮食志/1328

008303819 安远县粮食志/1335
008216447 宁都粮食志/1338
009385985 吉水县粮食志/1348
013603455 峡江县粮食志/1348
008092147 宜丰粮食志/1365
013446289 靖安县粮食志/1366
010577206 抚州地区粮食志/1368
011441964 上饶地区粮食志/1375
010468956 济南市粮食局天桥分局局志/1420
012505445 平度粮食志/1449
011480758 淄博市粮食志/1456
012096635 东营市粮食志/1479
010292998 利津县粮食志/1485
013728683 广饶县粮食志/1486
012256447 烟台市粮食志/1490
008487308 微山县粮食志/1530
013236422 邹县粮食志/1526
009411630 泰安市粮食志/1536
010112098 德州市粮食志/1578
011320428 冠县粮食志/1593
013530957 菏泽地区粮食志/1601
008421340 河南粮食志 粮油工业篇 初稿/1619
009527419 河南粮食志专题资料选编（建国前部分）/1618
010777236 河南省粮食志/1619
008582934 河南省粮食志 大事记/1619
008987289 河南省粮食志 基本建设志/1619
008582977 河南省粮食志 粮油工业志/1619
008583012 河南省粮食志 饲料志/1619
008424961 河南省粮食志 郑州市县市简志 开封市县市简志/1637
008421384 河南省粮食志 洛阳市县市简志 三

门峡市县市简志/1687

010252159 河南省粮食志平顶山市县市简志 许昌市县市简志 漯河市县市简志/1701

008421403 河南省粮食志安阳市县市简志 濮阳市县市简志 鹤壁市县市简志/1709

008421414 河南省粮食志新乡市县市简志 焦作市县市简志/1724

008045725 河南省粮食志南阳地区县市简志/1770

008582976 河南省粮食志商丘地区县市简志/1783

009437798 河南省粮食志信阳地区县市简志/1791

008421373 河南省粮食志周口地区县市简志/1798

009381377 河南省粮食志驻马店地区县市简志/1805

008421348 河南省粮食志专题资料粮食仓储/1619

010109036 郑州市二七区粮食志/1651

012769477 荥阳市粮食志/1660

011566315 开封市粮食志/1673

009240666 洛阳市粮食志/1687

011571018 河南省新乡市粮食志 1928-1985/1724

012203079 孟州市粮食志/1741

013659587 灵宝市粮食志 2001-2011/1763

008424331 南阳地区粮食志/1771

007654346 南阳县粮食志/1771

008486325 方城县粮食志/1775

013824329 镇平县粮食志/1776

011584883 社旗县粮食志初稿/1778

013510597 唐河县粮食志/1779

008989721 商丘地区粮食志/1783

013731303 商丘市粮食志/1784

009768589 湖北粮食志/1819

009252718 武汉粮食志 1840-1986/1834

011292121 汉阳县粮食志/1845

010109704 黄石市粮食志 1949-1985/1852

013323143 郧县粮食志暂定稿/1868

013323314 竹溪县粮食志 1867-1987/1871

012767168 宜昌粮食志 1949-1999/1874

013190082 枝江县粮食志/1879

011793131 襄樊市粮食志 1885-1985/1886

010195570 鄂州市粮食志送审稿/1894

012714120 鄂州市粮食志 1983-2007/1894

008382991 荆门粮食志/1897

010109758 孝感地区粮食志 1949-1985/1904

013686444 应城县粮食志/1906

009382710 安陆县粮食志 1835-1987/1907

011759044 汉川粮食志/1909

013531034 监利县粮食志/1922

009675349 江陵粮食志/1924

003035277 松滋县粮食志/1919

010142800 英山县粮食志送审稿/1932

010777036 蕲春县粮食志/1934

009992480 麻城县粮食志 1840-1985/1928

013603307 通城县粮食志 1842-1988/1939

011955239 宁乡县粮食志 1986-2003/1994

009685906 茶陵县粮食志/2009

013343383 炎陵县粮食志/2010

008383024 湘潭县粮食志 1840-1988/2019

008594687 湘乡粮食志/2017

013602033 邵阳县粮食志/2035

008531591 新宁县粮食志/2037

010577226 常德县粮食志 1862-1995/2054

009675374 [石门县]粮食志/2062

011570319 石门县粮食志 1978-2003 /2062
010199690 益阳地区粮食志 1840-1989 /2068
008844224 桂阳县粮食志 1940-1988 /2078
010244285 东安县粮食志 1568-1987 /2089
009959550 广州市白云区粮食志 /2151
009405825 番禺县粮食志 /2154
009335868 南雄粮食志 /2165
009851958 南海市粮食志 /2189
007412376 高明县粮食志 /2197
013531127 开平县粮食志 1638-1988 /2202
007677617 廉江县粮食志 /2207
008453718 肇庆粮食志 /2212
008453693 广宁县粮食志 /2215
007908318 博罗县粮食志 /2221
007988977 梅州粮食志 1949-1985 /2223
008086933 平远县粮食志 内部发行 /2227
008067619 东莞粮食志 /2241
007682706 揭阳县粮食志 /2248
013604749 云浮市粮食志 /2255
008986851 新兴县粮食志 /2259
008595396 南宁市粮食志 /2279
011805545 柳州市粮食志 /2287
008665389 合浦县粮食志 /2310
008665240 贵港市粮食志 /2315
008421928 万县市粮食志 /2370
011809639 永川市粮食志 1989-2006 /2384
008672626 自贡市粮食志 /2454
013337495 绵阳市粮食志 1911-1985 /2476
012839363 梓潼县粮食志 1912-1987 /2487
012969406 蓬溪县粮食志 1998-2005 /2505
010778545 大英粮食志 /2508
007662469 内江地区粮食志 /2512
011570888 威远县粮食志 1912-1985 /2517

011439873 井研县粮食志 /2530
013000640 南充市粮食志 1912-2003 /2536
008835463 丹棱县粮食志 /2546
012967437 达川地区粮食志 /2558
011571595 资阳县粮食志 1911-1985 /2583
011997085 乐至县粮食志 1986-2005 /2589
008421759 美姑县粮食志 1954-1990 /2618
012636835 修文县粮食志 1687-1990 /2642
013902083 遵义县粮食志 /2656
012639077 普定县粮食志 1914-1990 /2665
012635640 毕节县粮食志 /2670
013462682 铜仁市粮食志 /2678
009989222 万山特区粮食志 /2678
012639005 江口县粮食志 1372-1988 /2679
009688736 玉屏侗族自治县粮食志 /2681
009684010 石阡县粮食志 /2679
009743420 印江粮食志 1381-1985 /2681
008597970 雷山县粮食志 /2700
010473841 宜良县粮食志 /2753
012049515 会泽县粮食志 /2770
009818264 玉溪市粮食志 1989-2005 /2773
013090927 楚雄州粮食志 /2834
011320903 楚雄州粮食志 1988-2004 /2834
012051730 南华县粮食志 /2838
010293697 马关县粮食志 /2858
012049404 广南县粮食志 /2859
013010913 祥云县粮食志 /2873
011320295 德宏州粮食志 /2886
013221101 迪庆藏族自治州粮食志 /2901
008993986 陕西省宝鸡市粮食志 /2958
008994008 陕西省麟游县粮食志 1986 /2972
013865276 咸阳市粮食志 /2974
010776936 米脂县志粮食志 /3007

009313211 商南县粮食志/3017
013464236 榆中县粮食志/3043
013899695 武威粮食志/3054
008997475 武威市粮食志/3054
008845996 张掖地区粮食志/3058
008453833 庆阳地区粮食志/3070
009116607 青海粮食志/3092
010244553 青海省粮食志送审稿/3092
013450285 乐都县粮食志/3101
008036560 宁夏粮食志/3117
009699820 银川市粮食志/3122
012814491 银川市粮食志 1987-2005/3122
010251771 吴忠市粮食志/3134
008381188 新疆生产建设兵团粮食志/3155
012956080 乌鲁木齐市粮食志/3168
012662350 吐鲁番地区粮食志 1949.10-1995.12/3174
013751474 昌吉回族自治州粮食志/3190
012950263 阿克苏地区粮食志/3179
008838598 塔城地区粮食志/3214
008838604 塔城地区粮食志续集 1987-1998/3214
012208306 乌苏县粮食志/3216
012661805 沙湾县粮食志/3219
008533230 天津物价志蓝本/84
011757285 保定市物价志/183
010280455 沈阳物价志 1840-1985/483
010140725 哈尔滨物价志 1888-1985/657
009348026 鸡西市物价志 1909-1990/680
010140691 安达市物价志 1984-2004/715
008382909 上海价格志/736
013144618 南汇价格志/769
012658431 奉贤县物价志 1995-2001/785

008189794 南京价格志/811
010280383 无锡市物价志/831
008378552 徐州物价志/846
013603382 武进县物价志/876
012814462 扬州市物价志/934
008985419 杭州物价志/978
013186052 萧山县物价志/990
013045649 黄山市价格志/1159
013143671 阜阳县物价志/1169
008986174 马尾物价志/1214
009378270 泉州市物价志/1246
009198440 江西省物价志/1290
013933303 萍乡物价志 1989-2000/1309
009881303 章丘物价志/1423
011295483 淄博市物价志/1456
008452137 龙口市工商物价志/1496
010577318 临沂地区物价志 1911-1989/1562
008452183 德州市物价志/1578
009784022 德州物价志/1578
012141555 郑州物价志/1638
010473854 开封物价志/1673
013933193 栾川县物价志 2000-2011/1696
013990658 汉阳县物价志/1845
009382475 黄石市物价志 1949-1985/1852
009335311 鄂州市物价志 1644-1987/1894
013179459 鄂州市物价志 1984-2007/1894
012507328 株洲市物价志/1998
007657668 华容县物价志/2046
009382727 安乡县物价志/2057
013320929 汝城县物价志/2081
006176181 番禺县物价志/2154
008453690 曲江县物价志 1950-1989/2163
013602024 汕头物价志/2178

007884869 佛山市物价志/2185
009852024 南海市物价志 1979-2002/2190
012679344 高明市物价志/2198
008453719 肇庆市物价志/2212
012507318 中山市物价志/2244
007682702 揭阳县物价志/2249
007684085 普宁县物价志/2250
013686587 云浮市物价志/2255
011431553 广西物价志/2272
013010678 万县地区物价志/2370
006674443 四川物价志 近代四川物价史料/2408
013506649 都江堰市物价志 1911-1988/2439
008670974 绵阳市物价志/2478
008420621 雅安地区物价志/2566
011997259 乐至县物价志 1986-2005/2589
013306871 甘孜藏族自治州物价志 1949-2005/2601
009995311 凉山彝族自治州物价志/2610
009684005 石阡物价志/2679
011762443 官渡区物价志 1909-1992/2744
008836912 峨山彝族自治县物价志/2787
013860377 德宏州物价志/2886
009251766 宝鸡市物价志 前2300-1989/2958
008993389 陇县物价志/2970
009010224 咸阳市物价志/2976
009561640 延安地区物价志/2992
008694354 宁夏物价志/3117
009124402 北京日用工业品商业志稿/24
008660613 北京市丰台区商业志 1948-1990/54
010239116 河北省商业志/114

008949804 秦皇岛商检志/153
008382954 [秦皇岛市]商业志/153
009684724 秦皇岛市物价志/153
008094520 涿州商业志/187
008378751 河北省宣化县供销商业志/201
010474190 沧州市商业志/217
010245115 太原市南城商业志/265
009881335 文水县商业志/362
008594319 呼和浩特市商业志/381
012995247 包头商业志稿/391
013090687 敖汉旗商业志/407
010291919 哲里木商业志/409
008377784 锡林郭勒盟商业志/444
009244084 沈阳市五金公司志/478
009244259 台安县商业志/521
010011522 抚顺市商业志/524
013374097 吉林省化工进出口公司贸易志 吉林省机械进出口公司贸易志 合订版 1954-1990/587
013183638 吉林市一商局志/602
007793041 黑龙江名菜志/650
010474232 哈尔滨市五金交电商业志/657
010195555 齐齐哈尔市第二商业局志 1686-1985/671
010195556 齐齐哈尔市第一商业局志 907-1985/671
009472511 鸡西市商业志/680
008543067 上海日用工业品商业志/736
007824176 上海南市区商业志/749
009480440 上海市黄浦区商业志/749
006413674 奉贤盐政志/786
008189793 南京日用工业品商业志/811

013752626 江宁区商务志/824
011432907 江宁县商业志/824
012766988 无锡市商业局志 1980-2008/831
009335742 宜兴县商业志 1912-1987/840
009338284 常州市商业志/867
013462838 武进多种经营志/876
013939414 吴县商业志/888
008364092 昆山市商业志/902
009865203 扬州市商业志/934
010292551 泰州商业志/952
009996870 浙江百货商业志/964
009996894 浙江商业管理志/964
009149819 浙江糖烟酒菜商业志/964
009996944 浙江五金交电化工商业志/964
009840460 杭州第二商业志/978
009995752 杭州商业志/978
013145668 萧山县商业志 四稿/990
013775732 桐庐县商业志/1003
013774519 临安市商业志/1001
009349824 温州市商业志/1020
012174811 平阳商业志/1030
012713899 苍南工业商贸志/1032
012191912 海宁市场志/1037
013959618 新昌县商业志/1059
012541928 缙云县供销社志 1949-2009/1103
012541916 金寨县商业志/1180
011764861 同安县商业志/1231
012141496 永安市商业志 1988-2005/1239
013630803 鲤城区国有商业志 1978-2008/1249
009117933 南靖县商业志/1260
012872290 福建省南平地区商业志/1263

008299028 江西省百货纺织品商业志/1285
008298983 江西省商业志/1289
008299039 江西省五金交电化工商业志 1840-1990/1286
011578744 安义县商业志/1303
013531112 景德镇市商业志/1305
013793077 九江百货纺织品商业志/1313
013957003 赣州市商业志/1328
008299966 丰城县供销商业志/1358
010251736 上饶地区商业志/1375
012614090 山东商业志饮食服务行业志/1401
009881063 济南日用工业品商业志 1848-1985/1413
009881075 济南五金商业志/1413
010275941 章丘商志/1423
010200379 胶州市商业志/1443
009399342 即墨市市场志/1446
010577444 淄博市商业志 1840-1985/1456
010275897 张店区商业志 1115-1986/1459
010275854 周村商业志/1462
010275895 滕县商业志/1473
010275889 垦利县商业志/1483
010275868 烟台市商业志 1861-1985/1490
010275872 芝罘商业志/1493
011792962 潍坊市商业志/1504
010265847 昌邑县商业志/1515
013222273 济宁商业志/1518
010143831 汶上县商业志/1532
013798875 邹县商业志 1904-1990/1528
008986831 东平县商业志 1910-1982/1544
010275844 文登县商业志 1912-1983/1547
013753919 日照商业志/1550

009783905 临沂专业市场志/1562
013994229 沂水县商业志 1809-1989/1567
010275837 费县商业志草稿/1569
011325409 德州市商业志 1912-1985/1578
010265813 禹城县商业志/1581
010275925 惠民地区商业志征求意见稿/1595
009251572 河南省石油商业志/1620
009251962 郑州一商志/1638
011566180 开封百货文化行业志/1673
007659656 开封商业志/1673
009413048 开封市第二商业局志讨论稿/1673
011566267 开封市第一商业局志 1948-1985/1674
011310793 开封市日用杂品公司志 1956-1985/1673
013144485 开封市商务志/1674
010244261 洛阳市商业志/1687
013629315 平顶山市工业品商业志/1701
012048716 宝丰县商务志/1705
010151367 鲁山商业志/1706
011496815 安阳市商业志/1709
009413865 新乡地区商业志/1724
008422774 新乡市一商志/1724
010244197 武陟县商业志/1743
013731366 渑池县商业志/1764
008422586 南阳地区商业志/1771
008392573 南阳市商业志/1771
010735965 方城县经贸志/1775
009382323 信阳地区商业志/1791
013684632 沈丘县经贸志 1950-1986/1802
010596022 湖北省商业简志/1820
009252675 湖北物价志 1875-1985/1820

008452465 汉正街市场志/1834
009252774 新洲县商业志 1882-1985/1849
009961566 黄石市商业志/1852
007509343 枝江商业志/1879
013627993 荆门商业志/1898
013236280 应城县商业志/1907
010195592 沙市贸易志商业篇 初稿/1916
007685462 沙市商业志/1916
007672312 沙市市商业志/1916
003034603 松滋县商业志 1911-1984/1919
013704274 黄冈县商业志 1882-1985/1926
010195613 随州贸易志/1941
009383705 湖南省商业专志 1840-1985/1970
010197224 长沙五金商业志 1840-1989/1983
013797252 长沙县商业志/1993
008835639 浏阳县志贸易分志/1992
006088093 醴陵商业志/2004
008538046 湘乡商业志/2018
013090922 常宁县商业志/2027
009384047 岳阳市日用工业品贸易志/2040
012173702 郴州商业志 1840-2006/2074
008538789 靖州县商业志/2103
009000482 广东商业志/2126
009335636 广东五金交电商业志/2126
006176133 番禺县商业志/2154
009251993 番禺县商业志续篇/2154
007908325 花县商业志/2156
003034600 佛山市商业志/2185
009851994 南海市商业志/2190
009864078 三水县商业志/2194
013335254 高明市国内贸易志/2198

012140296 台山供销社志 /2201
009864195 湛江市商业志 /2205
009863737 丰顺县商业志 /2227
013774594 龙川县商业志 /2232
007516522 潮州市商业志 /2245
007662836 普宁县商业志 /2250
013012603 云浮市商业志 /2255
009159252 南宁市商业志 /2279
008594851 柳州市商业志 /2287
011293396 桂林市商业局志 /2297
009379930 平乐县商业志 /2303
009239615 那坡县商业志 /2323
012541639 海口市经贸志 /2349
008421775 重庆市物资回收商业志 /2364
012879031 重庆物价志 /2364
008418587 重庆市渝中区商业贸易志 /2368
009689007 江北县商业志 1919-1990 /2379
010244239 潼南县商业志 /2387
013776464 商贸流通志 1986-2005 /2389
009388352 四川省百货纺织商业志 首稿 /2408
009840267 金牛区商业志 /2433
009388399 新都县商业志 /2436
009126072 崇州商贸志 /2442
012718809 经济商务志 1985-2006 /2457
014028656 德阳财贸志 1983-2007 /2470
013222036 广汉县商业志 1910-1980 /2471
011319914 什邡县商业志 /2472
008865270 北川县商业志 1912-1985 /2490
008430443 广元县商业志 /2492
009253930 青川县商业志 /2498
014050253 射洪县商贸志 /2506
011570066 内江地区商业志 /2513

008421717 内江市商业局志 /2513
009414646 通江县商业志 /2578
010777996 乐至县燃气志 /2589
011997238 乐至县商务志 /2589
010275856 简阳县商业志 1903-1982 /2585
008992136 松潘县民族商业志 /2596
010292666 凉山彝族自治州商贸志 /2610
009387588 凉山彝族自治州商业志 送审稿 /2610
011444010 西昌市商业局志 /2612
008541262 息烽县商业志 /2641
008541240 遵义县商业志 /2656
008597978 雷山县商业志 /2701
011066907 昆钢商业志 1950-1997 /2733
010242619 昆明市商业志 /2733
013604583 玉溪地区商业志 /2773
013730115 江川县商业志 /2778
008836972 峨山彝族自治县商业志 /2787
008539887 云南省腾冲县商业志 /2799
008390670 思茅地区商业志 /2814
013901261 镇沅县商业局志 /2820
013528815 大理白族自治州商业志 /2867
013097823 祥云县商务志 1911-2008 /2874
008420937 迪庆藏族自治州商业志 /2901
013959576 五环集团志 1987-2007 /2941
012052403 西安商业志 /2939
008418263 宝鸡市商业志 /2959
008993433 凤翔县商业志 /2965
008993357 陇县商业志 1913-1985 /2970
013531173 兰州五金交电化工商业志 /3037
007479142 宁夏商业志 /3117
009553973 银川市商业志 /3124
012613230 新疆生产建设兵团商业志

/3158
013604202 新疆石油商业志/3158
009414999 乌鲁木齐市商业志/3168
013528986 哈密地区商业志/3176
013940877 中国南海经贸文化志/3266
009018283 北京海关志 1929-1999/25
012814264 天津海关志/84
011763255 秦皇岛海关志/153
009675776 满洲里海关志 1949-1999/424
011564531 二连海关志 1956-2005/446
009334535 沈阳海关志/483
009699732 大连海关志/503
012872221 大连海关志续志/503
013072775 营口海关志/542
008829184 长春海关志/587
008445163 哈尔滨海关志/657
011442033 绥芬河海关志 1907-1996/707
008983448 黑河海关志 1909-1998/710
007843455 上海海关志/737
008188512 南京海关志/811
007843385 [南京市]海关志/811
012140294 苏州海关志/883
009312774 杭州海关志/978
009157304 温州海关志/1020
013067172 绍兴海关简志/1049
008067599 厦门海关志 1684-1989/1228
009683392 泉州海关志/1246
012638626 武汉海关志/1834
012872486 湖南口岸志/1971
009992711 长沙海关志/1983
012718848 广东海关志 1979-2008/2126
008453624 广州海关志/2139
011432787 黄埔海关志/2153
009863723 番禺海关志/2154

007508994 九龙海关志 1887-1990/2170
011996823 九龙海关志 1991.1-1997.6/2170
008380772 拱北海关志/2175
007479139 汕头海关志/2178
013531038 江门海关志 1904-1990/2200
013144596 茂名海关志/2209
010195453 南宁海关志/2279
010195450 柳州海关志/2288
008595427 桂林海关志 1979-1990/2297
013732361 梧州海关志 1897-1992/2306
011578791 北海海关志/2309
011311457 防城海关志/2312
012191874 海口海关志 1685-1990/2349
012191878 海口海关志 1991-2001/2349
010475739 中华人民共和国昆明海关志/2733
012251351 兰州海关志 1989-2004/3037
010138592 河北省纺织品进出口(集团)公司志续 1991-2001/123
010254106 中国包装进出口河北公司志 1973-1993/121
009240672 黑龙江省粮油食品进出口集团佳木斯公司志 1976-1993/700
012051905 上海市工艺品进出口有限公司志 1956-2000/737
009106089 上海市畜产进出口公司志/737
008378775 连云港口岸志/913
008384026 日照口岸志/1550
009808422 河南出口商品志初稿/1620
011564801 河南出口商品志/1620
011890579 东莞市口岸志/2241
010242597 云南省茶叶进出口公司志 1938-1990/2733

011590222 云南省烟草进出口公司志 1985-2006/2733

011441921 青海省五金交电化工公司企业志/3097

010138609 河北省纺织品进出口公司对外贸易志/123

011756443 保定地区对外经济贸易志/183

009387243 山西外贸志 初稿/252

012873123 灵石外贸志/321

010735961 ［朝阳市］外贸志 1902-1985/563

012587037 长春市贸促会（会展办）志 1990-2008/588

009382396 黑龙江省五金矿产机械进出口贸易志/657

008982682 上海对外经济贸易志/737

011764770 苏州对外经济志 1896-1990/882

010732106 国泰志/898

013735661 浙江省对外经济贸易志 初稿/964

008975459 浙江省外经贸志/964

009995736 杭州对外经贸志/978

009442734 宁波市对外经济贸易志 638-1995/1008

012175039 温州市对外经济贸易志/1020

013753742 平湖市外经贸志/1039

013735796 浙江省绍兴市对外经济贸易志/1049

013866300 浙江省诸暨县对外经济贸易志/1055

007824173 舟山外经贸志/1083

009117944 莆田市外经贸志/1233

008101479 泉州市对外经济贸易志/1246

008692751 江西省对外经济贸易志/1286

011293503 山东省五金矿产进出口贸易志/1401

011319980 枣庄市对外贸易志/1468

012714101 东营市外经贸志/1479

013681550 费县外贸志 1840-1986/1569

013064866 聊城地区外贸志/1588

012832045 河南省对外经济贸易志 1950-2005/1620

011585408 郑州市对外经贸志/1638

008421473 郑州市郊区外贸志 征求意见稿/1658

010250787 偃师县对外贸易志 征求意见稿/1694

008422567 南阳地区经贸志/1771

010195513 商丘地区经贸志/1784

010195529 商丘县外贸志 1900-1985 初稿/1784

009685645 信阳县外贸志/1791

011584804 确山县外贸志 1906-1990/1809

010250815 汝南县外贸志/1810

010468535 湖北茶叶贸易志/1820

008989996 湖北对外贸易简志 1949-1985/1820

009814638 湘乡外贸志/2018

013820505 津市市对外经济贸易志/2057

011793357 益阳地区对外经济贸易志 1840-1987/2068

008453579 湖南省郴州地区对外经济贸易志 1840-1988/2075

008380300 沅陵县对外经济贸易志/2098

009250653 广东食品外贸志/2126

007908385 花县对外经济贸易志/2156

009796928 深圳保税区管理志/2170

007508989 珠海市对外经济贸易志/2175

003034102 佛山市对外贸易志/2185

009851541 南海市对外经济贸易志1979-2002/2190

007672354 南海县对外贸易志/2190

007482035 梅州外贸志/2223

009145255 东莞对外贸易志/2241

003033947 中山市对外贸易志/2244

009379979 梧州口岸外经贸志/2306

008665263 北海口岸外贸志/2309

008430576 重庆市经贸分志资料长编出口商品部分 征求意见稿/2364

011499424 绵阳市对外经济贸易志/2478

009081866 昆明市对外经济贸易志/2733

012956618 玉溪市对外经济贸易志/2774

012052515 易门县经贸简志/2784

008837052 峨山彝族自治县对外经济贸易志/2787

008992915 铜川市外贸志/2952

009251594 宝鸡市对外经济贸易志1838-1988/2959

009106247 咸阳市对外贸易志1815-1990/2976

010776985 临夏州志外贸志送审稿/3079

008598557 新疆生产建设兵团外事志外贸志/3155

010475791 满洲里商检志/424

008170128 上海商检志/737

008451111 厦门商检志/1228

011328640 深圳商检志/2170

009397166 保定名优特新高产品志/183

007840121 上海蔬菜商业志/737

010147431 江浙沪名土特产志/798

009393509 浙江肉禽蛋商业志/964

010469081 浙江土特产简志/964

011066902 鹰潭市产品志/1325

009115857 赣南名优特新产品志/1328

009348144 江西省宜春地区名优特新产品志/1354

011566317 开封市蔬菜行业志/1674

009889283 桐柏县土特产类编征求意见稿/1781

008453700 肇庆土特产志/2212

财政、金融

011480645 中国企业集团财务公司志1987-2006/3266

008444069 北京财政志/25

009412524 北京财政志征求意见稿/25

008593305 北京市西城区财政志/46

010474187 北京市丰台区财政志1949-1990/54

010686948 顺义县财政志至1990/62

009783220 昌平县财政志第9卷/67

009333131 怀柔县财政志/69

008377950 石家庄市财政志/124

012722358 石家庄市财政志1991-2007/124

012639163 井陉矿区财政志/129

011066965 石家庄市郊区财政志1948-1995/130

009992170 井陉县财政志/135

012613286 井陉县财政志2004-2008/135

011890665 高邑县财政志/138

011585079 无极县财政志/140

012612993 元氏县财政志/141

012506378 辛集市财政志/131

009380908 唐山市财政志/144

013377010 秦皇岛市财政志/153

008378765 邯郸市财政志 1723-1985 /160
008383427 魏县财政志 /171
009310431 河北省邢台市财政志 1993-2000 /172
009310399 隆尧县财政志 /176
009852668 平乡县财政志 /178
009116242 清河县财政志 /180
012871829 保定财政志 /183
008534579 保定市财政志 /183
010280170 张家口财政志 1948-2005 /199
010293836 怀来县财政志 /206
011327639 丰宁满族自治县财政志 1645-1990 /214
009116468 沧州财政志 /217
013369193 沧州地区财政志 /217
012950487 沧州市财政税收志 /217
009688314 娄烦财税志初稿 /269
013756295 天镇县财政志 /273
012505215 浑源县财税志 /274
012052506 阳泉市财政志 /277
012900179 盂县财政志 /283
012951877 长治县财政志 /288
009688280 黎城财政志 /292
012140665 武乡县财政志续编 1995-2001 /295
011499554 沁源财政志 /297
012969457 沁水县财政志 /303
011809548 阳城县财政志 /304
009688244 高平财政志 /301
011763236 平鲁县财税志 /309
011804482 和顺县财政志 /315
011809297 昔阳县财政志 /316
012208116 祁县财政志 /319
011793431 运城市盐湖区财政志 /324

011909021 万荣县财政志 /329
009340786 闻喜财政志 /330
013824292 垣曲县财政志 /334
009408092 芮城财政志 /336
012814048 宁武财政志 /340
009414461 临汾地区财政志 /344
009060968 临汾市财政志 /344
009561626 翼城县财政志 /348
011312388 襄汾县财政志 /350
011473044 古县财政志 /352
011890621 浮山财政志要 1990.1-2003.6 /352
013072725 兴县财政志 /363
009472707 呼和浩特财政志略 /381
013926321 呼和浩特财政志略续 2003-2008 /381
009313054 包头市财政志 /391
011909078 乌海财政志 1958-1992 /396
010730037 赤峰市财政志 1723-1990 /399
013183728 喀喇沁旗财政志 1644-1990 /406
013321026 通辽市财政志 1616-2002 /409
012968130 科尔沁左翼中旗财政志 1986-2000 /411
013824299 扎鲁特旗财政志 /413
006101079 伊克昭盟财政志 /414
008380236 呼伦贝尔盟财政志 /419
013145742 新巴尔虎左旗财政志 /428
012995228 巴彦淖尔市财政志 1986-2006 /433
009414058 科尔沁右翼前旗财政志 /442
012684981 锡林郭勒盟财政志 /444
013982242 阿拉善左旗财政志 1949-2010 /450
010376832 辽宁财政志资料选编 /462

009408029 辽宁省财政志 1840-1985/462
009243710 沈阳财政志 1840-1986/483
008536586 鞍山市财政志/516
006543124 台安县财政志/521
013143631 抚顺市财政志 1948-1990/524
009338455 丹东市财政志/534
008536835 锦州市财政志/538
010777302 营口市财政志/542
008829245 彰武县财政志/547
009243415 辽阳市财政志/550
009312423 盘锦市财政志 1863-1993/555
012878875 永吉县财政志 1986-2002/610
010577037 辽源市财政志 1986-2000/615
008378794 齐齐哈尔市财政志/671
013045487 大庆市财贸志/690
011329730 富锦市财政志 1945-1990/701
011329741 富锦市财政志 1991-2001/701
009879600 牡丹江市财政志 1937-1989/706
012614143 牡丹江市财政志 1990-2005/705
008661855 黑河地区财政志/710
012173676 北安市财政局志 2001-2005/711
009411537 大兴安岭地区财政志/720
008794018 漠河县财政志/722
007677686 上海财政税务志/737
012661844 上海财政税务志 1991-2005/737
008534876 上海财政税务志资料长编/737
013134003 闸北区财政税务志/753
011954369 嘉定财政志 1990-2005/762
007824174 嘉定县财政志/762
008379696 川沙财政志/769
012051732 南汇财政志/769
009149307 金山县财税志/772
008037819 松江县财政税务志/777

009387363 崇明县财政税务志/787
008188525 南京财政志/811
011792980 无锡市财政志 1840-1985/831
013752635 江阴市财政志 1988-2007/838
011585169 徐州市财政志 1912-1985/846
008385902 邳州财政志/857
011321416 武进县财税志/876
010475305 苏州市财政志/883
009338429 吴县财政志/888
010143135 吴江县财税志/891
009115879 太仓市财政志/903
012505322 连云港市财政志/915
010779085 淮阴市财政志/921
009189830 盐城财政志/925
009441950 江都县财政志/938
012636618 镇江市财政志 1912-1985/944
012506641 镇江市财政志 1986-2005/944
011500662 泰县财税志/953
013686243 泗阳县财政志 1644-1988/958
009106493 浙江省财政税务志/964
009840458 杭州财税志/978
012251014 杭州财税志 1991-2005/978
013686404 萧山县财政志/990
013097933 余杭财税志/994
012722922 桐庐县财税志/1003
013726877 淳安县财税志/1005
013045445 淳安县财政税务志 1986-2007/1005
010201672 建德县财税志/997
012139446 临安市财政税务志/1001
012100543 象山县财政税务志/1016
012814529 余姚财税志/1012
012264230 奉化市财政税务志 1990-2007/1015

012175037 温州市财税志/1020	013603187 泗县财政志/1176
012684557 平阳县财政税务志/1030	013684575 青阳县财政志/1186
009442731 瑞安市财政税务志/1024	013704039 广德县财政志 1912-2007/1188
008446566 嘉兴市财税志/1035	010244275 泾县财政志 1912-1987/1189
012877070 平湖县财政税务志/1039	011066632 闽侯县财政志/1219
009840522 桐乡市财政税务志/1040	008451940 连江县财政志/1221
009348317 湖州市财政税务志/1044	009378181 福清市财政志/1216
013342517 绍兴市财税志初稿/1049	012049293 福清市财政志/1216
011066681 绍兴市财税志/1049	008802574 厦门财政志/1228
012505567 绍兴县财政税务志/1053	014050112 厦门市财政志 1996-2010/1228
012899994 新昌县财税志/1059	012684558 莆田市财政志/1233
013186070 新昌县财政税务志/1059	013629322 莆田县财政志/1233
009996957 诸暨市财政税务志/1055	012819742 涵江区财政志/1234
013756067 嵊州市财政税务志 1986-2002/1057	013067059 三明财政志/1237
011566150 金华市财政税务志/1061	013625835 安溪县财税志 事物发端-2007/1254
013706876 武义县财税志/1072	009839174 龙岩财政志/1268
009149572 浦江县财政税务志/1073	009107193 福安市财政志/1275
010118483 兰溪财政税务志/1066	008492506 江西省财政志/1286
012722487 台州市财政志/1087	012051727 南昌市财政志/1298
011321118 椒江财政志/1089	010577048 九江市财政志 1840-2000/1313
010118500 庆元县财税志/1106	013774283 九江市财政志 2001-2010/1313
013687105 安徽省财政志 1979-2010/1115	010143353 鹰潭市财政志/1325
013462793 芜湖县财政志/1132	006710892 安远县财政志/1335
013792399 淮南市财政志 1978-2011/1139	008429233 全南县财政志/1337
010007532 安庆市财政志 1978-2002/1152	009994083 于都县财政志/1340
010138028 枞阳县财政志/1155	011890925 吉安地区财政志/1345
012266039 潜山县财政志 1978-2002/1156	009385983 吉安市财政志/1345
009878462 桐城市财政志/1154	011910044 宜春地区财政志/1354
013144406 黄山市财政志至 2010/1159	011295926 奉新县财政志/1361
012052406 歙县财政续志/1161	008300081 宜丰县财政志 1911-1985/1365
012101028 宿州财政志/1172	008300062 丰城县财税志/1358
012252804 萧县财政志 1986-2005/1174	013989054 高安市财政志/1360
009878444 灵璧县志财政志/1175	013681558 抚州市财政志 送审稿/1368

010252057 临川县财政志/1370
009386228 上饶地区财政志/1375
012769440 弋阳县财政志 210-2000/1380
012612844 济南财政志 1986-2005/1413
009799278 莱西市财政志 1726-1995/1450
011571611 淄川区财政志/1460
012636664 枣庄市市中区财政志/1469
009867047 枣庄市中区财政志/1469
008838612 峄城区财政志/1470
009082342 东营区财政志/1481
013379143 烟台市财政志 1840-1985/1490
012265202 莱阳县财政志 1840-1985/1497
013863657 寿光财政志/1511
008385529 济宁市财政志/1518
009105584 济宁市财政志/1518
013990729 济宁市任城区财政志 1984-2011/1520
008487301 微山县财政志/1530
012612856 微山县财政志 1986-2000/1530
010476012 泗水县财政志 1840-2000/1533
008986818 东平县财税志/1544
014050124 山东省新泰市财政志/1539
010279878 肥城市财政志/1541
013706082 日照财政税务志 1984-1985/1550
013681545 费县财政志/1569
013342433 平邑县财政税务志/1570
012813948 临沭县财政志/1573
008844029 德州市财贸志/1578
010280436 莘县财政志/1592
013955639 滨城区财政志 1988-2010/1597
013683702 菏泽地区财政志/1601
010577470 东明县财政志 1940.3-1983.12/1607

008421965 郑州市财政志/1638
013957616 侯寨乡财政志/1652
012052610 郑州市二七区财政志 1986-2000/1652
010244100 郑州市管城回族区财政志/1654
011311966 郑州市金水区财政志 1960-2000/1655
008421306 郑州市郊区财政志征求意见稿二稿/1658
009413759 密县财政志/1662
011479383 新密市财政志/1662
009082520 登封市财政志/1667
012832271 开封市金明区财政志 1989-2009/1678
009413743 洛阳市财政志/1687
013010919 新安县财政志/1695
009116476 汝阳县财政志/1697
012689873 伊川县财政志/1699
011756407 宝丰县农业财政志/1705
011496810 安阳市财政志/1709
011954306 滑县财政志/1716
013958891 内黄县财政志/1717
008417021 林州财政志/1712
013990697 获嘉县财政志初稿/1731
009412832 范县财政志/1748
007506839 许昌县财政志/1754
012614095 三门峡财政志 1991-2000/1759
009251593 三门峡市财政志/1759
012542905 渑池县财政志内部资料/1764
008844982 灵宝市财政志/1763
013898362 灵宝市财政志 1995-2010/1763
009413777 南阳地区财政志/1771
010239122 淅川县财政志/1778

013186032 西华县财政志/1801
013186039 西华县财政志 1985-2000/1801
013759464 驻马店市财政志 1995-2005/1806
012208349 西平县财政志/1807
008383442 鄂豫皖革命根据地财政志/1820
013707132 阳新县财政志 1889-1985/1855
013098066 中原解放区陕南行政区财政志/1865
013464331 郧县财政志/1869
011066634 竹山县财政志/1870
014028632 丹江口市财政志/1867
013757248 宜昌市财政志 1989-2005/1874
009382680 宜昌县财政志/1876
011501626 秭归县财政志/1882
009382690 中原解放区江汉行政区财政志/1886
009382702 中原解放区桐柏行政区财政志/1886
013012614 枣阳市财政志 1912-2006/1889
008453126 荆门财政志/1898
013531093 荆门市财政志 1979-2005/1898
009335320 孝感市财政志/1904
013757964 应城县财政志 1882-1985/1907
013688731 汉川市财政志 1949-2009/1909
012718816 公安县财政志/1921
011995653 公安县财政志 1991-2005/1921
009685813 松滋县财政志/1919
013820271 黄冈县财政税务志 1882-1982/1926
012956604 英山县财政税务志/1932
011310826 浠水县财政税务志 1657-1985/1933

013226535 浠水县财政志 1986-2007/1933
013863568 蕲春县财政志/1934
009382460 黄梅县财政税务志 1949-1990/1936
012265102 嘉鱼县财政志/1938
012540889 赤壁市财政志 1986-2005/1938
012266022 蒲圻县财政志/1938
012837478 仙桃财政志 1986-2005/1952
008835587 浏阳县财税志 1874-1985/1992
010577289 株洲市财政志 1949.8-1993.12/1998
012052517 攸县财政志/2007
009685879 茶陵县财政志/2009
013464178 湘潭市郊区财政志/2015
013373964 衡阳市财政志/2023
009383736 南岳财政志/2025
008385212 新邵县财政志/2034
008531737 新宁县财政志 1840-1986/2037
007657671 华容县财政志/2047
013753744 平江县财政志 1986-2003/2048
012952144 石门县财政志 1840-2006/2062
013794821 祁阳县财政志/2087
013369762 东安县财政志 1840-2005/2089
008378535 江永县财政志/2090
008380776 怀化市财政志/2094
008380295 沅陵县财政志/2098
013313475 辰溪财政志 1998-2002/2099
009686296 [辰溪县]财政志/2099
009442045 新晃侗族自治县财政志/2101
008531623 靖州县财贸志/2103
008531617 靖州县财政志/2103
012173899 洪江市财政志/2096
009446009 娄底地区财贸志/2105
008835163 [湘西土家族苗族自治州]财

政志/2110
013510912 永顺县财政志/2114
008593244 乐昌财政志/2164
007508983 珠海市财政志/2175
013314269 澄海财政志 1987-2000/2181
007885129 佛山市财政志/2185
013096303 三水财政志 1988-1995/2194
009158062 鹤山财政志/2203
008616599 廉江市财政志/2207
013528991 海康县财政志/2207
011806029 吴川市财政志/2208
008453726 肇庆市财政志/2212
009864150 兴宁县财政志/2226
003035284 中山市财政志/2244
013771549 潮州市财政志/2245
013774266 揭阳县财政志/2249
008380166 普宁县财政志/2250
012100855 云浮市财政志/2255
013604743 云浮市财政志 1994-2010/2255
013510794 新兴县财政志 1979-2000/2259
009189381 南宁市财政志/2279
009852644 柳州市财政志/2288
008595499 桂林市财政志/2297
011567227 临桂县财政志/2298
012766139 龙胜各族自治县财政志/2304
012956962 资源县财政志 1935-1990/2302
008595597 陆川县财政志/2319
008665398 宜州市财政志/2328
013629501 三亚市财政志/2351
013630138 万宁财政志/2352
012540682 定安县财政税务志/2353
011478699 屯昌县财政税务志/2353
009687133 昌江黎族自治县财政志/2354
008835492 琼中县财政税务志/2355

009553133 重庆市财政志/2364
008430563 重庆市市中区财政志/2369
009553183 重庆市沙坪坝区财政志/2374
009388402 永川县财政志/2384
010251122 潼南县财政志/2387
008835866 成都市金牛区财政志/2433
012722420 双流县财政志 2005年本/2446
008672445 自贡市财政志/2454
013000722 攀枝花市财政志 1964-2004/2460
014047754 米易县财政志 1991-2012/2463
008430294 泸州市财政志/2466
008670930 绵阳市财政志/2479
013337488 绵阳市财政志 1911-1985/2479
009253902 青川县财政志/2498
009995185 大英财政志/2508
008991718 内江地区财政志 1912-1985/2513
013000533 内江市市中区财政志 1983-2007/2515
008671073 内江市东兴区财政志 1990-1996/2516
008670461 乐山市财政税务志 上篇 1911-1949/2521
009336976 犍为县财政志 1986-2000/2527
009337609 夹江县财政志/2531
013130001 沐川县财政志 1930-2000/2533
012831375 峨眉山市(县)财政志 1912-1990/2523
012970539 西充县财政志 1986-2005/2542
010238902 洪雅县财政志/2545
013939693 宜宾财政志 1912-2005/2548
013899461 宜宾市财政志 1951-1995/2548
008669953 达县地区财政志/2558

012969484	渠县财政局志 1986-2005/2565
012969490	渠县财政志/2565
009232065	万源县财政志/2561
008672167	雅安地区财政志/2566
012969351	名山县财政志/2568
013002503	石棉县财政志/2572
012967327	巴中地区财政志/2575
011312463	通江县财政志/2578
013822146	平昌县财政志/2582
011571584	四川省资阳县财政志 1912-1985/2583
008992055	阿坝藏族羌族自治州财政志/2591
014026301	阿坝藏族羌族自治州财政志 1991-2005/2591
013528932	贵阳市财政志 1978-2008/2636
008541264	息烽县财政志/2641
009336275	清镇市财政志/2639
013961357	正安县财政志/2658
012714078	道真仡佬族苗族自治县财政志/2661
008598416	安顺地区财政志/2662
012639078	普定县财政志/2665
008991121	黔西县财政志/2671
014052337	威宁彝族回族苗族自治县财政志/2674
009684302	万山特区财政志/2678
011496977	德江县财政志/2680
013343382	沿河土家族自治县财政志/2682
013630072	松桃苗族自治县财政志 1986-2005/2682
013753903	晴隆县财政志/2688
013316209	贵州省安龙县财政志/2689
010911756	昆明市财政志 1950-1988/2733
013726753	安宁市财政志 1996-2006/2750
010732081	安宁县财政志/2750
013956988	富源县财政志 1986-2010/2768
012900124	宣威县财政志 1578-1987/2763
012758960	红塔区财政志 1978-2005/2777
013957641	华宁县财政志/2782
012317046	易门县财政志/2784
013528844	峨山彝族自治县财税志/2787
012889242	昌宁县财政志 1933-2006/2801
011805581	鲁甸县财政志/2804
009393250	丽江地区财政志/2810
013901068	永胜县财政志/2811
013000655	宁蒗彝族自治县财政志/2812
012769485	永德县财政志/2829
011995646	个旧市财政志 1991-2005/2846
009399177	文山县财政志/2855
010242587	麻栗坡县财政志/2857
010293533	马关县财政志/2858
012545415	西双版纳傣族自治州财政志/2861
013506634	大理白族自治州财政志/2867
012713993	大理市财政志/2872
011444197	漾濞彝族自治县财政志/2882
012758743	宾川县财政志 1910-2007/2875
012721867	弥渡县财政志/2877
011943244	德宏州财政志/2886
012877050	怒江傈僳族自治州财政志/2893
013335034	福贡县财政税务志/2895
013531169	兰坪县财政税务志/2898
012951949	迪庆藏族自治州财政志/2901
012767047	香格里拉县财政志/2903
008992902	铜川市财政志/2953

008993982 宝鸡市财政志 /2959
013037963 陈仓财政志 1986-2010/2964
009106190 陇县财政志 /2970
008993631 千阳县财政志 /2971
009010215 咸阳市财政志 /2976
013377041 三原县财政志 1989-2009/2979
011320901 旬邑县财政志 /2982
013819484 韩城财政志 /2985
008844234 延安地区财政志 /2992
009337912 汉中财政志 /2998
008486176 安康地区财政志 /3010
009340817 平利县财政志 /3012
013861891 兰州市财政志 /3038
013236293 榆中县财政志 /3043
011756398 白银市平川区财政志 /3047
007661141 天水市财政志 /3050
011294358 秦安县财政志 /3052
013899692 武山县财政志 /3053
012847060 凉州区财政志 /3055
012967939 华亭县财政志 /3064
014056737 庄浪县财政志 /3064
008846093 静宁财政志 /3065
011995222 安西县财政志 1986-2004/3068
011809275 西和县财政志 /3078
008053785 宁夏财政志 /3117
009024731 银川市财政志 /3124
013686511 永宁县财政志 1949-2009/3128
013530959 贺兰县财政志 /3128
009414195 平罗县财政志 /3133
012952051 海原县财政志 /3143
009392961 新疆生产建设兵团财务志 /3159
013528984 哈密地区财政志 /3176
009042855 玛纳斯县财政志 /3194

012613224 阿克苏地区财政志 /3180
009001367 新疆喀什地区财政志 /3185
009411802 塔城地区财政志 /3214
013681522 大兴县税务志 /68
013508430 津南区税务志 1948-1990/95
008378008 石家庄市税务志 /124
010252716 石家庄市桥西区国家税务局志 /129
013959478 无极县国家税务局税务志 /140
011585377 赵县税务志 /142
008379226 滦县税务志 /149
010469356 邯郸市税务志 1911-1985/160
011756484 保定市税务志 /183
013660376 围场满族蒙古族自治县税务志 1912-1989/215
007824164 沧州市税务志 /218
010138589 海兴县税务志 /225
013933239 南皮县国税志 /227
013958888 南皮县税务志 /227
012052510 阳泉市国税 1994-2003/277
009387272 阳泉市税务志送审稿 /277
011909971 阳泉市税务志 1840-1993/277
008471271 晋城税务志 /299
013959390 朔州地税志 /308
013236290 榆次市税务志 /313
012899094 临猗工商税志 /328
010230786 闻喜国税志 /330
010230783 闻喜国税志图卷 /330
013752533 稷山国税志 /331
009015824 垣曲国税志 /334
014047861 平陆国税志 /335
009561563 芮城国税志 /336
011955831 尧都地税志 /345

011909151	襄汾国税志/350
008379725	兴县税务志/363
013688971	临县地税志/364
009348916	内蒙古税务志/374
012952129	呼和浩特税务志 1840-1986/381
013863120	内蒙古自治区地方税务局税收事业发展图文志 2001-2009/381
009413992	包头税务志/391
013706865	乌海市税务志 1958-1993/396
013790286	赤峰市地方税务志 1994-2006 修订本/399
014026666	赤峰市地方税务志 1994-2010/399
010686955	赤峰税务志讨论稿/399
013959387	[科左中旗国家税务局]税务志/409
012970494	通辽市(国家)税务志 1636-2004/409
012661206	呼伦贝尔国税志/419
012662664	牙克石市国家税务局志/425
009840164	巴彦淖尔盟国家税务志评审稿/432
008594373	巴彦淖尔盟税务志/432
012662500	锡林郭勒盟国家税务志 1991-2000/444
009854083	辽宁税务志 1840-1989/462
009244086	沈阳税务志/483
010277953	沈阳市铁西税务志 1935-1990/492
013771722	大连市地方税务志/503
009413754	大连市税务志/503
009244236	台安县税务志/521
012836384	台安县税务志 1986-2006/521
013090758	本溪国税志 2004-2008/530
011578846	本溪税务志 1851-2003/530
013957654	桓仁地方税务志 1994-2000/533
013224451	锦州国税志 1994-2008/538
013224452	锦州市税务志/538
013224455	锦州税务志 1856-1994/538
013994236	营口税务志 1861-1994/542
011499216	辽阳市税务志/550
011067003	铁岭市税务志 1664-1990/560
009391913	吉林省税务通志/576
011497905	郊区税务志/591
013792300	桦甸县税务志/609
013731657	松原市国税志 1999-2006/625
011328490	敦化市地方税务志 1994-2003/634
010109582	齐齐哈尔地方税务局志 1994-2004/671
012766343	齐齐哈尔市国税志 1994.9-2005.12/672
012766356	齐齐哈尔市税务志 1986.1-1994.9/672
009814590	鹤岗税务志 1905-1982/682
009889493	牡丹江市税务志 1902-1991/706
012722480	绥芬河市地方税务局志/707
013898477	南汇税务志/769
013774232	江苏省地方税务志 1994-2008/798
007848960	南京税务志/811
012819738	江宁地方税务志/824
012545397	无锡市地方税务志 1994-2007/831
012208314	无锡市税务志/831
013508422	江阴市地方税务志 1994-2009/838
008378839	徐州市税务志/846

013379051 铜山税务志/854
012051757 沛县税务志 1912-1994/860
010687014 常州市税务志 1840-1985/867
013958690 金坛市地税志 1994-2013/879
010475306 吴县税务志/888
013822097 南通工商税志/905
012202982 连云港国税志 1994-2004/915
011432775 淮安税务志/920
012718980 淮阴地方税务志/921
014052847 响水县税务志 1940-1987/929
008377795 扬州税务志/934
009338347 江都市国税志/938
008378791 江都县税务志/938
011500794 仪征市税务志/939
010687036 丹阳市税务志/949
012662314 泰州国税志/952
013145456 泰州税务志/952
008265118 兴化税务志/953
013792611 靖江县税务志初稿 1940-1985/955
013795577 台州市椒江地方税务志/1089
008830365 安徽工商税收志/1115
014026313 安徽省地方税务志 1994-2012/1115
010251774 合肥税务志/1123
010229259 蚌埠税务志/1135
013680663 滁县地区税务志 1949-1992/1164
010251109 滁县税务志/1164
013314278 滁州市国税志/1164
008830271 定远县税务志/1167
013510578 宿州税务志 1949-2009/1172
010244251 泾县税务志 1806-1987/1189
012811550 绩溪县地方税务志 1994-2007/1190
009683246 绩溪县税务志/1190
012714205 福建税务志 1949-1994/1201
008451952 连江县税务志/1221
011294333 厦门税务志/1228
013898930 莆田市税务志/1233
008451143 莆田县税务志/1233
008451134 三明赋税志/1237
008451845 南安县税务志/1252
010194025 龙岩市地方税务志/1268
008299885 萍乡市税务志/1309
010143365 永修县税务志/1318
008299941 新余市税务志/1322
009560881 于都县税务志/1341
011910049 宜春地区税务志/1354
011585225 宜丰县税务志 1911-1985/1365
008428898 上饶地区税务志/1375
010011603 济南市税务志 1840-1985/1413
013776476 淄博市地方税务志 1994-2011/1456
008838626 峄城区税务志/1470
011472950 东营市地方税务志/1479
011757638 东营市国税志/1479
009472746 垦利县地方税务志/1483
013222099 海阳县税务志/1502
012638670 潍坊税务志/1504
008487312 微山县税务志/1530
012814288 微山县税务志 1986-2000/1530
014053012 鱼台县税务志 1840-1990/1530
013661853 邹县税务志/1528
013756150 泰安工商税志/1535
013795666 五莲县税务志/1552
011293533 临沂市税务志/1562
013757244 沂水县税务志/1567

012831358	德州地方税务志/1578
008452202	德州市税务志初稿/1578
008452204	德州市税务志/1578
012051660	临邑县税务志/1583
011757465	成武县税务志/1604
012611046	河南省地方税务志 1994-2005/1620
008413393	河南省税务志/1620
008421442	河南省税务志 1840-1990/1620
011954035	巩义国税志 1986-2005/1659
009381442	开封市税务志/1674
013066335	洛阳地税志 1994.9-2003.12/1687
014047722	洛阳税务志 1652-1985/1687
013756267	汤阴县地方税务局志 1994-2007/1715
012611117	滑县税务志/1716
013661504	新乡市税务志 1911-1985/1724
008422460	焦作市税务志 1898-1986/1736
012505449	濮阳市国税志 1994-2007/1746
008426120	濮阳市税务志/1746
013730314	南乐县国税 1994-2007/1748
013898036	临颍地方税务志/1757
011067741	南阳地区税务志/1771
010239055	南阳县税务志/1771
008426907	内乡县税务志 1473-1990/1777
012766951	唐河县地税志/1779
011311858	新野县地方税务志 1994.9-2004.5/1780
013936344	商丘市税务志 1948-1985/1784
013798868	驻马店地区税务志 1840-1994/1805
012839360	驻马店市国税志 1994-2001/1806
009961574	黄石税务志/1852
013236349	郧西县税务志/1869
013464430	竹山县税务志/1870
009992398	丹江口市税务志/1867
011910032	宜昌税务志 1840-2007/1874
013932173	荆门国家税务志 1984-2007/1898
009768593	荆门税务志/1898
013824986	钟祥税务志/1901
012837490	孝感市税务志/1904
013757104	孝感市孝南区国税志 1994-2008/1906
013183468	汉川税务志/1909
009685817	松滋县税务志 1911-1987/1919
009864796	随州税务志 1949-1989/1941
010198879	湖南税志第1卷 1949-1994/1971
013129698	湖南税志第3卷 地税篇 1994-2004/1971
013129699	湖南税志 国税篇 1994-2004/1971
013702907	长沙县税务志/1994
012832062	湖南省浏阳市地税志 1994-2004/1992
013661840	株洲国税志 1991-2000/1998
006088091	醴陵税务志/2003
012723160	湘潭市地方税务志 1994.9-2009.8/2013
008027870	湘潭市税务志 1840-1985/2013
008383460	湘潭县税务志 1840-1988/2020
012899967	湘乡国税志 1990-2003/2018
008538042	湘乡税务志/2018
013626662	衡阳市税务志资料长编/2024
013093221	衡南县税务志/2029
012684696	邵阳国税志 1949-2005 第二稿

/2031
009384071 岳阳市税务志/2040
013661586 岳阳县税务志/2044
007672813 华容县税务志/2047
009383629 常德市税务志 1840-1987/2054
009383842 益阳地区税务志 1840-1989/2068
014052272 桃江县地方税务志 1994.9-2006.9/2072
012048780 郴州国税志 1989.1-2004.6/2075
013092903 湖南省郴州地区税务志/2075
008385593 靖州县税务志/2103
009511236 娄底国税志/2105
008848000 ［湘西土家族苗族自治州］税务志/2110
008665231 番禺县税务志/2154
007443178 从化县税务志/2159
012955979 汕头市税务志/2178
009378319 澄海县税务志 1814-1986/2181
003034599 佛山市税务志/2185
008453676 三水县税务志/2194
007803676 三水县税务志续编 1988-1992/2194
012998941 高明国税志/2198
008593227 高明县税务志/2198
009413334 广东省高州市税务志/2210
008453698 肇庆市税务志/2212
013183450 广东省广宁县税务志/2215
013179402 德庆县税务志/2218
007311028 广东省梅州税务志/2223
007412378 广东省平远县税务志/2228
008425753 饶平税务志/2247
013707168 云浮市税务志/2255
013226636 新兴县地方志丛书税务志 1979-2000/2259
009118443 广西税务志/2272
008665277 南宁市税务志/2279
008665410 邕宁县税务志/2283
013732543 阳朔县国税志 1994.9-2009.9/2299
010468993 兴安县税务志送审稿/2301
010468399 永福县税务志民国时期-1985 送审稿/2301
013730366 平乐县国家税务志 1927-2010/2303
012871853 岑溪县税务志/2307
012613992 陆川县税务志/2319
008595611 博白县税务志/2320
011995236 百色地区税务志 1912-2000/2320
011292483 宜山县税务志晚清-1988/2328
012899209 宁明税务志/2338
012251008 海口市税务志/2349
012542821 三亚市税务志 1912-1990/2351
012540859 昌江县税务志/2354
008428871 市中区税务志 1840-1988/2369
009689046 九龙坡区税务志 1937-1988/2374
009553077 江北县税务志 1912-1985/2379
011804457 合川县税务志 1912.1-1985.12/2382
012814508 永川市国家税务志 1989-2006/2384
013756402 潼南县税务志/2387
011584767 彭水苗族土家族自治县国家税务志/2397
012174916 四川省地方税务志 1994-2003/2408

012970505 温江国税志 1986-2005/2437
013510559 双流县税务志/2446
013321242 新津县税务志/2450
013369899 灌县税务志/2439
008672637 自贡市税务志 1911-1985/2454
008427983 富顺县税务志/2457
013991274 攀枝花市地方税务局志 1994.9-2009/2460
008422512 纳溪县税务志 1912-1985/2467
008670972 绵阳市税务志/2479
013933213 绵阳市税务志 1912-1985/2482
012839374 梓潼县税务志 1912-1990/2488
009881528 广元市地税志/2492
013129059 广元税务志/2492
009253920 青川县税务志/2498
013002619 遂宁地方税务志 1908-2002/2503
013131302 遂宁市国家税务志 1840-2004/2503
012969398 蓬溪县国家税务志 1984-2006/2505
013959357 射洪县国家税务志 1986-2008/2506
011294808 大英税务志/2509
013898519 内江地区税务志/2513
012955226 内江市地方税务志 1994-2006/2513
008671075 东兴区地方税务志/2515
012970502 威远县地方税务志 1994-2006/2517
009231547 犍为国税志 1986-1999/2527
008991861 犍为县地方税务志 1994-2000/2527
010238914 井研县税务志/2530

009337600 夹江县税务志/2531
013130038 沐川县地税志 1994-2008/2534
013130062 沐川县国税志 1935-2006/2534
012174790 南充地方税务志/2537
011997466 南充市国家税务志 1707-2003/2537
011997415 眉山地方税务志 1997.8-2007.6/2543
010239037 彭山县税务志 1912.1-1985.12/2545
012837438 武胜县地方税务志 1994-2007/2556
009231797 邻水县国税志续编/2556
008418439 雅安地区税务志/2567
012970649 雅安市国税志 1991-2001/2567
008671861 石棉县税务志/2572
012506184 石棉县税务志续 1986-2000/2572
012753128 巴中市地方税务志 1912-2001.8/2575
012995237 巴中市巴州区国税志 1986-2003/2577
013012741 资阳市雁江区国家税务局志 1986-2005/2584
012814228 四川省乐至县地方税务志 1994-2005/2589
011995190 阿坝州地方税务志 1994-2004/2591
012658502 甘孜藏族自治州地方税务志 1994-2005/2601
008670513 凉山彝族自治州税务志/2610
013628058 凉山州地方税务志 1950-2005/2610
009387600 宁南县税务志/2614

010146604 晃宁县税务志/2617

013129079 贵州税务志 1949.11-1987/2626

013528951 贵阳市地方税务志/2636

012316968 修文县税务志 1978-2005/2642

013863145 盘县税务志/2648

008541250 遵义地区税务志/2652

013940921 遵义市地方税务志 1994-2007/2653

013686645 遵义市税务志/2653

013924957 道真仡佬族苗族自治县国税志/2660

009864359 安顺地方税务志/2662

013625829 安顺市西秀区地方税务志 1994.9-2003.12/2664

013133774 铜仁地区税务志/2678

009380849 万山特区税务志/2678

011908820 石阡县税务志/2679

011328745 黔东南苗族侗族自治州地方税务志 1994.9-2004.12/2694

009441855 黎平县税务志/2699

012762473 荔波县税务志/2707

011294351 云南省税务志 1949-1993/2721

013771702 呈贡县税志/2739

012872998 晋宁县地方税务志 1994-2003/2751

013901142 玉溪地区税务志/2774

013899635 通海县税务志/2781

013756072 施甸县地方税务志/2797

013752742 丽江地方税务志/2810

013659742 普洱市地方税务志/2814

012836112 普洱哈尼族彝族自治县地税志/2816

013066912 普洱哈尼族彝族自治县国税志/2816

012680293 景东税务国税志/2818

013098027 镇沅彝族哈尼族拉祜族自治县税务志 1727-2005/2820

014047638 临沧市地方税务志/2824

013461576 临沧县税务志/2825

008418618 耿马傣族佤族自治县税务志/2831

009000400 楚雄彝族自治州地方税务志/2834

011321133 楚雄彝族自治州地方税务志 2000-2005/2834

009799616 红河州税务志/2843

012250947 个旧市税务志/2846

011762310 建水县国家税务志 前109-2005/2849

013334554 大理白族自治州国税志 1978-2007/2867

013696388 大理市国税志 1978-2007/2867

013128826 大理州工商税务志/2868

013823145 漾濞彝族自治县国税志 1950-2007/2882

013706946 祥云县国税志 1978-2008/2874

013818249 宾川县国税志 1978-2007/2875

013821968 弥渡县国税志 1914-2007/2877

012837678 永平县国税志/2878

013866264 云龙县国税志 1950-2007/2879

013957734 剑川县国税志 1978-2007/2880

013861517 鹤庆县工商税务志/2881

012767053 香格里拉县税务志/2903

013134086 周至税务志/2950

013703940 高陵县税务志/2951

008417831 宝鸡市税务志 1745-1987/2959

009091777 宝鸡县税务志/2964

013923937 陈仓区地方税务志 1995-2010

/2964
008993435 凤翔县税务志 1851-1985/2965
008993346 陇县税务志/2970
009010208 咸阳市税务志/2976
013627753 华阴市国税志/2986
008994061 汉中市税务志/2998
009561643 榆林地区税务志/3003
013703926 甘肃省地方税务志 1994-2010/3026
013793101 兰州市城关区国税志/3041
013464238 榆中县税务志/3043
011892037 凉州区国税志/3055
009189032 静宁税务志/3065
008453835 庆阳地区税务志/3070
009348179 宁夏税务志/3117
009817815 银川市税务志/3124
012970728 银川市税务志/3124
012614284 平罗国税志/3133
009442041 盐池县税务志/3136
012175091 新疆工商税收志 1950-1989/3158
013732442 新疆国税志 1990-2005/3158
008061120 乌鲁木齐税务志 1911-1987/3168
009174492 哈密地区地方税务志 1994-2002/3177
013859409 博尔塔拉蒙古自治州税务志/3196
009190560 阿克苏地区工商税志 1950-2000/3180
008482748 喀什地区税务志/3185
011479468 伊犁地区工商税务志 1912-1990/3206
012636790 伊犁哈萨克自治州地方税务志 1994-2005/3206
013795526 石河子国税志 1949-2011/3226
008380069 河北货币图志/116
013863631 上海货币发行十年志 1996-2005/744
013629536 陕西钱币简史/2932
011497918 近代民间金融图志/3266
010778529 北京金融志讨论稿/25
010251891 河北农村金融志/114
005276162 河北省城市金融志/114
011584811 热河金融志 1840-1955/114
013793383 农行石家庄分行第一营业部金融志/124
010252168 石家庄农村金融志/124
012968100 [中国农业银行石家庄市东方支行]金融志 1991-2001/124
012970786 正定农村金融志/136
008380826 栾城农村金融志/137
009380943 赵县金融志/142
009380880 唐山市金融志/145
009380902 玉田县金融志/151
008378667 秦皇岛市金融志/153
011579886 邯郸城市金融志 1945-1989/160
014049945 清河县金融志/180
011954605 临西金融志/180
011756450 保定金融志/183
011585360 张家口金融志 1840-1988/199
010577329 张家口农村金融志/199
011430425 承德金融志 1956-1988/210
008435912 沧州城市金融志/218
009189745 沧州金融志初稿/218
008216450 沧州金融志/218
010252710 衡水金融志/237
009962197 山西金融志初稿/252

009149238 广灵县金融志/273
013774475 黎城金融志/292
013186004 武乡县金融志初稿/295
011067670 沁源金融志/297
009995037 阳城县金融志/304
008384869 寿阳金融志/317
013461597 灵石县金融志/321
008534993 运城地区金融志/323
013660385 闻喜县金融志/330
009561555 稷山金融志/331
009889853 临汾金融志/344
012541691 洪洞合作金融志 1952-2002/351
008983191 孝义金融志/359
011499426 内蒙古金融志/374
009190279 内蒙古自治区农业政策金融志/374
009414004 赤峰农牧金融志/399
011496876 赤峰市金融志/399
010278934 喀喇沁旗金融志/406
012969379 哲里木盟金融志/409
011996896 库伦旗金融志/412
012662731 伊克昭盟农牧金融志 1950-1985/414
008594364 呼伦贝尔盟金融志/420
009243291 辽宁省农村金融志/462
009561045 沈阳金融志 1840-1986/483
009798925 大连市农村金融志 1945-1990/503
010278330 长海县金融志/511
009242169 鞍山市金融志/516
009242513 抚顺市金融志 1840-1985/524
013143643 抚顺市金融志续编 1986-1996/525
010140783 本溪金融志/530

008378784 丹东市金融志/534
013791103 丹东市农村金融志/534
011431394 凤城市金融志/535
012503963 盖州市金融志/544
011579820 阜新市金融志/545
009994402 辽阳市金融志/550
012173700 朝阳市金融志/563
010777130 吉林省农村金融志/576
010474391 榆树市金融志/593
010469341 永吉县农村金融志/610
010468950 吉林省怀德县金融志/612
010577073 辽源市金融志 1986-1999/615
009992955 延边金融志 1894-2000/632
010473928 延吉金融志/633
008378069 黑龙江省农村金融志/647
010239346 哈尔滨城市金融志 1946-1990/657
008661882 龙江县农村金融志/676
009414055 佳木斯市金融志 1985-2000/700
009864694 牡丹江市金融志 1928-1985/706
009814586 大兴安岭地区金融志/720
009253204 上海金融志/737
009511331 南汇金融志/769
013819186 崇明县金融志/787
009541499 江苏民国行局库/798
010293038 江苏省农村金融志/798
007848959 南京金融志/811
007819134 无锡市金融志/831
011327091 徐州市保险志 1918-1987/847
008382973 徐州市金融志/847
013604545 徐州市金融志 1988-2000/847
009993454 徐州市农村金融志/847
009993459 徐州市农村金融志农业银行卷 1997-2000/847

011585033 铜山县金融志/854	013686471 永嘉县金融志/1029
011477236 睢宁县金融志/862	013751468 苍南县金融志/1032
011805813 邳州市财贸金融志/857	008830207 瑞安市金融志/1024
014026446 常州市金融志/867	013461873 平湖市金融志 1999-2005/1039
010686832 常州市金融志 1840-1983 试行本/867	009881619 平湖县金融志/1039
013462840 武进农村金融志/877	009415116 湖州市金融志 1991-2000/1044
013959583 武进县城市金融志/877	010735957 长兴县金融志/1046
010278591 苏州市金融志/883	009388726 绍兴市农村金融志/1049
008532031 南通市金融志/905	011584866 绍兴县金融志/1053
010200523 如皋金融志/908	013531056 金华市农村金融志/1062
010200528 如皋农村金融志/908	009881598 东阳市金融志/1069
010199862 连云港市金融志/915	008662713 衢州市金融志/1076
010110160 淮阴市金融志/921	008450324 衢州市农村金融志/1076
013860505 阜宁县金融志/931	008450241 龙游县金融志/1081
008377801 扬州金融志/934	009881731 舟山市金融志/1083
008532150 仪征金融志/939	009881595 岱山县金融志 1912-1988/1085
009472609 镇江保险志 1871-2003/944	009881637 温岭县金融志 1821-1987/1092
008446311 镇江市金融志/944	013185820 遂昌县金融志 1929-1990/1104
012995344 丹徒县金融志 1911-1985/947	009881660 云和县金融志 1912-1987/1105
009889672 泰州市金融志 1840-1987/952	009881629 庆元县金融志 1758-1989/1106
009252187 泰县金融志/953	011740969 安徽农村金融志/1115
009881729 浙江省金融志/965	009377283 合肥金融志 1949-1990/1123
009995749 杭州农村金融志/978	013756923 芜湖市金融志/1130
009995772 杭州市金融志 1912-1985/978	010290966 蚌埠市金融志 1912-1987/1135
009881651 萧山县金融志 1912-1984/991	014052259 濉溪县金融志/1148
010147418 余杭市金融志/994	012635491 安庆市金融志 1978-2005/1152
009881659 余杭县金融志 1912-1985/994	012836343 宿松金融志 1985-1997/1157
009881634 桐庐县金融志/1003	010251768 滁县地区金融志 1912-1987/1164
010143090 淳安农村金融志/1005	013179369 滁州市金融志 1912-1992/1164
008865067 富阳市金融志/999	013185789 泗县金融志/1176
008446542 宁波金融志/1008	008451059 福州金融志/1208
013659692 宁波农村金融志/1008	008451922 连江县金融志/1221
013072580 温州市农村金融志/1021	013628088 罗源县金融志/1223

008452043 福清县金融志/1217
006100971 厦门金融志/1228
011764839 同安金融志/1231
009106053 莆田市金融志/1233
008846583 莆田市农村金融志/1233
008830580 仙游金融志/1236
012141490 永安市金融志 1990-2005/1239
012141534 漳州市金融志/1257
008451082 南平地区金融志/1263
012968307 龙岩金融志 1988-2002/1268
013684402 江西金融志资料 1990-1993 合订本/1286
009198386 江西省金融志/1286
008299867 南昌市金融志/1298
008664372 南昌市农村金融志/1298
009386124 九江金融志 1840-1990/1313
009387099 庐山金融志 1933-1990/1315
010143362 永修县金融志/1318
009387100 湖口县金融志/1320
008299948 新余市金融志/1322
013732488 新余市金融志 1983-2008/1323
009385962 赣州地区金融志/1329
012811278 赣州市金融志 1986-2000/1329
008831345 赣州市金融志 1991-1998/1329
009994065 南康市金融志/1330
009386245 万安县金融志 1939-1990/1351
008986559 安福县金融志/1352
008986584 宜春地区金融志/1354
008300074 宜春市金融志/1355
011911573 奉新县金融志/1362
008300057 丰城县金融志/1358
008429259 清江县金融志 1870-1985/1359
013404295 抚州金融志/1368
008430504 上饶地区金融志/1375

013602026 上饶市金融志/1376
013342512 上饶县金融志/1378
011067790 济南金融志 1840-1985/1414
010200499 青岛金融志/1434
010200514 青岛市农村金融志 1897-1988/1434
010200426 [中国人民银行胶县支行]金融志/1443
011480756 淄博金融志 1986-2003/1456
011910271 张店区金融志/1459
010200544 烟台农村金融志 1840-1985/1490
011570898 潍坊市农村金融志 1840-1985/1504
008383890 济宁市金融志/1518
008193882 兖州县金融志/1524
012175033 微山县金融志/1530
008452416 邹城市金融志/1528
013131358 泰安金融志 1840-1990/1536
011805539 临沂地区金融志 1834-1989/1562
012051655 临清市金融志/1591
013771854 定陶县金融志/1606
011579979 河南省金融志续志 1978-2000 评审稿/1620
009412870 河南省农村金融志/1620
009382379 郑州市农村金融志 1840-1990/1638
009813691 密县金融志/1662
012661414 兰考县农村金融志 1914-1999/1680
008428002 洛阳地区金融志/1687
010251100 洛宁县金融志/1698
008846391 平顶山市金融志/1701

012256485 叶县金融志/1706
011310735 安阳市金融志 1911-1985/1709
013133848 新乡市金融志 1899-1982/1725
010251851 漯河市金融志 1906-1990/1756
013863616 三门峡市农村合作金融志/1759
013731363 渑池县金融志/1764
009814203 淅川金融志/1778
008424667 商丘地区金融志/1784
012722305 商丘市金融志/1784
013732603 永城县金融志/1787
011585139 信阳地区城市金融志/1792
009251600 信阳地区金融志/1792
009839673 湖北金融志建行志/1820
009790348 湖北省金融志/1820
009338187 新洲县金融志 1840-1985/1849
009382673 阳新县金融志/1855
012545573 阳新县金融志 1985-2008/1855
008990506 十堰市金融志/1865
013957630 湖北省丹江口市金融志/1867
012769435 宜昌市金融志 1840-1985/1874
012769438 宜昌县金融志 1864-1985/1876
010197126 远安县金融志/1880
012767146 兴山县金融志 1745-1985/1881
009864719 谷城县金融志送审稿/1891
007672348 [老河口市]金融志/1888
009685678 鄂州市金融志/1894
009797307 钟祥县金融志 1820-1985/1901
013226561 孝感地区金融简志 1949-1985/1904
013226565 孝感市金融志 1875-1985/1905
013221074 大悟县金融志 1916-1985/1911
013236330 云梦县金融志 1839-1985/1912
013236275 应城县金融志/1907

013751431 安陆市金融志 1986.1-2000.12/1908
010140762 安陆县金融志 1843-1985/1908
012952059 汉川市金融志 1986-1998/1909
010109680 汉川县金融志 1849-1985/1909
013957726 监利县金融志 1851-1985/1922
009675324 江陵县金融志/1924
014052252 松滋金融志/1920
009382453 黄冈地区金融简志至 1987/1926
009961560 黄冈县金融志 1882-1985/1926
010140773 红安县金融志 1879-1985/1930
009961582 罗田县金融志 1874-1985/1931
010140779 英山县金融志 1846-1985/1932
008453160 浠水县金融志 1796-1989/1933
009864768 蕲春县金融志 1889-1985/1934
009226894 黄梅县金融志/1936
009335482 广济县金融志 1840-1985/1929
013706916 咸宁市金融志/1937
009441898 随县金融志 1869-1981/1943
012742145 巴东县金融志 1935-1985/1947
012969347 沔阳县金融志 1840-1985/1952
013461876 潜江县金融志/1954
009338160 天门金融志 1800-1985/1956
010197198 长沙市金融志 1840-1987/1983
011997477 宁乡县金融志 1991-2002/1994
011586367 株洲市金融志/1998
011578870 茶陵县金融志/2009
006088106 醴陵金融志/2004
006088090 醴陵农村金融志/2003
008538068 湘乡金融志/2018
011580025 衡阳市金融志/2024
012173888 衡阳市金融志/2024
013143916 衡阳县金融志/2028

013143887 衡南县金融志/2029
008426557 常宁县金融志/2027
014053017 岳阳农村金融志/2040
009384030 岳阳市金融志/2040
007672804 华容县金融志/2047
010577306 益阳地区金融志/2068
011294636 益阳市金融志 1990-2000/2068
008847967 桂阳金融志/2078
013659593 零陵县金融志/2085
013901069 永州市金融志/2085
014032925 江永县农村金融志/2090
008916254 怀化地区金融志/2094
008380315 沅陵县金融志/2098
013647639 [辰溪县]金融志/2099
008835743 [湘西土家族苗族自治州]金融志/2110
010253029 广东省农村金融志/2126
007662834 番禺金融志/2154
007908326 花县金融志/2156
009673649 翁源县金融志/2167
008593246 乐昌金融志/2164
011804162 澄海县金融志/2181
009250660 佛山农村金融志/2185
003034601 佛山市金融志/2185
008665213 南海县农村金融志 1840-1990/2190
007516509 顺德县金融志/2192
008397457 三水金融志/2194
013774426 开平县农村金融志/2202
008453654 湛江金融志/2205
007657720 海康县金融志/2207
009863908 茂名市金融志/2209
009863909 茂名市金融志 1989-2000/2209
009864215 肇庆农村金融志 1950-1992/2213
007908317 封开县金融志/2218
007908349 梅州金融志/2223
007995594 梅县市金融志 1853-1985/2225
009863731 丰顺县金融志 1738-1987/2227
007412379 平远县金融志/2228
007969482 中山市金融志/2244
012252378 饶平金融志/2247
009839198 云浮金融志/2255
013776346 云浮市金融志/2255
008986845 新兴县金融志/2260
009234483 广西金融志/2273
008990911 南宁地区金融志/2279
009159276 南宁市金融志/2279
009379849 柳州金融志/2288
012264322 桂林金融志 1991-2000/2297
010278702 桂林市金融志 西汉末年-1990/2297
009405828 梧州市金融志/2306
011564457 岑溪县金融志 1908-1990/2307
008665246 北海金融志/2309
008665393 合浦县金融志/2311
009250927 防城港市金融志/2312
011431546 广西防城各族自治县农村金融志/2312
009839207 钦州市金融志/2313
012680444 陆川县金融志/2319
009174267 百色地区金融志/2321
009379968 宜州市金融志/2328
009189360 来宾县金融志/2333
008595998 广西壮族自治区大新县金融志/2339
012541618 海口市金融志/2349
008844931 万县地区金融志/2370

011066645 大足县农村合作金融志 1938-2003.6/2377
013939708 永川县金融志 1911-1988/2384
008421510 巫溪县金融志/2395
009388339 四川农村金融志/2408
008670361 中国农业银行成都市金牛区办事处农村金融志/2433
012662278 双流县金融志 2005年本/2446
012662285 双流县农村金融志 1911-1985/2446
008672533 自贡市金融志/2454
009472787 攀枝花市金融志/2460
007845533 绵阳市金融志/2479
011472968 涪城区农村合作金融志 1936-2005/2482
009817992 广元市金融志 1950-2004/2492
009253968 青川县金融志/2498
009340897 遂宁市金融志/2503
008671061 内江地区金融志/2513
008670436 乐山金融志/2521
009336982 夹江县农村金融志 1936-1985/2531
008430320 南充金融志/2537
008420723 南充农村信贷/2537
011325492 西充县农村金融志/2542
012970691 宜宾县金融志/2549
009388413 达县地区保险志 1935-1990/2558
010253075 达县地区金融志/2558
013923956 达县地区农村金融志/2558
008672177 雅安地区金融志/2567
008421982 石棉县金融志/2572
010201256 巴中县金融志/2575
013922814 巴州区农村合作金融志 1935-2002/2577
013145559 通江县金融志/2578
008992047 阿坝州金融志/2592
008992117 汶川县金融志/2594
008670508 凉山彝族自治州金融志/2611
008665776 盘县特区金融志/2648
013012754 遵义市金融志 1996-2007/2653
013772660 贵州省毕节地区农村金融志 1667-1987/2670
009989217 石阡县金融志/2679
013462587 思南县金融志 1381-1986/2680
011998335 松桃苗族自治县金融志/2682
008542015 岑巩县金融志/2696
008426826 云南省农村金融志/2721
010687016 昆明市金融志/2734
011804370 官渡区金融志/2744
008992674 路南彝族自治县金融志/2756
008992620 东川市农村金融志/2759
012252928 寻甸回族彝族自治县金融志/2759
011328098 安宁县金融志/2750
012658458 富源县金融志 2000/2768
009688739 玉溪地区金融志/2774
009818259 玉溪市金融志/2774
013092915 华宁县金融志 1948-1988/2783
010243925 易门县金融志/2784
008837005 峨山彝族自治县金融志/2787
013128792 保山地区金融志/2794
009388650 永善县金融志/2806
009890590 丽江金融志/2810
008427055 思茅地区金融志/2814
013603185 思茅地区农村金融志/2814
010201600 临沧地区农村金融志/2824
011431447 耿马傣族佤族自治县金融志

/2831

013646939 楚雄州金融志/2834

012208528 姚安县金融志/2838

008664965 红河哈尼族彝族自治州金融志/2844

008660291 红河哈尼族彝族自治州农村金融志/2844

013863030 蒙自县金融志/2844

010476516 建水县农村金融志续集/2849

011066893 文山州金融志/2854

011066721 西畴县金融志 1912-2002/2856

011328343 邱北县金融志/2859

009399161 西双版纳傣族自治州金融志/2862

013681518 大理白族自治州金融志/2868

012837612 漾濞彝族自治县金融志/2883

013994114 祥云县金融志/2874

011579714 德宏州金融志/2886

013000698 怒江州金融志/2893

013932236 [兰坪]金融志/2898

013179417 迪庆藏族自治州金融志/2901

012898352 迪庆藏族自治州金融志/2902

009198572 阿里金融志/2919

013462674 铜川市金融志/2953

013787977 宝鸡金融志 1988-2010/2959

008417948 宝鸡市金融志/2959

008838034 咸阳市金融志/2976

013148635 兴平市金融志 1990-2009/2978

013661506 兴平县金融志/2978

011443964 渭南地区金融志/2983

013133861 延安地区金融志/2992

008844087 汉中金融志/2999

007662815 甘肃农村金融志 1949-1988/3027

008453816 白银市金融志/3046

011320303 张掖市金融志/3058

008453836 庆阳地区金融志/3070

012714086 定西分行农村金融志 1950-2003/3073

011584540 临夏州金融志/3079

008848331 甘南藏族自治州金融志/3082

008838417 玉树藏族自治州金融志/3108

010291676 灵武县金融志 1912-1988/3127

011325524 新疆金融志/3159

011909082 乌鲁木齐金融志/3168

013772667 哈密地区金融志 1991-2010/3177

011476879 哈密金融志/3177

014026442 昌吉回族自治州金融志/3191

012899002 精河金融志 1986-1995/3197

013090702 巴音郭楞蒙古自治州金融志/3198

008668399 阿克苏地区金融志/3180

012982184 阿克苏地区金融志/3180

008668384 沙雅县金融志/3183

011479478 伊犁哈萨克自治州州直金融志 1986-2000/3206

011793333 伊犁金融志/3207

011793349 伊犁金融志大事记 1950-1990/3207

011996910 奎屯金融志 1957-1995/3209

010292153 建设银行北京西四支行志 1954-1990/25

009684383 河北建设银行志 1954-1990/114

012816257 中国银行河北省分行志 1976-2005/114

008378047 石家庄工商银行志/124

008384886 中国人民建设银行石家庄中

心支行志/124
009380871 唐山工商银行志/144
009684735 唐山建行志1951-1988/144
010293532 中国农业银行唐山分行志1989-1998/144
008913931 中国人民银行唐山分行志/144
013333756 保定建行志1952-1986/183
009864543 张家口建行志1988-1993/199
012505357 滦平县农业银行志/213
010251828 沧州建设银行志/218
008380745 衡水建设银行志/237
013337658 内蒙古建设银行志/374
011329534 中国农业银行内蒙古自治区分行志/374
012661252 建行赤峰分行志/399
011432732 呼伦贝尔盟建设银行志/420
011793501 中国工商银行呼伦贝尔分行志/420
013626225 大连建行志/503
009472643 中国建设银行大连市分行志1994-2000/503
013824972 中国建设银行股份有限公司大连市分行志2001-2008/504
010777128 吉林省建设银行志/576
011320017 中国人民建设银行吉林市分行行志1953-1985/602
010293784 中国银行公主岭支行志/612
011564903 黑龙江建设银行志/647
008436897 黑龙江农垦分行志/647
013730110 建设银行哈尔滨市分行志1991-2002/657
010278480 江苏中国银行志/799
009687110 中国人民建设银行江苏省分行志/799
008446247 交通银行南京分行志/811
012759010 交通银行无锡分行志1911-2007/831
009413499 交通银行徐州分行志/846
013379666 中国建设银行徐州市分行志1954-2000/847
008446455 建设银行浙江省分行志1951-1995/965
009105954 中国建设银行杭州市分行志1954-1998/979
009389854 中国银行宁波分行志1914-1987/1008
012256643 中国工商银行温州市分行志1984-2004/1021
008662454 湖州市建设银行志/1044
013736500 中国银行嵊州支行行志1984-2004/1057
013987287 安徽省工商银行志资料汇编/1115
010577299 中国人民建设银行安徽省分行志1952-1990/1115
010138102 中国人民银行安徽省分行志1949-1990/1115
009683333 中国工商银行合肥市支行志/1123
010242629 中国建设银行合肥市分行志1954-1990/1123
010730403 交通银行芜湖分行志1914-2004/1130
010254025 淮南建行志1951-1986/1139
012680467 马鞍山农行志/1143
009866601 江西省建设银行志1954-1993/1286

013863052 南昌市建设银行专业志/1298
010113079 山东省建行志 1951-1985/1414
013684564 招商银行济南分行 8 周年志/1414
013512088 中国人民银行潍坊市分行行志/1505
014050270 寿光农村商业银行志 1951-2011/1511
009244837 中国人民银行文登市支行志/1547
013335351 菏泽建行志/1601
013990669 河南省人民银行志 1998-2012/1620
009311344 中国银行河南省分行行志 1975.10-1995.10/1620
008988243 交通银行郑州分行志/1638
010251775 郑州交通银行志 1912-1990/1638
009251909 郑州市建行志 1951-1985/1638
008987923 郑州市建行志续篇 1986-1990/1638
010244050 中国农业发展银行河南省分行志 1995-2002/1638
012545807 中国农业银行河南省分行行志 1979-2002/1638
011566312 开封市建设银行志 1954-1985/1674
013932232 开封市建设银行志 1986-1993/1674
012636557 中国农业发展银行开封市分行志 1996-2004/1674
012816232 中国农业银行开封市分行行志 1955-2004/1674
011311036 洛阳市建设银行志 1954-1990/1688
013133842 新乡市建设银行志 1951-1982/1724
013098049 中国建设银行新乡分行志 1983-1995/1725
013866361 中原油田建设银行志 1981-1992/1746
012663845 中国工商银行湖北省分行行志 1985-2005/1820
013093054 荆州市银行志 1994-2005/1913
014032905 建设银行湖南省分行志/1971
013190127 中国农业发展银行湖南省分行志/1983
006088089 醴陵工商银行志/2003
009441918 中国建设银行湘潭市分行志 1954-1994/2013
009699690 岳阳县工商银行志/2045
011292484 益阳市工商银行志/2068
009145714 中国建设银行广州市分行专业志 1954-1993/2139
013630718 招商银行史志/2170
007995593 南海县外汇银行志/2190
009839201 肇庆工商银行志/2212
009989133 广西工商银行志/2272
008990913 南宁工商银行志/2279
010195468 梧州中国银行志 1938-1990/2306
008595570 北海中国银行志 1915.10-1990.12/2309
013183653 建设银行重庆市分行志 1986-1990/2364
013183650 建设银行重庆市分行志 1991-2000/2364
014052307 潼南县农业银行志 1986-2008

/2387

008671641 中国人民银行彭水苗族土家族自治县支行志/2397

008846464 四川建设银行志/2408

013686622 中国农业银行四川省分行志 1986-2005/2408

009245000 成都建行志 1949-1989/2425

012249749 成都市银行业志 1990-2005/2425

013236389 中国建设银行成都市分行(省分行营业部)志 1991-2001/2425

009266290 中国工商银行泸州市分行志 1984-2000/2466

013705194 内江农行志/2513

012956928 中国工商银行乐山市分行志/2521

013901298 仁寿农行志 1986-2002/2544

013865524 宜宾市商业银行志 1984-2010/2548

008430315 达县地区工商银行志/2558

008220739 达县地区建设银行志/2558

013625849 巴中地区人民银行志 1950-2000/2575

013735984 中国农业银行简阳县支行志 1911-1985/2585

008864742 新龙支行行志/2605

010730283 中国农业银行凉山彝族自治州分行志/2611

011447127 中国人民建设银行凉山彝族自治州中心支行行志初稿/2611

011441071 冕宁县建设银行行志/2617

013797378 中国农业发展银行贵州省分行志 1995-2004/2627

009388523 云南建行志/2721

011586226 中国建设银行云南省分行志 1986-2004/2721

013996270 中国农业银行云南省分行志 1991-2008/2721

013064813 昆明官渡农村合作银行志 1953-2010/2744

013863592 曲靖地区建设银行志/2761

012208635 中国农业银行曲靖市分行志 1919-2007/2761

008837141 思茅地区建设银行志/2814

012723176 祥云县人民银行志/2874

013236394 中国建设银行西藏自治区分行志 1954-2004/2910

008993252 陇县建设银行志/2970

008993409 中国工商银行陇县支行志/2971

011586267 中国人民建设银行甘肃省分行行志/3027

013074870 中国人民建设银行金昌市支行志/3044

009994915 青海省建设银行志/3093

012903571 中国工商银行新疆维吾尔自治区分行行志 1985-1995/3159

009683347 北京市农村信用合作社志/25

009348184 邱县农村信用合作志/169

011477108 平定县信用合作社志/281

009817923 高平信用合作志 1947-2004/301

009881341 运城市信用合作志/323

013415316 稷山信合志/331

009688430 永济信用合作志/325

008983213 河津信用合作志/327

011479458 尧都区农村信用合作社志 1951-2000/345

008594348 杭锦后旗农村信用合作社志

/436

013822789 铁岭市建设城市信用社社志/560

012713892 宾县农村信用合作社志/666

009414066 佳木斯市农村信用社志/700

012684560 七台河市城市信用社志 1987-2004/703

012052425 萧山农村信用合作社志/990

009413235 枞阳县信合志/1155

013144650 潜山县信合志/1156

013531025 吉安县农村信用社志 1951-2011/1347

013683461 广昌县农村信用合作社志/1374

013798871 淄博市城市信用合作社社志 1986-1996/1456

009107313 东营市农村信用社志/1479

011474536 辉县市农村信用社志 1946-2006/1729

013731202 陕县农村信用社志/1765

013236409 周口市城市信用社志/1798

013335032 房县农村信用合作社志 1952-2008/1872

010577025 长沙市农村信用社志 1978-2002/1983

009686838 攸县信用合作志/2007

012831047 安化县信用合作志 1952-2001/2072

012264018 郴州市信用合作志/2075

012970980 资源县农村信用合作联社志/2302

013755967 三台信合志/2485

013002329 蓬溪县农村信用合作社志 1986-2006/2505

013959358 射洪信合志 1951-2009/2506

012096535 大英信合志 四川信合/2509

013925180 东兴信合志 1955-2008/2516

013010698 五通桥区农村信用合作社志 1938-2004/2522

008991884 犍为县农村信用合作社志 1938-1999/2527

014032886 犍为县农村信用合作社志 2000-2008/2527

013130968 沐川县农村信用合作联社志 1954-2008/2534

013932467 邻水县农村信用合作志/2556

014026682 达州市农村信用合作志 1952-2009/2558

012969497 渠县农村信用合作志 1986-2005/2565

012969360 名山县农村信用联社志 1996-2005/2569

014050266 石棉县农村信用合作社联合社社志 1954-2000/2572

010008978 通江县农村信用合作志/2578

011066586 平昌县信用合作志/2582

012831056 安顺市农村信用社志/2662

012955815 平坝县农村信用社志/2664

013012659 镇宁布依族苗族自治县农村信用合作社志/2665

012872350 关岭布依族苗族自治县农村信用社志/2666

013627987 金沙县信用合作志/2672

012998918 福泉市信用合作志/2707

012873009 昆明市农村信用合作社志 1952-2006/2734

012638616 中国信合西山区农村信用社志 1954-2007/2747

012503935 富民县农村信用社志 1954-2007 /2752

012662270 石林农村信用社志 1954-2007 /2756

011805928 嵩明信用社志 1954-2004 /2754

012713822 安宁市农村信用社志 1953-2009 /2750

012956913 镇沅彝族哈尼族拉祜族自治县农村信用合作联社志 /2820

013990947 弥勒县农村信用社志 1953-2012 /2848

010576944 泸西县农村信用合作志 /2850

013183414 洱源县农村信用合作社志 /2880

010201230 蓝田县农村信用合作社志 /2949

012898528 汉中农村信用合作志 /2999

010962587 府谷农村信用合作志 /3005

012872304 甘州农村信合志 1952-2006 /3059

010201437 呼图壁县农村信用合作社社志 1954-2002 /3193

011571323 中国保险史志 1805-1949 /3266

007829257 河北省保险志 /114

008486240 沧州保险志 /218

013901307 中国人民财产保险股份有限公司通辽市分公司志 /409

008594367 呼伦贝尔盟保险志 /420

009243211 辽宁省保险志 /463

013090942 大连市保险志 /504

013074864 中国人民保险公司大连市分公司司志 /504

008536575 鞍山市保险志 /516

010277950 抚顺市保险志 /525

009312399 本溪保险志 /530

008378625 丹东市保险志 1908-1985 /534

013659389 锦州市保险志 /538

011310917 营口市保险志 /542

013923914 朝阳市保险志 /564

012635693 常州保险志 1939-2009 /867

012252590 苏州保险志 1905-2005 /883

008708248 浙江省保险志 /965

008671659 安徽省保险志 /1115

010243949 龙岩人民保险志 1949-2002 /1268

012316983 烟台保险志 1911-1990 /1490

013308914 滨城区社会保险志 /1597

008972073 河南省保险志 /1621

008369959 洛阳市保险志 /1688

009685627 信阳地区保险志 1936-1987 /1792

010290929 湖北省保险志 /1820

008380306 沅陵县保险志 /2098

009399399 深圳市社会保险志 /2170

012048888 东莞市社会保险志 /2241

011431535 广西保险志 /2273

008421725 四川保险志 /2408

009442649 内江地区保险志 /2513

008991947 犍为县人寿保险志 1949-1999 /2527

009337605 夹江县保险志 /2532

014026329 巴中市社会保险志 1986-2003 /2575

008669076 安岳县保险公司志 /2586

011566450 乐至县保险志 /2589

009190402 宁夏保险志 /3117

文化、科学、教育、体育

文化与文化事业

008838573 中国文化科技志 1978-1998 /3266

008194075 中华文化通志第1典 历代文化沿革/3268

008192111 中华文化通志第2典 地域文化/3268

008192112 中华文化通志第3典 民族文化/3269

008192113 中华文化通志第4典 制度文化/3269

008192114 中华文化通志第5典 教化与礼仪/3269

008192115 中华文化通志第6典 学术/3269

008192116 中华文化通志第7典 科学技术/3269

008192117 中华文化通志第8典 艺文/3269

008192118 中华文化通志第9典 宗教与民俗/3269

008192119 中华文化通志第10典 中外文化交流/3269

008192164 中华文化通志总目提要/3269

011471201 北京史志文化备要/32

011563632 北京市东城区文化文物志/44

012658416 丰台区文化文物志/54

011943051 北京门头沟村落文化志/58

011066959 门头沟文化志/58

011570851 通州文化志/61

012613181 延庆文化文物志文化卷/72

012613170 延庆文化文物志文物卷/72

013343377 延庆乡村文化志八达岭镇卷/73

010239141 天津文化简志稿/84

013369110 北辰区文化志/97

011430301 北辰区文联志/97

012541653 河北地名文化志千年古县/116

008377996 河北省石家庄地区文化志/124

009380888 石家庄市文化志/124

010278313 石家庄市文化志征求意见稿/124

013072513 唐山市文化志资料汇编/145

008379121 滦县文化志/149

011328429 张北县文化志/202

006898722 泥河湾文化志/204

012251109 怀来县文化艺术志/206

013369205 沧州市文化志/218

013684559 南皮县文化艺术志/227

012503657 泊头市文化志/220

009319557 河间文化艺术志/223

013646941 大城县文化艺术志/235

009333400 山西文化艺术志/252

012661797 三屯文化图志/275

013343452 阳泉市文化志/277

012174804 平鲁文化图志/309

012100764 右玉文化图志/310

009442106 左权县文化志/315

013940925 左权县文化志 2003-2011/315

013728730 和顺县文化艺术志/315

010008954 代县文化图志/340

013012576 翼城文化志/349

012662651 兴县文化志 1840-1991 /363	009046542 嘉定文化志 /762
008828775 包头市文化志 /392	008094776 川沙县文化志 /769
010292143 哲里木盟文化志 /409	011476985 南汇文化广播电视志 /769
013956856 鄂托克旗文化志 1949-2010 /416	009921009 金山文化志 /772
009244081 沈阳市文化志 /483	009340888 松江文化志 /777
009994482 沈阳市铁西区文化志 1937-1988 /492	012140220 青浦文化志 /780
013894486 大连市文化艺术志 /504	013926384 江苏吴文化志 /800
008536602 鞍山市文化志 /516	009889561 南京群众文化志 /812
012871813 鞍山文化志 1988-2007 /516	009043280 南京文化志 /812
011320519 本溪文化志 /530	012759000 建邺文化志 /818
009348879 阜新文化志 /545	013752627 江宁区文化志 /824
008829251 彰武县文化志 /547	013148649 徐州文化志 1911-1986 /847
009243431 辽阳市文化艺术志 /550	013002323 沛县文化志 初稿 /860
011499492 盘锦市文化志 /555	011321376 常州文化志 /867
011311793 双辽市文化体育志 /613	013462844 武进县文化志 /877
009839631 黑龙江冰雪文化图志 /648	012872523 淮阴文化艺术志 /921
011764755 松花江地区文化艺术志 /658	013507939 洪泽县文化志 /923
010473843 巴彦县文艺志 /666	008380674 扬州文化志 /934
010469283 双城县文艺志 /663	013404090 访仙历史文化志 /949
012049237 杜尔伯特文化志 /693	009157295 萧山文化志 /991
011294595 上海群众文化志 /738	012097740 临安市文化志 /1001
008842781 上海文化艺术志 /738	007710797 宁波艺文什志 /1008
011763400 上海文化娱乐场所志 /738	008985594 鄞县文化广播志 /1011
009387373 黄浦区文化志 /749	008822376 嘉兴市文化志 /1035
010243037 徐汇文化志 /750	013404403 海盐县文化志 /1042
012766493 上海市长宁区文化志 /751	009995803 湖州市文化艺术志 /1044
013659397 静安区文化志 /751	009561904 金华市文化志 /1062
012542932 苏州河文化遗产图志 普陀段 /753	009164830 武义县文化志 /1072
012690305 华漕镇历史文化图志 /757	013753757 浦江文化志稿 /1074
012832543 梅陇镇历史文化图志 /757	009126263 兰溪市文化志 /1066
007825627 闵行区文化志 /757	013334626 东阳市文化志 /1069
007772942 上海县文化志 /757	013956851 东阳吴氏文化志 /1070
	009126428 衢州市群众文化志 /1076
	013144489 开化县文化志 1986-2009 /1081

013404442 合肥文化志资料汇编/1123
010193975 马鞍山市文化志/1143
010577235 安庆市文化市场志/1152
008043155 桐城文化志/1154
010138082 明光市文化志/1166
010577227 阜阳地区文化志/1169
001691246 宿县文化志/1173
008830275 六安地区文化志/1177
009378105 六安县文化志/1177
013758760 张溪文化志 天然画卷/1185
009082518 福州文化志/1208
011312667 昙石山文化志/1210
013735542 漳州文化志/1258
012836045 宁德市文化志 1993-2008/1273
009009720 赣文化通志/1288
008664287 江西省文化艺术志/1286
012719128 景德镇市文化志至1990/1305
013508837 萍乡市文化艺术志/1309
013335442 九江市文化志/1313
010730393 兴国县文化志/1342
008300068 宜春市文化志/1355
008429473 奉新县文化艺术志/1362
008094521 宜丰县文化艺术志/1365
009386241 铜鼓县文化艺术志/1367
013528906 高安县文化艺术志/1360
008532359 文化艺术志资料汇编/1401
008532335 文艺志资料/1401
013820468 胶州市文化志/1443
009688185 即墨市文化志/1446
009962178 淄博文化志 1949-2002/1456
012542831 山亭区文化志/1471
012956039 滕州文化志/1473
013897926 利津县文化体育志/1485
012052597 招远文化志/1500

011570908 潍坊市文化志试写稿/1505
009105610 潍坊文化志/1505
010113220 诸城文化志/1509
013646792 安丘文化志/1513
012097727 琅邪王氏文化志/1562
013314319 德州市文化艺术志 1840-1988/1578
013333870 滨州文化志 1949-2009/1595
012871839 伯乐文化志/1604
013704180 河南省文化志资料选编/1621
012810029 二七区教育文化体育志/1652
011310521 郑州市郊区文化志 征求意见稿 一稿/1658
012609601 登封文化志/1667
013464200 新乡市文化志/1725
010278982 长垣文化志/1733
010229503 焦作市文化志 征求意见稿/1736
011763300 三门峡市文化志/1759
013096361 陕县文化志/1765
009413787 南阳地区文化志/1771
009413800 南阳市文化志/1771
013684612 商丘市文化志 1998-2007/1784
009411508 商丘文化志/1784
012872548 潢川县文化志/1795
009414043 驻马店地区文化志 征求意见稿/1806
012139238 湖北文化艺术教育志/1820
012249719 长江文艺志 1949.6-2009.6/1834
006862700 楚文化志/1836
009074534 武汉文化史料/1836
013861840 江夏广电志/1846
009338193 新洲县文化志/1849
009348058 黄石文化新闻体育志/1852
010109662 大冶县文化志/1854

012814478 宜昌文化志/1874
013939694 宜昌市夷陵区文化体育志 1840-2007/1876
012758753 长阳文化体育志/1883
009382640 襄樊文化艺术志/1886
011068484 襄阳县文化志/1886
008411244 文化艺术志/1888
012809878 安陆市文化体育新闻出版志 1949-2009/1908
009382626 通山县文化志/1940
013957434 鹤峰苏区文化志 1929-1933/1950
012266036 潜江文化志 1906-2005/1954
008835690 浏阳县文化艺术志/1992
006071793 醴陵文化志/2003
012718935 衡山文化志/2029
009384983 岳阳市文化志/2040
007657673 华容县文化体育志/2047
012266010 平江县文化志/2048
012809887 白沙洲村文化志/2070
012662860 沅江市文化志 1989-2004/2070
012662854 沅江县文化志 1840-1988/2071
013066924 祁阳县文化志/2088
013072748 江华文化遗产志/2093
008195184 沅陵县文化志/2098
010572282 黔阳县文化志/2096
008835193 [湘西土家族苗族自治州]文化志/2110
010108392 广州市东山区文化志 1840-2000/2146
007506834 广州市白云区文化志/2152
009863727 番禺县文化志/2155
013751599 从化县文化志/2159
012877173 韶关市文化志/2162

009818490 万丰文化志/2171
013379113 西乡文化志/2171
013795382 汕头市文化艺术志/2178
007850852 佛山市文化志/2185
009852017 南海市文化艺术志/2191
010777227 三水县文化志/2194
009863891 鹤山文化志/2203
013184345 龙门县文化志/2221
011792989 五华县文化艺术志/2227
013064780 碣石文化志/2229
008192180 中山市文化志/2244
012139414 揭阳县文化志/2249
002758340 广西文化志资料汇编/2273
007929732 广西文化志资料集/2273
009441848 柳州市文化志送审稿/2288
008594860 柳州市文化志/2288
012950394 北海文化志/2309
008596075 来宾县文化志/2333
009408187 重庆文化艺术志/2365
008733899 万县地区文化艺术志/2370
007621121 重庆市市中区文化艺术志/2369
013759377 重庆市沙坪坝区文化志/2374
012545619 永川市文化体育广播电视新闻出版志 1989-2006/2384
013756403 潼南县文化体育志 1986-2010/2388
012107881 巴蜀文化志修订本/2410
009442668 四川省群众文化志/2409
012951916 成都群众文化志/2426
011439862 金牛区文化志/2433
013510566 双流县文化志/2446
014052853 新津县文化体育志 1984-2008/2450

010735910 新津县文化志/2450

008672647 自贡市文化艺术志/2454

011068404 四川省荣县文化志/2456

013933253 攀枝花市文化志 1965-2005 /2460

009231805 绵阳市文化艺术志/2479

013730284 绵阳市涪城区教育文化体育志 1990-2007/2482

009336828 梓潼县文化志/2488

011995672 广元文化志/2492

013936407 遂宁市文化艺术志/2503

013731340 射洪县文化体育志 1950-2007 /2506

013958892 内江地区文化志/2513

013000622 南充地区文化艺术志/2537

012995317 达县地区文化艺术志/2559

011068517 石棉县文化志/2572

010201262 巴中县文化志/2576

013753719 南江县文化志 1911-1985/2580

013859303 安岳县文化志/2586

011997256 乐至县文化体育志 1985-2005 /2589

011566467 乐至县文化志/2589

007488617 阿坝藏族羌族自治州文化艺术志/2592

013699145 阿坝藏族羌族自治州文化志 1990-2011/2592

013772613 甘孜藏族自治州文化艺术志 1991-2005/2602

011328624 炉霍县教育体育文化志/2605

011067683 四川省西昌市文化艺术志 1911-1990/2612

008025690 沙滩文化志/2656

013708137 织金县文化艺术志/2673

013822175 黔西南布依族苗族自治州文化艺术志/2686

013647486 惠水县文化艺术志/2710

012898324 傣族文化志/2723

014029004 官渡区文化体育旅游志 1978-2012/2744

010577236 官渡区文化志/2745

010577379 陆良县文化艺术志/2765

013097858 宣威市文化艺术志/2763

009818316 玉溪市文工团志/2774

013901147 玉溪市文化艺术志 1978-2005 /2774

009245046 江川县文化志/2778

010118398 澄江县文化志/2779

013072551 通海县文化志/2781

011311342 峨山彝族自治县文化志/2787

012503687 昌宁县文化体育志 1933-2008 /2801

013820597 丽江市文化广电新闻出版志/2810

009388578 思茅地区文化志/2814

013335440 景东县文化志/2818

008418630 云县文化志/2828

009126160 红河哈尼族彝族自治州文化艺术志/2844

010195473 个旧市文化志/2846

011996837 开远文化艺术志 1528-2005 /2847

011585065 文山州文化艺术志/2854

011066707 文山壮族苗族自治州文化艺术志送审稿/2854

009700557 文山壮族苗族自治州文化艺术志/2854

008597923 大理市文化志/2872

009799612 [兰坪]文化艺术志/2899

013626436 高陵县文化体育志/2951

012810574 扶风文化艺术志/2966

013865488 延安市文化艺术志 1997–2010/2992

012878870 银川市文联志/3124

009442046 平罗县文化志/3133

008543118 新疆生产建设兵团文化艺术志 征求意见稿/3159

012252863 新疆生产建设兵团文化志/3159

012096412 昌吉回族自治州文化艺术志/3191

012100842 岳普湖县文体广电志/3187

008245761 "中华民国"史文化志 初稿/3233

信息与知识传播

009397163 沧州新闻志/218

013861525 衡水地区报业新闻志/237

010376847 辽宁新闻志资料选编/463

011497914 锦州新闻志 报纸部分 1909–1993/538

013148694 延边新闻志 延边日报新闻志/632

008569843 上海新闻志/738

011793448 浙江省新闻志/965

013145678 萧山县新闻志 1912–1986/991

008451047 福州新闻志 报业志/1208

012545427 厦门新闻志/1228

011566430 开封市新闻志 初稿/1674

011890434 安阳新闻志 1911–2003/1709

013604561 宜宾地区新闻志 1912–1994/2548

013506760 甘孜藏族自治州新闻志 1991–2005/2602

011499607 庆阳地区新闻报刊志/3070

008994731 新疆生产建设兵团新闻志/3156

011066576 吐哈油田新闻志/3174

011444092 邢台报社志/173

008378543 保定报志/183

009413416 沧州日报社志/218

013959350 山西县市报志/252

013821922 吕梁日报社社志 1971–2011/357

010292971 哲里木盟报业志 1929–1994/409

011311293 鄂尔多斯日报社志/414

008385220 锡林郭勒日报志 1947–1990/444

010279152 营口日报志/542

012722154 齐齐哈尔日报报业集团社志 1994.9–2004.9/672

010195553 齐齐哈尔日报社社志 1954.9–1994.9/672

012758761 大庆日报社社志 1960.4–2000.1/690

013774995 牡丹江日报社志 1945–1985/706

010109577 牡丹江日报社志 续 1986–1987/706

008985320 南京报业志/812

012636827 徐州日报社志 1948–2008/847

013379141 徐州日报志略 1984.12–1998.8/847

012252595 苏州日报社志 1949–2008/883

009993469 扬州报刊志/934

009996150 浙江报业志/965

009511358 萧山日报志/991

012140413 铜陵日报志 1955–2004/1149

010007607 黄山市报业志/1159

009188417 宣城日报社志 1984–2003/1186

012758772 东快十年志/1208
010110546 江西日报社志1949-2000/1298
013531110 景德镇市报业志/1305
013321294 修水报志/1317
010962596 赣南日报社志/1329
009399350 即墨日报社志/1446
011804255 东营日报社志/1479
010293931 烟台日报社志1945-2005/1490
011892419 日照日报社志1958-2008/1551
012832477 临沂地区报纸志1916-1990/1562
008532043 德州市报纸志征求意见稿/1578
008452302 德州市报纸志/1578
012762153 开封日报社志/1674
012051694 洛阳日报社志/1688
012099703 平顶山日报社志/1701
012690143 中国平煤神马报社志/1701
008665691 湖北省报业志/1821
012636774 宜昌日报社志1949-2005/1874
010142796 襄樊报业志/1886
012317127 岳阳市报刊志/2040
009699311 梅州报刊志1906-2002/2224
010293883 东莞日报志/2241
008594866 柳州日报志/2288
009441851 右江日报志/2321
008414560 自贡市报业志/2454
008430403 乐山报业志/2521
009106267 犍为报志1991.12-2001.8/2527
013863059 南充日报社志/2537
012140795 新疆日报社志1949-1990/3169
012545518 新疆日报社志1991-2005/3169
009397026 北京人民广播电台志1949-1993/25
009397027 北京人民广播电台志补1994-2001/26
008982422 中国国际广播电台部门志/26
009330582 [中国国际广播电台史志]中国国际广播回忆录/25
008982420 中国国际广播电台志/26
013045507 丰台区广播电视志/54
010011472 塘沽广播电视志1956-2004/100
012545721 正定广播电视志/136
013603444 西山有线电视台志1999-2009/260
009554011 平定县广播电视志/281
011471292 长治市广播电视志1950-2006/284
012831529 高平市广播电视志/301
012722192 芮城广播电视志1956-2009/336
009046403 河津广播电视志/327
012968262 临汾广播电视志/344
013133924 翼城广播电视志/349
011066387 孝义广播电视志/359
012127754 内蒙古广播电视志/374
011804534 呼伦贝尔电视台志1973-2003/420
012638859 呼伦贝尔盟广播电视志/420
009840169 呼伦贝尔人民广播电台志/420
012613288 锡林郭勒盟广播电视志/445
008536730 鞍山市广播电视志/516
013923841 本溪广播电视志/530
009242719 锦州广播电视志1939-1985/538
009994400 辽阳市广播电视志资料性文稿/550
011321086 齐齐哈尔市广播电视志1986-2005/672
008830106 大兴安岭广播电视志1954-1998

/720

012099888 上海电视栏目志 1958-2008/738

008436136 上海广播电视七十年 1923.1-1993.1/738

008328308 上海广播电视志/738

009799342 青浦广播电视志/780

008532017 南京广播电视志/812

012587071 常州广播电视志 1932-2006/868

011471297 常州广播志 1932-2006/868

013462846 武进县广播志/877

009116214 镇江市广播电视志/945

011311960 扬中广播电视志/950

009009974 萧山市广播电视志/991

010778597 余杭广播电视志/994

011472984 富阳广播电视志 1950-2005/999

010009349 瑞安市广播电视志/1024

013819480 海宁市广播电视志/1037

011477113 平湖市广播电视志/1039

012639092 金华广播电视志 2005/1062

011320812 开化县广播电视志/1081

010476125 黄岩广播电视志/1090

010474146 仙居广播电视志 1950-1990/1098

011909063 温岭市广播电视志/1092

009105695 青田县广播电视志/1102

013991584 铜陵市广播电视志 1949-1985/1149

013183539 霍山县广播电视志/1181

012208162 三明市广播电视志/1237

008672458 江西省广播电视志/1286

009046533 章丘广播电视志/1423

012051790 青岛广播电视志 1979-2005/1435

012505464 青岛市广播电视志 1933-1990/1435

009962137 平度市广播电视志 1950-2004/1449

011500687 滕州广播电视志 1956-2006/1473

013704428 利津县广播电视志/1485

012956584 烟台市广播电视志/1490

009554003 招远广播电视志/1501

013959382 寿光广播影视志/1511

013732028 汶上县广播电视志 1950-2010/1532

010476514 德州广播电视志/1579

012766318 宁津广播电视志 1958-2008/1582

013064882 聊城市广播电视志/1588

012256565 沾化县广播电视志 1950-2007/1599

008988370 洛阳电视台志/1688

010280129 灵宝市广播电视志 1950-2005/1763

012722263 商丘地区广播电视志/1784

009685629 信阳地区广播电视志/1792

013899413 周口广播电视志 1991-2005/1798

008836284 济源广播电视志 1949-2000/1812

010476481 宜昌广播电视志/1874

012831378 鄂州市广播电视志 1950-2009/1894

012097631 荆州电台志/1913

009472528 蕲春县广播电视志 1956-1996/1934

011585280 攸县广播电视志/2007

006088098 醴陵广播电视志/2003

012814420 湘潭县广播电视志 1932-2003 /2020

011570313 石门县广播电视志 1978-2005 /2062

008189802 沅陵县广播电视志 /2098

012898280 从化县广播电视志 /2160

013863634 韶关市广播电视志 /2162

013897644 揭阳广播电视台志 /2249

012097778 柳州市广播电视志 /2288

011908794 梧州市广播电视志 /2306

009989231 海口市广播电视志 /2349

009688913 涪陵地区广播电视志 /2372

009962560 江北县广播电视志 /2379

013865556 永川县广播电视志 /2385

013334397 成都市广播电视志 1990-2005 /2425

012899431 四川人民广播电台台志 /2426

009336367 四川省广播电视发射传输中心志 /2426

008430229 成都市龙泉驿区广播电视志 /2435

008672501 自贡市广播电视志 /2454

008671492 攀枝花市广播电视志 /2460

010201330 绵阳市广播电视志 /2479

013092991 江油市广播电视志 1936-2008 /2483

009253905 青川县广播电视志 /2498

009414515 剑阁县广播电视志 1937-1985 /2499

012139310 剑阁县广播电视志 1985-2006 /2500

013342594 遂宁广播电视志 /2503

013820585 乐山市广播电视志 1933-2006 /2521

008421927 万源县广播电视志 1935-1987 /2561

008672172 雅安地区广播电视志 /2567

010201246 巴中地区广播电视志 1936-2000 /2576

012140284 思南县广播电视志 1951-1990 /2680

008836985 峨山彝族自治县广播电视志 /2787

013735508 元江哈尼族彝族傣族自治县广播电视志 /2791

009962447 临沧市广播电视志 /2824

012658428 凤庆县广播电视志 /2826

011479461 云南省楚雄彝族自治州姚安县广播电视志 /2838

011806025 文山州广播电视志 /2854

009337988 大理白族自治州广播电视志 /2868

013461675 南涧广播电视志 /2883

008418310 陕西省宝鸡市广播电视志 /2959

009010223 咸阳市广播电视志 /2976

013308892 白河县广播电视志 /3013

008993623 商洛地区广播电视志 /3014

008993619 陕西省商县广播电视志 1936-1985 /3015

008993634 陕西省洛南县广播电视志 1936-1985 /3016

011579831 甘肃人民广播电台台志 /3038

011585021 天水市广播电视志 /3050

011585085 武威市广播电视志 /3054

013660357 天祝藏族自治县广播电影电视志 /3057

013901226 张掖地区广播电视志 1949-1988

/3058
008453829 庆阳地区广播电视志/3070
011296174 北京体育大学出版社社史与社志 1985.5.23-1996.12.31/26
008422427 河北出版史志资料选辑/114
008534163 河北省出版志/114
011570249 山西出版志/252
009149246 山西新华书店志/252
010117845 阳城新华书店志 1949-1999/304
012872333 高平市新华书店志/301
008950223 内蒙古自治区新华书店志 1947-1995/374
012614166 内蒙古自治区新华书店志鄂尔多斯市分卷 1951-2007/414
013730299 内蒙古自治区新华书店志呼和浩特市分卷 1952-1995/381
009398406 宁城县书店志/403
013342301 内蒙古新华书店志呼伦贝尔盟分卷 1947-1995/420
011499195 辽宁图书发行志 1840-1985/463
012174891 沈阳市新华书店志 1949-2007/483
013955603 本溪图书发行志 1915-1988/530
012097388 哈尔滨书业志/658
011995744 黑龙江朝鲜民族出版社社志 1976-2001/706
008781428 上海出版志/738
009107145 江苏图书发行志/799
009391946 南京市新华书店史志 1949-1990/812
011480518 浙江省出版志/965
013507830 合肥市图书发行志 附组织史/1123
008664279 江西省出版志/1286

009335315 江西省出版志/1286
011312734 青岛出版社志 1975-2005/1435
012662405 无棣县图书发行志/1598
012052435 新华书店菏泽店志 1949-2008/1602
012811397 河南大学出版志/1674
012724122 重庆出版社志 附录 重庆出版集团成立五周年大事记 1950-2005/2365
008421696 重庆市新华书店志/2365
009387610 四川省綦江县书店志/2376
009387536 丰都县图书发行志 1890-1990/2391
009019399 四川新华书店志 1949-1995/2426
009388319 什邡县图书发行志 1888-1990/2472
009232140 绵阳图书发行志 1880-1985/2479
009387583 江油图书发行志 1723-1990/2484
008420645 四川省广元书店志 1910-1985/2492
009253973 青川县图书发行志 1950-1985/2498
009388381 遂宁图书发行志 1858-1987/2503
013129970 四川省隆昌县书店志 1912-1985/2518
011311005 南充地区图书发行志/2537
008422778 四川省营山县书店志 1948-1985/2540
011066950 宜宾地区新华书店志 1950-1995/2548
008672180 雅安地区图书发行志 1880-1990

/2567
010201261 四川省巴中县书店志 1885-1985 /2576
013629533 陕西出版史志资料选编/2932
008338462 甘肃人民出版社志/3038
009189020 张掖新华书店志/3059
013066966 青海出版志/3093
007840130 中国群众艺术馆志/26
008424605 中国文化馆志/26
008594206 内蒙古自治区群众艺术馆文化馆志/381
009411545 肇东市文化馆志/715
012950321 安徽省蚌埠市禹会区文化馆馆志/1136
011763353 山东省艺术馆建馆五十周年馆志辉煌 1957-2007/1414
010008569 二七区文化馆简志/1652
012769436 宜昌市群众艺术馆志 1949-2009 /1875
013183708 荆门市青少年活动中心志 2000-2010/1898
012811343 海口市工人文化宫志 1951.10-2009.12/2349
011311821 巴渝文化(艺术)馆志/2369
009399626 宁夏文史馆志/3124
009016836 银川市群众艺术馆馆志/3124
008298363 天津市图书馆志/84
007679396 上海图书馆事业志/738
013316357 江苏公共图书馆志/799
011441085 南京图书馆志续编 1996-2005 /812
012661793 如东县图书馆志/912
012100885 浙江省图书馆志/965
008709724 浙江图书馆志/965

009319948 宁波图书馆志 1991-2000/1008
010576587 福建图书馆事业志第2卷/1201
012096693 福建省平潭县图书馆志/1224
009675990 山东省图书馆志/1401
010011380 济南图书馆志/1414
013129112 河南省师范院校图书馆志略/1621
010252879 河南图书馆事业志/1621
012251023 河南省图书馆志/1639
010252876 河南省图书馆志略/1639
011566325 开封市图书馆馆志征求意见稿/1674
012174843 三门峡图书馆事业志/1759
012718947 湖南省公共图书馆事业志/1971
012541725 湖南省科学技术情报事业志 1959-2009/1971
009675421 湖南图书馆百年志略/1971
013704040 广东省立中山图书馆志/2126
008259076 四川省图书馆事业志/2409
010473955 大理白族自治州图书馆志/2868
013991574 天水市图书馆志初稿/3050
012249796 宁夏图书馆志/3124
007482442 中国博物馆志/3267
012724037 中国博物馆志/3267
012317301 中国煤炭博物馆志 1989-2009/260
010009319 乔家大院民俗博物馆志/319
012505229 吉林市文物博物馆志/603
007678829 上海文物博物馆志/738
011329674 井冈山革命博物馆志/1347
012003254 淄博市博物馆馆志 1958-2008/1456

013148853 郑州市博物馆馆志 1957-1986/1639
010468990 新乡市博物馆志/1725
012662365 万源保卫战战史烈馆志 1986-2009/2561
010108642 贵州省博物馆藏品志/2637
009144683 北京市朝阳区档案志 1949-1996/50
009385597 昌平县档案志/67
012096337 北辰区档案志/97
011584965 石家庄市档案志/124
012766411 秦皇岛市档案志/153
013728902 呼和浩特市档案志/381
009242139 鞍山钢铁公司档案志 1916-1989/516
008536597 鞍山市档案志/516
010200278 抚顺档案志/525
013190013 营口市档案志 1949-2009/542
007506774 齐齐哈尔市档案志 1946-1987/672
008534808 上海档案志/739
008842934 金山档案志/773
008038901 青浦县档案志/781
008517567 南京档案志/812
013861801 建邺档案志/818
012999215 江宁区档案志/824
012814198 绍兴县档案志/1053
011579799 福州档案志 1949.9-2006.12/1208
013794782 莆田市档案志/1233
008664265 江西省档案志/1286
011793369 鹰潭市档案志/1325
009387176 台儿庄区档案志 1959-1990 初稿/1470

012265189 垦利县档案志 1960-2005/1484
013753917 日照档案志 1949-2009/1551
012251339 莒县档案志/1554
013958717 莱钢档案志/1559
008452341 莱钢档案志 1970-1995/1559
009387148 菏泽市档案志/1602
011585007 唐河县档案志/1780
013731307 商丘市睢阳区档案志/1786
013074843 湖北省档案志 1949-2000/1821
009961486 湖北省档案局(馆)志/1835
010199703 益阳市档案志 1950-1987/2068
008964795 怀化地区档案志/2095
007984362 佛山市档案志/2185
012636971 高明市档案志/2198
007507920 封开县档案志/2218
011320479 西林县档案志/2324
013337489 绵阳市档案志/2479
013959418 遂宁档案志 1935-2003/2503
013822792 通江县档案志 1932-1989/2579
012252912 贵州省兴义市档案志/2687
008597980 雷山县档案志/2701
013064814 昆明市档案志/2734
008836961 峨山彝族自治县档案志/2788
013705130 临沧市档案志/2824
013603328 文山州档案志/2854
013314282 大理白族自治州档案志/2868
008418240 宝鸡市档案志/2959
008993338 陇县档案志/2971
009010201 咸阳市档案志/2976
008846395 延安地区档案志/2992
013129992 米脂县档案志/3007
007518532 商洛地区档案志/3014
013863582 庆阳市档案志/3070

科学、科学研究

008949791 北京市科学技术协会志/26

013510611 天津市科学技术协会志/84

012899375 山西科协志/261

012903479 运城科协志/323

008594198 内蒙古珠算协会志/376

009313083 内蒙古自治区科学技术协会志 1951-1997/374

011955187 内蒙古自治区科学技术协会志 1997-2007/374

011804540 呼伦贝尔市科学技术协会志/420

008535970 辽宁省科协志/463

011997335 辽宁省民族科普协会会志 1984.5-2004.5/465

009243327 辽宁省职工技术协作活动志 1961-1986/463

009561049 沈阳市科协志/483

010200291 中国科学院沈阳分院志/483

008536605 鞍山市科协志/517

009242462 抚钢职工技术协作活动志 1961-1991/523

009242517 抚顺科协志/525

010265845 铁岭市科协志/560

009415113 中国科学院长春光学精密机械与物理研究所所志 1952-2002/589

010686953 中国科学院长春应用化学研究所所志 1948-1986/588

012724108 中国科学院上海生物化学研究所志 1950.5-2000.5/745

010476485 江苏省科学技术协会志/799

008530689 浙江省科学技术协会志/965

009995780 杭州市科协志 1958-1989/979

011444035 萧山市科协志/991

012100553 萧山市科协志 1955-1990/991

011478730 温州市科协志 1959-1989/1021

013728713 海宁市科学技术协会志/1037

009852531 绍兴市科学技术协会志/1049

010110703 南昌科学技术团体志 1925-1986/1298

009866876 山东省科学技术协会志/1401

010010335 山东省科学院志 1978-1993/1414

010778520 青岛科协志征求意见稿/1435

009994953 东营市科协志/1479

009253970 青川县科协志/2498

011294803 大英科协志/2509

013225526 平昌县老科协志 1987-2010/2582

013316212 贵州省科协志/2627

008993429 西安市职工技协志 1964-1991/2941

012831452 甘肃省科协所属学会志/3028

013735979 中国科学院西北高原生物研究所志/3098

009060042 北京科学技术志/26

010229378 北京科学技术志科技资源与管理/26

013771516 北京科学技术资料长编 1994-2000/26

008660611 丰台区科技志/54

008444092 昌平县科学技术志第10卷/67

012658114 北辰区科技志/97

008379225 河北科学技术志/116

009959815 石家庄地区科学技术志/127

008378053 石家庄市科学技术志/127

010291913 平山县科学技术志/140

009380919 辛集市科学技术志/131
009380875 唐山市科学技术志/145
008382854 秦皇岛市科学技术志/153
013506545 保定地区科学技术志/183
010278324 保定市科学技术志/184
009684374 定州市科学技术志/188
010278346 承德市科学技术志/211
010291650 沧州地区科学技术志/218
008385409 沧州市科学技术志/218
009684716 廊坊地区科学技术志/230
012718818 固安县科学技术志/233
008377851 衡水地区科学技术志/237
005331255 山西科学技术志/252
009688350 太原科学技术志/261
010252215 大同市科学技术志/270
011943174 长治市科学技术志 1986-2005 /285
008983838 包头科学技术志 史前-1990/392
011909114 锡林郭勒盟科学技术志/445
010376744 辽宁科技志资料选编/465
011496964 大连理工大学科学技术志/504
013528821 大连石油化工公司科技志/504
011431421 抚顺市科学技术志/525
010275878 本溪市科学技术志/530
012540850 本溪市科学技术志 1986-2000 /530
008378622 丹东市科学技术志/534
012506588 营口市科学技术志/542
009243424 辽阳市科学技术志/550
013402995 大洼县科学技术志/557
011805988 铁法矿务局科学技术志 1958-1987/561

013369251 朝阳市科学技术志/564
013510918 榆树县科技志/593
009992793 通化市科学技术志/617
007490449 哈尔滨科学技术志/658
007679360 上海科学技术志/739
009190251 上海科学技术志 1991-1999/739
009411677 中国科学院上海技术物理研究所志 1958-1998/739
013898470 南汇科学技术志/769
008842909 松江科技志/777
008192072 江苏科学技术志/801
013901019 徐州市科学技术志 1949-2005 /847
008446450 浙江省科学技术志/965
009995763 杭州市科技志/979
011497744 杭州市科技志 1986-2005/979
010118528 余杭区科学技术志/994
008846388 建德市科学技术志/997
009840482 宁波科技志/1009
009415007 乐清县科学技术志/1027
008450500 金华市科技志/1062
013462874 武义县科学技术志/1072
009675554 衢州市科学技术志/1076
010732087 合肥科学技术志/1123
009378195 福州市科技志/1208
009378176 福清科技志/1217
012636926 厦门市科学技术志/1228
011764856 同安县科学技术志/1231
009378262 泉州市科学技术志/1246
008986206 漳州市科学技术志/1258
012139533 闽东科学技术志/1273
007482057 江西省科学技术志/1287
008036606 萍乡市科学技术志/1309
009386135 九江市科学技术志/1313

009386192 彭泽县科技志/1321
008429275 贵溪冶炼厂科学技术志/1326
007685845 山东省科学技术志/1405
009046531 济南科技志 1840-1985/1414
013045686 济南科技志 1986-2005/1414
009744855 即墨市科学技术志/1446
011571605 淄博市科学技术志 1986-2003/1456
012191736 德州地区科学技术志/1579
011321344 聊城地区科技志/1588
010577377 东明县科技志/1607
009879317 河南省科学技术志 1978-2000/1621
007654342 开封市科学技术志/1675
012766878 嵩县科技志 1986-2000/1697
013131065 平顶山市卫东区科技志/1702
013375403 濮阳市科技志/1746
010195518 商丘地区科学技术志/1784
010195524 商丘市科技志 1949-1985/1784
010195525 商丘县科技志 征求意见稿/1784
008452478 武汉市科技体制改革志 1978-1998/1835
012954945 荆州科技志/1913
008990608 随县科技志/1943
009686665 攸县科学技术志/2007
009685902 茶陵县科学技术志/2009
009383673 衡阳市科学技术志/2024
008385175 邵阳市科学技术志/2031
009384036 岳阳市科学技术志/2041
007672799 华容县科技志/2047
008844174 桂阳县科技志/2078
010244292 湖南省零陵县科学技术志/2086
007682627 番禺县科技志/2155

008051209 珠海市科学技术志/2175
007532544 佛山市科学技术志/2186
009851954 南海市科技信息志/2191
012636967 高明科技志/2198
013190035 云浮市科学技术志/2255
010777056 南宁市科技志/2279
008595553 北海科技志/2309
008424200 重庆市科学技术志/2366
009818374 重庆市江北区科技志/2373
011998298 双流县科技志 2005年本/2446
008414555 自贡市科学技术志/2454
008671507 攀枝花市科技志/2461
008430303 泸州市科学技术志/2466
008670964 绵阳科技志/2479
011447212 梓潼县科技志/2488
014052380 武胜县科学技术志 1986-2005/2556
013402897 长顺县科学技术志/2709
008539764 昆明市科技志/2734
012954979 昆明市科技志 1991-2005/2734
011327733 官渡区科技志/2745
008992676 路南县科技志/2756
008597836 玉溪地区科技志/2774
011441013 龙陵县科技志/2800
008597934 思茅地区科学技术志/2814
008665683 临沧地区科技志/2824
010239071 文山州科技志初稿/2855
010243035 怒江州科技志/2893
013630268 西藏科技志/2910
008992912 铜川市科学技术志/2953
008993371 陇县科技志/2971
009010210 咸阳市科技志/2976
009392912 渭南科技志/2983
013925192 甘肃科技志 大事记/3027

009265465 甘肃省冶金科学技术志/3027

009510519 天水市科学技术志/3050

007668360 青海科学技术志/3093

013369930 果洛藏族自治州科学技术志/3107

008694349 宁夏科技志/3117

009414103 宁夏科学技术志人物录/3118

011909177 新疆生产建设兵团科技志/3159

011290889 农六师科技志 1949-2003/3229

004757402 "中华民国"科学志/3236

005878735 "中华民国"科学志续编/3236

教育

009348476 北京高等教育志/27

010252629 北京高等教育志大事记篇 征求意见稿/28

010577213 北京高等教育志人物篇 征求意见稿/28

010138116 北京高等教育志事业篇 征求意见稿/28

010252631 北京高等教育志学校篇 征求意见稿/28

010252637 北京高等教育志重大历史事件篇 征求意见稿/28

006871550 北京近代教育记事/27

008026728 北京名校录/27

009000381 北京普通教育志稿/27

010252064 东城区普通教育志征求意见稿/44

008383762 东城区普通教育志/44

011804097 北京市宣武区成人教育志/47

008487359 西城区普通教育志/47

009348495 北京市朝阳区普通教育志学校志 人物志/50

008382960 北京市门头沟区普通教育志/58

008486819 门头沟区普通教育志/58

013819363 房山区教育志 2001-2010/59

008527659 房山区普通教育志 1080-1990/60

013531182 顺义教育志北石槽卷/62

013531184 顺义教育志北务卷/62

013603039 顺义教育志北小营卷/62

013603042 顺义教育志城区卷/62

013603045 顺义教育志大孙各庄卷/63

013603046 顺义教育志高丽营卷/63

013603047 顺义教育志后沙峪卷/63

013603049 顺义教育志李桥卷/63

013603051 顺义教育志李遂卷/63

013603055 顺义教育志龙湾屯卷/63

013603060 顺义教育志马坡卷/63

013603061 顺义教育志木林卷/63

013603063 顺义教育志南彩卷/63

013603071 顺义教育志南法信/63

013603076 顺义教育志牛栏山卷/63

013603077 顺义教育志仁和卷/63

013603080 顺义教育志天竺卷/63

013603085 顺义教育志杨镇卷/64

013603087 顺义教育志张镇卷/64

013603089 顺义教育志赵全营卷/64

013603092 顺义教育志综述卷/64

008593373 昌平县普通教育志/67

010777113 大兴县普通教育志征求意见稿/68

008383783 大兴县普通教育志/68

009557495 怀柔县普通教育志 1380-1990/69

008593357 密云县普通教育志 /71
009234360 延庆县普通教育志 /73
009408114 天津市河西区教育志 /89
011837635 天津市南开区教育志 /90
010138590 天津市河北区教育志 /91
007561128 石家庄市教育志 1902-1988/125
013795532 桥东区教育志 1903-1991/128
009310418 石家庄市桥西区教育志 /129
008974102 石家庄市新华区教育志 /129
013185784 石家庄市郊区教育志 1941-1989 /130
010008500 井陉县教育志 /135
013792584 井陉县教育志 1991-2010/135
009397203 正定教育志 /136
008378646 栾城县教育志 1301-1991/137
009251009 栾城县教育志 1992-2000/137
009675217 高邑县教育志 /138
009391075 无极县教育志 /140
009412689 平山县教育志 /140
014053016 元氏县教育志 41-2002/141
009887145 赵县教育志 /142
012888350 辛集市教育志 /131
008983082 藁城教育志 /132
009310366 晋州市教育志 /132
010577341 获鹿县教育志 /133
009125455 唐山市教育志 1840-1990/145
009381016 丰润县教育志 1898-1987/147
014047679 滦县教育志 1886-1986/149
008378581 秦皇岛教育志 1436-1985/153
010138584 抚宁县教育志 1979-2003/156
010253972 邯郸县教育志 /164
009159325 涉县教育志 /167
009082546 磁县教育志 /168
013897144 馆陶县教育志 /170

009319541 邢台教育志 /173
011585157 邢台县教育志 /175
011067002 沙河市教育志 /174
013528909 高阳县教育志 /193
011430290 安新县教育志 /195
007843372 涿州教育志 /187
008534682 定州市教育志 /188
008379111 宣化县教育志 /202
008469031 涿鹿县教育志 1902-1985/207
011320510 赤诚县教育志 /208
012096669 丰宁满族自治县教育志 1988- 2002/214
011327740 围场满族蒙古族自治县教育志 /215
008534581 沧州教育志 /218
010475294 沧州市教育志 /218
013369185 沧县教育志 /224
011477162 青县教育志送审稿 /224
013379427 永清县教育志 /233
013822991 香河县教育志明-1990/234
011497753 衡水市教育志 1307-1990/237
011584809 饶阳县教育志 /240
013704390 景县教育志 /242
013626419 阜城县教育志 /242
010292548 深县教育志 /239
008864275 太原教育志 1840-1990/261
010009762 太原教育志 1840-1990/261
009962203 太原市南郊区教育志 1840-1990 /264
013462605 太原市迎泽区教育志 /265
013756143 太原市北郊区教育志 征求意见稿 /266
012899347 清徐县教育志 /267
009962196 娄烦县教育志稿本 /269

013129041 古交教育志 /267
012636831 大同市教育志 /271
013865492 阳泉教育志 /277
013510879 阳泉市教育志 /277
013686431 阳泉矿区教育志 /279
008492545 盂县教育志 /283
013179335 长治市教育志初稿 /285
013090919 长治市教育志 /285
013179331 长治市郊区教育志 /287
009106476 长治县教育志 /288
012052413 襄垣县教育志 /288
009106483 屯留县教育志 /289
012208108 平顺县教育志 1529-1984 /290
014047516 黎城县教育志 1670-1985 /292
012872480 壶关县教育志 1840-1985 /293
011067179 长子县教育志 /294
013131086 沁源县教育志 /297
009472756 潞城市教育志 /287
014047675 潞城县教育志 /287
012049633 晋城市教育志 /299
013131078 沁水教育志 1840-1990 /303
010577464 阳城教育志 1840-1985 /304
008569824 朔城区教育志 /309
009889865 应县教育志 /310
010577252 和顺县教育志 /316
012252773 昔阳教育志送审稿 /316
009769135 昔阳教育志 /317
008841095 太谷教育志 /318
013045732 教育志资料选编 /313
013684416 介休县教育志 /313
011910215 运城市教育志 /323
013689488 运城市盐湖区教育志 /324
011499237 临猗县教育志修订稿 /328
012764730 临猗县教育志 /328

013772950 稷山教育志 /332
013797025 新绛县教育志 /332
012769509 垣曲县教育志 /334
009995029 夏县教育志 /334
012899313 平陆县教育志 /335
012766460 芮城兴学建校志 1995-2000 /336
012689889 永济教育志 /325
009889868 永济县教育志 /325
010778505 河津教育志 /327
009060972 忻州地区教育志 /337
009688240 代县教育志 /340
008844733 静乐教育志 /341
008379762 原平教育志 /338
013461591 临汾市教育志 1671-1987 /344
012661775 曲沃教育志 1840-1985 /347
009387276 翼城县教育志 /349
012662531 襄汾县教育志 1804-1985 /350
011327470 洪洞县教育志 /351
013128914 浮山县教育志 1804-1985 /353
013683746 吉县教育志 /353
013133828 乡宁县教育志 /353
012898381 汾西矿业集团有限责任公司员工学校教育志 1958-2008 /356
013791168 汾西县教育志 1840-2010 /356
011497818 霍州教育志 1840-1985 /346
011328206 离石县教育志 /357
013994010 文水县教育志 /362
008380192 兴县教育志 1840-1988 /363
012680416 临县教育志 /364
011501613 中阳教育志 /366
012662547 孝义教育志 /359
011293094 汾阳县教育志 /361
008660862 内蒙古教育史志资料 /374
009349637 呼和浩特市教育志 /382

011320176 托克托县教育志/385
011804472 和林格尔教育志/386
013091083 固阳县教育志/395
013140999 赤峰市教育志/399
011496875 赤峰市红山区教育志讨论稿/400
009398524 赤峰市红山区教育志 1644-1990/400
012658259 赤峰市郊区教育志/402
010278998 阿鲁科尔沁旗教育志/403
008594508 巴林左旗教育志/404
013126145 敖汉旗教育志 1808-1985/407
012970497 通辽市教育志 1914-1988/410
013866298 哲里木盟教育志 1636-1986/410
013129786 库伦旗教育志 1636-1986/412
013661546 伊克昭盟教育志/414
012723323 兴安盟教育志/440
012663819 扎赉特旗教育志/442
013415286 皇姑区教育志 1907-2006/491
009854293 苏家屯区教育志 1907-1997/492
009397288 新城子区教育志 1904-2000/493
010278823 于洪区教育志 1905-1990/494
013343374 新民县教育志 1883-1985/494
009744847 旅顺教育志 1840-1990/508
012713909 长海县教育志 1945-2003/511
009244242 台安县教育志 1875-1985/521
012967604 海城教育志 1384-1985/519
012872466 黑山县教育志 1902-1985/541
012872468 黑山县教育志 1986-2000/541
011473012 盖县教育志/544
012503956 盖州教育志/544
011321141 阜新市教育志 1989-2005/545
009397244 阜新市民族教育志/545
008594609 阜新蒙古族自治县教育志 1637-1986/548
013824307 彰武县教育志 1902-1989/547
011571283 彰武县教育志 1990-2003/547
011585025 铁岭市教学改革志 1987-1990/560
013186108 [铁岭市]学校教育成果志 1979-1991/560
013319693 职工教育志向建厂三十周年献礼/561
013959383 双阳县教育志/592
013959385 双阳县教育志 1986-1995/592
013531122 九台市教育志 1987-1997/592
013793079 九台县教育志/592
013464234 榆树教育志/593
013820313 吉林铁路分局普通教育志 1986-2000/602
013820309 吉林市昌邑区教育志/605
011996719 吉林市船营区教育志 1693-1999/604
011310516 辉南县教育志 清末-1984/621
011311892 白山市教育志 1902-2002/622
011440956 临江市教育志 1902-2004/623
011500670 洮南市教育志 1902-2001/629
010577360 延边朝鲜族自治州教育志 1715-1988/632
010143038 安图县教育志/637
011890829 黑龙江省森林工业教育志/648
012545436 香坊区教育志 1991-2005/661
009311383 呼兰县教育志/662
013330198 阿城教育志 第3卷 第3辑/663
009397505 木兰县教育志/667
008846466 泰来县教育志/677
013626252 大庆石油化工总厂教育处志

/690
013067053 萨尔图区教育志 1932-2008/691
012903495 肇州县教育志 1905-2005/692
009240751 肇源县教育志 1176-2000/692
009560802 伊春教育志/694
011890773 海林县教育志/708
010473870 塔河教育志/721
012661847 上海高等教育志/740
013823035 徐汇区教育志/750
008994856 普陀区教育志/752
008842948 闸北区教育志/753
010777277 虹口区教育志/754
008623323 闵行区教育志/757
007824163 嘉定县教育志/762
009769145 上海市南汇县教育志续 1991-2001/769
008380795 上海市金山县教育志/773
010229529 金山县教育续志 1986.1-1997.5/773
009313295 松江教育志/777
008487239 松江县教育志/777
009472776 青浦教育志/781
012714185 奉贤教育续志 1984-2001/786
013926377 江苏省高等教育学会高校保卫学研究会会志 1988-2008/799
008528737 南京教育志/812
012970544 下关教育志/818
011292809 江浦县教育志/820
011311470 江宁县教育志/825
010110338 无锡市教育志/831
013861845 江阴市教育志/838
010292600 江苏省宜兴县教育志/840
012545554 徐州教育志 1986-2005/848
009797402 徐州市教育志/848
011327159 徐州市职工教育志 1921-1987/848
011571562 朱庄乡教育志 1910-1986/852
013686420 徐州市云龙区教育志 1910-1985/851
011320454 铜山县教育志/854
013510580 睢宁县教育志 1986-1995/862
013144635 邳县教育志 1911-1990/857
007987716 常州市教育志/868
010475789 常州市钟楼区教育志/871
012899894 武进教育志 1986-2007/877
013462855 武进县教育志/877
008206869 苏州教育志/883
012877206 苏州教育志续志 1986-2000/883
008446287 常熟市教育志第4卷/896
013752730 昆山县教育志 1901-1987/902
013959424 太仓市教育志 1988-2005/904
009338406 南通市教育志/905
009840141 如皋县教育志/908
008662044 海门教育志/909
008426035 赣榆县教育志 1106-1990/917
012191820 阜宁县教育志/931
008488233 扬州高等教育志/934
010250453 扬州市教育志/934
010252455 邗江县教育志 1547-1987/937
008378783 江都县教育志 1912-1987/938
008446308 镇江市教育志/945
013731162 润州教育志 1983-2007/946
009003135 丹阳市教育志/949
013630522 扬中市教育志/950
012719138 句容市教育志/951
006862696 浙江教育简志/965
009415135 浙江省教育志/965
010008919 杭州教育志 1028-1949/979

013897221 杭州教育志 1986-2005/979
009995786 杭州市上城区教育志/984
013647541 杭州市上城区教育志 1991-2010/984
013335344 杭州市下城区教育志/984
008830183 杭州市江干区教育志/985
013335342 杭州市拱墅区教育志/983
009388698 杭州市西湖区教育志/986
012097405 杭州市西湖区教育志 1991-2005/986
012052419 萧山教育志/991
011325494 萧山县教育志/991
012662810 余杭教育志 1986-2005/994
013045476 淳安县教育志/1005
010201678 建德县教育志/997
010244272 富阳县教育志/999
012202995 临安县教育志/1001
009995995 宁波市教育志/1009
013933248 宁波市海曙区教育志/1010
008450354 象山县教育志 清末-1988/1016
009995998 宁海县教育志 增订本/1017
012899202 宁海县教育志/1017
013987592 慈溪教育志/1014
009105681 奉化教育志/1015
008532061 温州市教育志/1021
011809668 永嘉县教育志/1029
009232300 平阳县教育志/1030
009840423 苍南县教育志/1032
008379681 文成县教育志/1033
009157319 文成县教育续志 1991-2002/1033
008662694 瑞安市教育志/1024
009265543 乐清县教育志/1027
009688794 嘉兴市教育志/1035

013792177 海盐县教育志/1042
010146592 海宁教育志续 1/1037
009995719 海宁市教育志/1037
009996069 桐乡县教育志/1040
009995727 湖州市教育志/1044
012264189 德清县教育志/1045
010474358 浙江省安吉县教育志/1047
010201688 绍兴市教育志/1049
013602062 绍兴市越城区教育简志/1051
013342523 绍兴县教育志 初稿/1053
009126434 绍兴县教育志/1053
013067169 上虞教育志/1054
013010929 新昌县教育志/1059
012507361 诸暨市教育志 1986-2005/1056
012208207 嵊县教育志/1057
009995826 金华市教育志/1062
012139418 金华市教育志/1062
010147009 金华县教育志/1064
012208343 武义县教育志/1072
012316909 武义县教育志/1072
013066910 浦江县教育志/1073
013794812 浦江县教育志 1986-2005/1074
012265278 兰溪教育体育志/1066
011439902 兰溪教育志/1066
011295468 义乌教育志/1068
011591386 东阳市教育志/1069
009840489 衢州市教育志/1076
011320857 浙江省常山县教育志/1080
011329778 开化县教育志/1081
013861869 开化县教育志 1987-2012/1081
011997374 龙游县教育志 1983-2005/1082
005285320 浙江省江山市教育志/1079
013791128 定海教育志/1084
011328101 岱山县教育志/1085

009480357 椒江教育志/1089
009388737 天台县教育志/1097
009996136 仙居县教育志/1098
009995984 临海市教育志/1093
013990908 临海市退休教师协会简志 1983-2003/1093
009996046 青田县教育志/1102
011319985 缙云县教育志 713-1985/1103
013314425 肥西教育志稿/1127
009683287 芜湖教育志/1130
011067174 安庆地区教育志 1902-1988/1152
012541758 怀宁县教育志 1898-2002/1154
012658298 枞阳县教育志/1155
014052265 太湖县教育志 1905-1987/1156
012613875 宿松县教育志/1157
011321392 桐城教育志 1978-2002/1154
012545423 歙县教育志/1161
010193981 祁门县教育志/1162
013923954 滁州市教育志/1164
014049954 全椒教育志 1986-2005/1167
009683255 天长教育志/1166
013771895 阜阳市教育志 1976-1985/1169
013959625 宿县教育志/1172
011292534 萧县教育志/1174
013958756 灵璧县教育志 清末-1983/1175
013510572 泗县教育志/1176
011943135 亳州市教育志/1182
013933314 谯城教育志 2000-2009/1182
010735969 郎溪县教育志 1905-1985/1188
009767760 绩溪县教育志/1190
009851139 福州市教育志/1209
010576836 福州市教育志 1995-2005/1209
009234386 福建省福州市鼓楼区教育志/1212
013528899 福州郊区教育志/1215
013898421 罗源县教育志/1223
009378169 福清教育志/1217
013961343 长乐教育志/1218
008846590 莆田市教育志/1233
008451122 仙游县教育志/1236
011294259 泉州市教育志/1246
011294620 泉州市区教育志稿/1246
013092934 惠安县教育志 981-2010/1253
011294289 福建省石狮市教育志/1250
013093155 南安县教育志/1252
012998911 东山县教育志续志 中小学概况/1260
008451075 南靖县教育志/1261
012661220 华安县教育志 1409-1990/1261
011955402 邵武市教育志/1264
008527459 龙岩教育志 990-1996/1268
008299003 江西省教育志/1287
009386092 江西学府志/1287
009386103 景德镇市教育志/1306
012542766 萍乡市教育志/1309
009798915 莲花县教育志/1310
008486706 九江市教育志/1313
009386306 修水县教育志/1318
011804276 都昌县教育志/1320
008299939 新余市教育志/1323
012545521 新余市教育志/1323
013753724 宁都县教育志 1998-2010/1338
009840156 于都县教育志 1986-2003/1341
010110769 兴国县教育志 修订稿/1342
011890930 吉安市教育志/1345
011890934 吉安市教育志 1990-2000/1345
011585268 永丰县教育志 1054-1990/1349

009387094 井冈山教育志/1347
008300067 宜春市教育志/1355
009385347 奉新县教育志/1362
012927701 万载县教育志/1362
011320729 抚州地区教育志 珍藏版/1368
009386145 黎川县教育志/1370
011804172 崇仁县教育志/1371
009386348 玉山县教育志/1379
011585237 弋阳县教育志/1380
011585241 弋阳县教育志 1992-2000/1380
008985711 波阳县教育志/1382
013897923 历下区教育志/1419
009105577 济南市天桥区教育志/1420
012638983 济南市历城区教育志 1986-2007/1421
011313056 历城区教育志/1421
012542762 平阴县教育志 1987-2003/1424
013606517 章丘教育志 1840-1995/1424
013822214 青岛教育图志 1891-2011/1435
013688787 胶州市教育体育志 1985-2007/1443
009399341 即墨市教育志 1988-2002/1446
011066670 莱西教育体育志 讨论稿/1450
013184293 莱西教育志 1840-1987/1450
012052677 淄博市教育志 1840-1985/1456
009340771 淄博市教育志 1986-2000/1456
011943140 博山区教育志 1840-1985/1461
013926339 桓台县教育志/1463
010200560 枣庄市教育志 1840-1985 初稿/1468
010200559 枣庄市教育志 1840-1985/1468
011571254 枣庄市教育志 1992-2001/1468
012837804 枣庄市教育志续编 1986-1991/1468

012662334 滕州市教育志 1840-1999/1473
009962093 东营市教育志/1479
012049685 垦利县教育志 1986-2006/1484
010468943 广饶县教育志 1840-1985/1486
010139933 莱阳教育志/1497
013129867 莱阳县教育志/1497
012264955 海阳市教育志/1502
013705580 青州市教育志 1988-2010/1508
009348199 寿光市教育志/1511
012831511 高密市教学研究室志 1956-2004/1513
012898658 济宁市教育志 1840-1988/1518
013335405 济宁市郊区教育志 1840-1985/1520
013415307 济宁市市中区教育志 1840-1985/1520
014049962 任城区教育志 1997-2010/1520
008378592 兖州县教育志/1524
013236285 鱼台县教育志 1840-1990/1531
013415321 嘉祥县教育志/1532
013342682 汶上县教育志/1532
013462595 泗水县教育志 1840-1993/1534
010577454 梁山县教育志/1534
012816280 邹城市教育志 1990-2005/1528
013661851 邹县教育志 1840-1989/1528
011585001 泰安市教育志 1905-1984/1536
013819369 肥城市教育志 1904-1995/1542
013686312 威海市环翠区教育志 1403-1995/1546
014052347 文登教育志 1991-2010/1548
013794844 秦楼街道教育志/1551
013510885 沂南县教育志 1939-1985/1565
008452385 莒南县教育志 1840-1997/1571
013374454 莒南县教育志 1998-2008/1571

011496979 德州地区教育志/1579
010577449 德州市教育志 1840-1985/1579
010275931 聊城地区教育志 1840-1988/1588
010113147 阳谷县教育志 1840-1994/1592
009105572 滨州地区教育志 1978-2000/1595
011312469 滨城区教育志/1597
009442076 梁才乡教育志/1597
011762063 菏泽地区教育志 1840-1985/1602
013926297 菏泽教育志 1986-2005/1602
012658317 单县教育六十年志 1949-2009/1603
009319762 河南教研志 河南省基础教育教学研究室五十年史册 1953-2003/1621
013897258 河南教研志 2003-2013/1621
007531979 郑州市教育志 1628-1985/1639
010140401 郑州市教育志 1978-2001/1639
010275876 郑州市中原区教育志 1948-1987/1649
012256631 郑州市中原区教育志 2001-2005/1649
011911512 中原区教育志 1948-2000/1649
008422445 郑州市二七区教育志/1652
013860562 郑州市管城回族区教育志/1654
012811597 金水区教育志 1986-2002/1655
012814194 上街区教育志/1656
012175587 中牟教育志/1668
009387146 巩县教育志 1840-1985/1660
012814498 荥阳教育志/1660
012764740 刘寨教育志/1662
012661764 曲梁教育志/1662

009391358 新密教育志/1662
007530776 新郑县教育志/1664
010778376 登封市教育志 1986-2002/1667
008426240 登封县教育志/1667
007523422 开封市教育志 1840-1985/1675
012049676 开封市教育志 1978-2000/1675
011566322 开封市顺河回族区教育志/1678
011320032 开封市鼓楼区教育志 初稿/1677
013093099 开封县学校志/1680
007506813 洛阳地区教育志/1688
008424662 新安民间兴学志/1695
008421812 新安县教育志/1695
010475297 洛宁县教育志/1699
009413884 偃师市教育志/1694
012661703 平顶山煤业集团教育志/1701
008303147 郏县教育志/1707
013090684 安阳市教育志 1840-1987/1709
009684753 安阳县教育志/1714
007531990 内黄县教育志/1718
012832611 内黄县教育志 1987-2006/1718
012505327 林州市教育志/1713
013604612 原阳县教育志/1731
013415299 辉县教育志 1904-2004/1729
011310784 焦作市教育志 1898-1985/1736
010275875 焦作市解放区教育志 1912-1985 征求意见稿/1738
008421959 焦作市解放区教育志 1912-1985/1738
008421974 修武县教育志 863-1993/1742
010245053 武陟县教育志 1840-1985/1743
008986999 沁阳市教育志/1740
013628739 孟县教育志/1741

013002407 濮阳市教育志/1746	008414606 新县教育志 1783-1994/1794
009864607 南乐县教育志/1748	011325429 商城县教育志征求意见稿/1794
011068410 许昌地区教育志上篇 清末 中华民国时期 初稿/1751	011325452 潢川县教育志初稿/1796
011068616 许昌地区教育志下篇 中华人民共和国时期 初稿/1751	009010120 周口地区教育志征求意见稿/1798
007532046 鄢陵县教育志/1754	007532024 周口地区教育志/1798
012767010 舞阳县教体志/1757	012191774 扶沟县教育志/1800
013899383 三门峡市教育志/1759	009251595 商水县教育志/1801
013174674 陕县教育志/1766	009413446 商水县教育志续编/1801
008420946 卢氏县教育志/1767	013660336 太康县教育志/1804
009992184 灵宝市教育志 1994-2004/1763	009813782 太康县学校志/1804
013508655 灵宝市教育志 2005-2011/1763	013991362 确山县教育体育志 1986-2000/1809
012814046 南阳市教育志/1771	008988366 汝南县教育志/1810
013375388 南阳县教育志初稿/1771	013660451 新蔡县教育体育志/1810
010242576 南阳县教育志/1771	007508973 新蔡县教育志/1810
012955301 南阳市宛城区教育志/1774	008382643 一冶教育志/1839
007506812 方城县教育志/1775	008383881 江岸区教育志/1840
012679305 方城县教育志 1978-2005/1775	008382712 江汉区教育志/1840
013824328 镇平县教育志/1776	013183669 武汉市江汉区教育志/1841
013144611 内乡县教育志/1777	008382720 硚口区教育志/1841
012684704 社旗县教育志 1840-2005/1779	008453090 汉阳区教育志/1841
013822739 唐河县教育志/1780	008385146 武昌区教育志/1842
013379120 新野县教育志初稿/1780	008382665 青山区教育志/1843
006395521 新野县教育志/1780	008382670 洪山区教育志/1843
013731295 商丘地区教育志/1785	008382663 东西湖区教育志/1844
007682727 商丘县教育志/1785	008382659 汉南区教育志/1844
010140229 民权县教育志/1787	012809903 蔡甸区教育志 1980-2000/1845
007532075 柘城县教育志/1789	013508418 江夏区教育志/1846
013732407 夏邑县教育志 1985-2010/1790	007829825 武昌县教育志/1846
013661567 永城市教育志/1787	013990687 黄陂区教育志/1847
007506811 信阳地区教育志/1792	008382655 黄陂县教育志/1847
010275861 信阳市教育志 1371-1985/1792	003146868 新洲县教育志/1849
009684886 光山县教育志/1794	009382670 阳新县教育志/1855

012877343 阳新县教育志 1986-2004/1855
009382417 大冶县教育志 1840-1982/1854
013822708 十堰市教育志/1865
013236419 竹山县教育志 1865-2005/1870
014056731 竹溪教育志 1868-2008/1871
011327101 竹溪县教育志 1867-1985/1871
009441900 宜昌市教育志 1840-1986/1875
013757251 宜昌市教育志 1979-2000/1875
013756983 伍家岗区教育志 1986－2010/1875
011328652 兴山县教育志 1986-2003/1881
013758766 长阳土家族自治县教育志/1883
009252273 当阳县教育志/1878
008528715 南漳县教育志 1902-1985/1890
011762832 老河口市教育志 1898－1985/1888
008453177 老河口市教育志续编 1986-1990/1889
013133896 宜城教育体育志 1986－2005/1890
014052925 宜城县教育志/1890
012954938 荆门市教育志/1898
012968124 荆门市教育志 1979-2005/1898
013148631 新时期荆门招生考试志/1898
013752692 荆门市东宝区教育志 1949-2005/1899
013225776 沙洋县教育志 1979-2005/1902
013148980 钟祥市教育志 1988-2005/1901
013865407 孝感市教育志 1883-1987/1905
013221072 大悟县教育志 1930-1990/1911
013901148 云梦县教育志 1588-2008/1912
013236268 应城县教育志 1904-1985/1907
010109650 安陆县教育志 1854-1985/1908

013752416 汉川市教育志 1986-2008/1910
010109677 汉川县教育志/1910
013184663 沙市市教育志/1916
009123728 公安县教育志/1921
013897612 监利县教育志 1859-1986/1922
009675320 江陵县教育志 1877-1981/1924
013145416 石首教育志 1866-1985/1918
012722365 石首市教育志 1986-2005/1918
013415125 洪湖教育志/1918
013530971 洪湖教育志 1987-2007/1918
003035281 松滋县教育志/1920
013704272 黄冈市教育志/1926
010142769 黄冈县教育志 1875-1985/1927
010109683 红安县教育志 1905-1985/1930
009441896 罗田县教育志 1876-1986/1931
011571183 英山县教育志/1932
010195695 浠水县教育志送审稿/1933
012814417 浠水县教育志 1986-2006/1933
009675367 蕲春县教育志/1935
013072608 武穴市教育志/1929
013702933 崇阳县教育志 1840-2005/1940
013706850 通山县教育志/1940
010195609 随州教育志 1869-1990/1941
009382565 随县教育志 1900-1983/1943
012191761 恩施州教育志 1983-2003/1944
009252753 仙桃教育志 1985-1999/1953
012766393 潜江市教育志 1986-2005/1955
013226354 天门教育志/1956
012684770 天门市教育志 1986-2003/1956
012105149 湖南教育名人名校志/1971
009241125 湘中教育志/1971
010197178 长沙教育志 1840-1990/1984
013510919 雨花教育图志/1989
012956070 望城县教育志/1989

012690283 株洲教育改革志 1978-2000 /1999

008453573 株洲市教育志/1999

012690287 株洲市教育志续志/1999

013512154 株洲县教育志/2005

011578862 茶陵县教育志/2009

006071784 醴陵市教育志/2004

010199652 湘潭市教育志/2013

010239207 湘潭市郊区教育志 1873-1987 /2015

008383027 湘潭县教育志 1840-1986/2020

013686402 湘乡市教育志/2018

012251096 湖南省衡山县教育志/2029

008384909 邵阳市教育志/2031

012899129 隆回县教育志 1978-2002/2035

008531581 新宁县教育志 1840-1985/2037

011998547 武冈市教育志 1978-2002/2033

013661580 岳阳楼区教育志/2042

012956797 岳阳市北区教育志/2042

007672816 华容县教育志 1990-2009/2047

012265044 武陵区教育志/2056

012832068 桃源县教育志/2061

010577013 慈利县教育志/2065

007362097 益阳地区教育志 1840-1985 /2068

010199769 益阳市教育志/2069

013630679 益阳市教育志 1986-2000/2069

011477142 祁阳县教育志/2088

013820561 蓝山县志教育志/2092

013957133 广州岭南教育集团志 1993-2011 /2139

011497738 广州市荔湾区教育志 1840-1990 /2147

013334621 东山区教育志征求意见稿/2146

009145518 广州市东山区教育志/2146

009378545 广州市海珠区教育志 1840-1990 /2148

009378556 广州市黄埔区教育志/2153

008834566 韶关市教育志/2162

013461689 南山教育志/2172

011500585 汕头教育志/2178

013528800 潮阳县教育志/2180

012951932 澄海县教育志 1964-1985/2181

007884725 佛山市教育志/2185

009851817 南海市教育志 1979-2002/2191

010108397 三水教育志续篇/2194

009864073 三水县教育志/2194

012636972 高明市教育志/2198

011311040 高明县教育志/2199

012662311 台山教育志 1979-2000/2201

007479148 鹤山县教育志/2203

013771870 恩平县教育志/2203

013771872 恩平县教育志 1986-1993/2203

007532001 信宜教育志/2210

008453720 肇庆教育志/2213

008453692 广宁县教育志/2215

012638893 怀集县教育志 1049-2007/2216

010730231 高要教育志/2214

013129727 惠阳县教育志/2220

009251800 梅州教育志/2224

010108633 兴宁县教育志/2226

009412599 连平县教育志/2232

012049263 佛冈县教育志/2236

009411410 东莞教育志 1979-2000/2241

008192177 中山市教育志/2244

012722076 普宁市教育志 1989-2004/2251

013236313 云浮市教育志/2255

009864142 新兴县教育志/2260

008528708 罗定市教育志/2258
013774610 罗定市教育志 1304-2005/2258
009106107 广西教育改革志/2273
009189229 广西教研志/2279
008596795 邕宁教育志/2283
009379959 武鸣县教育志/2283
013179292 宾阳县教育志/2285
013461614 柳州地区教育志/2288
008539695 柳州市教育志/2288
011327602 柳州铁路局教育志 1937-1990/2288
009391042 融安县教育志 1895-1990/2292
012505540 融水苗族自治县教育志/2293
009159245 桂林市教育志/2297
011804398 桂林市郊区教育志/2299
011570005 灵川县教育志/2300
013461593 灵川县教育志 1988-2008 初评稿/2300
013225626 全州县教育志 1991-2008/2300
013898388 龙胜县教育志/2304
013684566 平乐县教育志 1902-1989/2303
009379955 梧州市教育志修改稿/2306
008596067 钦州市教育志/2313
013822165 浦北县教育志/2314
008595824 贵港市教育志/2315
013939724 玉林市教育教学研究志 1956-2008/2317
008539712 玉林市教育志/2317
008595593 陆川县教育志/2319
008665385 博白县教育志/2320
010476518 田阳县教育志初稿/2321
010473923 田东县教育志初稿/2322
008596650 昭平县教育志/2326
013091120 河池市教育志/2328

009227072 天峨县教育志/2329
009346534 都安瑶族自治县教育志/2332
010245147 来宾县教育志/2333
013647296 定安县教育志/2353
013798788 重庆教育志/2365
008667878 万县地区教育志/2370
008429104 重庆市市中区教育志/2369
013791093 大足教育志 1911-1985/2377
013791097 大足教育志 1986-2000/2377
009688478 长寿县教育志/2380
013961443 重庆市永川区教育志普安小学校志 1925-2012/2385
013961445 重庆市永川区教育志永兴小学校志 1925-2012/2385
013961441 重庆市永川区教育志汇龙小学校志 1935-2012/2385
013776469 重庆市永川区教育志两河小学校志 1953-2010/2385
010251129 潼南县教育志 1912-1985/2388
009817994 丰都县教育局志/2392
012662467 武隆县教育志 1986-2005/2392
013897689 开县教育志/2394
008671795 青白江教育志/2435
011998664 新都区教育志续编/2436
011998637 新都县教育志/2436
009840278 温江地区教育志/2437
013899659 温江县教育志 1986-2005/2437
013730124 金堂县教育志/2443
013706357 双流县教育志/2446
013936383 双流县教育志 2005年本/2446
009387562 灌县教育志/2439
013066908 彭县教育志/2441
008672530 自贡市教育志/2455
008667883 攀枝花市教育志/2461

012836067 攀枝花市教育志 1986－2005 /2461

008216920 仁和区文化教育志/2462

008670637 泸州教育志 1901-1995/2466

013898398 泸州教育志 1996-2008/2466

008421732 绵阳市教育志/2479

013933339 三台县教育志/2485

014052910 盐亭县教育志/2486

008865267 北川县教育志 清末-1988/2490

013002375 平武县教育志 586-1990/2489

013926395 江油县教育志 1903-1988/2484

009890314 广元市教育志/2492

009254008 青川县教育志/2498

012680230 剑阁县教育志 2000-2007/2500

011066610 大英教育志/2509

011570047 内江地区教育志/2514

011570122 内江市教育志/2514

008421801 内江县教育志/2516

013940913 资中县教育志 1911-1985/2518

009231562 四川省犍为县教育志 1986-2000 /2527

013861855 井研县教育志/2530

009337603 夹江县教育志/2532

013130962 沐川县教育志/2534

010238582 峨眉县教育志 清末-1985/2523

013000633 南充市教育志 1986-2005/2538

012969501 仁寿县教育志 清末-1985/2544

014049959 仁寿县教育志 1986-2002/2544

013933329 青神县教育志 清末-1987/2546

009840283 宜宾教育志/2548

013011204 兴文县教育志 1985-2000/2552

013936440 万源县教育志 1902-1985/2561

012837546 雅安地区教育志/2567

012969587 石棉县教育志/2572

014052285 天全县教育志 1911-2005/2573

012995242 巴中市巴州区教育志 1912-2003 /2577

013936428 通江县教育志/2579

010201395 平昌县教育志/2582

013933271 平昌县教育志 1986-2005/2582

009867099 安岳县教育志 1897-1985/2586

011997075 乐至县教育志 1986-2005/2589

013936399 松潘县教育志/2596

008992134 金川县教育志/2597

012952118 红原县教育志/2600

011497718 甘孜藏族自治州教育志/2602

012049321 甘孜藏族自治州教育志 1991-2005/2602

013732375 西昌市教育志 1903-1990/2612

011497811 会东县教育志 1903-1990/2614

014047744 美姑县教育志/2618

012191997 花溪区教育志/2638

008541260 息烽县教育志/2641

013823031 修文县教育志/2642

010108638 清镇市教育志/2639

007885971 遵义地区教育志/2653

013686642 遵义市教育志/2653

012999130 红花岗区教育志 1990－2007 /2654

008541243 遵义县教育志/2656

013991577 桐梓县教育志/2656

013603194 绥阳县教育志/2657

012714076 道真仡佬族苗族自治县教育志/2660

009989212 仁怀教育志/2655

013509247 仁怀市教育志 1978-2005/2655

010962583 安顺市西秀区教育志/2664

013528952 贵州省关岭布依族苗族自治

县教育志/2666
008447270 黔西县教育志/2671
013752662 金沙县教育志/2672
009989226 沿河教育志/2682
008542036 黔西南州教育志/2686
009472115 兴仁县教育志/2687
013140858 安龙县教育志/2689
011499155 凯里市教育志/2695
008541724 平塘县教育志/2708
012758975 惠水县教育志/2710
009415081 云南教育改革志/2722
010475348 昆钢教育志 1939-1993/2734
013129839 昆明市教育志 1978-2005/2734
012967569 官渡区教育志 1457-1994/2745
013335428 [晋宁县] 教育志 1276-1990/2752
008992656 路南彝族自治县教育志/2756
012766869 嵩明县教育志/2754
013865504 杨林教育志/2754
012766172 禄劝彝族苗族自治县教育志/2757
012995151 安宁市教育志 1987-2006/2750
013883832 安宁县教育志/2750
012614167 曲靖市教育志 1978-2005/2761
012256676 中国云南曲靖市教育志/2761
013684583 曲靖市麒麟区白石江教育志 1912-2008/2762
012684631 曲靖市麒麟区东山镇教育志 1912-2009/2762
011955312 曲靖市麒麟区教育志 古代-2005/2762
012506618 越州教育志/2762
012174903 师宗县教育志/2766
012719339 云南曲靖罗平县教育志 1978-2005/2767
011757806 富源县大河镇教育志 1908-2005/2768
012609835 富源县教育志/2768
011759020 富源县教育志 1978-2005/2768
012173769 富源县营上镇教育志 1880-2005/2768
012956804 云南曲靖富源县十八连山镇教育志 1908-2009/2768
012003722 中安镇教育志 1514-2007/2769
011804657 会泽县教育志/2770
012614134 热水镇教育志/2763
011809502 云南宣威格宜镇教育志 1812-2006/2763
011809513 中国云南曲靖宣威田坝镇教育志/2763
012878882 玉溪地区教育志/2774
013730114 江川县教育志/2778
013775726 通海县教育志/2781
013732560 易门县教育志 1989-2007/2784
008836967 峨山彝族自治县教育志/2788
008488286 元江哈尼族彝族傣族自治县教育志/2791
008539874 保山地区教育志/2794
013883865 保山市教育志/2794
008539882 腾冲县教育志/2799
013936414 腾冲县界头乡教育志/2799
008539871 昌宁县教育志/2801
008426235 鲁甸县教育志/2804
013066958 巧家县教育志 1978-2005/2805
012264074 大关县教育志/2805
008423072 镇雄教育志/2807
010475820 威信县教育志/2807
010201595 丽江地区教育志/2810

013601782 丽江纳西族自治县教育志/2810
008423876 宁蒗彝族自治县教育志/2812
012722072 普洱市教育志 1978-2008/2814
009840418 思茅地区教育志/2814
012097654 景东彝族自治县教育志/2818
013901262 镇沅彝族哈尼族拉祜族自治县教育志 1727-2008/2820
008426832 澜沧拉祜族自治县教育志/2822
009995621 凤庆县教育志/2826
009561879 云县教育志/2828
013776384 镇康县教育志/2829
012051937 双江拉祜族佤族布朗族傣族自治县教育志/2830
013923890 沧源佤族自治县教育志/2832
008426851 楚雄彝族自治州教育志/2834
013131037 南华县教育志/2838
013190018 永仁县教育志 1616-1994/2840
013129784 开远市教育志/2847
011762313 建水县教育志/2849
013604604 元阳县教育志/2851
009388499 西双版纳傣族自治州教育志/2862
009245154 大理白族自治州教育志/2868
008846474 大理市教育志/2872
013510881 漾濞彝族自治县教育志/2883
012899972 祥云县教育志/2874
012950458 宾川县教育志 1494-1988/2875
012679018 宾川县教育志 1978-2007/2876
012903578 中国共产党宾川县教育史志 1929-2009/2876
008597827 弥渡县教育志/2877
012955172 弥渡县教育志 1992-2007/2877

013184410 南涧彝族自治县教育志/2884
012831389 洱源县教育志/2880
008837124 剑川县教育志/2881
010577250 德宏州教育志/2887
012679212 德宏州教育志 1978-2008/2887
009388612 瑞丽教育志/2889
013959451 畹町市教育志/2889
013756861 畹町市教育志 1994-2007/2889
012968316 潞西县教育志/2888
009561850 梁河县教育志/2890
010243646 陇川县教育志/2891
012877064 怒江傈僳族自治州教育志/2893
012049288 福贡县教育志/2895
010475292 贡山独龙族怒族自治县教育志/2896
013317850 兰坪白族普米族自治县教育志/2899
012872229 德钦教育志/2904
008845134 陕西教育志资料续编第2卷/2932
013795148 陕西教育志资料选编/2932
013795152 陕西教育志资料选编/2932
008487355 西安市教育志/2941
009817945 西安市新城区教育志/2946
008835428 西安市莲湖区教育志/2947
009387334 西安市灞桥区教育志/2947
011320330 西安市未央区教育志 1912-1989/2946
012503694 长安教育志/2949
013010709 西安市户县教育志/2950
013462670 铜川市教育志/2953
008793286 宝鸡市教育志/2959
009472769 凤翔县教育志/2965

008844246 扶风县教育志 /2966
008993272 陇县教育志 /2971
013601955 千阳县教育志 /2971
009340798 咸阳市教育志 /2976
009399140 咸阳市秦都区教育志 /2977
012639016 三原县教育志 /2979
013955640 彬县教育志 /2981
013795707 武功县教育志 /2982
013604256 兴平县教育志 /2979
009561636 华县教育志 /2986
008672847 合阳县教育志 /2988
013819485 韩城市教育志 /2985
008427891 华阴市教育志 /2986
013987659 富县教育志 /2995
008094647 洛川县教育志 /2996
011292806 榆林地区教育志 /3003
013752698 靖边县教育志 /3005
013321001 绥德县教育志 /3007
008793281 安康地区教育志 /3010
008844238 紫阳县教育志 /3012
009840231 商洛地区教育志 /3014
008993611 商州市教育志 /3015
009118637 丹凤县教育志 /3016
009337985 柞水县教育志 /3018
009016791 永登教育志 /3042
012956614 榆中县教育志 /3043
012889183 白银公司基础教育志 /3046
012635561 白银市教育志 /3046
012952015 甘谷教育志 /3052
008846074 武威市教育志 /3054
012955214 民勤县教育志 /3056
013863849 天祝藏族自治县教育志 /3057
008846000 张掖地区教育志 /3059
010576698 山丹县教育志 /3060

008453852 泾川教育志 /3063
011328614 静宁县教育志 /3065
008453832 庆阳地区教育志 /3070
012969477 庆城县教育志 /3071
012542640 陇西县教育志 /3074
010687010 临洮教育志 /3075
012505334 临洮教育志续编 1992-2000 /3075
012873007 康县教育志 /3077
008453850 临夏回族自治州教育志 /3079
013996261 卓尼县教育志 /3083
012995301 城东教育志续编 1987-2006 /3099
013093200 宁夏教育史志资料集 /3118
012723404 银川市教育志 /3124
013630039 石嘴山市教育志 /3131
011295613 平罗县教育志 /3133
009414218 同心县教育志 1880-1990 /3137
009399594 中卫县教育志 /3141
009310219 海原教育志 /3143
012998996 海原县教育志 /3143
008543123 新疆生产建设兵团教育志 /3159
009313381 哈密地区教育志 /3177
012968140 库尔勒市教育志 /3200
009881548 阿克苏地区教育志 /3180
009411702 农一师教育志 /3182
010144766 岳普湖县教育志 /3187
009046160 阿勒泰地区教育志 /3220
007585655 "中华民国"教育志 /3233
007658499 "中华民国"史教育志 初稿 /3233
008985465 中华学府志 第1卷 浙江卷 /966
009162049 中华学府志 第2卷 电大卷 /3267

009414684 中华学府志第3卷 天津卷/84
011586354 中华学府志第4卷 四川卷/2409
012175584 中华学府志第5卷 山西卷/252
011066349 中华学府志第6卷 江西卷/1287
008666172 河南省计划统计学校志/1639
008990367 武汉民办学校志 1978-1999/1835
009992704 武汉名校志 2005/1835
011431511 广东学府志高等中专教育卷/2126
008665204 广东学府志基础教育卷/2126
012690046 郑州市实验幼儿园园志 1958-2002/1639
008991888 犍为县新城幼儿园志 1953-2000/2527
008421856 万源县文教示范幼儿园志/2561
011293354 楚雄彝族自治州机关幼儿园园志 1952-1992/2835
013819189 楚雄彝族自治州幼儿园志 1992-2012/2835
012766983 维西傈僳族自治县幼儿园志/2905
010777064 海淀区普通教育学校志(小学幼儿园少年之家部分)/56
013753789 清河县育才小学校志/180
014052359 翁牛特旗乌丹第三小学校志 1978-2013/405
008383028 牙克石市第一小学校志/425
013316230 和信朝小校志/491
013820269 皇姑区岐山路第三小学校志 1996-2006/491
013629385 齐齐哈尔市龙沙区公园路小学校志 1912-2012/674

009311419 齐齐哈尔市铁锋区新地号小学校志/674
013131241 石梅小学志/896
013897228 临浦镇第一小学校志 1904-2004/991
013604191 萧山区新塘小学校志 1928-2008/991
013090710 百年校志杭州市余杭区瓶窑镇第一小学 1906-2006/995
012208542 余杭区星桥中心小学校志 1941-2005/995
013735656 浙江省淳安县实验小学校志 1906-2006/1005
010245189 富阳市新登镇中心小学校志 1903-2003/999
011585384 浙江省富阳市实验小学校志 1905-2005/999
012658258 城中小学志 1909-2009/1017
010730432 翁垟镇第三小学志/1021
011311827 瑞安市实验小学校志 1902-2002/1024
013343372 南明小学校志/1059
012638849 嵊州市逸夫小学校志 1998-2008/1057
013185757 嵊州市育英小学校志 1998-2008/1057
013148829 浙江省嵊州市鹿山小学百年校志 1904-2004/1058
011311817 壶山小学志 1902.1-2001.12/1072
013735523 云山小学志/1066
013756292 天台县实验小学100年志 1912-2012/1097
014052287 天台小学100周年校庆校志

1912-2012／1097
013990900 立本小学校志 1906-2006／1093
014053096 哲商小学校志 1913-2013／1093
013991586 铜陵有色二冶小学志／1149
013462678 铜陵县实验小学志／1151
013793245 龙山小学百年志 1910-2010／1314
013628750 牟平区实验小学校志 1913-2000／1495
013045525 高密市密水街道卞家庄小学校志 1949-2001／1513
013925158 东阿县实验小学校志 1953-2013／1593
014047690 洛阳市实验小学校志 1954-2009／1688
013822107 南阳市第八小学校志 1925-2000／1772
013863110 南阳市第五小学校志 1923-2013／1772
011570152 南阳市宛城区金华乡中小学校校志／1774
011564808 河南省邓州市第一小学校志 1905-2005／1774
013090707 济源市邵原镇实验小学校志 1889-2010／1812
013797076 新区小学校志 1985-1994／1869
013865441 新区小学校志 1995-2004／1869
012140742 襄樊市昭明小学校志 1903-2008／1886
012814271 天门市实验小学校志 1908-2008／1956
012836430 天门市皂市小学校志 1909-2009／1956
011579022 郴州市九完小校志 1941-2001／2075
011579032 郴州市实验小学校志 1948-1998／2075
012995298 成都市龙泉驿区实验小学校志／2435
014047757 米易县第一小学校志／2463
013131317 高升街小学校志 1919-1994／2503
008991982 大兴中心小学校志 1950-2000／2527
009229943 犍为县敖家小学校志 1911-2000／2528
008991945 犍为县榨鼓中心小学校志／2528
009231568 罗城镇中心小学志 1906-2000／2528
008991979 南门小学志 1939-2001／2528
009336910 清溪镇中心小学志 1904-2000／2528
008991964 泉水中心小学校志 1913-1999／2528
008992001 双溪中心小学校志 1950-2000／2528
009337787 舞雩中心小学校志 1905-2000／2528
008991944 新民镇中心小学校志／2528
013730322 彭山县青龙镇第一小学志／2545
010201400 巴中师范附属实验小学志 1932-1999／2576
013936430 通江县实验小学志／2579
013752341 贵州省赫章一小校志 1909-2009／2673
013686591 云南曲靖陆良文化小学教育

志第2辑 1542-2008/2761

010730733 云南曲靖陆良文化小学教育志 1542-2006/2766

012898360 曲靖市麒麟区东关小学志/2763

012638834 云南曲靖师宗县丹凤完全小学校志 1573-2008 修订本/2766

012317118 元江哈尼族彝族傣族自治县因远镇中心小学校志/2791

010243927 云南省保山市实验小学志/2794

013866275 云南省保山市实验小学志/2794

012658227 昌宁县示范小学志 1908-2008/2801

013821901 龙头山镇中心小学校志/2804

013316282 华坪县中心人民小学校志 1909-2009/2812

011757295 保和镇完全小学志 1907-2007/2905

011321408 商州市城关小学校志/3015

013819245 丹凤县商镇中心小学校志 1908-2009/3016

013010724 西宁市城西区胜利路小学校志/3099

010731629 海原县第一小学校志/3143

012096355 北京市园林学校志/27

012899471 天津静海实验中学校志 2002-2007/102

012877175 石家庄市第二中学志 1998-2008/125

012099916 石家庄市第一中学校志 1947-2007/125

012140342 唐山市开滦二中志 1947-2007/145

009441871 河北丰润车轴山中学志/147

012051967 唐山市丰润区第二中学志 1956-2006/147

013129107 河北滦县一中校志 1913-2008/149

013131179 山海关一中校志 1921-2006/155

012719207 临漳一中志/165

012542760 平乡县第一中学校志/178

013183485 河北省唐县中学志/193

014026438 沧州市第二中学校志 1953-2013/219

013369190 沧县中学校志/224

012967627 河北青县一中校志/224

010138617 河北盐山中学志/226

009796986 献县一中校志/228

010138625 [泊头市]进校校志/220

012999121 河北任丘一中校志重修本/221

013507850 河北任丘一中校志续修本/221

010475324 河北省任丘市第一中学校志/221

009391082 河间市一中校志/223

013129102 河北大城一中校志/235

010576837 河北武邑中学校志/240

012662661 轩岗煤电公司志/271

013991285 平定一中校志/281

013863579 沁源一中志 1952-2012/297

009414955 阳城一中志/305

013899666 文水中学校志/362

012898257 成家庄中学校志/365

013753490 柳林县职业中学校志 1986.10-2011.10/365

013143953 呼市第十中学校志/382

013000562 内蒙古师大附中志/382

008594194 内蒙古师大附中志 1954-1994 /382

012661453 林东第一中学简志 /399

013224726 宁城高级中学校志续编 1997.8-2007.8 /403

011479331 新惠中学校志 /407

011998203 舍伯吐蒙古族中学校志 1956-2006 /410

013010674 通辽第四中学校志 1958-2008 /410

010475768 甘旗卡一中志 1958-1997 /412

011476955 内蒙古奈曼旗第三中学校志 1980.9-2001.9 /413

013131029 奈曼旗第一中学校志 /413

013987637 鄂尔多斯市蒙古族中学志 /414

011585215 伊盟蒙古族中学志 1956-1996 /415

009398311 尼尔基第一中学志 1946-1996 /429

009397496 阿里河第一中学校志 1960-2000 /430

010143726 内蒙古绰尔林业局中学校志 1962-2002 /425

012609609 东北育才学校志 1949-2009 /483

012202990 辽宁省实验中学校志 /484

013320971 沈阳第六十一中学校志 2006-2010 /484

013377137 沈阳矿物局中学校志 1985-2006 /484

013131226 沈阳市第八十三中学校志 1961-2005 /484

013863647 沈阳市第六十三中学校志 /484

013225832 沈阳市第五十六中学校志 /484

009994299 康平县第一中学校志 1882-1999.7 /495

013379135 岫岩高中校志 1956-2011 /521

013129943 辽宁省农村实验中学校志 1958.5-2008.9 /535

014047448 [锦州铁路第一中学校]校志 1948-1985 /538

011757331 北宁市高级中学校志 1919-1996 /540

013705185 阜蒙县蒙古族实验中学校志——稳中求新整体优化全面发展 1983.3-2008.6 /548

011328701 彰武县第二初级中学校志 1968-2005 /547

011957293 彰武县高级中学志 1958-2008 /547

009994413 辽阳市第一高级中学校志 /550

009994418 辽阳县首山镇第二初级中学校志 1989-1999 /552

009994138 灯塔市第二初级中学校志 1992-1997 /551

012265415 盘锦市第一完全中学校志 1998-2006 /555

013753733 盘锦市实验中学校志 1977-2001 /556

012249717 长春市第一五〇中学校志 1958-2008 /588

010293042 梨树县第一高级中学校志 1959-1999 /614

013757241 伊通三中校志 /614

014030787 哈尔滨市第三中学校志 1923-

2013/658

013926310 虹桥史志 1997-2008/658

013751466 宾县第一中学百年校志/666

012903493 兆麟中学百年校志 1905-2005/663

013659759 齐齐哈尔市第二十八中学校校志 1983-1993/672

013629346 [齐齐哈尔市第一中学校]校志 1908-2008/673

013002415 齐齐哈尔市实验中学校志 1950-2010/672

010195558 齐齐哈尔市职业教育中心学校校志 1967.10-1997.10/672

012766390 齐齐哈尔中学校校志 1949-2009/672

013096518 泰来县第一中学校志 1940-2005/677

009147366 大庆实验中学校志 1985-1994/690

013461810 嫩江县第二中学校志/712

010292784 黑龙江省绥化一中校志/714

011431432 复旦中学志/739

012107765 上海石化地区基础教育志/773

013926381 江苏省徐州市第一中学校志 1917-2002/848

011571574 徐州三中校志 1949-1999/848

010293846 徐州市第十三中学校志 1964-2004/848

013510841 徐州市王杰中学校志 1956-2006/848

012970528 徐州市务本高级中学校志 1988-2008/848

010143137 徐州五中志/848

013510622 铜山区永清实验学校校志 1936-2010/854

012139579 沛县第二中学校志 1978-2008/860

012139588 沛县魏庙中学校志 1958-2008/860

012814054 沛县中学志/860

013706402 睢宁县李集中学校志 1952-2002/862

011757448 常州市第三职业高级中学志 1943-2003/868

013726862 常州市第五中学校志 建校七十周年纪念专辑/868

010278750 连云港市蔷薇中学志 1975-1995/915

013422679 江苏省宿迁中学校志 1927-2007/956

009799664 杭州二中校志 1899-1989/979

012811366 杭州市十三中教育集团校志 2000-2010/979

012689985 浙江省杭州第二中学校志 建校一百一十一周年纪念专集/979

011579914 杭州市萧山区义桥实验学校校志 1906-2006/991

011445716 浙江省桐庐中学校志 1941-2001/1003

013771708 淳安中学志 1929-2009/1005

013956867 福光中学校志 1868-2001/999

013771910 富阳市职业高级中学校志/1000

013776377 浙江省富阳市新登中学校志 1941-2001/999

011445710 浙江省富阳市郁达夫中学校志 1957-2007/1000

013148822 浙江省富阳新登中学校志七十周年志 1941-2011/1000

011584735 浙江省宁海中学校志稿/1018

012836093 平阳二中校志 1956-2006/1030

010292959 浙江省瑞安中学校志 1896-1995/1024

013092950 稽中校志 1932-2002/1049

013604193 新昌县鼓山中学校志 1974.10-2010.12/1059

013604196 新昌县知新中学校志/1059

011805962 天马学校志/1056

013002495 嵊县中学校志 1915-1995/1058

013820487 [金华市青春中学]校志 金华市青春中学十周年 1946-2011/1062

009126443 浙江金华第一中学校志 1902-2002/1062

013863650 兰溪五中校志 续 1998-2008/1066

013464349 浙江省义乌中学校志 1927-1997/1068

012208568 浙江省义乌中学校志 1927-2007/1068

010279792 浙江省衢州第二中学校志 1953-2003/1076

012101033 台州中学百年志 1902-2002/1087

012889192 浙江省天台中学 100 年志 1906-2006/1097

012003102 浙江省温岭中学 160 周年校志 1848-2008/1092

014028679 东塍中学校志 1969-1999/1093

009962495 回浦中学校志/1094

013752472 回浦中学校志 1912-2012/1094

014047641 临海市第六中学十年校志 1998.8-2008.8/1094

014047647 临海中学校志 1978-1998/1094

013961356 浙江省杜桥中学校志 建校五十周年纪念册 1956-2006/1094

013374064 安徽省合肥市第六中学五十周年校志/1123

011066921 巢湖市二中校志 1947-1997/1126

012139546 安徽师范大学附属中学百年校志/1130

011943154 博文校志 1998-2008/1133

011500704 铜陵市第一中学志/1150

010292038 安徽省怀宁中学校志校友录 1952-1991/1154

010576457 安徽省太湖中学志/1156

013987307 安徽省太湖中学志 1996-2005/1156

010476444 安徽省天城中学志/1154

013507979 黄山市黄山第一中学校志 1941-2011/1159

011066947 福建省福州第一中学校志/1209

012995162 福建师范大学附属中学校志（含原英华中学 华南女中 陶淑女中）1881-2001/1209

010194003 福建省福清第一中学校志 1993-2004/1217

012758807 福建省福清华侨中学校志 1955-2005/1217

011293105 福清第三中学校志 1892-1992/1217

013037916 长乐第一中学校志 1890-2008/1218

013751678 福建省宁化第二中学校志 1897

-2011／1240

013335038 宁化第一中学校志 1927-2007／1240

013528894 福建省宁德第一中学志 1940-2010／1273

012096690 福建省宁德市民族中学志 1958-2008／1273

013404264 福建省古田第一中学校志 1943-2003／1277

013897615 江西南昌十九中校志 1942-2012／1298

013897619 江西南昌十九中校志 1963-1999／1298

013508414 江西省立南昌二中校友志稿／1299

011566099 江西省九江第一中学百年志 1902-2002／1314

013820517 九江一中校志 110 周年校庆丛书 1902-2012／1314

010110378 德安一中校志／1319

012097585 江西省湖口县第二中学校志／1321

012741964 安远县第一中学志 1940-2010／1335

013990779 江西省新干中学校志 1940-2010／1349

013861825 江西省遂川中学志 1938-1998／1351

010293192 江西省宜春市第三中学二十周年校史志 1980-2000／1355

012900139 宜春一中五十周年校志 1938-1988／1355

011066690 宜丰中学史志 1923-2003／1365

013684406 江西省高安二中三十年史志 1979-2009／1360

009385300 波阳一中志／1382

013732666 济南一中京津校友志／1414

009881018 长清一中百年校志 1904-2004／1422

013730376 平阴一中校志 1954-2004／1424

009962129 胶县第一中学校志／1444

009744862 山东省即墨一中志 1904-2004／1446

012954995 莱西市第三中学志 1957-2003／1450

013508652 临淄区学官中学志 1983-2011／1462

009881045 河口区第一中学志／1482

014050119 山东省垦利第一中学志 1958-2008／1484

013461957 山东省广饶县第一中学志 1951-2011／1487

013002439 山东省牟平第四中学校志 1978-2000／1495

009881152 莱州一中史志 1905-2005／1498

013604270 栖霞市第一中学校志 1951-2001／1501

009392842 山东省海阳第一中学校志 1952-2002／1502

013755980 山东潍坊二中校志 1883-1993／1505

012249692 昌乐一中校志 1938-2008／1516

011066701 山东省寿光市第一中学校志 1957-2002／1511

013660096 山东省寿光市第一中学校志 1957-2007／1511

013002516 寿光市第二中学校志 1956-2006／1512

012506213 寿光现代中学校志 1999-2009 /1512

013687107 安丘市第一中学百年志 1911-2011/1513

010293839 嘉祥二中校志 1949-2004/1532

012099667 萌山中学校志 1998-2008/1532

012956965 邹城市郭里中学校志 1960-2010 /1528

010010341 文登一中志 1952-2001/1548

013342446 荣城六中志 1958-2008/1549

013751667 费县第一中学校志/1569

013751485 茌平县实验高中校志 2000-2010 /1592

012139126 高唐一中校志/1593

013064998 临清市第二中学志 1950-2010 /1591

011763340 山东省北镇中学志/1595

013991389 山东省博兴第一中学校志 1952 -2002/1599

013866408 菏泽市牡丹区第二十二初级中学校志 1982-2012/1603

012903507 郑州市第二十六中学校志 /1639

012903513 郑州市第二十三中学 郑州旅游学校校志 1962-2003/1637

010253288 郑州市第二中学校志 1941-2003 /1639

010253896 郑州市第九中学校志 1953-2003 /1639

013994286 郑州市第九中学校志 1953-2013 /1640

012903528 郑州市第六十二中学校志 /1640

012903531 郑州市第六十三中学校志 /1640

012903536 郑州市第三十九中学校志 1959 -2003/1640

012837901 郑州市第三十四中学校志 1965 -2002/1640

012903541 郑州市第三十五中学 郑州市金融学校校志 1971.2-2002.12/1640

012837895 郑州市第三中学校志 1959-2003 /1640

010778352 郑州市第十九中学校志/1640

012769588 郑州市第十五中学 郑州市财贸学校校志 1954-2004/1642

009814430 郑州市第十一中学校志 1953-2003/1640

012837916 郑州市第四十二中学校志 1988.8-2003.8/1640

011311878 郑州市第四十九中学校志 1955 -2003/1640

012839271 郑州市第四十三中学 郑州市商贸管理学校校志 1972-2003/1641

012690027 郑州市第四十四中学校志 1973 -2003/1641

014053103 郑州市第五十二中学校志 2003 -2013/1641

012839276 郑州市第五十七中学校志 1974 -2002/1641

013994287 郑州市第五十一中学校志 1962 -2012/1641

012690035 郑州市第五十中学 郑州市第二职业中专校志 1963-2003/1641

013512016 郑州市第五中学校志/1641

013148919 郑州市第一零一中学校志 1929 -2009/1641

012723999 郑州市第一中学校志/1641

013994288 郑州外国语学校校志 2003-2013 /1641

012903510 郑州市第二十七中学 郑州艺术中学校志 1965-2004/1655

012718928 河南省示范性高中新密市第一高级中学校志 2001.11-2007.2/1662

012718924 密县一中志/1662

012767105 新密市第二高级中学校志芳华春秋 1952-2003/1662

012767124 新密市市直第一初级中学校志 1986-2002/1662

012718929 新密市一中校志第2辑 1985-1997/1663

013862964 洛阳市第九中学校志 1956-2006/1688

013863022 洛阳市第十二中学第二个三年计划校志 2007-2010/1688

013461650 洛阳市第十二中学校志/1688

013898424 洛阳市第十九中学校志 1959-2009/1688

013898425 洛阳市第四十三中学志 1979-2009/1688

009813623 洛阳市第一高级中学校志 1904-2004/1688

013066339 洛阳市第一中学校志 1948-2008/1689

013096279 汝阳县第一高级中学志 1935-2003/1697

013626601 河南省平顶山市第二高级中学校志/1701

008835494 宝丰县第一高级中学校志/1705

011496811 安阳市第九中学校志/1709

013506453 安阳市第五中学志/1709

011563524 安阳市第一中学校志 1946-1985/1710

011804078 安阳市七中校志 1956-2006/1710

011496817 安阳市实验中学校志五十年风雨历程 1953.5-2003.5/1710

013680539 安阳县第一高级中学志 1948-2008/1714

013932196 河南省浚县第一中学校志 1950-2010/1720

011497948 浚县第一高级中学校志 1950-2000/1720

011804495 河南省新乡市三中校志 1930-1982/1725

013728939 新乡市第三十中学校志 1991-2011/1725

012723224 新乡市第一中学校志 1940-2010/1725

012767134 新乡市田家炳高级中学校志（新乡市第三中学）1930-2010/1725

013823011 新乡市铁路高级中学校志 1954-2012/1725

012636856 新乡市第二十一中学(新乡县三中关堤中学)校志/1730

013630478 延津县第一高级中学志 1905-2005/1732

008987177 河南省长垣县第一中学校志 1951-2001/1733

012722950 河南省卫辉市第一中学校志/1728

011995728 河南省辉县市第一高级中学校志/1729

012968091 焦作市第十二中学校志/1736

012139408 焦作市实验中学校志 1954-2004

/1736

012546757 中站区朱村中心学校校志 1908-2008/1739

013901014 修武县第一中学志/1742

011585165 修武一中校志 1936-2000 审定稿/1742

010245093 武陟一中校志 1837-1996/1743

010730281 沁阳市第一中学校志 1902-2002/1740

013822182 沁阳市第一中学校志 1902-2012/1740

013659770 沁阳一中校志 1902-1997/1740

012051697 孟州市第一高级中学校志 1905-2000/1741

013002379 濮阳市第六中学志 1999-2009/1746

013508897 濮阳市第五中学校志 2001.9-2011.9/1746

011955262 濮阳市实验中学志 1988-2008/1746

012140208 濮阳市华龙区高级中学校志/1747

008987123 河南南乐一中校志 1951-2001/1748

013222129 河南南乐一中校志 1951-2011/1748

013507862 河南省濮阳县第一中学校志/1749

013705180 漯河市高级中学校志 1948-2008/1756

013092890 河南省南阳市第八中学校志 1949-2009/1772

011320828 南阳市第三中学校志 1905-2000/1772

013730316 南阳市第十中学校校志 1954-2003/1772

013316248 河南省桐柏县第一高级中学校志 1935-2005/1781

011955384 商丘市回民中学校志/1785

013774989 民权第一高中校志 1933-2002/1787

013689037 民权高中志 1978-2011/1787

009813787 息县第一高级中学校志 1956-1996/1796

009808425 河南省淮阳中学志/1803

009332588 淮阳一中志/1803

011579975 河南省济源第一中学校志 1926-2006/1812

014032658 河南省济源第一中学校志 2006.9-2011.9/1812

012837435 武汉市新沟中学志 1959-2009/1835

012999152 黄陂三中志/1847

012723270 新洲二中学校志 1931-2005/1849

013751615 大冶一中校志 1912-2012/1854

012723382 宜昌市第一中学志 1910-2009/1875

013704251 枝江市第一高级中学校志 1965-2005/1879

010142798 湖北省襄樊市第四中学校志/1886

012316932 襄樊市长春高级中学校志 1999-2009/1886

012140754 襄樊四中校志 1954-2004/1887

012265038 湖北省鄂州市第二中学校志 1956-2006/1894

012051825 沙市二中校志/1916

013462822 沙市五中校志 1956-2006/1916

013509227 蕲春县第一高级中学校志/1935

013923952 赤壁一中百年志 1912-2012/1938

013321314 宣恩一中校志 1938.11-1996.12/1948

013728914 湖南省长沙市第十一中学百年校志 1906-2006/1984

007685926 湖南省长沙市第一中学校志 1912-1987/1984

010577337 湖南省长沙市第一中学校志 1987-1992/1984

009744774 湖南师大附中百年校志/1984

013508819 陪粹校志 1989-2009/1984

011432756 湖南省株洲市第二中学校志第1卷 1955-1995/1999

012265056 湖南省株洲市第二中学校志第2卷 1995-2000/1999

011580055 湖南省株洲市第四中学校志 1957-2007/1999

011586375 株洲县第一中学校志 1958-1998/2005

013098069 株洲县黄龙镇中学校志 1957-2002/2005

012049497 湖南省茶陵第一中学校志 1905-2005/2009

011294786 湘钢一中校志 1960.8-2005.9/2014

012139244 湖南省湘潭市岳塘区湘钢一校校志 1958-2008/2015

013990915 隆回一中校志 1942-2012/2035

009441914 湖南省岳阳市第一中学志/2040

013415151 湖南湘阴第一中学校志/2048

013940777 詹桥中学校志/2043

009790360 桑植一中校志/2065

011565044 湖南省郴州市一中校志 1906-1996/2075

012173999 湖南省怀化市第三中学志 1958-2008/2095

012191982 湖南省娄底市春元中学校志 1907-2007/2105

011311904 湖南省双峰县第一中学校志 1905-2005/2107

012191977 湖南省涟源市第一中学校志 1946-1996/2106

009383791 湖南省湘西土家族苗族自治州民族中学志 1936-1989/2111

009790386 龙山一中校志/2115

013823039 徐闻县第一中学校志/2208

011563540 广东省兴宁市第一中学志 1906-2006/2226

011571619 紫金县琴江中学校志 1943-1993 初稿/2231

010778345 云浮中学志 1914-2004/2257

010732093 [柳州市第八中学]校志 柳州市第八中学四十周年校庆 1963-2003/2288

010195448 柳江中学校志 1951-1999/2290

010195466 融水中学校志/2293

011311043 桂林中学校志 1905-1995/2297

012097386 桂林中学校志 1905-2005/2297

013961174 阳朔中学志/2299

013957112 广西壮族自治区桂林市龙胜各族自治县龙胜中学志 1942-2010/2304

013143699 恭城中学志 1938-1993/2304

009332413 廉州中学志 1905-1990/2311

010138291 平南县中学志/2316

011311361 玉林高中校志 1908-1998/2317

011563747 博中志/2320

009310245 贺州市中学校志 1921-2001/2325

009379920 罗城高中简志/2330

011890594 都安高级中学校志 1923-2003/2332

011996957 来宾市兴宾区第二中学校志 1933-2008/2334

008418494 四川省重庆第六中学校校志原求精中学/2365

013775278 四川省重庆市第六中学校(原求精中学)校志/2365

008421750 重庆石中校志原重庆第五十八中学 1957-1987/2365

008424803 重庆市求精中学校志 1891-1998/2365

013093241 綦江中学校志 1910-2010/2376

013093243 綦江中学校志 1927-1997/2376

014028629 大足二中志 1947-2002/2377

009867161 江津中学校志 1906-1996/2381

010146875 合川中学校志 1904-2004/2382

013991582 铜梁中学校志 1907-2007/2389

013730155 来凤中学校志 1947-2007/2390

009783287 丰都中学校志 1893-1998/2392

010146935 重庆市忠县中学校志 1939-1999/2394

009867416 酉阳第二中学校志 1910-2000/2396

012191550 成都七中校志 1905-2005/2426

013894416 成都水利发电学校校志 1978-1990/2426

013128814 成都铁中校志 1962-1992/2426

013128815 川大附中校志 1908-2008/2426

011472917 大弯中学志 1957-2006/2426

008844095 石室校志/2426

008836272 树德中学校志 1929-1999/2426

013751595 川化中学校志 1960-1990/2435

008670368 金堂中学校志 1943-1994/2443

008671973 双流中学志/2447

013002524 双流中学志 1995-2009/2447

013924049 大邑县安仁镇学校校志 1912-2012/2448

013730222 蒙阳中学校志 1944-2004/2441

013342331 彭县中学志 1901-1982/2441

013342334 彭县中学志 1901-2001/2441

013681563 富顺二中校志 1903-1993/2457

013925189 富顺二中校志 1993-2006/2457

013375397 攀枝花市第七高级中学校校志/2461

013002606 四川省合江县中学校校志 1910-2009/2468

013342586 四川省绵阳外国语学校校志/2479

008865317 陈家坝中学校志 1958-1994/2490

013936390 四川省平武县南坝中学校志 1958-2009/2489

011998319 四川省青川中学校校志 1943-2003/2498

012208233 四川省遂宁中学校志 785-2005/2503

013131269 遂宁二中志/2504

013321006 遂宁一中志 1905-2005/2504

013067249 四川省内江市第二中学(沱江中学)校志 1925-1995/2514

013628084 隆昌一中志 1903-2003/2518

013936387 四川隆昌一中校志 1903-1988

/2518

009106261 犍为第二中学校志 1958-2000/2528

009231587 犍为县塘坝初级中学校志 2000/2528

008991950 罗城中学校志 1944-2000/2528

008991886 清溪初级中学校志 1969-2000/2529

009231580 泉水中学校志 1969-1999/2528

008991952 舞雩中学校志 1969-2000/2529

008991999 孝姑初级中学校志 2000/2529

009106171 孝姑中学校志 1923-2000/2529

008991942 新民初级中学校志 1970-2001/2529

012951980 峨眉二中校志 1928-1985/2523

013002610 四川省彭山县第二中学校志 1929-2000/2545

013901053 宜宾市二中校志 1911-2011/2548

011066739 宜宾市一中校志 1901-2001/2548

013625729 安边中学校志/2549

013067246 四川省江安中学校志 1914-1994/2550

013728661 广安中学志 1912-2012/2554

013221069 达州市高级中学校志 1903-2003/2559

013924011 达州市一中校志 1906-2006/2559

010146960 开江中学志 建校70周年纪念 1920-1990/2563

013861871 开江中学志 1999-2000/2563

012832274 开江中学志 2001-2010/2563

009414504 大竹中学志 1918-1998/2564

011995464 大竹中学志 1998-2008/2564

013958944 渠县中学志 1917-1996/2565

009414585 四川省巴中中学志 1868-1998/2576

013775729 通江县职业技术教育中心 四川省通江县实验中学志 1997-2009/2579

013933269 平昌县第二中学志 1982-2003/2582

009414507 平昌中学志/2582

013965100 资阳中学志 1906-1991/2583

011311833 安岳中学志/2586

010273748 简阳市高级职业中学校志/2586

011500650 松潘中学校志/2596

012208241 四川省彝文学校凉山州民族干部学校校志 1990-2006/2611

009799516 西昌一中校志/2612

013990956 冕宁中学校志/2617

013183457 贵阳清华中学志/2636

013753503 六盘水市第一实验中学志（原水矿集团公司第一中学）1970-2010/2647

013898861 盘县第二中学 贵州省示范性普通高中校志（诞辰五十周年）1960-2010/2648

013863141 盘县第五中学校志/2648

013926234 盘县一中校志/2648

013775104 盘县一中校志/2648

013141114 道真仡佬族苗族自治县道真中学校志/2660

013320922 仁怀一中校志 1938-1998/2655

013819435 贵州省龙里中学校志/2709

013897151 贵州省龙里中学校志 1941-2011/2709

011805912 师宗县第二中学校志/2766

012837784 云南曲靖师宗县丹凤镇第一中学校志 1985-2008/2766

013776360 云南曲靖罗平九龙一中校志 建校-2010/2767

011910139 云南省富源县第一中学校志 1941.3-2007.3/2769

013512000 沾益县第一中学校志 1941-2001/2770

013823131 宣威市第四中学校志 1942-2010/2764

012789904 宣威市第五中学校志 1980-2007.8/2764

011909923 宣威市第一中学校志/2764

011447181 中国云南曲靖宣威市第七中学校校志/2764

012690013 镇雄一中校志/2807

012613334 丽江古城一中志 1969-2009/2810

009840407 丽江一中校志/2810

013343529 云南省宁蒗民族中学志 1981-2011/2813

013775125 普洱中学志/2814

012141549 镇沅彝族哈尼族拉祜族自治县第二中学校志/2820

008418649 云县一中校志/2828

012898319 大姚一中校志 1940-2010/2839

013606097 云南省开远市第一中学校志 1917-1992/2847

011445634 云南省建水第一中学校志/2849

008426364 马关县第一中学校志/2859

011579865 广南第一中学校志 1933-2003/2860

012956809 云南省弥渡县第一中学校志 1926-1991/2877

013133992 迪庆藏族自治州民族中等专业学校志/2902

013343362 香格里拉县第六中学校志/2903

011068544 香格里拉县五中校志 1985-2005/2904

012956557 香格里拉县一中校志 1996-2005/2904

011445749 中甸一中志 1956-1995/2904

012995350 德钦县第四中学校志 1969-2009/2904

013732371 西藏军区拉萨八一学校志/2913

013994025 西安市第八十九中学百年校志 1912-2012/2941

013627751 西安市临潼县华清中学校志 1938-1988/2948

013143950 户县第一中学志 1941-1991/2950

014052301 铜川市景丰中学志/2953

013923828 宝鸡中学校志/2959

012753159 宝鸡中学校志/2959

013751482 西城高中校志 1946-2009/2964

013045510 凤翔中学校志/2965

014052344 下吉中学志 1823-2013/2984

013823151 迤山中学校志/2989

012099828 陕西延安中学校志/2992

013853462 安塞县高级中学校志/2994

013628101 洛川县中学校志 1940-2010/2996

013145370 神木中学校志 1939-1995/3004

012809967 定边中学校志/3006

011908922 绥德中学校志/3007

012955182 米脂中学校志/3007

013134388 子洲中学校志1954-2004/3008

010242633 安康中学校志1930-1994/3010

012955976 陕西省商州中学校志/3015

013793267 洛南县职业技术教育中学志/3016

013756022 陕西省洛南中学校志1995-2012.6/3016

012955973 陕西省丹凤中学校志/3016

009337927 陕西省丹凤中学校志1942-1989/3017

013320952 商南县高级中学志1941-2009/3017

013774294 嘉峪关市酒钢第三中学校史1978-2008/3044

013961341 张掖市第二中学志1956-2008/3059

013959392 肃南裕固族自治县第一中学校志1957-2012/3061

012872301 甘沟中学校志/3065

012052470 定西市安定区松川学校教育志/3073

011312035 宁夏贺兰县第一中学校志/3129

013775245 石嘴山市第三中学校志1972-2012/3131

011312012 盐池县第一中学校志1955-2005/3136

011312173 同心中学校志1956-2006/3137

012252336 青铜峡市一中校志/3135

013093126 隆德县中学校志/3139

009414073 海原县回民中学校志1980-2000/3143

009117784 农四师第一中学志/3207

011996928 奎屯市第一中学校志/3209

008492736 农九师中学志/3217

012249611 阿勒泰地区第二高级中学志/3220

008994813 北屯中学志/3221

007597572 "中华民国"台湾省立高级中学校志/3256

010147434 中国电大教育志1979-1988/3267

009332048 北方交通大学志征求意见稿/27

008838979 北方交通大学志/27

013220940 北京成人教育史志资料选辑/30

012809897 北京第二外国语学院图志1964-2009/27

009060271 北京第二外国语学院志/27

009863303 北京第二外国语学院志1994-2003/27

012678983 北京工业大学建筑工程学院院志1960-2010/28

009783214 北京工业大学志1960-1998/28

010293064 北京航空航天大学校志1952-1992/42

008838939 北京化工学院志北京化工大学1958-1992/41

008838250 北京教育学院院志1956-1996/30

011943048 北京教育学院志1953-2008/30

013818237 北京理工大学管理与经济学院院志1980-2009/28

008444073 北京理工大学志/28

009333337 北京联合大学校志征求意见稿/28

009310011 北京普通中等专业教育志稿/30

009796832 北京人民警察学院校志 1949-1999/12

009673076 北京人文大学志 1984-2004/28

011430348 北京商学院志 1950-1998/29

010107815 北京师范大学百年图志 1902-2002/30

011995256 北京石油化工学院志 1978-2007/40

012678989 北京市建筑材料工业学校志 1954.6-1999.7/30

009153931 北京体育学院志/30

012758741 北京外国语大学保卫志 1941-2001/27

010238147 北京外国语大学志/29

013771523 北京外国语大学志 2001-2010/29

011430366 北京外国语大学总务志 1941-2001/27

009015782 北京舞蹈学院志 1954-1992/31

010730253 北京物资储备职工中等专业学校校志 1978-2000/30

012678991 北京物资学院志/29

013090978 对外经济贸易大学校志/29

009266329 对外经济贸易大学校志 1954-1994/29

013090985 对外经济贸易大学校志 2000-2010/29

008729380 清华大学志/29

009018080 中国金融学院院志/29

012317317 中国农业科学院研究生院志 1979-2009/38

008380799 中国人民公安大学校志/12

009561946 中华会计函授学校校志/30

009346473 北京市崇文区成人教育志/44

011431587 海淀走读大学校志/56

009878470 北京理工大学房山分校志 1985-2005/60

013096523 天津科技大学校志 1958-2008/85

011328554 天津外国语学院四十周年校志 1964-2004/85

013145477 天津外国语学院志/85

013630133 天津职业大学志 1978.7-2001.12/85

012174948 天津职业大学志 2002.1-2008.9/85

011579916 河北高等院校学报志/115

013647548 河北金融学院校志/115

009992155 河北地质学院志 1953-1991/127

012049438 河北化工学校校志/125

009959798 河北教育学院志/125

013772815 河北师范大学汇华学院志 2001-2011/125

011432681 河北师范大学体育学院志 1931-2006/126

009310347 河北师范大学志 1906-1995/125

009959800 河北师范学院志 1902-1994/125

009310356 河北医学院院志 1915-1991/127

008383061 河北职工大学志 1972-1988/126

013706326 石家庄电力工业学校志/126

010279138 石家庄工程技术学校校志 1952-2000/126

012722352 石家庄科技工程职业学院志 1924-2010/125

010577203 石家庄市财经学校校志 1963-1999/123

012208213 石家庄市第一商业学校校志 1970-1999/126

013462581 石家庄市特殊教育学校志 1957-2007/126

010577350 石家庄铁道学院院志 1950-1991 初稿/125

010292621 石家庄铁道学院志 1950-1996/128

010577238 石家庄邮政高等专科学校志 1956-1993/123

011809267 武警石家庄指挥学校志 1983.1-1998.12/121

009381006 河北理工学院校志 1958-1995/145

011328659 华北煤炭医学院志 1926-2006/145

011311312 唐山师范专科学校志 河北唐山教育学院志/145

009699411 邯郸师范教育志/160

011294714 邯郸师范专科学校校志/160

013859500 大名师范志/166

013689611 武安职业教育志/163

013045571 河北机电职业技术学院志 1956.7.23-2006.6.30/173

012995253 保定电力学校志 1957-1988/184

011320335 河北林学院院志 1909-1993/184

011293106 河北农业大学校志 1902-1988/184

009009855 河北农业大学校志 1902-2002/184

013704167 河北农业大学校志 2002-2012/184

013002641 铁道部电气化工程局党校职工学校志/184

013373950 河北农业大学中兽医学院院志 1956-2006/188

011311309 河北中兽医学校校志 1956-1996/188

013072866 张家口农业高等专科学校校志 1923-1992/200

010279102 张家口市卫生学校志 1991-2000/199

011757475 承德民族师范高等专科学校志/210

009311138 承德石油高等专科学校志 1903-2003/211

010475913 沧州师范学校校志/219

010779205 沧州师范专科学校志/219

012048746 ［沧州医专志书］辉煌历程 1958-2008/219

011328130 华北石油职工大学志/233

013956862 防灾科技学院校志/232

010251896 衡水师范专科学校志 1978-1991/238

013860558 公安部管理干部学院山西分院 山西省人民警察学校校志/256

013131197 山西艺术职业学院志 1951-2011/261

008377943 太原电力高等专科学校志/263

010730413 太原电力学校志 1955-2001/261

009387247 太原工业学校校志 1954-1988/261

009511318 大同煤炭工业学校校志 1950-2000/271

013012538 阳泉市教育学院志 1988-2008/277

012506478 阳泉市卫生学校志/277

011584773 平定师范校志/281

012889269 长治卫生学校校志 2000-2010/285

012099820 山西机电职业技术学院志 1958-2008/285

013752688 晋中职业技术学院院志 2004.12-2009.9/312

012723467 运城市财经学校志/323

011954590 临汾电力高级技工学校志 1984-2006/344

012614034 吕梁市卫生学校校志 1972-2008/357

008594333 呼和浩特市蒙古族学校校志 1948-1998/383

008594317 呼和浩特职业教育志/383

010112026 内蒙古电子学校志 1981-2001/383

010576945 内蒙古建筑职业技术学院志 1956-2006/384

008661402 内蒙古林学院志/382

012051710 内蒙古农业学校志 1924-2008/382

011476964 内蒙古师范大学汉语言文学系志征求意见稿/382

013730296 内蒙古师范大学体育学院志 1952-2012/382

013863116 内蒙古师范大学物理与电子信息学院志 1952-2012 征求意见稿/382

009244799 内蒙古师范大学志 1952-1992/382

011584697 内蒙古师范大学志 1993-2004/382

013659656 内蒙古师范大学志 2005-2012/383

009349660 内蒙古自治区医院附属卫生学校志 1959-1999/383

012639712 内蒙古自治区医院附属卫校志 1959-2009/383

010577202 赤峰民族师范高等专科学校校志 1960-2000/400

013991256 内蒙古扎兰屯农牧学校志 1952-2012/426

009994144 东北大学校志 东北工学院卷/484

013369775 东北大学校志 1923.4-1949.2/484

011584483 辽宁老干部大学校志 1984-2005/484

009790400 沈阳电力高等专科学校校志/488

013379016 沈阳铁路机械学校志略 1953.9-2003.9/484

013134075 中国医科大学校史图志 1931-2011/486

014056696 中国刑事警察学院校志 1948-2012/491

011586305 中国刑事警察学院院志 1949-1995/491

010278821 沈阳市新民师范校志/494

012249787 大连理工大学土木水利学院院志 1949-2009/504

009798920 大连轻工业学院志 1958-1998/505

011431309 大连医科大学校志 1997-2006/504

009009846 东北财经大学 50 年史志 1952-2002/503

011584478 辽宁警官高等专科学校校志 1960-2000/501

010279900 鞍山市广播电视学校校志 1905-2005/517

009242328 鞍山卫生学校志/517

013822729 台安老干部大学校志 1991-2011/521

012831136 本溪广播电视大学校志 1979-2009/530

011563729 本溪化工学校校志 1980-2000/530

009244430 熊岳农专校志/544

011910283 彰武县教师进修学校志 1960-2005/547

011584507 辽宁省邮电学校志 1958-1998 征求意见稿/550

008661406 辽河石油学校志 1978-1991/556

012251403 辽河石油学校志 1992-2005/556

012503636 白求恩医科大学第三临床学院志 1949-1989/588

010469042 长春邮电学院史志 1947.3-1987.7/588

010468948 吉林大学史志 1946-1986/588

013316332 吉林化学工业公司职工教育总校志 1979-1988/599

013225564 齐齐哈尔师范高等专科学校校志 1906-2006/672

013066926 齐齐哈尔师范学院志 1985-1988/673

013659747 齐齐哈尔市教育学院院志 1952-2002/673

010473868 齐齐哈尔市师范学校志 1906-1985/673

013926305 黑龙江矿业学院志 1947-1987/680

008379701 鸡西煤炭卫生学校校志 1958-1985/680

011431311 大庆石油学校志 1953-2003/691

011762071 黑龙江省林业卫生学校志/700

011804504 黑龙江幼儿师范高等专科学校校志 1906-2007/706

009744120 牡丹江电力技术学校志 1960-1985/706

009730310 复旦大学百年志 1905-2005/739

009840237 复旦大学经济学院志/739

001874282 复旦大学志/741

011327707 华东化工学院志/739

009398880 华东理工大学志 1992.7-2002.6/739

009387384 立信会计高等专科学校志/739

012174869 上海成人高等教育志 1863-1990/741

011321116 上海成人教育志/741

011805880 上海出版印刷高等专科学校志 1953-2006/747

009414966 上海大学志 1994-2004/739

013185727 上海第二医科大学志/746

013633491 上海海洋大学百年志 1912-2011/740

011500587 上海技术师范学院院志 1978-1994/741

011998195 上海交通大学电气工程系志 1908-2008/740

007676352 上海交通大学志 1896-1996/740

012266303 上海理工大学志 1906-2006/740

011998200 上海立信会计学院80周年校志/740

012266307 上海旅游高等专科学校志 1999

-2008/740
009387396 上海铁道医学院志/746
010243027 上海外国语大学志/740
012099894 上海医科大学图志 1927-2000 /746
009881499 上海医科大学志 1927-2000/746
013145361 上海医疗器械高等专科学校志 1960-2006/747
013936347 上海医疗器械高等专科学校志 1960-2010/747
009769142 上海职业技术教育志/741
011295665 上海中华职业教育社志/741
009228141 上海中医药大学志 献给上海中医药大学建校四十周年 1956-1996/746
011191966 同济大学百年志 1907-2007/740
011295911 同济大学土木工程学院建筑工程系简志 1914-2006/740
009023911 同济大学志 1907-2000/740
009405932 江苏教育学院志 初稿/812
011320462 南京电力高等专科学校志 1946-1996 增辑本/812
010200068 南京农业大学史志 1914-1988/816
009413530 南京师范大学志/813
009413537 南京师范大学志 1902-1992/813
009797401 无锡轻工大学志 续篇 1986-2000/832
009391924 无锡轻工业学院院志 1958-1985/832
010110360 徐州教育学院院志 1959-1999/848
013630436 徐州市聋哑学校校志 1950-1986/849
013226720 徐州卫生学校 徐州市卫生职工中等专业学校五十年志 1947-1997/848
012003068 运河高等师范学校 江苏教育学院运河分校校志续编 1928-2008/848
008384133 中国矿业大学志 1909-1990/851
012545794 中国矿业大学志 1909-2009/851
011890473 常州工学院志 1998-2008/868
011430412 常州工业技术学院志 1978-1998/870
011320517 常州老年大学志 1986-1998/869
010730230 常州轻工业学校校志 1960-2000/868
010730382 常州市刘国钧职业教育中心志 1989-2004/868
011310597 常州市戏剧学校志 1958-1985/868
013402902 常州卫生学校志/868
009993115 江苏技术师范学院志 1985-2005/868
010475797 江苏省常州工业学校志 1958-1998/869
013756102 苏州市高级技术学校志 1960-1998/883
013319839 南通体臣卫生学校志 1951-2010/906
009009702 南通医学院志/906
012609839 赣榆县职业教育中心校志 2003-2008/917
011909948 盐城卫生学校校志 1958-1998/925
010292159 江苏农学院志/936
013148711 扬州卫生学校志/934
013092988 江苏大学志/945
011793466 镇江医学院院志 1951-2000/945

010576640 杭州电子科技大学志 1956-2005 /980

013820222 杭州师范大学教授志 /980

012718916 杭州万向职业技术学院院志 1991-2010 /980

009962545 浙江财经学院院志 /973

010243670 浙江长征财经进修学院杭州长征业余学校校志 /980

009962550 浙江传媒学院志 /979

012003098 浙江传媒学院志 1978-2008 /979

011585382 浙江大学土木工程系志 1927-2007 /980

009867390 浙江工业大学志 /980

013901247 浙江工业大学志 1993-2002 /980

013901256 浙江工业大学志 2003-2012 /980

012689976 浙江科技学院志 1980-2009 /980

009408174 浙江农业大学校志 /983

013098023 浙江商业职业技术学院志 1911-2011 /980

013148827 浙江省杭州农业学校校志 1950-1990 /980

009348391 浙江水利水电专科学校志 /983

012100910 浙江育英职业技术学院志 /980

009745143 中国计量学院志 /983

012100874 浙江林学院志 1958-2007 /1001

014047779 宁波工程学院志宁波高等专科学校卷 1983-2004 /1009

013775011 宁波工程学院志 2004-2012 /1009

013074806 浙江大学宁波理工学院志 2001-2011 /1009

010118473 嘉兴学院志 1914-2004 /1035

012097440 湖州师范学院志 1958-2008 1916-2008 /1044

012252501 绍兴市中等专业学校校志 1985-2005 /1049

009389845 浙江省上虞师范学校校志 1941-1991 /1054

012638843 嵊州市中等职业技术学校校志 1979-2009 /1058

013820472 金华教育学院院志 1962-2002 /1062

013820478 金华教育学院院志 1962-2012 /1062

012541913 金华职业技术学院师范教育志 1907-2007 /1062

012052604 浙江建材技工学校校志 1978-2008 /1062

013759066 浙江省义乌师范学校校志 1956-1998 /1068

013731718 台州广播电视大学简志 1979-1998 /1087

013756122 台州广播电视大学校志 1979-2009 /1087

013756125 台州师范专科学校校志 1978-1990 /1088

010252862 台州卫生学校校志 /1088

012542954 台州学院志 /1087

012766986 温岭师范学校校志 1935-2009 /1092

014053098 浙江广播电视大学临海学院 1979-2009 /1094

013506430 安徽电力职工大学志 /1124

012249618 安徽警官职业学院志 1981-2006 /1119

013369079 安徽省旅游培训中心（安徽旅

游学校)校志 1986-2011/1124

012657702 安徽中医学院校志 1999-2009/1125

011294354 安徽中医学院院志 献给安徽中医学院建院四十周年 1959-1999/1125

011890779 合肥电力学校志 1964-2003/1125

009415150 安徽商贸职业技术学院校志/1130

012657693 安徽商贸职业技术学院校志/1130

013402707 安徽师范大学夜大学校志 1956-1996/1130

013630244 芜湖教育学院校志 1978-1987/1130

011500736 芜湖农校志 1903-1988/1130

012540832 蚌埠医学院院志 1958-1998/1135

012658111 蚌埠医学院院志 1998-2008/1135

013726751 安徽省淮北卫生学校校志/1147

013330203 安徽省安庆卫生学校志 1943-2003/1152

009783881 宣城职业技术学院校志 1914-2004/1187

011579785 福建船政学校校志 1866-1996/1205

012609810 福建广播电视大学志/1209

013506670 福建金融管理干部学院福建银行学校院(校)志 1978-2003/1209

012898391 福建省电力干部学校志 1982-2001/1211

013506675 福建省电力技工学校志/1209

012810601 福州电力高级技工学校志 1990-2001/1211

008532531 [福州教育学院]院志 1960-1990/1209

008452042 福清市教师进修学校志/1217

012636931 厦门大学中文系系志 1921-2001/1228

013732408 厦门大学中文系系志 厦门大学中文系90周年系庆纪念 1921-2011/1228

013221129 福建水利电力学校志/1239

012684637 泉州电力学校志 1984-2003/1247

010143315 [江西省总工会干部学校]校志 1950-2000/1299

011320719 江西师范大学校志/1299

009411592 九江师范高等专科学校志/1314

009386127 九江师范高等专科学校志 1958-1997/1314

012049361 共大庐山分校海会师范学校校志/1315

013660089 山东大学材料科学与工程学院志 1952-2012/1414

013096324 山东大学药学院院志 1920-2011/1414

013991386 山东电力高等专科学校山东省电力学校志 1958-1995/1414

009866858 山东工业大学校志/1417

012969529 山东工业大学志 1949-1998/1417

009783955 山东工艺美术学院志 1973-2003/1415

009817833 山东广播电视大学教育志/1415

010732066 山东建筑大学校志 1956-2006 /1418

011320464 山东建筑工程学院院志 1956-1996 /1418

011570202 山东劳动职业技术学院建校50周年史志 1956-2006 /1415

010576950 山东商业职业技术学院校志 1936-2006 /1415

009333606 山东医科大学史志 /1416

010009444 山东中医学院院志 1958-1988 /1417

009881164 青岛医学院院志 1946-1995 /1435

008452407 齐鲁石化公司技工学校志 /1456

013959339 山东化工职业学院志 2008-2012 /1456

010732067 山东省淄博人民警察学校志 1981-2006 /1451

011794442 淄博矿物局技工学校志 1954-1989 /1457

013606727 淄博市工业学校校志 1971-2011 /1457

013901206 枣庄煤炭卫生学校志 /1468

013096330 山东省烟台粮食学校志 1975-2000 /1491

012662675 烟台工程职业技术学院史志 1957-2007 /1491

013686399 蓬莱师范建校五十五周年志稿 1942-1997 /1499

011570239 山东畜牧兽医职业学院校志 1955-2005 /1505

013753453 临朐县技工学校校志 1988.4-1997.12 /1515

009881232 山东省益都卫生学校志 1885-2005 /1508

012836200 山东省益都卫生学校志 1885-2010 /1508

013316351 济宁技术学院志 /1519

013067091 山东省济宁卫生学校志 山东省济宁卫生技工学校志 1978-2008 /1519

012099804 山东省电力学校志 1958-2008 /1537

013756223 泰安教育学院（泰山联合大学）志 1978-1998 /1536

013603198 泰山医学院院志 1974-2004 /1538

009783948 山东大学威海分校志 1984-2004 /1546

008664535 文登师范志 1930-2000 /1548

013629514 山东省临沂卫生学校志 /1562

010779110 费县师范学校志 /1569

009962084 德州技工学校志 1958-1998 /1579

012191493 滨州职业学院院志 1956-2006 /1596

010200550 郓城师范志 /1605

013143830 河南电力工业学校 河南电力技师学院校志 1958-2008 /1642

011762047 河南广播电视大学志 /1642

012049454 河南教育学院志 1955-2001 /1642

011579951 河南金融管理干部学院志 1950-1992 /1639

013373957 河南省交通学校志 1953-2000 /1642

013045587 河南省经贸工程技术学校 河南省地质职工学校校志 1980-2009 /1642

012636601 郑州大学水利与环境学院院志 1959-2009/1641

008408712 郑州工学院志 1963-1992/1641

012837905 郑州市第三职业中专校志 1985-2002/1642

012317240 郑州市扶轮外国语学校校志 1929-2009/1642

009768570 郑州市技工学校校志/1642

013961373 郑州市四职专校志 1965-2001/1642

011585420 郑州市卫生学校校志/1644

011311868 郑州幼儿师范学校志 1954-2004/1642

012767117 新密市教师进修学校校志 1840-2000/1662

013899601 嵩山少林寺塔沟武校志/1667

012970971 中国嵩山少林寺武术学校志 1980-2000/1667

009768336 河南大学教育科学学院志/1675

009839606 河南大学体育学院志/1675

013926285 河南大学药学院院志/1675

012541777 黄河水利职业技术学院志/1675

011328661 黄河水利职业技术学院志 1929.3-2004.12 送审稿/1675

012719147 开封大学校志/1675

013093098 开封市教育学院院志 1979-2002/1675

009768501 开封医专校志/1676

013507855 河南科技大学林业职业学院 河南省林业学校志 1951-2011/1689

011311787 河南省林业学校志 1951-2000/1690

009685445 洛阳工学院志/1689

008988372 洛阳工业高等专科学校校志/1689

011312103 洛阳工业高等专科学校校志 1956-2006/1690

013933196 洛阳教育学院志 1981-1997/1689

008425948 洛阳师范高等专科学校志 1916-1995/1689

012505366 洛阳师范学院体育学院志/1689

010293521 洛阳市第二师范学校志 1916-2000/1689

012813987 洛阳市第一师范学校志 1924-1999/1689

011892150 洛阳市第一师范学校志 1924-1999/1689

013705176 洛阳一师校志 1924-1999/1689

011911500 中铁隧道集团职工大学志 1979-2007/1690

012252291 平顶山学院志 1977-2005/1701

009814261 新乡市重工局职工大学校志 1971-1981 未定稿/1725

011473175 河南省焦作市中医中药学校志 1974-1985/1736

012999124 河南省焦作卫生学校志/1737

011320339 焦作矿业学院志/1738

009959861 焦作市化工技工学校志 1979-2003/1737

011763263 沁阳师范学校志 1907-2002/1740

011311836 漯河师范学校志 1953-2000/1756

011311887 南阳市宛东中等专业学校志

1955.7-2004.12/1772

011570159 南阳中医药学校志 1978-1998/1772

009381407 方城县函授志 1987-1996/1775

007684099 信阳师范学校志 1903-1992/1792

009743681 信阳师范学校志续编/1792

012814413 西华师范学校志/1798

009814537 周口师范高等专科学校志/1798

013090914 长江职业学院志 1984-2008/1835

011762120 湖北财税职业学院志 1987-2007/1834

013728909 湖北生态工程职业技术学院志 1952-2012/1835

011762134 湖北省建材学校志 1975-1990/1835

010280106 湖北水利水电职业技术学院志 1952-2003/1839

012758963 湖北税校校志 1986-1998/1835

012192010 华中科技大学同济医学院公共卫生学院志 1953-2003/1837

013732367 武汉大学水利水电学院院志 1952-2012/1835

011328510 武汉电力职业技术学院志 1953-2003/1835

012638625 武汉理工大学志/1835

008990083 湖北汽车工业学院志 1972-1998/1866

013660299 十堰市医药卫生学校校志 1958-2008/1865

012175228 郧阳医学院志 1965-2005/1865

012636917 孝感学院志 1943-2008/1905

011295881 黄冈职业技术学院校志/1927

013820305 黄冈职业技术学院校志/1927

012503729 长沙环境保护职业技术学院三十年志 1979-2009/1984

012096425 长沙市盲聋哑学校建校100周年校志 1908-2008/1985

010577087 长沙铁道学院土木建筑学院院志 1953-1999/1984

010777061 长沙铁道学院外语系系志 1972-1992/1984

011578924 国家环境保护局长沙环境保护学校校志 1979-1989/1985

013752448 湖南财经高等专科学校志 1933-2006/1984

010292221 湖南省长沙师范学校校志 1912-1992/1984

011292111 中南矿冶学院志 1952-1982/1987

013092907 湖南铁道职业技术学院志 1951-2010/1999

010199803 株洲冶金工业学校志 1960-1981/1999

009744784 湖南城专志 1978-2002/2069

010577451 益阳地区技工学校校志 1977.11-1986.12/2069

008383051 湖南省吉首民族师范学校志/2112

010577300 吉首大学志/2112

010474451 凤凰县职业中专学校十年志 1984-1994/2113

013335381 湖南省永顺民族师范学校志 1938-1989/2115

009378489 广东省电力学校志 1958-2000/2139

010279884 广东外语外贸大学校志 1995-2004/2139

010730401 广州业余大学志 1962-2005/2139

009378595 ［广州有色金属工业学校］校志/2139

009118213 广西大学校志/2280

011995669 广西大学校志 1997-2008/2280

010138285 广西南宁民族师范学校校志 附校庆 1905-1988 专辑/2280

011066596 广西水利电力职业技术学院志/2280

011954075 广西医科大学公共卫生学院志 1976-2006/2280

011431568 广西医科大学基础医学院院志 1934-2003/2281

009159237 广西医科大学校志/2281

013183456 广西医科大学志/2281

012100759 右江民族医学院校志 1958-2008/2321

013626534 海南广播电视大学校志 1983-2008/2349

013626545 海南医学院校志 1947-1997/2349

008429574 重庆电业局教育志 1950-1990/2365

009799859 重庆钢校志 1951-1984/2365

010252713 重庆建筑高等专科学校志 1974-1999/2368

009783868 重庆石油学校志 1951-1990/2368

013936424 铁山职中校志/2377

009962568 酉师校志/2396

011564480 成都铁路局教育志 1901-1990/2427

011328420 电子科技大学志 1956-1994 征求意见稿/2426

013775256 四川建筑职业技术学院校志/2426

013775267 四川省建筑工程学校校志 1996-2001/2430

013775269 四川省建筑职工大学校志 1980-2001/2427

009232004 四川省旅游学校校志 1979-1999/2425

013342588 四川省中药学校校志 1958-1988/2427

008844100 西南财经大学志/2427

013226441 西南财经大学志 1952-2002 征求意见稿/2427

008672109 中国人民武装警察部队成都指挥学校志/2420

009232035 四川石油财经学校志/2445

013660326 四川省林业学校校志 1953-1982/2439

013629300 攀枝花学院志 1983-2005/2461

011441053 绵阳卫生学校志 1958-1990/2479

013096307 三台师范校志 1945-1988/2486

011500647 四川省遂宁师范学校志 1914-2004/2504

012967976 犍为县教师进修学校志 1962-2002/2529

013130961 沐川县教师进修学校志 1978-2010/2534

009414664 四川省宜宾师范校志 1939-1999/2548

013140953 长宁县职高志 1979-2008/2550

013096412 四川省达县粮食学校志 1978.10-1989.9/2560

010244268 四川省达县中医学校志 1967-1985/2560

013756088 四川省安岳师范学校校志 1945-1995/2587

009387412 阿坝州工业技工学校校志/2592

009387422 阿坝州畜牧兽医学校校志 1975-1990/2592

009388345 四川省阿坝财贸学校校志 1975-1992/2592

008992070 四川省阿坝工业学校校志/2594

009388359 四川省威州师范学校校志/2596

013144497 康定民族师专志/2603

008429586 凉山教育学院志 1978-1991/2611

009336821 四川省彝文学校校志 汉彝合订本 1985-1995/2612

013129074 贵州师范大学七十年志 1941-2011/2636

013686634 遵义师范学校志/2653

013141118 道真仡佬族苗族自治县职业教育培训中心志/2660

013660396 务川自治县老年大学校志/2661

013628035 昆明理工大学资源开发工程系志/2734

011891891 昆明市农校志 1958-2005/2737

011585347 云南大学志/2734

009388519 云南工学院志 2006-2011/2734

009799633 云南农业大学志/2737

012956807 云南省交通高级技工学校 云南省交通职业技术培训学院志 1953-2008/2734

011067728 云南省文艺学校校志 1956-1991/2734

013866267 云南交通技师学院志 2008-2013/2750

013066985 曲靖市技工学校志 1973-2010/2761

012900220 云南工业技师学院志 1960-2010/2761

013225614 曲靖市教师进修学校志 1977.3-1998.6/2763

013343526 云南曲靖师宗县教师进修学校校志 1978-2006/2767

012639050 曲靖市宣威第一职业技术学校校志/2764

013686530 玉溪财贸学校志/2774

013961323 云南省楚雄农村金融学校校志/2836

013128823 大理农校校志 1956.3-2006.3/2868

013646942 大理州财贸学校志 1979-1999/2868

013342319 怒江州农业学校志/2893

013128848 迪庆藏族自治州民族师范学校志/2902

012831364 迪庆藏族自治州卫生学校志/2902

009817940 陕西省卫生学校校志 1951-1991/2942

012767014 西安电力学校志 1953-1993/2941

008838292 西安建筑科技大学志 1956-2000

/2944

013133809 西安建筑科技大学志 1999-2010 /2944

013630264 西安旅游职业学校校志/2941

011311487 西安铁路成人中等卫生学校（中国铁道建筑总公司西安医院）志 1984-1995/2943

009190505 中国人民武装警察部队工程学院志/2937

013377106 陕西广播电视大学宝鸡市分校校志 1979-2009/2960

009009782 陕西省凤翔师范学校校志/2965

008838279 陕西省乾县师范学校校志/2980

011443965 渭南技术学院渭南工业学校志/2984

013323124 榆林工业学校校志/3003

013646784 安康学院校志 1958-2008/3010

013402710 安康市技工学校志 1979-2011/3010

012873016 兰州电力技术学院志 1956-2009/3038

013958721 兰州电力学校志 1840-2011/3038

012721969 宁夏交通学校志 1960-2010/3124

012955307 宁夏轻工中专轻纺技工学校校志 1984-2004/3124

009016902 宁夏医学院校志 1958-1988/3125

013402774 巴音郭楞职业技术学院志 2002-2011/3199

012636785 伊犁师范学院中文系系志/3207

014052920 伊犁教育学院志/3209

007602051 "中华民国"大学志/3233

008373274 中国历代书院志/3267

012955300 南菁书院志 1882-2002 初稿/838

011803420 白鹿洞书院艺文新志/1315

011916633 白鹭洲书院志/1345

体育

010118611 浙江省体育训练一大队队志 1953-1999/980

012998934 甘肃省体育工作第一大队史志/3038

013140960 常州省运会志/869

011566117 江西省第十届运动会志/1287

013819402 贵阳市协办中华人民共和国第九届少数民族传统体育运动会工作志/2636

011799208 中国体育百年图志/3267

013145413 石家庄地区体育志/126

008382754 [秦皇岛市]体育志/154

012265286 廊坊市体育志/230

009107332 长治市体育志/285

012903483 运城市体育志/323

013959464 文水县体育志/362

009553959 包头体育志/392

013790289 赤峰市体育志送审稿/400

012505325 林西老年体协志/402

011804068 阿拉善盟体育志/450

010275904 沈阳市体育志/484

012506594 营口市体育志/542

011325304 怀德县体育志/613

007677677 上海体育志/741

008994714 南京体育志/813

009962532 宜兴体育志/841
008383423 徐州市体育志/849
010008925 徐州体育志 1949.10-2004.9/849
013145606 铜山县体育志/854
009441937 常州体育志/869
009335764 苏州体育志/883
010777402 浙江省体育志送审稿/966
009254081 浙江省体育志/966
012680542 宁波市体育志/1009
009061003 湖州市体育志/1044
012252507 绍兴县体育志/1053
013096202 青田老年体育志/1102
013185796 松阳县老年体育志 1990-2010/1105
010252357 合肥体育志/1124
009783897 滁县地区体育志/1164
010229287 凤阳县体育志/1167
013706521 天长体育志/1166
013771465 安徽省阜阳地区体育志/1169
008451049 福建省福州市体育志/1209
012661731 莆田市体育志/1234
011294242 福建省泉州市体育志/1246
007659742 漳州市体育志/1258
009198384 江西省体育志/1287
009880377 赣县老年人体育协会志/1332
010275930 济南体育志/1415
009312507 淄博市体育志 1950-2002/1457
013379145 烟台市体育志 1893-1985/1491
009688172 德州市体育志/1579
011067693 菏泽地区体育志/1602
008987930 郑州体育志/1643
009813658 洛阳体育志/1690
007661156 焦作体育志 1902-1985/1737
011325318 孟县体育志/1741

011325322 陕县体育志/1766
009619317 湖北省体育志评审稿/1821
008665707 湖北省体育志/1821
013958736 醴陵体育志/2004
008453526 衡阳市体育志 1840-1988/2024
008195180 沅陵县体育志/2098
008847994 [湘西土家族苗族自治州]体育志/2111
009145550 广州体育志/2139
009145522 东山区体育志/2146
009864177 越秀区体育志/2146
009852008 南海市体育志 1979-2002/2191
007659739 南海县体育志/2191
007672274 三水县体育志/2194
012679342 高明市体育志/2199
011497730 广宁体育志/2215
012503920 丰顺县体育志/2227
010280084 东莞市体育志/2241
008192179 中山市体育志/2244
012141594 中山市体育志 1994-2000/2244
013604750 云浮市体育志/2255
009689117 重庆体育志/2365
011321342 崇庆县体委志/2443
008672639 自贡市体育志/2455
008420742 泸州市体育志/2466
014028658 德阳市体育志 1995-2006/2470
013337506 绵阳市体育志/2480
010201317 绵阳市(县级)体育志/2479
010009750 内江地区体育志/2514
011439927 乐山市体育志/2521
013955623 达县地区体育志/2559
013961164 宣汉县大成镇老协志 1987-2009/2563
009867158 汉源县体育志/2570

008992054 阿坝藏族羌族自治州民族体育志/2592
013774445 昆明体育志/2735
011584423 昆明市盘龙区体育专志/2741
012317110 玉溪市老年人体育志 1984-2006/2774
013464258 玉溪市体育志/2774
013819213 楚雄州体育志/2835
009511355 文山州体育志/2855
009388437 大理白族自治州体育志/2868
012680550 怒江傈僳族自治州体育志/2893
009251647 宝鸡市体育志/2960
009010221 咸阳市体育志/2977
008846062 庆阳地区体育志/3070
008667348 宁夏体育志/3118
008838597 塔城地区体育志/3214
013334623 东莞市篮球志/2241

009015696 中华民族传统体育志/3267
012970751 永年太极拳志/168
007561089 沧州武术志/219
012684927 武乡太极拳志/295
011792976 闻喜武术志/331
012638852 沈阳武林志/484
009338408 沛县武术志/860
009340772 淄博市武术志/1457
008388822 陈氏太极拳志/1744
012048784 陈式太极拳志/1744
012877111 青岛奥帆赛志/1435
011311358 辽宁集邮志 1878-1996/463
011563732 本溪集邮志 1910-1997/530
010730138 马鞍山市集邮志/1144
013726989 阜汽集团集邮志/1169
008453608 广东集邮志 1834-1994/2127
013314478 广东集邮志 1995-2009/2127

语言、文字

汉语

009240409 石家庄地区方言志/126
013866244 元氏方言志/141
007696461 获鹿方言志/133
004420172 昌黎方言志/156
001643013 昌黎方言志/156
007858029 阳曲方言志/268
008690175 大同方言志/271
012900180 盂县方言志/283
005769090 长治方言志/285
012899490 屯留方言志/289

012899423 朔县方言志/308
011310841 平鲁方言志/309
012903648 左权方言志/315
011068481 太谷方言志/318
010231287 祁县方言志/319
011325286 万荣方言志/329
008841089 新绛方言志/332
001795699 忻州方言志/338
009333510 忻州俗语志/338
011585297 原平方言志/338
011584534 临汾方言志/344

007875776 中阳县方言志/366
011585110 孝义方言志/359
008979751 内蒙古汉语方言志/374
003032390 上海市区方言志/741
009995147 松江方言志/777
007228042 南京方言志/813
005258699 徐州方言志/849
009560874 苏州方言志/883
012568457 吴江市方言志/891
009009731 赣榆方言志/917
008594525 桐庐方言志/1003
013134691 余姚方言志/1012
011584343 温州方言志/1021
008594535 海盐方言志/1042
012049432 海宁方言志/1038
013774273 缙云县方言志/1103
012678981 蚌埠方言志/1135
012662863 岳西方言志/1158
009195142 福建县市方言志12种/1201
009441459 福州方言志/1209
008096714 厦门方言志/1228
005109424 泉州市方言志/1246
011292489 永春方言志/1255
009993479 江西省方言志/1289
012723502 章丘方言志/1424
008659386 即墨方言志/1446
008594524 平度方言志/1449
008594529 淄川方言志/1460
008594519 牟平方言志/1495
009588691 莱州方言志/1498
008594530 寿光方言志/1512
012658540 高密方言志/1513
009966011 汶上方言志/1533
009266163 新泰方言志/1539

008594537 荣成方言志/1549
007820410 莒县方言志/1554
009170836 临沂方言志/1562
012317016 沂南方言志/1565
009413842 郯城方言志/1566
010098945 郯城方言志/1566
011585222 沂水方言志/1567
013751469 苍山方言志/1568
008594540 德州方言志/1579
010577054 宁津方言志原名宁晋方言研究/1582
010278780 聊城方言志/1588
010577388 临清方言志/1591
005543394 河南方言资料/1621
008579802 郑州方言志/1643
008388736 洛阳方言志/1690
011757403 长垣方言志语音篇/1733
009560790 新野方言志/1780
012256461 阳新方言志/1856
012679298 鄂州方言志/1894
013222229 英山方言志/1932
003394938 广济方言志/1929
012252715 通山方言志/1940
009686601 攸县方言志/2007
011320418 岳阳县方言志/2045
008419067 华容方言志/2047
007944354 常德方言志/2054
008835186 [湘西土家族苗族自治州]汉语方言志/2111
007274899 增城方言志/2158
008421417 新丰方言志/2167
007908387 佛山市方言志/2185
009378613 海康方言志/2205
009378335 电白方言志/2211

008067540 梅县客家方言志/2225
009379632 云浮方言志/2256
011066979 重庆方言志/2365
011764876 桐梓方言志/2656
011295987 黔东南方言志黔东南苗族侗族地区汉语方言调查研究/2694
011954478 锦屏县汉侗苗语方言志/2698
009818121 玉溪方言志/2774
009388640 澄江方言志/2779
010468970 新平方言志/2790
009814578 盐津方言志/2805
009245062 威信镇雄方言志/2808
011584974 水富方言志/2808
008594534 永胜方言志/2811
010118424 临沧地区汉语方言志/2824
009561878 西畴方言志/2856
009818350 维西傈僳族自治县汉语方言志/2905
008470913 延川方言志/2994
012252350 清水河方言志/3051
013131127 山丹方言志/3060
007377964 敦煌方言志/3067
008488252 银川方言志/3124
008594538 固原县方言志/3138
005765583 吉木萨尔方言志/3195
008365978 福客方言综志/3233
012530671 嘉义县方言志/3250

中国少数民族语言

009411881 回鹘文献语言简志/3159
007884686 藏语简志/2911
001919986 维吾尔语简志/3159
006862686 苗语简志/2627
008440281 彝语简志/2722
001920013 壮侗语族语言简志/2273
004146842 壮语简志/2273
008395423 朝鲜语简志/576
001920014 达斡尔语简志/429
001920368 鄂温克语简志/431
001957305 鄂伦春语简志/430
001921549 赫哲语简志/701
002603160 土族语简志/1971
008395416 撒拉语简志/3093
002603519 东乡语简志/3081
001920943 保安语简志/3081
001795201 东部裕固语简志/3061
008395203 西部裕固语简志/3061
001920201 哈萨克语简志/3159
001920831 柯尔克孜语简志/3204
002522588 乌孜别克语简志/3160
001921253 塔吉克语简志/3188
001920507 塔塔尔语简志/3160
001920259 锡伯语简志/3213
007271884 基诺语简志/2863
001921075 瑶族语言简志/2273
001717406 傣语简志/2722
008395426 傈僳语简志/2722
008395204 纳西语简志/2810
001920386 拉祜语简志/2722
001690831 景颇族语言简志（景颇语）/2887
001920331 景颇族语言简志（载瓦语）/2887
005028087 布朗语简志/2830
005646251 怒族语言简志（怒苏语）/2893
004191088 德昂语简志/2722
001921259 普米语简志/2899
001921236 错那门巴语简志/2917

008395425 仓洛门巴语简志 /2920
005018376 布依语简志 /2627
005665255 水语简志 /2710
001921351 仫佬语简志 /2627
007708233 仡佬语简志 /2627
001795424 侗语简志 /2627
001921238 土家语简志 /1971
001921072 毛难语简志 /2331
003876358 黎语简志 /2346
008395415 京语简志 /2311

008395427 高山族语言简志布嫩语 /3233
001920328 高山族语言简志阿眉斯语 /3233
006143650 高山族语言简志排湾语 /3233
001920329 畲语简志 /1106
008395214 珞巴族语言简志崩尼-博嘎尔语 /2911
013506412 阿鲁科尔沁旗人民政府办公室翻译志 /403
011294605 阿坝藏族羌族自治州藏文编译志 /2592

文学

009010626 中国地质文学志 /3267
013404085 房山区文联十年图志 2001-2011 /60
014020219 上海文学志稿 /741
013628763 南京新文学简志 1949-1989 /813
013923912 常州文联志 1952-2012 /869
008709727 浙江省文学志 /966
012661583 罗源县凤山诗社志 /1223
012132565 郴州文学志 /2075
012769479 永川市文学艺术志 1989-2006 /2385
011148042 中国民间文学集成天津卷 和平分册 /90
010022579 中国民间文学集成石家庄地区谚语卷 /126
011147207 中国民间文学集成武安民间故事卷 /163
011146452 中国民间文学集成张家口地区谚语卷 /199

011147210 中国民间文学集成衡水市故事歌谣卷 /238
011810705 中国民间文学集成山西分卷 天镇县民间文学集成 /273
011810694 中国民间文学集成灵丘卷 /273
010061052 中国民间文学集成山西卷 乡宁县民间文学三套集成 /354
011794290 中国民间文学集成辽宁卷 沈阳皇姑资料本 /491
011146443 中国民间文学集成辽宁卷 沈阳铁西资料本 /492
011145678 中国民间文学集成辽宁卷 本溪市补遗资料本 /531
011571452 中国民间文学集成辽宁卷 本溪市平山区资料本 /532
011146415 中国民间文学集成辽宁分卷 本溪市溪湖区资料本 /532
011146438 中国民间文学集成辽宁卷 本溪县资料本 /532

011571446 中国民间文学集成辽宁分卷 锦县资料本/540

011793646 中国民间文学集成辽宁分卷 辽阳县资料本/552

011146423 中国民间文学集成辽宁分卷 盘锦市双台子区资料本/557

011147123 中国民间文学集成辽宁卷 朝阳市卷/564

011145673 中国民间文学集成辽宁卷 北票资料本/564

011146703 中国民间文学集成黑龙江卷 安达民间故事集成/715

010061024 中国民间文学集成上海卷 徐汇区歌谣谚语分卷/750

010061309 中国民间文学集成上海卷 徐汇区故事分卷/750

011147212 中国民间文学集成上海卷 静安区歌谣谚语分卷/751

011917969 中国民间文学集成上海卷 闸北区分卷/753

010061025 中国民间文学集成上海卷 闸北区歌谣 谚语分卷/753

011146895 中国民间文学集成金坛县资料本/879

010061287 中国民间文学集成盐城市歌谣谚语卷/925

010061306 中国民间文学集成靖江县资料本（江苏 扬州）/955

010061662 中国民间文学集成浙江省杭州市江干区卷/981

010061318 中国民间文学集成浙江省杭州市淳安县卷/1005

011314125 中国民间文学集成浙江省温州市洞头县故事卷/1027

011147146 中国民间文学集成浙江省嘉兴市海宁市故事歌谣谚语卷/1038

011147148 中国民间文学集成浙江省嘉兴市桐乡县故事歌谣谚语卷/1040

010061284 中国民间文学集成浙江省绍兴市绍兴县歌谣卷/1053

010061285 中国民间文学集成浙江省绍兴市绍兴县谚语卷/1053

011146883 中国民间文学集成浙江省金华市金华县故事歌谣谚语卷/1064

011591376 中国民间文学集成浙江省金华市东阳县故事卷/1069

011591607 中国民间文学集成浙江省金华市武义县故事卷/1072

011147200 中国民间文学集成芜湖分卷/1130

011188914 中国民间文学集成诸城资料本/1509

011146711 中国民间文学集成梁山民间歌谣谚语卷/1534

011146896 中国民间文学集成单县民间故事卷/1604

011188541 中国民间文学集成广西壮族自治区 南宁市谚语集/2280

010061029 中国民间文学集成四川卷 成都市东城区卷 文献本/2427

011146448 中国民间文学集成四川卷 成都市灌县卷/2427

011147141 中国民间文学集成四川卷 成都市西城区卷/2432

010061039 中国民间文学集成四川卷 成都市金牛区卷 文献本/2434

010061034 中国民间文学集成四川卷 成都市青白江区卷/2436

011147205 中国民间文学集成峨眉县资料集/2524

010061320 中国民间文学集成马边彝族自治县资料卷/2535

010061289 中国民间文学集成四川省荥经县资料集/2569

011445811 中国民间文学集成凉山卷 谚语卷/2611

010061293 中国民间文学集成贵州彝族回族白族故事选/2627

011146872 中国民间文学集成陕西卷 华县歌谣集成/2987

011145711 中国民间文学集成陕西卷 佛坪县故事集成/3001

011147161 中国民间文学集成青海省海西蒙古族藏族自治州 民间谚语/3109

011148788 中国民间文学集成中卫谚语集/3141

011147121 中国民间文学三套集成黄骅县资料卷/222

011148018 中国民间文学三套集成山西分卷 安泽民间文学三套集成/352

010061299 中国民间文学三套集成辽宁卷 沈阳 沈河资料本/489

010061300 中国民间文学三套集成辽宁卷 沈阳 大东资料本/490

011148907 中国民间文学三套集成江苏省 常州市卷 武进县 寨桥乡资料集/869

011146477 中国民间文学三套集成隆安县歌谣集/2284

011146497 中国民间文学三套集成马山县歌谣卷/2284

011146669 中国民间文学三套集成上林县歌谣卷/2285

011146463 中国民间文学三套集成广西分卷 平乐县民间歌谣/2303

011146460 中国民间文学三套集成防城县歌谣集/2312

011148035 中国民间文学三套集成贵县歌谣集/2315

011146466 中国民间文学三套集成广西卷 玉林市歌谣集/2317

011146464 中国民间文学三套集成广西卷 田阳县歌谣集/2322

011146470 中国民间文学三套集成靖西县歌谣集/2323

011146686 中国民间文学三套集成田林歌谣集/2324

011146480 中国民间文学三套集成隆林歌谣续编/2324

011146467 中国民间文学三套集成宜山县歌谣集/2328

011146455 中国民间文学三套集成巴马瑶族自治县歌谣集/2331

011146501 中国民间文学三套集成凭祥市歌谣卷/2337

011793632 中国民间文学三套集成扶绥县歌谣集/2338

011148025 中国民间文学三套集成贵州省黔东南苗族侗族自治州岑巩县卷/2696

011188413 井陉民间文学集成/135

010061692 茶坊区民间文学集成/129

011188221 吉林省民间文学集成吉林市郊区卷/607

011188266 吉林省民间文学集成永吉县卷/611

011188247 吉林省民间文学集成四平市铁东区歌谣卷/612

010061533 吉林省民间文学集成双辽县卷/613

011145148 吉林省民间文学集成梅河口市歌谣谚语卷/619

011188225 吉林省民间文学集成浑江市三岔子区卷/622

011145165 吉林省民间文学集成通榆县卷/630

011188566 双城民间文学集成/663

011188873 齐齐哈尔市民间文学集成少数民族卷/673

010061666 泰来县民间文学集成/677

011188674 讷河民间文学集成故事 歌谣 谚语/675

011145027 佳木斯市民间文学集成/683

011145136 绥滨民间文学集成/684

010061613 大庆石化总厂民间文学集成/690

011188304 东宁县民间文学集成/709

011188665 孙吴民间文学集成/713

011145038 北安民间文学集成/711

011145050 大兴安岭民间文学集成/720

011145141 新林民间文学集成/720

011188840 浙江省民间文学集成杭州市故事卷/981

010061680 浙江省民间文学集成绍兴市歌谣卷/1049

011188849 浙江省民间文学集成金华市故事卷/1063

011591667 浙江省民间文学集成金华市歌谣 谚语卷/1063

010060986 抚州地区民间文学集成黎川县卷/1368

010060967 抚州地区民间文学集成临川县卷/1368

010060991 抚州地区民间文学集成南城县卷/1370

010060988 抚州地区民间文学集成乐安县卷/1372

010060993 抚州地区民间文学集成金溪卷/1372

010060966 抚州地区民间文学集成东乡县卷/1373

010060984 抚州市民间文学集成抚州市卷/1368

010022585 青州民间文学集成/1508

011145171 济宁市市中区民间文学集成资料本/1520

011188835 泰安市郊区民间文学资料选编歌谣谚语集/1538

011188638 罗湖区民间文学三套集成资料本/2172

011145037 宝安民间文学集成/2173

011188327 云南省民间文学集成路南谚语/2756

011188334 云南省民间文学集成玉溪地区回族卷/2775

010231881 中国歌谣集成山西分卷 祁县歌谣集成/319

011480563 中国歌谣集成福建卷 福州鼓楼区分卷/1212

011480569 中国歌谣集成福建卷 龙岩市分卷/1268

011147849 中国歌谣集成福建卷 长汀县分卷/1270

010022866 中国歌谣集成河南内黄县卷/1718

010022863 中国歌谣集成河南南阳地区卷

/1772

010022870 中国歌谣集成 河南南阳市卷/1772

012003128 中国歌谣集成 湖北卷 丹江口市歌谣分册/1867

011147817 中国歌谣集成 湖南卷 湘潭市分卷/2014

010022698 中国歌谣集成 湖南卷 耒阳市资料本/2026

011148764 中国歌谣集成 湖南卷 岳阳市分卷/2040

011147707 中国歌谣集成 湖南卷 常德地区分卷/2054

011147821 中国歌谣集成 湖南卷 常德市资料本/2055

008078206 中国歌谣集成 广东卷 花县资料本/2156

011147841 中国歌谣集成 广西分卷 三江侗族自治县资料本/2293

011147843 中国歌谣集成 广西分卷 灌阳歌谣/2302

011147610 中国歌谣集成 广西分卷 上思县歌谣集/2313

011147677 中国歌谣集成 广西分卷 象州歌谣/2335

011147684 中国歌谣集成 广西卷 金秀瑶族自治县 民间叙事歌/2336

011147836 中国歌谣集成 宁夏卷 平罗歌谣/3133

010022845 中国歌谣集成 新疆卷 哈密市分卷/3178

008702703 中国歌谣集成/3267

010023169 中国歌谣集成第1卷 湖南卷 株洲市分卷/1999

007420582 中国歌谣集成第1卷 广西卷/2273

010023164 中国歌谣集成第1卷 新疆卷 新疆生产建设兵团 农六师分卷/3229

007927733 中国歌谣集成第2卷 海南卷/2346

008702786 中国歌谣集成第3卷 湖南卷/1972

008410340 中国歌谣集成第4卷 江苏卷/799

008702815 中国歌谣集成第5卷 宁夏卷/3118

007562215 中国歌谣集成第6卷 西藏卷/2911

007562231 中国歌谣集成第7卷 浙江卷/966

009648791 中国歌谣集成第8卷 甘肃卷/3027

009648812 中国歌谣集成第9卷 上海卷/741

009649041 中国歌谣集成第10卷 河南卷/1621

011761790 中国歌谣集成第11卷 吉林卷/576

011761779 中国歌谣集成第12卷 江西卷/1287

011761782 中国歌谣集成第13卷 四川卷/2409

011761784 中国歌谣集成第14卷 云南卷/2722

011761787 中国歌谣集成第15卷 河北卷/115

012197180 中国歌谣集成第16卷 福建卷/1201

012197185 中国歌谣集成第17卷 黑龙江卷/648

012197191 中国歌谣集成第18卷 辽宁卷/463

012197195 中国歌谣集成第19卷 内蒙古卷/374

012197205 中国歌谣集成第20卷 青海卷/3093

012584156 中国歌谣集成第21卷 山东卷/1401

012584221 中国歌谣集成第22卷 贵州卷/2627

012584226 中国歌谣集成第23卷 安徽卷/1115

012584232 中国歌谣集成第24卷 广东卷/2127

012796732 中国歌谣集成第25卷 湖北卷/1821

010023159 中国歌谣集成第26卷 重庆市卷/2366

010022847 中国歌谣集成 中国谚语集成河南濮阳市卷/1746

011147833 中国歌谣集成 中国谚语集成贵州省毕节地区 威宁县卷/2674

011145654 中国民间歌谣集成江西分卷 宜春市卷/1355

011147827 中国民间歌谣集成湖南卷 南岳资料本/2025

011148753 中国民间歌谣集成广东卷 汕头市资料本/2178

011148747 中国民间歌谣集成宁夏卷 同心歌谣/3137

011148745 中国民间歌谣集成宁夏卷 中宁歌谣/3142

011148726 中国民间歌谣谚语集成广东卷阳春县资料集/2233

011148054 中国民间歌谣谚语集成广东卷阳西县民歌谚语集/2234

010061716 阿城民间歌谣集成/663

010061684 甘南歌谣谚语集成/677

010061576 呼玛民间歌谣谚语集成/721

010061502 南昌民间歌谣集成/1299

010061622 安阳歌谣集成/1710

011148756 中国民间歌谣集成 中国民间谚语集成河南省许昌市长葛县卷/1753

011188682 资源县歌谣集成/2302

011188726 金秀瑶族自治县民间歌谣集成/2336

011188646 铜川市郊区民间歌谣谚语集成/2953

011147910 中国民间故事集成山西分卷 榆社民间故事集成/314

011147914 中国民间故事集成山西卷 寿阳民间故事集成/317

011188817 中国民间故事集成山西卷 尧都故事/345

011793614 中国民间故事集成福建卷 同安县分卷/1231

004014316 中国民间故事集成福建卷 安溪县分卷/1254

011148004 中国民间故事集成福建卷 松溪县分卷/1266

011147986 中国民间故事集成江西分卷 新余市渝水区卷/1323

011145660 中国民间故事集成江西分卷 宜春市卷/1355

010061020 中国民间故事集成河南三门峡卷民间歌谣集/1759

010061013 中国民间故事集成河南三门峡卷民间故事集／1759

011586264 中国民间故事集成河南社旗县卷／1779

012003163 中国民间故事集成湖北卷 郧阳地区民间故事集／1865

011147994 中国民间故事集成湖北卷 丹江口市民间故事集／1867

011148003 中国民间故事集成湖南卷 长沙市分卷／1985

010061002 中国民间故事集成湖南卷 常宁县资料本／2027

011147824 中国民间故事集成湖南卷 衡山县资料本／2029

011147990 中国民间故事集成湖南卷 岳阳市北区资料本／2040

011148904 中国民间故事集成湖南卷 岳阳市分卷／2040

011147992 中国民间故事集成湖南卷 常德地区分卷／2055

008075911 中国民间故事集成湖南卷 通道县资料本／2104

011148001 中国民间故事集成湖南卷 湘西土家族苗族自治州分卷／2111

011188992 中国民间故事集成广东卷 广州市越秀区资料本／2146

011147922 中国民间故事集成广东卷 广州市海珠区资料选本／2148

011147926 中国民间故事集成广东卷 花县资料本／2156

011147980 中国民间故事集成广东省广州市清远县分册／2234

011147917 中国民间故事集成岑溪民间故事／2307

011148009 中国民间故事集成重庆市卷／2366

011148007 中国民间故事集成重庆市北碚区卷／2375

010061007 中国民间故事集成珙县苗族民间故事集／2551

011148014 中国民间故事集成贵州省贵阳市卷／2636

011147871 中国民间故事集成宁夏卷 青铜峡民间故事／3135

003560833 中国民间故事集成新疆卷 博湖县分卷／3203

011480608 中国民间故事集成新疆卷 新疆生产建设兵团农六师分卷／3229

011188667 宾县民间故事集成／666

011188596 甘南民间故事集成／677

011188585 大庆民间故事集成／690

011188281 七台河民间故事集成／703

011188593 海林林业局民间故事集成／708

011145055 呼玛民间故事集成／721

011188828 扬州民间故事集／935

008848027 句容民间故事／951

011188546 南昌市民间故事集成／1299

010060960 中国民间故事歌谣谚语集成湖南卷 株洲市南区资料本／1999

011188592 广州市白云区民间故事集成／2152

011188647 龙门县民间故事民间歌谣民间谚语集成／2221

011188642 资源县民间故事集成／2302

010060962 中国民间故事集成 中国民间歌谣集成 中国民间谚语集成贵州省六盘水市 盘县特区卷／2648

010061369 中国民间谚语集成 山西卷 新绛民间谚语/332

010060955 中国民间谚语集成 湖南卷 南岳资料本/2025

012003194 中国谚语集成 湖北卷 丹江口市谚语集/1868

012003201 中国谚语集成 湖北卷 松滋分卷 松滋谚语/1920

010061376 中国谚语集成 湖南卷 常宁县资料本/2027

010061385 中国谚语集成 湖南卷 衡东资料本/2030

011148875 中国谚语集成 湖南卷 双峰县资料本/2107

008441385 中国谚语集成 广东卷 花县资料本/2156

011148783 中国谚语集成 广东卷 韶关分卷 韶关谚语集成/2162

011148873 中国谚语集成 广西分卷 金秀瑶族自治县谚语集/2336

011188210 中国谚语集成 重庆市卷/2366

011794339 中国谚语集成 贵州省 贵阳市卷/2636

010061390 中国谚语集成 贵州省 遵义地区卷/2653

011810725 中国谚语集成 新疆卷 新疆生产建设兵团农五师分卷/3197

011480693 中国谚语集成 新疆卷 新疆生产建设兵团农六师分卷/3229

008703161 中国谚语集成/3267

007927711 中国谚语集成 第1卷 广东卷/2127

008410348 中国谚语集成 第2卷 贵州卷/2628

004449207 中国谚语集成 第3卷 河北卷/115

006310997 中国谚语集成 第4卷 湖北卷/1821

007367920 中国谚语集成 第5卷 湖南卷/1972

011148902 中国谚语集成 第5卷 湖南卷 株洲市分卷/1999

011188208 中国谚语集成 第5卷 湖南卷 岳阳市北区资料本/2042

008703262 中国谚语集成 第6卷 江苏卷/799

002825669 中国谚语集成 第7卷 宁夏卷/3118

008703279 中国谚语集成 第8卷 上海卷/742

007927665 中国谚语集成 第9卷 山西卷/252

007367919 中国谚语集成 第10卷 浙江卷/966

008850611 中国谚语集成 第11卷 陕西卷/2932

009648651 中国谚语集成 第12卷 福建卷/1201

009648662 中国谚语集成 第13卷 海南卷/2346

009648673 中国谚语集成 第14卷 云南卷/2722

009648701 中国谚语集成 第15卷 江西卷/1287

009648711 中国谚语集成 第16卷 西藏卷/2911

009884390 中国谚语集成 第17卷 吉林卷/576

011762347 中国谚语集成第18卷 四川卷/2409

012197233 中国谚语集成第19卷 安徽卷/1115

012197241 中国谚语集成第20卷 黑龙江卷/648

012197243 中国谚语集成第21卷 河南卷/1621

012197244 中国谚语集成第22卷 青海卷/3093

012215008 中国谚语集成第23卷 内蒙古卷/375

012584301 中国谚语集成第24卷 辽宁卷/463

012584304 中国谚语集成第25卷 天津卷/85

011148879 中国谚语集成第26卷 广西分卷 上思县谚语集/2313

012796721 中国谚语集成第27卷 新疆卷/3160

013348668 中国谚语集成第28卷 北京卷/30

002869945 中华谚语志/3267

011148876 太谷谚语集成/318

010061721 阿城民间谚语集成/663

011188552 南通民间谚语选气象农业类/906

011188645 资源县谚语集成/2302

011188540 南丹民间谚语集成/2329

艺术

中国艺术

010061570 吉林省艺术集成吉林省文化艺术志资料汇编/576

011564906 黑龙江省艺术史志集成资料汇编/648

008250908 上海艺术史图志/742

010730757 湛江民间艺术志/2205

013144643 蒲县书画志/355

雕塑

011324967 青田石雕志/1102

009804591 福州寿山石志/1209

001717094 寿山石志/1209

012635564 宝安雕塑地理志/2173

011890749 广东摄影艺术志 1843-2006/2127

工艺美术

009649054 上海美术志/742

011579944 河南工艺美术图志/1621

011497734 广州市工艺美术志/2139

009673566 佛山工艺美术品志/2186

009881527 成都美术志 1840-1999/2427

012877151 山东民间艺术志/1402

音乐

007862985 白族音乐志/2868

011564664 哈尔滨音乐志/658

010010068 上海音乐志/742

011469882 安徽音乐志野获编/1116

004913146 中国乐器图志/3267

009281407 中国乐器志体鸣卷/3267
009480497 中国乐器志气鸣卷/3268
010061348 中国民间歌曲集成黑龙江卷 嫩江地区分卷/673
010061338 中国民间歌曲集成江西卷 九江分卷 瑞昌民歌集/1316
011586259 中国民间歌曲集成江西卷 抚州地区分卷/1368
010061331 中国民间歌曲集成许昌地区卷/1751
011793600 中国民间歌曲集成湖北卷 宜昌县分卷/1877
010061333 中国民间歌曲集成湖北省 枝城市分卷/1877
011148710 中国民间歌曲集成湖北省黄冈地区分卷/1927
008704824 中国民间歌曲集成/3268
007366683 中国民间歌曲集成第1卷 江西卷/1287
007475883 中国民间歌曲集成第2卷 湖北卷/1821
007476003 中国民间歌曲集成第3卷 甘肃卷/3027
007562222 中国民间歌曲集成第4卷 辽宁卷/463
007562223 中国民间歌曲集成第5卷 河北卷/115
008706103 中国民间歌曲集成第6卷 北京卷/30
007852101 中国民间歌曲集成第7卷 广西卷/2273
007908844 中国民间歌曲集成第8卷 吉林卷/576
008707622 中国民间歌曲集成第9卷 河南卷/1622
008707621 中国民间歌曲集成第10卷 上海卷/742
008409967 中国民间歌曲集成第11卷 黑龙江卷/648
008409971 中国民间歌曲集成第12卷 江苏卷/799
008707623 中国民间歌曲集成第13卷 四川卷/2409
002871420 中国民间歌曲集成第14卷 山西卷/252
003600020 中国民间歌曲集成第15卷 宁夏卷/3118
004341403 中国民间歌曲集成第16卷 内蒙古卷/375
005794245 中国民间歌曲集成第17卷 浙江卷/966
006131006 中国民间歌曲集成第18卷 湖南卷/1972
008706589 中国民间歌曲集成第19卷 福建卷/1201
008706607 中国民间歌曲集成第20卷 贵州卷/2628
008706629 中国民间歌曲集成第21卷 陕西卷/2932
008706650 中国民间歌曲集成第22卷 新疆卷/3160
009620066 中国民间歌曲集成第23卷 青海卷/3093
009620078 中国民间歌曲集成第24卷 山东卷/1402
010284326 中国民间歌曲集成第25卷 海南卷/2346
011762213 中国民间歌曲集成第26卷 安徽

卷/1116

011762218 中国民间歌曲集成第27卷 广东卷/2127

011762222 中国民间歌曲集成第28卷 天津卷/85

011188903 湖北民间歌曲集成郧阳地区分册/1865

011188814 湖北民间歌曲集成宜昌地区分册/1875

011188812 湖北民间歌曲集成孝感地区分册/1905

011147554 湖南民间歌曲集株洲市分册/1999

011147549 湖南民间歌曲集湘潭地区分册/2014

011147534 湖南民间歌曲集衡阳地区分册/2024

011147536 湖南民间歌曲集衡阳市分册/2024

011147547 湖南民间歌曲集邵阳地区分册/2031

011147553 湖南民间歌曲集邵阳市分册/2032

011147552 湖南民间歌曲集岳阳地区分册/2041

011147539 湖南民间歌曲集常德地区分册/2055

010061334 湖南民间歌曲集涟源地区分册/2106

008036597 潮州市民间音乐志/2245

011188651 大姚县民族民间歌曲舞蹈集成/2839

009844804 陕西民间歌曲资料陕北地区/2932

010022789 中国戏曲音乐集成天津卷 唱腔资料选编 评剧/85

011794319 中国戏曲音乐集成河北卷 老调分卷/184

010022767 中国戏曲音乐集成吉林卷 人物介绍 人物简介/577

010022795 中国戏曲音乐集成江苏卷 连云港分卷/913

008853358 中国戏曲音乐集成河南卷 征求意见稿/1622

010022793 中国戏曲音乐集成攀枝花市灯戏音乐卷/2461

010022760 中国戏曲音乐集成云南卷 大词戏音乐/2902

011534089 中国戏曲音乐集成甘肃卷/3027

008707477 中国戏曲音乐集成/3268

006537055 中国戏曲音乐集成第1卷 湖南卷/1972

007908837 中国戏曲音乐集成第2卷 山西卷/253

008438322 中国戏曲音乐集成第3卷 湖北卷/1821

008410323 中国戏曲音乐集成第4卷 四川卷/2409

007562230 中国戏曲音乐集成第5卷 山东卷/1402

008592634 中国戏曲音乐集成第6卷 北京卷/31

006130944 中国戏曲音乐集成第7卷 天津卷/85

004341360 中国戏曲音乐集成第8卷 江苏卷/799

008592635 中国戏曲音乐集成第9卷 河南

卷/1622

008707888 中国戏曲音乐集成第10卷 安徽卷/1116

008707901 中国戏曲音乐集成第11卷 广东卷/2127

008707915 中国戏曲音乐集成第12卷 河北卷/115

008707925 中国戏曲音乐集成第13卷 黑龙江卷/648

008707906 中国戏曲音乐集成第14卷 吉林卷/577

008707927 中国戏曲音乐集成第15卷 内蒙古卷/375

008707935 中国戏曲音乐集成第16卷 宁夏卷/3118

008707939 中国戏曲音乐集成第17卷 新疆卷/3160

009619331 中国戏曲音乐集成第18卷 贵州卷/2628

009619502 中国戏曲音乐集成第19卷 西藏卷/2911

009619531 中国戏曲音乐集成第20卷 福建卷/1201

009619561 中国戏曲音乐集成第21卷 浙江卷/966

009619582 中国戏曲音乐集成第22卷 江西卷/1287

009619588 中国戏曲音乐集成第23卷 辽宁卷/463

009619601 中国戏曲音乐集成第24卷 青海卷/3093

009619611 中国戏曲音乐集成第25卷 上海卷/742

009619621 中国戏曲音乐集成第26卷 广西卷/2273

011762119 中国戏曲音乐集成第27卷 海南卷/2346

011762126 中国戏曲音乐集成第28卷 陕西卷/2933

011762131 中国戏曲音乐集成第29卷 云南卷/2722

009961943 沈阳市戏曲音乐集成/484

011188570 吉林市戏曲音乐集成/602

010061687 白城地区戏曲音乐集成/628

011188716 湖北说唱音乐集成/1821

011188721 湖北戏曲音乐集成提琴戏曲音乐（续集）/1937

009844802 中国曲艺音乐集成江苏卷 徐州分卷（中册）/849

009844796 中国曲艺音乐集成江苏卷 苏州分卷（上）弹词卷/883

011188314 中国曲艺音乐集成益阳县分册/2069

008707316 中国曲艺音乐集成/3268

007853261 中国曲艺音乐集成第1卷 陕西卷/2933

007909807 中国曲艺音乐集成第2卷 上海卷/743

007909811 中国曲艺音乐集成第3卷 内蒙古卷/375

005471687 中国曲艺音乐集成第4卷 湖北卷/1821

005584690 中国曲艺音乐集成第5卷 江苏卷/800

005584689 中国曲艺音乐集成第6卷 天津卷/85

005584691 中国曲艺音乐集成第7卷 四川卷/2409

008707347 中国曲艺音乐集成第8卷 北京卷/31

008707350 中国曲艺音乐集成第9卷 甘肃卷/3027

008707355 中国曲艺音乐集成第10卷 河南卷/1622

008707359 中国曲艺音乐集成第11卷 宁夏卷/3118

008707369 中国曲艺音乐集成第12卷 青海卷/3093

008707375 中国曲艺音乐集成第13卷 山东卷/1402

011511574 中国曲艺音乐集成第14卷 新疆卷/3160

011762004 中国曲艺音乐集成第15卷 吉林卷/577

011762017 中国曲艺音乐集成第16卷 贵州卷/2628

011762020 中国曲艺音乐集成第17卷 黑龙江卷/648

011762022 中国曲艺音乐集成第18卷 江西卷/1288

011762026 中国曲艺音乐集成第19卷 广西卷/2273

011762041 中国曲艺音乐集成第20卷 福建卷/1202

011762045 中国曲艺音乐集成第21卷 河北卷/115

011762054 中国曲艺音乐集成第22卷 湖南卷/1972

011762062 中国曲艺音乐集成第23卷 辽宁卷/463

011762066 中国曲艺音乐集成第24卷 山西卷/253

012584274 中国曲艺音乐集成第25卷 广东卷/2127

012584282 中国曲艺音乐集成第26卷 西藏卷/2911

011188953 辽阳市曲艺音乐集成/550

011188712 鹤岗市曲艺音乐集成/682

010061581 商水县曲艺音乐集成/1802

010060924 中国民族民间器乐曲集成抚顺分卷 鼓吹乐/525

011910360 中国民族民间器乐曲集成安徽卷 滁县地区分卷/1165

010060913 中国民族民间器乐曲集成宁夏卷 同心县宗教音乐 资料本/3137

008707145 中国民族民间器乐曲集成/3268

007369231 中国民族民间器乐曲集成第1卷 宁夏卷/3118

007476007 中国民族民间器乐曲集成第2卷 上海卷/742

007908850 中国民族民间器乐曲集成第3卷 河北卷/115

007908851 中国民族民间器乐曲集成第4卷 甘肃卷/3027

008707678 中国民族民间器乐曲集成第5卷 河南卷/1622

004341349 中国民族民间器乐曲集成第6卷 陕西卷/2933

008707167 中国民族民间器乐曲集成第7卷 湖北卷/1821

008707183 中国民族民间器乐曲集成第8卷 湖南卷/1972

008707188 中国民族民间器乐曲集成第9卷 江苏卷/799

008707193 中国民族民间器乐曲集成第10

卷 辽宁卷/464

008707197 中国民族民间器乐曲集成第11卷 山东卷/1402

008707204 中国民族民间器乐曲集成第12卷 四川卷/2409

008707212 中国民族民间器乐曲集成第13卷 新疆卷/3160

008707220 中国民族民间器乐曲集成第14卷 浙江卷/966

009649056 中国民族民间器乐曲集成第15卷 福建卷/1201

009649194 中国民族民间器乐曲集成第16卷 吉林卷/577

009649218 中国民族民间器乐曲集成第17卷 山西卷/253

009649237 中国民族民间器乐曲集成第18卷 北京卷/31

010002462 中国民族民间器乐曲集成第19卷 内蒙卷/375

010060911 中国民族民间器乐曲集成第20卷 内江市卷/2514

011762388 中国民族民间器乐曲集成第21卷 青海卷/3093

012584330 中国民族民间器乐曲集成第22卷 安徽卷/1116

012584337 中国民族民间器乐曲集成第23卷 广东卷/2127

012584340 中国民族民间器乐曲集成第24卷 贵州卷/2628

012584362 中国民族民间器乐曲集成第25卷 广西卷/2274

012584371 中国民族民间器乐曲集成第26卷 海南卷/2346

013178401 中国民族民间器乐曲集成第27卷 江西卷/1287

013178398 中国民族民间器乐曲集成第28卷 天津卷/85

011188572 吉林市民族民间器乐曲集成/602

007474377 中国武当山道教音乐/1822

舞蹈

008250916 中华舞蹈志第1卷 浙江卷/966

013996181 中华舞蹈志第1卷 浙江卷/967

009059051 中华舞蹈志第2卷 安徽卷/1116

013996045 中华舞蹈志第2卷 安徽卷/1116

009059040 中华舞蹈志第3卷 上海卷/742

013996095 中华舞蹈志第3卷 上海卷/742

009059048 中华舞蹈志第4卷 江西卷/1288

013996072 中华舞蹈志第4卷 江西卷/1288

009397059 中华舞蹈志第5卷 河北/115

013996054 中华舞蹈志第5卷 河北/115

009707099 中华舞蹈志第6卷 广西卷/2274

013996052 中华舞蹈志第6卷 广西卷/2274

011751789 中华舞蹈志第7卷 云南卷/2722

013996180 中华舞蹈志第7卷 云南卷/2722

011957473 中华舞蹈志第8卷 新疆卷/3160

011957465 中华舞蹈志第9卷 四川卷/2409

011586348 中华舞蹈志第10卷 广东卷/2127

013996051 中华舞蹈志第10卷 广东卷/2127

010088924 中华舞蹈志第11卷 内蒙古卷/375

011586335 中华舞蹈志第12卷 福建卷/1202

013996049 中华舞蹈志第12卷 福建卷/1202

012175578 中华舞蹈志第13卷 山西卷/253
011751777 中华舞蹈志第14卷 江苏卷/800
013996071 中华舞蹈志第14卷 江苏卷/800
012522900 中华舞蹈志宁夏卷/3118
013996078 中华舞蹈志第15卷 宁夏卷/3118
013996094 中华舞蹈志第16卷 陕西卷/2933
009962224 上海舞蹈舞剧志/742
013753582 洛阳舞蹈志/1690
013131266 四川省遂宁市音乐舞蹈志/2504
012317851 中国民族民间文艺集成志书概览/3269
010060944 中国民族民间舞蹈集成绍兴市卷/1050
011147860 中国民族民间舞蹈集成安徽卷滁县地区分卷/1165
011147861 中国民族民间舞蹈集成江西省南昌市资料卷/1299
011445822 中国民族民间舞蹈集成江西 赣南卷/1329
011147853 中国民族民间舞蹈集成建始县卷/1947
012627492 中国民族民间舞蹈集成湖南卷/1972
011445825 中国民族民间舞蹈集成四川卷攀枝花市资料卷/2461
010060936 中国民族民间舞蹈集成四川卷内江市资料卷/2514
010060930 中国民族民间舞蹈集成四川卷阿坝藏族羌族自治州资料卷/2599
008708275 中国民族民间舞蹈集成/3268
006366698 中国民族民间舞蹈集成第1卷 四川卷/2410
006384483 中国民族民间舞蹈集成第2卷 内蒙古卷/375
007366685 中国民族民间舞蹈集成第3卷 安徽卷/1116
007366686 中国民族民间舞蹈集成第4卷 湖北卷/1822
007366679 中国民族民间舞蹈集成第5卷 陕西卷/2933
007562229 中国民族民间舞蹈集成第6卷 黑龙江卷/648
007562228 中国民族民间舞蹈集成第7卷 甘肃卷/3027
007562227 中国民族民间舞蹈集成第8卷 宁夏卷/3119
007927607 中国民族民间舞蹈集成第9卷 吉林卷/577
008011232 中国民族民间舞蹈集成第10卷 上海卷/743
008409975 中国民族民间舞蹈集成第11卷 辽宁卷/464
008410271 中国民族民间舞蹈集成第12卷 山东卷/1402
008410267 中国民族民间舞蹈集成第13卷 新疆卷/3160
002497328 中国民族民间舞蹈集成第14卷 河北卷/116
004457420 中国民族民间舞蹈集成第15卷 北京卷/31
002497444 中国民族民间舞蹈集成第16卷 天津卷/86
006080075 中国民族民间舞蹈集成第17卷 河南卷/1622
006088076 中国民族民间舞蹈集成第18卷

山西卷/253

002701004 中国民族民间舞蹈集成第19卷 湖南卷/1972

004457457 中国民族民间舞蹈集成第20卷 江西卷/1288

002496869 中国民族民间舞蹈集成第21卷 江苏卷/800

002497456 中国民族民间舞蹈集成第22卷 浙江卷/967

004457487 中国民族民间舞蹈集成第23卷 广西卷/2274

008708451 中国民族民间舞蹈集成第24卷 福建卷/1202

008708521 中国民族民间舞蹈集成第25卷 广东卷/2128

008708527 中国民族民间舞蹈集成第26卷 海南卷/2346

008708566 中国民族民间舞蹈集成第27卷 云南卷/2723

009649282 中国民族民间舞蹈集成第28卷 西藏卷/2911

009649307 中国民族民间舞蹈集成第29卷 青海卷/3094

009649318 中国民族民间舞蹈集成第30卷 贵州卷/2628

011147856 中国民族民间舞蹈集成第31卷 上海卷/743

011188939 辽宁民族民间舞蹈集成沈阳卷/485

011475283 辽宁民族民间舞蹈集成本溪卷/531

010061699 辽宁民族民间舞蹈集成营口卷/543

010061503 吉林市民族民间舞蹈集成/602

010022695 通化市民族民间舞蹈集成/618

009854042 苏州民间舞蹈志/883

011954278 湖南民族民间舞蹈集成零陵地区资料卷/2085

013607245 湖南民族民间舞蹈集成怀化地区资料卷/2095

013774644 茂县羌族歌舞团志 1980-2012/2595

戏剧艺术

009414284 中国曲艺志河南卷 初审稿/1622

011310818 中国曲艺志方城县卷/1775

011310821 中国曲艺志河南省内乡县卷/1777

009382389 中国曲艺志河南卷 平舆县卷/1808

011310825 中国曲艺志遂平县卷/1810

011794301 中国曲艺志湖南卷 益阳分卷 初稿/2069

011067242 中国曲艺志德阳市卷 资料卷/2470

011501597 中国曲艺志甘肃卷 平凉地区分卷 泾川县卷/3062

008704359 中国曲艺志/3268

004660964 中国曲艺志第1卷 湖南卷/1973

008241848 中国曲艺志第2卷 河南卷/1622

008704376 中国曲艺志第3卷 北京卷/31

008704377 中国曲艺志第4卷 江苏卷/800

009649603 中国曲艺志第5卷 辽宁卷/464

009649606 中国曲艺志第6卷 山东卷/1402

009649610 中国曲艺志第7卷 湖北卷/1822

009649612 中国曲艺志第8卷 内蒙古卷

/375

009649617 中国曲艺志第9卷 河北卷/116

011511494 中国曲艺志第10卷 四川卷/2410

011762369 中国曲艺志第11卷 吉林卷/577

012197170 中国曲艺志第12卷 福建卷/1202

012197174 中国曲艺志第13卷 贵州卷/2628

012584247 中国曲艺志第14卷 甘肃卷/3028

012584251 中国曲艺志第15卷 西藏卷/2911

012584255 中国曲艺志第16卷 新疆卷/3160

012584259 中国曲艺志第17卷 上海卷/743

012584264 中国曲艺志第18卷 宁夏卷/3119

012507291 中国曲艺志第19卷 安徽卷/1116

012507294 中国曲艺志第20卷 黑龙江卷/648

012798980 中国曲艺志第21卷 陕西卷/2933

014155507 中国曲艺志第22卷 广东卷/2128

010117853 中国戏曲志天津卷 资料汇编/86

003035389 中国戏曲志上海卷 传记 未定稿/744

003035390 中国戏曲志上海卷 增补本 未定稿/744

003035388 中国戏曲志上海卷 志略 未定稿/744

009234409 中国戏曲志福建卷编纂提纲 暂定稿/1202

003606251 中国戏曲志福建卷初稿讨论集/1202

010577442 中国戏曲志河南卷 传记 送审稿/1622

007542191 中国戏曲志河南卷/1622

011890470 中国戏曲志湖南卷 长沙花鼓戏志（提纲）/1985

011586293 中国戏曲志广西卷 平南县戏曲资料汇编/2316

009388411 中国戏曲志四川卷 涪陵地区戏曲志/2372

007369230 中国戏曲志第1卷 四川卷/2410

007369222 中国戏曲志第2卷 广西卷/2274

007369229 中国戏曲志第3卷 甘肃卷/3028

007461165 中国戏曲志第4卷 陕西卷/2934

007474410 中国戏曲志第5卷 湖南卷/1973

007563730 中国戏曲志第6卷 新疆卷/3161

007542190 中国戏曲志第8卷 湖北卷/1822

008410290 中国戏曲志第9卷 江西卷/1288

008410295 中国戏曲志第10卷 浙江卷/967

008410304 中国戏曲志第11卷 青海卷/3094

004864464 中国戏曲志第12卷 安徽卷/1116

008703918 中国戏曲志第13卷 广东卷/2128

004864459 中国戏曲志第14卷 河北卷/116

007836315 中国戏曲志第15卷 江苏卷/800

004864466 中国戏曲志第16卷 吉林卷/577

002780062 中国戏曲志第17卷 山西卷/253

002779781 中国戏曲志第18卷 天津卷/86

008703984 中国戏曲志第19卷 西藏卷/2911

006319917 中国戏曲志第20卷 云南卷/2723	010469336 延边朝鲜族自治州戏曲志/632
008704017 中国戏曲志第21卷 福建卷/1202	009853065 齐齐哈尔曲艺志/673
008704024 中国戏曲志第22卷 贵州卷/2628	010469358 鹤岗戏曲志/683
008704031 中国戏曲志第23卷 海南卷/2346	010140734 七台河戏曲志/703
008704036 中国戏曲志第24卷 黑龙江卷/648	010278021 牡丹江戏曲志/706
008704041 中国戏曲志第25卷 内蒙古卷/375	012049565 江苏戏剧志淮海戏志/800
008704049 中国戏曲志第26卷 宁夏卷/3119	009338352 江苏戏剧志南通卷/800
008704076 中国戏曲志第28卷 北京卷/31	012505241 江苏戏剧志锡剧志/800
008704096 中国戏曲志第29卷 上海卷/744	012049576 江苏戏曲志南京卷/813
007836316 中国戏曲志第30卷 辽宁卷/464	012049570 江苏戏曲志连云港卷/913
010576690 怀来县戏曲志/206	012049581 江苏戏曲志盐城卷/926
010577467 承德戏曲全志/211	012049585 江苏戏曲志扬州卷/935
013936436 土默特右旗二人台志/395	010243022 南京曲艺志/813
010278427 沈阳市戏曲志/485	012266007 邳州曲艺志/857
007903902 大连市戏曲志/504	011813441 南社戏剧志/883
011067749 鞍山市戏曲志/517	010199860 连云港曲艺志/915
009994158 抚顺市戏曲志/525	010200054 连云港戏曲志/915
011563742 本溪戏曲志/531	010265838 灌南县戏曲志/919
011496974 丹东市戏曲志/534	012877134 清河区戏曲志/921
009348874 营口市戏曲志/543	011793306 扬州曲艺志/935
010777083 阜新市戏曲志/545	011910288 镇江曲艺志/945
009348877 辽阳曲艺志/551	009553904 镇江戏曲志/945
009397283 辽阳市戏曲志/550	011576015 宁波曲艺志/1009
010468954 吉林市戏曲志初审稿/602	009149795 衢州市曲艺志/1076
010469191 吉林市戏曲志/602	009995859 丽水地区曲艺志/1100
010469274 辽源市戏曲志/615	011325505 丽水戏曲志/1100
010469285 通化地区戏曲志/618	008342699 安徽省六安地区曲艺志/1177
	009866555 赣州地区戏曲志/1329
	007836272 河南戏曲史志资料辑丛/1621
	010275901 郑州市戏曲志初稿/1643
	011329714 巩县戏曲志/1660
	010239188 荥阳戏曲志/1660
	011320294 密县戏曲志/1663

010251762 新郑曲艺志/1664	012877164 商丘市戏曲志/1785
010140243 杞县戏曲志/1678	009382209 民权县曲艺志/1787
010139930 开封县戏曲志/1680	009382294 睢县曲艺志/1788
013184396 孟津县戏曲志/1695	009382220 宁陵县曲艺志/1788
008421466 平顶山市曲艺志/1702	009382365 柘城县曲艺志/1789
011810854 平顶山市戏曲志/1702	009382328 信阳市戏曲志/1792
009382170 鲁山县戏曲志/1706	009381336 光山县戏曲志/1794
008421967 安阳市曲艺志/1710	009382276 商城县戏曲志/1794
011310775 安阳县曲艺志/1714	011310789 固始县曲艺志/1795
011310803 内黄县曲艺志/1718	009382304 息县戏曲志/1796
010139952 林县戏曲志/1713	009382298 西华县曲艺志征求意见稿/1801
008422760 新乡市曲艺志/1725	009413846 西华县戏曲志/1801
010109002 新乡市戏曲志/1725	011311351 驻马店地区曲艺志/1806
011310773 原阳县戏曲志/1731	009174322 驻马店地区戏曲志/1806
010008625 延津县戏曲志/1732	010244273 驻马店市戏曲志/1806
009412787 博爱县戏曲志/1742	009382288 上蔡县曲艺志/1807
010244237 武陟县戏曲志/1743	009382367 正阳县曲艺志/1808
010140276 沁阳县戏曲志/1740	009382252 确山县曲艺志/1809
010140241 濮阳市戏曲志/1747	011310794 泌阳县曲艺志/1809
009382236 濮阳县曲艺志/1749	009382257 汝南县曲艺志初稿/1810
011313065 许昌市曲艺志/1751	009382311 新蔡县曲艺志/1810
010278928 许昌戏曲志/1751	009864271 肇庆市端州区曲艺志/2213
011310816 许昌市魏都区曲艺志/1751	009145583 贵儿戏志/2216
009382360 禹州曲艺志征求意见稿/1752	008036571 潮州市戏剧志/2246
009381307 长葛县曲艺志/1753	009189390 南宁戏曲志/2280
012719198 临颍县戏曲志/1757	011584550 柳州市戏曲志/2288
007685480 三门峡市曲艺志/1760	010280341 平南县戏曲志/2316
013731163 三门峡市戏曲志/1759	007649947 重庆戏曲志/2366
013731289 陕县戏曲志/1766	009553278 重庆戏曲志资料卷/2366
009413789 南阳地区戏曲志/1772	011579656 川剧志/2410
009413798 南阳市曲艺志征求意见稿/1772	011995384 成都曲艺志/2427
008422480 南阳市戏曲志/1773	011997385 泸州曲艺志/2466
009413860 浙川县戏曲志/1778	009840271 泸州戏曲志/2466
009382297 桐柏县曲艺志/1781	010201382 绵阳市曲艺志/2480

011499419 绵阳市戏曲志/2480	013990881 荆州花鼓戏志/1913
011570090 内江地区戏曲志/2514	012832072 黄梅戏志/1936
013939605 宣汉县曲艺志/2563	007643347 湖南地方剧种志丛书/1972
011440938 凉山州戏曲志/2611	010265762 祁剧志初稿/2088
010278473 遵义县戏曲志/2656	007415072 潮剧志/2178
009995633 昆明市戏曲志/2735	011995405 川剧表演艺术志/2410
010476527 五华区曲艺志/2740	009312716 四川傩戏志/2410
011310900 曲靖地区戏曲志/2762	012810609 甘孜藏族自治州藏戏志/2602
009388644 玉溪地区曲艺志/2775	010239295 昆明曲剧志/2741
012141553 澄江县曲艺志/2780	011589965 关索戏志/2780
011472243 楚雄州戏曲志/2835	012052580 章哈剧志/2862
011474460 红河州戏曲志/2844	012048811 大本曲简志/2868
012758764 德宏傣族景颇族自治州曲艺志/2887	011447171 傣剧志/2887
011329725 兰州戏曲志/3038	008637928 陕西省戏剧志/2933
008453915 宁县戏曲志/3072	012140375 陕西省戏剧志第1卷 省直卷/2933
012836129 青海电影续志/3094	012140401 陕西省戏剧志第2卷 西安市卷/2941
013139932 澳门戏院志/3261	
009331244 上海话剧志/743	012140452 陕西省戏剧志第3卷 宝鸡市卷/2960
011804380 广西话剧志/2274	
013067160 山西省文化志戏曲史料集征求意见稿/253	012140468 陕西省戏剧志第4卷 咸阳市卷/2977
009962580 蒲州梆子志/325	012140720 陕西省戏剧志第5卷 渭南地区卷/2933
011497019 阜新蒙古剧志/545	
012899401 上海沪剧志/743	012140732 陕西省戏剧志第6卷 延安地区卷/2992
012661848 上海滑稽戏志/743	
012505553 上海淮剧志/743	012140735 陕西省戏剧志第7卷 榆林地区卷/2933
008081014 上海昆剧志/743	
012662264 上海扬剧志 上海甬剧志 上海锡剧志/743	012140744 陕西省戏剧志第8卷 铜川市卷/2953
008539974 上海越剧志/743	012140750 陕西省戏剧志第9卷 汉中地区卷/2999
009298074 古傩史料湖北方志卷/1822	
008379732 楚剧志/1836	012140755 陕西省戏剧志第10卷 安康地区卷/2933
008379728 汉剧志/1836	

012140764 陕西省戏剧志第11卷 商洛地区卷/3014

010576695 环县道情皮影志/3071

009396871 台湾豫剧五十年图志/3233

011066640 安徽省杂技志/1116

011312115 赵庄魔术志/1705

011763366 山西省晋剧院院志 1952-1992/261

012719325 吕梁市晋剧院院志/357

011321386 安徽省黄梅戏剧院史志 1953-2003/1124

012505159 河南省越调剧团史志/1798

013314482 广州粤剧团团志/2139

011763097 南充地区专业剧团团志汇编/2538

011584852 陕西省戏曲研究院院志/2941

电影、电视艺术

007430792 中国电影图志/3268

012546752 中国影像志 电视剧卷 1949-2009/3268

008827800 北京电影学院志 1950-1995/31

012831066 北京电影学院志 1996-2008/31

009311352 哈尔滨电影志/658

008252884 上海电影志/744

013994222 扬州电影志/935

008446440 浙江电影志/967

009995764 杭州市电影志/981

008662452 湖州市电影志/1044

010193963 安徽省电影志/1117

009377336 合肥市电影志试写稿/1124

011293410 泉州市电影志/1246

009864579 河南电影志 1909-1987/1623

011585103 湘潭市电影志初稿/2014

009234469 广州电影志/2139

010730298 成都电影志/2427

013817844 阿坝州电影志/2592

013859474 大理白族自治州电影志/2869

009392904 陕西电影志/2934

011327678 西安电影志/2942

010009439 青海电影志/3094

013795637 乌鲁木齐电影志（长编）庆贺乌鲁木齐市电影发行放映公司成立三十周年/3169

008138040 香港电影图志 1913-1997/3259

012678986 北京市电影公司十年志 1994-2003/31

010113985 峨影厂志 1958-1988/2427

012956043 天山电影制片厂志 1959-1989/3169

010238588 合江电影放映志/2468

历史、地理

地方史志

009174331 湖南近150年史事日志 1840-1990/1973

008018603 湖南地方志中的太平天国史料/1973

007767551 辛亥武昌首义史事志/1842

008036654 "中华民国"史社会志初稿/3233

003034602 佛山市革命斗争志/2186	010280304 沈阳蒙古族志/485
007414984 通江苏维埃志/2579	005313274 沈阳锡伯族志/485
011794585 阿坝州志之红军长征在阿坝1935.4-1936.8/2592	009198448 鞍山市民族志/517
007509404 中国抗日战争图志/3269	010279752 抚顺锡伯族志/525
009879148 河北抗日战争简志/116	008594603 新宾朝鲜族志/527
009879161 秦皇岛地区抗日战争志/154	009675748 清原朝鲜族志/527
009675399 湖南抗日战争日志/1973	011068417 本溪市朝鲜族志初稿/531
012636828 大同革命老区志/271	012049511 桓仁建州女真志/533
013226739 阳高革命老区志/272	008829875 丹东朝鲜族志/534
009744876 灵丘革命老区志/274	008594597 丹东满族志/534
009920822 晋城革命老区志/299	012264109 丹东满族续志/534
013775144 沁水革命老区志/303	012264118 丹东蒙古族志/534
013703947 高平革命老区志/301	008594594 丹东锡伯族志/534
013647461 丰镇市革命老区志/437	012636947 阜新市少数民族志/546
009335534 福安市老区志/1275	008594607 辽宁省阜新蒙古族自治县民族志/548
012139131 谷城县革命老区志1927-1945/1891	011328426 吉林市朝鲜族志1907-1988/602
009157962 惠州革命老区志/2219	010475760 吉林市满族志/602
007796228 中国古代民族志/3269	010469145 珲春市民族志1860-1987/635
011801403 中国民族志/3270	007976486 上海民族志/744
011804094 北京民族志/31	008709719 浙江省少数民族志/967
010138583 大名县回族志1245-1990/166	013863127 宁波民族志/1009
008828337 涞水县民族志/191	009699296 福州市畲族志/1210
012954968 宽城县民族志/214	013184365 罗源县畲族志/1223
010108700 廊坊地区民族志/230	008451852 闽西客家志/1269
008594365 呼伦贝尔盟民族志/420	008122766 上杭县余族志/1271
010290650 鄂温克族简史简志合编初稿/431	008555468 闽东畲族志/1273
010290651 鄂温克族简史简志合编/431	007347927 霞浦县畲族志/1277
014168700 沈阳民族志1986-2013/487	009335532 福安畲族志/1275
008147679 沈阳朝鲜族志/485	009412947 河南省民族志初稿/1623
009243820 沈阳回族志/485	012900058 新乡市民族志1780-1985 初稿/1726
008594591 沈阳满族志/485	013901007 新野县民族志/1780
	009332587 淮阳县回族志/1804

012723063 西平县回族志/1807

007659745 利川市民族志/1946

013751438 巴东县民族志/1948

010008724 咸丰县民族志/1949

011328454 鹤峰县民族志/1950

013898436 沔阳县民族志/1953

013775710 绥宁民族志/2036

009472557 蓝山县瑶族志/2092

009125578 麻阳民族志/2100

008196336 新晃侗族自治县民族志/2101

009889520 芷江民族志/2102

008531834 靖州苗族侗族自治县民族志/2103

009576583 通道侗族自治县民族志/2104

011909141 湘西苗疆志/2111

008835184 [湘西土家族苗族自治州]民族志/2111

012542645 泸溪民族志送审稿/2113

013958762 泸溪县民族志/2113

010197243 凤凰县民族志/2113

012636983 古丈县民族志/2114

012317082 永顺县民族志/2115

008067596 广东满族志/2128

009379626 越秀区满族志/2146

008990773 乳源瑶族志/2167

012661444 连山壮族瑶族自治县壮族瑶族志/2236

013860474 凤凰山畲族志/2246

008595392 南宁市民族简志/2280

009379949 三江侗族自治县民族志/2294

013659780 三江侗族自治县民族志/2294

010475848 钦州市民族志/2313

009379916 隆林各族自治县民族志/2324

009989185 罗城少数民族风情志/2330

012319010 四川苗族志/2410

009021814 攀枝花市少数民族志/2461

008671812 仁和区少数民族志/2463

009336952 米易民族志/2464

010117842 盐边民族志/2464

012877334 盐边县少数民族志/2464

013932192 筠连县苗族志 1911-2005/2552

008429604 甘孜藏族自治州民族志/2602

012968128 九龙县民族志/2604

013775168 清镇县民族志/2640

010251900 道真仡佬族苗族自治县民族志/2660

008043220 务川仡佬族苗族自治县民族志/2661

008541736 安顺地区民族志/2662

011430280 安顺县民族志 缩简本/2663

013506436 安顺市西秀区苗族志/2664

013901260 镇宁布依族苗族自治县民族志/2665

008598423 威宁彝族回族苗族自治县民族志/2674

013129736 江口县民族志/2679

012955992 思南县民族志/2680

008067516 德江县民族志/2681

011585184 沿河土家族自治县民族志/2682

008597957 普安县民族志/2687

012832398 雷公山苗族西江千家苗寨图像民族志/2694

013096304 三穗县民族志/2696

009336270 岑巩县民族志/2697

010138305 锦屏县民族志征求意见稿/2698

009380820 黎平县民族志/2699

008597991 西江苗族志/2701

013987630 都匀市民族志/2707

013508667 龙里县民族志/2709

012950351 白族简志/2723

011482864 哈尼族史志辑要/2723

012360302 瑶族志香碗 云南瑶族文化与民族认同/2723

011320171 西山区民族志/2747

010577326 富民县民族志/2752

010252077 寻甸回族彝族自治县民族志/2759

013686424 寻甸回族志/2759

010576541 藏族志聆听乡音 云南藏族的生活与文化/2769

014032790 会泽民族志/2770

009818273 玉溪地区民族志/2775

012208278 通海县少数民族志/2781

010239350 华宁县民族志/2783

008836932 峨山彝族志/2788

012249945 峨山彝族自治县回族志/2788

009867365 新平彝族傣族自治县民族志/2790

009388588 元江哈尼族彝族傣族自治县民族志/2792

010008982 保山市少数民族志/2794

010293947 昭通少数民族志/2802

009890595 鲁甸县少数民族志/2804

008865409 丽江地区民族志/2810

012252300 普洱市民族志/2814

012251471 墨江哈尼族自治县民族志 1950-2005/2817

009149423 临沧地区民族志/2824

010201476 凤庆县民族志/2826

008427899 云县民族志/2828

013323150 镇康县民族志/2829

013660318 双江拉祜族佤族布朗族傣族自治县民族志/2830

010577403 云南省红河哈尼族彝族自治州民族志/2844

013129777 金平民族志/2852

009995642 文山壮族苗族自治州民族志/2855

009411826 麻栗坡县民族志/2857

009554115 马关县彝族志/2859

012097812 马关县壮族志/2859

008992626 富宁县民族志/2860

009840421 祥云县少数民族志/2874

008992630 南涧彝族自治县民族志/2884

010576733 永平县民族志/2878

008718726 云龙县民族志/2879

008424799 怒江傈僳族自治州民族志/2893

008493150 [兰坪]普米族志/2899

009337948 迪庆藏族自治州民族志/2902

010684786 西藏民族志/2911

013464175 夏河县伊斯兰民族志/3084

012955865 祁连蒙古志/3104

012719009 黄河南蒙古志/3105

011310927 克孜勒苏柯尔克孜自治州民族志/3204

008525592 "中华民国"史民族志初稿/3234

009441437 北京志财政志 送审稿/1

010107883 北京志对外经贸卷 对外经贸志 送审稿/1

013506552 北京志共产党志 共产党卷/1

010252924 北京志广播电视志 送审稿/1

010138217 北京志海关志 评审稿/1

010107916 北京志农业卷 水产业志 送审稿/1

009553602 北京志农业卷 种植业志 送审稿/2
009557470 北京志青年组织志 征求意见稿/2
009959481 北京志人民团体卷 工会志 终审稿/2
010252893 北京志外事志 讨论稿/2
009557473 北京志物价志 送审稿/2
010252896 北京志新闻出版广播电视卷 出版志 送审稿/2
008752691 北京志政法卷 监狱管理 劳教志/2
010138219 北京志政府志 初审稿/2
010778336 北京志综合卷 人民生活志/2
008385649 北京志第1卷 畜牧志/2
008752247 北京志第2卷 综合卷 建置志 地名志 区县概要/2
008752250 北京志第3卷 综合卷 人口志/2
008752251 北京志第4卷 综合卷 人民生活志/3
008752253 北京志第6卷 地质矿产 水利 气象卷 地质矿产志/3
008665732 北京志第7卷 地质矿产 水利 气象卷 水利志/3
008442984 北京志第8卷 地质矿产 水利 气象卷 气象志/3
013625897 北京志第10卷 中央机构卷 中央机构志/3
008752260 北京志第11卷 政权政协卷 人民代表大会志/3
008752265 北京志第14卷 政务卷 民政志/3
008752266 北京志第15卷 政务卷 人事志/3
012713884 北京志第16卷 政务卷 监察志/3
013789833 北京志第19-21卷 党派 工商联卷 民革志 民盟志 民建志 民进志 农工党志 致公党志 九三学社志 台盟志 工商联志/3
009673087 北京志第22卷 人民团体卷 工人组织志/3
008752683 北京志第23卷 人民团体卷 青年组织志/3
008752685 北京志第24卷 人民团体卷 妇女组织志/4
009145093 北京志第25卷 政法卷 公安志/4
011563637 北京志第26卷 政法卷 检察志/4
011943100 北京志第27卷 政法卷 审判志/4
008752690 北京志第28卷 政法卷 司法行政志/4
008752693 北京志第30卷 军事卷 军事志/4
008752695 北京志第31卷 军事卷 人民武装警察志/4
008752696 北京志第32卷 军事卷 人民防空志/4
008593415 北京志第33卷 综合经济管理卷 计划志/4
008442985 北京志第34卷 综合经济管理卷 劳动志/4
008752700 北京志第35卷 综合经济管理卷 统计志/4
008660592 北京志第36卷 综合经济管理卷 财政志/4
008752704 北京志第37卷 综合经济管理卷 税务志/5
012679008 北京志第38卷 综合经济管理卷 审计志/5
008752709 北京志第39卷 综合经济管理卷 金融志/5
009692215 北京志第40卷 综合经济管理卷 物价志/5
008752711 北京志第41卷 综合经济管理卷 物资志/5
008752714 北京志第42卷 综合经济管理卷 工

商行政管理志/5

009692228 北京志第43卷 综合经济管理卷 技术监督志/5

008752733 北京志第45卷 城乡规划卷 测绘志/5

011321061 北京志第47卷 城乡规划卷 建筑工程设计志/5

011578817 北京志第47卷 城乡规划卷 市政工程设计志/5

008752746 北京志第48卷 建筑卷 建筑志/5

008593421 北京志第49卷 市政卷 房地产志/6

008752751 北京志第50卷 市政卷 供水志 供热志 燃气志/6

008752754 北京志第51卷 市政卷 道桥志 排水志/6

008593410 北京志第52卷 市政卷 园林绿化志/6

008752759 北京志第53卷 市政卷 环境卫生志/6

008752761 北京志第54卷 市政卷 环境保护志/6

008752765 北京志第55卷 市政卷 公共交通志/6

008593426 北京志第56卷 市政卷 道路交通管理志/6

008531713 北京志第57卷 市政卷 公路运输志/6

010152717 北京志第58卷 市政卷 铁路运输志/6

008593420 北京志第59卷 市政卷 民用航空志/6

009250182 北京志第60卷 市政卷 邮政志/6

008752771 北京志第61卷 市政卷 电信志/6

009346449 北京志第62卷 工业卷 黑色冶金工业志 有色金属工业志/7

008752861 北京志第64卷 工业卷 电力工业志 建材工业志/7

013507638 北京志第65卷 北京奥运会志/7

008752863 北京志第65卷 工业卷 化学工业志 石油化学工业志/7

009851063 北京志第66卷 工业卷 机械工业志 农机工业志/7

008752872 北京志第67卷 工业卷 汽车工业志 机车车辆工业志/7

008752874 北京志第68卷 工业卷 电子工业志 仪器仪表工业志/7

009315148 北京志第69卷 工业卷 一轻工业志 二轻工业志/7

008752879 北京志第70卷 工业卷 纺织工业志 工艺美术志/7

012678994 北京志第71卷 工业卷 医药工业志 印刷工业志/7

008752888 北京志第72卷 农业卷 农村经济综合志/7

008752891 北京志第73卷 农业卷 种植业志/8

009188779 北京志第74卷 农业卷 林业志/8

011312183 北京志第75卷 农业卷 畜牧志/8

008752900 北京志第76卷 农业卷 水产业志/8

008442986 北京志第77卷 农业卷 国营农场志/8

008752903 北京志第78卷 农业卷 乡镇企业志/8

009839167 北京志第79卷 商业卷 日用工业品商业志/8

009145081 北京志第79卷 商业志 副食品商业

志/8

009145083 北京志第79卷 商业卷 供销合作社商业志/8

009510344 北京志第80卷 商业卷 粮油商业志/8

011890448 北京志第80卷 商业卷 饮食服务志/8

011578838 北京志第80卷 商业卷 石油商业志/8

009735408 北京志第81卷 对外经贸卷 对外经贸志/8

011295497 北京志第82卷 对外经贸卷 检验检疫志/9

011943076 北京志第83卷 开发区卷 中关村科技园区志/9

009959626 北京志第84卷 旅游卷 旅游志/9

008753013 北京志第87卷 教育卷 成人教育志/9

009735401 北京志第88卷 科学卷 科学技术志/9

010280069 北京志第90卷 文化艺术卷 文学创作志/9

011943093 北京志第90卷 文化艺术卷 美术志 摄影志 书法篆刻志/9

008531708 北京志第91卷 文化艺术卷 戏剧志 曲艺志 电影志/9

008753037 北京志第92卷 文化艺术卷 音乐志 舞蹈志 杂技志/9

008753042 北京志第93卷 文化艺术卷 群众文化志 图书馆志 文化艺术管理志/9

009153951 北京志第94卷 档案卷 档案志/9

012679000 北京志第95卷 著述卷 著述志/9

009863330 北京志第96卷 文物卷 文物志/10

010007664 北京志第96卷 文物卷 博物馆志/10

011943086 北京志第97卷 世界文化遗产卷 长城志/10

009878607 北京志第97卷 世界文化遗产卷 故宫志/10

009348522 北京志第97卷 世界文化遗产卷 周口店遗址志/10

009510472 北京志第98卷 世界文化遗产卷 颐和园志/10

009510355 北京志第98卷 世界文化遗产卷 天坛志/10

010280074 北京志第100卷 新闻出版广播电视卷 期刊志/10

008753186 北京志第101卷 新闻出版广播电视卷 出版志/10

010007671 北京志第102卷 新闻出版广播电视卷 广播电视志/10

009145087 北京志第103卷 卫生卷 卫生志/10

008753199 北京志第104卷 体育卷 体育志/11

009959633 北京志第105卷 民族 宗教卷 民族志/11

008753206 北京志第105卷 民族 宗教卷 宗教志/11

012540847 北京志第110卷 商业卷 烟草商业志/11

009437279 北京志工业卷 电力工业志 1888-1998/1

010252926 北京志广播电视志 1927-2001 征求意见稿 初审稿/1

010229384 北京志公共交通志 北京地铁篇 1965.7-1994.4/11

009411404 北京市崇文区志/42

010107861 北京市东城区地方志文物篇/43

009015785 北京市东城区志初稿/43

009988750 北京市东城区志/43

010573191 东城区地方志文化卷/43

010107929 东城区志文化卷 初稿/43

010107932 东城区志文物篇/43

011995711 北京市东城区和平里街道志/43

008487031 前门街道简志/43

011296476 北京市西城区志初稿/45

010278870 北京市西城区志送审稿/45

008442982 北京市西城区志/45

009959450 北京市宣武区志初稿/45

009959454 北京市宣武区志送审稿/45

009735386 北京市宣武区志/45

008531678 白纸坊街道志/45

009735373 北京市宣武区广安门外街道志/45

008383099 大栅栏街道志/45

009333345 广安门外街道志/46

008382937 广内街志/46

009512095 什刹海志/47

010576460 北京市朝阳区志/48

010252846 北京市朝阳区志初审稿/48

013883874 北甸东村志/48

013528632 北京市朝阳区崔各庄乡崔各庄村志/48

013818241 长店村志/48

013314285 大望京村志/49

013859368 东窑村志/49

013702870 东营村志/49

013959421 孙河村志/49

012635633 驼房营村志/49

009959493 堡头街志 1960-1995/49

010293016 北京市丰台区志征求意见稿/50

008825680 北京市丰台区志/51

013333822 北京市丰台区花乡乡志/51

013940795 长辛店镇太子峪村志/51

013091003 丰台区卢沟桥乡东管头村志/51

013091005 丰台区卢沟桥乡六里桥村志/51

012955145 丰台区卢沟桥乡卢沟桥村志/51

013091017 丰台区卢沟桥乡太平桥村志/51

013091019 丰台区卢沟桥乡小屯村志/51

012955164 丰台区卢沟桥乡小瓦窑村志/51

013091023 丰台区卢沟桥乡岳各庄村志/51

013091025 丰台区卢沟桥乡张仪村志/51

012955149 丰台区卢沟桥乡郑常庄村志/51

013859370 高立庄村志/51

013647490 果园村志/52

013507958 花乡葆台村志/52

013531009 花乡六圈村志/52

012251128 黄土岗村志/52

013897695 看丹村志/52

010292133 老庄子乡志卢沟桥农场志 1700-1990/53

013507420 卢沟桥乡志/52

012264219 三路居村志/52

013002612 四合庄村志/52

013797005 西王佐村志/52

013757113 新发地村志/52

013686429 羊坊村志 /53	二十二篇 宗教生活 第二十三篇 人物 初稿/61
010252891 北京市石景山区志送审稿/55	013862823 临河村志/62
009851118 北京市石景山区志/55	010138222 昌平县志初稿/64
009851117 北京市海淀区志初审稿/55	011321062 昌平县志/64
009441442 北京市海淀区志/55	013859332 八仙庄村志/64
013923834 北安河村志/55	013646823 白庙村志/65
012831087 [北京古镇图志]海淀/55	012831092 [北京古镇图志]南口/64
013129984 北京市海淀区四季青镇门头村志/55	012831099 [北京古镇图志]沙河/64
013860462 东升乡志/56	013104367 北七家庄村志/65
008949794 甘家口街道志/56	013898366 岭上村志/65
013926318 后沙涧村志/56	012719220 流村镇志/65
009405805 北京市门头沟区志终审稿/57	013689043 南口镇志/65
010007661 北京市门头沟区志/57	013899625 桃林村志/65
012831113 [北京古镇图志]斋堂/57	012837881 郑各庄村志/65
013333825 城子村志/57	013630805 中滩村志/65
012264068 川底下村志/57	009188790 大兴县志/67
008442981 北京市房山区志/58	009557488 大兴县志人物 征求意见稿/67
012950399 [北京古镇图志]良乡/58	013788332 梨花村志/67
012950408 [北京古镇图志]琉璃河/59	008848222 青云店镇志资料/67
013863611 三合村志/59	010138252 榆垡镇志征求意见稿/67
013145433 四马台村志/59	013707209 周村村志/68
012956813 张坊村志/59	008444079 怀柔县志/69
013925185 房山区夏庄志/59	008827797 平谷县志/69
010229391 通县志初稿/60	009699282 平谷县志概述 大事记 地理篇 初稿/69
009863293 通县志送审稿/60	009699286 平谷县志经济编 初稿/70
010138248 通县志终审稿/60	009887064 平谷县志社会编人物编 初稿/70
009333347 通县志/60	009741628 平谷县志文化编 初稿/70
012950415 [北京古镇图志]张家湾/60	009887066 平谷县志政治编 军事编 初稿/70
013661562 应寺村志/61	013324573 大华山镇志/70
011534050 顺义县志/61	008378114 密云县志/71
009741639 顺义县志第十八篇 教育 第十九篇 文化 第二十篇 科学技术 初稿/61	012831082 [北京古镇图志]不老屯/71
	012831084 [北京古镇图志]古北口/71
009741648 顺义县志第二十一篇 卫生体育 第	013991535 司马台村志一个长城脚下山村的

历史/71
013308888 八达岭特区志1981-2011/72
010243525 延庆县志征求意见稿/72
010007677 延庆县志/72
012831103 [北京古镇图志]永宁/72
008598209 天津通志/75
008696617 天津通志蓝本/75
008827842 天津通志公安志 旧警察卷 蓝本/75
008827849 天津通志公安志 人民公安卷 蓝本/75
010280099 天津通志民俗志/75
008533142 天津通志第1卷 港口志 蓝本/75
007478011 天津通志第1卷 商业志 粮食卷/75
007478022 天津通志第2卷 大事记/75
008533153 天津通志第2卷 邮电志 电信卷 评审稿/76
008533155 天津通志第2卷 邮电志 邮政卷 评审稿/76
008533152 天津通志第3卷 防空志 蓝本/76
007488684 天津通志第3卷 体育志/76
007493525 天津通志第4卷 金融志/76
008844077 天津通志第4卷 民政志 蓝本/76
007657589 天津通志第5卷 附志 租界/76
007806545 天津通志第6卷 地震志/76
007837988 天津通志第7卷 城乡建设志/76
007837762 天津通志第8卷 政权志 政府卷/76
007927713 天津通志第8卷 政权志 人民代表大会卷/76
007927716 天津通志第9卷 人民防空志/76
009678537 天津通志第10卷 财税志/77
008487272 天津通志第11卷 卫生志/77

008487269 天津通志第12卷 档案志/77
008487278 天津通志第13卷 照片志/77
008593564 天津通志第15卷 政协 民主党派志/77
008601097 天津通志第16卷 科学技术志/77
008601101 天津通志第17卷 信访志/77
008298355 天津通志第18卷 物价志/77
008533066 天津通志第19卷 港口志/77
008640043 天津通志第20卷 保险志/77
008640044 天津通志第21卷 审判志/77
008646005 天津通志第22卷 基础教育志/77
008640039 天津通志第23卷 审计志/78
008646006 天津通志第24卷 民政志/78
008827850 天津通志第25卷 公安志/78
008827853 天津通志第26卷 人事志/78
008873861 天津通志第27卷 出版志/78
009008683 天津通志第28卷 邮电志/78
009007129 天津通志第29卷 商检志/78
008873863 天津通志第30卷 外贸志/78
009769229 天津通志第31卷 劳改劳教志/78
008873858 天津通志第32卷 军事志/78
009769154 天津通志第33卷 气象志/78
009769221 天津通志第34卷 二商志/78
009840287 天津通志第35卷 鸟类志/79
009190538 天津通志第36卷 水利志/79
009408108 天津通志第37卷 土地管理志/79
009700503 天津通志第38卷 标准 计量志/79
009769207 天津通志第39卷 铁路志/79
009769217 天津通志第40卷 工商行政管理志/79
009840286 天津通志第41卷 计划志/79
011312135 天津通志第42卷 公路运输志/79
009840292 天津通志第43卷 文化艺术志/79

书名分类索引·历史、地理

011478652 天津通志第44卷 中国共产党天津志/79
009769211 天津通志第45卷 武警志/79
011837678 天津通志第46卷 检察志/79
009769213 天津通志第47卷 农业志/80
012051978 天津通志第48卷 监察志/80
012099977 天津通志第49卷 海事志/80
012174944 天津通志第50卷 烟草志/80
012140359 天津通志第51卷 大事记 1979-2008/80
009769215 天津通志第52卷 司法行政志/80
012542999 天津通志第53卷 规划志/80
012543007 天津通志第54卷 统计志/80
009769175 天津通志第55卷 成人教育志/80
004344709 天津简志/80
008533238 天津市志 档案志 送审稿/80
013822783 天津市志 外事志/81
009677906 和平区志/89
010146791 和平区志/89
008949797 河东区志/90
008593573 河西区志蓝本/89
008698364 河西区志/89
008533090 南开区志/90
013660353 天津市南开区志分志 南开区商业志/90
009332552 河北区志/91
008827906 红桥区志/91
008257570 东丽区志/92
013702929 赤土村志/92
009009893 胡张庄村志/92
009190526 新立村志/92
009398804 西青区志/93
008298368 大蒋庄村志/93
008640004 大寺镇志/93

008828091 李七庄乡志/93
010009264 南河镇志/93
008640009 上辛口乡志/93
007657582 王稳庄乡志/93
011585366 张家窝镇志/93
008593576 中北斜乡志/93
008593551 津南区志/94
011442096 葛沽镇志/94
008828224 天津市传字营村志 1999/94
010577325 小站镇志/95
008593570 北辰区志/95
013334563 大张庄镇志/95
012999177 霍庄子镇志 1404-1994/95
009799918 南王平镇志/95
012252306 青光镇志/96
009554079 双街镇志/96
013333766 双口镇志/96
013936416 天津市北辰区北仓镇志/96
012099986 天穆村志/96
010475801 天穆镇志/96
014052281 天穆镇志/96
012052404 西堤头镇志/96
011583559 天津津辰史迹/97
003796277 武清县志/97
009796977 武清县志 1991-2000/97
011890543 东马圈镇志/97
012832054 后蒲棒村志/98
008533137 王庆坨镇志/98
013822978 西南庄村志/98
008533164 宝坻县志 蓝本/98
007482036 宝坻县志/98
012809893 宝坻县志 1990-2001/98
008533241 大港区志 蓝本/99
007477983 大港区志/99

008533215 汉沽区志蓝本/99
007488671 汉沽区志/99
007969470 塘沽区志/99
003796272 宁河县志/101
008533160 静海县志兰本/101
007425714 静海县志/102
011965423 天津静海旧话/102
007289951 蓟县志/102
005804154 河北省志/105
008534171 河北省共产党志/105
013091116 河北省志人口志 初稿/105
006067496 河北省志第1卷 大事记 约100万年前-1988/105
007994440 河北省志第2卷 建置志/105
007902382 河北省志第3卷 自然地理志/105
006384391 河北省志第4卷 海洋志/105
008685528 河北省志第5卷 测绘志/105
011312664 河北省志第6卷 地名志/105
006384485 河北省志第7卷 地质矿产志/106
007589102 河北省志第8卷 气象志/106
006767745 河北省志第9卷 地震志/106
012541660 河北省志第10卷 自然灾害志/106
008192063 河北省志第11卷 环境保护志/106
006067493 河北省志第12卷 人口志/106
008593837 河北省志第13卷 经济实力志/106
010008329 河北省志第14卷 经济体制改革志/106
008534176 河北省志第15卷 计划管理志/106
007589096 河北省志第16卷 农业志/106
008593825 河北省志第17卷 林业志/106

006384423 河北省志第18卷 畜牧志/106
007589095 河北省志第19卷 水产志/106
007589103 河北省志第20卷 水利志/107
010252967 河北省志第21卷 电子工业志/107
013688738 河北省志第22卷 市县区域志/107
013708172 河北省志第22卷 文学志/107
008195157 河北省志第23卷 纺织工业志/107
008195158 河北省志第24卷 化学工业志/107
009310345 河北省志第25卷 武警志/107
007989877 河北省志第26卷 盐业志/107
010253314 河北省志第27卷 国民党志/107
008192043 河北省志第28卷 煤炭工业志/107
009852664 河北省志第29卷 监狱志/107
007589104 河北省志第30卷 电力工业志/107
008486562 河北省志第31卷 冶金工业志/107
008593829 河北省志第32卷 机械工业志/108
008195169 河北省志第34卷 国防科技工业志/108
009332556 河北省志第36卷 建筑业志/108
009024804 河北省志第37卷 城乡建设志/108
008840120 河北省志第38卷 土地志/108
007902384 河北省志第39卷 交通志/108
008840127 河北省志第40卷 铁道志/108
008685601 河北省志第41卷 邮电志/108
007902383 河北省志第42卷 财政志/108

008192064 河北省志第43卷 金融志/108
009310342 河北省志第44卷 商业志/108
006384397 河北省志第45卷 供销合作社志/108
007589097 河北省志第46卷 物资志/108
013708169 河北省志第47卷 粮食志/109
007674860 河北省志第48卷 对外贸易经济合作志/109
006767800 河北省志第49卷 旅游志/109
006384390 河北省志第50卷 物价志/109
006384394 河北省志第51卷 工商行政管理志/109
006384395 河北省志第52卷 统计志/109
007589105 河北省志第53卷 审计志/109
006384392 河北省志第54卷 标准计量志/109
007731521 河北省志第56卷 民主党派志/109
007589098 河北省志第57卷 工会志/109
009147343 河北省志第58卷 共青团志/109
008840131 河北省志第59卷 妇女运动志/109
006384398 河北省志第60卷 政治协商会议志/109
007902456 河北省志第61卷 人民代表大会志/110
008841025 河北省志第62卷 政府志/110
012638851 河北省志第63卷 民政志/110
007589099 河北省志第64卷 劳动志/110
006802902 河北省志第65卷 人事志/110
008593833 河北省志第66卷 监察志/110
008685587 河北省志第67卷 民族志/110
007589100 河北省志第68卷 宗教志/110
007674865 河北省志第69卷 外事志/110

008027945 河北省志第70卷 侨务志/110
008685538 河北省志第71卷 公安志/110
008192051 河北省志第72卷 检察志/110
006384396 河北省志第73卷 审判志/110
009310337 河北省志第75卷 军事志/111
007589101 河北省志第76卷 教育志/111
006067485 河北省志第77卷 科学技术志/111
008486564 河北省志第78卷 哲学社会科学志/111
008982937 河北省志第79卷 文化志/111
013708168 河北省志第81卷 长城志/111
008685598 河北省志第82卷 新闻志/111
008027881 河北省志第83卷 出版志/111
009310346 河北省志第84卷 著述志/111
008486567 河北省志第85卷 档案志/111
008027873 河北省志第86卷 卫生志/111
006067484 河北省志第87卷 体育志/111
010008486 河北省志第89卷 方言志/111
009887132 河北省志第91卷 人物志/112
007585877 石家庄地区志/120
007588014 石家庄市志/120
009412717 石家庄市志简本/120
009174316 石家庄地区五十年大事记/120
008288908 石家庄地区集镇志/120
010577295 石家庄市长安区志征求意见稿/128
008006144 石家庄市长安区志/128
012638824 石家庄市长安区志1991-2005/128
005559215 桥东区志/128
011295627 石家庄市井陉矿区志/129
012503905 东王舍村志/129

009684594 贾庄村志/129	007930921 新乐县志/132
007792964 石家庄市郊区志/130	008593599 获鹿县志/133
013706335 石家庄市裕华区塔冢志/130	013461630 鹿泉市志 1991-2005/133
003801445 井陉县志/133	013925165 东焦村志/133
012638879 虎皮庄村志/134	013932471 岭底村志/133
009959816 微水村志/134	010160612 唐山市志送审稿/142
011534067 辛庄乡志/134	008818546 唐山市志/142
003183765 正定县志/135	009441868 唐山市路南区志/146
012612903 正定县志 1986-2005/135	008487253 唐山市路北区志/146
007488667 栾城县志/136	008487252 东矿区志/146
012680458 栾城县志 1993-2005/136	008534435 开平区志/146
011312027 窦妪镇志 1939-2005/136	012132425 开平区志附书/146
008622934 行唐县志/137	007288717 丰南县志/146
012814440 行唐县志 1991-2005/137	009618628 丰南县续志 1986-1993 审定稿/146
007290009 灵寿县志/138	009319759 丰南县续志 1986-1993/146
005591348 高邑县志/138	009622000 丰润县志初稿/147
010577348 深泽县志修订稿/138	007479131 丰润县志/147
007969476 深泽县志/138	012899467 唐山市丰润区志 1978-2005/147
008593596 赞皇县志/139	009621877 唐山市新区志送审稿/147
013824298 赞皇县志 1991-2005/139	006356691 唐山市新区志/147
013723714 赞皇县南关村志/139	010143358 唐山市丰润区图志/147
007342716 无极县志/140	007932066 唐海县志/148
008195155 平山县志/140	009622010 滦县志征求意见稿/149
007590154 元氏县志/141	007477985 滦县志/149
007900111 赵县志/141	010576631 滦县志 1986-2003/149
013236367 赵县志 1987-2005/141	008486796 滦南县志/150
007591349 辛集市志/130	010572639 滦南县志送审稿/150
009060687 辛集市志/130	012813971 滦南县志 1979-2005/150
013706951 辛集市志 1986-2005/130	007057484 乐亭县志/150
010254032 辛集市志稿/130	007289958 迁西县志/150
007057414 藁城县志/131	013775132 迁西县志 1987-2005/151
012831126 北席村志/131	007809555 玉田县志/151
007493651 晋县志/132	007288718 遵化县志/148
014052856 新乐市志 1993-2005/132	

009618554 迁安县志征求意见稿/148
007479138 迁安县志/148
007480672 秦皇岛市志/151
009060683 秦皇岛市志/151
012814150 秦皇岛市志 1979-2002/151
008869536 秦皇岛港纪事/151
008378557 海港区志/154
012140217 秦皇岛市海港区志 1983-2002/154
013404389 海港区村镇志/154
013794841 秦皇岛市山海关区志 1979-2004/155
007488656 北戴河志/155
011943030 北戴河志 1988-2003/155
007674781 青龙满族自治县志/157
012722160 青龙满族自治县志 1979-2004/157
005536232 昌黎县志/155
013771539 昌黎县志 1986-2002/155
007289931 抚宁县志/156
012714217 抚宁县志 1979-2002/156
007482428 卢龙县志/156
007289983 邯郸市志/157
008378822 邯郸市情/157
007290038 邯山区志/161
008193992 丛台区志/161
008486467 复兴区志/161
007969341 峰峰志/161
012638835 邯郸市峰峰矿区志 1991-2006/162
006105441 邯郸县志第1卷/164
009313557 邯郸县志第2卷 1986-2002/164
008486761 临漳县志/164
007513982 成安县志/165

005696920 大名县志/165
009397168 文集村志/165
008001437 涉县志/166
013756052 涉县志 1991-2011/166
009009901 更乐镇志/166
012543042 王金庄村志/167
010778369 西戌村志/167
008593202 磁县志/167
009189729 永年县志/168
013990664 河北铺村志/168
008866696 邱县志/168
008819779 鸡泽县志/169
007512931 广平县志/169
008486413 馆陶县志/170
009020852 魏县志/170
012814294 魏县志/170
013000305 魏都建设志/171
007993401 曲周县志/171
003807943 武安县志/162
013784467 白沙村志 1520-2010/162
009554449 磁山村志/162
009348656 固镇村志/162
013225752 沙洺村志/162
013010955 新固镇村志/162
008845019 邢台市志前17世纪-1993.6/171
007516621 桥东区志/173
008037801 邢台县志/174
013604266 邢台县志 1979-2009/175
008622859 临城县志/175
013129100 郝庄村志/175
008195178 内邱县志/175
010293910 内邱县志夏-2000/175
008470860 柏乡县志/176
008486784 隆尧县志/176

008839929 任县志/176	008863930 徐水县志送审稿/192
007672807 南和县志/177	008622937 徐水县志/192
008492821 宁晋县志/177	007992175 定兴县志/192
008818681 巨鹿县志/177	008864215 唐县志讨论稿/192
008622929 新河县志/177	008622912 唐县志/193
008486421 广宗县志/178	010139917 唐县志地理 草稿/193
009852672 平乡县志评审稿/178	008622847 高阳县志/193
008470847 平乡县志/178	008864027 容城县志初稿/194
008302253 威县志/179	008593876 容城县志/194
006350796 清河县志/179	008534182 涞源县志/194
013377025 清河县志 1979-2005/179	010577385 望都县志送审稿/194
007672887 临西县志/180	008534441 望都县志/194
008828603 临西图志/180	008593806 安新县志/195
007493535 南宫市志/173	012871834 北冯村志/195
007493567 沙河市志/173	008593801 易县志/195
009397076 册井村志 2002/173	008534178 曲阳县志/196
009415137 渡口村志/174	008819697 蠡县志/196
009397176 李石岗村志 1506-1997/174	008474903 顺平县志/196
009397077 南汪村志/174	008069156 博野县志/197
009699436 窑坡村志/174	007290033 雄县志/197
008864044 保定市志讨论稿/181	008486407 古今涿州志要/186
008486204 保定市志/181	008906314 涿州志送审稿/186
012950390 保定市简志/181	008906318 涿州志送审稿 六校/186
008377598 保定市新市区志/185	007790999 涿州志/186
008409619 保定市北市区志/186	008864097 定州市志送审稿/187
007464924 保定市南市区志/186	008486310 定州市志/188
008192121 满城县志/189	008051778 高碑店市志/189
004018784 清苑县志/190	013332313 白沟志/189
013898974 清苑县志/190	008338508 张家口市志/198
008863938 涞水县志评审稿/190	008406610 张家口市桥西区志/200
008622858 涞水县志/190	008793922 宣化区志/200
008828339 涞水县三坡志/190	011295643 宣化区志 1994-2003/200
008863922 阜平县志送审稿/191	013145646 下花园区志/201
008819768 阜平县志/191	007289968 宣化县志/201

012877329 宣化县志 1989-2006 /201
008818685 张北县志 /202
012612956 张北县志 1989-2006 /202
006795822 康保县志 /202
013224514 康保县志 1988-2005 /202
008338518 尚义县志 /203
008406604 蔚县志 /204
008487316 蔚县续志 /204
007969317 阳原县志 /204
013379367 阳原县志 1994-2005 /204
007479132 怀安县志 /205
012718955 怀安县志 1989-2003 /205
004102833 万全县志 /205
013145615 万全县志 1989-2005 /205
008949807 怀来县志 /206
002701167 怀来新志 /206
007290012 涿鹿县志 第1卷 /206
008983032 涿鹿县志 第2卷 续修版 /206
013221113 矾山志 /206
005285269 赤城县志 /208
013751579 赤城县志 1991-2007 /208
007505464 崇礼县志 /209
012191566 承德市志 /209
008380104 承德县志 /211
009553705 兴隆志 /212
008470874 平泉县志 /212
013225534 平泉县志 1993-2005 /212
007930912 滦平县志 /212
010476433 滦平县志 1991-2002 /213
009472334 隆化县志 /213
008034097 丰宁满族自治县志 /213
010244092 丰宁满族自治县志 1991-2000 /213
007289927 宽城县志 /214

008067699 围场满族蒙古族自治县志 /214
012252727 围场满族蒙古族自治县志 1991-2005 /215
008534574 沧州市城区志 /215
010229535 沧州市志 /215
008534497 沧州市志 中国共产党志 /215
007514009 沧县志 /223
012889223 沧县志 1986-2004 /223
008534444 青县志 /224
013723825 青县志 1978-2008 /224
010138634 马厂镇志 /224
008593877 东光县志 /224
013723481 东光县志 1991-2010 /225
009126248 海兴县志 /225
004892987 盐山县志 /225
010176280 采家庄志 采氏家谱 /225
008622907 肃宁县志 /226
005536250 南皮县志 /226
013508747 南皮县志 1987-2006 /226
006420704 吴桥县志 /227
013689471 吴桥县志 1986-2006 /228
012208365 西宋门村志 /228
008159175 献县志 /228
012767044 献县护持寺村村志 /228
007290010 孟村回族自治县志 /229
008534443 泊头市志 /220
008818434 任丘市志 /220
013772866 黄骅市志 1986-2008 /221
003807960 黄骅县志 /221
013820522 旧城村志 前202-2011 /221
013129941 梁口村志 /222
009887141 河间市志 /222
007289985 河间县志 /223

013002519 束州志/223	008217540 冀县志/238
008864241 廊坊市志送审稿/229	011882574 魏家屯镇志/238
010138629 廊坊市志/229	008338541 深县志/238
008828276 廊坊市志审定稿/229	013775239 深州市东四王村志/239
008835826 廊坊市志/229	011955361 山西省志第1卷 人物志/243
011329461 廊坊安次志/231	012614056 山西省志第2卷 交通志/243
013704418 廊坊市广阳区志/231	012614050 山西省志第3卷 军事志/243
008195198 固安县志/232	013377064 山西省志第4卷 人事志/243
008593680 永清县志/233	013377057 山西省志第5卷 供销合作志/243
013507571 永清县志 1989-2007/233	013602003 山西省志第6卷 医药志/243
008828343 香河县志/234	013602002 山西省志第7卷 社会科学志/243
007486952 大城县志/234	013601997 山西省志第8卷 农业机械化志/243
013090935 大城县志 1989-2006/234	007289991 山西市县简志/243
013404059 东阜村村志/234	008392083 山西通志第1卷 总述/244
008053800 文安县志/235	008172573 山西通志第2卷 地理志/244
011910103 苑口村志/235	008476208 山西通志第3卷 气象志/244
007505472 大厂回族自治县志/236	008476211 山西通志第4卷 地质矿产志/244
012658307 大厂回族自治县志 1986-2004/236	007342644 山西通志第5卷 地震志/244
008486188 霸县志/231	008476212 山西通志第6卷 人口志/244
010008334 霸州市志/231	008583068 山西通志第7卷 土地志/244
008828342 三河市志/232	008103460 山西通志第8卷 农业志/244
007288719 三河县志/232	008190088 山西通志第9卷 林业志/244
007491030 衡水市志/236	008476215 山西通志第10卷 水利志/244
007512909 枣强县志/239	008476217 山西通志第11卷 乡镇企业志/244
013775983 萧张志/239	
007990192 武邑县志/239	008190139 山西通志第12卷 煤炭工业志/244
007668530 武强县志/240	
008006148 饶阳县志/240	008377418 山西通志第13卷 电力工业志/244
007588039 安平县志/241	
008385403 故城县志/241	008535478 山西通志第14卷 冶金工业志/245
008818734 景县志/241	
011996813 景县志 1986-2003/241	008377422 山西通志第15卷 化学工业志/245
008338477 阜城县志/242	

008392218 山西通志第16卷 机械电子工业志/245

008476219 山西通志第17卷 建筑材料工业志/245

008476222 山西通志第18卷 军事工业志/245

008377419 山西通志第19卷 轻工业志/245

008377447 山西通志第20卷 纺织工业志/245

008392215 山西通志第21卷 交通志 公路水运篇/245

009840223 山西通志第21卷 交通志 民用航空篇/245

008377434 山西通志第22卷 铁路志/245

008172572 山西通志第23卷 邮电志/245

008476226 山西通志第24卷 测绘志/245

008476228 山西通志第25卷 城乡建设环境保护志 城乡建设篇 建筑业篇/245

008835456 山西通志第25卷 城乡建设环境保护志 环保篇/246

008377444 山西通志第26卷 商业志 供销合作社篇/246

008476230 山西通志第26卷 商业志 商业贸易篇/246

008377437 山西通志第27卷 粮食志/246

008377459 山西通志第28卷 对外贸易志/246

008487071 山西通志第29卷 财政志/246

008190198 山西通志第30卷 金融志/246

008476240 山西通志第31卷 经济管理志 计划 统计 物价篇/246

008476245 山西通志第31卷 经济管理志 工商行政管理篇/246

008847452 山西通志第31卷 经济管理志 审计篇/246

009114589 山西通志第31卷 经济管理志 劳动篇/246

009114585 山西通志第31卷 经济管理志 物资设备成套篇/246

009114582 山西通志第31卷 经济管理志 技术监督篇/247

008476246 山西通志第32卷 党派群团志/247

008585913 山西通志第33卷 政务志 政治协商会议篇/247

008476247 山西通志第33卷 政务志 人民代表大会篇/247

008476248 山西通志第33卷 政务志 政府篇/247

008377502 山西通志第34卷 政法志 审判篇/247

008377462 山西通志第34卷 政法志 司法行政篇/247

008487075 山西通志第34卷 政法志 警察篇/247

008377452 山西通志第34卷 政法志 检察篇/247

008172571 山西通志第35卷 民政志/247

008377440 山西通志第36卷 军事志/247

008476252 山西通志第37卷 教育志/247

008190354 山西通志第38卷 科学技术志/247

008191626 山西通志第39卷 社会科学志/248

008172570 山西通志第40卷 文化艺术志/248

008377415 山西通志第41卷 卫生医药志 卫生篇/248

008377493 山西通志第41卷 卫生医药志 医药篇/248

008191619 山西通志第42卷 体育志/248

008476253 山西通志第43卷 新闻出版志 报业篇/248

008476255 山西通志第43卷 新闻出版志 广播电视篇/248

009840225 山西通志第43卷 新闻出版志 出版篇/248

008476260 山西通志第44卷 文物志/248

008476262 山西通志第45卷 旅游志/248

008377426 山西通志第46卷 民族宗教志/248

008191693 山西通志第47卷 民俗方言志/248

008476263 山西通志第48卷 人物志/248

008476265 山西通志第50卷 附录/249

002165792 山西大事记1840-1985/249

012542841 山西省志 商务志 供销合作社篇 1978-2008/251

008342603 太原市志/255

013134731 太原市志精编版/255

012969435 亲贤村村志/255

012266046 亲贤村志/255

013377117 上兰村志/255

012814245 太原市古城营村志/255

012252764 西铭村志/255

008380814 太原市南郊区志/264

012266363 太原市小店区志/264

008535779 小店村志/264

008974346 太原市北城区志/264

011312050 太原市北郊区志/265

012661870 上兰村志/265

009561604 向阳镇志/265

012970571 新城村志/265

009881349 太原市河西区志/265

009618621 太原市河西区志送审稿/266

011955746 新庄村志/265

012252768 西寨村志/266

008637700 清徐县志/267

012096643 东于村志/267

008471086 阳曲县志/268

008471085 娄烦县志/268

008015400 古交志/266

008913682 大同市志/269

009407496 大同史话/271

010143843 大同市城区志/271

009676070 大同市矿区志/272

008841115 大同市南郊区志/272

007900233 阳高县志/272

008923494 朱家窑头乡志/272

009744883 天镇县村镇简志/272

008470870 天镇县志/272

012613846 天镇县志1991-2008/272

006697079 广灵县志/273

012635666 长畛村志/273

010280432 南村镇志/273

008813958 浑源县志/274

008471158 左云县志/274

009744895 左云县志1991-2003/274

009889841 大同县志/275

008535496 阳泉市志送审稿/275

008471134 阳泉市志/275

013823136 阳泉市乡镇简志/275

013932476 柳沟村志/275

008535556 阳泉市城区志送审本/278

008379322 阳泉市城区志/278

008814330 阳泉市矿区志/278

008535576 阳泉市郊区志送审稿/279
008535573 阳泉市郊区志/279
012758781 东落菇堰村志/279
008535745 河底村志/279
013133905 义东沟村志/279
013753735 平定县乡村简志/279
006933740 平定县志/279
012540988 东关村志/279
009408086 理家庄村志/279
008535756 乱流村志/280
008828676 南坳镇志/280
013933243 南上庄村志/280
009414287 平定县东锁簧村志/280
013311807 前黄安村志/280
012877169 上盘石村志/280
013863833 宋家庄村志 1314-2009/280
012899901 西沟村志/280
011444012 西回村志/280
013462877 西郊村志/280
012052433 新村村志/280
012723498 张庄村志/280
008378536 盂县志/282
013379467 盂县志/282
012680534 泥河村志/282
012969463 清城村志/282
011066703 上社村志/282
013961225 盂北村志/282
007512808 长治市志/283
008383094 长治概览/283
012653346 长治乡志/283
012814218 史家庄村志/283
008814322 长治市城区志/286
009160067 长治郊区志/286
011320862 葛家庄村志/286

012836390 台上村志/286
009160061 长治县志/287
013751437 八义村志/287
013897584 辉河村志/287
012614325 南宋村志/287
008828662 襄垣县志/288
008379956 五阳村志/288
008637701 屯留县志/288
013096423 寺底村志/288
012690069 中城村志/288
008535736 平顺县志/289
013179452 东寺头乡志/289
013706286 申家坪村志/289
013462875 西沟村志/289
008486745 黎城县志/290
009889848 黎城县志 1991-2003/290
010143847 黎城县志 1991-2002 征求意见稿/290
011979654 程家山乡志/290
009397238 东关村志/290
011884229 东阳关镇志/290
011979643 洪井乡志/290
010731687 黄崖洞镇志/291
010731640 黎侯镇志/291
013732380 山西黎城西井村志/291
009800059 上桂花村志/291
010731611 上遥村志/291
010779009 上遥镇志/291
010731690 停河铺村志/291
013660390 件桥村志/291
010731742 西井镇志/291
010731744 西件乡志/291
009839626 下村志/291
010731612 岩井村志/291

014053050 枣镇村志 /292
014056715 中庄村志 /292
011762841 黎城图志 /292
008471181 壶关县志 /293
013694910 南关村志 /293
012051744 南庄村志 /293
012051935 石南底村志 /293
013096396 树掌村志 /293
013661597 寨里村志 /293
008844883 长子县志 /294
012967456 大京村志 /294
008383974 武乡财政县志 /294
003491339 武乡县志 /294
013334617 东村志 /294
013072739 杨李枝村志 /294
013630707 寨坪村志 /294
011313015 八路军总部旧址砖壁村志 /294
008474911 沁县志 /296
012877209 太里村志 /296
008379774 沁源县志 /296
009881331 王陶村志 /296
013902033 中峪村志 /296
008474921 潞城市志 /287
013143723 沟北村志 /287
008470928 晋城市志 /297
013064795 晋城市志 1985-2008 /297
008470932 晋城县志 /297
009160149 晋城大事纪 /298
013861850 晋城市乡镇志 /298
009994988 晋城市城区志 /300
008486679 晋城市城区概览 /300
007289904 沁水县志 /302
010113293 沁水县志 1986-2003 /302
012832419 李庄村志 /302

013184599 沁水县中村志 /302
012899915 下峪村志 /302
008470934 阳城县志 /303
012173670 柏沟村志 /303
013335279 郭峪村志 /303
012662511 山西阳城下孔村志 /303
012638883 上孔村志 /303
013462584 水村村志 /304
008470944 陵川县志 /305
012051669 陵川县志 1997-2007 /305
012251356 礼义村志 /305
011909983 杨村村志 /305
011955847 椅掌村志 /305
012052000 泽州志 /306
010231677 巴公镇志 /306
010118637 东沟村志 /306
009126050 东四义村志 /306
011329489 拦车村志 /306
012203071 孟匠村志 /306
009881328 南岭乡志 /307
010231741 南山村志 /307
008835512 山耳东村志 /307
009387245 上伏村志 /307
013630048 双王庄村志 /307
012096728 高平市志 /300
007900249 高平县志 /300
009879189 城北村志 /300
012951931 城南村志 /300
010730450 凤和志 /300
013958699 酒务村志 /300
008813878 朔县志 /308
006362213 平鲁县志 /309
008358760 山阴县志 /309
005285314 应县志 /310

010730272 席家堡村志 /310
008813856 怀仁县志 /311
007658549 晋中地区志 /311
012317864 晋中市志 /311
007466731 榆次市志 /312
013145334 山西省晋中市榆次区修文镇郭村村志 /312
013010718 西长凝村志 /312
008470901 榆社县志 /314
013751462 北街村志 /314
012877261 桐峪村志 /314
007488642 和顺县志 /315
008474913 昔阳县志 /316
011312015 北南沟村志 /316
009046475 大寨村志 /316
013989044 皋落村志 /316
007289914 寿阳县志 /317
012877185 寿阳县郭村志 /317
006356665 太谷县志 /317
008476274 祁县志 /318
011564485 城关乡志 /318
010231683 祁县古县镇志 /318
013096515 塔寺村志 /318
008637687 平遥县志 /319
009769126 北䇹村志 /319
008813891 段村镇志 /319
012639794 梁官村志 /319
007482016 灵石县志 /320
013859327 堡上村志 /320
012899104 灵石西许村志 /320
013224605 灵石县乡村志 /320
013133978 尹方村志 /320
007992173 介休市志 /313
008813985 运城地区简志 /322

008637768 运城地区志 /322
007731541 运城市志 /322
012679149 赤社村志 /324
013703002 董杜村志 /324
008379777 临猗县志 /328
012251417 临猗县志 /328
008001441 万荣县志 /329
012661827 山西万荣东卫二村志 /329
013959456 万荣县皇甫乡高家庄村志 /329
012100039 万荣县荣河镇北杨村志 /329
007478012 闻喜县志 /329
013751668 冯家庄村志 /330
012252778 下丁村志 /330
013415314 稷山县志 1991-2008 /331
013010909 西位村志 /331
008813868 新绛县志 /332
008637487 绛县志 /332
007695094 垣曲县志 /333
008835532 垣曲县志 1991-2000 /333
012658549 山西垣曲古城村志 /333
013342502 山西垣曲沇岭村志 /333
008813621 夏县志 /334
014052840 夏县志 1991-2007 /334
006440816 平陆县志 /335
012982261 平陆县志 1991-2005 /335
012714089 东韩窑村志 /335
007819121 芮城县志 /336
008813927 永济县志 /325
009015830 河津市志 /325
007289917 河津县志 /326
013894514 东关村志 /326
009881753 龙门村志 /326
008813711 忻州地区志 /337

013821919 逯家庄村志/337
006466640 忻县志/338
006693903 定襄县志/338
010231128 崔家庄村志/339
012831356 大南庄村志/339
009046387 神山村志/339
009889862 五台县志初稿/339
008487351 五台县志/339
012265073 槐荫村志/339
007900237 代县志/339
012545803 代州古城图志 中国历代文化名城/340
008377401 繁峙县志/340
014028625 大营村志/340
007475889 宁武县志/340
013958912 宁武县志 1987-2009/340
013958906 宁武石家庄镇志/340
008814343 静乐县志/341
008474908 神池县志/341
005701620 五寨县志/341
007620757 岢岚县志/341
008828652 岢岚县志/341
010577514 河曲县志初稿/342
002988162 河曲县志/342
013224661 楼子营村志/342
004893193 保德县志/342
007479112 偏关县志/342
009387206 偏关县志 工业 交通 邮电 城乡建设志/342
008534986 偏关县志 大事记 地理志/342
007900129 原平县志/338
010225128 轩岗村志/338
008983154 临汾市志/342
013728735 河里庄村志/343

011321173 贾村志/343
013129734 涧北后湾志/343
012684740 寺庄村志/343
013131192 屯里镇志/343
013955630 城隍村志/345
012814235 孙曲村志/345
012208379 小苏村志/345
004516501 曲沃县志/346
011295914 曲沃县志/346
012837444 西南街村志/347
008813518 下院村志/347
011321082 翼城县志/347
011480421 古桃园村志/347
011804671 泠史村志/347
011480423 两坂村志/347
013820647 陵下村志/347
011480426 刘王沟村志/348
011480430 石门村志/348
013133820 西闫村志/348
012814484 翼城县人望村志/348
011809605 庄里村志/348
007290013 襄汾县志/349
011313008 襄汾县志/349
013510758 襄汾县志/349
012758725 北膏腴村志/349
011296176 北王村志/349
013128839 邓曲村志/349
009959820 古城镇志/350
012898667 贾罕村志/350
012955030 良陌村志/350
013093208 盘道村志/350
012638613 西中黄村志/350
013000650 襄汾县汾城镇南中黄村志 前2205-2010/350

013133852 薛村村志/350
010113284 洪洞县志/351
009313183 广胜寺镇志/351
013774552 刘家垣镇志/351
012266219 曲亭镇志/351
008813609 古县志/351
012816168 张家沟村志/352
008380098 安泽县志/352
009081876 浮山县志/352
013045516 浮山辛庄村志/352
012096686 浮山所志/353
004516541 吉县志/353
007477961 乡宁县志/353
012251372 李子坪村志/353
012614314 南崖村志/353
003324871 大宁县志/354
011917981 隰县志/354
011516184 永和市志/354
008841122 永和县志/354
007482401 蒲县志/354
012265026 黑龙关镇志/355
008007371 汾西县志/355
013334573 店头村志/355
009962192 侯马市志/345
012191479 北坞村志/345
012191747 垤上村志/346
013129085 郭村村志/346
013145685 小里村志/346
007900141 吕梁地区志/356
008637590 离石县志/357
009889856 文水县志送审本/361
008190722 文水县志/361
011998511 文水县志1986-2002/361
012638617 西韩村志/361

008380188 信贤村志/361
011998503 文水解放60年志略1943-2008/362
008034104 交城县志/362
014032930 交城县志1986-2005/362
012951929 城关镇志/363
012097603 近代晋商交城志/363
007488639 兴县志/363
010225120 白文村志/364
012049461 后刘家庄村志/364
009840220 碛口志/364
008637635 柳林县志/365
012898567 贺家坡村志/365
008190748 石楼县志/365
008456343 岚县志/366
004715720 方山县志/366
013000337 刘家庄村志/366
007819153 中阳县志/366
013684598 山西省中阳县暖泉镇沙塘村志/366
009081871 交口县志/366
004516542 孝义县志第1卷/358
008382743 孝义县志第2卷 续/358
012758727 北关村志/358
011312471 楼东村志/358
012639057 桥北村志/358
013681537 山西省孝义市东小景村志/358
013128867 山西省孝义市东小景村志/358
012899395 山西孝义相王村志/358
008385639 孝义市城关乡志/358
012684999 孝义市兑镇镇志/358
009768797 孝义市西辛庄镇志/358

010730718 孝义市下栅村志/359
008813646 孝义市柱濮镇志/358
008636632 汾阳县志/360
012758778 冬雷家堡村志/360
010200715 南广城村志/360
013753747 平陆村志/360
012879023 山西汾阳中寨村志/360
009392878 宣柴堡村志/360
008813545 义安村志/360
013133981 玉兰村志/360
013681551 汾阳建市十年志略 1996-2006 /361
008983600 内蒙古十通 内蒙古国土资源通志/367
009561067 内蒙古十通 内蒙古民俗风情通志/367
009398293 内蒙古十通 内蒙古知识青年通志/367
010269448 内蒙古十通绥远通志/367
009398291 内蒙古十通呼和浩特通志/378
011321265 内蒙古通志/367
008197462 内蒙古自治区志/367
009799178 内蒙古自治区志大事记 送审稿/367
011296165 内蒙古自治区志公安志/367
010779129 内蒙古自治区志供销合作社志/368
009854330 内蒙古自治区志气象志/368
009561087 内蒙古自治区志审计志/368
009618597 内蒙古自治区志政府志 送审稿/368
009043658 内蒙古自治区志第1卷 科学技术志/368
009044035 内蒙古自治区志第2卷 粮食志/368

009043948 内蒙古自治区志第3卷 测绘志/368
009043976 内蒙古自治区志第4卷 物资志/368
009043672 内蒙古自治区志第5卷 铁路志/368
009043669 内蒙古自治区志第6卷 商业志/368
009043959 内蒙古自治区志第7卷 电力工业志/369
008594146 内蒙古自治区志第8卷 地质矿产志/369
008660242 内蒙古自治区志第9卷 邮电志/369
008660244 内蒙古自治区志第10卷 农业志/369
011476971 内蒙古自治区志第11卷 财政志/369
008594136 内蒙古自治区志第11卷 财政志/369
008693742 内蒙古自治区志第12卷 民用航空志/369
008693766 内蒙古自治区志第13卷 畜牧志/369
008693739 内蒙古自治区志第14卷 煤炭工业志/369
008693699 内蒙古自治区志第15卷 大事记/369
008594147 内蒙古自治区志第16卷 共产党志/369
008829067 内蒙古自治区志第17卷 政府志/370
008828700 内蒙古自治区志第18卷 公路 水

运交通志/370

009244783 内蒙古自治区志第19卷 武警志/370

009190265 内蒙古自治区志第20卷 广播电视志/370

008950216 内蒙古自治区志第21卷 统计志/370

008983749 内蒙古自治区志第22卷 军事志/370

009414895 内蒙古自治区志第23卷 技术监督志/370

008983776 内蒙古自治区志第24卷 工会志/370

010008939 内蒙古自治区志第25卷 档案志/370

010576818 内蒙古自治区志第26卷 税务志/371

011295502 内蒙古自治区志第27卷 烟草志/371

011499453 内蒙古自治区志第28卷 卫生志/371

011499449 内蒙古自治区志第29卷 司法行政志/371

011955210 内蒙古自治区志第30卷 工商行政管理志/371

011955216 内蒙古自治区志第31卷 检察志/371

011997455 内蒙古自治区志第32卷 妇联志/371

012051723 内蒙古自治区志第33卷 政协志/371

012208078 内蒙古自治区志第34卷 乡镇企业志/371

012051719 内蒙古自治区志第35卷 民政志/371

011955220 内蒙古自治区志第36卷 审判志/371

011892207 内蒙古自治区志第37卷 出入境检验检疫志/372

012814034 内蒙古自治区志第38卷 外事志/372

011892257 内蒙古自治区志第39卷 土地志/372

012721878 内蒙古自治区志第40卷 环境保护志/372

009472711 内蒙古自治区志第41卷 旅游志/372

012051721 内蒙古自治区志第42卷 行政区域建制志/372

013066902 内蒙古自治区志第43卷 劳动志/372

013224703 内蒙古自治区志第44卷 人民代表大会志/372

013793371 内蒙古自治区志第45卷 社会科学志/372

008983605 内蒙古十通 内蒙古旅游资源通志/372

008594329 呼和浩特市志/378

010730466 呼和浩特市新城区志/384

011585118 新城区志/384

008594322 呼和浩特市回民区志/384

012661203 呼和浩特市回民区志/384

008195137 玉泉区志/384

008535841 呼和浩特市郊区志/385

013772824 巧报镇志/385

007995751 土默特志/387

009398429 土默特志上卷 征求意见稿/387

009398473 土默特志下卷 征询意见稿/387

009313567 托克托县志/385	008191655 赤峰市志/397
008195162 托克托县志前307-1981/385	008594417 赤峰八千年大事记/397
008706467 和林格尔县志/386	008195192 赤峰市红山区志/400
013939438 西厂圪洞村志/386	010143523 赤峰市元宝山区志送审稿/401
009618580 清水河县志送审稿/386	008382735 赤峰市元宝山区志/401
008864745 清水河县志/386	008382619 元宝山区概况/401
007913483 武川县志第1卷/387	008377542 建昌营镇志/401
008594355 武川县志第2卷 续编 1987-1997/387	012658267 赤峰市松山区志1991-2005/401
012662435 武川县志 1998-2009/386	008487246 松山区志/401
008796399 包头市志/387	007479129 阿鲁科尔沁旗志/403
009817684 包头市志国防工业卷/387	013506425 阿鲁科尔沁旗志1989-2006/403
011564520 东河区志/393	009174450 巴林左旗志/404
010253940 昆都仑区志/393	009398421 巴林左旗志送审稿/404
011496831 包头市青山区志/393	009783195 巴林左旗志/404
011329701 石拐区志/394	002758209 巴林右旗志/404
008594261 白云鄂博矿区志/394	012809881 巴林右旗志1987-2006/404
013332324 白云鄂博矿区志1994-2009/394	008990933 林西县志/402
008660828 包头市郊区志/394	007490431 克什克腾旗志/405
007818012 土默特右旗志/395	007913527 翁牛特旗志/405
012543034 土默特右旗志1991-2008/395	008594425 喀喇沁旗志/406
013510570 双龙镇志/395	007913611 宁城县志/403
008660235 固阳县志/394	012662359 瓦北村志1999/403
011995441 达尔罕茂明安联合旗志/395	009349641 敖汉旗志/406
008623259 乌海市志/396	014053063 长胜镇志/406
008660841 海勃湾区志/396	013092998 金厂沟梁镇志/406
009799172 海南区志送审稿/396	013184644 萨力巴乡志送审稿/406
009472700 海南区志/396	012613845 通辽市志 1999-2008/407
008864741 乌达区志送审稿/397	008623275 哲里木盟志/407
011534063 乌达区志/397	009397293 通辽市志/410
010577513 赤峰市地方志金石志 初稿/397	009675769 科尔沁左翼中旗志/411
010577526 赤峰市地方志(原昭乌达盟) 概述篇 初稿/397	012719156 科尔沁左翼中旗志 1998-2008/411
008535806 赤峰市志送审稿/397	008729969 科尔沁左翼后旗志/411
	012139427 科尔沁左翼后旗志 1989-2007

/411
012265184 开鲁县志 1998-2007/411
010151313 库伦旗志/412
012719163 库伦旗志 1646-2008/412
008983798 奈曼旗志/412
012639701 奈曼旗志 1999-2008/412
009002233 扎鲁特旗志/413
008645369 霍林郭勒市志/410
012265086 霍林郭勒市志 1994-2006/411
006319920 伊克昭盟志/413
008191681 东胜市志/415
010730442 达拉特旗志/415
007913521 准格尔旗志/415
012316879 乌日图高勒乡志/416
008195217 鄂托克前旗志/416
013090990 鄂托克前旗志 1991-2009/416
012679146 城川镇志/416
007010489 鄂托克旗志/416
008379005 杭锦旗志/417
008974681 乌审旗志/417
007981841 伊金霍洛旗志/417
008623209 呼伦贝尔盟志/417
006266244 呼伦贝尔史志资料/420
012139212 呼伦贝尔市方志编纂志/420
012173825 海拉尔区志 1991-2005/422
008191675 海拉尔市志/422
008864736 海拉尔市建设镇志/422
007913518 阿荣旗志/427
012048712 阿荣旗志 1991-2005/427
008486844 莫力达瓦达斡尔族自治旗志/428
011955186 莫力达瓦达斡尔族自治旗志 1993-2005/428
009398338 莫力达瓦达斡尔族自治旗巴彦鄂温克民族乡巴彦街村志/428
012899196 尼尔基镇志 1956-2006/428
007913517 鄂伦春自治旗志/429
008828723 鄂伦春自治旗志 1989-1999/429
007693217 鄂温克族自治旗志/430
011943540 鄂温克族自治旗志 1991-2005/430
008730417 陈巴尔虎旗志/427
009015856 新巴尔虎左旗志/427
012613239 新巴尔虎左旗志 1997-2005/427
013221067 嵯岗镇志/427
011328568 新巴尔虎右旗志/428
013379119 新巴尔虎右旗志 1991-2005/428
013010986 新巴尔虎右旗达赉东索木志/428
008623220 满洲里市志/423
012813995 满洲里市志 1997-2005/423
012903490 扎赉诺尔区志/423
007806609 牙克石市志/424
012956994 牙克石市志 1990-2005/424
013308924 博克图镇志 1732-2010/424
012995313 绰源镇志 1901-1999/424
010143534 免渡河镇志/424
07913549 扎兰屯市志/426
013012622 扎兰屯市志 1991-2006/426
013726915 额尔古纳市志 1991-2005/426
006356703 额尔古纳右旗志/426
010881163 根河市志 1996-2005/426
008950203 巴彦淖尔盟志评审稿/431
008197469 巴彦淖尔盟志/431
012995177 巴彦鄂温克民族乡志/431
007819156 临河市志/433
008378656 五原县志/434
008660880 磴口县志/434

007425691 乌拉特前旗志/434	012684896 乌兰浩特市志 1991-2008/441
007883843 乌拉特中旗志/435	008864752 阿尔山市志/441
011585074 乌拉特中旗史志/435	004436234 科尔沁右翼前旗志/441
007913613 乌拉特后旗志/435	009198627 科尔沁右翼前旗志/441
009840172 乌拉特后旗志 1988-2004 征求意见稿/435	012639210 科尔沁右翼前旗志 1989-2005/441
011294770 乌拉特后旗志 1989-2004/435	006356702 科尔沁右翼中旗志/442
009840166 杭锦后旗志评审稿/436	011996849 科尔沁右翼中旗志/442
007913587 杭锦后旗志/436	007913606 扎赉特旗志/442
010112033 乌兰察布盟志评审稿/436	011793439 扎赉特旗志 1986-2002/442
009687845 乌兰察布盟志/436	004436237 突泉县志/441
011497849 集宁市志/437	011909008 突泉县志 1986-2005/441
009227429 卓资县志/438	008196367 锡林郭勒盟志/443
013606647 卓资县志/438	013959589 锡林郭勒盟志残联志/443
010293858 化德县志评审稿/438	014052430 锡林郭勒盟志地方税务志/443
010280088 化德县志/438	013994104 锡林郭勒盟志法院志/443
010294074 商都县志评审稿/438	013994105 锡林郭勒盟志扶贫开发志/443
011321135 商都县志/438	013865254 锡林郭勒盟志工商联志/443
009799246 兴和县志送审稿/438	013959591 锡林郭勒盟志公安志/443
009768913 兴和县志/438	013226538 锡林郭勒盟志环境保护志/443
007819123 凉城县志/438	013865259 锡林郭勒盟志民族宗教志/443
011294913 察哈尔右翼前旗志/439	012956553 锡林郭勒盟志人口和计划生育志/443
010732078 察哈尔右翼前旗志送审稿/439	013865261 锡林郭勒盟志统战志/443
012048759 察哈尔右翼中旗志 1997-2007/439	013865263 锡林郭勒盟志文化体育新闻出版志/444
008829096 察右中旗志/439	013464173 锡林郭勒盟志财政志 1991-2007/443
011321254 察哈尔右翼后旗志/439	009799155 二连浩特市志送审稿/445
010293869 四子王旗志评审稿/439	009398366 二连浩特市志/445
009854341 四子王旗志/440	008645364 锡林浩特市志/445
009799168 丰镇市志送审稿/437	009190399 阿巴嘎旗志/446
010112023 丰镇市志/437	009060992 苏尼特右旗志/446
008379196 兴安盟志/440	009561092 西乌珠穆沁旗志/447
011571020 兴安盟志 1996-2005/440	
007291093 乌兰浩特市志/440	

008645370 太仆寺旗志 /447
008488200 镶黄旗志 /447
010010297 正镶白旗志验收稿 /448
009561084 正镶白旗志 /448
009398520 阿拉善盟志送审稿 /448
008594257 阿拉善盟志 /448
011995204 阿拉善盟志教育志 /448
013922758 阿拉善盟志人物志 /448
012678321 阿拉善盟志 1990-2009 /448
007273585 阿拉善盟史志资料选编 /449
008645365 阿拉善左旗志 /450
008645367 阿拉善右旗志 /451
008535823 额济纳旗志 /451
013925181 额济纳旗志 1991-2010 /451
008676706 辽宁省志 /453
011499193 辽宁省志农机志 附录重要文献辑存 /453
007806619 辽宁省志第 1 卷 金融志 /453
007806617 辽宁省志第 2 卷 石化工业志 /453
007806616 辽宁省志第 3 卷 地震志 /453
007806618 辽宁省志第 4 卷 电力工业志 /453
008486748 辽宁省志第 5 卷 民政志 /453
008535889 辽宁省志第 6 卷 化学工业志 /453
008535894 辽宁省志第 7 卷 广播电视志 /454
008535954 辽宁省志第 8 卷 军事志 /454
008535890 辽宁省志第 9 卷 测绘志 /454
008535903 辽宁省志第 10 卷 出版志 /454
008535962 辽宁省志第 11 卷 文化志 /454
008535897 辽宁省志第 12 卷 妇女志 /454
008535967 辽宁省志第 13 卷 公安志 /454
008535965 辽宁省志第 14 卷 工会志 /454
008535900 辽宁省志第 15 卷 检察志 /454
008535901 辽宁省志第 16 卷 计划志 /454
008687641 辽宁省志第 17 卷 供销合作社志 /454
008535966 辽宁省志第 18 卷 物资志 /455
008535956 辽宁省志第 19 卷 人大志 /455
008535896 辽宁省志第 20 卷 煤炭工业志 /455
008629227 辽宁省志第 21 卷 工商行政管理志 /455
008692808 辽宁省志第 22 卷 体育志 /455
008692800 辽宁省志第 23 卷 林业志 /455
008692812 辽宁省志第 24 卷 卫生志 /455
008692817 辽宁省志第 25 卷 政协志 /455
008839973 辽宁省志第 26 卷 物价志 /455
008839980 辽宁省志第 27 卷 少数民族志 /455
008840016 辽宁省志第 28 卷 黑色冶金工业志 有色金属工业志 黄金工业志 /455
008839994 辽宁省志第 29 卷 财政志 /456
008840008 辽宁省志第 30 卷 纺织工业志 /456
008839987 辽宁省志第 31 卷 科学技术志 /456
008839982 辽宁省志第 32 卷 商业志 /456
008840002 辽宁省志第 33 卷 社会科学志 /456
008839999 辽宁省志第 34 卷 统计志 /456
008972592 辽宁省志第 35 卷 粮食志 /456
008983572 辽宁省志第 36 卷 气象志 /456
008950137 辽宁省志第 37 卷 民主党派志 工商联志 国民党志 /456
008869593 辽宁省志第 38 卷 铁道志 /456
009046374 辽宁省志第 39 卷 宗教志 /456
008972598 辽宁省志第 40 卷 水利志 /457
009081661 辽宁省志第 41 卷 海关志 /457
009241691 辽宁省志第 42 卷 文物志 /457

009266097 辽宁省志第43卷 武警志/457
009189879 辽宁省志第44卷 建设志/457
009242770 辽宁省志第45卷 建材工业志/457
009189877 辽宁省志第46卷 共青团志/457
009105294 辽宁省志第47卷 司法行政志/457
009312420 辽宁省志第48卷 水产志/457
009312461 辽宁省志第49卷 公路水运志/457
009015860 辽宁省志第50卷 邮电志/457
009189883 辽宁省志第51卷 农业志/458
009312419 辽宁省志第52卷 教育志/458
009081732 辽宁省志第53卷 商检志/458
009019513 辽宁省志第54卷 地理志 建置志/458
009675741 辽宁省志第55卷 劳动志/458
009334493 辽宁省志第56卷 医药志/458
009442015 辽宁省志第57卷 机械工业志/458
009348165 辽宁省志第58卷 审判志/458
009338463 辽宁省志第59卷 石油开采工业志/458
009334480 辽宁省志第60卷 电子工业志/458
009334489 辽宁省志第61卷 对外经济贸易志/458
009880809 辽宁省志第62卷 轻工业志/459
009880805 辽宁省志第63卷 人口志/459
009001462 辽宁省志第64卷 人事志/459
009854072 辽宁省志第65卷 政府志/459
008535887 辽宁省志第66卷 地质矿产志/459
009675736 辽宁省志第67卷 档案志/459

009854071 辽宁省志第68卷 大事记 初稿/459
010154973 辽宁省志第69卷 中国共产党地方组织志/459
003796241 沈阳市志/467
007424575 沈阳市志/467
009046340 沈阳市志第1卷 综合卷/468
010111026 沈阳市志第2卷 城市建设 环境卫生 送审稿/469
008795537 沈阳市志第3卷 工业综述 机械工业/469
010111063 沈阳市志第3卷 机械工业 电子产品制造 送审稿/469
010111067 沈阳市志第3卷 机械工业 机床制造 送审稿/469
010111072 沈阳市志第3卷 机械工业 农机制造 送审稿/469
010111074 沈阳市志第3卷 机械工业 汽车制造 送审稿/469
010111222 沈阳市志第3卷 机械工业 铁路运输设备制造 送审稿/469
010111244 沈阳市志第3卷 机械工业 重型矿山机械制造 送审稿/469
008795581 沈阳市志第4卷 化学工业 医药工业 冶金工业 建材工业 电力工业 煤炭工业 石油工业/469
009046355 沈阳市志第5卷 轻工业 纺织工业 区街企业/469
009046330 沈阳市志第6卷 军事工业/469
009046322 沈阳市志第7卷 交通邮电卷/470
009046284 沈阳市志第8卷 环境和资源 农业生产关系变革 粮食作物种植 蔬菜 畜牧 水产 林果 水利 农业机械化 农垦 乡镇企业/470
010111017 沈阳市志第8卷 农业 农垦 送审

稿/470

010111018 沈阳市志第8卷 农业 水利 送审稿/470

008795611 沈阳市志第9卷 商业/470

010111060 沈阳市志第9卷 商业 副食品商业 送审稿/470

010111034 沈阳市志第9卷 商业 物资商业 送审稿/470

010111045 沈阳市志第9卷 商业 饮食服务商业 送审稿/470

010111055 沈阳市志第9卷 商业卷 供销合作商业 送审稿/470

010111030 沈阳市志第9卷 商业卷 海关 商检 送审稿/470

009046318 沈阳市志第10卷 财政 税务 审计 金融/470

008795681 沈阳市志第11卷 计划管理 统计 劳动工资管理 工商行政管理 物价 标准化与计量管理 经济体制/470

010111953 沈阳市志第11卷 商业 日用工业品商业 送审稿/471

009338466 沈阳市志第12卷 教育 科学技术 社会科学/471

009046308 沈阳市志第13卷 文化 新闻 出版 卫生 体育 文物/471

008797308 沈阳市志第14卷 政权/471

010111938 沈阳市志第14卷 政权 人民代表大会 送审稿/471

009338468 沈阳市志第15卷 政党 政协 社会团体/471

010110818 沈阳市志第15卷 政党 政协 社会团体卷 民主党派 送审稿/471

010111946 沈阳市志第15卷 政党 政协 社会团体卷 沈阳市总工会 送审稿/471

010111942 沈阳市志第15卷 政党 政协 社会团体卷 工商业联合会 送审稿/471

010111945 沈阳市志第15卷 政党 政协 社会团体卷 共青团沈阳地方组织 送审稿/471

010111939 沈阳市志第15卷 政党 政协 社会团体卷 沈阳市学生联合会 沈阳市青年联合会 送审稿/472

010111935 沈阳市志第16卷 社区 人民生活 民政 民族 宗教 风俗 方言卷 少数民族 送审稿/472

009046298 沈阳市志第16卷 社区 人民生活 民政 少数民族 宗教 风俗 方言/472

008795650 沈阳市志第17卷 人物/472

011998209 沈阳市志 1986-2005/468

013185747 沈阳市志 2000/468

011584921 沈阳市志 2001/468

011584960 沈阳市志 2003/468

009675753 沈阳市志 2004/468

009961945 沈阳市志 2005/468

010731793 沈阳市志 2006/468

011908777 沈阳市志 2007/468

011998216 沈阳市志 2008/468

012506171 沈阳市志 2009/468

012766558 沈阳市志 2010/468

013462053 沈阳市志 2011/468

008517555 沈阳大事记/472

008487124 沈阳大事记 1994/472

008251061 沈阳城图志/485

006362221 和平区志/489

009244414 沈阳市和平区新华街道志/490

009243504 南湖街志/490

006362085 沈河区志/489

013706289 沈阳市沈河区志 1986-2005/489

009242386 沈阳市沈河区大西街志 1986 /489
008537959 大东区志 1896-1995/490
008192012 皇姑区志/490
013320978 沈阳市皇姑区志 1986-2005/490
009244229 寿泉街志/491
009242744 克俭街志/491
009699760 铁西区志/491
007902380 苏家屯区志/492
010200284 苏家屯区志 1996-2000/492
007902349 东陵区志/492
007943748 东陵区志 1986-1990/492
009334574 东陵区志 1991-1995/493
009348159 东陵区志 1996-2000/493
009699776 新城子区志 1991-2000/493
013510760 新城子区志 2001-2006/493
013342531 沈阳市于洪区志 2001-2005/493
006362222 于洪区志/493
007693126 于洪区志 1986-1990/493
011329669 于洪区志 1991-2000/493
009854051 北陵乡志/494
009854301 于洪区乡镇街志/494
007491011 辽中县志 1906-1985/495
007475927 康平县志/495
011805467 康平县志 1993-2000/495
010143395 法库县志初稿/495
010143397 法库县志初稿/495
007902385 法库县志/495
008471186 法库县志/495
013703319 法库县志 1996-2005/496
012689849 新民市志 1986-1995/494
004516545 新民县志/494
007503375 大连市志/496
010243955 大连市志保险志 送审稿/496

010110784 大连市志大事记 送审稿/496
010143384 大连市志港口志 送审稿/496
009348898 大连市志公安志/496
009621953 大连市志教育志 送审稿/496
010242584 大连市志税务志 评审稿 上/497
010110793 大连市志行政建置志 送审稿/497
009413788 大连市志第 1 卷 民政志 军事志 /497
009413978 大连市志第 2 卷 自然环境志 水利志/497
009472653 大连市志第 3 卷 卫生志 1840-1990/497
012135406 大连市志第 4 卷 检察志/497
009472660 大连市志第 5 卷 工会志/497
009147586 大连市志第 6 卷 人民代表大会志 /497
009413783 大连市志第 7 卷 广播电视志/497
012135361 大连市志第 8 卷 轻工业志/497
009413986 大连市志第 9 卷 邮电志/497
008661463 大连市志第 10 卷 报业志/497
009046361 大连市志第 11 卷 环境保护志 /497
009015880 大连市志第 12 卷 大事记 行政建置志/498
009015885 大连市志第 13 卷 民族志 宗教志 /498
009310645 大连市志第 14 卷 统计志/498
009310640 大连市志第 15 卷 教育志/498
009312411 大连市志第 16 卷 人事志 机构编制志/498
009310624 大连市志第 17 卷 财政志/498
009310635 大连市志第 18 卷 工商联志/498
009310636 大连市志第 19 卷 共青团志/498
009154302 大连市志第 20 卷 文化志/498

009312415 大连市志第21卷 人物志/498

009553919 大连市志第22卷 外经外贸志/498

009334754 大连市志第23卷 司法行政志/498

010110789 大连市志第24卷 旅游志/498

009442006 大连市志第25卷 妇联志/499

009414239 大连市志第26卷 水产志/499

009561023 大连市志第27卷 港口志/499

009312407 大连市志第28卷 口岸查验志/499

009961708 大连市志第29卷 人民政协志/499

009348893 大连市志第30卷 城市建设志/499

009675701 大连市志第31卷 档案志/499

009994129 大连市志第32卷 劳动志/499

009472670 大连市志第33卷 金融志 保险志/499

009472677 大连市志第34卷 物价志/499

009472664 大连市志第35卷 工商行政管理志/499

009413981 大连市志第36卷 税务志/499

009675704 大连市志第37卷 化学工业志/499

009675717 大连市志第38卷 民俗志/500

009675719 大连市志第39卷 人民防空志/500

009334767 大连市志第40卷 纺织工业志/500

009413983 大连市志第41卷 土地志/500

009159998 大连市志第42卷 技术监督志/500

009413792 大连市志第43卷 审判志/500

009675699 大连市志第44卷 统一战线志/500

009334776 大连市志第45卷 中共地方组织志/500

009334759 大连市志第46卷 机械工业志/500

009334771 大连市志第47卷 体育志/500

009511272 大连市志第49卷 粮油作物志 蔬菜志 水果志 畜牧业志 农机志/500

009675713 大连市志第51卷 冶金工业志 电子工业志 盐业志 医药志/500

009472658 大连市志第52卷 电力工业志/500

009472679 大连市志第53卷 乡镇企业志/501

009675709 大连市志第54卷 交通志/501

010110801 大连市志第55卷 科学技术志/501

007902365 大连市情/501

012100988 大连市中山区志1986-2005/506

009009924 中山区志2002/506

009768890 西岗区志/506

009189889 沙河口区志/506

007884879 甘井子区志/506

009125967 红旗镇志/507

012506495 营城子镇志/507

009019573 旅顺口区志/507

013790306 大潘家村志/507

013704246 后三羊头村志/507

012955088 龙头村志/507

013508670 龙王塘街道志/507

013377001 前夹山村志/507

012955913 三八里村志/508

013933342 三洋村志/508

012955989 水师营村志/508
013731636 水师营街道志/508
012956005 寺沟村志/508
013863862 土城子村志/508
013660413 西沟村志/508
012316956 小南村志/508
012814537 袁家沟村志/508
007902337 金县志/509
007356237 长海县志/510
009866662 长海县志/510
013528814 大长山岛镇志/510
013129050 广鹿乡志/510
010111956 獐子岛镇志/510
007903596 瓦房店市志/509
007896665 新金县志/509
013464434 庄河市志 1986-2005/510
008470961 庄河县志/510
003801444 鞍山市志第1卷 大事记卷 1915-1985/511
007902367 鞍山市志第2卷 农业卷/511
008720546 鞍山市志第3卷 综合卷/511
007902373 鞍山市志第4卷 城乡建设卷/511
006310950 鞍山市志第5卷 社会卷/511
006311000 鞍山市志第6卷 教育卷/511
006310986 鞍山市志第7卷 文化 卫生 体育卷/511
006311049 鞍山市志第8卷 科技卷/511
006310949 鞍山市志第9卷 党政群团卷/512
007902374 鞍山市志第10卷 财政金融卷/512
007924537 鞍山市志第11卷 政法卷/512
008081743 鞍山市志第12卷 军事卷/512
008379308 鞍山市志第13卷 鞍钢卷/512
008498493 鞍山市志第14卷 交通 邮电卷/512

008385327 鞍山市志第15卷 商业卷/512
008829261 鞍山市志第16卷 人物卷/512
008983566 鞍山市志第17卷 附录卷/512
013037827 鞍山市志综合卷 1986-2005/511
009242185 鞍山市铁东区志/518
010474184 鞍山市铁西区志/518
012713849 鞍山市铁西区志 1986-2005/518
008536761 立山区志/518
007197934 旧堡区志/519
009312392 千山区志 1986-2000/519
003324963 台安县志/520
012252616 台西区志 2002-2008/520
012191834 高力房镇志/520
013755969 桑林镇志/520
007902344 岫岩县志/521
006933964 海城县志/519
008537978 腾鳌镇志/519
008852610 抚顺市志/522
010001135 抚顺市志市情要览卷/522
008379131 抚顺市志第1卷 概述 大事记 建置 自然环境 人口/522
008852630 抚顺市志第2卷 农业/522
008852633 抚顺市志第3-5卷 政党 政权 政协 群团卷 城建 环保 交通 邮电卷 科技 教育 文化 卫生卷/522
008845817 抚顺市志第6-8卷 商贸卷 经济管理卷 社会生活卷/522
008845821 抚顺市志第9-10卷 军事 政法卷 人物卷/522
009392455 抚顺市志第11卷 工业/522
012609818 抚顺市志 1986-2005/522
010474438 顺城区志/526
012662288 顺城区志 1988-2005/526

008536003 抚顺县志 /526
013128931 抚顺县志 1986-2005 /526
008034052 新宾满族自治县志 /527
010779049 清原满族自治县志 1986-2000 /527
005331602 清原县志 /527
007902372 本溪市志 /528
011452958 本溪满族自治县志 /532
007969453 桓仁县志 /532
007902362 宽甸县志 /536
007587995 东沟县志 /535
008417028 凤城市志 /535
008869044 锦州市志 /536
008536811 锦州市志第1卷 综合卷 /536
008486675 锦州市志第2卷 经济建设卷 /536
008536805 锦州市志第3卷 政治文化卷 /536
011805347 锦州市志综合卷 1986-2002 /536
009244266 太和区志 /539
013097840 新民乡志 1948-2008 /540
007490994 黑山县志 /540
013220913 半拉门乡土志 /541
007477980 义县志 /541
008038716 锦县志 /540
007902350 北镇县志 /540
007902447 营口市志 /541
008851989 营口市志第2卷 行政建置 自然环境 城市建设 交通邮电 /542
008851994 营口市志第4卷 农业 贸易 财税 金融 /542
012545612 营口百年图志 /543
012639812 老边区志 1986-2007 /544
011804339 盖州市志 /544
010730445 大石桥市志 1840-2000 /544
008599805 阜新市志 /545

012967552 阜新市海州区志 1986-2006 /546
012819806 新邱区志 1990-2006 /546
008471140 阜新蒙古族自治县志 /547
005405548 彰武县志 /546
008829234 彰武县大事记 1987-1996 /547
008486754 辽阳市志 /548
012542611 辽阳市志林业志 1989-2005 /548
009994110 白塔区志 1840-1985 /551
010239229 辽阳市弓长岭区志 /551
007850838 辽阳县志 /552
007902352 灯塔县志 /551
008846180 灯塔县志续编 1988-1996 /551
009768886 盘锦市简志 /552
008700414 盘锦市志第1卷 综合卷 /552
008700445 盘锦市志第2卷 政治卷 /552
008700478 盘锦市志第3卷 农业卷 /552
011308213 盘锦市志第4卷 工交卷 /552
008864847 盘锦市志第5卷 经贸卷 /553
013225863 双台子区志 1985-1996 /557
013128812 陈屯村志 /556
013629311 平安场乡志 1934-1992 /557
007969456 盘山县志 /557
008216390 铁岭市志第1卷 /558
008864758 铁岭市志第2卷 人物志 /558
008864760 铁岭市志第3卷 军事志 /558
013706848 铁岭市志 1984-2005 /558
009244274 铁岭市大事记送审稿 /559
007994451 银州区志 /560
007902371 铁岭县志 /561
013462667 铁岭县志 1986-2005 /561
008192047 西丰县志 /562
006555861 昌图县志第1卷 /562
009348149 昌图县志第2卷 1986-2000 /562
009348728 宝力镇志 1806-1990 /562

009348723 大洼镇志 1806-1995/562
009348733 金家镇志 1806-1990/562
009348731 三江口镇志 1821-1995/562
009744763 铁法市志/561
014047470 开原市志 1986-2005/561
009019556 朝阳市志/562
009310617 朝阳大事记 1949.10-1989.12/563
009334790 朝阳县志/565
010143439 建平县志送审稿/566
008486652 建平县志/566
009009852 喀喇沁左翼蒙古族自治县志 /566
009312397 北票市志/564
008094656 凌源县志/565
012872497 葫芦岛市志 政治卷/566
012872502 葫芦岛市志 综合卷/567
007902348 绥中县志/568
009002424 绥中县志/568
006548062 建昌县志/568
004516352 兴城县志/567
005285258 吉林省志/569
013704293 吉林省志第1卷 林业志 1986-2000/569
009511263 吉林省志第1卷 总述/569
009046198 吉林省志第2卷 大事记/569
013752512 吉林省志第2卷 商务志 1986-2000/569
009961664 吉林省志第3卷 建置沿革志/569
011328089 吉林省志第5卷 人口志/569
008689347 吉林省志第6卷 中国共产党志 /569
009511262 吉林省志第7卷 政府志/569
011328073 吉林省志第8卷 人民代表大会志 /570

009840091 吉林省志第9卷 人民政协志/570
008486625 吉林省志第10卷 民主党派 工商联志/570
011327492 吉林省志第11卷 政事志 民政/570
011328064 吉林省志第11卷 政事志 人事/570
009675435 吉林省志第11卷 政事志 外事/570
012541845 吉林省志第11卷 政事志 侨务/570
008486628 吉林省志第12卷 司法公安志 检察/570
008838745 吉林省志第12卷 司法公安志 公安/570
009675441 吉林省志第12卷 司法公安志 审判/570
010280410 吉林省志第12卷 司法公安志 司法行政/570
008689238 吉林省志第13卷 群众团体志 妇联/570
008444114 吉林省志第13卷 群众团体志 共青团/570
009840065 吉林省志第13卷 群众团体志 工会/571
008689223 吉林省志第14卷 军事志/571
011327503 吉林省志第15卷 经济综合管理志 标准计量/571
011327513 吉林省志第15卷 经济综合管理志 工商行政管理/571
011328061 吉林省志第15卷 经济综合管理志 物价/571
011327521 吉林省志第15卷 经济综合管理志 统计/571

008799844 吉林省志第15卷 经济综合管理志 物资/571

008689279 吉林省志第15卷 经济综合管理志 土地/571

008689212 吉林省志第15卷 经济综合管理志 计划/571

008689215 吉林省志第15卷 经济综合管理志 劳动/571

011321367 吉林省志第16卷 农业志 种植/571

011320315 吉林省志第16卷 农业志 农业机械化/572

011328069 吉林省志第16卷 农业志 畜牧/572

008689230 吉林省志第16卷 农业志 农村生产关系/572

011321372 吉林省志第17卷 林业志/572

008587881 吉林省志第20卷 轻工业志 一轻工业/572

009961663 吉林省志第20卷 轻工业志 纺织/572

008689350 吉林省志第21卷 重工业志 电力/572

008689362 吉林省志第21卷 重工业志 石油化学工业/572

008689181 吉林省志第21卷 建材志/572

011312081 吉林省志第21卷 重工业志 机械/572

008689176 吉林省志第22卷 地质矿产志/572

008689321 吉林省志第23卷 医药志/572

008486638 吉林省志第24卷 烟草志/572

011320317 吉林省志第25卷 乡镇企业志/573

008689182 吉林省志第26卷 交通志 铁道/573

009241476 吉林省志第26卷 交通志 公路 水运 民航/573

011327586 吉林省志第27卷 邮电志/573

008587860 吉林省志第28卷 建设志 测绘/573

009046196 吉林省志第28卷 建设志 城乡建设/573

008486629 吉林省志第30卷 财政志/573

011327590 吉林省志第31卷 金融志/573

008689249 吉林省志第32卷 国内商业志 商业/573

008486631 吉林省志第33卷 对外经贸志/573

008486634 吉林省志第34卷 海关商检志/573

008689175 吉林省志第36卷 档案志/573

011328084 吉林省志第37卷 教育志/573

011328075 吉林省志第39卷 文化艺术志 文学/574

008689284 吉林省志第39卷 文化艺术志 电影/574

008802947 吉林省志第39卷 文化艺术志 社会文化/574

009840075 吉林省志第39卷 文化艺术志 艺术/574

011328491 吉林省志第41卷 体育志/574

011312080 吉林省志第42卷 新闻事业志 报纸/574

009409457 吉林省志第43卷 文物志/574

008842721 吉林省志第44卷 宗教志/574

009511261 吉林省志第45卷 民族志/574

009744787 吉林省志第47卷 人物志/574

009840089 吉林省志第48卷 武警志/574
012638972 吉林省志第49卷 方志志/574
002870833 吉林方志大全/577
007657494 长春市志/579
013221018 长春市志分水村志/579
009865092 长春市志人民代表大会志 送审稿/580
010143042 长春市志人事志 送审稿/580
008661339 长春市志第1卷 总志/580
009048569 长春市志第2卷 审判志/580
009048594 长春市志第3卷 电影志/580
009048610 长春市志第4卷 金融志/580
009048653 长春市志第5卷 体育志/580
009048657 长春市志第6卷 邮电志/580
009048672 长春市志第7卷 城市供水志/580
009048682 长春市志第8卷 煤炭工业志/580
009048733 长春市志第9卷 农业机械化志/580
009048739 长春市志第10卷 农业志/580
009048748 长春市志第11卷 粮食志/580
009048761 长春市志第12卷 卫生志/581
009048768 长春市志第13卷 教育志/581
009048778 长春市志第14卷 城市煤气志/581
009048788 长春市志第15卷 工会志/581
009048812 长春市志第16卷 公路交通志/581
009048818 长春市志第17卷 商业志/581
009048822 长春市志第18卷 自然地理志/581
009048827 长春市志第19卷 文物志/581
008720571 长春市志第20卷 公安志/581
009048834 长春市志第21卷 畜牧业志/581
009048842 长春市志第22卷 检察志/581

009049081 长春市志第23卷 蔬菜志/581
009049093 长春市志第24卷 民俗方言志/581
009049113 长春市志第25卷 对外经济贸易志/582
009049128 长春市志第26卷 军事志/582
009049148 长春市志第27卷 人大志/582
009049161 长春市志第28卷 人口志/582
009049173 长春市志第29卷 计划志/582
009049183 长春市志第30卷 物价志/582
009049207 长春市志第31卷 土地志/582
009049228 长春市志第32卷 环境保护志/582
009049361 长春市志第33卷 少数民族志 宗教志/582
009049378 长春市志第34卷 财政志/582
008720569 长春市志第35卷 人事志/582
008720541 长春市志第36卷 电子工业志/582
008720520 长春市志第37卷 一轻工业志/582
008720518 长春市志第38卷 二轻和纺织工业志/583
008720619 长春市志第39卷 民政志/583
008720584 长春市志第40卷 文化艺术志/583
008720613 长春市志第41卷 物资志/583
008720611 长春市志第42卷 机械工业志/583
008720679 长春市志第43卷 冶金工业志/583
008720678 长春市志第44卷 建材工业志/583
008720529 长春市志第45卷 石油化学和医药

工业志/583

008720604 长春市志第46卷 工商行政管理志/583

008720686 长春市志第47卷 审计志/583

008720671 长春市志第48卷 司法行政志/583

008720564 长春市志第49卷 民用航空志/583

008720683 长春市志第50卷 乡镇企业志/583

008720668 长春市志第51卷 共青团志/584

008720617 长春市志第52卷 妇联志/584

008720576 长春市志第53卷 政府志/584

008720583 长春市志第54卷 高等教育志/584

008720522 长春市志第55卷 水利志/584

008720526 长春市志第56卷 林业志/584

008720681 长春市志第57卷 水产志/584

008720550 长春市志第58卷 建筑业志/584

008829188 长春市志第59卷 劳动志/584

008720539 长春市志第60卷 供销合作社志/584

008720615 长春市志第61卷 标准计量志 地震志/584

008720588 长春市志第62卷 城市公共交通志/584

008720628 长春市志第63卷 政协志/584

008720673 长春市志第64卷 税务志/585

008720557 长春市志第65卷 房产志/585

008720610 长春市志第66卷 广播电视志/585

008720582 长春市志第67卷 电力工业志/585

012540868 长春市志第68卷 人民防空志/585

012540865 长春市志第69卷 规划志 城市消防志/585

005559201 南关区志/590

009839764 长春市宽城区志初稿/590

007969471 长春市宽城区志/590

012995293 长春市宽城区志1989-2000/590

011471276 奋进乡志1958-2006/590

008720710 长春市朝阳区志/591

013221015 长春市朝阳区志1989-2000/591

008720723 长春市二道河子区志/591

009880356 二道河子区志送审稿/591

009329305 长春市郊区志/591

012263971 长春市郊区志1989-1995/591

007657482 双阳县志/591

005559205 农安县志/594

013684429 九台市志1988-2000/592

008720717 九台县志/592

011809707 榆树市志1989-2000/593

009839906 榆树县志初稿/593

005696892 榆树县志/593

012003040 榆树市乡镇志/593

011444229 榆树台镇志初稿/593

008720725 德惠县志/594

012954903 吉林市简志/594

008796631 吉林市志/594

006548262 吉林市志第1卷 公安志/595

012872617 吉林市志第1卷 检察志 1986-2003/595

007477979 吉林市志第2卷 公路水运交通志/595

013045683 吉林市志第2卷 政协志 1986.1-2007.11/595

010244104 吉林市志第3卷 房地产管理志

1986-2003／595
007477978 吉林市志第3卷 房地产志／595
007477977 吉林市志第4卷 税务志／595
007486970 吉林市志第5卷 金融志／595
007903953 吉林市志第6卷 邮电志／595
007903951 吉林市志第7卷 环境保护志／595
008864881 吉林市志第8卷 土地志／595
008731169 吉林市志第9卷 电力工业志／595
008731175 吉林市志第10卷 铁路运输志／595
008731171 吉林市志第11卷 财政志／596
008731164 吉林市志第12卷 林业志／596
008731168 吉林市志第13卷 物资志／596
008731162 吉林市志第14卷 文物志／596
009227387 吉林市志第15卷 体育志／596
009227313 吉林市志第16卷 物价志／596
009227375 吉林市志第17卷 综述 大事记／596
009227319 吉林市志第18卷 文化志／596
009227382 吉林市志第19卷 军事志／596
009227320 吉林市志第20卷 广播电视志／596
008731157 吉林市志第21卷 审判志／596
009310538 吉林市志第22卷 城市规划志／596
008731159 吉林市志第23卷 市政府志／596
010280086 吉林市志第24卷 轻工业志／597
009992771 吉林市志第25卷 科技志／597
010110090 吉林市志第26卷 人物志／597
010143045 吉林市志第27卷 地方税务志／597
009814678 吉林市志第28卷 图片志／597
010779135 吉林市志第29卷 建筑材料工业志／597
010779132 吉林市志第30卷 副食品志／597
010779139 吉林市志第31卷 中共地方组织志／597
011294936 吉林市志第32卷 农机志／597
011294933 吉林市志第33卷 化学工业志／597
011497845 吉林市志第34卷 统计志／597
011762287 吉林市志第35卷 共青团志／597
011954360 吉林市志第36卷 妇女团体志／597
011762295 吉林市志第37卷 人民代表大会志／598
011328438 吉林市志第38卷 检察志／598
012097482 吉林市志第39卷 卫生志／598
012611239 吉林市志第40卷 档案志／598
012954906 吉林市志第41卷 大事记／598
013045680 吉林市志第42卷 市政协志／598
013656342 吉林市志第43卷 工会志／598
013897598 吉林市志第44卷 工业品商业志／598
013897602 吉林市志第45卷 饮食服务志／598
006562120 昌邑区志／604
013647646 桦皮厂镇续志／604
013683737 吉林市昌邑区两家子满族乡志 1961-2002／604
013686310 吉林市昌邑区土城子满族朝鲜族乡志 1986-2002／605
013683739 吉林市昌邑区左家镇志 1936-2002／605
010468925 兴华街志／605
010238573 吉林市龙潭区志 1986-2003／605
011805568 龙潭区志 1986-2003／605
010293688 吉林市龙潭区山前街道志 1986

-2002/605

010293834 吉林市龙潭区遵义街道志 1979-2002/605

010293689 吉林市龙潭区铁东街志 1986-2002/605

012658282 船营区志 1673-1999/604

009560852 丰满区志 1992-2001/607

008864874 [吉林市]郊区志/607

012999184 吉林市丰满区江南乡永庆村志/607

012141506 永吉县志 1986-2005/610

010730479 蛟河市志 1989-2003/607

007486855 蛟河县志/607

010576670 桦甸市志 1988-2003/608

007488668 桦甸县志/608

012264006 常山镇志/608

010143062 舒兰市志 1986-2002 送审稿/609

010143059 舒兰市志 1986-2002/609

005696883 舒兰县志/609

011294944 磐石市志 1991-2003/610

008600726 磐石县志/610

005559206 四平市志/611

007902363 梨树县志/613

013793114 梨树县志 1986-2005/613

010469334 万发乡志/614

010730489 伊通满族自治县志/614

007902356 伊通县志/614

009865097 大孤山乡土志/614

011325315 靠山公社志/614

012264274 公主岭市志 1985-2004/612

007657590 怀德县志/612

008661349 双辽县志/613

010110102 卧虎镇乡土志/613

007491028 辽源市志/615

013688967 辽源市志 1986-2002/615

007938467 东丰县志/616

013819285 东丰县志 1986-2002/616

008731122 东辽县志 1902-1986/616

007362232 通化市志/617

012956051 通化市志 1986-2005/617

009992789 通化市东昌区志 1985-1997/618

008846173 通化市二道江区志 1985-1999/618

007657591 通化县志/620

011764829 通化县志 1986-2000/620

004893180 辉南县志/620

008829201 辉南县志 1986-1997/620

003807921 柳河县志/621

010779143 柳河县志 1986-2000/621

008338787 梅河口市志/618

010730485 梅河口市志 1986-2000/619

010143051 集安市志 1984-2003/619

004970728 集安县志/619

009387213 山城子村志/619

011875797 台上镇志/619

012871818 白山市八道江区志 1985-2005/621

013126161 白山市志 1986-2005/621

007479111 浑江市志/622

012541908 江源县志 1985-2005/622

007426163 抚松县志/623

012609821 抚松县志 1986-2000/623

008731731 靖宇县志/623

010730482 靖宇县志 1986-2002/623

007491021 长白朝鲜族自治县志/624

012132521 长白朝鲜族自治县志 1986-2005/624

010730492 松原市志/624

012174929 松原市宁江区志 1995-2003 /625
007994531 前郭尔罗斯蒙古族自治县志 /626
010576674 前郭尔罗斯蒙古族自治县志 1986-2000 /626
007480675 长岭县志 /625
008731126 乾安县志 /626
012174825 乾安县志 1986-2000 /626
010469355 扶余县志一校稿 /625
006795898 扶余县志 /625
014028775 扶余县志 1988-2000 /625
004344760 白城地区志 /627
007480653 白城市志 /628
008471150 白城市志 1986-1995 /628
013126154 白城市洮北区志 1993-2000 /629
007491019 镇赉县志 /630
008487296 通榆县志 /630
011908994 通榆县志 1986-2000 /630
008731193 洮南市志 /629
012266397 洮南市志 1988-2000 /629
012173740 大安市志 1986-2000 /629
007902366 大安县志 /629
007927570 延边朝鲜族自治州志 /631
007486946 延吉市志 /632
009024701 延吉市志 1986-2000 /632
010199812 图们市志 1644-1985 /633
007902386 敦化市志 /633
013703230 敦化市志 1986-2000 /633
008830108 珲春市志 /634
012541787 珲春市志 1988-2005 /635
007902343 龙井县志 /635
011995703 和龙市志 1988-2000 /635
005559175 和龙县志 /635
008731189 汪清县志 1909-1985 /636

007902364 安图县志 /636
012741881 安图县志 1986-2005 /636
011762108 黑龙江省志 /639
010290631 黑龙江省志 大事记 送审稿 /639
008377831 黑龙江省志 人民代表大会志 /639
009265750 黑龙江省志 武警志 /639
008445094 黑龙江省志 第1卷 总述 /639
008486587 黑龙江省志 第2卷 大事记 /639
008377843 黑龙江省志 第3卷 地理志 /639
008686722 黑龙江省志 第4卷 地质矿产志 /640
009310502 黑龙江省志 第5卷 气象志 地震志 /640
008661841 黑龙江省志 第6卷 经济综志 /640
006466639 黑龙江省志 第7卷 农业志 /640
008486585 黑龙江省志 第8卷 土地志 /640
006135393 黑龙江省志 第9卷 水利志 /640
005536256 黑龙江省志 第10卷 畜牧志 /640
007793012 黑龙江省志 第11卷 水产志 /640
008661844 黑龙江省志 第12卷 林业志 /640
007514053 黑龙江省志 第13卷 农机志 /640
004516421 黑龙江省志 第14卷 国营农场志 /640
005536257 黑龙江省志 第15卷 煤炭志 /640
003801175 黑龙江省志 第16卷 石油工业志 /640
008086720 黑龙江省志 第17卷 电力工业志 /641
004516422 黑龙江省志 第18卷 铁路志 /641
008488486 黑龙江省志 第19卷 交通志 /641
008191625 黑龙江省志 第20卷 邮电志 /641
007806614 黑龙江省志 第21卷 冶金志 /641
007588035 黑龙江省志 第22卷 黄金志 /641

008645984 黑龙江省志第23卷 机械工业志/641

008645989 黑龙江省志第24卷 电子工业志/641

008645897 黑龙江省志第25卷 化学工业志/641

008645990 黑龙江省志第26卷 轻工业志/641

006802894 黑龙江省志第27卷 烟草志 纺织志/641

008645879 黑龙江省志第28卷 手工业志/641

008645900 黑龙江省志第29卷 建设志/641

008645902 黑龙江省志第30卷 建材工业志/642

007792976 黑龙江省志第31卷 测绘志/642

007902340 黑龙江省志第32卷 金融志/642

003801408 黑龙江省志第33卷 财政志/642

008377838 黑龙江省志第34卷 对外经济贸易志/642

008380028 黑龙江省志第35卷 商业志/642

008645893 黑龙江省志第36卷 供销合作社志/642

008645889 黑龙江省志第37卷 乡镇企业志/642

008191622 黑龙江省志第38卷 粮食志/642

006135438 黑龙江省志第39卷 物资志/642

006466638 黑龙江省志第40卷 审计志 标准计量志/642

008191620 黑龙江省志第41卷 工商行政管理志/642

006871593 黑龙江省志第42卷 物价志/642

008645987 黑龙江省志第43卷 环境保护志/643

008645881 黑龙江省志第44卷 科学技术志/643

007728285 黑龙江省志第45卷 教育志/643

008645916 黑龙江省志第46卷 文学艺术志/643

007589130 黑龙江省志第47卷 卫生志/643

008445105 黑龙江省志第48卷 医药志/643

007931033 黑龙江省志第49卷 体育志/643

005794257 黑龙江省志第50卷 报业志/643

007515165 黑龙江省志第51卷 广播电视志/643

007806615 黑龙江省志第52卷 出版志/643

006135439 黑龙江省志第53卷 文物志/643

007728289 黑龙江省志第54卷 档案志/643

008445108 黑龙江省志第55卷 宗教志/643

008377850 黑龙江省志第56卷 民族志/644

007585917 黑龙江省志第57卷 人口志/644

008645975 黑龙江省志第58卷 方言民俗志/644

008645981 黑龙江省志第59卷 旅游志 侨务志/644

008645903 黑龙江省志第60卷 政权志/644

008486583 黑龙江省志第61卷 政协志/644

005794258 黑龙江省志第62卷 民政志/644

008645894 黑龙江省志第63卷 公安志/644

008445101 黑龙江省志第64卷 统计志/644

008486584 黑龙江省志第65卷 司法行政志/644

008686730 黑龙江省志第66卷 军事志/644

006466637 黑龙江省志第67卷 人事编制志/644

007588034 黑龙江省志第68卷 劳动志/644

007902370 黑龙江省志第69卷 外事志/645

007792990 黑龙江省志第70卷 共产党志

/645

008445097 黑龙江省志第71卷 民主党派 工商联志/645

008445102 黑龙江省志第72卷 工会志/645

008445112 黑龙江省志第73卷 共青团志/645

008191621 黑龙江省志第74卷 妇联志/645

008645882 黑龙江省志第75卷 科学文化团体志/645

008445114 黑龙江省志第76卷 人物志/645

008445064 黑龙江省志第77卷 出版图书期刊总目/645

008377874 黑龙江省志第78卷 地名录/645

011295506 黑龙江省志共产党志 1986-2000/639

007508881 黑龙江古代简志/645

008445132 哈尔滨市志第2卷 大事记 人口/650

009117297 哈尔滨市志第3卷 自然地理/650

008445154 哈尔滨市志第4卷 城市规划 土地 市政公用建设/650

008054981 哈尔滨市志第5卷 建筑业 房产业/650

008445135 哈尔滨市志第6卷 交通/650

013528965 哈尔滨市志第7卷 党政群团 1991-2005/650

009117303 哈尔滨市志第7卷 邮政 电信/650

009117302 哈尔滨市志第8卷 电力工业 石油化学工业/650

008054980 哈尔滨市志第10卷 电子仪表工业 冶金工业/650

008445139 哈尔滨市志第13卷 建材工业 木材工业/650

008445157 哈尔滨市志第14卷 农业 水利/651

008054979 哈尔滨市志第15卷 日用工业品商业 副食品商业 饮食服务业/651

009338134 哈尔滨市志第18卷 金融/651

009203789 哈尔滨市志第19卷 财政 税务 审计/651

008445142 哈尔滨市志第22卷 环境保护 技术监督/651

008445159 哈尔滨市志第24卷 教育 科学技术/651

009338166 哈尔滨市志第25卷 报业 广播电视/651

008445146 哈尔滨市志第26卷 文化 文学艺术/651

008661688 哈尔滨市志第28卷 中共地方组织/651

008445150 哈尔滨市志第29卷 政权/651

009338307 哈尔滨市志第30卷 政协 民主党派 工商业联合会/651

009117289 哈尔滨市志第32卷 公安 司法行政/651

008380049 哈尔滨市志第33卷 民政侨务/652

008445152 哈尔滨市志第34卷 宗教 方言/652

008661685 哈尔滨市志第36卷 人物 附录/652

008487233 松花江地区志/652

008034108 道里区志/660

008190734 南岗区志/660

012952106 红旗满族乡志 1820-2005/660

008196293 道外区志/660

012173821 道外区志 1991-2003/660
005591343 哈尔滨市太平区志/661
008378110 平房区志/661
013819463 平房区志 1991-2005/661
008094670 动力区志/661
013792168 哈尔滨市动力区志 1989-2006/661
008645378 香坊区志/661
007359839 呼兰县志/661
011804529 呼兰县志 1991-2003/661
011942184 阿城市志 1986-2005/662
007902329 阿城县志/662
003796273 依兰县志/665
003409043 方正县志/665
007902353 宾县志/666
003807922 巴彦县志/666
012871814 黑龙江省哈尔滨市巴彦县志 1986-2005/666
002987989 木兰县志/666
012680513 木兰县志 1986-2005/667
003807962 通河县志/667
013131383 通河县志 1986-2005/667
004018733 延寿县志/668
007902354 双城县志/663
007902355 尚志县志/663
012877287 五常市志 1986-2005/664
007902338 五常县志/664
013732364 五常市牛家满族镇志/664
008867727 五常镇志/664
008383055 背荫河志/665
008856889 齐齐哈尔市志/668
009436282 齐齐哈尔市志 第 1 卷 综合卷/668
008661945 齐齐哈尔市志 第 2 卷 政治卷/668
008636395 齐齐哈尔市志 第 3 卷 经济卷/668
009436296 齐齐哈尔市志 第 4 卷 文化卷/668
010144758 齐齐哈尔市志稿/669
007557477 齐齐哈尔市大事编年 1674-1985/669
009864661 龙沙区志/674
009744129 齐齐哈尔市建华区志 1649-1995/674
013184561 齐齐哈尔市建华区志 1996-2005/674
009560800 铁锋区志/674
010730438 昂昂溪区志/674
008864903 齐齐哈尔市富拉尔基区志/674
012814095 齐齐哈尔市富拉尔基区志 1986-2005/675
008377413 齐齐哈尔市碾子山区志/675
013705563 齐齐哈尔市梅里斯达斡尔族区志 1991-2005/675
009105664 齐齐哈尔市梅里斯达斡尔族区志/675
004715714 龙江县志/676
004893099 依安县志/676
007902377 泰来县志/676
013510589 泰来县志 1986-2005/677
007902476 甘南县志/677
012952019 甘南县志 1986-2005/677
007902341 富裕县志/678
004344812 克山县志/678
013632516 克山县志 1986-2005/678
007902327 克东县志/678

013531133 克东县志 1986-2005/678	013097871 伊春区志 1986-2005/694
007902339 拜泉县志/679	012878865 西林区志 1985-2005/694
013702861 拜泉县志 1986-2005/679	008034157 新青区志 1956-1985/695
007994355 讷河县志/675	008094636 汤旺河区志/695
007591350 鸡西市志/679	008445216 带岭区志/696
012661235 鸡西市恒山区志 1906-2006/680	008094638 红星区志/696
007013413 鸡东县志/681	008191651 上甘岭区志 1953-1985/696
005559193 虎林县志/681	003105093 嘉荫县志/697
006555975 密山县志/681	014052297 铁力市志 1986-2005/696
005331466 鹤岗市志/682	005559219 铁力县志/696
006420707 萝北县志/683	007668561 佳木斯市志/697
008384128 绥滨县志/683	004436196 桦南县志/702
006362069 双鸭山市志/684	013957647 桦南县志 1986-2005/702
007010320 集贤县志/685	004893172 桦川县志/702
013220920 宝清县志 1986-2005/686	006542976 汤原县志/702
007902361 饶河县志/686	008445168 抚远县志 1909-1985/702
012252373 饶河县志 1986-2005/686	007477996 同江县志/700
002210610 大庆市志/687	011882586 富锦市志 1986-2005/701
012809956 大庆市萨尔图区志 1986-2005/691	007902376 富锦县志/701
008378819 萨尔图区志/691	008094681 七台河市志/703
012609541 大庆市龙凤区志 1960-2005/691	012877081 七台河市宏伟镇镇志/703
012609549 大庆市让胡路区志 1980-2005/692	006562094 勃利县志/703
003807824 肇州县志/692	004436236 牡丹江市志/704
013134014 肇州县志 1986-2005/692	008486851 牡丹江市郊区志/707
012636653 肇源县志 1983-2005/692	007902331 东宁县志/709
007902351 林甸县志/693	013687416 东宁县志 1986-2005/709
013628063 林甸县志 1986-2005/693	008983492 林口县志/709
007362249 杜尔伯特蒙古族自治县志第1卷/693	003807932 海林县志/708
010280300 杜尔伯特蒙古族自治县志第2卷 1986-2003/693	002177338 宁安县志/708
	008378818 红城村志/708
	009382408 黑河地区简志 1945-1949/709
	007731479 黑河地区志/709
	010286154 新生鄂伦春族乡志/710
007932067 伊春市志/694	007013412 爱辉县志/710

005559177 嫩江县志/712
010109579 嫩江县志 1986-2000/712
007902357 逊克县志/713
004970849 孙吴县志/713
012831065 北安市志 1983-2005/711
007479133 北安县志/711
007490532 德都县志/712
009472377 五大连池市志 1986-2000/712
007590150 绥化地区志/713
007902328 绥化县志/713
003807881 望奎县志/716
013731952 望奎县志 1986-2005/716
010279904 望奎县后三乡正蓝前二村志/716
004436276 兰西县志/717
013374575 兰西县志 1986-2005/717
006542467 青冈县志/717
008445165 庆安县志/717
002177339 明水县志/717
003075016 绥棱县志/718
011805936 绥棱县志 1986-2000/718
006555942 安达县志/715
011809816 肇东市志 1982-2000/715
004436093 肇东县志/715
013897199 海伦市志 1986-2010/716
003756808 海伦县志/716
008486606 呼中区志/718
008338444 加格达奇区志/718
012758997 加格达奇区志 1990-2005/718
009117284 松岭区志/718
007793046 新林区志 1967-1988/719
011909888 新林区志 1989-2005/719
007020360 呼玛县志/721
006356291 呼玛县志 1978-1987/721

010243574 塔河县志/721
007902453 漠河县志/722
012614133 漠河县志 1991-2005/722
009744932 上海通志/723
009348245 上海名街志/723
009266247 上海名镇志/723
012128141 当代上海历史图志/744
007791188 黄浦区志/748
009106070 黄浦区续志 1993-2000.6/748
008713357 卢湾区志/748
011534029 卢湾区志 1994-2003/749
007791184 南市区志/749
009106074 南市区续志 1993-2000.6/749
011805891 上海市黄浦区金陵东路街道简志/749
013145350 上海市徐汇区志 1991-2005/750
007832607 徐汇区志/750
009387346 漕河泾镇志/750
012680151 华泾镇志 1984-2006/750
008170101 长宁区志/751
012679070 上海市长宁区志 1993-2005/751
013797074 新泾乡志/751
013759473 庄家宅村志/751
007773548 静安区志/751
007477984 普陀区志/752
011321149 普陀区志 1991-2003/752
007984457 长征乡志/752
007984442 真如镇志/752
012256604 真如镇志 1991-2003/752
008042326 闸北区志/753
008170112 虹口区志/754
013185729 上海市虹口区志 1994-2007/754
009561655 江湾镇志/754
007814390 杨浦区志/754

013189987 杨浦区志 1991-2003 /754	007764600 马陆志 /760
009069058 五角场镇志 /755	009199620 南翔镇志 /760
007791166 闵行区志 /755	007986702 上海市嘉定区嘉定镇志 /760
007995495 上海市上海县志 /755	012542959 太平村志 /760
009340869 华一村志 /755	008355084 唐行志 /760
011566068 纪王镇志 /755	008713342 徐行乡志 /761
012719127 井亭村志 /755	010009286 南汇县续志 1986-2001 /762
013958698 九星村志 /756	008713218 上海市南汇县志 /763
011294942 陇西志 /756	003796164 上海市川沙县志 /763
012814087 七宝镇志 /756	011471191 北蔡镇志 1991-2000 /763
012506324 闲话紫堤村志 /756	011571288 曹路镇志 /763
012208482 新桥村志 /756	010735946 城厢镇志 /763
012679157 褚家塘志 /756	009867090 川沙县续志 1986-1992 /763
008380804 杜行志 /756	012096513 川沙镇志 /763
012263944 上海市宝山区志 1988-2005 /757	009676911 大团镇志 /763
003034862 上海市宝山县志 /757	009480398 东海镇志 /763
007773557 吴淞区志 /758	011875774 高东镇志 1986-2002 /763
012173744 大场镇志 /758	012096717 高东志 /763
012713975 大场镇志 /758	008486397 高南乡志 /764
009769141 罗店镇志 /758	011995641 高桥镇志 /764
012542680 庙行镇志 /758	011296147 高行镇志 /764
011763459 盛桥镇志 /758	009160201 航头镇志 /764
011477218 淞南镇志 /758	010293993 合庆镇志 /764
012956593 杨行镇志 /758	010293907 横沔镇志 /764
011957282 月浦镇志 /758	011497764 花木镇志 /764
009198622 嘉定县志 /759	009480408 黄路镇志 /764
007379030 上海市嘉定县志 /759	009783002 惠南镇志 /764
012719109 嘉定六十年图志 /759	012251156 机场镇志 /764
011594607 嘉定县简志 /760	011954467 金桥镇志 /764
008486648 上海市嘉定县续志 /760	010230652 康桥镇志 /764
008170876 方泰乡志 /760	009393563 老港镇志 /765
012967549 封浜志 /760	012265324 六里镇志 /765
013957643 华亭乡志 /760	009160203 六灶镇志 /765
012265367 马陆戬浜合志 1990-2007 /760	009160208 芦潮港志 /765

009799339 泥城镇志/765	007678804 山阳志/771
009480429 彭镇镇志/765	007908339 松隐志/771
013753755 浦东新区金桥镇三桥村志/765	013731656 松隐志 1986-2005/771
009480431 三墩镇志/765	006362225 亭林镇志/771
012099788 三林镇志 1985-2003/765	006362187 亭新乡志/771
009480434 三灶镇志/765	007506755 兴塔志/771
009799344 书院镇志/765	013661507 兴塔志 1990-2004/771
009160212 坦直镇志/765	006362194 张堰乡志/771
010144663 唐镇志 1986-2000/766	011571274 张堰镇志/771
009480454 瓦屑镇志/766	007480649 朱泾乡志/771
009392916 万祥镇志/766	006362189 朱泾镇志/772
009393599 下沙镇志/766	007523385 朱行乡志/772
009677062 新场镇志/766	012819724 朱行镇志 1988-2005/772
010230656 新港镇志/766	007379013 上海市松江县志/773
011329527 新盛村志/766	013597661 松江县志/773
009480476 宣桥镇志/766	011329405 松江县续志/773
011479449 严桥镇志/766	013140985 车墩镇志/773
010293904 盐仓镇志/766	012831371 洞泾镇志征求意见稿/774
012100680 杨园乡志/766	013141195 洞泾镇志/774
011066484 张江镇志/766	013373455 方松街道志/774
009782993 周浦镇志/767	013373524 九亭镇志/774
009799347 祝桥镇志/767	008486709 九亭志/774
007378998 上海市金山县志/770	013375272 泖港镇志/774
012049619 金山县续志 1986-1997/770	013660314 石湖荡镇志/774
008408827 漕泾志/770	013462594 泗泾镇志/774
008486332 枫泾镇志/770	008487243 松江镇志上海市松江县/774
006362186 枫围乡志/770	008781408 天马山志/774
006362188 干巷乡志/770	013379115 小昆山镇志/774
008486668 金卫志/770	012956574 新浜镇志/775
008486731 廊下志/770	013226622 新桥镇志/775
013774465 廊下志 1989-2004/770	013379378 叶榭镇志/775
008486788 吕巷镇志/771	009269069 叶榭志/775
006362226 钱圩志/771	013379389 永丰街道志/775
	012924664 岳阳街道志/775

013379678 中山街道志/775	011477097 平安续志 1985-2003/783
013994270 张泽志/775	013066941 齐贤志/783
009995151 松江图志/777	011892391 齐贤续志 1985-2002.5/783
012542803 青浦县志 1985-2000/778	012174822 钱桥续志/783
007381000 上海市青浦县志/778	009676089 青村志/783
009414484 白鹤志/778	012174831 青村续志/783
009688446 大盈志/778	009160219 邵厂志/783
013860482 凤溪镇志/778	012836324 树园村志/783
013861611 华新镇志/778	011570366 四团续志 1985-2003/783
009688450 环城志/778	012051963 泰日续志 1985-2003/783
012873051 莲盛志/778	011908944 塘外续志/784
012684576 青浦镇志/778	011909003 头桥续志/784
012266321 沈巷续志/779	013010694 邬桥志/784
013936404 崧泽村志/779	011500728 邬桥续志 1985-2003/784
009881522 香花桥志/779	011998558 西渡志 1986-2003/784
012767151 徐泾志/779	003097867 新寺志/783
009340893 赵屯志/779	012052458 新寺续志 1988-2003/784
010778986 赵巷镇志/779	013961171 盐行村志/784
013996202 重固镇志/779	013148810 柘林志 古代-2003/784
012317833 朱家角乡志/779	011957508 庄行续志 1985-2003/784
009480524 朱家角镇志/779	013965112 崇明县志 1985-2004/786
003795805 奉贤县志/781	008713090 上海市崇明县志/786
013221119 奉贤县志资料/782	012048778 长兴乡志 1986-2004/786
011564541 奉贤县续志/782	012713957 陈家镇志 1985-2004/786
009106469 奉贤百年纪事 1901-2000/782	013128936 港西镇志 1985-2004/787
011995612 冯桥村志/782	011329507 向化镇志/787
011911553 奉城续志 1985-2001/782	012252450 中兴镇志/787
013752317 高桥村志/782	010294090 江苏省志 对外经济贸易志 送审稿/789
011564608 光明续志 第1卷 1985-2003/782	010294088 江苏省志 物资志 送审稿/789
011890849 洪庙镇志/782	010292743 江苏省志 邮电志 初审稿/789
012541708 胡桥续志 1985-2003/782	008221681 江苏省志 第2卷 地理志/789
011890998 江海续志 1985-2002.5/782	008221461 江苏省志 第3卷 人口志/789
011954459 金汇续志 1985-2002.5/782	008691945 江苏省志 第4卷 计划生育志/789
011295667 南桥镇志 1985-2002.5/783	

008221696 江苏省志第5卷 天文事业志/789
008221201 江苏省志第6卷 气象事业志/790
008221656 江苏省志第7卷 地质矿产志/790
007693078 江苏省志第8卷 地震事业志/790
008221726 江苏省志第9卷 土壤志/790
009880363 江苏省志第10卷 生物志 植物篇/790
009880362 江苏省志第10卷 生物志 动物篇/790
008221727 江苏省志第11卷 土地管理志/790
008592653 江苏省志第12卷 综合经济志/790
008984038 江苏省志第13卷 水利志/790
008221580 江苏省志第14卷 农业志/790
008221571 江苏省志第15卷 林业志/790
009319794 江苏省志第15卷 园艺志/790
008221438 江苏省志第16卷 畜牧志/791
008221579 江苏省志第18卷 农机具志/791
007693134 江苏省志第19卷 海涂开发志/791
008221702 江苏省志第20卷 蚕桑丝绸志/791
007693136 江苏省志第21卷 轻工业志/791
008221240 江苏省志第22卷 纺织工业志/791
007693131 江苏省志第23卷 陶瓷工业志/791
008221734 江苏省志第24卷 盐业志/791
008221455 江苏省志第25卷 医药志/791
008221693 江苏省志第26卷 电子工业志/791
007493549 江苏省志第27卷 冶金工业志/791

008221196 江苏省志第28卷 机械工业志/791
008221618 江苏省志第29卷 石油工业志/791
008221447 江苏省志第30卷 化学工业志/792
008221572 江苏省志第31卷 煤炭工业志/792
007493609 江苏省志第32卷 电力工业志/792
009790016 江苏省志第33卷 建材工业志/792
008984082 江苏省志第34卷 建筑志/792
008221233 江苏省志第35卷 军事工业志/792
013730119 江苏省志第35卷 审判志 1978-2008/792
008221428 江苏省志第36卷 乡镇工业志/792
008691465 江苏省志第37卷 城乡建设志/792
009854019 江苏省志第38卷 房地产管理志/792
008221738 江苏省志第39卷 风景园林志/792
008221707 江苏省志第40卷 测绘志/792
008221450 江苏省志第41卷 环境保护志/792
007693144 江苏省志第42卷 交通志 民航篇/793
008221208 江苏省志第42卷 交通志 航运篇/793
008221212 江苏省志第42卷 交通志 公路篇/793

008221213 江苏省志第42卷 交通志 铁路篇/793
008221735 江苏省志第43卷 邮电志/793
008221589 江苏省志第44卷 商业志/793
007294746 江苏省志第45卷 供销合作社志/793
007294745 江苏省志第46卷 粮食志/793
008221755 江苏省志第47卷 物资志/793
008221731 江苏省志第48卷 对外经济贸易志/793
007693142 江苏省志第49卷 旅游业志/793
007693132 江苏省志第50卷 商品检验志/793
008221423 江苏省志第51卷 海关志/793
007693079 江苏省志第52卷 工商行政管理志/794
007693133 江苏省志第53卷 价格志/794
008221585 江苏省志第54卷 标准化志/794
007693139 江苏省志第55卷 计量志/794
007693137 江苏省志第56卷 财政志/794
008221631 江苏省志第57卷 税务志/794
008221225 江苏省志第58卷 金融志/794
008221581 江苏省志第59卷 保险志/794
008221609 江苏省志第60卷 审计志/794
008446198 江苏省志第61卷 议会 人民代表大会志/794
008984769 江苏省志第61卷 政协志/794
009270285 江苏省志第62卷 中共志/794
008221644 江苏省志第62卷 民主党派 工商联志/794
010143110 江苏省志第62卷 国民党志/795
008599871 江苏省志第63卷 社团志 妇女团体篇/795
008599874 江苏省志第63卷 社团志 农民团体篇/795
008221603 江苏省志第63卷 社团志 青年团体篇/795
008221597 江苏省志第63卷 社团志 工人团体篇/795
008221237 江苏省志第64卷 军事志/795
008221565 江苏省志第66卷 公安志/795
007693143 江苏省志第67卷 检察志/795
007693138 江苏省志第68卷 审判志/795
007693140 江苏省志第69卷 司法志/795
008984848 江苏省志第70卷 民政志/795
009270248 江苏省志第71卷 地名志/795
008221568 江苏省志第72卷 劳动管理志/795
011475195 江苏省志第73卷 人事管理志/796
008221740 江苏省志第74卷 外事志/796
011312792 江苏省志第75卷 侨务志/796
007693135 江苏省志第76卷 档案志/796
008221216 江苏省志第77卷 教育志/796
008221560 江苏省志第78卷 科学技术志/796
008221593 江苏省志第79卷 社会科学志/796
008221583 江苏省志第80卷 报业志/796
008221229 江苏省志第81卷 出版志/796
008221563 江苏省志第82卷 广播电视志/796
009189799 江苏省志第83卷 文化艺术志/796
009159958 江苏省志第83卷 文学志/796
008221751 江苏省志第84卷 文物志/796
008221743 江苏省志第85卷 卫生志/797
008221690 江苏省志第86卷 体育志/797

009342261 江苏省志第87卷 宗教志/797
008221575 江苏省志第88卷 民俗志/797
008221418 江苏省志第89卷 方言志/797
012097582 江苏省志第90卷 人物志/797
008691993 江苏省志第91卷 江苏人民革命斗争纪略/797
011884177 江苏省志第92卷 附录/797
012680270 江苏省志邮电 1990-1998/789
007013587 江苏名村志/797
007013588 江苏名镇志/797
002135376 南京简志/802
012614355 南京市志/802
011909156 小市街道志/803
009472591 玄武区志/817
010280087 玄武新志/817
006362068 白下区志/817
013224715 南京市白下区志 1986-2005/817
009310568 建邺区志/818
012759006 江心洲街道志/818
009992974 鼓楼区志/818
009472587 下关区志/818
007806566 江浦县志/819
013092985 江浦县志 1988-2001/819
009797397 浦口区志/819
011961205 顶山街道志/819
011961211 盘城镇志/819
011961210 石桥镇志/819
011961208 泰山街道志/819
012099959 汤泉镇志/819
013630242 乌江镇志/819
011961196 星甸镇志/819
013630482 沿江街道志/819
009115985 栖霞区志/820
009046129 雨花台区志/820

011943022 板桥街道志/820
002987987 江宁县志/821
013000510 秣陵志/821
013179376 淳化街道志/821
013328705 东山街道志/821
010778014 东山镇志/821
013925273 谷里村志/821
012998958 谷里街道志/821
011579859 谷里乡志第7卷/821
013324576 横溪街道志/822
013013564 江宁街道志/822
010473851 江宁镇志/822
012661576 禄口街道志/822
010146965 禄口镇志/822
010292169 秣陵镇志/822
010777037 上坊乡志/822
013185847 汤山街道志/822
010687013 陶吴镇志/822
010280378 周岗镇志/822
010253914 大厂区志/825
010280290 长芦镇志/825
013191012 竹镇镇志/825
007378989 溧水县志/827
013730175 溧水县志 1986-2005/827
010239217 在城镇志/827
007358217 高淳县志/828
012831504 高淳县志 1986-2005/828
009413490 淳溪镇志/828
011497899 江张村志/828
008992452 武家嘴村志/828
008817590 无锡市志/829
009865200 无锡村志/829
013939671 扬名街道志 2004-2011/829
009413578 扬名镇志/829

012317104 玉祁镇志/829
013167506 崇安寺街道志/833
013167525 广瑞路街道志/833
013167526 广益街道志/833
013167522 江海街道志/833
012956120 上马墩街道志/833
013167527 通江街道志/833
007505448 南长区志/833
009472581 北塘区志/833
007486961 无锡县志/833
011955706 锡山市志 1986-2000/834
009319786 东亭镇志/834
010777051 陆区乡志/834
009252820 洛社镇志/835
009009715 前洲镇志/835
010474131 无锡市郊区志/835
012191969 胡埭乡志/835
012882681 胡埭镇志/835
013144469 江苏省无锡蠡园经济开发区无锡市滨湖区蠡园街道志/835
010777053 梅村志/835
012836160 群丰村志/835
013731157 荣巷街道志/835
012612934 嶂青村志/836
011295965 澄江志/838
004032269 江阴市志/836
013861846 江阴市志 1988-2007/836
013939477 峭岐志/836
009865168 长泾镇志/836
012611114 华士镇志/836
010008755 璜土镇志/836
013774476 李沟头村志/836
008661973 利港镇志/836
013933200 马镇志/837

008817785 青阳镇志/837
010008910 西石桥镇志/837
012900051 新桥镇志/837
008817281 云亭镇志/837
008668429 周庄镇志/837
007378005 江苏省宜兴县志/839
013723703 宜兴市志 1988-2005/839
009889530 丁蜀镇志/839
009768814 高塍镇志/839
008446230 官林镇志/839
013955847 湖㳇镇志/839
011805440 江苏省宜兴市鲸塘镇志/839
012174820 屺亭镇志/840
009252828 善卷镇志/840
009105517 太华镇志/840
009335276 杨巷镇志/840
008091859 宜城镇志/840
009319910 张渚镇志/840
011810575 周铁镇志/840
008053797 徐州市志/841
013730140 九里区志/851
009413593 云龙区志/851
009025804 贾汪区志/852
013316355 江苏省徐州市贾汪区志/852
012097452 荒里村志 1588-1998/852
008446220 青山泉乡志 1882-1992/852
013186103 徐州市郊区志/852
005591366 江苏省铜山县志/853
011478684 大泉乡志/853
012265283 利国村志/853
008986989 利国乡志/853
011534037 马楼村志/853
009174348 丰县简志/858
007478001 丰县志/858

009441962 沛县简志 /859
008973426 沛县志 /859
008813361 鹿湾乡志 /859
007477997 睢宁县志 /860
008446396 高作镇志 /861
011564596 古邳志 /861
009441978 凌城镇志 /861
008873147 浦棠乡志 /861
008446414 双沟镇志 /861
008830117 桃园镇志 /861
008446411 姚集乡志 /861
008446400 张圩乡志 /861
012723251 新沂市志 1978-2008 /854
008817584 新沂县志 /854
012048691 阿湖镇志 /854
013883876 北沟乡志 /854
012967557 港头镇志 /854
012264270 高流镇志 /855
013507833 合沟镇志 /855
012955016 李庄村志 /855
012814106 棋盘镇志 /855
012266044 桥塘村志 /855
009335731 邵店镇志 /855
012506195 时集乡志 /855
007903565 邳县志 /856
012950337 八路镇志 /856
009338293 陈楼镇志 /856
011473035 港上镇志 1914-2000.9 /856
013793481 邳州市车辐山镇志 /856
008486276 常州市志 /862
013316258 横山桥镇志 /862
012506632 榉树沟志 /862
008817538 常州方志评论集 /869
008216036 [常州市史志丛书]常州掌故 第 2 卷 /869
009009945 [常州市史志丛书]天南地北常州人 /869
011293355 广化区志 /871
009043283 天宁区志 /871
010250813 青龙乡志 /871
006933839 钟楼区志 1840-1985 /871
011321154 钟楼区志 1986-2002 /871
010200097 戚墅堰区志 /871
013629334 戚墅堰志 征求意见稿 /872
009020715 常州市郊区志 1984-2000 /870
009338410 勤丰村志 1949-2000 /870
007905726 武进县志 /872
013375939 武进志 1986-2007 /872
013037884 奔牛镇志 /872
010686821 卜弋乡志 /872
013751617 戴溪乡志 /872
012982252 东华村志 /872
013688759 横林镇志 1984-2007 /873
012191950 横山桥公社志 /873
013688779 湟里镇志 /873
013793116 礼嘉镇志 /873
013508668 龙潭庵村志 /873
013774631 洛阳乡志 /873
011292167 马杭乡志 /873
013689048 南夏墅街道志 1984-2007 /873
013328720 牛塘镇志 /873
011319942 前黄乡志 /873
013373578 三勤村志 /873
012872489 武进湖塘镇志 /874
013510747 夏雷村志 二稿 /874
013732395 夏雷村志 /874
010686836 小新桥乡志 /874
011319944 薛家乡志 /874

013686434 遥观乡志/874	010776980 东山镇志/887
013379373 遥观镇志/874	008067466 洞庭东山志/887
013324578 郑陆镇志/874	009338328 渡村镇志/887
012769675 周家巷村志/874	009768793 光福镇志 第4卷/887
013736571 邹区镇志/874	009993006 郭巷镇志/887
010686819 西夏墅公社志/875	008842905 木渎镇志/887
013940903 竹箦镇志/878	014050246 上林村志/887
013531081 金坛市志 1988-2007/878	012542960 太平镇志/887
005591350 金坛县志/879	013732355 吴县东桥乡志/887
010573722 苏州市志送审稿/880	008926001 西山镇志/887
007914627 苏州市志/880	009348112 越溪镇志/887
011321249 北桥镇志第10卷/880	012758970 黄桥镇志/889
013723483 东桥镇志/880	011321168 望亭镇志/889
009854002 枫桥镇志/880	010110347 渭塘镇志/889
009154170 跨塘镇志/880	009553783 阳澄湖镇志/889
010110181 蠡口镇志/880	010135034 沧浪区志第12卷/885
009840125 陆慕镇志第6卷/880	009686881 金阊区志/885
009881776 浦庄镇志/880	010135032 平江区志/885
011329472 通安镇志/881	010143128 苏州市沧浪区志街巷桥梁卷 1911-1985 初稿/885
010778570 湘城镇志/881	
009154166 斜塘镇志/881	009154162 娄葑镇志/885
012052521 友新六村志/881	009154152 胜浦镇志/885
011491186 镇湖镇志/881	009154155 唯亭镇志/885
013239937 苏州老街志/884	013959482 吴江市志 1986-2005/889
009189837 苏州郊区志/885	007585894 吴江县志/889
013373603 苏州市高新区虎丘区志/886	009312245 北厍镇志/889
010778573 东渚镇志/886	009411587 横扇镇志/889
009414487 横塘镇志/886	010143114 黎里镇志/889
009405931 虎丘镇志/886	009865194 芦墟镇志/889
013666223 苏州市吴中区志 1988-2005/886	012051696 梅堰镇志/889
006924061 吴县志/886	009313452 庙港镇志/890
008446331 吴县大事记石器时代-1993/886	008846550 南麻镇志/890
009560855 藏书镇志/886	013955951 平望镇志/890
009348103 长桥镇志/886	009105506 七都镇志/890

009338415 盛泽镇志 /890
011478670 同里镇志 /890
009441974 菀坪镇志 /890
010199825 江苏省常熟市志 /891
007379012 江苏省常熟市志江苏省 /891
012540853 碧溪镇志吴市卷 /891
008446351 碧溪镇志 /891
009561891 大义镇志 /892
007501654 东张乡志 /892
008906145 董浜镇志 /892
008446354 福山镇志第10卷 /892
012504011 古里镇志 /892
009889539 海虞镇志福山志 /892
009889535 海虞镇志海虞志 /892
009889542 海虞镇志棉花原种场志 /892
009889548 海虞镇志王市志 /892
009889549 海虞镇志周行志 /892
008446348 何市镇志 /892
012097448 环湖村志 /893
008985259 练塘镇志 /893
010476179 梅李镇志第1卷 珍门卷 /893
011986429 梅李镇志第1卷 赵市卷 /893
008379970 梅李镇志第15卷 /893
010475817 淼泉镇志 /893
012174785 莫城镇志 /893
008614822 藕渠镇志 /893
013731063 琴湖村志 /893
012899356 任阳镇志 /893
013822669 沙家浜镇志 /893
012177305 尚湖镇志尚湖卷 /894
011763423 尚湖镇志王庄卷 /894
012177309 尚湖镇志冶塘卷 /894
012177313 尚湖镇志练塘卷 /894
009154213 王庄镇志 /894

008446349 吴市镇志 /894
009310591 谢桥镇志 /894
009147426 辛庄镇志 /894
008817307 兴隆镇志 /894
009009934 徐市镇志 /894
010009160 杨园镇志 /894
009009697 冶塘镇志 /895
008846553 虞山镇志 /895
009189841 张桥镇志 /895
010474442 支塘镇志 /895
004715713 沙洲县志 /897
008985250 港区镇志 /897
008985353 锦丰镇志 /897
013704426 乐余镇志 /897
013793246 鹿苑镇志 /897
008985349 南丰镇志 /897
008906125 塘市镇志 /897
008828242 小河坝村志 /898
013072534 塘桥志 /898
013861886 昆山市志 1981-2010 /899
007378049 昆山县志 /899
008051782 巴城镇志 /899
009338272 兵希镇志 /899
009348841 淀山湖镇志 /899
013820261 花桥镇志 1995-2006 /899
009686972 锦溪镇志 /899
008380109 昆山市城北镇志 /900
009397517 昆山市城北镇志续集 /900
010251797 陆家镇志 /900
009338385 陆杨镇志 /900
010143126 蓬朗镇志 /900
010008898 蓬朗镇志 1989-2003 /900
008874849 石牌镇志 /900
008817630 玉山镇志 /900

010010272 张浦镇志 大市卷/900	009154199 清河区志/921
010010275 张浦镇志 南港卷/900	007896680 淮阴县志/922
011564467 正仪镇志/900	007932059 涟水县志/922
003796233 太仓县志/903	008486591 洪泽县志/923
008530708 城厢镇志/903	011310785 共和乡志/923
010475838 璜泾镇志/903	005536235 盱眙县志/923
013822713 双凤镇志/903	006350831 金湖县志/924
008446381 岳王镇志/903	008223803 盐城市志/924
009115959 南通市志/904	006135332 盐城县志/924
008817514 南通县志/907	011792994 伍佑志/924
007793020 海安县志/909	012719228 龙冈镇志/927
013415138 胡集镇志/910	007932031 响水县志/929
009799926 曲塘镇志/910	008446209 滨海县志/930
008093046 如东县志/911	007905711 阜宁县志/930
008357268 如东县志评论文选/911	012256508 益林镇志/930
007380958 丰利镇志/911	008471178 射阳县志/931
009389880 掘港镇志/911	007478005 建湖县志/932
007655190 马塘镇志/911	012265108 建湖县志 1986-2008/932
011430418 潮桥志 四稿/911	007482413 东台市志/927
008446313 如皋县志/908	013090962 东台镇志/927
007731473 海门县志/909	013958739 梁垛镇志/927
008636343 连云港市志/913	010476488 大丰市志/928
008377821 连云区志/914	007908346 大丰县志/928
008822339 云台区志/914	009115868 大丰市大事记/928
009856951 朝阳镇志/914	013528643 草堰乡志/928
008848032 花果山乡志/914	008532023 大中镇街道志/928
009116005 新浦区志/913	009115863 大中镇志/928
008793266 海州区志/916	010735835 小海乡志/928
008817768 赣榆县志/916	008094700 扬州市志/932
007010553 东海县志/917	011585203 扬州市志 城乡建设 总纂送审稿/932
008595002 灌云县志/918	010778022 扬州沙口村志/932
007443542 灌南县志/919	006362111 广陵区志/937
008196388 淮安市志/920	007425700 邗江县志/936
007705579 淮阴市志/920	

012541621 邗江县志 1988-2000 /936
008196328 扬州市郊区志 /936
010110153 公道镇志 /936
008848080 扬州堡城村志 /936
009472601 杨庙乡志 /936
007724496 江都县志 /937
010730030 昌松乡志 /937
008378586 大桥镇志 /937
013144465 江都镇志 /937
008195135 七里乡志 /937
013342514 邵伯镇志 /937
013706338 双沟镇志 /938
010278962 宜陵镇志 /938
009840143 真武镇志 /938
008817527 宝应县志 /941
009799868 宝应城镇志 /941
012969659 氾水镇志 /941
013185851 天平镇志 /941
007426151 仪征市志 /939
014052921 仪征市志 1988-2006 /939
011311889 新集镇志 /939
005591278 高邮县志 /940
010778953 横泾镇志 /940
013222234 湖滨乡志 /940
011580202 界首镇志 /940
008488305 镇江市志 /941
011585399 镇江市志人事志 讨论稿 /941
007773559 大港镇志 /942
009797406 镇江百年图志 /942
004465785 镇江地方志资料选辑 /945
007362245 京口区志 /946
009997000 象山乡志 /946
010239246 润州区志送审稿 /946
007678812 润州区志 /946

007905719 丹徒县志 /947
008811700 宝堰镇志 /947
009234366 大路镇志 /947
013320957 上党镇志 /947
009335862 辛丰镇志 /947
013723787 丹阳市志 1986-2005 /948
005405552 丹阳县志 /948
013957432 丹阳志 1983-2012 /948
012636874 丹阳市吕城镇志 /948
012503914 访仙镇志 /948
009686861 皇塘镇志 /948
013940770 云阳镇志 前538-2006 /948
004733123 扬中县志 /950
005591364 句容县志 /951
005591353 泰县志 /953
008488213 兴化市志 /953
011472923 戴南镇志 /953
009392049 东汉村志 /953
004436221 靖江县志 /954
005591333 泰兴县志 /955
007930903 宿迁市志 /956
008446276 沭阳县志 /957
013863666 沭阳县志 1987-2005 /957
008196319 泗阳县志 /957
013899463 泗阳县志 1988-2005 /957
008817680 泗洪县志 /958
013731651 泗洪县志 1990-2006 /958
012100887 浙江省志 交通篇 /959
008446465 浙江省名村志 /959
004900324 浙江省名镇志 /959
007469574 浙江地方志考录 /967
008051176 杭州市志 /970
009995742 杭州近江村志 /971
009480458 杭州市西兴镇志 /971

012898534 杭州四季青志/981	012052477 许贤乡志/988
013730117 江二村志/971	009319943 衙前镇志/988
008848190 浦沿镇志/971	009799855 义桥镇志/988
012100787 袁浦镇志/971	007384532 余杭县志/992
009840493 上塘志/971	011327223 杭州市余杭区镇乡街道简志/992
012999110 杭州市上城区志/984	
010118520 杭州市上城区小营巷街道志/984	013282598 绿景村志/992
	007509018 塘栖镇志/992
012140237 清泰街志/984	010010004 姚家埭村志/992
009335171 江干区志/985	007347872 余杭临平镇志/992
011757339 采荷街道志/985	008913674 余杭镇志/992
013990659 杭州市江干区彭埠镇普福村志/985	012052525 余杭镇志 1990-2005/993
	004102759 桐庐县志/1002
010146863 西湖区志征求意见稿/985	013795602 桐庐县志/1002
008662800 东冠村志/986	010474454 桐庐镇志/1002
013010911 西兴村志/986	007378986 淳安县志/1004
009198625 萧山市志/986	009840473 鸠坑乡志/1004
012636922 萧山市志试印本/986	012811573 建德市志 1978-2005/995
009962529 萧山市志卫生编 修改稿二稿/986	007378955 建德县志/995
008488207 萧山县志/987	010290700 梅城镇志/995
012714075 党山镇志/987	012899991 谢田村志/995
011757874 工农村志/987	012998921 富阳市志 1991-2005/997
012139305 尖山下村志/987	006384345 富阳县志/997
009480414 坎山镇志/987	008822419 富阳新登镇志/998
011997344 临浦镇志/987	008093065 富阳镇志/998
012877314 南阳镇志/987	009088981 新建村志/998
009688840 宁新村志/987	012545509 新建村志 2000-2007/998
012680553 潘山村志/987	013626421 富阳史志要览 2005-2011/1000
012877147 三盈村志/987	012680413 临安市志 1989-2005/1000
013899407 山后村志/987	004415489 临安县志/1000
009480452 所前镇志/987	012713901 昌化镇志/1000
006755001 萧山城厢镇志/988	011311873 临安市三口镇志/1000
009480421 萧山临浦镇志/988	012140709 下源村志/1000
013464205 兴围村志/988	007590106 宁波市志/1006

008822411 宁波市志外编/1006
009856052 新碶镇志/1006
012847058 钟公庙街道志/1006
013898657 宁波市北仑区志/1010
008822766 镇海县志/1010
007809790 鄞县志/1011
009995699 鲍家村志/1011
007509418 象山县志/1015
008822651 爵溪镇志/1015
005285325 宁海县志/1016
012809906 长街镇志/1016
009126426 宁海城关镇志/1017
008450412 余姚市志/1012
013067268 泗门镇志/1012
012769488 永丰村志/1012
013510916 余姚市情图志/1012
007905718 慈溪县志/1013
009198617 慈溪县志/1013
009818368 慈溪县志简本/1013
007953772 慈溪县志编修实录/1013
013865429 新编慈溪市图志 1988-2008 /1013
011310777 长河镇志/1013
011329420 横河镇志/1013
009996525 周巷镇志/1013
007385742 奉化市志/1014
008446523 温州市志/1018
008822384 城郊乡志/1018
011909069 温州市鹿城区志/1022
013189989 仰义乡志/1022
012719265 温州市龙湾区永中街道志 1949-2007/1022
011479303 仙门村志/1022
007480656 洞头县志/1027

012998914 洞头县志 1991-2005/1027
009149802 永嘉县志/1028
011320475 瓯北镇志/1028
006710504 桥头镇志/1028
007482410 平阳县志/1029
008450243 浦联村志/1029
007969455 苍南县志/1031
009126185 苍南灵溪镇志/1031
011440988 灵溪镇志 1990-2005/1031
008380643 龙港镇志/1031
009190870 龙港镇志/1031
013753489 灵溪区地方志/1032
007585935 文成县志/1033
008450383 泰顺县志/1033
008848299 浙江省泰顺县莒江乡志/1033
012982277 湖岭片区志/1023
008822663 瑞安市志/1023
008848260 莘塍镇志/1023
008839630 乐清县志/1025
012173667 白石镇志/1025
013333761 北白象镇志/1025
013090938 大荆镇志/1025
012809957 淡溪镇志/1025
012872279 凤凰村志/1025
013129152 虹桥镇志/1025
009881611 黄华镇志/1025
008450301 乐城镇志/1025
008822626 柳市镇志/1025
011477131 蒲岐镇志/1025
009126432 上园村志/1026
013686318 翁垟镇志/1026
011432890 嘉兴市志/1034
008640176 嘉兴市志/1034
012208113 七星镇志/1036

011909173 新丰镇志/1036
013342634 王店镇志/1036
008356476 新滕镇志/1036
007590141 嘉善县志/1040
007678831 魏塘镇志/1041
011570951 西塘镇志/1041
005536212 海盐县志/1041
008822268 海盐县志编纂综录/1041
008913692 澉浦镇志/1041
006362176 沈荡镇志/1041
007506756 通元镇志/1041
009561911 武原镇志/1041
008094660 海宁市志/1036
008450268 长安镇志/1036
009126244 海宁硖石镇志/1036
009413574 盐官镇志/1036
013793499 平湖市志 1990-2005/1038
007477953 浙江省平湖县志/1038
013792151 广陈镇志/1038
013797017 新埭镇志/1038
013464337 乍浦镇志/1038
007735953 桐乡县志/1039
008094519 崇福镇志/1039
013955629 崇福镇志/1040
009799922 濮院镇志/1040
008913661 乌镇志/1040
012546761 洲泉镇志/1040
008486612 湖州市志/1042
013335385 湖州市志 1991-2005/1042
008450329 湖州市名村志/1042
013730195 菱湖镇志/1042
009678923 埭溪镇志/1044
007347937 练市镇志/1044
013688962 练市镇志/1045

013958960 菱湖镇志补遗勘误/1045
007909703 南浔镇志/1045
007266551 德清县志/1045
009840527 钟管镇志/1045
008822779 长兴县志/1046
005591380 安吉县志/1046
012048829 大溪村志/1046
012051924 石龙村志/1046
007923351 绍兴市志/1047
008865032 绍兴市志/1047
013822679 上窑村志/1047
011763105 绍兴市镜湖新区东浦镇南村志/1047
008822363 修志文存 绍兴市志编纂实录/1050
011328395 东浦镇志/1050
012952078 荷湖村志/1050
012505413 宁六村志/1051
013732545 杨川村志/1051
013343582 张市村志/1051
008487121 绍兴县志/1051
008845975 安昌镇志/1051
013373460 福全镇志/1051
013687431 富强村志/1051
013820455 江桃村志/1051
013762143 漓渚镇志/1051
011805740 南岸村志/1052
009700651 齐贤镇志/1052
011908806 盛陵村志/1052
012684765 陶堰镇志/1052
011909127 夏履镇志/1052
012613060 杨汛桥镇志/1052
009688844 蜀阜志/1054
007378982 上虞县志/1054

007010527 新昌县志/1058
006548246 诸暨县志/1055
008446356 枫桥史志/1055
013334361 草塔镇志/1055
013902047 诸暨渔橹赵家村志/1055
012101003 诸暨祝家坞村志/1055
007378975 嵊县志/1056
011570297 嵊州市志1986-2002/1056
008822771 长乐镇志/1056
004344819 金华市志/1060
013093004 金华市婺城区志/1063
013728900 后溪河村志/1064
006135331 金华县志第1卷/1064
009688805 金华县续志第2卷/1064
003801232 武义县志/1071
013328718 武义县志1986-2005/1071
012956550 武义柳城镇志/1071
007378976 浦江县志/1073
009996033 前吴村志/1073
009511338 前于村志/1073
007477981 磐安县志/1074
012684555 磐安县志1991-2005/1074
012658413 斐湖村志/1074
004892876 兰溪市志/1064
013897912 兰溪市志/1065
008446560 洞源村志/1065
009126258 兰溪城关镇志/1065
009126274 兰溪游埠镇志/1065
008450312 女埠镇志/1065
012317002 姚村村志/1065
013798865 诸葛村志/1065
012613036 义乌市志/1066
008822295 义乌县志/1066
010146948 何麻车村志/1067

010146967 前洪村志/1067
007272133 东阳市志/1068
009164546 寀卢村志/1068
009678900 蔡宅村志/1069
011320820 东阳名村志/1069
010146850 湖溪村志/1069
004102694 永康县志/1070
008662446 河头村志/1070
009164462 唐先志/1070
008034096 衢州市志/1075
009840477 柯城区志/1077
007908338 衢县志/1077
009009802 衢县志1985-2001/1077
004516028 常山县志/1079
012096442 常山县志1988-2005/1079
013731736 天马镇志/1079
007660504 古常山郡新志/1080
008053718 开化县志/1080
012680335 开化县志1986-2005/1080
009105686 华埠镇志/1080
011327141 开化县城乡志/1080
003034982 龙游县志/1081
007384531 江山市志/1078
013926371 江山市志1988-2007/1078
007932833 白沙村志/1078
013528622 白沙村志/1078
007905740 江山城关镇志/1078
012265404 廿八都镇志/1078
009745111 清湖镇志/1078
005559209 舟山市志/1082
009995832 金塘志/1082
006350829 定海县志/1084
008822666 白泉镇志/1084
013093123 马岙镇志/1084

008822619 普陀区志 1987-1995 /1084
008143581 普陀县志 /1084
007791115 六横志 /1084
009126436 沈家门镇志 /1085
008446588 展茅镇志 /1085
007366660 岱山县志 /1085
010962496 岱山县志 1989-2000 /1085
013093269 青黑村志 /1085
004892877 嵊泗县志 /1086
011805910 嵊泗县志 1986-2000 /1086
008822371 台州地区志 /1086
008532058 台州地区志志余辑要 /1086
012814241 台州市志 /1086
009962523 台州图志 /1088
008486661 椒江市志 /1088
012202937 椒江志附金清港志 /1089
008972327 椒江续志 /1088
007908335 黄岩县志 /1089
009016137 黄岩志 /1090
007479128 玉环县志 /1094
008021675 玉环楚门镇志 /1094
010118546 玉环坎门镇志 /1095
007254533 三门县志 /1095
009678970 三门湾志 /1095
011805982 天台县简志 /1096
008822399 天台县志 /1096
011534060 天台县志 1989-2000 /1096
009162034 水南村志 /1096
011793060 西张村志 /1096
010009036 天台志苑 /1097
007378981 仙居县志 /1097
013797007 仙居县志 1986-2010 /1097
008822347 仙居县大事记 1986-1997 /1097
007905716 温岭县志 /1091

007757594 大溪镇志 /1091
011472918 大溪镇志 /1091
007384533 临海县志 /1092
012609669 杜桥志 /1092
006319880 丽水地区志 /1098
007060940 丽水市志 /1098
007384615 青田县志 /1101
013822219 青田县志 1988-2007 /1101
013066969 青田图志 /1101
009480336 方山乡志 /1101
013666876 阜山乡志 /1101
012611050 鹤城镇志 /1101
013072525 塘坑村志 /1101
013940781 章旦乡志 /1101
008822677 缙云县志 /1102
007818009 遂昌县志 /1103
009620060 石仓村志 /1103
008487247 松阳县志 /1104
013012650 界首村志 /1104
012900207 玉岩村志 /1104
007591304 云和县志 /1105
007924538 庆元县志 /1106
008486704 景宁畲族自治县志 /1106
007585895 龙泉县志 /1100
007910038 安徽省志 /1107
010294061 安徽省志纺织工业志 送审稿 /1107
010294045 安徽省志供销合作社志 送审稿 /1107
010294064 安徽省志交通志 送审稿 /1107
010294052 安徽省志民政志 送审稿 /1107
010229248 安徽省志人物志 评审稿 /1107
010137485 安徽省志水利志 评议稿 /1108
010294054 安徽省志外事侨务志 送审稿

/1108

010294055 安徽省志 冶金工业志 送审稿/1108

008450954 安徽省志 总目录/1108

009041786 安徽省志第1卷 总述/1108

008298562 安徽省志第2卷 大事记/1108

008298567 安徽省志第3卷 建置沿革志/1108

008298570 安徽省志第4卷 自然环境志/1108

007291102 安徽省志第5卷 地质矿产志/1108

009041691 安徽省志第6卷 气象志/1108

009041768 安徽省志第7卷 地震志/1108

007291165 安徽省志第8卷 人口志/1108

008527533 安徽省志第9卷 政党志/1108

008663575 安徽省志第9卷 政党群团志 共产党篇 初稿/1109

008298572 安徽省志第10卷 群众团体志/1109

008663587 安徽省志第11卷 人大政府政协志/1109

007291169 安徽省志第12卷 公安志/1109

007850910 安徽省志第13卷 司法志/1109

007291170 安徽省志第14卷 民政志/1109

008298575 安徽省志第16卷 人事志/1109

008527524 安徽省志第17卷 外事侨务志/1109

007291167 安徽省志第18卷 军事志/1109

008492859 安徽省志第19卷 农业志/1109

009884369 安徽省志第20卷 水产志/1109

007511826 安徽省志第21卷 林业志/1109

008298872 安徽省志第22卷 水利志/1109

008298876 安徽省志第23卷 农垦志/1110

008663598 安徽省志第24卷 乡镇企业志/1110

007291105 安徽省志第25卷 煤炭工业志/1110

007291168 安徽省志第26卷 电力工业志/1110

007291104 安徽省志第27卷 石油化学工业志/1110

008590651 安徽省志第28卷 冶金工业志/1110

007807223 安徽省志第29卷 机械工业志/1110

008298930 安徽省志第30卷 电子工业志/1110

008298933 安徽省志第31卷 轻工业志/1110

008641617 安徽省志第31卷 烟草志/1110

007291106 安徽省志第32卷 纺织工业志/1110

007674868 安徽省志第33卷 建材工业志/1110

008036614 安徽省志第34卷 军事工业志/1110

008486153 安徽省志第35卷 交通志/1111

007291103 安徽省志第36卷 邮电志/1111

008380811 安徽省志第37卷 测绘志/1111

008492854 安徽省志第38卷 城乡建设志/1111

007291166 安徽省志第39卷 商业志/1111

009041715 安徽省志第40卷 粮食志/1111

008528676 安徽省志第41卷 供销合作社志/1111

008527511 安徽省志第42卷 对外经济贸易志/1111

008298935 安徽省志第43卷 旅游志/1111

008298938 安徽省志第44卷 金融志/1111
008527505 安徽省志第45卷 财政志/1111
008298942 安徽省志第46卷 计划统计志/1111
008298946 安徽省志第47卷 工商行政管理志/1111
008298947 安徽省志第48卷 物资志/1112
008298949 安徽省志第49卷 价格志/1112
008298951 安徽省志第50卷 技术监督志/1112
008528681 安徽省志第51卷 科学技术志/1112
008298954 安徽省志第52卷 社会科学志/1112
007348207 安徽省志第53卷 体育志/1112
007674872 安徽省志第54卷 教育志/1112
008298963 安徽省志第55卷 文化艺术志/1112
008663591 安徽省志第56卷 档案志/1112
008298960 安徽省志第57卷 文物志/1112
008298961 安徽省志第58卷 新闻志/1112
008486165 安徽省志第59卷 广播电视志/1112
008527519 安徽省志第60卷 出版志/1112
007674873 安徽省志第61卷 卫生志/1113
007850912 安徽省志第62卷 医药志/1113
007807224 安徽省志第63卷 民族宗教志/1113
008450946 安徽省志第64卷 民俗志/1113
007850911 安徽省志第65卷 方言志/1113
008450950 安徽省志第66卷 人物志/1113
008450957 安徽省志第67卷 附录/1113
010250392 安徽省志机械工业志 1861-1985 初稿/1107

010137522 安徽省志简本/1113
008440050 合肥市志/1118
013772728 合肥市志 1986-2005/1118
013860707 合肥市瑶海区志 1949-2005/1125
013507829 合肥市蜀山区志 1949-2005/1125
007905739 长丰县志/1127
012587045 长丰县志 1986-2005/1127
003807956 肥东县志/1127
007482041 肥西县志/1127
012967545 肥西县志 1986-2005/1127
004970864 庐江县志/1128
012661537 庐江县志 1986-2005/1128
007493541 巢湖地区简志/1126
011890479 巢湖市居巢区志 1986-2005/1126
007486937 巢湖市志/1126
013628015 居巢简志 2000-2011/1126
013687135 巢家志/1126
007493556 芜湖市志/1128
012882708 芜湖市志 1986-2002/1128
013183717 镜湖区志至 2002/1131
012970626 新芜区志/1131
012545399 芜湖市马塘区志至 2005/1131
011998533 芜湖市鸠江区志至 2003/1131
007488663 芜湖县志/1132
012316892 芜湖县志 1990-2003/1132
007482426 繁昌县志/1132
012679300 繁昌县志 1987-2006/1132
011431343 荻港镇志/1132
012662307 孙村镇志 420-2008/1132
006928414 南陵县志/1133
011570139 南陵县志 1991-2000/1133

005701635 无为县志/1133
007291174 蚌埠市志/1134
010137524 蚌埠市志二轻分志 评审稿/1134
011995247 蚌埠市志 1986-2005/1134
013726761 蚌埠市蚌山区志 1946-2007/1136
013687110 蚌埠市淮上区志至2007/1137
007347868 怀远县志/1137
013861721 怀远县志 1986-2005/1137
009009963 龙亢志/1137
007490373 五河县志/1137
006555891 固镇县志/1138
008450993 淮南市志/1138
013627793 淮南市志/1138
013628640 毛集实验区志/1138
010007654 田家庵区志 1953-1990/1140
012638731 田家庵区志至1953/1140
009378096 廖家湾村志/1140
008985257 谢家集区志 1949-1990/1140
011496820 八公山区志 1949-1998/1140
008450986 凤台县志/1140
004344813 马鞍山市志/1141
012614085 马鞍山市志 1988-2005/1141
008528227 马鞍山市志评论文集/1141
008528242 马鞍山市志资料/1141
008528208 马鞍山历史大事记/1141
012661601 马鞍山市花山区志/1144
012680469 马鞍山市金家庄区志至2005/1144
012662820 马鞍山市雨山区志/1144
007443579 当涂县志/1144
013751619 当涂县志 1978-2010/1144
007490998 含山县志/1145
007490999 和县志/1145

013860716 和县志 1989-2005/1145
008451014 淮北市志/1145
013772859 杜集区志/1147
010107794 双堆区志/1148
005701613 濉溪县志/1148
008528080 濉溪县志续编 1986-1996/1148
006795921 铜陵市志/1148
011806011 铜陵市铜官山区志至2000/1150
011806004 铜陵市狮子山区志至2000/1150
011805998 铜陵市郊区志至2000/1150
007132525 铜陵县志/1150
011066424 铜陵县志 1991-2000/1151
007493540 安庆地区志/1151
008451008 安庆市志/1151
011469918 安庆市志 1978-2000/1151
007478006 安庆市郊区志/1153
013987319 安庆市大观区志 1996-2006/1153
013987322 安庆市宜秀区志 1988-2007/1153
007443583 怀宁县志/1154
011804612 怀宁县志 1978-2002/1154
008450989 枞阳县志/1155
011757511 枞阳县志 1978-2002/1155
004516622 潜山县志/1155
007294756 太湖县志/1156
011321182 太湖县志 1978-2001/1156
013002617 宿松县志 1978-2002/1157
012836365 洲头乡志 1978-2004/1157
007986606 望江县志/1157
013959457 望江县志 1988-2005/1157
009332379 岳西县乡镇简志/1158

007425712 岳西县志/1157	005536238 天长县志/1165
012100849 岳西县志 1978-2002/1158	008599808 阜阳地区志/1168
013507513 桐城市志 1978-2000/1153	008865075 阜阳地区志/1168
007488878 桐城县志/1153	006933775 阜阳市志/1168
007490424 黄山市志/1158	011889598 阜阳县志/1168
012680178 黄山市志至 2006/1158	013771467 安徽省阜阳县集镇小志/1168
004516446 徽州地区简志/1158	007478000 临泉县志/1170
013820300 黄山市屯溪区志/1160	011892109 临泉县志 1986-2005/1170
004892979 屯溪市志/1160	007490951 太和县志/1170
011954334 黄山区志/1160	008812126 阜南县志/1170
012252635 汤口镇志至 2006/1160	008488258 颍上县志/1171
012506287 乌石乡志至 2006/1160	012689887 颍上县志 1949-2009/1171
012613282 仙源镇志至 2006/1160	010880715 颍上县志 1989-2003/1171
013704287 黄山市徽州区志/1160	012889177 八里河镇志/1171
007486939 歙县志/1161	007491033 界首县志/1170
012837452 歙县志至 2005/1161	007132536 宿县地区志/1171
009250160 溪头志/1161	007348174 宿县志/1172
010229508 休宁县志评审稿/1161	005331567 宿州市志/1172
007348208 休宁县志/1161	008812023 符离镇志/1173
013379127 休宁县志 208-2010/1161	012051778 蕲县镇志/1173
007347959 黟县志/1162	013072536 宿州市桃山集志/1173
003807942 祁门县志/1162	011477233 宿州市墉桥区曹村镇简志/1173
011955288 祁门县志/1162	008812019 砀山县志/1173
013753758 祁门乡镇简志/1162	007380994 萧县志/1174
010007625 祁山镇志/1162	013373644 萧县志 1986-2005/1174
007990208 滁县地区志/1163	006933718 灵璧县志/1175
008451005 滁州市志/1163	007348185 泗县志/1175
013373424 滁州市南谯区志至 2005/1165	008565549 六安地区志/1176
003491392 来安县志/1166	007013511 六安市志/1176
013508532 来安县志 1986-2005/1166	012813955 六安市志 2010/1176
003105197 全椒县志/1167	007480688 六安县志/1176
013225623 全椒县志 1985-2005/1167	007969458 寿县志/1178
007486938 定远县志/1167	004018780 霍邱县志/1178
008527552 凤阳县志/1167	

书名分类索引·历史、地理

013955850 霍邱县志 1984-2004/1178
012767162 姚李镇志/1179
007291164 舒城县志/1179
013775253 舒城县志 1986-2004/1179
004018808 金寨县志/1180
006795885 霍山县志/1181
013792418 霍山县志 1986-2005/1181
012635651 亳州市志 2000-2009/1181
013859406 亳州市志 1987-2000/1182
003491313 涡阳县志/1182
009887044 义门区志/1182
006555968 蒙城县志/1183
013774645 蒙城县志 1986-2003/1183
007294766 利辛县志/1183
007523615 池州地区志/1183
012139141 贵池市志 1988-2000/1184
007491012 贵池县志/1184
007905697 东至县志/1184
011804274 东至县志 1988-2005/1185
007001962 石台县志/1185
006795894 青阳县志/1185
012955893 青阳镇志/1185
008451013 宣城地区志/1186
011909907 宣城地区志 1988-2000/1186
007806628 宣城县志/1187
007990193 郎溪县志/1187
007995589 郎溪县志资料/1187
007806583 广德县志/1188
013897147 广德县志 1978-2005/1188
007512919 泾县志/1188
013599605 泾县志 1988-2005/1188
008492870 绩溪县志/1189
013704291 绩溪县志/1189
012836315 石雕村志/1189

007905737 旌德县志/1190
012097639 旌德县志 1978-2003/1190
007886151 宁国县志/1187
007881713 福建省志/1191
009887077 福建省志体育志 送审稿/1191
007010463 福建省志第 1 卷 华侨志/1191
012971599 福建省志第 1 卷 环境保护志 2001-2005/1191
007010470 福建省志第 2 卷 测绘志/1191
012883311 福建省志第 2 卷 公安志 1990-2005/1191
013143603 福建省志第 3 卷 国土资源志 1991-2005/1191
007010472 福建省志第 3 卷 粮食志/1192
007010471 福建省志第 4 卷 电子工业志/1192
013183427 福建省志第 4 卷 气象志 1991-2005/1192
013183424 福建省志第 5 卷 工商行政管理志 1996-2005/1192
008413502 福建省志第 5 卷 教育志/1192
007345753 福建省志第 6 卷 化学工业志/1192
013183429 福建省志第 6 卷 人口和计划生育志 1991-2005/1192
007010544 福建省志第 7 卷 水产志/1192
013687429 福建省志第 7 卷 通信志 1991-2005/1192
013686669 福建省志第 8 卷 农业志 1991-2005/1192
007010540 福建省志第 8 卷 卫生志/1192
013687427 福建省志第 9 卷 交通志 1990-2005/1193
009854434 福建省志第 9 卷 军事志/1193

013726979 福建省志第10卷 财政志 1989-2005/1193

007591344 福建省志第10卷 海关志/1193

013751748 福建省志第11卷 税务志 1989-2005/1193

007591346 福建省志第11卷 烟草志/1193

007010543 福建省志第12卷 供销合作社志/1193

013751792 福建省志第12卷 物价志 1999-2005/1193

007591345 福建省志第13卷 林业志/1193

013771894 福建省志第13卷 人民代表大会志 1998-2008/1193

013751729 福建省志第14卷 环境保护志 2001-2005/1193

007591347 福建省志第14卷 邮电志/1194

013751741 福建省志第15卷 金融志 1999-2005/1194

007591343 福建省志第15卷 轻工业志/1194

007591342 福建省志第16卷 金融志/1194

013791185 福建省志第16卷 统计志 1996-2005/1194

007591341 福建省志第17卷 气象志/1194

007010545 福建省志第18卷 体育志/1194

009117960 福建省志第19卷 旅游志/1194

009117963 福建省志第20卷 煤炭工业志/1194

008451037 福建省志第21卷 民政志/1194

009117952 福建省志第22卷 民俗志/1195

009117982 福建省志第23卷 档案志/1195

007010541 福建省志第24卷 财税志/1195

008413403 福建省志第25卷 科学技术志/1195

008413404 福建省志第26卷 畜牧志/1195

008365918 福建省志第27卷 人口志/1195

008365927 福建省志第28卷 医药志/1195

008366800 福建省志第29卷 地质矿产志/1195

008392005 福建省志第31卷 商业志/1195

008385267 福建省志第32卷 交通志/1195

008486350 福建省志第33卷 劳动志/1195

008451030 福建省志第34卷 公安志/1196

008385269 福建省志第35卷 电力工业志/1196

008451033 福建省志第36卷 方言志/1196

008482199 福建省志第37卷 纺织工业志/1196

008482192 福建省志第38卷 对外经贸志/1196

008482207 福建省志第39卷 共产党志/1196

008680215 福建省志第40卷 检察志/1196

008569805 福建省志第41卷 土地管理志/1196

008680241 福建省志第43卷 物价志/1196

008680243 福建省志第44卷 戏曲志/1196

008680208 福建省志第45卷 二轻工业志/1196

008680206 福建省志第46卷 大事记/1197

008680187 福建省志第47卷 建筑志/1197

008680231 福建省志第48卷 水利志/1197

008680228 福建省志第49卷 审判志/1197

008680234 福建省志第50卷 司法行政志/1197

008680222 福建省志第51卷 农业志/1197

008680198 福建省志第52卷 城乡建设志/1197

008846576 福建省志第53卷 计划志/1197

008680218 福建省志第54卷 民主党派志

/1197
008680248 福建省志第55卷 政府志/1197
008986040 福建省志第56卷 船舶工业志/1197
008865106 福建省志第57卷 工商行政管理志/1198
008986038 福建省志第58卷 海洋志/1198
008865107 福建省志第59卷 审计志/1198
008865110 福建省志第60卷 统计志/1198
009024722 福建省志第61卷 新闻志/1198
009117956 福建省志第62卷 冶金工业志/1198
009198052 福建省志第63卷 生物志/1198
009000424 福建省志第64卷 工人运动志/1198
009024718 福建省志第65卷 政协志/1198
009009792 福建省志第66卷 技术监督志/1198
009250560 福建省志第67卷 铁路志/1198
008680193 福建省志第68卷 文物志/1199
009009789 福建省志第69卷 广播电视志/1199
009397887 福建省志第70卷 人物志/1199
009124473 福建省志第71卷 建设志 1991-1997/1199
009335501 福建省志第72卷 地理志/1199
009413288 福建省志第73卷 武夷山志/1199
009553661 福建省志第74卷 外事志/1199
009346485 福建省志第75卷 人民代表大会志/1199
011943565 福建省志第76卷 文化艺术志/1199
011472976 福建省志第77卷 闽台关系志/1199

009472041 福建省志第78卷 妇女运动志/1199
009472048 福建省志第79卷 环境保护志/1200
009472062 福建省志第80卷 社会科学志/1200
011329755 福建省志第81卷 佛教志/1200
009472031 福建省志第82卷 出版志/1200
010779034 福建省志第83卷 物资志/1200
013687430 福建省志第84卷 民航志/1200
008302210 福州市志/1204
009378203 福州市志人物志/1204
011295982 福州方志史略/1204
009557515 福州市历史文化名城名镇名村志/1204
008866668 鼓楼区志/1212
009153970 洪山镇志/1212
013726984 福州市台江区志 1991-2005/1212
009117897 台江区志/1212
009378189 福州市盖山镇志/1213
012049541 建新镇志/1213
013506763 高湖江边乡土志/1213
013002627 台屿志/1213
009157919 马尾区志/1213
012635663 长安村志/1214
008451086 东岐村志/1214
012814020 闽安镇志/1214
008636645 福州市郊区志/1214
013506718 福州市郊区台江镇志/1214
012545419 西园村志/1214
012636832 秀岭村志/1214
012317123 园中村志/1215
008532515 西园乡土志/1215

009157941 闽侯县志/1219
013335036 福建省闽侯县大湖乡志/1219
013987658 廷坪乡志/1219
012658336 定海志/1219
009157927 连江县志/1219
012955023 连江村志连江马祖/1220
008451912 罗源县志/1222
008486824 闽清县志/1223
011892179 闽清村志/1223
006822862 永泰县志/1224
008830615 平潭县志/1224
008034101 福清市志/1215
007505420 福清县志/1215
012952011 福清村志简史记/1215
013222019 福清音西村志/1215
013706219 上薛村志/1216
012831150 长乐市志/1217
012503714 长乐村志/1218
012889256 长乐罗联乡志/1218
013133777 图说琴江新志/1218
009303992 厦门市志/1225
011762016 禾山镇志/1225
013865453 新圩志/1225
012956554 厦门市湖里区高殿寨上志/1229
013792435 厦门市集美区志/1229
008640095 同安县志/1229
012173920 洪塘头村志/1230
013603459 厦门市翔安区志/1231
012613232 新店镇志/1231
009020679 莆田市志/1231
013991338 莆田市志司法行政志/1232
007480668 莆田县志/1232
009385964 江口镇志/1232

008492547 涵江区志/1234
009117939 梧塘镇志/1234
009117918 忠门镇志/1234
007482440 仙游县志/1235
008830594 榜头镇志/1235
009117996 枫亭志/1235
008846578 郊尾镇志/1235
012351982 仙游县度尾乡志初稿/1235
013955620 中华人民共和国福建省仙游县大济镇志/1235
009003122 三明市志/1236
008451103 明溪县志/1239
007479144 清流县志/1239
007905783 宁化县志/1240
012542805 宁化县泉上镇志/1240
008028165 大田县志/1241
013897682 均溪镇志/1241
012969671 宋京村志/1241
007412391 尤溪县志/1241
012723413 尤溪县志1986-2000/1241
013628644 梅营村志/1241
005591308 沙县志/1242
008379751 将乐县志/1242
007479145 泰宁县志/1242
007486933 建宁县志/1243
008451138 永安市志/1238
007493527 永安县志/1238
009413276 安砂镇志/1238
010150800 曹远镇志/1238
011313009 燕江街道志/1238
008523782 泉州市志/1243
008664242 鲤城区志/1248
009010088 鲤城镇志/1248
008846570 惠安县志/1252

012173714 崇武镇志第三稿/1252	006350825 顺昌县志/1265
007358342 安溪县志/1254	006543149 浦城县志/1265
003801294 福建省永春县志/1255	006350830 光泽县志/1266
006542999 德化县志/1255	006567524 松溪县志/1266
012967412 赤水镇志/1255	007657607 政和县志/1267
008664192 桂阳乡志/1255	008053749 邵武市志/1263
012951987 龙浔镇志/1255	007479207 武夷山市志/1264
008451136 石狮市志/1249	006822868 建瓯县志/1264
006350794 晋江市志/1250	007480655 建阳县志/1265
009198619 晋江市志/1250	012898645 黄坑镇志/1265
011491203 深沪镇志/1250	007905713 福建省龙岩地区志/1267
011294273 塘东村志/1250	005705515 龙岩市志/1267
011294250 丰州志/1251	010730555 龙岩市志 1988-2002/1267
007490995 南安县志/1251	011475361 龙岩新罗区志 1988-2002/1269
012658601 洪濑镇志/1251	011908829 适中镇志/1269
008612592 漳州市志/1256	008665704 雁石镇志续编/1269
008612613 芗城区志/1258	005701641 长汀县志第1卷/1269
008599913 云霄县志/1259	010007684 长汀县志第2卷 1988-2003/1270
008451091 漳浦县志/1259	013012682 支乡志/1270
013901229 漳浦县古雷镇镇志/1259	007482412 永定县志/1270
008612602 诏安县志/1259	009988784 永定县志 1988-2000/1270
009767818 长泰县志/1260	010138263 永定县志 1988-2000 评议稿/1270
006697065 东山县志/1260	008101442 中川史志/1270
008612604 南靖县志/1260	005331692 上杭县志/1271
007479115 平和县志/1261	013957110 官庄畲族乡志/1271
007342718 华安县志/1261	005701653 武平县志/1271
008612595 龙海县志/1258	011793007 武平县志 1988-2000/1271
009683387 港尾镇志/1258	006350838 连城县志/1272
007287214 福建南平县志图集/1262	009804594 连城县志 1988-2000/1272
009412583 南平地区志/1262	013097843 新泉镇志/1272
007479113 南平市志/1262	007491000 漳平县志/1269
010110000 南平市志金融志/1262	008599898 宁德地区志/1272
012753176 宝珠村志/1262	007490430 宁德市志/1272
012541539 凤池村志/1263	

008599908 霞浦县志/1276	009010100 南昌市郊区志/1301
008051690 古田县志/1277	007348197 南昌县志/1301
008830624 屏南县志/1277	010110709 南昌县志 1986-2004/1301
005285197 寿宁县志/1278	012882688 冈上镇志/1301
008527789 斜滩镇志/1278	010143323 蒋巷乡志/1301
006697059 周宁县志/1278	004018809 新建县志/1302
007359850 柘荣县志/1278	010779197 新建县志 1985-2002/1302
009061196 福安市志送审稿/1274	004018783 安义县志/1303
009061473 福安市志征求意见稿/1274	011756368 安义县志 1986-2000/1303
008640101 福安市志/1274	007903894 进贤县志/1303
010687008 甘棠镇志/1275	010110601 进贤县志 1986-2000/1304
008451142 福鼎县志/1275	008486693 景德镇市志略/1304
009319305 福鼎县志/1276	011471266 昌江区志/1306
009392443 江西省苏区志/1279	012680286 景德镇市珠山区志 1970-2003/1306
008586620 江西省志/1279	008471080 浮梁县志/1307
010294097 江西省志 纺织工业志 送审稿/1279	012049285 浮梁县志 1994-2005/1307
009001336 江西省大事记/1279	009061766 乐平市志 1985-2000/1306
008299062 江西乡镇志/1279	003795985 乐平县志/1306
008032722 江西地方志序跋凡例选录/1288	007724498 萍乡市志/1307
005705314 江西省地方史志资料选辑/1288	011534045 萍乡市志 1986-2002/1307
	010225181 萍乡今古/1307
009020780 江西省方志编纂志/1289	010200106 安源区志/1309
009511266 南昌简志/1293	011295923 湘东区志 1971-2002/1309
008299108 南昌市志/1293	005559166 莲花县志/1310
010143332 南昌市志商业志/1293	013362660 莲花县志 1988-2002/1310
012317869 南昌市志 1986-2004/1293	010143330 莲花县志 1988-2002 评议稿/1310
012265348 麻丘镇志/1293	
010200269 南昌月池熊氏教授村志/1293	009744828 上栗县志/1310
009675607 南昌市东湖区志/1300	010280107 芦溪县志/1310
009009737 西湖区志/1300	009189855 九江市志/1310
009393583 南昌市青云谱区志/1301	009687451 庐山区志/1314
	012899012 九江县志 1986-2005/1316
008985782 湾里区志/1301	007764878 武宁县志/1316

书名分类索引·历史、地理

012052399 武宁县志/1317
004893122 修水县志/1317
009818496 渣津镇志/1317
006567332 永修县志第1卷/1318
009675627 永修县志第2卷 1985-2000/1318
006924088 德安县志/1318
004102836 星子县志/1319
007482402 都昌县志/1320
012264203 都昌县志 1990-2005/1320
006497419 湖口县志/1320
004893305 彭泽县志/1321
012252287 彭泽县志/1321
012614112 瑞昌市志 1990-2005/1315
007351318 瑞昌县志/1315
007482387 瑞昌县续志/1315
007905762 新余市志/1321
010143344 新余市志商业志/1321
009059428 新余市情概要/1323
009312788 渝水区志 1983-2003/1323
007342670 分宜县志/1324
011321184 分宜县志/1324
009009717 鹰潭市志/1324
011444259 月湖区志/1326
007478002 余江县志/1326
011809697 余江县志 1986-2005/1326
008389992 贵溪县志/1326
007508995 赣州地区志/1327
008636344 赣州市志/1327
010230894 湖边镇志/1330
009866659 南康市志 1986-2000/1330
007013600 南康县志/1330
007683914 赣县志/1332
012831499 赣县志 1986-2000/1332
012969390 南塘镇志/1332

007060750 信丰县志/1332
012814436 信丰县志 1986-2006/1332
007903904 大余县志/1333
007478004 上犹县志/1333
009511270 上犹县志 1986-2000/1333
003801260 崇义县志/1334
009799316 崇义县志 1986-2000 二校稿/1334
009799317 崇义县志 1986-2000 三校稿/1334
009799322 崇义县志 1986-2000 一校稿/1334
009675606 崇义县志 1986-2000/1334
007903907 安远县志/1335
007903908 安远县志/1335
013723433 安远县志 1986-2005/1335
007807095 龙南县志/1336
013065014 龙南县志 1986-2009/1336
008084280 定南县志/1336
013096228 全南县志 1989-2000/1336
007351308 宁都县志/1337
010778507 黄陂镇志/1337
010778517 洛口镇志/1337
007479095 于都县志/1338
009880376 于都县志 1986-2000/1338
012096645 段屋乡志/1338
010280444 葛坳乡志/1338
009687416 贡江镇志/1339
011329325 禾丰镇志/1339
011497770 黄麟乡志/1339
011439876 靖石乡志/1339
008423452 岭背乡志/1339
009996569 岭背镇志/1339
010110729 桥头乡志/1339

011312070 铁山垅镇志/1339	006543112 永新县志/1352
013226555 仙下乡志/1339	012926207 永新县志 1986-2006/1352
011809342 新陂乡志/1339	013965127 井冈山市志 1991-2010/1346
009996601 梓山镇志/1339	007974889 井冈山志/1346
007903912 兴国县志/1341	009687457 宁冈苏区志/1346
012613201 兴国县志 1986-2000/1341	007589135 宁冈县志/1346
007905732 会昌县志/1342	012898369 鹅岭乡志/1346
012097471 会昌县志 1986-2009/1343	010143346 宜春地区志建筑业志/1353
012003016 寻乌县志 1986-2000/1343	007905720 宜春市志/1353
007903895 石城县志/1343	012689881 宜春市志/1353
012613896 石城县志 1986-2000/1344	008300070 宜春地区县市概况/1353
010778551 瑞金市志/1330	009386157 梅溪台上村志/1353
007482405 瑞金县志/1330	008300066 宜春地区乡镇志/1353
008423419 象湖镇志/1330	007903924 奉新县志/1361
013236353 泽覃乡志/1330	013045512 奉新县志 1986-2004/1361
012999180 吉安地区志/1344	009689119 会埠乡志/1361
008830631 吉安市志/1344	003146908 万载县志/1362
013144443 吉安市青原区志/1346	012877265 万载县志 1986-2005/1362
012049529 吉安县志 1986-2005/1347	007482345 上高县志/1363
012097490 吉水县志 1986-2004/1347	007351317 宜丰县志/1363
002988283 新干县志/1348	012723401 宜丰县志 1986-2005/1363
009889677 新干县志 1986-2000/1349	009234379 敖桥乡志/1363
007482386 永丰县志/1349	009241670 澄塘镇志/1363
012769491 永丰县志 1986-2005/1349	009335430 芳溪镇志/1363
007482403 泰和县志/1350	008092145 花桥乡志/1364
013646450 泰和县志 1989-2008/1350	008069258 桥西乡志/1364
013066344 马市镇志 590-2007/1350	008216921 石市乡志/1364
008053807 遂川县志/1350	009335397 双峰乡志/1364
010576821 遂川县志 1991-2003/1350	008069259 潭山镇志/1364
007588007 万安县志/1351	008213687 棠浦镇志/1364
010008928 万安县志 1991-2000/1351	008831498 天宝乡志/1364
008389982 安福县志/1351	008664442 同安乡志/1364
012831043 安福县志 1988-2008/1351	008216914 新昌镇志/1364
008416665 永新苏区志/1352	009335407 新庄镇志/1364

007295474 靖安县志/1366
012999261 靖安县志1988-2007/1366
004018805 铜鼓县志/1366
008389974 铜鼓县志续编/1366
011995609 丰城市志1989-2006/1356
007351323 江西省丰城县志/1356
008423408 段潭乡志/1356
008300056 丰城县荷湖乡乡志/1356
008423402 湖塘乡志/1356
009385989 剑光镇志/1356
012174879 江西丰城上塘镇志/1356
008423424 罗山乡乡志/1356
008429228 洛市镇志/1356
008429230 梅林乡志/1356
008423396 桥东志/1357
008300058 泉港镇志/1357
008423405 尚庄志/1357
008423463 铁路乡志/1357
008423430 同田志/1357
013863864 拖船镇志/1357
008423441 小港镇志/1357
008423457 张巷乡志/1357
008423414 董家志/1357
007903926 江西省清江县志/1358
010278711 临江镇志625-1988/1358
012609847 高安市志1986-2006/1359
006718535 高安县志/1359
012586996 八景镇志/1359
013792465 建山镇志1998-2011/1359
007359782 抚州市志/1367
012613940 临川区志1987-2005/1369
007482382 临川县志/1369
012587076 唱凯镇志/1369
012540900 大岗镇志/1369

012541731 湖南乡志/1369
012542607 连城乡志/1369
012542774 七里岗乡志/1369
012613859 腾桥地方志/1369
009385306 唱凯志/1369
007685736 南城县志/1370
007488769 黎川县志/1370
013224577 黎川县志1991-2004/1370
008640080 南丰县志/1371
011321090 南丰县志1987-2003/1371
004018837 崇仁县志/1371
012609483 崇仁县志1985-2000/1371
007010509 宜黄县志/1372
011910060 宜黄县志/1372
007903955 金溪县志/1372
010778554 金溪县志/1372
007850905 资溪县志/1373
006440591 东乡县志/1373
012951975 东乡县志1986-2005/1373
007676153 广昌县志/1373
012811296 广昌县志1991-2000/1373
009116626 上饶地区志/1374
009687467 上饶市志1986-2000/1375
007482465 上饶县志/1377
009768830 上饶县志1987-2000/1377
002604041 广丰县志/1378
009744832 广丰县志/1378
008818328 玉山县志/1378
009744824 玉山县志1979-2000/1378
009249259 铅山县志/1379
007359842 横峰县志/1380
006536676 弋阳苏区志/1380
007482417 弋阳县志江西省/1380
009994079 弋阳县志1986-2000/1380

003796252 余干县志/1381

009768859 余干县志1986-2000/1381

013342450 瑞洪方志/1381

005471384 波阳县志/1381

012542768 鄱阳县志/1381

008486228 波阳县情汇要/1381

009996577 石门街镇志/1382

009996588 油墩街乡志/1382

008831341 万年县志/1383

007013623 婺源县志第1卷/1383

010293982 婺源县志第2卷 1987-2001/1383

012819767 德兴市志1991-2006/1376

007482385 德兴县志/1376

010476417 山东千年古县志/1385

009881237 山东省志财政志 评议稿/1385

010474128 山东省志测绘志 初稿/1385

009552797 山东省志测绘志 送审稿/1385

009869468 山东省志大事记/1385

009962162 山东省志党派志 民主党派工商联篇 送审稿/1385

009817840 山东省志地震志 送审稿/1385

009869512 山东省志电力工业志 送审稿/1385

009869552 山东省志电子工业志 送审稿/1386

009881240 山东省志纺织工业志 修订稿/1386

010200543 山东省志工人团体志 评审稿/1386

010292970 山东省志工商行政管理志 评议稿/1386

009869314 山东省志工业综合管理志 评议稿/1386

010292328 山东省志公安志 征求意见稿/1386

009552799 山东省志供销合作社志 送审稿/1386

009552802 山东省志黄河志 送审稿/1386

009552812 山东省志机械工业志 评审稿/1386

009552814 山东省志计划志 评议稿/1386

009869486 山东省志教育志 评议稿/1387

009552817 山东省志军事志 送审稿/1387

009552824 山东省志粮食志 送审稿/1387

010064522 山东省志林业志 送审稿/1387

009552830 山东省志农机志 送审稿/1387

009869555 山东省志农业志 送审稿/1387

009552836 山东省志农业志 农业科学研究篇 初稿/1387

009552839 山东省志气象志 送审稿/1387

009869504 山东省志商业志 百货业资料长编 送审稿/1387

009869495 山东省志石油工业志 初稿/1387

009869492 山东省志石油工业志 送审稿/1387

009552848 山东省志水利志 征求意见稿/1388

009552844 山东省志水利志 送审稿/1388

009688207 山东省志丝绸志 送审稿/1388

010242594 山东省志司法志2 检察篇 送审稿/1388

010291720 山东省志司法志 检察篇 送审稿/1388

010238853 山东省志外事志 送审稿/1388

009552854 山东省志卫生志 送审稿/1388

009552858 山东省志文化志 第二次评议稿/1388

009552862 山东省志文化志 送审稿/1388

009552866 山东省志文物志 送审稿/1388
009174455 山东省志武警志/1388
009869483 山东省志物价志 评议稿/1389
009869549 山东省志乡镇企业志 评议稿/1389
009552869 山东省志烟草志 送审稿/1389
011805864 山东省志第1卷 工商行政管理志 1991-2005/1389
009392870 山东省志第1卷 序例目录/1389
008794414 山东省志第2卷 大事记/1389
012051888 山东省志第2卷 铁路志 1986-2005/1389
008696123 山东省志第3卷 建置志/1389
012051883 山东省志第3卷 税务志 1986-2005/1389
012614067 山东省志第4卷 质量技术监督志 1990-2005/1389
008696174 山东省志第4卷 自然地理志/1389
008664457 山东省志第5卷 生物志/1389
012814180 山东省志第5卷 烟草志 1991-2005/1389
012722212 山东省志第6卷 财政志 1986-2005/1390
007290007 山东省志第6卷 地质矿产志/1390
012955931 山东省志第7卷 共产党志 1921-2005/1390
006795927 山东省志第7卷 气象志/1390
008696092 山东省志第8卷 地震志/1390
012722231 山东省志第8卷 林业志 1988-2005/1390
007289996 山东省志第9卷 海洋志/1390
013320938 山东省志第9卷 民政志 1988-2005/1390
013320936 山东省志第10卷 海事志 1861-2005/1390
008696084 山东省志第10卷 民主党派工商联志/1390
013629522 山东省志第11卷 黄河志 1986-2005/1390
008103486 山东省志第11卷 农民团体志/1390
009266209 山东省志第11卷 工人团体志/1390
009105605 山东省志第11卷 共青团志/1391
009392835 山东省志第11卷 妇女团体志/1391
007620824 山东省志第12卷 政权志/1391
010962689 山东省志第13卷 外事志/1391
005536260 山东省志第14卷 民政志/1391
007589070 山东省志第15卷 公安志/1391
008664466 山东省志第16卷 司法志/1391
008696136 山东省志第17卷 军事志/1391
008492542 山东省志第18卷 农业志/1391
008696140 山东省志第19卷 林业志/1391
007290005 山东省志第20卷 水利志/1391
007290014 山东省志第21卷 黄河志/1391
007290008 山东省志第22卷 水产志/1391
007290065 山东省志第23卷 轻工业志/1392
008452075 山东省志第24卷 二轻工业志/1392
008696102 山东省志第25卷 纺织工业志/1392
005591369 山东省志第26卷 丝绸志/1392
007289997 山东省志第27卷 烟草志/1392
007665485 山东省志第28卷 陶瓷工业志/1392

008528753　山东省志第29卷　乡镇企业志/1392

009552808　山东省志第30卷　黄金工业志 初稿/1392

008696115　山东省志第30卷　机械工业志/1392

008696098　山东省志第31卷　电子工业志/1392

008452080　山东省志第32卷　冶金工业志/1392

007289998　山东省志第33卷　黄金工业志/1392

007290015　山东省志第34卷　化学工业志/1392

008103482　山东省志第35卷　医药志/1393

008452060　山东省志第36卷　石油工业志/1393

005591330　山东省志第37卷　电力工业志/1393

008452062　山东省志第38卷　煤炭工业志/1393

007289999　山东省志第39卷　农机志/1393

008103485　山东省志第40卷　交通志/1393

007290001　山东省志第41卷　铁路志/1393

008664473　山东省志第42卷　邮电志/1393

008664504　山东省志第43卷　城乡建设志/1393

008452054　山东省志第44卷　建筑志/1393

008452085　山东省志第45卷　环境保护志/1393

005591367　山东省志第46卷　建材工业志/1393

005591362　山东省志第47卷　测绘志/1393

008696154　山东省志第48卷　商业志/1394

007620825　山东省志第49卷　供销合作社志/1394

007290006　山东省志第50卷　粮食志/1394

009312500　山东省志第51卷　对外经济贸易志/1394

008452056　山东省志第52卷　海关志/1394

007290002　山东省志第53卷　财政志/1394

008696132　山东省志第54卷　金融志/1394

008103488　山东省志第55卷　计划志/1394

008664476　山东省志第56卷　工业综合管理志/1394

008103487　山东省志第57卷　统计志/1394

008452052　山东省志第58卷　审计志/1394

007665484　山东省志第59卷　物资志/1394

009313150　山东省志第60卷　物价志/1394

005591371　山东省志第61卷　标准计量志/1395

008664482　山东省志第62卷　工商行政管理志/1395

008974045　山东省志第63卷　进出口商品检验志/1395

008103502　山东省志第64卷　科学技术志/1395

009333599　山东省志第65卷　社会科学志/1395

007290004　山东省志第66卷　体育志/1395

007620826　山东省志第67卷　卫生志/1395

008696129　山东省志第68卷　教育志/1395

007848950　山东省志第69卷　文化志/1395

008452057　山东省志第70卷　文物志/1395

005591370　山东省志第71卷　孔子故里志/1395

007290003　山东省志第72卷　泰山志/1395

007290032　山东省志第73卷　广播电视志

/1395
005591368 山东省志第74卷 报业志/1396
007290000 山东省志第75卷 出版志/1396
006795910 山东省志第76卷 人口志/1396
007289994 山东省志第77卷 劳动志/1396
008664492 山东省志第78卷 少数民族志 宗教志/1396
008452058 山东省志第79卷 侨务志/1396
008103499 山东省志第80卷 民俗志/1396
007657551 山东省志第81卷 方言志/1396
008696143 山东省志第82卷 旅游志/1396
008452087 山东省志第83卷 档案志/1396
009392864 山东省志第84卷 人物志/1396
008664496 山东省志第86卷 诸子名家志 颜真卿/1396
009105608 山东省志第86卷 诸子名家志 诸葛亮/1396
008986807 山东省志第86卷 诸子名家志 辛弃疾 李清照/1397
009869523 山东省志化学工业志 1840-1988 送审稿/1386
008831558 山东省志山东文物事业大事记 1840-1999/1387
009552853 山东省志铁路志 1899-1985 送审稿/1388
011570220 山东省志书大全图志部/1397
009010514 山东名镇名村志/1397
009333602 山东强镇名村志/1397
011750646 山东省修志立法资料汇编/1402
007969333 济南市志/1407
009962121 济南市志城市建设分志 初稿/1407
009881071 济南市志城市建设篇 机构章资料汇编/1407
009962123 济南市志房地产篇 送审稿/1407
009817816 济南市志公路运输篇 初稿/1407
010686853 济南市志卫生篇/1407
013464438 济南市志资料/1408
013991391 西张家庄村志 1911-2010/1408
007488644 历下区志/1419
007969357 市中区志/1418
007523635 槐荫区志/1419
006795900 天桥区志/1419
009253051 黄岗村志/1419
008378531 黄台村志/1420
008812553 清河村志/1420
009332416 香摩李居志/1420
004893050 历城县志/1420
013994026 西顿邱志/1420
012503942 盖家沟村志/1420
013374010 华山镇志/1420
012662305 孙村村志新石器时期-2008.6/1421
012662552 辛庄村志/1421
011810576 祝甸史志/1421
007362119 长清县志/1421
007289992 平阴县志/1424
010113065 平阴县志 1988-2003/1424
012685001 孝直村志/1424
007486932 济阳县志/1425
013688782 回河镇志/1425
013753907 曲堤镇志/1425
012662310 孙耿镇志/1425
007486940 商河县志/1426
011763250 亓家官庄志/1426
010251135 郑路镇志/1426
012816169 章丘市志 1986-2005/1422

006806629 章丘县志/1422
009699827 刁镇志 1840-1995/1422
012264214 分水岭村志 1369-2008/1422
013821894 龙山村志/1422
008452383 相公庄志/1422
013630278 向高村志 1465-2009/1422
007735701 青岛市志/1427
009106665 青岛市志总目录/1427
012899335 青岛市志第1卷 大事记卷 1978-2005/1427
008518266 青岛市志第1卷 海港志/1427
013731073 青岛市志第2卷 城市卷 1978-2005/1427
007848953 青岛市志第2卷 邮电志/1427
008520308 青岛市志第3卷 教育志/1427
013731078 青岛市志第3卷 经济卷 1978-2005/1427
007848954 青岛市志第4卷 卫生志/1427
014049932 青岛市志第4卷 文化卷 1978-2005/1428
007848955 青岛市志第5卷 体育志/1428
014049937 青岛市志第5卷 政治卷 1978-2005/1428
007848964 青岛市志第6卷 交通志/1428
008520313 青岛市志第7卷 外事志 侨务志/1428
007848963 青岛市志第8卷 军事志/1428
008520357 青岛市志第9卷 水利志/1428
007848978 青岛市志第10卷 水产志/1428
007849022 青岛市志第11卷 环保志 环卫志/1428
008520309 青岛市志第12卷 计量标准志 物价志/1428
008520316 青岛市志第13卷 医药志/1428

008520310 青岛市志第14卷 工商行政管理志/1428
008520314 青岛市志第15卷 盐业志/1428
007848977 青岛市志第16卷 民政志/1429
008520312 青岛市志第17卷 财政税务审计志/1429
008520311 青岛市志第18卷 农业志/1429
007849035 青岛市志第19卷 社团志/1429
007849036 青岛市志第20卷 公用事业志/1429
007849038 青岛市志第21卷 自然地理志 气象志/1429
007849037 青岛市志第22卷 方言志/1429
007849039 青岛市志第23卷 园林绿化志/1429
007849040 青岛市志第24卷 海洋志/1429
007849041 青岛市志第25卷 民族宗教志/1429
007849042 青岛市志第26卷 新闻出版志 档案志/1429
008456371 青岛市志第27卷 市政工程志/1429
008380761 青岛市志第28卷 海关志/1429
008380770 青岛市志第29卷 机械冶金工业志/1430
008380768 青岛市志第30卷 文化志 风俗志/1430
008380766 青岛市志第31卷 公安司法志/1430
008380764 青岛市志第32卷 供销合作社志/1430
008520350 青岛市志第33卷 纺织工业志/1430
008520349 青岛市志第34卷 科学技术志

书名分类索引·历史、地理

/1430
008518208 青岛市志第35卷 电力工业志/1430
008520351 青岛市志第36卷 劳动志/1430
008520348 青岛市志第37卷 金融志/1430
008812981 青岛市志第38卷 民主党派青岛地方组织志/1430
008520354 青岛市志第39卷 二轻工业志/1430
008520353 青岛市志第40卷 政协志/1430
008665111 青岛市志第41卷 土地志 地震志/1430
008520352 青岛市志第43卷 房产志/1431
008391979 青岛市志第44卷 城市规划建筑志/1431
008456374 青岛市志第45卷 旅游志/1431
008665109 青岛市志第46卷 粮食志/1431
008665107 青岛市志第47卷 电子仪表工业志/1431
008665117 青岛市志第48卷 一轻工业志 建材工业志/1431
008636338 青岛市志第49卷 物资志/1431
008391982 青岛市志第50卷 沿革区划志/1431
008812973 青岛市志第51卷 一轻工业志 建材工业志/1431
008812970 青岛市志第52卷 市政工程志/1431
008812946 青岛市志第53卷 商业志/1431
008812955 青岛市志第54卷 大事记/1431
008812931 青岛市志第55卷 人物志/1431
009244807 青岛市志第56卷 政权志/1432
008812928 青岛市志第63卷 人口志/1432
008812959 青岛市志第64卷 对外经济贸易志/1432
008812925 青岛市志第65卷 中国共产党青岛地方组织志/1432
013772931 棘洪滩街道志 1370.1－2010.12/1432
010143772 李园街道村志/1432
011499571 青岛郑庄村志/1432
013756904 苇芦村志/1432
009001522 青岛世纪图志/1435
009840203 日本两次侵占青岛图志/1435
013226741 杨家群村志/1436
009160115 黄岛简志/1436
008813363 黄岛区志/1437
009160119 胶南简志/1437
007289984 胶南县志/1437
012899026 琅琊台志/1437
009160114 崂山简志/1437
011475252 崂山区志/1437
013220916 磅石村志/1438
013723440 北崂村志/1438
012249673 北龙口村志/1438
012679014 北宅街道志/1438
013758762 长岭村志/1438
013369750 大埠东村志/1438
012898290 大崂村志/1438
012898295 大麦岛村志/1438
012967498 董家下庄村志/1438
012541544 港西村志/1438
012049363 沟崖村志/1438
012251034 荷花村志/1439
011312735 鸿园村志/1439
012811544 黄泥崖村志/1439
013222259 黄山口村志/1439
013224550 蓝家庄村志/1439

013144530 刘家下庄村志/1439	005331670 胶州市志/1443
012814025 牟家村志/1439	011892029 李哥庄村志/1443
012969387 南龙口村志/1439	009349691 胜利村志/1443
012174827 秦家土寨村志/1439	009160112 即墨简志/1444
012252364 曲家庄村志/1439	011580099 即墨市志/1444
012107771 石老人村志/1439	004344758 即墨县志/1444
012638815 书院村志/1439	010112124 即墨县志/1444
012252564 双石屋村志/1440	012132656 丁哥庄村志/1444
013756092 宋家下庄村志/1440	010009253 即墨市金口镇志/1444
012814260 唐家庄村志/1440	010009258 即墨市通济街道办事处志/1444
012052037 文张村志/1440	
013226410 五龙村志/1440	009744867 南泉村志 1840-1988/1445
013133797 午山村志/1440	011478659 田横镇志/1445
013321188 西韩村志/1440	009744871 庄头村志/1445
013145635 西台村志/1440	012661603 马山志/1447
012814418 下葛场村志/1440	009160120 平度简志/1447
012175234 张家河村志/1440	004436212 平度县志/1447
013940779 张家下庄志/1440	012609565 戴家庄村志/1448
012816206 郑张村志/1441	012610589 何家楼村志/1448
012542601 李沧区志 1994-2004/1441	012613935 蓼兰镇志/1448
010143789 青岛市沧口区志/1441	011476012 南村镇志/1448
012950433 毕家上流村志/1441	009511281 平度市李园街道志/1448
013141099 大枣园村志/1441	011312136 同和街道志/1448
011472193 城阳区志 1994-2005/1441	009160124 莱西简志/1449
013221061 城阳镇志/1442	013093105 莱西市志 1988-2005/1449
012724207 河套街道志/1442	007289925 莱西县志/1449
013990673 红岛街道志 1087.1-2005.12/1442	009700243 解家泽口村志/1449
	013958722 岚上村志/1449
012541849 棘洪滩镇志 1370.1-2001.6/1442	009700292 南龙湾庄村志/1449
012968279 流亭街道志/1442	012814222 水集二村志/1449
013377128 上马街道志/1442	009700310 咸家屯村志/1449
011884219 洼里村志/1442	012879036 朱墰村志/1449
013226549 夏庄街道志/1442	009334583 淄博市简志/1450
009160116 胶州简志/1442	007426157 淄博市志/1450

013369223 查王村志 1949-2000/1451
013647463 傅山村志 2000-2010/1451
009024902 皇城镇志/1451
011500770 辛店街道志/1451
008976674 淄城镇志/1451
008280888 山东省淄川县志/1459
007900107 淄川区志/1459
011447208 淄川区志 1986-2002/1459
010112084 城二村志/1459
011329459 城张村志 1565-2005/1459
008846069 渭二村志/1459
008528133 西关一村志/1460
007482018 张店区志/1458
011809795 张店区志 1988-2002/1458
008971415 傅山村志/1458
011762203 湖田镇志 1840-1985/1458
011500629 四宝山乡志 1840-1985/1458
011480512 张赵村志/1458
007350156 博山区志/1460
012889217 博山区志 1986-2002/1460
002986282 临淄区志/1461
011499279 临淄区志/1461
011757727 凤凰镇志/1461
009675930 南金村志/1461
011501615 朱台镇志/1461
007900156 周村区志/1462
009962176 周村区志 1986-2002/1462
012107761 建国村志/1462
013067188 胜利村志/1462
007289963 桓台县志/1462
011804626 桓台县志 1988-2002/1462
006497355 高青县志/1463
010253380 高青县志 1978－2004 送审稿/1463

009854350 高青县志 1978-2004/1463
010476102 三合店村志/1463
008664527 沂源县志/1464
013901047 沂源县志 1991-2006/1464
005705503 枣庄市志/1465
008665123 枣庄市市中区志/1469
013379573 枣庄市市中区志 1986－2005/1469
008034791 薛城区志/1469
007981853 峄城区志/1470
007426155 台儿庄区志/1470
008812458 山亭区志/1470
010293865 山亭区志 1983－2002 送审稿/1470
010008952 山亭区志 1983-2002/1471
013731635 水泉乡志/1471
011320242 辛召乡志/1471
008382682 山亭文明志/1471
007289956 滕县志/1471
013789848 柴胡店镇志/1471
013096519 官桥镇志/1471
011320866 洪绪镇志/1471
012967937 后王晁村志 1369-2008/1471
010778598 界河镇志 1988-2005/1471
010732057 南沙河镇志 1840-2006/1472
011908971 滕州市城郊乡志/1472
013756274 滕州市龙泉街道志 2001－2011/1472
012140417 望庄镇志/1472
012970503 魏庄志/1472
011320481 邢寨村志/1472
013148715 羊庄镇志/1472
013901225 张汪镇志/1472
008645274 东营市志/1474

008636578 东营区志/1480
012096641 东营区志 1998-2005/1480
013647299 东城街道志/1480
012174152 龙居镇志/1480
013795519 胜利街道志/1480
009081757 河口区志/1481
013687434 孤岛镇志/1481
013791139 六合街道志/1481
013321011 太平乡志/1481
013689614 新户镇志/1482
008193975 垦利县志/1482
009675917 垦利县志 1986-2002/1482
013956880 大张新张村志/1483
012724162 董集乡志/1483
012967612 海中村志/1483
013530817 郝家镇志/1483
012724228 胜坨镇志/1483
007289933 利津县志/1484
010254185 利津县志 1986-2002/1484
013000327 临河村志 1900-2010 评审稿/1484
008053798 广饶县志/1485
011295478 广饶县志 1986-2002/1485
008034119 烟台市志/1487
011996699 黄家庄村志/1487
012542707 南世回尧村志 1360-2005/1487
013319862 宁海镇续志/1487
008488311 芝罘区志/1492
012662689 小东夼村志 1652-2007/1492
012545541 幸福镇志/1493
013732514 烟台市芝罘区东山街道志 1934-2007/1493
013190090 只楚镇志 1368-2000/1493
013464419 朱家庄村志/1493

007900106 福山区志/1493
012635700 城里村志/1493
012970532 西北关村志/1493
013226541 下夼村志 618-2010/1494
012970659 烟台市福山区福山镇西关村村志 1368-1990/1494
005226886 牟平县志/1495
013732511 烟台市牟平区志 1978-2000/1495
011998540 五里头村志/1495
009228122 西关村志/1495
012052662 中原村志/1495
012613190 烟台市莱山区志/1492
009840181 东泊子村志/1492
007342641 长岛县志/1502
013530998 后口村志/1503
012251477 南隍城志/1503
008452143 龙口市志/1496
007588022 莱阳市志/1496
009340739 莱阳市方志志/1497
008812633 莱州市志/1497
007587996 蓬莱县志/1499
009854371 招远市村庄简志/1499
011957302 招远市志 1978-2002/1499
007900112 招远县志/1499
013771863 东良村志/1499
009856028 金岭镇志/1499
013793271 马连沟村志/1499
012266325 宋家镇志/1500
009002430 栖霞市志 1985-1999/1501
013794816 栖霞市志 1985-2002/1501
004102834 栖霞县志/1501
007900143 海阳县志/1502
013660372 望格庄村志/1502

012723021 西河崖村志/1502
010112111 海阳市镇村简志/1502
007585927 潍坊市志/1503
007490423 潍城区志/1506
007486928 寒亭区志/1506
008038807 杨家埠村志/1506
008812452 坊子区志/1507
013987645 坊子区志 1990-2007/1507
013224523 奎文区志 1994-2010/1506
004893173 临朐县志/1515
009675927 临朐县志 1988-2000/1515
012832397 老崖崮村志/1515
013129947 临朐村镇志略 五井卷/1515
013862831 临朐村镇志略 冶源卷/1515
012877068 潘家埠村志/1515
012878918 曾家小庄村志/1515
006497424 昌乐县志/1516
012048764 昌乐县志 1986-2007/1516
012679227 东山王村志/1516
002125543 青州市志/1507
008025741 青州市志评介集/1507
007900161 诸城市志/1508
013512257 诸城市志 1988-2007/1508
007900153 寿光县志/1509
013373591 寿光县志 1960/1509
013681523 稻田镇志/1509
013686664 地沟村志/1509
009881040 东关村志/1510
009856024 侯镇志/1510
013861573 侯镇志/1510
013093202 牛头镇村志/1510
011892440 三元朱村志/1510
012638619 西岔河一村志/1510
012723368 羊口镇志/1510

007350124 安丘县志/1512
012141547 安丘市召忽乡志/1512
003801298 高密县志/1513
007010374 昌邑县志/1514
013530994 后官志/1514
009554443 青乡乡志/1514
010468966 太保庄乡志/1514
009688223 辛置志/1514
009009871 济宁市志/1516
008452165 济宁市中区志/1519
008452177 任城区志/1519
008452099 兖州市志送审稿/1521
007987748 兖州市志/1521
009266195 兖州县志资料/1521
008379596 王因镇志/1521
008379113 兖州县城郊乡志/1521
008379024 兖州县谷村乡志/1521
007969457 微山县志/1529
011909049 微山县志 1991-2005/1529
008487314 微山县志大事记资料/1529
008488186 夏镇史志资料/1529
008006071 鱼台县志/1530
012689894 鱼台县志 1991-2005/1530
007850880 金乡县志/1531
008267163 嘉祥县志/1531
012613251 嘉祥县志 1991-2005/1531
012967961 嘉祥东关志/1532
007881988 汶上县志/1532
008812540 泗水县志/1533
010280430 泗水县志 1989-2003/1533
008255707 梁山县志/1534
007900147 曲阜市志/1524
013145728 小雪区志/1524
012252759 西林西村志/1524

007881970 邹城市志/1525
012507366 邹城市志 1991-2005/1525
013707228 邹县简志/1525
010251882 城关镇志/1525
013704029 古路口乡志/1525
012250995 郭里镇志/1526
013321015 太平镇志/1526
013775974 香城镇志 初稿/1526
010577233 邹城市北宿镇志/1526
012684731 邹城市石墙镇志/1526
013965108 邹城市唐村镇志/1526
011749055 东岳志稿 泰安地区史志资料/1536
008812544 泰安地区志/1534
012208262 泰安市志 1985-2002/1535
008613626 泰安市志/1537
009414940 泰山区志/1537
007982864 宁阳县志/1542
011296186 宁阳县志 1985-2002/1542
012995321 大伯集村志/1542
009994985 乡饮乡志/1542
013735538 张家圩子村志 1401-2011/1542
002988627 东平县志/1543
009962091 东平县志 1986-2003/1543
008973436 彭集镇志/1543
012256510 尹山庄村志/1543
012872366 桂井子街志 1000-2010/1543
006933787 新泰市志/1538
009190453 新泰市志 1986-2000/1538
012542951 孙村志/1538
009840183 肥城市志 1988-2002/1540
007900110 肥城县志/1540
009881009 北仪仙村志/1540
013894223 潮泉镇志/1540

009190461 湖屯镇志/1540
008450978 石横镇志/1540
011805941 孙家小庄村志/1540
013756868 王瓜店镇志/1540
012543054 王西村志/1540
011443983 武新村村志/1540
008846078 仪阳乡志/1541
009854363 威海市志讨论稿/1544
007910008 威海市志 1398-1982/1544
012174936 陶家夼志 1700-2006/1544
011500722 环翠区志 1983-2002/1546
009561512 草庙子镇志/1546
012969422 威家夼村志 1949-1999/1546
013955634 威海市环翠区孙家疃镇陈家疃村志/1546
007473430 文登市志/1547
008452418 荣成市志/1548
010200446 梁家村志/1548
013939699 阴亮村志/1548
008812256 乳山市志/1549
008812514 日照市志/1549
013772818 荷疃村志/1551
013897318 后大洼村志/1551
013793121 厉家庄子村村志/1551
013793327 牟家小庄村志/1551
013775172 沙墩村志/1551
009817918 五莲县志 初稿/1552
006497365 五莲县志/1552
012766993 五莲县志 1989-2005/1552
008392030 莒县志/1553
010778993 长岭镇志/1553
010230925 城阳镇志/1553
013626266 东莞镇志/1553
012503928 浮来山镇志/1553

012613965 陵阳镇志/1553
009881160 洛河镇志/1553
010230933 桑园乡志/1553
013755973 沙河崖村志/1554
009688232 阎庄镇志/1554
009799964 招贤镇志/1554
011480721 中楼镇志/1554
006497475 莱芜市志/1555
013375823 莱芜市莱城区志 1993-2005/1560
008812212 临沂地区志/1560
011750429 临沂百年大事记/1562
012505270 兰山区宋家王庄志/1564
008492539 临沂市志/1563
012679025 临沂市兰山区曹家王庄志/1564
008452310 沂南县志/1565
013597714 沂南县志 1990-2005/1565
010280144 沂南县大事记选编 1939.10-2004.12/1565
008986877 郯城县志/1566
010113211 沂水县志 初稿/1566
008007368 沂水县志/1566
013375975 沂水县志 1991-2008/1566
008034236 苍山县志/1568
012545635 涌泉村志/1568
007488661 费县志/1568
007849005 平邑县志/1570
008812609 莒南县志/1571
008812642 蒙阴县志/1571
007974875 临沭县志/1572
007482044 德州地区志/1573
008452230 德州市大事记 1840-1985 初稿/1573

008452224 德州市长庄乡志/1573
008452193 德州市丰华街道办事处志/1573
011293090 德州市盐店口街道办事处志/1573
012613273 萧何庄志/1573
013687151 大刘庄志/1574
012096612 德城区新湖街道办事处志/1580
008844940 罗庄村志/1580
007356289 陵县志/1581
013958955 三泖河村志/1581
004436251 宁津县志/1582
014047850 宁津县志 1988-2007/1582
008452395 庆云县志/1582
008452151 东辛店乡志/1582
006497427 临邑县志/1583
009561532 临邑县志 1986-2002/1583
006155276 齐河县志/1583
012722086 齐河县志/1583
006497425 平原县志/1584
012661718 平原县志 1986-2008/1584
013012629 张官店村志/1584
007289957 夏津县志/1584
008812530 武城县志/1585
012893421 乐陵市志 1986-2007/1580
003801382 乐陵县志/1580
007984458 禹城县志/1581
007930906 聊城地区志/1586
008452153 聊城市志/1586
013771856 东昌府区志 1986-2005/1589
005559126 阳谷县志/1591
013707129 阳谷县志 1988-2008/1591
008470924 莘县志/1592

009061785 莘县乡村志/1592	013897189 郭庄村志/1600
007883866 茌平县志/1592	012877304 西王村志/1600
011890512 茌平县志 1986-2005/1592	008636541 菏泽地区志/1600
008486317 东阿县志/1593	007294765 菏泽市志/1600
012540938 东阿县志 1986-2005/1593	012846130 牡丹区志 1986-2005/1602
008986872 冠县志/1593	008664533 曹县志/1603
008486402 高唐县志/1593	007981840 单县志/1603
013507782 高唐县志 1988-2005/1593	006567535 成武县志/1604
007806751 临清市志/1590	011496871 成武县志 1986-2005/1604
012813945 临清市志/1590	008812489 巨野县志/1604
008189796 滨州地区志第1卷/1594	011566176 巨野县图志/1604
009125975 滨州地区志第2卷 1979-2000/1594	009561519 巨野镇村简志/1604
013726793 滨州简志/1594	007486929 郓城县志/1605
009442065 北镇志/1594	007885124 郓城县志/1605
009340753 小菅镇志/1594	013511999 郓城县志 1986-2005/1605
013687129 滨州市滨城区志 1982-2007/1596	009881313 郓城县乡村志/1605
009106685 滨州市乡镇办简志/1596	007819145 郓城县志/1606
007478009 滨州市志/1596	008532104 定陶县志/1606
009114611 滨城区名村志/1596	008486320 东明县志/1606
008452170 滨州市小康村志/1596	012714095 东明县志 1986-2005/1606
008452319 崔傅刘村志/1596	004129888 河南省志/1609
007969323 惠民县志/1597	009412956 河南省志 财政志 初稿/1609
007755133 阳信县志/1597	009879355 河南省志 出版志 征求意见稿/1609
007731448 无棣县志/1598	009879343 河南省志 出版志 送审稿/1609
012722959 无棣县志 1990-2007/1598	009412960 河南省志 档案志 初稿/1609
007588021 沾化县志/1598	010254029 河南省志 地震志 终稿/1609
012723490 沾化县志 1988-2007/1598	010277942 河南省志 供销合作社志 评审稿/1609
007482450 博兴县志/1599	009879369 河南省志 共产党志 征求意见稿/1610
008488423 邹平县志/1600	
011471171 柏家村志/1600	009412976 河南省志 军事志 讨论稿/1610
011757609 大省村志/1600	009412977 河南省志 粮食志 评审稿/1610
011757626 东尉村志/1600	009412984 河南省志 内河航运志 送审稿

/1610

009887462 河南省志 轻工业志 送审稿/1610

009412993 河南省志 商业志 评审稿/1610

010251111 河南省志 水利志 评审稿/1610

009412995 河南省志 统计志/1610

011325443 河南省志 外事志 初稿/1610

008581545 河南省志 第1卷 总述/1611

011745244 河南省志 第2卷 大事记/1611

009043470 河南省志 第3卷 区域建置志 地貌山河志/1611

009407964 河南省志 第4卷 黄河志/1611

011745447 河南省志 第5卷 地质矿产志/1611

011745487 河南省志 第6卷 气象志 地震志/1611

009407973 河南省志 第7卷 植物志/1611

008686001 河南省志 第8卷 动物志/1611

011882488 河南省志 第9卷 人口志 民族志 宗教志/1611

009043423 河南省志 第10卷 民俗志/1611

008686014 河南省志 第11卷 方言志/1611

009407960 河南省志 第12卷 地名志/1611

008581895 河南省志 第13卷 共产党志/1612

008581889 河南省志 第14卷 民主党派志 工商业联合会志 国民党志/1612

011745658 河南省志 第15卷 人民代表大会志 人民政治协商会议志/1612

008581893 河南省志 第16卷 政府志/1612

011745724 河南省志 第17卷 民政志/1612

011745743 河南省志 第18卷 劳动人事志/1612

009043270 河南省志 第19卷 公安志 第27篇 检察志/1612

011745779 河南省志 第20卷 审判志 司法行政志/1612

008987800 河南省志 第21篇 人民代表大会志 单行本/1610

011746343 河南省志 第21卷 外事志 侨务志 旅游志/1612

008422561 河南省志 第22卷 军事志/1612

008486576 河南省志 第23卷 工人运动志 农民运动志/1612

011746382 河南省志 第24卷 青年运动志 妇女运动志/1613

011746396 河南省志 第25卷 农业志/1613

009043316 河南省志 第26卷 林业志 畜牧志/1613

011746416 河南省志 第27卷 水利志/1613

011746477 河南省志 第28卷 纺织工业志/1613

008413351 河南省志 第29卷 食品工业志 烟草工业志 造纸、印刷、包装工业志 日用硅酸盐工业志/1613

008413405 河南省志 第30卷 日用化学工业志 耐用消费品工业志 皮革、塑料、家具工业志 工艺美术品、文化体育用品工业志/1613

011746497 河南省志 第31卷 煤炭工业志/1613

011746512 河南省志 第32卷 电力工业志/1613

008581892 河南省志 第33卷 石油工业志 化学工业志/1613

011746524 河南省志 第34卷 冶金工业志 建筑材料工业志/1613

008686019 河南省志 第35卷 机械工业志 电子工业志/1613

008686063 河南省志 第36卷 乡镇企业志/1614

011748412 河南省志第37卷 铁路交通志 民用航空志/1614

011748405 河南省志第38卷 公路交通志 内河航运志/1614

011746561 河南省志第39卷 邮电志/1614

011746574 河南省志第40卷 城乡建设志 环境保护志/1614

009043340 河南省志第41卷 建筑志 测绘志/1614

011746602 河南省志第42卷 商业志 供销合作社志/1614

008686004 河南省志第43卷 对外经济贸易志 进出口商品检验志/1614

011746618 河南省志第44卷 粮油贸易志 物资管理志/1614

011747007 河南省志第45卷 财政志 审计志/1614

011746628 河南省志第46卷 金融志/1614

011746637 河南省志第47卷 物价志/1615

008486577 河南省志第48卷 工商行政管理志 计量志 标准化志/1615

008486579 河南省志第49卷 计划志 统计志 人民生活志/1615

011746907 河南省志第50卷 教育志/1615

008413401 河南省志 第51卷 社会科学志/1615

008413402 河南省志第52卷 科学技术志/1615

008413292 河南省志第53卷 文化志 档案志/1615

011746920 河南省志第54卷 新闻报刊志 广播电视志/1615

008685957 河南省志第55卷 出版志/1615

008581879 河南省志第56卷 著述志/1615

011746949 河南省志第57卷 文物志/1615

011746973 河南省志第58卷 卫生志 医药志/1615

011746994 河南省志第59卷 体育志/1616

008581891 河南省志第60-61卷 人物志(传记)/1616

008581890 河南省志第62卷 人物志(简介)/1616

009043384 河南省志第63卷 人物志(表)/1616

008424359 河南省志第64卷 市地县概况/1616

008581882 河南省志第65卷 附录/1616

011579994 河南省志第66卷 电信分志 1978-2000/1616

009879346 河南省志大事记 1840-1919.4 初稿/1609

009413003 河南省志新闻篇 1898-1985 试写稿/1610

009879360 河南省志大事记 1949-1987 初稿/1609

009887459 河南省志粮油贸易志 1978-2000 评审稿/1610

008426110 河南省大事记 1949.3-1990.12 平原省大事记 1949.8-1952.11/1616

004624409 河南新方志初稿选编/1623

009992229 郑州矿区志/1627

008421323 郑州市志/1627

010280219 郑州志荥阳卷/1627

009889470 郑州志又两种/1627

012612899 郑州志密县 荥泽卷/1661

011957378 郑州志新郑 巩县卷/1663

011500857 郑州志登封 中牟卷/1665

009959991 花园口乡志征求意见稿 一稿

/1627
012719186 兰寨村志 1637-2003/1627
008846166 南五里堡村志/1627
008421910 河南省郑州市中原区志/1647
009814457 郑州市中原区志民政 征求意见稿/1647
010251793 郑州市中原区志 1948-1990 初稿/1647
011810595 郑州市中原区志 1991-2000/1647
009879199 大岗刘乡志/1648
010275899 建设路街道志 1955-1987/1648
011584529 林山寨街道志 1959-1996/1648
012203021 绿东村街道志 1959-1988/1648
010251118 秦岭路街道志/1648
009685477 三官庙街道志 1956-1997/1648
009879569 中原乡志征求意见稿/1648
008425937 郑州市二七区志/1650
013940805 郑州市二七区志 1991-2000/1650
010239065 大学路街道志 1958-1985/1650
009685406 侯寨乡志/1650
013792398 淮河路街道志 1997-2005/1650
012174053 建中街街道志 1986-2000/1650
008989944 路砦村志/1650
013958866 马寨镇志 1991-2009/1650
009685454 铭功路街道志/1650
009685472 齐礼阎乡志/1650
013775932 五里堡街道志/1650
013145624 五里堡街道志 1995-2002/1651
008426126 小李庄村志/1651
009411523 一马路街道志/1651
009412853 管城回族区志管城沿革/1652
012541554 管城回族区志 1991-2003/1652

007530757 郑州市管城回族区志/1652
008988276 十八里河镇志/1652
012256615 郑州市管城回族区北下街街道志/1652
012317246 郑州市管城回族区城东路街道志/1653
012816211 郑州市管城回族区东大街街道志/1653
012816213 郑州市管城回族区二里岗街道志/1653
012175554 郑州市管城回族区南曹乡志/1653
013098032 郑州市管城回族区南关街道志/1653
012256624 郑州市管城回族区圃田乡志/1653
012816214 郑州市管城回族区西大街街道志/1653
012317248 郑州市管城回族区紫荆山南路街道志/1653
009768576 郑州市金水区志/1654
012100920 郑州市金水区志 1991-2002/1654
009768316 关虎屯村志/1654
012541548 关虎屯村志/1654
012758990 祭城镇志/1654
010143121 柳林镇志/1655
012899418 沈庄村志家谱/1655
011480500 张家村志/1655
009960000 郑州市金水区祭城乡志征求意见稿 一稿/1655
009414016 郑州市上街区志/1655
009411525 聂寨村志/1656
008421314 邙山区简志修改稿/1656

008488438 邙山区志/1656
009959998 郑州市郊区志篇目 第二稿/1656
008422410 郑州市郊区志邮电 交通 征求意见稿/1656
008421279 郑州市邙山区概况政党 政权/1658
008425899 郑州市邙山区概况农业 工业交通 街乡企业 征求意见稿/1656
008421939 郑州市邙山区概况人大 政协 政法 人民武装 人物/1656
008421286 郑州市邙山区概况商业 财税 物价 体改 经协 保险 工商 征求意见稿/1656
009959986 郑州市郊区白庄志征求意见稿一稿/1656
008421261 郑州市郊区白庄志征求意见稿二稿/1657
008819816 中牟县志/1668
011066380 中牟县志 1991-2000/1668
010140685 中牟县志 1991-2000 送审稿/1668
008820084 巩县志/1659
013689498 巩义市志 1986-2005/1659
008822960 白沙志/1659
014052256 苏家庄村志/1659
013464351 芝田村志/1659
012639006 沙鱼沟志/1660
008001440 荥阳市志/1660
008821926 荥阳市志/1660
005536259 密县志/1661
007992177 新密市志 1986-1995/1661
009472026 牛店乡志征求意见稿/1661
012052456 新密市五里店村志/1661
013959624 新郑市志 1986-2005/1663
007900159 新郑县志/1663

011295859 黄帝故里志/1664
011943419 登封市志/1665
009412826 登封县志大事记 征求意见稿/1665
008987005 登封县志简编/1665
013955616 八方村志/1665
008823335 大冶镇志/1665
011533897 大冶镇志/1665
010732104 告成镇志/1665
009381338 河南登封县告成乡志/1665
012639203 君召乡志/1665
008392578 开封简志/1669
007817979 开封市志/1669
009992180 开封市志/1669
012811643 开封市志卫生医药卷/1669
008666846 开封市志第 1 卷 人防志 初稿/1669
009675266 开封市志第 1 卷 教育卷 1986-2003/1669
011312092 开封市志第 2 卷 财税金融卷/1669
011312094 开封市志第 3 卷 城市建设卷/1669
013659406 开封市志第 4 卷 综合卷 1986-2004/1669
008822241 龙亭区志/1677
009415078 开封市顺河回族区志/1677
009412845 鼓楼区志征求意见稿/1677
012250964 鼓楼区志/1677
008819895 开封南关区志/1678
011566313 开封市郊区志/1678
013793084 开封市郊区志 1989.1-2005.9/1678
008037825 通许县志第 1 卷/1679

010476158 通许县志 1986-2000 一稿/1679

010293878 通许县志第2卷 1986-2000/1679

006933823 尉氏县志/1679

009887471 开封县志征求意见稿/1680

007900125 开封县志/1680

008819877 兰考县志/1680

007585914 洛阳市志/1681

009959865 洛阳市志民族宗教志 评审稿/1681

009334782 洛阳市志第1卷 总述 大事记 属县概况/1681

009334784 洛阳市志第2卷 建置沿革志 自然环境志 人口志/1681

009043785 洛阳市志第3卷 城市建设志 交通志 邮电志/1681

009310463 洛阳市志第4卷 政党志 政权志 人民政协志 社会团体志/1681

008471251 洛阳市志第5卷 外事 旅游 侨务志/1681

009310467 洛阳市志第6卷 政法志 民政志 军事志/1681

008471259 洛阳市志第7卷 工业志/1681

009043790 洛阳市志第8卷 农业志/1681

009043805 洛阳市志第9卷 商业志/1682

009043839 洛阳市志第10卷 财政 税务 金融志/1682

009043971 洛阳市志第11卷 计划 统计 劳动工资 物价 物资 工商行政 标准计量 审计志/1682

009043863 洛阳市志第12卷 教育 科技志/1682

009043879 洛阳市志第13卷 文化艺术 新闻卫生 体育志/1682

009043892 洛阳市志第14卷 文物志/1682

009044025 洛阳市志第15卷 白马寺 龙门石窟志/1682

009044047 洛阳市志第16卷 牡丹志/1682

008486805 洛阳市志第17卷 人民生活 民族宗教 民俗 方言志/1682

009992200 洛阳市志第18卷 人物志 附录/1682

012139494 洛阳市志 1991-2000/1681

008372679 河洛史志/1690

010230790 老城区志 1989-2000/1692

009412774 老城区志资料汇编教育志 草稿/1692

007443487 洛阳市老城区志/1692

007347889 洛阳市西工区志/1691

011954665 洛阳市西工区志 1986-2000/1691

012100074 西工区志 1986-2000 送审稿/1692

007520070 洛阳市瀍河回族区志/1692

012097804 洛阳市瀍河回族区志 1986-2000/1692

007482009 洛阳市涧西区志/1692

012505369 洛阳市涧西区志 1986-2006/1692

007482006 洛阳市吉利区志/1692

009009777 洛阳市吉利区志 1989-2000/1693

009888228 洛阳市郊区志征求意见稿/1693

008820754 洛阳市郊区志/1693

013375268 洛阳市郊区志 1991-2000/1693

009887227 工农乡志/1693

009887441 河南省洛阳市郊区关林镇志征求意见稿/1693

009887477 龙门镇志征求意见稿/1693

007900140 孟津县志/1694	008299772 宝丰县志/1704
010576634 孟津县志 1986-2000/1694	013222137 宝丰县志 1988-2005/1705
003801295 新安县志/1695	009959890 叶县志送审稿/1705
012100557 新安县志 1986-2000/1695	007488757 叶县志/1705
013507792 关址村志/1695	011909995 叶县志 1986-2002/1705
007983937 栾川县志/1696	009887505 鲁山县志征求意见稿/1706
011805597 栾川县志 1986-2000/1696	009887483 鲁山县志第二稿/1706
003807961 嵩县志/1696	007903461 郏县志第1卷/1707
009889243 嵩县志土特名产集 初稿/1696	009311155 郏县志第2卷 1987-2000/1707
011908912 嵩县志 1986-2000/1696	009879535 平顶山市舞钢区志稿/1703
009888903 汝阳县志送审稿/1697	007477994 舞钢市志/1703
007132535 汝阳县志/1697	013226432 舞钢市志 1991-2000/1703
010140284 汝阳县志 1989-2000 评审稿/1697	007482026 汝州市志/1704
	008338552 安阳市志/1707
011955333 汝阳县志 1989-2000/1697	012105142 安阳市志 1988-2000/1707
007883888 宜阳县志/1698	008840976 安阳市文峰区志/1711
009768529 宜阳县志 1990-2000/1698	011943014 安阳市文峰区志 1988-2002/1711
007900128 洛宁县志/1698	
009888127 洛宁县志 1988-2000/1698	010140308 文峰区志送审稿/1711
007900150 伊川县志/1699	008421497 安阳市北关区志/1710
009002412 伊川县志 1986-2000/1699	010230876 安阳市北关区志 1991-2002/1710
005536248 偃师县志/1693	
010280183 苗湾村志/1693	010108802 安阳市北关区志 1991-2002 评审稿/1710
007480651 平顶山市志/1699	
010251370 平顶山市志医药 初稿/1699	003728788 安阳市郊区志/1711
006548148 新华区志/1702	012095888 安阳市铁西区志 1991-2002/1711
012175549 郑营村志/1702	
008819961 卫东区志/1702	010143453 铁西区志初稿/1711
011321186 卫东区志 1989-2000/1702	010732070 殷都区西郊乡志/1711
008820269 平顶山市西区志/1702	011892157 马投涧乡志/1711
008421290 平顶山市郊区志/1703	007289923 安阳县志/1713
009888884 平顶山市郊区志稿/1703	010108838 安阳县志 1986-2002 征求意见稿/1713
013093217 平顶山市湛河区志/1703	
009887149 宝丰县志修改稿/1704	009743675 安阳县志 1986-2002/1713

010108833 安阳县志 1986-2002 送审稿/1713	008822230 鹤山区志 1961-1987/1719
012889169 安丰乡志/1713	010779120 鹤壁市山城区志 1986-2000/1719
011890901 黄口村志/1713	009332582 山城区志 1961-1985/1719
013707150 永和乡志/1714	013704033 故县村志 596-2011/1719
003075672 汤阴县志/1714	008822226 鹤壁市郊区志/1719
009675561 汤阴县志 1985-2002/1714	011295846 鹤壁市郊区志 1991-2001/1719
010108884 汤阴县志 1985-2002 初稿/1714	008820768 浚县志/1719
010108878 汤阴县志 1985-2002 送审稿/1714	011762401 浚县志 1986-2000/1720
013861515 河南汤阴南申庄村志/1715	008006143 淇县志/1720
012903504 镇抚寨村志/1715	007587987 新乡市志/1721
007849000 滑县志/1716	009959881 新乡市志新闻报刊志/1721
013143962 滑县志 1988-2000/1716	011534072 新乡市志 1986-2000/1721
013646944 大吕庄村志/1716	013772810 何屯村志/1721
008486965 内黄县志/1716	007900247 红旗区志/1727
009116177 内黄县志/1716	012723233 新乡市红旗区志 1986-2000/1727
011312215 内黄县志 1988-2000/1716	011811205 新华区志/1727
012766285 内黄县乡镇村志东庄镇卷/1716	013680550 八里营村志/1727
008836306 内黄县乡镇村志窦公乡卷/1717	007535952 北站区志/1727
010282896 内黄县乡镇村志二安乡卷/1717	013994195 新乡市北站区志 1987-2000/1727
008836311 内黄县乡镇村志后河镇卷/1717	007490996 新乡市郊区志/1728
008836309 内黄县乡镇村志宋村乡卷/1717	012723241 新乡市郊区志 1986-2000/1728
008836302 内黄县乡镇村志中召乡卷/1717	008257712 新乡县志/1730
006555969 林县志/1711	009334851 新乡市北站区潞王坟乡堡上村志/1730
009332602 林州市志/1711	005591375 获嘉县志/1730
009768371 河顺镇志/1712	011474552 获嘉县志 1986-2000/1730
011890844 横水镇志/1712	011534024 楼村志/1730
011475298 陵阳镇志/1712	008392577 原阳县志/1731
012505440 盘山村志/1712	012689925 原阳县志 1986-2000/1731
009441881 桑耳庄村村志/1712	012680471 马井村志/1731
011998271 石圪当村志/1712	010151428 沙岭村志/1731
008424152 鹤壁市志/1718	
011432702 鹤壁市志 1986-2000/1718	

007900121 延津县志/1731
009204268 延津县志人物 社会 乡(镇)简介 修改稿/1732
012208511 延津县志 1986-2000/1732
013604548 延津县志别集/1732
007291116 封丘县志/1732
012898384 封丘县志 1986-2002/1732
009887219 封邱县志初稿/1732
009412840 封邱县志风化/1732
004516184 长垣县志/1733
009332571 长垣县志人物志/1733
013687134 长垣县志 1986-2003/1733
007132508 卫辉市志/1728
012052028 卫辉市志 1989-2000/1728
007900148 辉县市志/1729
011804649 辉县市志 1989-2002/1729
009879181 百泉村志/1729
013222261 辉县市胡桥乡志/1729
007900256 焦作市志/1733
009743460 焦作市志 1987-2000/1733
010253993 焦作市志 1987-2000 评审稿/1733
010730590 焦作市解放区志 1986-2000/1738
007657580 解放区志/1738
010730601 焦作市中站区志 1990-2000/1738
008821856 中站区志/1738
010730593 焦作市马村区志 1991-2000/1739
008666141 马村区志/1739
010008572 焦作市郊区志/1739
010730597 焦作市山阳区志 1986-2000/1739

008819846 修武县志/1741
013375960 修武县志 1985-2000/1741
012173680 河南省修武县北洼村志/1741
007482379 博爱县志/1742
013789847 博爱县志 1986-2000/1742
007486943 武陟县志/1743
010730584 武陟县志 1986-2000/1743
010244207 詹店镇志/1743
007900146 温县志/1744
011804118 仓头村志 第7卷/1744
012723338 薛肇村志/1744
007478015 沁阳市志/1739
006555922 孟县志/1740
009391121 孟州市志 1986-2000/1741
012722446 寺上村志/1741
008820796 濮阳市区志/1745
009808364 濮阳市志/1745
008820784 濮阳大事记 远古-1999/1745
013925159 东白仓村志/1745
013512005 赵村村志/1745
012718943 胡干城村志/1747
012721846 马拐村志/1747
004102674 清丰县志/1747
008034790 南乐县志/1748
008821918 范县志/1748
011757697 范县志 1988-2000/1748
009527411 台前县志征求意见稿/1748
009334833 台前县志/1749
006497434 濮阳县志/1749
011805823 濮阳县志 1980-2000/1749
010008581 濮阳县志 1980-2000 评审稿/1749
006865753 许昌市志/1750
006497409 许昌县志/1753

012506449 许昌县志 1986-2000 /1753
007900097 鄢陵县志 /1754
012100641 鄢陵县志 1987-2000 /1754
007900162 襄城县志 /1754
013096632 襄城县志 1988-2000 /1755
007290070 禹州市志 /1751
009879565 禹州市志 1985-2000 /1752
010108843 长葛市志 1986-2000 评审稿 /1752
012658231 长葛市志 1986-2000 /1752
007900120 长葛县志 /1753
012587051 长葛市太平店村志 /1753
008421334 漯河市志 /1755
010777228 源汇区志送审稿 /1756
012612968 寨内村志 /1756
007903746 郾城县志 /1756
007563622 舞阳县志 /1756
013010707 舞阳县志 1986-2005 /1756
007806629 临颍县志 /1757
008819800 三门峡市志 /1758
012266228 三门峡市志 1991-2000 /1758
008819801 三门峡市湖滨区志 /1760
012684647 三门峡市湖滨区志 1999-2000 /1760
007226408 渑池县志第1卷 /1764
010476502 渑池县志第2卷 1986-2000 /1764
010151452 渑池县志 1986-2000 /1764
008822217 陕县志 /1764
009204316 陕县志人物 初稿 /1765
009888908 陕县志 1986-2000 /1764
010139927 凡村村志 /1765
008096716 陕县大营村志 /1765
013320947 陕县官前乡志 /1765
009348403 温塘村志 /1765

008819952 卢氏县志 /1766
010730407 卢氏县志 1988-2000 送审稿 /1766
010730558 卢氏县志 1988-2000 /1766
007900133 义马市志 /1760
009852751 义马市志 1987-2000 /1760
013626640 河南省义马市千秋村志 /1760
012141484 河南省义马市义马村志 /1760
007359835 义马村志 /1761
010778514 灵宝市志 1988-2000 送审稿 /1761
010008578 灵宝市志 1988-2000 /1761
007900164 灵宝县志 /1761
012678332 安家底村志 /1762
013373425 川口村志 1949-2011 /1762
012503825 大湖村志 /1762
012658424 冯佐村志 /1762
012722003 牛庄村志 /1762
012684684 尚家湾村志 /1762
009413828 寺河乡志 /1762
012877299 西水头村志 1949-2009 /1762
012723408 尹庄镇志 1949-2008 /1762
007480674 南阳地区志 /1767
005696733 南阳市志 /1767
009888420 南阳县志修改稿 /1767
009888254 南阳县志初稿 /1767
007290027 南阳县志 /1767
011441100 南阳市宛城区志 1978-2000 /1774
009204263 南召县志人物志 初稿汇编 /1775
011295934 南召县志 1986-2002 /1774
007900137 方城县志 /1775
007900099 西峡县志 /1776
012140696 西峡县志 1986-2000 /1776

008380116 镇平县志/1776	007900109 虞城县志/1789
010279891 镇平县志 1986-2000 评议稿/1776	013797202 虞城县志 1986-2005/1789
011295860 镇平县志 1986-2000/1776	007289935 夏邑县志/1790
007482384 内乡县志/1776	013012772 夏邑县志 1985-2006/1790
011892262 内乡县志 1978-2003/1777	012837653 永城市志 1986-2007/1786
007478007 淅川县简志 1986-1992/1777	007900163 永城县志/1786
007060785 淅川县志/1777	013898369 刘河乡志/1786
010127926 社旗县志征求意见稿 修改稿 评审稿/1778	007900149 信阳地区志/1790
008392611 社旗县志/1778	009010104 信阳市志/1790
011584905 社旗县志地理卷 修改稿/1778	004893156 信阳县志/1790
007010519 唐河县志/1779	013148634 信阳市平桥区志 1986-2005/1793
012684754 唐河县志 1986-2000/1779	012680506 明港镇志/1793
008666788 源潭镇志/1779	012767143 信阳市平桥庄王岗乡志 1644-2000/1793
004102708 新野县志/1780	009382189 罗山县志征求意见稿/1793
010230884 新野乡村志/1780	003146902 罗山县志/1793
007588012 桐柏县志/1781	012899144 罗山县志 1986-2003/1793
008821966 邓州市志/1774	007900126 光山县志/1793
009839599 邓州市志 1990-2000/1774	009685463 波陂河志 1622-1985/1793
010252856 商丘地区志续卷 征求意见稿/1781	003491338 新县志/1794
008388832 商丘地区志第1卷/1781	013630420 新县志 1986-2005/1794
009311320 商丘地区志第2卷 续卷/1781	007900134 商城县志/1794
007490429 商丘市志/1781	013863629 商城县志 1978-2005/1794
007900124 商丘县志/1782	006697082 固始县志/1795
013377110 商丘市睢阳区志 1986-2005/1786	013792146 固始县志 1987-2003/1795
008989728 民权县大事记/1787	007900119 潢川县志/1795
007289936 睢县志/1788	012139283 潢川县志 1987-2001/1795
010730603 睢县志 1986-2000/1788	007289909 淮滨县志 1951-1983/1796
007477999 宁陵县志/1788	013792396 淮滨县志 1984-2005/1796
007900122 柘城县志/1788	003801405 息县志/1796
013343586 柘城县志 1986-2000/1788	006555948 周口地区志/1797
	007512926 扶沟县志/1800
	009889288 西华县志终审稿/1800

书名分类索引·历史、地理

006795904 西华县志/1800
013732378 西华县志 1986-2000/1800
007900102 商水县志/1801
012661836 商水县志 1986-2008/1801
007060651 沈丘县志/1802
011295853 沈丘县志 1985-2000/1802
013629667 沈丘县乡镇志/1802
007900227 郸城县志/1803
013686656 郸城县志 1986-2005/1803
006795903 淮阳县志/1803
007900138 太康县志/1804
009413840 太康县志 概述 大事记 地理 征求意见稿/1804
011534051 太康县志 1986-2000/1804
007585444 鹿邑县志/1804
008666812 河南省项城县志/1799
013959606 项城市志 1986-2000/1799
011890821 河南省驻马店高新区志 1994-2005/1805
011890816 河南省驻马店高新区志 1994-2003/1805
008839908 驻马店地区志/1805
008488412 驻马店市志/1805
007289937 西平县志/1806
009889296 西平县志/1807
013730321 盆尧乡志/1807
012837447 西平县盆尧镇叶李村志/1807
009888913 上蔡县志 初稿/1807
007850907 上蔡县志/1807
013689604 上蔡县志 1986-2000/1807
008820103 河南省平舆县志/1808
010101644 正阳县志 初稿/1808
007807152 正阳县志/1808
012837880 正阳县志 1986-2000/1808

005536239 确山县志/1808
009839622 确山县志 1986-2000/1808
007771073 泌阳县志/1809
013375338 泌阳县志 1986-2005/1809
008386613 汝南县志/1809
013222152 汝南县志 1986-2000/1809
007488638 遂平县志/1810
011442044 遂平县志 1986-2000/1810
007587993 新蔡县志/1810
008820763 济源市志/1811
012954908 济源市志 1990-2000/1811
010008609 柿槟村志/1811
008600411 湖北省志/1813
009241113 湖北省志 附录/1813
008687491 湖北省志 工业志稿 冶金/1813
009334941 湖北省志 经济综述 送审稿/1813
009241109 湖北省志 卷首/1813
007342634 湖北省志 第1卷 大事记/1813
005709476 湖北省志 第2卷 体育/1813
007735754 湖北省志 第3卷 交通邮电/1813
007342645 湖北省志 第4卷 地质矿产/1813
007620771 湖北省志 第5卷 金融/1814
007620772 湖北省志 第6卷 贸易/1814
007620773 湖北省志 第7卷 新闻出版/1814
007620770 湖北省志 第8卷 民政/1814
007735752 湖北省志 第9卷 政权/1814
007735674 湖北省志 第10卷 经济综述/1814
007735753 湖北省志 第11卷 军事/1814
007735755 湖北省志 第12卷 农业/1814
007735751 湖北省志 第13卷 财政/1814
008028112 湖北省志 第14卷 教育/1814
008452443 湖北省志 第15卷 水利/1814
008452446 湖北省志 第16卷 地理/1814
008452439 湖北省志 第17卷 宗教/1814

008452450 湖北省志第18卷 科学/1815
008452445 湖北省志第19卷 文艺/1815
008452449 湖北省志第20卷 司法/1815
008381116 湖北省志第21卷 民族/1815
008659565 湖北省志第22卷 文物名胜/1815
008845986 湖北省志第23卷 政党社团/1815
008687509 湖北省志第24卷 外事侨务/1815
008845042 湖北省志第25卷 人物/1815
008687456 湖北省志第26卷 城乡建设/1815
008687465 湖北省志第27卷 工业/1815
008687497 湖北省志第28卷 民俗方言/1815
008687477 湖北省志第29卷 工业志稿 二轻/1815
007916978 湖北省志第29卷 工业志稿 石油/1815
007620970 湖北省志第29卷 工业志稿 建材/1816
007620833 湖北省志第29卷 工业志稿 机械/1816
008687486 湖北省志第29卷 工业志稿 化工/1816
008989989 湖北省志第29卷 工业志稿 电力/1816
008687519 湖北省志第30卷 卫生/1816
009334952 湖北省志第31卷 经济综合管理/1816
007342606 湖北通志/1816
003425522 武汉市志财政志/1825
003801442 武汉市志大事记/1825
002990099 武汉市志教育志/1825
002990092 武汉市志金融志/1825
004436225 武汉市志军事志/1825
002990599 武汉市志民政志/1825
002990095 武汉市志农业志/1825

002990096 武汉市志商业志/1825
003425523 武汉市志税务志/1825
002990097 武汉市志体育志/1825
002988334 武汉市志文物志/1825
008453085 武汉市志第1卷 总类志/1826
008453089 武汉市志第3卷 政党志/1826
009044147 武汉市志第4卷 社会团体志/1826
008338395 武汉市志第5卷 政权 政协志/1826
007919050 武汉市志第7卷 政法志/1826
007919029 武汉市志第9卷 外事志/1826
009044151 武汉市志第10卷 城市建设志/1826
008338357 武汉市志第11卷 工业志/1826
008607849 武汉市志第12卷 交通邮电志/1826
009044161 武汉市志第15卷 对外经济贸易志/1826
007919040 武汉市志第21卷 科学志/1826
008338392 武汉市志第22卷 文化志/1826
007919028 武汉市志第23卷 新闻志/1826
007919049 武汉市志第25卷 卫生志/1827
008659575 武汉市志第27卷 社会志/1827
009117067 武汉市志第28卷 人物志/1827
011809262 武汉市志 1980-2000/1825
013959579 武汉市志简明读本/1827
009335498 武汉市志勘误表/1827
009335493 武汉市志索引/1827
008835209 武汉修志二十年/1827
012610581 汉正街志/1827
010280284 江堤乡志/1827
007836279 武汉地方志资料武汉近代(辛亥革命前)经济史料/1828

012097569 江岸区志/1840

011432900 江汉区志/1840

011312836 硚口区志/1841

011473136 汉阳区志/1841

013957729 简明汉阳区志/1841

009992688 晴川街志/1841

011478746 武昌区志/1842

009252680 金口镇志/1842

013959619 新华村志/1842

010731682 青山区志/1843

012811487 洪山区志/1843

013956891 东西湖区简志/1843

012758785 东西湖区志/1843

010731681 汉南区志/1844

011804110 蔡甸区志 1980-2000/1844

007378958 汉阳县志/1844

013506632 大集镇志 修订本/1844

011764776 索河镇志 1911-1985/1844

011891014 江夏区志 1980-2004/1845

007900101 武昌县志/1845

008452466 江夏史志/1846

012097462 黄陂区志 1980-2004/1846

006924078 黄陂县志/1846

013752440 横店镇志/1846

012878864 叶店村志/1846

012662647 新洲区志 1979-2005/1848

002371420 新洲县简志/1848

006776553 新洲县志/1848

008990396 新洲县志略/1848

012540858 仓埠街志/1848

010731683 阳逻街志/1848

008865183 黄石市志/1850

013374035 黄石市志 金融/1850

013990690 黄石市志 1980-2002/1850

012611131 黄石市志 粮食志 1986-2002/1850

013647653 黄石港区志/1853

012952068 河口志/1853

013899712 下陆区志 1994-2005/1853

008990402 铁山区志/1853

007903916 阳新县志/1855

013823141 阳新县志 1986-2005/1855

007378012 大冶县志/1853

011474497 还地桥镇志/1853

008842835 十堰市志/1856

011327676 十堰市志 军事卷 初稿/1856

008380666 十堰市情/1856

013066350 茅箭区志 1984-2005/1867

008990393 郧县志/1868

007587994 郧西县志/1869

009020814 竹山县志/1869

007482454 竹溪县志/1870

013661843 竹溪县中峰镇志 1949-2011/1871

005591344 房县志/1871

006548205 丹江口市志/1867

009244235 孙家湾村志/1867

009252777 宜昌地区简志 1949-1984/1872

008456355 宜昌市志/1872

012545409 西陵区志 1987-2003/1875

013689475 伍家岗区志 1986-2005/1875

012316946 猇亭区志 1992-2005/1876

006555919 宜昌县志/1876

013189996 宜昌县志 1979-2001/1876

008823385 新中国五十年宜昌县大事记/1876

007378017 远安县志/1880

013190031 远安县志 1979-2005/1880

008379160 远安县志续编/1880	002988540 京山县志/1901
008015397 兴山县志/1881	011908936 唐林村志 1950-2005/1902
013091078 古夫镇志 1949-2003/1881	007903913 钟祥县志/1899
006497386 秭归县志/1881	013932257 冷水镇志 1986-2009/1899
012690300 秭归县志 1979-2005/1881	007990124 孝感市志/1903
012713921 长阳土家族自治县志 1979-2000/1883	013959610 孝感市志 1949-2005/1903
005331590 长阳县志/1883	007469302 孝感县简志/1903
006092390 五峰县志/1884	011892125 龙店区志/1905
012723399 宜都市志 1979-2000/1877	013225495 朋兴乡志 1949-2009/1905
004970779 宜都县志/1877	013320984 书院街志/1905
012096556 当阳市志 1979-2000/1878	013899728 孝昌县志 1993-2012/1910
007903899 当阳县志/1878	008453120 大悟县志/1910
013723722 枝江市志 1979-2002/1878	013955618 大悟县志 1988-2008/1910
007378019 枝江县志/1879	006802895 大悟志略/1910
006548249 襄樊市志/1884	008094640 云梦县志/1911
005536207 襄阳县志 1989/1884	008844948 云梦县志送审稿/1911
003801418 南漳县志/1890	014052435 下辛店镇志/1911
013342309 南漳县志 1986-2007/1890	013758002 云梦县城关镇志/1911
007903914 谷城县志/1891	007905722 应城县志/1906
013597554 谷城县志 1986-2005/1891	008191638 安陆县志/1907
007900123 保康县志/1891	013897211 汉川市志 1986-2005/1908
013189990 尧治河村志 1949-2009/1891	005591317 汉川县志/1908
007903967 老河口市志/1888	011328408 分水镇志/1908
003491348 枣阳志/1889	012639732 庙头镇志 1949-2008/1908
010173047 湖北枣阳乡土志/1889	008191656 荆州地区志/1912
013597715 宜城市志 1979-2005/1890	011441932 沙市区志 1994-2004/1915
008846439 宜城志/1890	006256164 沙市市志/1915
008636598 鄂州市志/1892	012721842 马店村志/1917
013045503 樊口简志/1892	007378027 公安县志/1920
012970629 旭光村志/1892	012898412 公安县志 1980-2000/1920
007503286 鄂城县简志/1895	009685800 藕池镇志/1920
014047737 茅草村志/1895	008225734 监利县志/1921
007585934 荆门市志/1896	013990767 监利县志 1979-2006/1921
	012545487 新沟镇志/1921

书名分类索引·历史、地理

007903892 江陵县志/1923

010476521 江陵县志 公安 司法志 军事志 初稿/1923

010469065 江陵县志 近现代人物志 1 初稿/1923

008453129 新编江陵县志文存/1923

009335487 郝穴镇志 1986.10/1923

010146975 滩桥志/1923

013991514 石首市志 1986-2005/1917

007342623 石首县志/1917

006420759 洪湖县志/1918

011292259 瞿家湾志/1918

013775283 松滋市志 1986-2005/1919

007903886 松滋县志/1919

013131123 沙道观镇志/1919

009020802 黄冈市志/1925

003032729 黄冈县简志/1925

007060787 黄冈县志/1925

008453096 黄冈地区概况/1925

011585035 团风镇志/1925

011566042 黄冈县路口地方志 1882-1982/1927

007486730 红安县简志/1930

007378031 红安县志/1930

007585263 罗田县简志/1931

008486799 罗田县志/1931

013793258 罗田县志 1986-2005/1931

007283460 英山县简志/1931

008823859 英山县志/1931

008990524 英山县志茶志/1931

007582439 浠水县简志/1932

008823829 浠水县志/1932

007490819 蕲春县简志/1934

007932053 蕲春县志/1934

003032727 黄梅县简志/1935

007903952 黄梅县志/1935

010138047 黄梅县志送审本/1935

013688999 麻城市志 1986-2005/1928

007446325 麻城县简志/1928

008486811 麻城县志/1928

007583821 广济县简志/1929

005331717 广济县志/1929

013010701 武穴市志 1988-2007/1929

005591345 咸宁市志/1936

006819847 嘉鱼县志/1938

011325459 老官乡志/1938

007377978 通城县志/1939

007903897 崇阳县志/1939

007482370 通山县志/1940

007514040 蒲圻志/1937

008823949 随州志/1941

008990589 柳林社志/1943

008990593 浙河志/1943

008488256 应山县志/1942

008453183 恩施州志/1943

013894570 恩施州志 1983-2003/1943

008823367 恩施市志/1945

013819360 恩施市志 1983-2003/1945

013939431 舞阳坝街道志/1945

006548206 利川市志/1945

012952135 利川市志 1986-2003/1946

007806613 建始县志/1946

013820363 建始县志 1983-2003/1946

007477998 巴东县志/1947

008823350 宣恩县志/1948

013148654 宣恩县志 1979-2000/1948

003801419 咸丰县志/1948

003801281 来凤县志/1949

004900367 鹤峰县志/1950
013704218 鹤峰县志 1986-2005/1950
013092921 黄荆区志/1951
003801296 沔阳县志/1951
013133812 西流河区志/1951
012899957 仙桃市志 人物志 1986-2010/1951
011793309 杨林尾区志 1840-1985/1951
012251053 胡场地方志 1986-2002/1951
008990575 沔城志增订本/1951
012208101 彭场镇志/1951
013377008 潜江市志 1986-2005/1953
007378037 潜江县志/1953
013148805 张金镇志/1953
007481896 天门县志/1955
011327192 岳口镇志/1955
013959359 神农架林区志 1980-2004/1956
007882004 神农架志/1957
008586984 湖南省志/1959
007995588 湖南省志 财政志/1959
010198858 湖南省志 建筑材料工业志 水泥工业篇 初稿/1959
011327393 湖南省志 建筑志 送审稿/1959
010198877 湖南省志 商业志 百货业 修改稿/1959
011882510 湖南省志 社会组织团体志 火柴工业协会篇/1959
009880331 湖南省志 水利志 第3篇 湖区水利 第1章 湖区堤垸 二稿/1959
010198878 湖南省志 水利志 第1篇 概述 初稿/1960
009869238 湖南省志 医药卫生志 第2篇 卫生防疫 初稿/1960
009869243 湖南省志 医药卫生志 第3篇 医疗事业 第1章 中医 初稿/1960
009839697 湖南省志 卷首 序 凡例 总目 总述/1960
009839702 湖南省志 卷末 纂修实录/1968
008600864 湖南省志 第1卷 大事记/1960
009880122 湖南省志 第1卷 共产党志 1978-2002/1960
010198836 湖南省志 第2卷 出版志 1978-2002/1960
006101119 湖南省志 第2卷 地理志/1960
009889511 湖南省志 第3卷 林业志 1978-2002/1960
008377588 湖南省志 第3卷 党派群团志 工会/1960
008377593 湖南省志 第3卷 党派群团志 共产党/1960
008377534 湖南省志 第3卷 党派群团志 民主党派及工商联 国民党湖南地方组织/1960
009312142 湖南省志 第3卷 党派群团志 妇女团体/1961
010151138 湖南省志 第3卷 党派群团志 共青团/1961
011312405 湖南省志 第4卷 审计志 1978-2002/1961
007923167 湖南省志 第4卷 政务志 人事/1961
007923166 湖南省志 第4卷 政务志 人民代表大会/1961
008377780 湖南省志 第4卷 政务志 外事/1961
008486609 湖南省志 第4卷 政务志 民政/1961
008377785 湖南省志 第4卷 政务志 政治协商会议/1961

008688776 湖南省志第4卷 政务志 档案/1961

009106119 湖南省志第4卷 政务志 侨务/1961

007923168 湖南省志第5卷 军事志/1961

011312406 湖南省志第5卷 物价志 1978-2002/1961

011312407 湖南省志第6卷 政府志 1978-2002/1961

008377540 湖南省志第6卷 政法志 检察/1962

008377605 湖南省志第6卷 政法志 司法行政/1962

008377600 湖南省志第6卷 政法志 公安/1962

009312136 湖南省志第6卷 政法志 武装警察/1962

011312398 湖南省志第7卷 财政志 1978-2002/1962

009879315 湖南省志第7卷 综合经济志 工商行政管理/1962

006109951 湖南省志第7卷 综合经济志 物价/1962

009879269 湖南省志第7卷 综合经济志 国民经济计划/1962

009879290 湖南省志第7卷 综合经济志 劳动/1962

009312133 湖南省志第7卷 综合经济志 统计/1962

009312138 湖南省志第7卷 综合经济志 商检/1962

009106116 湖南省志第7卷 综合经济志 海关/1962

007175011 湖南省志第8卷 农林水利志/1962

011312411 湖南省志第8卷 质量技术监督志 1978-2002/1963

011890870 湖南省志第9卷 工会志 1978-2002/1963

006767858 湖南省志第9卷 工业矿产志 轻工业 纺织工业/1963

009879564 湖南省志第9卷 工业矿产志 化学工业 建材工业/1963

009879590 湖南省志第9卷 工业矿产志 机械工业/1963

009879614 湖南省志第9卷 工业矿产志 地质矿产/1963

009879624 湖南省志第9卷 工业矿产志 冶金工业/1963

009879633 湖南省志第9卷 工业矿产志 电子工业/1963

009879636 湖南省志第9卷 工业矿产志 烟草业/1963

009879641 湖南省志第9卷 工业矿产志 煤炭工业/1963

009252790 湖南省志第9卷 工业矿产志 电力工业/1963

012003661 湖南省志第10卷 民政志 1978-2002/1963

008377761 湖南省志第10卷 交通志 公路/1964

008377548 湖南省志第10卷 交通志 铁路/1964

008377754 湖南省志第10卷 交通志 联合运输/1964

008688480 湖南省志第10卷 交通志 民用航空/1964

009310522 湖南省志第10卷 交通志 水运

/1964

012003686 湖南省志第11卷 气象志 1978-2002/1964

007992132 湖南省志第11卷 邮电志/1964

010198813 湖南省志第12卷 测绘志 送审稿/1964

012003613 湖南省志第12卷 工业综合志 1978-2002/1964

010198843 湖南省志第12卷 建设志 城乡建设 送审稿/1964

009879165 湖南省志第12卷 建设志 测绘 建筑业/1964

007385779 湖南省志第12卷 建设志 城乡建设/1964

009312147 湖南省志第12卷 建设志 环境保护/1964

011312400 湖南省志第13卷 供销合作志 1978-2002/1965

006109952 湖南省志第13卷 贸易志/1965

012003314 湖南省志第14卷 报业志 1978-2002/1965

008688384 湖南省志第14卷 对外经济贸易志 对外贸易 对外经济/1965

006101118 湖南省志第15卷 财政志/1965

012003699 湖南省志第15卷 司法行政志 1978-2002/1965

012003647 湖南省志第16卷 国土资源志 1978-2002/1965

008688484 湖南省志第16卷 金融志/1965

011312399 湖南省志第17卷 出入境检验检疫志 1978-2002/1965

008486611 湖南省志第17卷 教育志/1965

011312410 湖南省志第18卷 广播影视志 1978-2002/1965

006101111 湖南省志第18卷 科学技术志/1965

012680106 湖南省志第19卷 对外经贸志 1978-2002/1966

008883713 湖南省志第19卷 文化志 文化事业/1966

009675418 湖南省志第19卷 文化志 文学艺术/1966

012680101 湖南省志第20卷 大事记 1978-2002/1966

006101114 湖南省志第20卷 新闻出版志/1966

012680113 湖南省志第21卷 经济和社会发展计划志 1978-2002/1966

002986210 湖南省志第21卷 医药卫生志/1966

012680130 湖南省志第22卷 税务志 1978-2002/1966

008532816 湖南省志第22卷 体育志/1966

008688717 湖南省志第23卷 人口志/1966

012811499 湖南省志第23卷 银行志 1978-2002/1966

008377766 湖南省志第24卷 民族志/1966

012003667 湖南省志第24卷 农业志 1978-2002/1966

009310529 湖南省志第25卷 方言志/1967

012680143 湖南省志第25卷 烟草志 1978-2002/1967

009768611 湖南省志第26卷 民俗志/1967

012680137 湖南省志第26卷 外事侨务志 1978-2002/1967

012821904 湖南省志第27卷 环境保护志 1978-2002/1967

008688786 湖南省志第27卷 宗教志/1967

012003620 湖南省志第28卷 公安志 1978-2002/1967
007923176 湖南省志第28卷 文物志/1967
012680126 湖南省志第29卷 水利志 1978-2002/1967
009391870 湖南省志第29卷 著述志/1967
012680108 湖南省志第30卷 检察志 1978-2002/1967
007923143 湖南省志第30卷 人物志/1967
012680136 湖南省志第31卷 体育志 1978-2002/1967
013415148 湖南省志第32卷 军事志 1978-2002/1968
013792254 湖南省志第33卷 电信志 1978-2002/1968
013792265 湖南省志第34卷 医药志 1978-2002/1968
012680123 湖南省志第35卷 科学技术志 1978-2002/1968
013792258 湖南省志第36卷 教育志 1978-2002/1968
012003695 湖南省志第37卷 审判志 1978-2002/1968
010198808 湖南省志海关分志 1898-1990 征求意见稿/1959
010254016 湖南省志共产党志 1997-2001 送审稿/1959
008055980 湖南省志优稿选评/1968
009335588 湖南百年志 1900-1999/1968
007689633 湖南乡镇简志/1968
006087463 湖南近百年大事纪述/1973
010197214 长沙市志电力专志 送审稿/1976
010577406 长沙市志公安志稿/1976
010197218 长沙市志建筑志 初稿/1976

010197216 长沙市志建筑志/1976
010197221 长沙市志劳动编 验收稿/1976
011309431 长沙市志第1卷/1977
009434703 长沙市志第2卷/1977
009435053 长沙市志第3卷/1977
009437610 长沙市志第4卷/1977
009434722 长沙市志第5卷/1977
009437615 长沙市志第6卷/1977
009435149 长沙市志第8卷/1977
009437622 长沙市志第10卷/1977
009434899 长沙市志第11卷/1977
009434925 长沙市志第12卷 教育 科技 卫生 体育/1977
009435008 长沙市志第13卷 文化事业 文学艺术 文物名胜 新闻报刊 广播电视/1977
009437627 长沙市志第15卷/1978
009435167 长沙市志第16卷 人物传 人物录/1978
011309490 长沙市志第17卷/1978
011995314 长沙市芙蓉区志 1988-2003/1988
012263999 长沙市天心区志 1988-2003/1988
009382848 长沙市东区地方志/1987
009814624 长沙市西区志/1988
012679095 长沙市岳麓区志 1988-2002/1988
010293851 长沙市北区志/1988
009358226 长沙市郊区志/1988
013776372 长沙市雨花区简志/1988
011471285 长沙市雨花区志/1988
012713915 长沙市雨花区志 1988-2002/1989
008453271 湖南省长沙市南区志/1989

008538692 望城县志修改稿/1989	009685899 茶陵县火田乡志/2008
007425708 望城县志/1989	009685932 茶陵县思聪乡志/2008
011066425 望城县志 1988-2002/1989	008594779 鄞县志评审稿/2010
008594786 长沙县志修改稿/1993	005591347 鄞县志/2010
007724488 长沙县志/1993	006384427 板杉区志/2001
010779078 长沙县志 1988-2002/1993	007850858 醴陵市志第1卷/2001
007885943 宁乡县志/1994	009839705 醴陵市志第2卷 1991-2002/2001
011892357 宁乡县志 1986-2002/1994	006384426 王仙区志/2001
011584548 浏阳市志 1988-2002/1990	008470949 湘潭市志/2011
007903925 浏阳县志/1990	010199657 湘潭市志教育篇 修订稿/2011
009992729 湖南省浏阳市淳口镇志 1949-2002/1990	009889514 湘潭市志权力机关篇/2011
010475992 湖南省浏阳市大围山镇志 1922-2002/1990	010199658 湘潭市志文化篇 送审稿/2011
013335380 湖南省浏阳市社港镇志 1949-2002/1990	009889516 湘潭市志中国共产党篇 评审稿/2011
012174009 湖南省浏阳市文家市镇志 1949-2002/1990	011793090 湘江区志/2015
013820247 湖南省浏阳市永安镇志 1949-2002/1990	010201783 雨湖区志/2015
012638875 溪江乡志/1990	010291855 板塘区简志/2014
007677699 株洲市志/1995	010577352 湘潭市郊区志/2014
008720369 株洲市志第10卷/1995	007848968 湘潭县志/2019
008718909 株洲市志第14卷/1995	010199666 湘潭县志第3卷 地理志 征求意见稿/2019
011320751 株洲市东区志/2000	013604173 湘潭县志第17卷 金融志/2019
013902039 株洲市南区志/2001	010199675 湘潭县志第21卷 政党 总纂初稿/2019
010199800 株洲市南区志/2001	010199673 湘潭县志第35卷 人物 总纂初稿/2019
007588013 株洲县志/2005	009700927 石鼓镇志/2019
009839718 株洲县志 1991-2000/2005	008848335 双湖村志/2019
007378020 攸县志/2006	008538027 湘乡县志送审稿/2015
012950355 柏市地方志/2006	007426121 湘乡县志/2015
009686598 攸县城关镇志/2006	008610222 衡阳市志/2021
007668496 茶陵县志/2008	013092897 衡阳市志人口志/2021
009685883 茶陵县城关镇志/2008	008923324 江东区志/2025
	008923314 城北区志/2025

008189797 衡阳市郊区志/2025
011580021 衡阳市郊区续志/2024
008844167 南岳区志/2025
008538749 衡阳县志送审稿/2028
008486589 衡阳县志/2028
012139200 衡阳县志 1978-2003/2028
008538758 衡南县志送审稿/2028
004018882 衡南县志/2028
008520777 衡山县简志/2029
008143647 衡山县志/2029
011580006 衡山县志/2029
013647586 衡山县志 1978-2005/2029
007587871 衡东县志/2030
009961639 衡东县志凡例 总述 大事记 送审稿/2030
008453531 祁东县志/2030
012836118 祁东县志 1986-2005/2030
007903961 耒阳市志/2025
013861904 耒阳市志 1986-2005/2025
006562076 常宁县志/2026
007896741 邵阳市志/2031
008385422 邵阳市东区简志/2032
008385644 邵阳市郊区志/2032
008385178 邵阳市西区简志/2032
012837563 羊家冲村志/2033
008538681 新邵县志送评稿/2034
006555944 新邵县志/2034
013599608 新邵县志 1978-2005/2034
011955413 邵阳县志 1978-2002/2034
007672351 隆回县志/2035
010199436 隆回县志 1978-2002/2035
007057470 洞口县志/2035
013528841 洞口县志 1978-2005/2035
008385169 茘溪瑶族乡志/2035

008538005 绥宁县志送评稿/2036
007992179 绥宁县志/2036
009379678 党坪苗族乡志/2036
013819390 关峡苗族乡志/2036
011955741 新宁县志 1978-2004/2036
007850878 城步苗族自治县志/2037
012503757 城步苗族自治县志 1978-2002/2037
013316271 长安营乡志/2037
012684918 武冈市志 1994-2003/2033
008538736 武冈县志送评稿/2033
007932065 武冈县志/2033
010202391 岳阳市志/2038
009384988 岳阳市志公安卷 送审稿/2038
008032707 岳阳市情要览/2038
012545690 岳阳解放六十年 100 件大事图志/2041
009384041 岳阳市南区志/2042
012612989 岳阳市君山区志/2042
013897232 合兴村志/2042
008453268 岳阳县志/2044
013787962 板桥村志/2044
007903919 华容县志/2045
013507968 华容县志/2045
007672824 华容县终南乡志/2045
008488202 湘阴县志/2047
013940785 长康镇志/2047
013604175 新泉地方志/2048
012586974 岭北地方志/2048
008531732 平江县志送审稿/2048
011955251 平江县志 1978-2003/2048
009117073 汨罗市志/2043
009335674 渔街志/2043
008206906 临湘市志/2043

009382863 常德地区志 地理志/2049
009382872 常德地区志 化学工业志/2049
012871862 常德地区志 农机志/2049
009797345 常德地区志 人口志/2049
009383606 常德地区志 审计志/2049
009383608 常德地区志 一轻工业志/2049
008590413 常德地区志 第1卷 建设志/2049
008590878 常德地区志 第2卷 政务志/2049
008590914 常德地区志 第3卷 经济综合志/2049
008453537 常德地区志 第4卷 大事记/2049
008453546 常德地区志 第5卷 供销合作志/2050
008598126 常德地区志 第6卷 民族志 宗教志/2050
008453568 常德地区志 第7卷 人物志/2050
008453553 常德地区志 第8卷 二轻工业志/2050
008453545 常德地区志 第9卷 检察志/2050
008453564 常德地区志 第10卷 体育志/2050
008453560 常德地区志 第11卷 民政志/2050
008453541 常德地区志 第12卷 党派群团志 建材工业志/2050
008453569 常德地区志 第13卷 民俗志 方言志/2050
008453539 常德地区志 第14卷 广播电视志/2050
008453552 常德地区志 第15卷 物价志/2050
008453544 常德地区志 第16卷 报刊志/2050
008453551 常德地区志 第17卷 农业志/2050
008453558 常德地区志 第18卷 文物志/2051
008453561 常德地区志 第19卷 公安志/2051
008453555 常德地区志 第20卷 商业志/2051
008531938 常德地区志 第21卷 纺织工业志/2051
008453557 常德地区志 第22卷 文化志/2051
008453556 常德地区志 第23卷 烟草志/2051
008453572 常德地区志 第24卷 共产党志/2051
008453542 常德地区志 第25卷 文学志/2051
008453563 常德地区志 第26卷 法院志/2051
008453549 常德地区志 第27卷 粮油贸易志/2051
008385204 常德地区志 第28卷 邮电志/2051
008378590 常德地区志 第29卷 环境保护志/2051
008378597 常德地区志 第30卷 金融志/2051
008378602 常德地区志 第31卷 林业志/2052
008893209 常德地区志 第32卷 水利志/2052
008893249 常德地区志 第33卷 税务志/2052
009320537 常德地区志 第34卷 国营农场志

/2052

009675385 常德地区志第35卷 建设银行志/2052

009675386 常德地区志第36卷 教育志/2052

009675380 常德地区志第37卷 财政志/2052

009675387 常德地区志第38卷 军事志/2052

009797339 常德地区志第39卷 机电工业志/2052

010576545 常德地区志第40卷 科学技术志/2052

007731476 常德市志/2052

008835541 常德市志送审稿/2052

009020505 常德市志/2053

010197235 常德县志商业志 初稿/2053

013362664 古县常德百年图志/2053

011995332 常德市武陵区市志1988-2005/2055

009853828 鼎城区志1988-2003/2056

013601975 鼎城区志 文艺志/2056

007509401 安乡县志/2057

012097402 汉寿县志1990-2004/2058

004516502 澧县志/2058

012661431 澧县志1978-2002/2058

010731575 澧南垸志/2059

007903918 临澧县志/2059

013820637 临澧县志1986-2003/2059

007819148 桃源县志/2059

010577018 桃源县志林业志/2059

007378163 桃源县志第2卷 农业志/2060

008453536 桃源县志第3卷 水利志/2060

012877251 桃源县志第7卷 工业志/2060

008452472 桃源县志第9卷 交通志/2060

012877245 桃源县志第12卷 金融志1991-2000/2060

011908955 桃源县志第13卷 财政志/2060

009686553 桃源县志第14卷 药业志/2060

009797371 桃源县志第15卷 商业志/2060

012542988 桃源县志第16卷 供销合作志/2060

009797373 桃源县志第17卷 粮食贸易志/2060

012877246 桃源县志第18卷 烟草志/2060

009383764 桃源县志第19卷 金融志/2060

009686561 桃源县志第20卷 物价志/2060

009686562 桃源县志第21卷 工商行政管理志/2061

009348806 桃源县志第22卷 审计志/2061

012877249 桃源县志第28卷 环境保护志/2061

012542994 桃源县志第41卷 政治协商志/2061

012542992 桃源县志第46卷 卫生志/2061

012684757 桃源县志1978-2002/2059

011955433 石门县志1978-2002/2061

012051932 石门县罗坪乡寨垭村志/2061

010199461 石门县地方志供销合作社志/2062

012049629 津市市志1978-2001/2056

008645999 津市志/2057

007585921 大庸县志/2063

009992748 张家界市志/2063

010199785 永定区志1988-2002/2064

010576825 武陵源区志/2064

010142849 武陵源区志1989-2000 送审稿/2064

006555910 慈利县志/2064
011943209 慈利县志1978-2002/2064
008835569 桑植县志/2065
009699670 桑植县志1989-2000/2065
007910024 益阳市志/2066
005696656 南县志/2071
013508757 南县志1986-2004/2071
011327014 桃江县志送审稿/2071
005559176 桃江县志/2071
012722550 桃江县志1986-2000/2072
008538695 安化县志审查稿/2072
007903910 安化县志/2072
009768595 安化县志1980-2000/2072
012662844 沅江市志1986-2004/2070
005696891 沅江县志/2070
013072821 沅江市泗湖山镇志552-2004/2070
012689916 沅江县琼湖镇志598-1988/2070
008594675 郴县志送评稿/2073
007585916 郴县志/2073
009227304 郴州地区志/2073
008532797 郴州市志/2073
013037942 郴州市北湖区志1990-2004/2075
011477231 苏仙区志1989-2002/2076
008528042 桂阳县志送评稿/2076
009618618 桂阳县志1989-2000 评议稿/2077
009618593 桂阳县志1989-2000 送审稿/2077
009348814 桂阳县志1989-2000/2077
008835118 太和镇志/2077
008538763 宜章县志送评稿/2078

013337618 宜章县志/2078
009768620 宜章县志1989-2000/2078
008820674 永兴县志/2079
010199775 永兴县志序 凡例 概述 大事记 地理 人口 经济综述 送评稿/2079
012052516 永兴县志1989-2002/2079
008538676 嘉禾县志送评稿/2080
007969243 嘉禾县志/2080
011328759 嘉禾县志1989-2002/2080
013336292 临武县志1988-2005/2080
012099779 汝城县志1989-2002/2081
008835749 桂东县志送审稿/2081
012609896 桂东县志1991-2002/2081
007809644 安仁县志/2081
008538727 资兴市志送评稿/2076
008842932 资兴市志/2076
010577550 资兴市志数据集/2076
008538744 零陵地区志评审稿/2082
008197459 零陵地区志/2082
008989954 零陵地区志/2082
013990912 零陵地区志福田茶厂志/2082
012899112 零陵地区志供销合作社志/2082
013821758 零陵地区志民族志/2082
011762889 零陵地区志人大志/2082
013821839 零陵地区志税务志/2082
009442699 零陵地区志第3卷 计划志/2082
009044822 零陵地区志第5卷 金融志/2083
009044263 零陵地区志第6卷 科学技术志/2083
009044826 零陵地区志第7卷 妇女志/2083
008453589 零陵地区志第8卷 农业志/2083
009044842 零陵地区志第9卷 卫生志/2083
009044290 零陵地区志第10卷 公安志/2083

009044846 零陵地区志第11卷 法院志/2083

009044850 零陵地区志第12卷 环保志/2083

009045152 零陵地区志第13卷 检察志/2083

009045113 零陵地区志第14卷 农机志/2083

009045092 零陵地区志第15卷 人事志/2083

009045390 零陵地区志第16卷 粮油志/2083

009045075 零陵地区志第17卷 乡镇企业志/2083

009045066 零陵地区志第18卷 军事志/2084

009045054 零陵地区志第19卷 邮电志/2084

009045399 零陵地区志第20卷 水利水电志/2084

008453581 零陵地区志第21卷 医药志/2084

008594740 零陵地区志第22卷 商业志/2084

008453587 零陵地区志第23卷 畜牧水产志/2084

013901075 永州市志宗教志/2084

007509345 零陵县志/2086

012506608 永州市零陵区志 1982-2003/2086

011809685 永州市冷水滩区志 1984-2003/2085

007819130 祁阳县志/2086

010110014 祁阳县志 1978-2004 验收稿/2087

010253950 祁阳县志 1978-2004/2087

010199447 祁阳县志 1978-2005 评议稿/2087

010238568 东安县志送评稿/2088

007885961 东安县志/2088

012048876 东安县志 1989-2004/2089

011805920 双牌县志/2089

008538730 道县志送评稿/2089

013221089 道县志 1978-2003/2089

008614523 江永县志送评稿/2090

007425702 江永县志/2090

008453532 江永县志/2090

012049603 江永县志 1991-2004/2090

008531727 宁远县志/2090

011295968 宁远县志 1978-2003/2090

008538685 蓝山县志送评稿/2091

007807097 蓝山县志/2091

009472561 蓝山县志林业志/2091

012719193 蓝山县志 1990-2003/2091

013933204 毛俊村志/2091

008596125 新田县志/2092

010199680 新田县志 1978-2003 评议稿/2092

011998676 新田县志 1978-2003/2092

008486657 江华瑶族自治县志/2092

009853961 江华瑶族自治县志 1990-2003/2092

008832927 怀化地区志/2093

007969202 怀化市志/2093

012251452 麻伊洑区志/2096

008181525 沅陵县北溶区志/2096

008380289 沅陵县军大坪区志/2097

008380656 沅陵县凉水井区志/2097

008914114 沅陵县乌宿区志/2097
007903917 沅陵县志/2097
008835628 沅陵县志 1988-1997/2097
007590149 辰溪县志/2099
007775311 溆浦县志/2100
009686571 溆浦县志交通志/2100
007724464 会同县志/2100
007806564 麻阳县志/2100
011997402 麻阳县志 1978-2005/2100
008086728 新晃侗族自治县志/2101
007969192 芷江县志/2101
013323157 芷江县志 1978-2005/2101
007793037 靖州县志/2102
012680305 靖州县志 1978-2005/2102
008391866 通道县志/2103
010008740 [通道侗族自治县]县庆五十周年志/2104
007817996 洪江市志/2095
003324927 黔阳县志/2096
008538756 娄底地区志送评稿/2104
007969309 娄底市志/2104
009335620 双峰县志/2107
008192044 新化县志/2107
008538699 冷水江市志评审稿/2105
007585864 冷水江市志/2105
008835554 涟源市志/2106
010278321 杨市乡志/2106
008857456 湘西土家族苗族自治州志丛书/2108
008842879 湘西州志/2108
008538000 吉首市志评审稿/2112
008486642 吉首市志/2112
013820334 吉首市志 1989-2005/2112
008488443 泸溪县志/2112

010201611 泸溪县志 1986-2001 送审稿/2112
011997381 泸溪县志 1986-2001/2112
007378018 凤凰县志/2113
004516513 花垣县志/2113
007378010 保靖县志/2114
012871832 保靖县志 1986-2005/2114
003807916 古丈县志/2114
013821898 龙山县志/2115
012639750 龙山县人文志/2115
008586532 广东省志/2117
010229397 广东省志少数民族志 送审稿/2117
007060953 广东省志第1卷 农垦志/2117
007060952 广东省志第2卷 地质矿产志/2117
007362192 广东省志第3卷 教育志/2117
007482032 广东省志第4卷 二轻(手)工业志/2117
007482038 广东省志第5卷 民政志/2117
007505463 广东省志第6卷 医药志/2117
007590129 广东省志第7卷 气象志/2118
007728259 广东省志第8卷 机械工业志/2118
007728292 广东省志第9卷 军事工业志/2118
007728293 广东省志第10卷 华侨志/2118
007728276 广东省志第11卷 人口志/2118
007728294 广东省志第12卷 公路交通志/2118
007728296 广东省志第13卷 测绘志/2118
007728295 广东省志第14卷 铁路志/2118
007728258 广东省志第15卷 冶金工业志/2118

008054957 广东省志第16卷 水利志/2118
009008691 广东省志第16卷 水利续志/2118
008054994 广东省志第17卷 税务志/2119
008453604 广东省志第18卷 物资志/2119
008453605 广东省志第19卷 邮电志/2119
008453595 广东省志第20卷 财政志/2119
008453598 广东省志第21卷 林业志/2119
008453599 广东省志第22卷 军事志/2119
008453594 广东省志第23卷 旅游志/2119
008453601 广东省志第24卷 审判志/2119
008453600 广东省志第25卷 供销合作社志/2119
008453606 广东省志第26卷 经济特区志/2119
008593224 广东省志第27卷 新闻志/2119
008593219 广东省志第28卷 海洋与海岛志/2120
008593222 广东省志第29卷 物价志/2120
008593212 广东省志第30卷 船舶工业志/2120
008664993 广东省志第31卷 对外经济贸易志/2120
008263862 广东省志第32卷 金融志/2120
008466773 广东省志第33卷 烟草志/2120
008466503 广东省志第34卷 广播电视志/2120
008493171 广东省志第35卷 出版志/2120
008328204 广东省志第36卷 少数民族志/2120
008333586 广东省志第37卷 地名志/2120
008471322 广东省志第38卷 工商行政管理志/2120
008601070 广东省志第39卷 电力工业志/2121

008834589 广东省志第40卷 文化艺术志/2121
008466774 广东省志第41卷 地理志/2121
008681095 广东省志第42卷 海关志/2121
009158010 广东省志第43卷 生物志/2121
009158028 广东省志第44卷 商业志/2121
009158033 广东省志第45卷 宗教志/2121
009043199 广东省志第46卷 风俗志/2121
009158013 广东省志第47卷 环境保护志/2121
009000475 广东省志第48卷 公安志/2121
009000479 广东省志第49卷 煤炭工业志/2121
008834583 广东省志第50卷 石油化工志/2121
009158032 广东省志第51卷 人物志/2122
009158006 广东省志第52卷 卫生志/2122
009158026 广东省志第53卷 商检志/2122
009158017 广东省志第54卷 审计志/2122
009016143 广东省志第55卷 自然灾害志/2122
009310888 广东省志第56卷 农业志/2122
009008701 广东省志第57卷 政权志/2122
009158000 广东省志第58卷 总述/2122
009043195 广东省志第59卷 地震志/2122
009158030 广东省志第60卷 纺织工业志/2122
009000486 广东省志第61卷 司法行政志/2122
009441647 广东省志第62卷 粤港澳关系志/2123
009391012 广东省志第63卷 建材工业志/2123
009399379 广东省志第64卷 方言志/2123

009189051 广东省志第65卷 民航志/2123
009412613 广东省志第66卷 劳动志/2123
009413320 广东省志第67卷 丝绸志/2123
009413330 广东省志第68卷 政治纪要/2123
009413314 广东省志第69卷 国土志/2123
009332439 广东省志第70卷 体育志/2123
009413317 广东省志第71卷 民主党派志/2123
009157995 广东省志第72卷 经济综述/2123
009391016 广东省志第73卷 社会科学志/2124
009043198 广东省志第74卷 档案志/2124
010195256 广东省志第75卷 一轻工业志/2124
009389829 广东省志第76卷 检察志/2124
009391022 广东省志第77卷 孙中山志/2124
009553689 广东省志第78卷 统计志/2124
009335606 广东省志第79卷 中共组织志/2124
009391019 广东省志第80卷 水产志/2124
009391025 广东省志第81卷 乡镇企业志/2124
010195258 广东省志第82卷 水运志/2124
010730458 广东省志第83卷 盐业志/2124
011295523 广东省志第84卷 文物志/2125
010730455 广东省志第85卷 城乡建设志/2125
011312202 广东省志第86卷 妇女工作志/2125
010778996 广东省志第87卷 工会志/2125
011312478 广东省志第88卷 青年工作志/2125
001644923 广州市志/2131
007511835 广州市志/2131

011564635 广州市志蔬菜志/2131
013143806 广州市志第1卷 1991-2000/2131
008636519 广州市志第1卷/2131
008453616 广州市志第1卷 大事记/2131
008466554 广州市志第2卷/2131
012541569 广州市志第2卷 1991-2000/2131
008466558 广州市志第3卷/2131
012638812 广州市志第3卷 1991-2000/2132
008716112 广州市志第4卷/2132
012811335 广州市志第4卷 1991-2000/2132
012609888 广州市志第5卷 1991-2000/2132
008714420 广州市志第5卷/2132
008714446 广州市志第5卷/2132
008466569 广州市志第6卷/2132
012638803 广州市志第6卷 1991-2000/2132
008636521 广州市志第7卷/2132
013143812 广州市志第7卷 1991-2000/2132
008466571 广州市志第8卷/2132
012264318 广州市志第8卷 1991-2000/2132
013143791 广州市志第9卷 1991-2000/2132
008714510 广州市志第9卷/2133
008714527 广州市志第9卷/2133
008636532 广州市志第10卷/2133
013688682 广州市志第10卷 索引 1991-2000/2133
008636531 广州市志第11卷/2133
008466582 广州市志第12卷/2133
008466587 广州市志第13卷/2133
008466591 广州市志第14卷/2133
008466595 广州市志第15卷/2133
008466601 广州市志第17卷/2133
008466605 广州市志第18卷/2133
008466607 广州市志第19卷/2133
008636535 广州市志第20卷/2133

008815578 广州市志共产党志 1921-1990 /2131
008664961 广州侨务与侨界人物 /2140
007722000 广州著名老字号 /2140
013072638 辛亥革命在广东报章实录 /2139
008283642 广东历史名人传略 /2140
008466722 广州近代经济史 /2135
009310235 广州近现代大事典 /2140
007587864 广州历史地理 /2140
009413885 广州现代经济史 /2135
005499059 广州之最 /2140
005736102 广州著名老字号 /2140
008042307 广州市荔湾区志 /2147
013335274 广州市荔湾区志 1991-2005 /2147
008162886 广州市东山区志 /2143
011579869 广州市东山区志 1991-2005 /2143
008453625 广州市越秀区志 /2143
012541560 广州市越秀区志 1991-2005 /2143
009768224 农林街志 1840-2000 /2143
011957288 白云街志 1996-2006 /2143
009335833 大塘街志 1840-2000 /2143
013751610 大塘街志 1884-2005 /2143
010474449 东湖街志 1840-1990 /2144
009767835 东华西街志 1840-1995 /2144
009378373 芳草街志 1840-1990 /2144
013792157 广州市东山区大东街志 1840-1991 /2144
009767960 广州市东山区梅花村街志 /2144
010292620 广州市越秀区大南街志 /2144

007480641 广州市越秀区诗书街志 /2144
009768242 珠光街志 /2144
008664985 广州市海珠区志 /2147
013626448 广州市海珠区志 1991-2000 /2147
009553685 小洲村史 /2147
008042315 广州市天河区志 /2148
012051971 广州市天河区志 1991-2000 /2148
009672496 长湴村志 /2148
009399368 车陂村志 /2148
009413303 吉山村志 /2148
010008239 猎德村志 /2148
009742418 龙眼洞村志 /2148
009319316 沙东村志 /2149
009335859 石牌村志 /2149
012099965 棠东村志 /2149
009379605 棠下村志 /2149
012252783 冼村村志 /2149
010008245 渔沙坦村志 /2149
009673746 玉树村志 /2149
011809714 元岗村志 /2149
011794428 珠村村志 /2149
008381161 广州市天河区石牌街志 /2150
008906058 广州市白云区志 /2150
013143778 广州市白云区龙归镇志 /2150
009959558 广州市白云区萝岗镇志 /2150
009863798 广州市白云区人和镇志 /2150
009863845 广州市白云区竹料镇志 /2150
009863840 新市镇志 /2151
009959547 广州市白云区蚌湖志 /2152
008453629 广州市黄埔区志 /2152
009767829 大沙镇志 /2152
008815632 广州市黄埔区长洲镇志 /2152

014047743 茅岗村志广州市黄埔区鱼珠街茅岗村志/2152
010476181 南岗镇志/2152
012636911 番禺市志 1992-2000/2153
007969436 番禺县志/2153
008523639 番禺百年大事记 1900-1999/2153
008005970 番禺县镇村志/2153
012139252 广州市花都市志 1993-2000/2155
008038804 花县志/2155
010138281 广州市花都区新华镇横潭村志/2155
007882134 广州市芳村区志/2157
012609715 广州市芳村区志 1991-2005/2157
012898432 广州市芳村区东漖镇志/2157
007426164 增城县志/2157
008237290 荔城镇志/2157
007514046 新塘镇志/2157
008435069 从化温泉风景区志/2160
007488678 从化县志/2158
012609496 广州市从化市志 1979-2004/2158
008453669 从化县概况/2158
008834554 韶关市志/2160
013131219 韶关市志 1988-2000/2160
013143928 红联村志/2160
012252493 韶关市武江区志/2163
013795387 韶关市浈江区志/2162
008474925 曲江县志/2163
012684615 曲江县志 1979-2000/2163
007986598 始兴县志/2165
013096387 始兴县志 1990-2000/2165

007908323 仁化县志/2165
012542814 仁化县志 1979-2000/2166
009411411 长江镇志/2166
007850896 翁源县志/2166
013597691 翁源县志 1988-2000/2166
013531129 抗日革命老区梅村村志/2167
007978429 乳源瑶族自治县志/2167
013144709 乳源瑶族自治县志 1990-2003/2167
008815665 新丰县志/2167
013706960 新丰县志 1979-2005/2167
012639810 乐昌市志 1988-2000/2163
007850802 乐昌县志/2163
007366539 南雄县志/2164
013067173 深圳市志/2168
010279036 深圳市志公安志 复审稿/2168
010254023 深圳市志信息志 1984-2000/2168
009839192 南岭村志/2168
011296025 上梅林村志/2168
012613988 深圳市西乡街道志/2168
011066969 深圳市十九镇简志/2168
013936362 深圳市罗湖区志/2172
013936358 深圳市福田区志 1979-2003/2171
013795389 深圳市南山区志/2172
013706288 深圳市南山区蛇口街道志 补充核实稿/2172
007818004 宝安县志/2172
010108369 福永镇志/2172
013772811 和平村志/2172
013415281 怀德村志/2172
013775140 桥头村志/2172
009153986 沙井镇志/2173

008974579 万丰村志/2173
012549950 福永志/2173
012096327 宝安文献志/2174
013731347 深圳市龙岗区志 1993-2003 /2174
013822690 深圳市龙岗区布吉镇志/2174
013096366 深圳市盐田区志 1998-2005 /2174
012846111 中英街志/2174
008839831 珠海市志/2174
013798859 珠海市香洲区志/2176
010293998 唐家湾镇志/2176
009000415 斗门县志/2176
013647344 斗门县志 1991-2000/2176
008949810 乾务镇志/2176
008275403 汕头市志/2177
004899618 汕头史志/2178
013597514 潮阳市志 1979-2003/2180
008015389 潮阳县志/2180
013923916 潮阳县贵屿镇志/2180
010576826 峡山街道志/2180
013375754 澄海市志 1979-2003/2181
007908337 澄海县志/2181
008839817 南澳县志/2182
013319784 南澳县志 1979-2000/2182
006902178 佛山市志/2182
013702953 叠滘乡志/2182
013687422 佛山市城区志 1984-2002/2187
013687426 佛山市石湾区志 1984-2002 /2187
012265389 南海市志 1979-2002/2187
008593258 南海县志/2187
009851248 南海市大沥街道志/2187
013753714 南海市桂城街道志/2187

009851493 南海市黄岐街道志/2187
009852519 南海市南庄镇志/2188
013753717 南海市平洲街道志/2188
012639693 南海市沙头镇志/2188
009852613 南海市盐步街道志/2188
007881983 顺德县志/2192
009337634 顺德县志/2192
007290062 三水县志/2193
008361689 三水大事记 1526-1993/2193
013335256 高明市荷城区志/2195
012049323 高明市三洲区志/2195
012658543 高明市西安区志/2195
012831521 高明市志 1981-2002/2195
007010552 高明县志/2195
008815930 江门市志/2199
013774226 江门市志 1979-2000/2199
007697932 江门百年大事记 1854-1993 /2199
012202846 环市镇志/2199
007291160 新会县志/2200
007990300 新会县志续编/2200
013375912 台山市志 1979-2000/2200
008815357 台山县志/2200
013333767 北陡镇志/2201
013528809 赤溪镇志/2201
013680667 大江镇志/2201
013686315 汶村镇志/2201
006733050 台山百年事纪略 1498-1987 /2201
006975791 台山古今概览/2201
008453639 台山下川岛志/2201
009378331 大沙区志/2202
008997517 开平县志/2202
008470968 鹤山县志/2202

012252933 雅瑶镇志/2202	008360958 广宁县概况/2215
009441776 恩平县志/2203	005591358 怀集县志/2216
008440351 恩平县农村志 1911-1985/2203	008006101 封开县志/2216
009391029 湛江市志/2204	007850904 德庆县志/2218
013994256 湛江市志 1979-2000/2204	013791125 德庆县志 1979-2000/2218
008075752 湛江概览/2204	007473502 高要县志/2214
009174253 南三岛志/2205	007850899 高要县志/2214
013824301 湛江市霞山区志/2206	008453733 七星岩志/2214
013866282 湛江市坡头区志/2206	008453774 四会县志/2214
013961340 湛江市麻章区志/2206	011804681 惠州市志/2219
009335907 遂溪县志/2208	009043203 惠阳县志/2220
008636614 徐闻县志/2208	013647667 惠州市惠城区志 1988-2002/2220
013375831 廉江市志 1979-2005/2206	009552721 惠州志艺文卷/2220
007493536 廉江县志/2206	008999264 博罗县志/2220
008599888 安铺镇志/2206	013220983 博罗县志 1979-2000/2220
009441659 海康县志/2207	009337563 惠东县志/2221
008990730 吴川县志/2208	008815979 龙门县志/2221
007992217 茂名市志/2209	013319711 龙门县志 1979-2000/2221
008018706 茂名市大事记/2209	006101075 梅县志/2224
008665737 电白县志/2210	012814014 梅县志 1979-2000/2222
009851323 高州县志/2209	008453658 梅州市志/2222
007883873 化州县志/2210	013373549 梅州市志 1979-2000/2222
013684241 信宜市志 1979-2000/2210	013337484 梅州市梅江区志 1988-2000/2224
007057413 信宜县志/2210	009250885 梅县丙村镇志/2224
012837833 肇庆市大旺简志/2211	007908389 大埔县志/2226
008453697 肇庆市志/2211	012679190 大埔县志 1979-2000/2226
008437279 肇庆市历史大事记 远古-清代/2211	007817952 丰顺县志/2226
013707205 肇庆市端州区志/2213	013323762 丰顺县志 1979-2005/2226
008453696 肇庆市志/2213	005220802 五华县志/2227
013707202 肇庆市鼎湖区志/2213	013689473 五华县志 1979-2000/2227
007132521 广宁县志/2215	004883578 平远县志/2227
013723512 广宁县志 1979-2000/2215	013225553 平远县志 1979-2000/2227
008361003 广宁史话/2215	

007474437 平远县志续编资料/2227
004018838 蕉岭县志/2228
013224446 蕉岭县志 1979-2000/2228
012880340 兴宁市志 1979-2000/2225
004415495 兴宁县志/2225
012946924 兴宁叶南麻岭留圣堂地方志/2226
010252164 马官镇志/2228
009742411 海丰县志/2229
008453674 公平镇志/2229
011321084 陆丰县志/2230
013772820 河源市志/2230
008636619 河源县志/2230
013688752 河源市源城区志 1988-2003/2231
007488672 紫金县志/2231
007473267 广东省龙川县志附续编增补资料/2231
007488670 龙川县志/2231
013684179 龙川县志 1979-2004/2231
013680639 车田镇志/2231
013530962 鹤市镇志/2231
012680433 龙川细坳镇志/2232
012877262 陀城镇志/2232
008990783 连平县志/2232
013791148 东源县志 1988-2004/2232
013510874 阳江市志 1988-2000/2233
008665219 阳江县志/2234
013226736 阳东县志 1988-2000/2234
007508885 阳春简志/2233
007475773 阳春县志/2233
007881972 阳春县志/2233
013684200 清远市志 1988-2003/2234
007987743 清远县志/2234

013794848 清远市清城区志/2235
013597650 清新县志 1988-2005/2235
009046344 佛冈县志/2236
009154015 阳山县志/2236
007931009 连山壮族瑶族自治县志/2236
012832421 连山壮族瑶族自治县志 1979-2005/2236
007882129 连南瑶族自治县县志/2236
013723576 连南瑶族自治县志 1979-2004/2236
010476431 英德县志/2235
009265472 连县志/2235
013224599 连州市志/2235
008593225 东莞市志/2237
013987625 东莞市志 1979-2000/2237
013726808 长安镇志/2237
012951970 东莞市茶山镇志/2237
012132676 东莞市长安镇志/2237
012872235 东莞市常平镇桥梓村志/2237
012540998 东莞市常平镇志/2237
012809976 东莞市大朗镇志/2237
013221108 东莞市大岭山镇志/2237
011804243 东莞市东坑镇志/2237
012679228 东莞市凤岗镇凤德岭村志 1652-2005/2237
011890569 东莞市凤岗镇官井头村志/2238
012679231 东莞市凤岗镇塘沥村志 1588-2004/2237
012264196 东莞市凤岗镇志/2238
011496993 东莞市横沥镇志/2238
011890576 东莞市洪梅镇志/2238
012658341 东莞市虎门镇志/2238
012809995 东莞市寮步镇志/2238

011954693 东莞市麻涌镇志/2238	013225643 饶平县志 1979-2005/2246
010231130 东莞市桥头镇志/2238	006210430 东里志/2247
012684612 东莞市清溪镇志/2238	007132464 揭阳县志/2247
012173760 东莞市沙田镇志/2238	010820197 揭阳县志续编 征求意见稿/2248
013090967 东莞市石碣镇志/2238	010253032 揭阳县志 1986-1991 续编/2248
009683684 东莞市石龙镇志/2238	009863449 地都区志/2248
013090970 东莞市石排镇志/2239	012173803 官硕乡志/2248
011804251 东莞市塘厦镇志/2239	009378632 揭阳县新亨区志/2248
012679240 东莞市万江区志/2239	008593263 榕城区志/2249
012096627 东莞市樟木头镇志/2239	011473070 广东省揭阳县榕城镇志/2249
012810016 东莞市中堂镇潢涌村志/2239	013184536 炮台镇志/2249
013860384 东莞市中堂镇志/2239	013659385 揭东县志 1992-2010/2250
012679244 东莞雁田志/2239	007925877 揭西县志/2251
009250812 厚街镇志/2239	009796925 揭西县志 1979-2003/2251
011066392 油甘埔村志/2239	009024952 惠来县志/2251
007818020 中山市志/2242	012999172 惠来县志 1979-2004/2251
013758009 中山市志 1979-2005/2242	013319966 普宁市志 1989-2004/2250
013961416 长命水村志/2242	008453773 普宁县志/2250
007986705 黄圃志/2242	011804733 交丙坛村志/2250
008453662 沙溪镇志/2242	013319756 弥高乡志/2250
007978409 张家边区志/2242	013723713 云浮市志/2252
011480729 中山市五桂山镇志/2243	007060951 云浮县志/2252
013661789 中山市小榄镇志/2243	008425710 云浮县历史大事记/2252
007359827 潮州市志/2245	013689485 云浮市云城区志 1979-2000 /2256
013790280 潮州市枫溪区志 1996-2010 /2245	007132468 新兴县志/2258
012237590 潮州镇志/2245	013723694 新兴县志 1979-2000/2258
008422243 新韩江闻见录/2246	008037824 郁南县志/2260
013819177 潮州市湘桥区志/2246	013373669 郁南县志 1979-2000/2260
008453771 庵埠志/2246	013236300 云安县志/2261
007488679 饶平县志/2246	013898416 罗定市志 1979-2003/2257
008379670 饶平县志第1卷 人物志/2247	007060961 罗定县志/2257
013991374 饶平县志第2卷 文化志/2247	010138287 广西通志城乡建设志 评审稿 /2263
013991368 饶平县志第3卷 教育志/2247	

009864307 广西通志出入境检验检疫志 评审稿/2263
009959581 广西通志附录/2263
009239589 广西通志共青团志/2263
011067170 广西通志科学技术协会志 初稿/2263
009310906 广西通志旅游志 评议稿/2263
011066953 广西通志水利志 征求意见稿/2263
009441654 广西通志乡镇企业志 初稿/2263
009238902 广西通志第1卷 土地志 评审稿/2264
007294761 广西通志第1卷 自然地理志/2264
007294762 广西通志第2卷 宗教志/2264
007359847 广西通志第3卷 粮食志/2264
007359833 广西通志第4卷 教育志/2264
007359846 广西通志第5卷 邮电志/2264
007359832 广西通志第6卷 农业志/2264
007428190 广西通志第7卷 气象志/2264
007428191 广西通志第8卷 劳动志/2264
007509010 广西通志第9卷 侨务志/2264
007511784 广西通志第10卷 工商行政管理志/2264
007511791 广西通志第11卷 财政志/2264
007511798 广西通志第12卷 物价志/2264
007511806 广西通志第13卷 工会志/2265
007509009 广西通志第14卷 统计志/2265
007509566 广西通志第15卷 民政志/2265
007590146 广西通志第16卷 检察志/2265
007590145 广西通志第17卷 供销合作社志/2265
007657587 广西通志第18卷 冶金工业志/2265

007896862 广西通志第19卷 海关志/2265
007902602 广西通志第20卷 科学技术志/2265
007903488 广西通志第21卷 铁路志/2265
007903544 广西通志第22卷 交通志/2265
007932025 广西通志第23卷 人口志/2265
007932037 广西通志第24卷 商检志/2265
007932038 广西通志第25卷 中共广西地方组织志/2265
007993400 广西通志第26卷 外经贸志/2266
003324817 广西通志第27卷 电力工业志/2266
003801189 广西通志第28卷 体育志/2266
007908342 广西通志第29卷 民俗志/2266
007908343 广西通志第30卷 地质矿产志/2266
008421786 广西通志第31卷 外事志/2266
008421783 广西通志第32卷 人事志/2266
008421790 广西通志第33卷 煤炭工业志/2266
008421794 广西通志第34卷 经济总志/2266
008421777 广西通志第35卷 测绘志/2266
008421784 广西通志第36卷 政府志/2266
008421782 广西通志第37卷 糖业志/2266
008599833 广西通志第38卷 地震志/2266
008539590 广西通志第39卷 金融志/2267
008539589 广西通志第40卷 大事记/2267
008539594 广西通志第41卷 政协志/2267
008594802 广西通志第42卷 审判志/2267
008539606 广西通志第43卷 广播电视志/2267
008539627 广西通志第44卷 社会科学志/2267
008539613 广西通志第45卷 建筑材料工业志

/2267

008539654 广西通志第46卷 石油化学工业志/2267

008539619 广西通志第47卷 生物志/2267

008594805 广西通志第48卷 少数民族语言志/2267

008539658 广西通志第49卷 医疗卫生志/2267

008539660 广西通志第50卷 岩溶志/2267

008841042 广西通志第51卷 行政区划志/2267

008683175 广西通志第52卷 审计志/2268

008665452 广西通志第53卷 纺织工业/2268

008594823 广西通志第54卷 文化志/2268

008683154 广西通志第55卷 出版志/2268

008683165 广西通志第56卷 农垦志/2268

008683211 广西通志第57卷 有色金属工业志/2268

008834980 广西通志第58卷 妇联志/2268

008683158 广西通志第59卷 军事志/2268

008683170 广西通志第60卷 人民代表大会志/2268

009159208 广西通志第61卷 商业志/2268

009158091 广西通志第62卷 林业志/2268

009159194 广西通志第63卷 土地志/2268

009118283 广西通志第64卷 汉语方言志/2268

009158130 广西通志第65卷 乡镇企业志/2269

009061842 广西通志第66卷 公安志/2269

009159203 广西通志第67卷 二轻工业志/2269

009118235 广西通志第68卷 共青团志/2269

009673754 广西通志第69卷 民主党派 工商联志/2269

009346508 广西通志第70卷 司法行政志/2269

009413340 广西通志第71卷 文学艺术志/2269

009346526 广西通志第72卷 旅游志/2269

008683201 广西通志第73卷 水利志/2269

010244068 广西通志第74卷 邮电志 1991-2002/2269

010238230 广西通志第75卷 环境保护志/2269

009552773 广西通志第76卷 电子工业志/2269

009839204 广西通志第77卷 一轻工业志/2269

011473102 广西通志第78卷 出入境检验检疫志 1917-2003/2270

011473083 广西通志第79卷 报业志/2270

011954069 广西通志第80卷 物资志/2270

012264294 广西通志第81卷 机械工业志/2270

012264291 广西通志第82卷 民族志/2270

012504022 广西通志第83卷 烟草志 1522-2003/2270

012264312 广西通志第84卷 质量技术监督志 前217-2003/2270

012264301 广西通志第85卷 人物志/2270

012638786 广西通志第86卷 公安志 1993-2008/2270

012679366 广西通志第87卷 总述/2270

012718864 广西通志第88卷 医药志/2270

012811311 广西通志第89卷 城乡建设志/2270

012832034 广西通志第90卷 计划生育志

1956-2003/2271

013507814 广西通志第91卷 人民生活志 古代-2000/2271

013528928 广西通志第92卷 电力工业志 1986-2002/2271

013688677 广西通志第93卷 水利志 1991-2005/2271

013728688 广西通志第94卷 检察志 1994-2008/2271

013143774 广西通志 农业志 1978-2008/2263

009557579 广西重点镇志/2271

009472091 南宁市郊区志/2276

008593058 南宁市志/2276

008595422 南宁市志军事志/2276

013184414 南宁市志金融志 1991-2005 资料汇编/2276

009107305 南宁市大事记 1949.12-2000.12/2276

009334600 友爱村志附录 族谱/2276

008816420 友爱村志/2282

012139574 南宁市新城区志 1991-2005/2282

008488208 新城区志/2282

011892272 南宁市江南区志/2282

012506276 万秀村志/2282

008645253 邕宁县志/2282

011476859 孟莲村志/2282

011570129 那陈乡志/2283

007986599 武鸣县志/2283

014052379 武鸣县志 1991-2005/2283

008816609 曾甘村志/2283

005536242 隆安县志/2283

013144584 隆安县志 1986-2006/2284

009310256 隆安大事记/2284

007969449 马山县志/2284

007910023 上林县志/2284

007909998 宾阳县志/2285

007910010 横县县志/2285

008845829 柳州地区志/2286

008865201 柳州市志/2286

008594848 柳州大事记远古-1995.6/2286

012099798 沙塘镇志/2286

010577009 柳州图志 2005/2288

009189370 柳州图志 2008/2289

009673760 柳州市郊区志/2290

013898372 柳州市鱼峰区志 1991-2005/2290

008596696 鱼峰区志/2290

008816657 柳州市柳南区志/2290

012265308 柳州市柳南区志 1990-2005/2290

008539730 柳北区志/2289

012265302 柳州市柳北区志 1991-2005/2289

003324913 柳江县志/2290

007884864 柳城县志/2290

012541546 古砦仫佬族乡志 1999-2009/2290

008596054 古砦乡志/2291

013862836 柳城自然村志/2291

007491018 鹿寨县志/2291

009250936 鹿化志/2292

007850908 融安县志/2292

008816717 融水苗族自治县志/2292

009379668 安太乡志/2293

012140233 融水苗族自治县滚贝侗族乡志/2293

013225734 三防镇志/2293
007057293 三江侗族自治县志/2293
008067629 同乐苗族乡志/2293
008025838 桂林市志/2294
013897184 桂林市志劳动和社会保障志 1949-2005/2294
013013555 桂林市志 1991-2005/2294
009441849 桂林漓江志/2297
013728706 桂林市叠彩区志/2298
013528958 桂林市象山区志审核稿/2299
013989069 桂林市雁山区志/2299
007882026 临桂县志/2298
003075035 阳朔县志/2299
011585208 阳朔县志 1986-2003/2299
008338861 灵川县志/2299
008487063 全州县志/2300
013731147 全州镇志/2300
007792946 永福县志/2301
007490997 灌阳县志/2301
004102852 龙胜县志/2303
008645259 资源县志/2302
007850897 平乐县志/2302
007724533 荔浦县志/2303
007910054 恭城县志/2304
013185976 梧州地区志/2305
008596058 梧州市简志/2305
009189398 梧州市志/2305
011909093 梧州市郊区志/2306
007884889 苍梧县志/2307
008487257 藤县志/2307
007491026 蒙山县志/2308
007978422 岑溪市志/2306
008990920 北海市志/2308
012587007 北海市志 1991-2005/2308

013706858 涠洲岛志/2309
009699347 北海市海城区志/2310
012048731 北海市银海区志/2310
013788268 北海市铁山港区志/2310
007359768 合浦县志/2310
008816733 防城港区八年史料汇编 1985-1993/2311
012714129 防城港简志/2312
007883875 防城县志/2312
008596791 上思县志/2312
008596063 钦州市志/2313
008906037 灵山县志/2313
007486936 浦北县志/2314
007424756 贵港市志/2314
007983975 平南县志/2315
013794780 平南县志 1988-2005/2316
013898903 鹏化志/2316
012542928 寺面镇志/2316
004018823 桂平县志/2315
007488634 玉林市志/2316
013091065 高山村志/2317
007910039 容县志/2318
007425663 陆川县志/2318
007057490 博白县志/2319
007910040 北流县志/2317
007425671 百色市志/2321
008471268 田阳县志/2321
008471210 田东县志/2322
012661674 那拔志/2322
007883874 平果县志/2322
008539747 德保县志/2322
008645231 靖西县志/2323
008816719 那坡县志/2323
012097759 凌云县志/2323

008816400 乐业县志/2323
007987753 田林县志/2324
009061870 隆林各族自治县志/2324
008835041 贺州市志/2325
009154033 八步镇志/2325
008596055 铺门镇志/2325
007910126 昭平县志/2325
007490422 钟山县志/2326
007910189 富川瑶族自治县志/2326
008596014 河池市志/2327
011882567 河池市志 1991-2002/2328
007412975 南丹县志/2329
009310258 南丹大事记/2329
007482429 天峨县志/2329
012096675 凤山县志/2330
007488662 东兰县志/2330
006562132 罗城仫佬族自治县志/2330
009310909 环江毛南族自治县志/2331
009346515 巴马瑶族自治县志/2331
007910041 都安瑶族自治县志/2332
008596666 宜州市志/2328
009250546 怀远镇志/2328
013446535 来宾市乡镇简志/2332
007060932 来宾县志/2333
007818011 忻城县志/2334
007478003 象州县志/2335
008539729 寺村镇志/2335
008595754 象州县妙皇乡志/2335
008595718 象州镇志/2335
007512901 武宣县志/2336
006420728 金秀瑶族自治县志/2336
008816423 合山市志/2334
012814041 南宁地区志/2337
007491022 崇左县志/2337

007910009 扶绥县志/2337
011892186 木民村志/2337
012951869 昌平志/2338
006497224 宁明县志/2338
007493560 龙州县志/2338
004102707 大新县志/2339
009234485 大新镇志/2339
003807940 天等县志/2340
008816406 凭祥市志/2337
013530713 海南省志第 1 卷 总述 大事记/2341
009879142 海南省志第 1 卷 建置志/2341
009472132 海南省志第 2 卷 气象志 地震志/2341
009560711 海南省志第 2 卷 地质矿产志/2341
009768284 海南省志第 2 卷 海洋志 革命根据地志/2341
011995782 海南省志第 2 卷 西南中沙群岛志/2341
009839227 海南省志第 2 卷 土地志/2341
012679494 海南省志第 2 卷 测绘志/2341
012680045 海南省志第 2 卷 自然地理志/2342
013530709 海南省志第 2 卷 动植物志/2342
008486449 海南省志第 3 卷 人口志 方言志 宗教志/2342
010293890 海南省志第 3 卷 民族志/2342
012680042 海南省志第 4 卷 民主党派志/2342
008486456 海南省志第 4 卷 民政志 外事志/2342
008684554 海南省志第 4 卷 检察志/2342
008684162 海南省志第 4 卷 公安志/2342

009154047　海南省志第4卷 政府志/2342
009560718　海南省志第4卷 共产党志/2342
010108675　海南省志第4卷 司法行政志/2342
009839229　海南省志第4卷 审判志/2342
013194257　海南省志第4卷 人代政协志/2343
013957143　海南省志第4卷 工青妇志/2343
008684559　海南省志第5卷 军事志/2343
009560714　海南省志第6卷 工商行政管理志 统计管理志/2343
010284504　海南省志第6卷 计划管理志/2343
012049427　海南省志第6卷 审计志/2343
012173849　海南省志第6卷 物价管理志/2343
008486457　海南省志第7卷 农业志/2343
009856102　海南省志第7卷 农垦志/2343
009560752　海南省志第7卷 水利志/2343
012191895　海南省志第7卷 烟草志/2343
013222093　海南省志第7卷 畜牧志/2344
013222087　海南省志第7卷 乡镇企业志/2344
013819478　海南省志第7卷 林业志/2344
008684582　海南省志第9卷 邮电志/2344
008684563　海南省志第9卷 口岸志 海关志 商检志/2344
009347994　海南省志第9卷 民用航空志/2344
009699371　海南省志第9卷 出入境检验检疫志/2344
013819473　海南省志第9卷 城乡建设志/2344
012811348　海南省志第9卷 交通志/2344

012139168　海南省志第10卷 财政税务志/2344
007905769　海南省志第10卷 金融志/2344
012191906　海南省志第10卷 渔业志/2344
012191884　海南省志第10卷 对外经济贸易志/2345
013819475　海南省志第10卷 供销合作社志/2345
009021830　海南省志第11卷 卫生志/2345
012679502　海南省志第11卷 教育志/2345
012680043　海南省志第11卷 文化志/2345
012679508　海南省志第11卷 科学技术志/2345
012251012　海南省志第12卷 人物志/2345
009472120　海口市志/2347
012998920　传桂村志/2348
013932491　龙华史志/2349
008476193　琼山县志/2350
008865188　三亚市志/2350
012636525　通什市志/2351
007443555　琼海县志/2351
007792883　儋县志/2352
008665478　文昌县志/2352
007488622　万宁县志/2352
012951956　中国海南东方县志/2352
011312666　定安县志/2353
011312538　屯昌县志/2353
012048797　澄迈县志/2353
013000447　海南省澄迈县马村志/2353
008822808　临高县志/2354
004516543　白沙县志/2354
008665481　昌江县志/2354
008815264　乐东县志/2355
013528846　佛老村志/2355

012767129 新坡村志/2355

011475310 陵水县志/2355

013898865 培兰村志/2355

007885997 保亭县志/2355

007588015 琼中县志/2355

008492849 重庆市志报业志/2357

009553246 重庆市志国防科技工业志/2357

010280461 重庆市志第2卷/2358

010280483 重庆市志第3卷/2358

008849212 重庆市志第4卷/2358

008849213 重庆市志第5卷/2358

008849219 重庆市志第6卷/2358

008849220 重庆市志第7卷/2358

010280656 重庆市志第8卷/2358

009840533 重庆市志第9卷/2358

010280676 重庆市志第10卷/2359

008849223 重庆市志第11卷/2359

010280690 重庆市志第12卷/2359

010280703 重庆市志第13卷/2359

010280748 重庆市志第14卷/2359

009890617 重庆市志烟草志 1621－2003/2358

011295872 重庆市志出版志 1840－1987/2357

009553259 重庆市志税务志 1840－1985/2358

011312678 重庆市志出入境检验检疫志 1891-2005/2357

011312683 重庆市志气象志 1891－2005/2358

013759462 重庆市志农业银行志 1979-2008/2358

012208664 重庆市志电信志 1986－2005/2357

011312681 重庆市志工会志 1986－2005/2357

012690281 重庆市志共青团志 1986－2005/2357

013798792 重庆市志供销合作志 1989-2008/2357

008059731 万县志/2369

013045505 分水志/2369

007668426 涪陵市志/2371

012832403 李渡镇志/2371

007731545 重庆市市中区志/2368

007522232 重庆市大渡口区志/2372

012636499 重庆市大渡口区八桥镇志/2372

007881945 重庆市江北区志/2372

013775935 五里店街道志 1993-2005/2372

008421762 重庆市江北区华新街街道志/2372

007657581 重庆市沙坪坝区志/2373

008418595 重庆市沙坪坝区石桥乡志/2373

009783860 重庆市沙坪坝区覃家岗乡志/2373

008672140 重庆市沙坪坝区覃家岗镇新桥村志/2373

008388826 重庆市九龙坡区志/2374

005559218 重庆市南岸区志/2374

012208656 重庆市南岸区志 1990－2005/2375

005559111 重庆市北碚区志/2375

007905731 綦江县志/2376

013662372 重庆市景星乡志 1984－2005/2376

008486293 大足县志/2376

009745001 重庆市双桥区志/2377
008486653 江北县志/2378
011996760 江北县志 1986-1994/2378
008143615 巴县志/2379
011295470 长寿县志 1986-2001/2380
013134083 重庆市长寿区志 区人民医院志 1940-2006/2380
012636501 重庆市长寿区志 2002-2006 /2380
007426158 江津县志/2381
011325312 金刚乡志/2381
007885983 合川县志/2381
008421723 钓鱼城志/2381
013097915 永川市志 板桥镇志/2382
012900169 永川市志 永荣镇志/2382
012636764 永川市志 红炉镇志/2382
012837666 永川市志 工会志 1950-2007 /2382
008022614 永川县志/2382
009688485 陈食镇志/2382
012609510 大安镇志/2382
012140459 五间镇志/2383
012814513 永川市南大街街道办事处志 1992.9-2006.12/2383
012636765 永川市青峰镇志/2383
007428173 潼南县志/2385
013756859 潼南县志 建设金融志/2386
013731980 潼南县新城志 1998-2011/2388
007358318 铜梁县志 1911-1985/2388
008671814 荣昌县志/2389
009228146 璧山县志/2389
013220971 璧山县志 1986-2005/2389
008053805 梁平县志/2390
013317867 梁平县志 1986-2005/2390

009232307 城口县志/2391
009996531 丰都县志 总纂初稿/2391
007342647 丰都县志/2391
007479126 垫江县志/2392
007480679 武隆县志/2392
007482372 忠县志/2393
012256682 忠县志/2393
012816263 忠县志 1988-2008/2393
009442740 忠县忠州镇志/2393
007905705 开县志/2394
012661400 开县志 1986-2005/2394
008734725 云阳县志/2394
012003066 云阳县志 1993-2005/2394
008471523 奉节县志/2395
007378032 巫山县志/2395
007905729 巫溪县志/2395
011875755 石柱土家族自治县志 1986-2002 /2396
007482406 石柱县志/2396
009002190 秀山县志/2396
009046571 酉阳县志/2396
008487004 彭水县志/2397
008579450 四川省志/2399
008844315 四川省志 报业志 征求意见稿 /2399
008844316 四川省志 报业志 修改稿/2399
009552937 四川省志 财政志 送审稿/2399
007590137 四川省志 纺织工业志/2399
008700906 四川省志 附录/2399
009552944 四川省志 建材工业志 送审稿 /2399
009552948 四川省志 建筑志 送审稿/2399
009552955 四川省志 军事志 讨论稿/2400
009552951 四川省志 军事志 送审稿/2400

007724502 四川省志粮食志/2400
009552959 四川省志林业志 送审稿/2400
012506191 四川省志轻工业志 送审稿/2400
009552962 四川省志轻工业志 送审稿 修改稿/2400
009553071 四川省志水利志 送审稿/2400
009552942 四川省志政法分志 检察篇/2400
009149378 四川省志首卷/2400
006543107 四川省志第1卷 冶金工业志/2400
007294696 四川省志第2卷 电子工业志/2400
007294695 四川省志第3卷 轻工业志/2400
007294764 四川省志第4卷 机械工业志/2401
007488685 四川省志第5卷 邮政电信志/2401
007620827 四川省志第6卷 交通志/2401
007724501 四川省志第7卷 水利志/2401
007807107 四川省志第8卷 化学工业志/2401
007881953 四川省志第9卷 气象志/2401
008052683 四川省志第10卷 纺织工业志/2401
008036569 四川省志第11卷 电力工业志/2401
008036570 四川省志第12卷 盐业志/2401
008390681 四川省志第13卷 民政志/2401
008390685 四川省志第14卷 财政志/2401
008390691 四川省志第15卷 旅游志/2401
008390697 四川省志第16卷 公安 司法志/2401
008413445 四川省志第17卷 丝绸志/2402
008413446 四川省志第18卷 体育志/2402
008413443 四川省志第19卷 轻工业志/2402
008413437 四川省志第20卷 地质志/2402
008413444 四川省志第21卷 商检志/2402
008413436 四川省志第22卷 地震志/2402
008413441 四川省志第23卷 煤炭工业志/2402
008413439 四川省志第24卷 海关志/2402
008413447 四川省志第25卷 哲学社会科学志/2402
008413725 四川省志第26卷 对外经济贸易志/2402
008413448 四川省志第27卷 石油天然气工业志/2402
008413440 四川省志第28卷 科学技术志/2402
008413438 四川省志第29卷 供销合作社志/2402
008418204 四川省志第30卷 宗教志/2403
008487230 四川省志第31卷 金融志/2403
008487208 四川省志第32卷 检察 审判志/2403
008487197 四川省志第33卷 广播电视志/2403
008418207 四川省志第34卷 报业志/2403
013863679 四川省志第34卷 税务志 1986-2005/2403
008581743 四川省志第35卷 人事志/2403
008418182 四川省志第36卷 林业志/2403
008487215 四川省志第37卷 建筑志/2403
008487192 四川省志第38卷 地理志/2403
008418194 四川省志第39卷 建材工业志/2403
008418200 四川省志第40卷 测绘志/2403
008418211 四川省志第41卷 文物志/2403

008636609 四川省志第42卷 档案志 侨务志/2404
008668924 四川省志第43卷 综合管理志/2404
008668909 四川省志第44卷 外事志/2404
008668912 四川省志第45卷 文化艺术志/2404
008668864 四川省志第46卷 民族志/2404
008668860 四川省志第47卷 民俗志/2404
008668858 四川省志第48卷 教育志/2404
008668884 四川省志第49卷 农业志/2404
008668848 四川省志第50卷 大事纪述/2404
008668902 四川省志第51卷 商业志/2404
008668917 四川省志第52卷 政务志/2404
008667369 四川省志第53卷 军事志/2404
008700852 四川省志第56卷 出版志/2404
008861174 四川省志第57卷 统计 工商行政管理 劳动志/2405
008668843 四川省志第58卷 城建环保志/2405
007724490 四川省志第59卷 医药卫生志/2405
009336606 四川省志第60卷 人物志/2405
013795543 四川省志第76卷 扶贫开发志 1986-2005/2405
013067257 四川省志审判志 1986-2005 初审稿/2400
008670057 四川省志民俗志丛稿 广汉民俗/2471
007881769 成都市志/2413
011890484 成都市志总志/2413
008670681 成都市志第1卷 房地产志/2414
008027829 成都市志第2卷 地理志/2414
008027830 成都市志第3卷 邮政志/2414
009046537 成都市志第4卷 军事志/2414
008027858 成都市志第5卷 劳动志/2414
009046550 成都市志第6卷 公用事业志/2414
008413356 成都市志第7卷 建筑志/2414
008416651 成都市志第8卷 粮食志/2414
008420657 成都市志第9卷 林业志/2414
008420721 成都市志第10卷 卫生志/2414
008420698 成都市志第11卷 税务志/2414
008420641 成都市志第12卷 乡镇企业志/2414
008430372 成都市志第13卷 民政志/2414
008420695 成都市志第14卷 广播电视志/2415
008430354 成都市志第15卷 审判志/2415
008420704 成都市志第16卷 商业志/2415
008420689 成都市志第17卷 人事志/2415
008420680 成都市志第18卷 园林志/2415
008420712 成都市志第19卷 宗教志/2415
008420714 成都市志第20卷 物价志/2415
008430367 成都市志第21卷 计划志/2415
008420663 成都市志第22卷 标准计量志/2415
008430368 成都市志第23卷 物资志/2415
008420678 成都市志第25卷 城市规划志/2415
008420725 成都市志第26卷 市政建设志/2415
008420744 成都市志第27卷 勘测志/2415
008420702 成都市志第28卷 川剧志/2416
008420732 成都市志第29卷 机械工业志/2416
008420728 成都市志第30卷 电信志/2416
008420736 成都市志第31卷 图书出版志

/2416
008636370 成都市志第32卷 侨务志/2416
008636369 成都市志第33卷 农机志/2416
008636363 成都市志第34卷 国土志/2416
008636372 成都市志第35卷 教育志/2416
008636367 成都市志第36卷 电子仪表工业志/2416
008636366 成都市志第37卷 体育志/2416
008636375 成都市志第38卷 群众团体志/2416
008670690 成都市志第39卷 环境卫生志/2416
008843337 成都市志第40卷 政党志/2416
008670708 成都市志第41卷 轻工业志/2417
008835845 成都市志第42卷 建筑材料工业志/2417
008670714 成都市志第43卷 文物志/2417
008670700 成都市志第44卷 金融志/2417
008843338 成都市志第45卷 司法行政志/2417
008843339 成都市志第46卷 医药志/2417
008670684 成都市志第47卷 纺织工业志/2417
008670717 成都市志第48卷 文学志/2417
008847456 成都市志第49卷 报业志/2417
008667396 成都市志第50卷 文化艺术志/2417
008667398 成都市志第51卷 统计志/2417
008847457 成都市志第52卷 检察志/2417
008667401 成都市志第53卷 化学工业志/2417
008667403 成都市志第54卷 工商行政管理志/2418
008667409 成都市志第55卷 公安志/2418

008667410 成都市志第56卷 档案志/2418
008667408 成都市志第57卷 科学技术志/2418
008667613 成都市志第58卷 环境保护志/2418
008737319 成都市志第59卷 对外经济贸易志/2418
008835835 成都市志第60卷 民族志/2418
008795961 成都市志第61卷 水利志/2418
008835839 成都市志第62卷 财政志/2418
008737310 成都市志第63卷 农业志/2418
010153091 成都市志第64卷 监察志/2418
010194160 成都市志第65卷 哲学社会科学志/2418
010779082 成都市志第66卷 民俗方言志/2418
010153101 成都市志第67卷 人民代表大会志/2419
012967392 成都市志第68卷 大事记/2419
013771550 成都高新技术产业开发区石羊街道志 1911-2010/2419
008670742 成都市东城区志/2431
013334399 成都市锦江区志 1991-2005/2431
012713964 成都市青羊区志 1991-2005/2432
008430339 成都市西城区志/2432
008430515 成都市金牛区志/2432
013597518 成都市金牛区志 1991-2005/2432
009387465 成都市金牛区洞子口乡志/2432
013179366 成都市武侯区志 1990-2005/2431

009387499 簇桥乡志/2431
009228483 机头镇志/2431
009414666 永丰乡志/2431
010779173 簇桥志/2431
007990207 成都市龙泉驿区志/2434
013771553 成都市龙泉驿区志 1989-2005/2434
012679136 成都市龙泉驿区龙泉街道志/2434
007881949 成都市青白江区志/2435
013179361 成都市温江区志 1986-2005/2437
006795849 温江县志/2437
013899652 温江区和盛镇志 1982-2005/2437
007676119 金堂县志/2443
007905704 双流县志/2443
013660321 双流县志 1986-2005/2444
011497768 华阳镇志/2444
012542921 胜利镇志 2005年本/2444
012542907 双流县东升镇志 2005年本/2444
012542913 双流县合江镇志 2005年本/2444
011955454 双流县黄甲镇志 2005年本/2444
012814221 双流县煎茶镇志 2005年本/2444
012252547 双流县万安镇志 2005年本/2444
013131245 双流县中和镇志 2005年本/2444
007905767 郫县志/2447
004436203 大邑县志/2448

008390686 大邑县志续编/2448
008669959 大邑县情概览 1993-1997/2448
006155438 蒲江县志/2449
013093236 蒲江县志 1986-2005/2449
009818355 蒲江县志 1986-2000/2449
007377995 新津县志/2449
013599604 新津县志 1986-2005/2449
007378008 灌县志/2438
009387558 灌口镇志/2438
012139135 聚源乡志/2438
007905684 彭县志/2440
012969481 邛崃市志 1986-2005/2441
007378052 邛崃县志/2441
012174148 临邛镇志/2441
012836068 平乐镇志 1911-2007/2442
010117811 桑园乡志/2442
007378011 崇庆县志/2442
009149371 崇州市志 1986-2000/2442
012924881 自贡高新区志 1990-2005/2450
007884026 自贡市志/2451
013824988 自贡市志 1991-2005/2451
008896941 自贡市地方志丛书/2451
008414551 自贡市自流井区志/2455
008414550 自贡市贡井区志/2455
013902063 自贡市贡井区志 1986-2005/2456
008804540 大安区志/2456
007482375 荣县志/2456
012814177 荣县志 1986-2003/2456
006755087 富顺县志/2456
013222024 富顺县志 1988-2005/2456
013771880 飞龙镇志 1949-2006/2456
007809641 攀枝花市志/2458
011477094 攀枝花市志军事志 1965-2005

/2458
012684551 攀枝花市志 1986-2005/2458
008898206 攀枝花市志丛书/2458
009854380 攀枝花市东区志 1973-2000/2462
012814494 银江镇志/2462
012680556 攀枝花市西区志 1973-2005/2462
009231846 仁和区志/2462
012722178 仁和区志 1991-2005/2462
008470865 米易县志/2463
012721869 米易县志 1991-2006/2463
009996576 撒莲镇志/2463
008672197 盐边县志/2464
012689865 盐边县志 1993-2005/2464
008390710 泸州市志/2465
012968312 泸州市志 1991-2005/2465
013705149 泸州市江阳区志 1996-2005/2467
008670638 泸州市市中区志/2467
010730504 纳溪区志 1986-2005/2467
005536234 纳溪县志/2467
008421436 打鼓乡志/2467
007905735 泸县志/2467
010730559 泸县志 1986-2003/2467
007969485 合江县志/2467
008430236 叙永县志/2468
008670044 古蔺县志/2468
012049386 古蔺县志 1986-2002/2469
008736722 德阳市志/2469
011066952 德阳市志军事志初稿/2469
007482408 德阳县志/2469
012503888 德阳市市中区志 1985-1996/2470

006210465 中江县志/2473
013776447 中江县志 1986-2006/2473
003324937 广汉县志/2471
012613900 什邡市志 1984-2000/2471
007905683 什邡县志/2471
013994199 新修什邡县志人口志 初稿/2471
009231814 民主乡志/2472
013342581 双盛镇志/2472
012175196 鳌华镇志/2472
007905714 绵竹县志/2472
011534039 绵竹县志 1985-1996/2473
011954710 绵阳市志 1840-2000/2474
008670981 绵阳(县级)市志/2474
011564551 涪城区志 1986-2002/2481
012614110 绵阳市游仙区志 1992-2005/2482
013323126 玉河镇志/2482
007905706 三台县志/2484
013723651 三台县志 1988-2005/2484
007342646 盐亭县志/2486
005696778 安县志/2486
012540814 安县志 1986-2002/2487
008391846 梓潼县志/2487
013323317 梓潼县志 1994-2005/2487
010141170 北川县志初稿/2489
008669343 北川县志/2489
008865287 北川县志多经志/2489
008865264 北川县志林业志/2489
008865273 北川县志卫生医药志 1911-1985/2489
008865276 北川县志交通志 1912-1985/2489
008865285 北川县志粮油志 1912-1985/2489

008865288 北川县志物价志 1912-1985 /2489

007994515 平武县志/2488

008470878 江油县志/2483

007908408 广元县志/2491

008430424 柏林沟乡志/2491

008430435 四川省广元县东坝乡志/2491

008672136 下西乡志/2491

008422537 羊模区志/2493

010779068 朝天区志 1986-2005/2493

007793025 旺苍县志/2493

008421968 旺苍县志矿产志/2493

011998489 旺苍县志 1986-2005/2493

013731955 旺苍县英萃镇志 1911-2008 /2493

008487033 青川县志/2494

013822212 青川县志沙州镇志 前201-2003 /2495

013731068 青川县志文化旅游志 1926-2007 /2495

012266191 青川县志中共青川县委统战志 1935-2002/2496

013144659 青川县志劳动和社会保障志 1942- 2002/2494

012266155 青川县志物价志 1942-2003 /2495

012266174 青川县志县人民医院志 1948-2004 /2495

012266083 青川县志安全生产监督管理志 1980-2005/2494

012266109 青川县志扶贫开发志 1986-2002 /2494

012266117 青川县志青川县人民政府办公室志 1986-2002/2494

012266125 青川县志人大志 1986-2002 /2494

012266169 青川县志人民法院志 1986-2004 /2495

012266134 青川县志人事志 1986-2002 /2495

012266136 青川县志统计志 1986-2004 /2495

012252341 青川县志卫生志 1986-2002 /2495

012266164 青川县志县关心下一代工作委员会志 1992-2005/2495

007481998 剑阁县志/2499

006350773 苍溪县志/2500

012503670 苍溪县志政协志 1950-2002 /2500

010730501 遂宁市志/2501

007905712 遂宁县志/2501

013822728 遂宁市河东新区志/2501

007809640 蓬溪县志/2504

013705550 蓬溪县志 1986-2005/2504

007905693 射洪县志/2505

013128827 大英县志/2507

008670075 河边镇志 1986-1999/2507

010243917 蓬莱镇志 1986-2000/2507

011500700 通仙乡志 1986-2003/2507

010476164 象山镇志 1986-2000/2507

002923188 内江市志/2510

012505372 内江市东兴区志 1990-2003 /2515

008054991 内江县志/2515

008143596 威远县志/2516

012638680 威远志/2516

011571167 严陵镇志/2516

008672228 资中县志/2518
008486782 隆昌县志/2518
008734610 乐山市志/2519
010242640 乐山市志税务志/2519
013508544 乐山市志 1995-2006/2519
007905728 眉山县志第1卷/2543
009160252 眉山县志第2卷 1988-2000/2543
012968203 乐山市志/2519
009157200 乐山市市中区志/2522
013704420 乐山市市中区志 1996-2008/2522
013374581 乐山市沙湾区志 1996-2006/2522
008846546 沙湾区志/2522
008636627 五通桥区志/2522
008810811 金口河区志/2523
004436258 犍为县志/2524
009511346 犍为县志 1986-2000/2524
008670096 犍为县大事记略/2524
009799905 龙孔镇志 1911-2000/2524
009231578 泉水镇志 1949-1999/2524
008991980 石溪镇志 1949-2000/2524
008991954 塘坝乡志 1950-2000/2525
008991985 下渡乡志/2525
009231609 孝姑镇志 1950-1999/2525
008991938 新民镇志 1911-1999/2525
008672215 玉津镇志 1911-1999/2525
007377994 井研县志/2530
009554061 井研县志 1986-2000/2530
007342605 夹江县志/2530
012541857 夹江县志/2530
008670087 黄土村志/2530
009337614 夹江县华头乡志/2531
009336993 夹江县马村乡志/2531

008034110 沐川县志第1卷/2532
009009756 沐川县志第2卷 1986-2000/2532
008672213 永福镇志/2532
008736603 峨边彝族自治县志/2534
011321144 峨边彝族自治县志 1988-2003/2534
008430329 马边彝族自治县志/2535
013821940 马边彝族自治县志 1994-2006/2535
002872141 峨眉县志/2523
012924872 南充市志 1707-2003/2535
007480667 南充县志/2535
012174792 南充市顺庆区志 1993-2005/2538
008416676 南充市志续编/2538
013775001 南充市高坪区志 1993-2007/2539
013375806 南充市嘉陵区志 1993-2003/2539
007482039 南部县志/2540
012766298 南部县志 1991-2004/2540
002779779 营山县志/2540
010731670 营山县志 1986-2003/2540
007482407 蓬安县志/2541
007482433 仪陇县志/2541
011500789 仪陇县志/2541
008053789 西充县志/2542
013939447 西充县志 1986-2005/2542
007479137 阆中县志/2539
008670992 木兰乡志/2539
008672222 治平乡志/2539
006074621 仁寿县志/2543
005701612 彭山县志/2544
009082541 彭山县志 1986-2000/2544

013752320 公义镇志/2544	007977418 龙华镇志/2553
008671634 彭山县青龙镇志/2545	013752321 广安市志 1993-2005/2553
008471233 洪雅县志/2545	008036547 广安县志/2554
011295973 洪雅县志 1993-2004/2545	006350791 岳池县志 1911-1985/2555
008470984 丹棱县志/2546	012052559 岳池县志 1986-2002/2555
012898329 丹棱县志 1993-2006/2546	013096571 武胜县志 1986-2005/2555
008487041 青神县志/2546	006497385 邻水县志/2556
013144663 青神县志 1991-2005/2546	012639785 邻水县志 1986-2005/2556
004436200 宜宾市志/2547	008671885 石滓乡志/2556
013189994 宜宾市志 1911-2000/2547	008735662 华蓥市志/2554
009677898 翠屏区志 1986-2000/2549	009414655 溪口镇志/2555
010293912 李庄镇志/2549	012609501 达州市志 1911-2003/2557
005559212 南溪县志/2549	007479127 达县市志/2559
007905717 宜宾县志/2549	008143646 达县志/2559
008430260 江安县志/2550	014026679 达县志 1986-2005/2560
012251195 江安县志 1986-2000/2550	008053751 宣汉县志/2562
007595066 长宁县志/2550	013072731 宣汉县志 1986-2005/2562
012048777 长宁县志/2550	007342613 开江县志/2563
008430287 高县志/2551	010779089 开江县志 1986-2005/2563
012718815 高县志 1991-2008/2551	008810215 大竹县志/2564
007657699 珙县志/2551	010576572 大竹县志 1986-2002/2564
012049356 珙县志 1986-2000/2551	007358346 渠县志/2564
013002603 四川省珙县罗渡苗族乡志/2551	012814166 渠县志 1986-2005/2564
008430253 筠连县志/2551	012174987 万源市志 1986-2005/2560
012719141 筠连县志 1986-2005/2552	007791190 万源县志/2560
013752310 高坪苗族乡志/2552	008838374 万源县石窝乡志/2561
007809556 兴文县志第1卷/2552	013072769 鹰背乡志 1913-2009/2561
012689856 兴文县志 1996-2005/2552	013732606 永宁乡志 1912-2011/2561
008429498 兴文县志续编第2卷 1986-1995/2552	013072860 曾家乡志 1912-2009/2561
008672142 新坝乡志/2552	008672192 雅安市志/2565
008487009 屏山县志/2553	009521037 雅安市志续编 1986-2000/2565
012266018 屏山县志 1986-2000/2553	008421734 雅安地区概况/2566
	007482419 名山县志/2568
	010201388 名山县志 1986-2000/2568

013220908 百丈镇志 1950-2005 /2568
009231829 城西镇志 /2568
010245186 蒙阳镇志 /2568
008672212 荥经县志 /2569
013324566 荥经县志 1986-2000 /2569
007480704 汉源县志 /2569
008470863 石棉县志 /2570
011068520 石棉县志建置政区 /2570
012684722 石棉县志 1986-2000 /2570
012967313 安顺彝族乡志 /2570
012995276 擦罗彝族乡志 /2570
010778982 栗子坪彝族乡志 /2570
011068515 石棉县安顺彝族乡志 /2570
013002507 石棉县草科藏族乡志 1952-2000 /2570
012969582 石棉县丰乐乡志 1952-2000 /2570
012969598 石棉县先锋藏族乡志 1952-2000 /2570
012969606 石棉县蟹螺藏族乡志 1952-2000 /2570
012969614 石棉县新民藏族彝族乡志 1952-2000 /2571
013002515 石棉县宰羊乡志 1950-2006 /2571
012970614 新棉镇志 /2571
008672072 天全县志 /2572
012662339 天全县志 1986-2005 /2573
008637243 芦山县志 /2573
008637242 宝兴县志 /2573
013687123 宝兴县志 1986-2005 /2573
007490456 巴中县志 /2574
009002451 巴中县志 1986-1993 /2574
011756374 巴中地区志 公安志 1902-2000 /2574
014318079 巴中市巴州区志 1994-2005 /2576
008836255 曾口区志 /2576
013686285 通江县铁溪区志要 /2577
008430397 通江县志 /2577
012970493 通江县志 1986-2005 /2577
013923891 草池乡志 /2577
008036520 南江县志 /2579
013319826 南江县志 1986-2000 /2580
006696946 平昌县志 /2580
013898921 平昌县志 1986-2005 /2580
012970547 响滩镇志 1985-2005 /2580
008053808 资阳县志 /2583
007482434 安岳县志 /2586
012678347 安岳县志 1986-2005 /2586
008486735 乐至县志 /2587
013375212 乐至县志 1986-2005 /2587
012968219 大佛镇志 1950-2005 /2587
012811665 乐至县东山镇志 1949-2005 /2587
011997017 乐至县高寺镇志 1950-2005 /2587
011997046 乐至县回澜镇志 1986-2005 /2587
011997081 乐至县良安镇志 1986-2005 /2587
011997160 乐至县蟠龙镇志 /2587
011997251 乐至县通旅镇志 1986-2005 /2587
011997267 乐至县中天镇志 1949.10-2005.12 /2587
011997322 凉水乡志 /2587
011998311 四川省乐至县放生乡志 1950-

2005/2588
013224428 简阳市志 1986-2005/2584
011566089 简阳县城关区志/2584
008430456 简阳县红塔区志/2584
009228497 简阳县贾家区志/2584
008670103 简阳县三岔区志/2584
008430415 简阳县石板区志 1919-1985/2584
008670320 简阳县志/2584
007657575 阿坝藏族羌族自治州志/2590
013282403 阿坝州志简志/2590
013687101 阿坝州志 1991-2005/2590
006924073 汶川县志/2593
013660386 汶川县志 1986-2000/2593
008992102 汶川县威州镇志/2593
008992109 汶川县漩口镇镇志/2593
007969452 理县志/2595
007755050 茂汶羌族自治县志/2595
013375306 茂县乡镇简志/2595
012819795 茂县志 1988-2005/2595
008671979 松潘县志/2596
012982253 九寨沟县志 1986-2005/2596
008671449 南坪县志/2596
008486662 金川县志/2597
013926401 金川县志 1989-2005/2597
013989060 苟尔光村史志 640-2013/2597
007807118 小金县志/2598
013939485 小金县志 1986-2005/2598
007479109 黑水县志/2598
012967637 黑水县志 1989-2005/2598
008486813 马尔康县志/2593
008007369 壤塘县志/2598
008038797 阿坝县志/2598
008671825 若尔盖县志/2599

013319922 若尔盖县志 1989-2005/2599
008001442 红原县志/2599
012967645 红原县志 1992-2005/2600
007975014 甘孜州志/2600
012811273 甘孜州志 1991-2005/2600
008036639 康定县志/2602
008836258 康定县志/2602
013064807 康定县炉城镇志 初稿/2602
009336974 泸定县志/2603
012661548 泸定县志 1991-2005/2603
008471108 丹巴县志/2603
012609573 丹巴县志 1989-2005/2603
007672334 九龙县志 第1卷/2603
011497934 九龙县志 第2卷 续篇 1986-2000/2604
008637246 雅江县志/2604
012141468 雅江县志 1991-2005/2604
008012900 道孚县志/2604
012264133 道孚县志 1991-2005/2604
008730532 炉霍县志/2604
012819787 炉霍县志 1991-2005/2605
008670029 甘孜县志/2605
009016164 甘孜县志续编/2605
007378042 新龙县志/2605
012723218 新龙县志 1988-2006/2605
008669989 德格县志/2606
012872226 德格县志 1989-2005/2606
008669331 白玉县志/2606
012678979 白玉县志 1991-2005/2606
008614831 石渠县志/2606
007975027 色达县志/2607
012542824 色达县志 1991-2005/2607
007672862 理塘县志/2607
012613330 理塘县志续编 1991-2005/2607

007905734 巴塘县志/2607
009002440 巴塘县志续编/2607
008390694 乡城县志/2607
012613277 乡城县志 1991-2005/2608
007988925 稻城县志/2608
012540929 稻城县志 1991-2005/2608
008637253 得荣县志/2608
012048845 得荣县志 1991-2005/2608
009799362 凉山彝族自治州志送审稿/2608
008992468 凉山彝族自治州志/2609
013064845 凉山彝族自治州志 1991-2006/2609
007674681 西昌市志/2611
012982257 西昌市志 1991-2005/2612
008486865 木里藏族自治县志/2619
013000521 木里藏族自治县志 1991-2006/2619
010144687 干海乡土志/2613
008669986 德昌县志/2613
012882675 德昌县志 1991-2006/2613
008038786 会理县志/2613
013045656 会理县志 1986-2005/2613
007818019 会东县志/2614
013792306 会东县志 1991-2006/2614
009231835 宁南县志/2614
012051754 宁南县志 1986-2005/2614
009232137 宁南县松新镇立新村志/2614
006795853 普格县志/2615
013723622 普格县志 1986-2006/2615
010292046 布拖县志送审稿/2615
008471116 布拖县志/2615
012263956 布拖县志 1986-2006/2615
008670370 金阳县志/2615

008428851 昭觉县志/2616
013707195 昭觉县志 1991-2005/2616
007482457 喜德县志/2616
012877308 喜德县志 1986-2006/2616
007595014 冕宁县志/2616
012614131 冕宁县志 1990-2005/2616
013723706 永善县志 1978-2005/2617
007479140 越西县志/2617
013464265 越西县志 1991-2005/2617
008430220 甘洛县志/2617
008486817 美姑县志/2618
008069150 雷波县志/2618
008700583 贵州省志/2621
013183459 贵州省志人民代表大会志/2621
010294081 贵州省志 社会科学志 送审稿/2621
008036609 贵州省志第1卷 出版志/2621
006865833 贵州省志第2卷 财政志/2621
008541158 贵州省志第3卷 城乡建设志/2621
008541177 贵州省志第4卷 国民经济计划志/2621
008541168 贵州省志第6卷 人事志/2621
008541162 贵州省志第7卷 审判志/2621
008541159 贵州省志第8卷 水利志/2622
008541172 贵州省志第9卷 司法行政志/2622
008541183 贵州省志第10卷 对外贸易经济合作志/2622
008541163 贵州省志第11卷 文化志/2622
008541154 贵州省志第12卷 民政志/2622
008683716 贵州省志第13卷 汉语方言志/2622
008683791 贵州省志第14卷 劳动志/2622

008672214 贵州省志第15卷 气象志/2622
008683701 贵州省志第16卷 电力工业志/2622
008683754 贵州省志第17卷 检察志/2622
008683768 贵州省志第18卷 建筑志/2622
008683783 贵州省志第19卷 军事志/2622
008683796 贵州省志第20卷 林业志/2622
008683710 贵州省志第21卷 广播电视志/2623
008683776 贵州省志第22卷 金融志/2623
008683859 贵州省志第23卷 民用航空志/2623
008683935 贵州省志第24卷 物价志/2623
008683930 贵州省志第25卷 统计志/2623
009145757 贵州省志第26卷 公安志/2623
009043382 贵州省志第27卷 环境保护志/2623
009189470 贵州省志第28卷 文物志/2623
008683923 贵州省志第29卷 铁道志/2623
009043307 贵州省志第30卷 档案志/2623
009043312 贵州省志第31卷 武警志/2623
009198339 贵州省志第32卷 供销合作志/2623
009189721 贵州省志第33卷 文学艺术志/2623
008541199 贵州省志第34卷 民族志/2624
008781576 贵州省志第35卷 农业志/2624
008781579 贵州省志第36卷 社会科学志/2624
009105246 贵州省志第37卷 工业经济志/2624
009413348 贵州省志第38卷 质量技术监督志/2624
009265528 贵州省志第39卷 乡镇企业志/2624
009310946 贵州省志第40卷 化学工业志/2624
009399104 贵州省志第41卷 报纸志/2624
009010560 贵州省志第42卷 有色金属工业志/2624
009310948 贵州省志第43卷 政协志/2624
009959608 贵州省志第44卷 工商行政管理志/2624
011312718 贵州省志第45卷 党派社团志/2624
002988353 贵州省志第46卷 大事记 1949-1985/2624
002986518 贵州省志第47卷 地理志/2625
002986522 贵州省志第48卷 名胜志/2625
002986647 贵州省志第49卷 机械电子工业志/2625
002986742 贵州省志第50卷 黑色冶金工业志/2625
002986745 贵州省志第51卷 煤炭工业志/2625
002987554 贵州省志第52卷 教育志/2625
002987916 贵州省志第53卷 商业志/2625
002990734 贵州省志第54卷 交通志/2625
007910048 贵州省志第55卷 物资志/2625
007910036 贵州省志第56卷 邮电志/2625
007910046 贵州省志第57卷 地质矿产志/2625
007910047 贵州省志第58卷 科学技术志/2625
007910050 贵州省志第59卷 审计志/2625
007910051 贵州省志第60卷 轻纺工业志/2626
007910049 贵州省志第61卷 粮食志/2626

010280325 贵州省志第62卷 宗教志/2626
012049412 贵州省志第63卷 旅游志/2626
013045553 贵州省志第64卷 体育志/2626
013752343 贵州省志第65卷 大事记/2626
009429571 贵州通志第1卷 人物志/2626
004935558 贵州地方志举要/2628
008627604 贵阳市志/2630
008620109 贵阳市志第2卷 地理志/2630
007913539 贵阳市志第3卷 军事志/2631
007913604 贵阳市志第4卷 科学技术志/2631
007913600 贵阳市志第5卷 教育志/2631
007913496 贵阳市志第6卷 民政志/2631
007913540 贵阳市志第7卷 城市建设志/2631
008053787 贵阳市志第8卷 文物志/2631
008541869 贵阳市志第9卷 税务志/2631
008486429 贵阳市志第10卷 交通志/2631
008486436 贵阳市志第11卷 农林水利蔬菜志/2631
008486432 贵阳市志第12卷 邮政电信志/2631
008541891 贵阳市志第13卷 财政志/2631
008660332 贵阳市志第14卷 大事记 1911-1998/2631
008541877 贵阳市志第15卷 党派群团志/2631
008660329 贵阳市志第16卷 房地产志/2632
008541881 贵阳市志第17卷 工商行政管理志/2632
008660326 贵阳市志第18卷 民族志/2632
008541879 贵阳市志第19卷 土地管理志/2632
008541873 贵阳市志第20卷 卫生志/2632

008379755 贵阳市志第21卷 工业志/2632
008053786 贵阳市志第22卷 文化新闻志/2632
009043393 贵阳市志第23卷 社会志/2632
009839212 贵阳市志第24卷 检察 法院 司法行政志/2632
009335981 贵阳市志第25卷 计划统计志/2632
008781625 贵阳市志第26卷 乡镇企业志/2632
009335985 贵阳市志第27卷 铝工业志/2632
009250985 贵阳市志第28卷 烟草工业志/2632
008781615 贵阳市志第29卷 粮食 供销 外贸 蔬菜 医药志/2633
009399088 贵阳市志第30卷 金融志/2633
009310930 贵阳市志第31卷 矿业 煤炭 钢铁 电力 机械电子工业志/2633
009673798 贵阳市志第32卷 人大 政府 政协志/2633
009310932 贵阳市志第33卷 武警志/2633
009319319 贵阳市志第34卷 劳动 审计 物价 技术监督志/2633
008781608 贵阳市志第35卷 宗教志/2633
011497741 贵阳市志第36卷 公安志/2633
013375783 贵阳市志第37卷 人物志/2633
007914581 贵阳市志第1卷 建置志/2633
011954081 贵阳市南明区志/2638
012898440 贵阳市南明区后巢乡志/2638
009310294 贵阳市南明区街道志/2638
009878739 贵阳市云岩区志/2638
011497739 贵阳市花溪区志/2638
009332472 贵阳市小河区志/2638
009319322 青岩镇志/2638

011579877 贵阳市乌当区志/2637
011564648 贵阳市白云区志/2639
009319350 开阳县双流镇志/2640
008038756 息烽县志/2640
009159296 息烽县小寨坝镇志/2640
008636345 修文县志/2642
013379129 修文县六广镇志/2642
013186089 修文县清水村志/2642
013321297 修文县扎佐镇志/2642
002988787 清镇县志/2639
008598198 六盘水市志/2643
012251426 六盘水市志报业志/2643
012051675 六盘水市志发展计划志/2643
012813956 六盘水市志国土资源志/2643
006573053 六盘水市志第1卷 水利志/2643
006573054 六盘水市志第2卷 环境保护志/2643
006573082 六盘水市志第3卷 科学技术志/2643
007505373 六盘水市志第4卷 大事记 1276-1991/2643
008486762 六盘水市志第5卷 粮油志/2643
008665773 六盘水市志第6卷 烟草志/2643
008541900 六盘水市志第7卷 卫生医药志/2643
009265534 六盘水市志第8卷 冶金工业志/2643
009336305 六盘水市志第9卷 劳动和社会保障志/2644
009879133 六盘水市志第10卷 广播电视志/2644
008783190 六盘水市志第11卷 煤炭工业志/2644
009405866 六盘水市志第12卷 外贸志/2644
008783187 六盘水市志第13卷 教育志/2644
008783226 六盘水市志第14卷 统计志/2644
008783184 六盘水市志第15卷 人民代表大会志/2644
009511172 六盘水市志第16卷 体育志/2644
008783208 六盘水市志第17卷 检察志/2644
009412648 六盘水市志第18卷 交通志/2644
009683971 六盘水市志第19卷 政府志/2644
009511120 六盘水市志第20卷 公安志/2644
009332489 六盘水市志第21卷 武警志/2644
008783194 六盘水市志第22卷 乡镇企业志/2645
008783204 六盘水市志第23卷 邮电志/2645
009864391 六盘水市志第24卷 军事志/2645
010195478 六盘水市志第25卷 财政志/2645
008783218 六盘水市志第26卷 民族志/2645
008783173 六盘水市志第27卷 金融志/2645
008783201 六盘水市志第28卷 税务志/2645
008783169 六盘水市志第29卷 农业志 畜牧

志/2645

008783206 六盘水市志第30卷 民政志/2645

008783180 六盘水市志第31卷 地理志/2645

008783176 六盘水市志第32卷 政协志/2645

008783214 六盘水市志第33卷 审计志/2645

008783167 六盘水市志第34卷 蔬菜水产志/2645

010962499 六盘水市志第35卷 党派群团志/2646

011295611 六盘水市志第36卷 文化志/2646

011475313 六盘水市志第37卷 工会志/2646

011997370 六盘水市志第38卷 文学艺术志/2646

008783224 六盘水市志第39卷 人事志/2646

009399109 六盘水市志第40卷 审判志/2646

012051681 六盘水市志第41卷 人物志/2646

013774592 六盘水市钟山区志政协志 1988-2010/2647

010278723 郎岱县志长编/2648

009010564 六枝特区志/2648

008784279 水城县(特区)志/2647

008784274 盘县特区志/2647

006548220 遵义地区志/2649

009336315 遵义地区志财政志 税务志/2649

009310290 遵义地区志党派群团志/2649

009046165 遵义地区志工业志/2649

009332522 遵义地区志公安志/2649

009675206 遵义地区志广播电视志 报业志/2649

009441853 遵义地区志检察志/2649

009336311 遵义地区志金融志/2649

009311107 遵义地区志经济管理志/2649

009336329 遵义地区志军事志/2649

009699363 遵义地区志科学技术协会志/2649

009189709 遵义地区志民政志/2649

007930794 遵义地区志名产志/2650

009336332 遵义地区志人物志/2650

009332533 遵义地区志水利志/2650

009699359 遵义地区志司法行政志 对外贸易经济合作志/2650

009675210 遵义地区志文化志 文学艺术志/2650

008991081 遵义地区志武警志/2650

009336327 遵义地区志乡镇企业志/2650

009511187 遵义地区志政权 政协志/2650

010253958 遵义地区志卷首/2650

008541227 遵义地区志第1卷 民族志/2650

008541231 遵义地区志第2卷 林业志/2650

009443227 遵义地区志第3卷 行政建置志 自然地理志/2650

009443292 遵义地区志第4卷 交通志 邮电志 城乡建设环境保护志/2650

009408079 遵义地区志第5卷 概况 大事志/2651

009332528 遵义地区志第6卷 商业志 供销志 粮食志 物资志 工商行政管理志/2651

009105257 遵义地区志第7卷 审判志/2651

009105261 遵义地区志第8卷 卫生志/2651

009124692 遵义地区志第9卷 名胜志/2651
009675209 遵义地区志第10卷 体育志 档案志/2651
009864534 遵义地区志第11卷 农业志 畜牧渔业志/2651
008488426 遵义市志/2651
007910129 遵义新志/2653
013824991 南关镇志/2654
004516544 遵义县志/2655
014056748 遵义县毛石镇志 1600-2007/2655
013996266 遵义县山盆镇志/2655
007992174 桐梓县志/2656
007488673 绥阳县志/2657
008471205 正安县志/2658
013190075 正安县志 1978-2007/2658
004970852 道真仡佬族苗族自治县志/2660
012967476 道真仡佬族苗族自治县志 1988-2007/2660
008836335 务川仡佬族苗族自治县志/2661
013899702 务川仡佬族苗族自治县志 1978-2007/2661
006697078 凤冈县志/2658
012967551 凤冈县志 1978-2007/2658
005285267 湄潭县志/2659
013184384 湄潭县志 1978-2007/2659
007913528 余庆县志/2659
012506614 余庆县志 1988-2005/2659
006697077 习水县志/2659
013899705 习水县志 1991-2010/2659
013819178 赤水市志 1986-2006/2654
003324854 赤水县志/2654

008402553 赤水县志编纂文论选集/2654
013899361 仁怀市志 1978-2005/2654
006795848 仁怀县志/2655
012741953 安顺地区志/2661
009332469 安顺地区志武警志/2661
007490448 安顺市志/2661
011328743 安顺市西秀区志/2663
009310266 安顺市宋旗镇志/2663
009346541 安顺市西秀区蔡官镇志/2663
010238262 安顺市西秀区大西桥镇志/2663
009989190 安顺市西秀区华西办事处管元村志/2663
009472107 安顺市西秀区轿子山镇志/2663
009336333 安顺市西秀区旧州镇志/2663
009887128 安顺市西秀区双堡镇志/2663
009864411 平坝县志/2664
008598388 普定县志/2665
008992706 镇宁布依族苗族自治县志/2665
008971705 关岭布依族苗族自治县志/2665
007913502 紫云苗族布依族自治县志/2666
008900684 毕节地区志/2666
012249685 毕节地区志对外贸易经济合作志/2666
011995270 毕节地区志人口与计划生育志/2666
008541835 毕节地区志第1卷 军事志/2666
008997537 毕节地区志第2卷 农牧渔业志/2667
008783275 毕节地区志第3卷 民政志/2667

006577108 毕节地区志第4卷 人物志/2667
006577191 毕节地区志第5卷 金融志/2667
006577137 毕节地区志第6卷 文物名胜志/2667
006577136 毕节地区志第7卷 教育志/2667
006795881 毕节地区志第8卷 邮电志/2667
007885976 毕节地区志第9卷 商业志/2667
007885974 毕节地区志第10卷 林业志/2667
007885973 毕节地区志第11卷 科学技术志/2667
008036601 毕节地区志第12卷 交通志/2667
008036602 毕节地区志第13卷 农机志/2668
009189428 毕节地区志第14卷 武警志/2668
009082435 毕节地区志第15卷 人事志/2668
009879116 毕节地区志第16卷 土地志/2668
009399100 毕节地区志第17卷 广播电视志/2668
009399098 毕节地区志第18卷 文化艺术新闻出版志/2668
009560694 毕节地区志第19卷 劳动志/2668
009878755 毕节地区志第20卷 计划志/2668
011312192 毕节地区志第21卷 司法行政志/2668
008783254 毕节地区志第22卷 价格志/2668
011471218 毕节地区志第23卷 党派群团志/2668

008783268 毕节地区志第24卷 政权志/2669
009878753 毕节地区志第25卷 公安志/2669
009510795 毕节地区志第26卷 地理志/2669
008783281 毕节地区志第27卷 粮食志/2669
008783250 毕节地区志第28卷 财政志/2669
011943120 毕节地区志第29卷 检察志/2669
011943128 毕节地区志第30卷 审计志/2669
011471229 毕节地区志第31卷 乡镇企业志/2669
012191485 毕节地区志第32卷 档案志/2669
012971651 毕节地区志第33卷 建设建筑志/2669
013037893 毕节地区志第33卷 盐业志/2669
013090764 毕节地区志第34卷 审判志/2670
013333848 毕节市志 1994-2010/2670
008640148 毕节县志/2670
007885985 大方县志/2670
007913488 黔西县志/2671
012542778 黔西县志 1986-2007/2671
009413398 三角乡志/2671
008541908 金沙县志/2671
009380815 金沙县石场苗族彝族乡志/2671

013897652 金沙县源村乡志/2672
008488313 织金县志/2672
008598389 纳雍县志/2673
007590134 威宁彝族回族苗族自治县志/2674
013373627 威宁彝族回族苗族自治县志 1990-2010/2674
013728779 赫章县志 1996-2007/2673
008886968 铜仁地区志/2674
009145782 铜仁地区志城乡建设环境保护志/2675
009145787 铜仁地区志供销合作社志/2675
010962617 铜仁地区志国土资源志/2675
009146561 铜仁地区志军事志/2675
010962621 铜仁地区志民政志/2675
008836359 铜仁地区志气象志/2675
008783342 铜仁地区志水利电力志/2675
012814276 铜仁地区志乡镇企业志/2675
011295537 铜仁地区志畜牧志/2675
009319533 铜仁地区志邮电志/2675
011570863 铜仁地区志政协志/2675
007493557 铜仁地区志第1卷 交通志/2675
008541830 铜仁地区志第2卷 体育志/2676
008598394 铜仁地区志第3卷 政党群团志/2676
008783298 铜仁地区志第4卷 粮食志/2676
008783336 铜仁地区志第5卷 统计志/2676
009001616 铜仁地区志第6卷 武警志/2676
009145793 铜仁地区志第7卷 检察志/2676
010238314 铜仁地区志第8卷 政权志/2676
009839221 铜仁地区志第9卷 烟草志/2676
009001611 铜仁地区志第10卷 教育志/2676
009412638 铜仁地区志第11卷 林业志/2676
009265503 铜仁地区志第12卷 科学技术志/2676
008783319 铜仁地区志第13卷 金融志/2676
011908998 铜仁地区志第14卷 民族志/2677
011478680 铜仁地区志第15卷 工商行政管理志/2677
013321139 铜仁地区志第16卷 文化新闻出版志/2677
013342632 铜仁地区志第17卷 地理志/2677
012174978 铜仁地区志第18卷 人事志/2677
012174970 铜仁地区志第19卷 工业志/2677
012174966 铜仁地区志第20卷 档案志/2677
012722930 铜仁地区志第21卷 审计志/2677
012174974 铜仁地区志第22卷 广播电视志/2677
013822926 铜仁地区志第23卷 质量技术监督志/2677
012722925 铜仁地区志检察志 1991-2008/2675
009105250 铜仁市志/2677
013660363 铜仁市地方志金融志/2677
007479152 万山特区志/2678
012956067 万山特区志 1991-2005/2678
008488266 玉屏侗族自治县志/2681
012100768 玉屏侗族自治县志 1991-2005 讨论稿/2681

013072810 玉屏侗族自治县志 1991-2005 /2681
007913629 石阡县志 /2679
008784325 思南县志 /2680
013660322 思南县志 1978-2010 /2680
008666019 德江县志 /2680
012679215 德江县志 1978-2005 /2680
013939667 沿河土家族自治县志 1991-2010 /2681
008470974 沿河县志 /2681
008784329 松桃苗族自治县志 /2682
013776605 松桃苗族自治县志 1986-2006 /2682
008768699 黔西南布依族苗族自治州志 /2683
009839218 黔西南布依族苗族自治州志人口与计划生育志 /2683
011998072 黔西南布依族苗族自治州志司法行政志 /2683
001920903 黔西南布依族苗族自治州志第1卷 文物志 /2683
002987815 黔西南布依族苗族自治州志第2卷 交通志 /2683
002987816 黔西南布依族苗族自治州志第3卷 军事志 /2683
008598398 黔西南布依族苗族自治州志第4卷 水利水电志 /2683
008598401 黔西南布依族苗族自治州志第5卷 轻纺工业志 /2683
009002370 黔西南布依族苗族自治州志第6卷 党派群团志 /2683
009437297 黔西南布依族苗族自治州志第7卷 武警志 /2684
009046172 黔西南布依族苗族自治州志第8卷 乡镇企业志 /2684
009319526 黔西南布依族苗族自治州志第9卷 人物志 /2684
009319525 黔西南布依族苗族自治州志第10卷 科学志 /2684
010293977 黔西南布依族苗族自治州志第11卷 工业经济志 /2684
008784214 黔西南布依族苗族自治州志第12卷 气候志 /2684
008784217 黔西南布依族苗族自治州志第13卷 民政志 /2684
011499543 黔西南布依族苗族自治州志第14卷 政权 政协志 /2684
009864429 黔西南布依族苗族自治州志第15卷 国民经济发展计划志 /2684
011998057 黔西南布依族苗族自治州志第16卷 林业志 /2684
009511180 黔西南布依族苗族自治州志第17卷 广播电视志 /2685
011998065 黔西南布依族苗族自治州志第18卷 商务志 /2685
009879129 黔西南布依族苗族自治州志第19卷 房产志 /2685
012614256 黔西南布依族苗族自治州志第20卷 卫生志 /2685
012614247 黔西南布依族苗族自治州志第21卷 邮电志 /2685
012099734 黔西南布依族苗族自治州志第22卷 农业 畜牧渔业志 /2686
012614261 黔西南布依族苗族自治州志第23卷 体育 旅游名胜志 /2685
012766405 黔西南布依族苗族自治州志第25卷 供销合作 物价志 /2685
012766401 黔西南布依族苗族自治州志第

26卷 城乡建设志/2685

012639072 黔西南布依族苗族自治州志第27卷 质量技术监督志/2685

012639068 黔西南布依族苗族自治州志第28卷 人事劳动和社会保障志/2685

012100609 兴义市桔山城市中心区志1992-2007/2686

011955757 兴义市志1978-2006/2686

003075673 兴义县志/2686

007342719 兴仁县志/2687

008597962 普安县志初稿/2687

008487048 晴隆县志/2688

008488297 贞丰县志/2688

008950036 望谟县志/2688

009043294 册亨县志/2688

004344824 安龙县志/2689

006572924 黔东南苗族侗族自治州志财政志 审计志/2689

003801447 黔东南苗族侗族自治州志地理志/2689

013184597 黔东南苗族侗族自治州志公安交通志/2689

005559190 黔东南苗族侗族自治州志军事志/2690

007913599 黔东南苗族侗族自治州志劳动人事志/2690

004900386 黔东南苗族侗族自治州志林业志/2690

003801446 黔东南苗族侗族自治州志人物志/2690

012099724 黔东南苗族侗族自治州志武警志/2690

004900349 黔东南苗族侗族自治州志邮电志/2690

007505375 黔东南苗族侗族自治州志第1卷 供销合作志/2690

006573056 黔东南苗族侗族自治州志第2卷 档案志/2690

006573055 黔东南苗族侗族自治州志第3卷 公安志/2690

006573088 黔东南苗族侗族自治州志第4卷 农业机具志/2690

007505417 黔东南苗族侗族自治州志第5卷 名胜志 文物志/2691

007505374 黔东南苗族侗族自治州志第6卷 科学技术志 科学普及志/2691

007850850 黔东南苗族侗族自治州志第7卷 政协志/2691

007850849 黔东南苗族侗族自治州志第8卷 交通志/2691

007850846 黔东南苗族侗族自治州志第9卷 教育志/2691

007850847 黔东南苗族侗族自治州志第10卷 重工业志 乡镇企业志/2691

007850851 黔东南苗族侗族自治州志第11卷 工商行政管理志/2691

007850862 黔东南苗族侗族自治州志第12卷 农业志/2691

007850855 黔东南苗族侗族自治州志第13卷 税务志/2691

007851004 黔东南苗族侗族自治州志第14卷 对外经济贸易志/2691

008038803 黔东南苗族侗族自治州志第15卷 粮食志/2692

008188662 黔东南苗族侗族自治州志第16卷 经济综述/2692

008188669 黔东南苗族侗族自治州志第17卷 烟草志/2692

008421040 黔东南苗族侗族自治州志第19卷 物价志/2692

008421031 黔东南苗族侗族自治州志第20卷 卫生志/2692

008421050 黔东南苗族侗族自治州志第21卷 水利志/2692

008542030 黔东南苗族侗族自治州志第22卷 商业志/2692

008487014 黔东南苗族侗族自治州志第23卷 政党群团志/2692

009332501 黔东南苗族侗族自治州志第24卷 政权志 政府分册/2692

013461896 黔东南苗族侗族自治州志第24卷 政权志 人民代表大会分册/2693

009673819 黔东南苗族侗族自治州志第25卷 文化志/2693

009730582 黔东南苗族侗族自治州志第26卷 社会科学志/2693

008783554 黔东南苗族侗族自治州志第27卷 民政志/2693

009227184 黔东南苗族侗族自治州志第28卷 水利志/2693

006572923 黔东南苗族侗族自治州志第29卷 金融志/2693

008928981 黔东南苗族侗族自治州志第29卷 金融志续编 1988-2000/2693

008783551 黔东南苗族侗族自治州志第30卷 民族志/2693

010297677 黔东南苗族侗族自治州志第31卷 技术监督志 统计志/2693

008783560 黔东南苗族侗族自治州志第32卷 轻纺工业志/2694

009989193 黔东南苗族侗族自治州志第33卷 城建环保志/2694

008783480 黔东南苗族侗族自治州志第34卷 司法志/2694

009311075 黔东南苗族侗族自治州志金融志续编 1988-2000/2689

008541730 凯里市志/2695

007587895 凯里市概况/2695

008255684 黄平县志/2695

012541780 黄平县黄飘乡志/2695

007755052 施秉县志/2695

007589113 三穗县志/2696

004102850 镇远县志/2696

013379577 镇远县青溪志/2696

008053779 岑巩县志/2696

007621142 天柱县志/2697

007490454 锦屏县志/2697

013597590 锦屏县志 1991-2009/2697

013064782 锦屏县偶里乡志/2697

013994228 瑶白村志/2697

008036553 剑河县志/2698

008255650 台江县志/2698

009413356 黎平县德凤区志/2699

009413387 黎平县茅贡区志/2699

007913601 黎平县志/2699

011997289 黎平县志 1985-2005/2699

008597950 榕江县志/2700

008666021 从江县志/2700

012679163 从江县志 1991-2008/2700

007913595 雷山县志/2700

008597976 雷山县志金融志 讨论稿/2700

012872213 达地水族乡志/2700

007913506 麻江县志/2701

012614081 麻江县志 1991-2005/2701

008640142 丹寨县志/2702

008767768 黔南布依族苗族自治州志

/2702

011295527 黔南布依族苗族自治州志简编本/2702

010008288 黔南布依族苗族自治州志第1卷 大事记/2702

008767980 黔南布依族苗族自治州志第2卷 地理卷/2702

008768114 黔南布依族苗族自治州志第3卷 文物名胜志/2702

008768126 黔南布依族苗族自治州志第4卷 民族志/2702

008768551 黔南布依族苗族自治州志第5卷 商业志/2702

008768555 黔南布依族苗族自治州志第6卷 交通志/2703

008768587 黔南布依族苗族自治州志第7卷 卫生志/2703

008768619 黔南布依族苗族自治州志第8卷 科学技术志/2703

008768642 黔南布依族苗族自治州志第9卷 气象志/2703

008783735 黔南布依族苗族自治州志第10-11卷 乡镇企业志 物资志/2703

009311134 黔南布依族苗族自治州志第12卷 工商志/2703

008783755 黔南布依族苗族自治州志第13卷 供销合作志/2703

008783602 黔南布依族苗族自治州志第14卷 邮电志/2703

008783756 黔南布依族苗族自治州志第15卷 农业志/2703

008598411 黔南布依族苗族自治州志第17卷 文化艺术志/2703

008598386 黔南布依族苗族自治州志第18卷 林业志/2704

009335783 黔南布依族苗族自治州志第19-21卷 对外经济贸易志 机械农机志 医药志/2704

008783778 黔南布依族苗族自治州志第22卷 粮食志/2704

008598409 黔南布依族苗族自治州志第23卷 司法行政志/2704

008598413 黔南布依族苗族自治州志第24卷 金融志/2704

008598402 黔南布依族苗族自治州志第25卷 烟草志/2704

008783802 黔南布依族苗族自治州志第26-27卷 劳动志 民政志/2704

009311122 黔南布依族苗族自治州志第29-30卷 计划志 统计志/2704

009332511 黔南布依族苗族自治州志第31-32卷 轻纺工业志 重工业志/2704

008783804 黔南布依族苗族自治州志第33卷 土地管理志/2705

009335774 黔南布依族苗族自治州志第34卷 检察志/2705

011499533 黔南布依族苗族自治州志第35卷 武警志/2705

009335849 黔南布依族苗族自治州志第36卷 军事志/2705

008783820 黔南布依族苗族自治州志第37卷 水利电力志/2705

009010566 黔南布依族苗族自治州志第38卷 政协志/2705

009025818 黔南布依族苗族自治州志第39卷 财政志/2705

009335836 黔南布依族苗族自治州志第40卷 党群志/2705

009472113 黔南布依族苗族自治州志第44卷 城乡建设志/2705

009699354 黔南布依族苗族自治州志第45卷 档案志/2706

009675200 黔南布依族苗族自治州志第46卷 审判志/2706

008783828 黔南布依族苗族自治州志第47卷 税务志/2706

010108667 黔南布依族苗族自治州志第48卷 审计志/2706

011295605 黔南布依族苗族自治州志第49卷 人事志/2706

008471143 都匀市志/2706

007913515 福泉县志/2707

008470978 荔波县志/2707

008486424 贵定县志/2707

007988983 新场区志/2707

008598392 瓮安县志/2708

007588037 独山县志/2708

004018806 平塘县志/2708

009336273 平塘县情/2708

008597952 罗甸县志讨论稿/2709

007731471 罗甸县志/2709

007772854 罗甸县志民族志/2709

008640135 长顺县志/2709

008486776 龙里县志/2709

007913481 惠水县志/2710

005559158 三都水族自治县志/2710

006395015 云南省志/2711

010278721 云南省志政务志 人民政府篇 征求意见稿/2711

009312772 云南省志首卷/2711

009414983 云南省志末卷/2719

008702838 云南省志第1卷 地理志/2711

009852541 云南省志第2卷 天文气候志/2711

010577218 云南省志第3卷 地震志 送审稿/2711

008702841 云南省志第3卷 地震志/2711

009852566 云南省志第4卷 地质矿产志/2712

006402998 云南省志第6卷 动物志/2712

008702848 云南省志第7卷 科学技术志/2712

009245150 云南省志第8卷 经济综合志/2712

008488290 云南省志第9卷 工商行政管理志/2712

009852596 云南省志第10卷 技术监督志/2712

008975336 云南省志第11卷 乡镇企业志/2712

009409110 云南省志第12卷 财政志/2712

009409177 云南省志第13卷 金融志/2712

006395441 云南省志第14卷 商业志/2712

006395433 云南省志第15卷 粮油志/2712

008702846 云南省志第16卷 对外经济贸易志/2713

006402939 云南省志第17卷 供销合作社志/2713

009852713 云南省志第18卷 轻工业志/2713

006395420 云南省志第19卷 盐业志/2713

013708187 云南省志第20卷 烟草志/2713

009852730 云南省志第21卷 纺织工业志/2713

008702852 云南省志第22卷 农业志/2713

008702900 云南省志第23卷 畜牧业志/2713

009852753 云南省志第24卷 煤炭工业志

/2713
008702897 云南省志第 25 卷 温泉志/2713
009852774 云南省志第 26 卷 冶金工业志/2714
009852794 云南省志第 27 卷 机械工业志/2714
009852815 云南省志第 28 卷 化学工业志/2714
006395414 云南省志第 29 卷 电子工业志/2714
013708183 云南省志第 30 卷 物价志/2714
009852860 云南省志第 31 卷 城乡建设志/2714
009852894 云南省志第 32 卷 海关志/2714
009114617 云南省志第 33 卷 交通志/2714
008887898 云南省志第 34 卷 铁道志/2714
009852920 云南省志第 35 卷 邮电志/2714
009160316 云南省志第 36 卷 林业志/2714
006395442 云南省志第 37 卷 电力工业志/2715
008702884 云南省志第 38 卷 水利志/2715
010118455 云南省志第 39 卷 农垦志/2715
008702832 云南省志第 40 卷 测绘志/2715
009852939 云南省志第 41 卷 建筑材料工业志/2715
011837346 云南省志第 42 卷 建筑志/2715
013708190 云南省志第 43 卷 中共云南省委志/2715
009115251 云南省志第 44 卷 党派志/2715
009126164 云南省志第 45 卷 群众团体志/2715
009043457 云南省志第 46 卷 人民代表大会志/2715
008992587 云南省志第 47 卷 政府志/2716

008721015 云南省志第 48 卷 政协志/2716
009852991 云南省志第 49 卷 军事志/2716
006395443 云南省志第 50 卷 劳动志/2716
009853011 云南省志第 51 卷 人事志/2716
009853025 云南省志第 52 卷 民政志/2716
009853045 云南省志第 53 卷 外事志/2716
009853083 云南省志第 54 卷 检察志/2716
008702881 云南省志第 55 卷 审判志/2716
009853102 云南省志第 56 卷 公安志/2716
008992593 云南省志第 57 卷 司法志/2717
003324859 云南省志第 58 卷 汉语方言志/2717
008702861 云南省志第 59 卷 少数民族语言文字志/2717
009853123 云南省志第 60 卷 教育志/2717
009852368 云南省志第 61 卷 民族志/2717
009341123 云南省志第 62 卷 文物志/2717
009853141 云南省志第 63 卷 地名志/2717
009266302 云南省志第 64 卷 土地志/2717
006395419 云南省志第 65 卷 侨务志/2717
009853503 云南省志第 66 卷 宗教志/2717
009853511 云南省志第 67 卷 环境保护志/2718
009853517 云南省志第 68 卷 旅游志/2718
009002219 云南省志第 69 卷 卫生志/2718
009409171 云南省志第 70 卷 医药志/2718
008702856 云南省志第 71 卷 人口志/2718
009409168 云南省志第 72 卷 体育志/2718
009198600 云南省志第 73 卷 文化艺术志/2718
009409100 云南省志第 74 卷 文学志/2718
009853597 云南省志第 75 卷 社会科学志/2718
013708197 云南省志第 76 卷 出版志/2718

009853611 云南省志第77卷 报业志/2719
009853622 云南省志第78卷 广播电视志/2719
008702836 云南省志第79卷 档案志/2719
009020510 云南省志第80卷 人物志/2719
011294245 云南省志报业志征求意见稿/2719
008426165 云南省志编撰文集/2719
009266301 云南省志大事记资料选编/2719
011321098 云南省综合简志/2719
008486726 昆明市志/2726
011320323 昆明市志交通/2726
013659556 昆明市志长编/2726
012132456 碧鸡镇志/2727
013861848 金碧街道志 1956-2011/2727
013820493 金马街道志 1978-2008/2727
008636624 五华区志/2740
008539890 盘龙区志/2741
011066942 官渡区志送审稿/2742
008539914 官渡区志/2742
013141085 大板桥村志/2742
009818069 福保村志/2742
013531139 福德村志/2742
010476100 联盟镇志/2742
013862839 六甲村志/2742
012955986 上马村志/2743
011909088 吴井村志/2743
008597941 西山区志/2745
012679158 船房村志/2745
013314279 大坝村志/2745
012951985 福海乡志/2745
010201715 海口镇志/2746
013861513 河南村志/2746

012541985 黑林铺镇志/2746
011892046 梁家河村志/2746
013959448 土堆村志/2746
010474390 团结彝族白族乡志初稿/2746
013865432 新河村志/2746
012663919 周家村志/2746
007587874 呈贡县志/2738
013955631 呈贡县志 1978-2005/2739
013774271 晋宁县志/2750
010238843 晋宁县志前 298-2000 送审稿/2751
012048718 宝峰镇志 1900-2001/2751
011320299 晋宁县晋城镇志/2751
012899019 昆阳镇志 1383-1995/2751
012955073 六街乡志 1257-2007/2751
013067210 双河乡志 1911-1992/2751
008539797 富民县志/2752
008718481 宜良县志/2753
012679036 草甸镇志/2753
013461691 南羊镇志/2753
008716965 路南彝族自治县志/2755
011066384 石林彝族自治县志 1989-2000/2755
008719167 圭山乡志/2755
008053795 嵩明县志/2753
008719449 嵩明县情 1986-1995/2753
013144437 回子营村志/2753
013936348 上马坊村志/2753
007590097 禄劝彝族苗族自治县志/2757
011534033 禄劝彝族苗族自治县志 1991-2000/2757
008038949 东川市志/2758
008718435 寻甸回族彝族自治县志/2758
008598730 安宁县志/2748

013699152 安宁县志 1989-1995 /2748	012967466 大营街志 /2771
011430270 安宁县八街镇志 /2748	009818270 洛河志 /2775
013726757 八街镇志 1990-2009 /2748	013735506 史志资料合订本 /2775
008719428 连然镇志 /2749	013706967 玉溪市研和区志 /2776
013706943 县街乡志 /2749	011563627 北城志 /2776
013865513 一六街乡志 1904-1991 /2749	013990899 李棋镇志 1978-2010 /2776
008487059 曲靖地区志 /2760	009818084 洛河彝族乡志 /2777
010239257 曲靖地区志民族志 /2760	013072723 小石桥志 /2777
008422047 曲靖市志 /2760	012052496 研和镇志 1978-2007 /2777
012759962 曲靖市志 1978-2005 /2760	008715943 江川县志 /2778
008427049 马龙县志 /2764	009338023 江川县安化彝族乡志 /2778
012873298 马龙县志 1978-2005 /2764	012099781 三街村志 /2778
006562141 陆良县志 /2765	009115255 澄江县志 /2779
012680450 陆良县志 1978-2005 /2765	004344808 通海县志 /2780
008427047 师宗县志 /2766	010144773 甸心行政村志 /2780
012814213 师宗县志 1978-2005 /2766	010279785 兴蒙蒙古族乡志 /2780
008596808 罗平县志 /2767	008719444 秀山镇志 /2780
012719334 罗平县志 1978-2005 /2767	013901243 者湾村志 /2780
007501602 富源县志 /2768	008715885 华宁县志 /2782
010962588 富源县志 1986-2000 /2768	013792294 华宁县志 1978-2005 /2782
008715895 会泽县志 /2769	011312140 易门县志 /2783
011804664 会泽县志 1986-2000 /2769	008836418 峨山彝族自治县志 /2784
012202853 会泽新街回族乡志 1944-2007 /2769	008718428 新平县志 /2788
009081851 沾益县志 /2770	007254526 元江哈尼族彝族傣族自治县志 /2790
008539793 宣威市志 /2763	008592585 保山地区志 /2792
011793295 宣威市志 1994-2005 /2763	005591356 保山市志 /2792
008488269 玉溪地区志 /2771	009337982 保山市潞江傣族乡志 /2792
010293937 玉溪市乡镇简志 /2771	009190855 保山市瓦房彝族乡志 /2792
007913524 玉溪市志 /2771	009190793 道街乡志 /2792
007511840 玉溪县志资料选刊 /2771	004449228 保山地区史志文辑抗日战争专辑 /2794
009818343 玉溪市州城志 /2771	011890556 甸苴志 /2795
013045519 高仓志 /2771	009190836 板桥镇志 /2795
013680665 春和志 /2771	

009190858 保山市金鸡乡志/2795
009190846 丙麻乡志/2795
009190818 汉庄镇志/2795
009190797 河图镇志/2795
009190806 老营乡志/2795
009190841 芒宽彝族傣族乡志/2795
009190851 蒲缥镇志/2796
009190789 水寨乡志/2796
009190812 瓦渡乡志/2796
009190843 瓦马彝族白族乡志/2796
009190803 瓦窑白族彝族乡志/2796
009190839 汶上彝族苗族乡志/2796
009190816 西邑乡志/2796
009190810 辛街乡志/2796
009190833 杨柳白族彝族乡志/2796
009190798 永昌镇志/2796
008592589 施甸县志/2797
013379048 太平镇志/2797
012956599 姚关镇志/2797
008421044 腾冲县志/2798
012999138 猴桥镇志/2798
013991231 明光镇志/2798
008592587 龙陵县志/2799
007913494 昌宁县志/2800
012813957 龙泉村志/2800
007849151 昭通地区志/2801
008637271 昭通市志/2802
012816174 昭通市志 1978-2005/2802
007819125 鲁甸县志/2803
008219500 巧家县志/2804
009413395 大关区志/2805
007490844 大关县志/2805
008426302 大关县志/2805
012658314 大关县志 1978-2005/2805

007509460 永善县志/2806
007362132 绥江县志/2806
003807780 镇雄县志/2806
008417011 彝良县志/2807
012174798 牛街镇志/2807
008717809 威信县志/2807
008421045 水富县志/2808
008992698 丽江地区志/2808
009115259 丽江纳西族自治县志/2808
007913480 永胜县志/2811
008426319 华坪县志/2812
007590142 宁蒗彝族自治县志/2812
010231152 宁蒗彝族自治县志 1989-2005/2812
008390682 思茅地区志/2813
006567463 思茅县志/2815
011955485 思茅镇志/2815
007806954 普洱哈尼族彝族自治县志/2815
009046187 墨江哈尼族自治县志/2816
013093143 墨江哈尼族自治县志 1978-2005/2816
008486701 景东彝族自治县志/2817
012048814 大街乡志/2817
013730137 景东彝族自治县锦屏镇志/2817
012899003 景东彝族自治县文井镇志/2817
013065011 龙街乡志/2817
012203060 曼等乡志/2817
006562131 景谷傣族彝族自治县志/2819
013897674 景谷傣族彝族自治县志 1978-2008/2819
007807104 镇沅彝族哈尼族拉祜族自治

县志/2819
009388560 江城哈尼族彝族自治县志送审稿/2820
007913467 江城哈尼族彝族自治县志/2820
008717017 孟连傣族拉祜族佤族自治县志/2821
007818006 澜沧拉祜族自治县志/2821
013820570 澜沧拉祜族自治县志 1978-2005/2821
008380073 西盟佤族自治县志/2822
012680473 勐梭村志/2822
009149424 临沧地区志/2822
007806434 临沧县志/2824
012871852 博尚镇志/2824
005591359 凤庆县志/2825
013933208 勐佑乡志/2825
012766851 诗礼乡志/2825
007366623 云县志第1卷/2826
010008983 云县志第2卷 1991-2000/2826
010146832 云县志 1991-2000 送审稿/2826
008665531 云县乡镇概况晓街乡分册/2826
008418695 爱华镇志/2826
008418685 云县乡镇概况大石乡分册/2827
008418658 云县乡镇概况大寨乡分册/2827
008418623 云县乡镇概况茂兰彝族布朗族乡分册/2827
008418689 云县乡镇概况糯洒彝族傣族乡分册/2827
008418669 云县乡镇概况头道水乡分册/2827
008418678 云县乡镇概况幸福彝族拉祜族傣族乡分册/2827
007425681 永德县志/2828

005559221 镇康县志/2829
008386603 双江拉祜族佤族布朗族傣族自治县志/2830
007817976 耿马傣族佤族自治县志/2830
008714989 沧源佤族自治县志/2831
007590144 楚雄彝族自治州志/2832
008718910 楚雄市志/2836
009245183 鹿城志/2836
007818003 双柏县志/2837
005591355 牟定县志/2837
012680510 牟定县志 1978-2005/2837
012766276 牟定凤头甸村志/2837
008038800 南华县志第1卷/2837
010293942 南华县志第2卷 1986-2002/2838
008388819 姚安县志/2838
008715650 大姚县志/2839
012609556 大姚县志 1978-2005/2839
008426154 七街乡志/2839
008718531 永仁县志/2840
007366609 元谋县志/2840
011809725 元谋县志 1978-2005/2840
007913555 武定县志/2841
013684235 武定县志 1978-2005/2841
008716942 禄丰县志/2841
008992702 禄丰县志 1988-2000/2841
007807186 红河哈尼族彝族自治州志/2842
008426173 红河哈尼族彝族自治州概况/2842
008414647 个旧市志/2845
011837439 卡房镇志/2845
008596812 开远市志/2846
008717009 蒙自县志/2844
011143636 续蒙自县志/2844

007913487 弥勒县志/2847	008715842 富宁县志/2860
012051700 弥勒县志 1978-2005/2847	008539924 西双版纳傣族自治州志/2860
012899165 弥勒县可邑彝族村志/2847	008629279 景洪县志/2863
012506402 新哨镇志/2848	008206903 勐海县志/2863
008539933 屏边苗族自治县志/2852	008144148 勐腊县志/2864
012955856 屏边苗族自治县志 1978-2005/2852	004970840 大理白族自治州志/2865
008388802 建水县志/2848	012766961 天马村志/2865
012661250 建水县志 1978-2005/2848	008416417 大理市志/2870
007913485 石屏县志/2849	012872296 福星村志/2870
009678836 石屏县志 1986-2000/2849	013091099 海东镇志/2870
012719279 泸西县志 1978-2005/2850	012899000 金星村志/2870
005591274 元阳县志/1731	012955982 上关村志/2870
013707171 元阳县志军事志 1382-2011/1731	012899482 天井村志/2870
012256536 元阳县志 1978-2005/2850	009700563 喜洲镇志/2870
008420616 红河县志修订稿/2851	008715656 凤仪志/2872
004102777 红河县志/2851	008837992 漾濞彝族自治县志/2882
008037826 金平苗族瑶族傣族自治县志/2852	007818021 祥云县志/2872
011496828 板板桥村志/2852	013959604 祥云县志 1978-2005/2872
005559157 绿春县志/2851	012767076 祥云县志总体设想/2872
009268522 河口瑶族自治县志/2853	011995455 大波那村志/2873
009021839 文山壮族苗族自治州志/2853	008486220 宾川县志/2875
008487343 文山县志/2855	013859482 下三家村村志/2875
009399203 小街镇志/2855	005591357 弥渡县志/2876
008837135 砚山县志/2856	013723602 弥渡县志 1978-2005/2876
008422019 西畴县志/2856	006555936 南涧彝族自治县志/2883
008716982 麻栗坡县志/2857	012614187 南涧彝族自治县志 1978-2005/2883
007850877 马关县志/2857	012661685 南涧镇志/2883
009769272 马关县志(简本)/2858	010475743 蒙化志稿/2884
008476198 邱北县志/2859	006497415 巍山彝族回族自治县志/2884
009000493 广南县志/2859	013141089 大围埂村志/2884
008837054 广南古今/2860	009388469 巍宝山志/2885
	008036550 永平县志/2878
	007913510 云龙县志/2878

008388854 洱源县志/2879	009388635 黄柏志/2899
012872255 洱源县土庞村志/2879	009393146 迪庆藏族自治州志/2900
008715914 剑川县志/2880	008421049 中甸县志/2902
008414533 鹤庆县志/2881	013959599 香格里拉县上江乡志/2902
011321373 鹤庆县塔冲村志/2881	012684992 香格里拉县小中甸镇志/2903
008970884 德宏州志 经济卷/2885	008715654 德钦县志/2904
008970893 德宏州志 综合卷/2885	013141134 德钦县志 1978-2005/2904
008719426 瑞丽市志/2888	008539909 维西傈僳族自治县志/2905
013822663 瑞丽市志 1978-2005/2888	012613320 维西傈僳族自治县志 1978-2005/2905
008719472 畹町市志/2888	012877276 维西县志 土地志/2905
007366611 潞西县志/2887	010777327 西藏自治区志 环境保护志/2907
006697015 梁河县志/2889	009799596 西藏自治区志 教育志 终审稿/2907
013705126 梁河县志 1978-2005/2889	010730270 西藏自治区志 语言文字志 初审稿/2907
008426839 盈江县志/2890	010777981 西藏自治区志 政协志 初稿/2907
009688723 陇川县志/2891	010201429 西藏自治区志 第1卷 教育志/2907
009221761 怒江傈僳族自治州志/2891	009818068 西藏自治区志 第2卷 税务志/2907
013093205 怒江州志 评审稿/2891	009840388 西藏自治区志 第3卷 统计志/2907
008714977 碧江县志/2894	009840387 西藏自治区志 第4卷 广播电影电视志/2907
008386610 泸水县志/2894	009799600 西藏自治区志 第5卷 外事志/2907
011068503 福贡县志 送审稿/2895	009818062 西藏自治区志 第6卷 动物志/2908
008539803 福贡县志/2895	009881546 西藏自治区志 第7卷 民航志/2908
010576590 贡山独龙族怒族自治县志/2896	009799598 西藏自治区志 第8卷 气象志/2908
009149419 兰坪白族普米族自治县志/2896	010778946 西藏自治区志 第9卷 公路交通志
013144505 兰坪白族普米族自治县志 1978-2005/2896	
009337954 [兰坪]交通志/2899	
009867339 兰坪白族普米族自治县地方志丛书 广播电视志/2896	
011438663 [兰坪]江头河村志/2896	
013774269 [兰坪]金凤村志/2897	
013660360 [兰坪]通甸镇志/2897	
011480433 营盘镇志/2897	

/2908

011500755 西藏自治区志第 10 卷 价格志/2908

011444001 西藏自治区志第 11 卷 政务志/2908

011443994 西藏自治区志第 12 卷 海关志/2908

011793054 西藏自治区志第 13 卷 军事志/2908

011813675 西藏自治区志第 14 卷 体育志/2908

011813687 西藏自治区志第 15 卷 旅游志/2908

011813690 西藏自治区志第 16 卷 金融志/2908

010778947 西藏自治区志第 17 卷 粮食志/2909

012100068 西藏自治区志第 18 卷 武警志/2909

012100066 西藏自治区志第 19 卷 审计志/2909

010778948 西藏自治区志第 20 卷 审判志/2909

012175058 西藏自治区志第 21 卷 测绘志/2909

012140683 西藏自治区志第 22 卷 邮电志/2909

012252752 西藏自治区志第 24 卷 政协志/2909

012545406 西藏自治区志第 25 卷 民政志/2909

012175061 西藏自治区志第 26 卷 城乡建设志/2909

012971614 西藏自治区志第 27 卷 财政志/2909

012877294 西藏自治区志第 28 卷 卫生志/2910

013353520 西藏自治区志第 29 卷 检验检疫志/2910

013706909 西藏自治区志第 30 卷 共青团志/2910

013706905 西藏自治区志第 31 卷 文物志/2910

013630273 西藏自治区志第 32 卷 人大志/2910

011584442 拉萨市志/2913

012832289 拉萨市城关区志/2913

013601789 林周县志/2913

012714111 堆龙德庆县志/2914

013723469 达孜县志/2914

012832599 墨竹工卡县志/2914

009769238 昌都地区志/2914

012679044 昌都县志/2914

012680234 江达县志/2915

012679345 贡觉县志/2915

013702854 八宿县志/2915

011762902 芒康县志/2915

012051894 山南地区志/2915

009554081 乃东县志/2915

011892445 桑日县志/2916

012814165 琼结县志/2916

012811566 加查县志/2916

013726879 错那县志/2916

013131116 日喀则地区志/2917

009840376 江孜县志/2917

013819252 定日县志/2917

012545469 谢通门县志/2918

013961165 亚东县志/2918

013601849 那曲地区志/2918
013320961 申扎县志/2918
012540667 阿里地区志/2919
013225560 普兰县志/2919
013860511 噶尔县志/2919
010576708 林芝地区志/2920
012049342 工布江达县志/2920
012542675 米林县志/2920
006384377 陕西省志/2921
007724494 陕西省志第1卷 大事记/2921
012614041 陕西省志第1卷 大事记 1949-2009/2921
008447385 陕西省志第1卷 历史大事记 讨论稿/2921
005544051 陕西省志第2卷 行政建置志/2921
008697704 陕西省志第3卷 地理志/2921
010776991 陕西省志第3篇 金融志 城市信用初稿/2921
008697763 陕西省志第4卷 地质矿产志/2921
006583635 陕西省志第5卷 黄土高原志/2922
008666952 陕西省志第6卷 气象志 送审稿/2922
008992755 陕西省志第6卷 气象志/2922
013936222 陕西省志第7卷 经济 审计志 1990-2010/2922
008427898 陕西省志第7卷 人口志/2922
003801443 陕西省志第8卷 地震志/2922
013225797 陕西省志第8卷 人民代表大会志 1991-2008/2922
012661834 陕西省志第8卷 土地志/2922
011321177 陕西省志第9卷 环境保护志/2922
006384388 陕西省志第9卷 冶金工业志/2922
012899399 陕西省志第11卷 军事志 1991-2005/2923
007202279 陕西省志第11卷 农牧志/2923
008427037 陕西省志第12卷 林业志/2923
008697872 陕西省志第13卷 水利志/2923
008929099 陕西省志第14卷 水土保持志/2923
012722251 陕西省志第14卷 知识产权志/2923
008697829 陕西省志第15卷 轻工业志/2923
008697810 陕西省志第16卷 纺织工业志/2923
006548283 陕西省志第17卷 煤炭志/2923
005536258 陕西省志第18卷 石油化学工业志/2923
007883881 陕西省志第19卷 电力工业志/2923
008094653 陕西省志第20卷 有色金属工业志/2924
008667320 陕西省志第20卷 黄金工业志/2924
008612623 陕西省志第22卷 军事工业志/2924
012614025 陕西省志第23卷 建材工业志/2924
008427026 陕西省志第24卷 建设志/2924
009106139 陕西省志第25卷 乡镇企业志/2924
008697814 陕西省志第26卷 公路志/2924
007724492 陕西省志第26卷 航运志/2924
008928902 陕西省志第26卷 民航志/2924

007620811 陕西省志第27卷 铁路志/2924
008427033 陕西省志第28卷 邮电志/2924
008842916 陕西省志第29卷 商业志/2925
009881491 陕西省志第30卷 经贸志/2925
008386596 陕西省志第32卷 粮食志/2925
010280094 陕西省志第33卷 烟草志/2925
013731199 陕西省志第34卷 税务志/2925
007724493 陕西省志第35卷 固定资产投资管理志/2925
006577160 陕西省志第36卷 金融志/2925
007620818 陕西省志第37卷 财政志/2925
008388796 陕西省志第38卷 计划志/2925
007620759 陕西省志第39卷 测绘志/2925
008697864 陕西省志第40卷 审计志/2925
008598509 陕西省志第41卷 工商行政管理志/2926
006761832 陕西省志第42卷 物价志/2926
006947620 陕西省志第43卷 物资志/2926
008994041 陕西省志第44卷 技术监督志/2926
006583621 陕西省志第45卷 进出口商品检验志/2926
008838026 陕西省志第46卷 统计志/2926
009149282 陕西省志第47卷 中国共产党志/2926
012614005 陕西省志第48卷 民主党派志/2926
008094654 陕西省志第49卷 人民代表大会志/2926
008426310 陕西省志第50卷 政务志/2926
013225804 陕西省志第51卷 公安志/2927
011998183 陕西省志第52卷 司法行政志/2927
009106134 陕西省志第53卷 民政志/2927

008094655 陕西省志第54卷 劳动志/2927
013795158 陕西省志第55卷 人事志/2927
006761744 陕西省志第56卷 档案志/2927
009688439 陕西省志第57卷 检察志/2927
007540999 陕西省志第58卷 审判志/2927
008447383 陕西省志第59卷 军事志 初稿/2927
008697818 陕西省志第59卷 军事志/2927
013461557 陕西省志第60卷 武警志/2927
008094663 陕西省志第61卷 政治协商会议志/2928
009312600 陕西省志第62卷 工会志/2928
011441942 陕西省志第62卷 共青团志/2928
008838015 陕西省志第62卷 妇女志/2928
009045900 陕西省志第62卷 工商联志/2928
009045915 陕西省志第62卷 社科联志/2928
012614015 陕西省志第63卷 教育志/2928
008447381 陕西省志第64卷 科学技术志 送审稿/2928
008388804 陕西省志第64卷 科学技术志/2928
008838030 陕西省志第65卷 文化艺术志/2928
008386598 陕西省志第66卷 文物志/2928
012099825 陕西省志第67卷 旅游志/2929
007254630 陕西省志第69卷 广播电视志/2929
008427040 陕西省志第70卷 出版志/2929
008598538 陕西省志第70卷 报刊志/2929
008598539 陕西省志第71卷 著述志 古代部分/2929
008697875 陕西省志第72卷 卫生志/2929
008427032 陕西省志第73卷 体育志/2929
013629541 陕西省志第74卷 民族志/2929

013629544 陕西省志第74卷 宗教志/2929	008923265 莲湖区志/2947
009785314 陕西省志第75卷 黄帝陵志/2929	008866277 灞桥区志送审稿/2947
006384283 陕西省志第76卷 方言志（陕北部分）/2929	009337936 灞桥区志/2947
	013660297 十里铺街道志/2947
008842922 陕西省志第77卷 民俗志/2930	009010240 未央区志送审稿/2945
008913723 陕西省志第78卷 外事志/2930	009411661 未央区志/2945
008447376 陕西省志第78卷 外事志 古代篇 初稿/2930	012542636 六村堡乡志/2945
	012722207 三桥村志/2945
008447377 陕西省志第78卷 外事志 现代篇 1949-1991 初稿/2930	013755964 三桥街道志 1994-2005/2945
	009338007 三桥镇志/2945
008666967 陕西省志第79卷 人物志/2930	012662319 谭家乡志/2945
012614028 陕西省志第80卷 炎帝志/2930	013630247 五一村志/2945
008447372 陕西省志第85卷 技术监督志 计量卷 送审稿/2930	013661599 张家堡街道志/2945
	009337968 雁塔区志初审稿/2947
007791009 西安市志/2936	009024889 雁塔区志/2947
009046408 西安市志第1卷 总类/2936	013863590 曲江乡志/2948
008856446 西安市志第2卷 城市基础设施/2936	009046100 阎良区志/2948
	008116872 关山镇志/2948
009348228 西安市志第3卷 经济(上)/2936	005591299 临潼县志/2948
010522346 西安市志第4卷 经济(下)/2936	008612650 长安县志/2948
008856433 西安市志第5卷 政治军事/2936	007486925 蓝田县志/2949
009045920 西安市志第6卷 科教文卫/2936	006562098 周至县志/2949
009995080 西安市志第7卷 社会 人物/2937	007819185 铜川市志/2951
012662492 西安六十年图志 1949.5-2009.5/2942	008992920 铜川郊区苹果志/2954
	008386605 耀县志/2953
008994249 新城区志/2946	005536241 宜君县志/2954
008598548 新城区志/2946	008426894 宝鸡市志/2954
008667324 太华路街志 1955-1998/2946	008416655 宝鸡市渭滨区志/2961
008992818 碑林区志初审稿/2946	012955911 燃灯寺村志/2961
009046136 碑林区志/2946	013757990 永清村志/2961
013822943 西安市碑林区志 1994-2008/2946	007488693 宝鸡市金台区志/2961
	011762861 联盟村志/2961
013090749 北沙坡村志/2946	008612645 宝鸡县志/2962
010573593 莲湖区志终审稿/2947	004139812 宝鸡县志财税金融志/2962

004135864 宝鸡县志城乡建设志/2962
004139809 宝鸡县志大事记/2962
004135866 宝鸡县志党派群团志/2962
004129921 宝鸡县志地理志/2962
004135871 宝鸡县志工业志/2962
004135870 宝鸡县志交通邮电志/2962
008714105 宝鸡县志经济管理志/2962
004135868 宝鸡县志军事志/2962
004129924 宝鸡县志科技志/2963
004129928 宝鸡县志粮食志/2963
004129929 宝鸡县志林业志/2963
004129925 宝鸡县志农业志/2963
004129922 宝鸡县志人口志/2963
004129926 宝鸡县志人物志/2963
004139811 宝鸡县志商业志/2963
004129923 宝鸡县志社会志/2963
004129927 宝鸡县志水利水保志/2963
004135869 宝鸡县志体育志/2963
004139808 宝鸡县志文化志/2963
004139810 宝鸡县志文物胜迹志/2964
004135873 宝鸡县志乡镇企业志/2964
004135872 宝鸡县志医疗卫生志/2964
004135867 宝鸡县志政权志/2964
004102853 凤翔县志/2964
004344799 岐山县志/2965
006543060 扶风县志/2966
009016300 眉县志初稿/2966
008542844 眉县志/2966
006497474 陇县志/2967
007900117 千阳县志/2971
006795909 麟游县志/2971
013961350 丈八乡志/2972
008421030 凤县志/2972
008542855 太白县志/2972

010144653 咸阳市志送审稿/2973
007818018 咸阳市志/2973
008913704 咸阳市志经济卷 送审稿/2973
012545432 咸阳百年图志/2977
008637981 咸阳市秦都区志/2977
013630110 天阁村志/2977
009622046 杨陵区志/2978
009348234 杨陵区志/2978
008487323 咸阳市渭城区志/2978
008913698 三原县志送审稿/2979
008612704 三原县志/2979
008844292 泾阳县志/2980
009149278 乾县志/2980
008844282 礼泉县志/2980
006414258 永寿县志/2981
013689482 永寿县志 1990-2005/2981
008660277 彬县志/2981
008844017 长武县志/2981
008993643 旬邑县志送审稿/2981
008612749 旬邑县志/2982
012954933 湫坡头镇志/2982
008844011 淳化县志/2982
008793333 武功县志/2982
008845147 兴平县志/2978
008598470 渭南地区志/2983
011909057 渭南市志/2983
007900086 渭南县志/2983
007289990 华县志/2986
005331657 潼关县志/2987
013706851 潼关县志 1990-2005/2987
007482381 大荔县志/2987
013924048 大荔县志 1990-2005/2987
007900118 澄城县志/2988
009005883 蒲城县志/2988

012899327 蒲城县志 1991-2005 /2988
009338017 蒲城县罕井镇地方志 /2988
007289932 白水县志 /2989
012678975 白水县志 1984-2003 /2989
007491023 富平县志 /2989
013925188 富平县志 1989-2005 /2989
004715715 韩城市志 /2984
013728726 韩城市志 1990-2005 /2984
012662720 阳山庄村志 /2985
007992180 华阴县志 /2986
008598542 延安地区志 /2990
007482388 延安市志 /2990
004102851 延长县志 /2993
008453799 延川县志 /2994
006928409 子长县志 /2994
007480707 安塞县志 /2994
007818010 志丹县志 /2994
007900130 吴旗县志 /2995
008036517 甘泉县志 /2995
007590094 富县志 /2995
008486800 洛川县志 /2996
008542859 宜川县志 /2996
007806620 黄龙县志 /2997
007589129 黄陵县志 /2997
010101049 汉中地区志 送审稿 /2997
010144642 汉中地区志 修改稿 /2997
008094650 汉中市志 /2998
007900105 南郑县志 /2999
007940968 南郑县志评论与编纂文集 /2999
009700320 梁山志 /2999
007215343 城固县志 /3000
009621053 洋县志校样稿 /3000
007491010 洋县志 /3000

007900154 西乡县志 /3000
007900104 勉县志 /3000
007425701 宁强县志 /3000
006697164 略阳县志 /3001
007883890 镇巴县志 /3001
009045876 留坝县志 /3001
005665478 榆林地方简志 /3002
007493489 榆林地区志 /3002
012238638 榆林市志 第1卷 商业卷 /3002
012238666 榆林市志 第2卷 自然地理卷 /3002
012238653 榆林市志 第3卷 治沙卷 /3002
012238617 榆林市志 第4卷 大事记 /3002
012545714 镇川志 /3002
010113621 神木县志 /3003
007289928 神木县志 /3003
012969343 陕西神木马镇村志 /3004
009337620 石角塔村志 /3004
005696921 府谷县志 /3004
007013609 横山县志 /3005
009688442 石湾镇志 /3005
013096531 王梁村志 1949-2009 /3005
006555947 靖边县志 /3005
009106110 定边县志 /3006
009198559 绥德县志 /3006
012967431 崔家湾镇志 /3006
012679216 定仙墕镇志 /3006
011320884 吉镇村志 /3006
012202987 梁家甲村志 /3006
012266324 四十里铺镇志 /3006
010735991 米脂县志初稿 /3007
007900236 米脂县志 /3007
008612673 佳县志 /3007
012097557 佳县志 /3007

008594658 吴堡县志/3008
008844006 清涧县志/3008
007900152 子洲县志/3008
013863131 牛薛沟村志/3008
008612640 安康地区志/3009
006542662 安康县志/3009
007900132 汉阴县志/3011
007778822 后柳区志/3011
004102804 石泉县志/3011
008101491 石泉县地方志评介文集/3011
007657568 宁陕县志/3011
002988768 紫阳县志/3011
007900136 岚皋县志/3012
008598474 平利县志/3012
009700373 镇坪县志/3012
008426862 旬阳县志/3013
007819193 白河县志/3013
010113618 商洛地区志/3013
008453791 商州市志/3014
009025814 石门镇志/3015
007060945 丹凤县志/3016
007477982 商南县志/3017
007856404 山阳县志/3017
007809773 镇安县志/3017
008453786 柞水县志/3018
006088028 甘肃省志/3019
010777088 甘肃省志标准质量志 初稿/3019
008599817 甘肃省志第1卷 概述/3019
008599814 甘肃省志第2卷 大事记/3020
011804350 甘肃省志第3卷 共产党志/3020
009683649 甘肃省志第4卷 政权志 人大/3020
009042986 甘肃省志第5卷 公安志/3020
008680719 甘肃省志第6卷 检察志/3020

008512793 甘肃省志第7卷 审判志/3020
012541541 甘肃省志第8卷 司法行政志/3020
008680831 甘肃省志第9卷 民政志/3020
008994296 甘肃省志第10卷 军事志/3020
008680863 甘肃省志第10卷 军事志 人民防空/3020
009042960 甘肃省志第12卷 地震志/3020
009336611 甘肃省志第13卷 气象志/3020
008680422 甘肃省志第14卷 测绘志/3021
008842712 甘肃省志第15卷 经济计划志 计划/3021
009173842 甘肃省志第16卷 统计志/3021
009441460 甘肃省志第17卷 审计志/3021
009043169 甘肃省志第18卷 农业志/3021
009336649 甘肃省志第19卷 农垦志/3021
008680827 甘肃省志第20卷 林业志/3021
008599830 甘肃省志第21卷 畜牧志/3021
009336662 甘肃省志第22卷 渔业志/3021
008680885 甘肃省志第23卷 水利志/3021
009336671 甘肃省志第24卷 农业机械化志/3021
008680710 甘肃省志第25卷 机械工业志/3022
008680690 甘肃省志第26卷 电力工业志/3022
009043152 甘肃省志第27卷 石油化工志/3022
012609837 甘肃省志第28卷 妇女志/3022
011473025 甘肃省志第29卷 政协志/3022
011473018 甘肃省志第30卷 旅游志/3022
009336782 甘肃省志第31卷 煤炭工业志/3022
008842706 甘肃省志第32卷 建设志/3022

011328752 甘肃省志第33卷 环境保护志/3022

009336812 甘肃省志第34卷 建材工业志/3022

008680847 甘肃省志第35卷 轻纺工业志 二轻/3022

011954022 甘肃省志第36卷 乡镇企业志/3023

009336833 甘肃省志第37卷 财税志/3023

009336853 甘肃省志第39卷 航运志/3023

008994293 甘肃省志第40卷 铁路志/3023

009082406 甘肃省志第41卷 民航志/3023

009336916 甘肃省志第42卷 邮电志/3023

008599819 甘肃省志第43卷 军事工业志/3023

008680770 甘肃省志第44卷 金融志/3023

008680419 甘肃省志第45卷 标准化与质量志/3023

009336998 甘肃省志第46卷 计量志/3023

008599825 甘肃省志第47卷 物资志/3023

009061911 甘肃省志第48卷 储备物资志/3024

008599822 甘肃省志第49卷 商业志/3024

008512792 甘肃省志第50卷 供销合作社志/3024

009337009 甘肃省志第51卷 工商行政管理志/3024

009742393 甘肃省志第53卷 外经贸志/3024

008994302 甘肃省志第54卷 民主党派工商联志/3024

009115588 甘肃省志第55卷 群众团体志 工会/3024

010280104 甘肃省志第56卷 外事志/3024

009337033 甘肃省志第57卷 人事志/3024

011954019 甘肃省志第58卷 劳动志/3024

009337078 甘肃省志第60卷 科学技术志/3024

010779399 甘肃省志第61卷 社会科学志 古代-1990/3025

009337093 甘肃省志第63卷 新闻出版志 出版/3025

011564567 甘肃省志第64卷 广播电影电视志/3025

013369838 甘肃省志第66卷 烟草志/3025

008842710 甘肃省志第67卷 医药卫生志 卫生/3025

008680895 甘肃省志第68卷 体育志/3025

008994052 甘肃省志第69卷 人口志/3025

009234432 甘肃省志第70卷 民族志/3025

009742395 甘肃省志第71卷 宗教志/3025

013528904 甘肃省志监察志 1950-2007/3019

012831463 甘肃省志林业志 1986-2005/3019

011757863 甘肃省志教育志 1987-2005 征求意见稿/3019

012718811 甘肃省志人事志 1989-2007/3019

010779389 甘肃省志社会科学志 1991-2000/3019

011329334 甘肃方志通览/3028

008636381 兰州市志第1卷 建置区划志/3029

009310124 兰州市志第2卷 自然地理志/3030

008471307 兰州市志第3卷 自然资源志/3030

008471298 兰州市志第5卷 土地志/3030

009310131 兰州市志第6卷 城市规划志/3030

009310133 兰州市志第7卷 市政建设志/3030

009310136 兰州市志第8卷 公用事业志/3030

009310216 兰州市志第9卷 房地产志/3030

008994310 兰州市志第10卷 园林绿化志/3030

008471303 兰州市志第11卷 环境保护志/3030

009046149 兰州市志第12卷 城建综合志/3030

013774450 兰州市志第13卷 重工业志/3030

009310150 兰州市志第17卷 建材工业志/3031

009310155 兰州市志第18卷 建筑业志/3031

009310164 兰州市志第20卷 粮食志/3031

013064829 兰州市志第21卷 工会志/3031

009310170 兰州市志第21卷 交通志/3031

009310174 兰州市志第22卷 电信志/3031

009310178 兰州市志第22卷 邮政志/3031

008994312 兰州市志第23卷 农业志/3031

009310181 兰州市志第24卷 畜牧渔业志/3031

009310183 兰州市志第25卷 水利志/3031

009310184 兰州市志第26卷 林业志/3031

009348563 兰州市志第27卷 蔬菜志/3032

009310186 兰州市志第28卷 瓜果志/3032

009348570 兰州市志第29卷 乡镇企业志/3032

009310192 兰州市志第31卷 工商行政管理志/3032

009348573 兰州市志第32卷 统计志/3032

009001403 兰州市志第33卷 对外经济贸易志/3032

009310193 兰州市志第34卷 技术监督志/3032

009310196 兰州市志第35卷 计划生育志/3032

008471289 兰州市志第36卷 财政税务志/3032

009310206 兰州市志第39卷 物价志/3032

009348578 兰州市志第42卷 民族宗教志/3032

009348591 兰州市志第43卷 外事侨务志/3033

010731610 兰州市志第44卷 公安志/3033

009348612 兰州市志第45卷 司法志/3033

013820551 兰州市志第46卷 人物志/3033

008994315 兰州市志第47卷 民政志/3033

008845842 兰州市志第48卷 劳动志/3033

009348593 兰州市志第49卷 人事志/3033

009348595 兰州市志第50卷 文化事业志/3033

009348598 兰州市志第51卷 文物志/3033

009348604 兰州市志第52卷 档案志/3033

009336914 兰州市志第54卷 军事志/3033

009348608 兰州市志第54卷 人民防空志/3034

008838450 兰州市志第55卷 教育志/3034

008471301 兰州市志第56卷 科学技术志/3034

012968196 兰州市志第57卷 地方文献志/3034

009046152 兰州市志第59卷 方言志/3034

008471295 兰州市志第61卷 卫生志/3034

008471309 兰州市志第63卷 广播电视志

/3034
012965204 兰州百年图志 1909-2009/3038
008838464 兰州市城关区志/3040
011584452 兰州市城关区雁滩乡志/3040
008914502 兰州市七里河区志/3041
008531948 彭家坪乡志/3041
012680398 甘肃兰州西固区志 1991-2005/3041
008845836 兰州市西固区志/3041
012762466 兰州市西固区新安路街道志 1957-1990/3041
008838460 兰州市安宁区志/3041
012049701 兰州市安宁区吊场乡志/3041
008994317 兰州市红古区志/3041
007987749 永登县志/3042
013012589 永登县志 1991-2006/3042
008470895 皋兰县志/3042
012609841 皋兰县志 1991-2005/3042
008838370 榆中县志/3042
014030808 和平镇志/3042
012893185 清水驿乡志/3042
008794146 嘉峪关市志/3043
007480673 金昌市志/3044
007486926 永昌县志/3045
012506606 永昌县志 1991-2005/3045
008453814 白银市志/3046
012809889 白银市志 1991-2005/3046
010279172 白银纳鄂伦春族乡志 1953-2001/721
009000364 白银区志/3047
013506539 白银区志 1996-2008/3047
008793368 白银市平川区志/3047
008994258 靖远县志/3047
010730387 平堡乡志/3047

011497815 会宁县志 1990-2005/3048
008453907 创修红水县志/3048
008645293 景泰县志/3048
010108280 景泰县志 1991-2000/3048
012174817 坪上村志/3048
009472084 天水市志/3048
009332432 秦城区志/3051
009198279 北道区志/3051
008992718 清水县志/3051
008838487 秦安县志/3051
008453903 伏羌县志/3052
008453872 甘谷县志/3052
009433709 武山县志送审稿/3052
008992738 武山县志/3053
008846130 张家川回族自治县志/3053
008471200 武威市志/3053
011500749 武威通志/3053
007932005 民勤县志/3056
008453882 古浪县志/3056
012967564 古浪县志 1991-2007/3056
011329407 天祝藏族自治县志 1989-2005/3056
007657566 天祝县志/3056
013236362 张掖地区志远古-1995/3057
007425705 张掖市志/3057
013379021 水磨湾村志/3059
010007694 肃南裕固族自治县明花区志/3060
007588023 肃南裕固族自治县志/3061
013630520 泱翔藏族乡志/3061
007924623 民乐县志/3059
011321109 八卦营村志/3060
012553913 民乐史志文稿/3060
007587899 高台县志/3060

012174941 天城志/3060	007424768 镇原县志前11世纪-1985/3073
007482404 山丹县志/3060	013403089 定西地区志/3073
013659732 平凉地区志/3061	005331715 定西县志/3074
007819162 平凉市志/3061	004018836 通渭县志/3074
013758771 赵堡村志/3062	012506270 通渭县志1986-2005/3074
007819166 泾川县志/3063	007378022 陇西县志/3074
007428139 灵台县志/3063	014052345 渭源县志1986-2007/3075
008453860 崇信县志/3063	007905721 临洮县志/3075
008645286 华亭县志/3063	008994319 临洮县志/3075
007905727 静宁县志/3064	012899086 临洮县志1986-2005/3075
009472078 静宁县志1986-2002/3064	011571155 崖湾志/3075
012049650 酒泉市肃州区志/3066	009804605 漳县志/3075
008471155 酒泉市志/3066	007672321 岷县志/3075
011891872 酒泉市志/3066	008645308 武都县志/3076
007588032 金塔县志/3067	008594666 文县志/3076
013990781 金塔县志农业志 至2006/3068	008001438 宕昌县志/3077
012661316 金塔县志1990-2008/3067	010576577 宕昌县志续编1985-2005/3077
008594679 安西县志/3068	004970790 康县志/3077
012839569 瓜州县志1986-2005/3068	008471162 西和县志/3077
007693095 阿克塞哈萨克族自治县/3068	009115616 礼县志/3078
009554086 阿克塞哈萨克族自治县志1988-2002/3069	009346492 徽县志/3078
007905715 玉门市志/3066	009887090 两当县志/3078
013323132 玉门市志1988-2004/3066	007905780 临夏州志/3078
012132705 敦煌志/3067	008190743 临夏市志/3079
008453824 庆阳地区志/3069	013184334 临夏市志1986-2005/3079
012173778 秦霸岭村志/3071	008486759 临夏县志/3079
008383969 庆阳县志/3071	007969454 康乐县志/3080
007668520 环县志/3071	007986605 永靖县志/3080
001770374 华池县志/3071	013313386 永靖县志1986-2005/3080
011432666 合水县志/3072	008645280 广河县志/3080
012837842 正宁县志/3072	008338415 和政县志/3080
006958545 宁县志/3072	013647580 和政县志1986-2005/3080
008453902 瓦斜乡志稿/3072	008837056 东乡族自治县志/3081
	008793369 积石山保安族东乡族撒拉族

自治县志/3081
008618491 甘南藏族自治州志/3081
012680054 合作市志/3082
007850906 临潭县志/3083
012097744 临潭县志1991-2006/3083
007672303 卓尼县志/3083
007724497 舟曲县志/3083
012882678 舟曲县志1991-2006/3083
008471168 迭部县志/3083
008838404 玛曲县志/3083
010244192 碌曲县志/3084
008838469 夏河县志/3084
006573063 青海省志/3085
010010032 青海省志人物传 终审稿/3085
011884211 青海省志索引/3085
009337012 青海省志第1卷 总述/3085
008994357 青海省志第2卷 大事记/3085
008994360 青海省志第3卷 建置沿革志/3085
008694671 青海省志第4卷 自然地理志/3085
009790426 青海省志第6卷 测绘志/3085
008668109 青海省志第7卷 长江黄河澜沧江源志/3085
008667938 青海省志第8卷 青海湖志/3086
009001529 青海省志第9卷 水利志/3086
009003119 青海省志第10卷 高原生物志/3086
007676130 青海省志第11卷 地质矿产志/3086
007914632 青海省志第12卷 农业志 渔业志/3086
007914637 青海省志第13卷 林业志/3086
008667929 青海省志第14卷 畜牧志/3086

009337014 青海省志第15卷 轻纺工业志/3086
008487040 青海省志第16卷 盐业志/3086
008241827 青海省志第17卷 手工业志/3086
009041932 青海省志第18卷 乡镇企业志/3086
008667946 青海省志第19卷 机械工业志/3086
008668094 青海省志第20卷 经济贸易志/3086
007914635 青海省志第21卷 农牧机械志/3087
007755022 青海省志第22卷 石油工业志/3087
009337019 青海省志第23卷 煤炭工业志/3087
009041937 青海省志第24卷 电力工业志/3087
009337025 青海省志第25卷 冶金工业志/3087
009116553 青海省志第26卷 化学工业志/3087
008694644 青海省志第27卷 公路交通志/3087
008636591 青海省志第28卷 铁路交通志/3087
007914633 青海省志第29卷 邮电志/3087
008694648 青海省志第30卷 民用航空志/3087
009994890 青海省志第31卷 对外经济贸易志/3087
009116587 青海省志第32卷 计划志/3087
007914636 青海省志第33卷 商业志/3087
009041995 青海省志第34卷 粮食志/3088

008973539 青海省志第35卷 城乡建设志/3088

008694641 青海省志第36卷 环境保护志/3088

007755023 青海省志第37卷 统计志/3088

008694627 青海省志第38卷 财政志/3088

009042011 青海省志第39卷 金融志/3088

009042023 青海省志第40卷 工商行政管理志/3088

007914634 青海省志第41卷 物价志/3088

008994366 青海省志第42卷 土地管理志/3088

008667941 青海省志第43卷 审计志/3088

008694662 青海省志第44卷 进出口商品检验志/3088

009337029 青海省志第45卷 标准计量志/3088

008694656 青海省志第46卷 政事志 青海省人民代表大会/3088

008667925 青海省志第47卷 政事志 中国人民政治协商会议青海省委员会/3089

009116560 青海省志第48卷 政事志 省政府/3089

009319871 青海省志第50卷 民主党派志/3089

009337036 青海省志第51卷 群众团体志/3089

008694650 青海省志第52卷 民政志/3089

009337133 青海省志第53卷 劳动人事志/3089

008842735 青海省志第54卷 检察志/3089

008694667 青海省志第55卷 审判志/3089

008994394 青海省志第56卷 军事志/3089

008241829 青海省志第57卷 公安志/3089

008694670 青海省志第58卷 武警志/3089

008994376 青海省志第59卷 司法行政志/3089

008994379 青海省志第60卷 劳动改造志/3089

009042031 青海省志第61卷 教育志/3090

008667940 青海省志第62卷 体育志/3090

009042048 青海省志第63卷 广播电视志/3090

008994383 青海省志第64卷 报业志/3090

008241831 青海省志第65卷 出版志/3090

008667914 青海省志第66卷 档案志/3090

008476201 青海省志第67卷 医药卫生志/3090

008994388 青海省志第68卷 文化艺术志/3090

008994392 青海省志第69卷 文物志/3090

008241828 青海省志第70卷 彩陶志/3090

009042068 青海省志第71卷 唐蕃古道志/3090

008994399 青海省志第73卷 社会科学志/3090

009337144 青海省志第74卷 科学技术志/3090

009337146 青海省志第75卷 人口志/3091

012099745 青海省志第76卷 民族志/3091

009337149 青海省志第77卷 宗教志/3091

009337150 青海省志第78卷 方言志/3091

011882469 青海省志第79卷 特产志/3091

009337153 青海省志第80卷 人物志/3091

009147626 青海省志第81卷 附录/3091

005631641 青海省志资料/3091

005732816 青海地方志书介绍/3094

007364321 青海方志资料类编/3094

007482050 西宁市志 第3卷 地名志/3096
009078368 西宁市志 第4卷 城市建设志/3096
013133817 西宁市志 第5卷 工业志/3096
009337171 西宁市志 第6卷 农业志/3096
013072646 西宁市志 第7卷 交通志/3096
009561489 西宁市志 第8卷 邮政志/3096
013072636 西宁市志 第9卷 电信志/3096
009154320 西宁市志 第11卷 粮油志/3097
013072656 西宁市志 第13卷 税务志/3097
008668138 西宁市志 第14卷 金融志/3097
009687882 西宁市志 第16卷 统计志/3097
010112057 西宁市志 第28卷 公安志/3097
013072655 西宁市志 第30卷 审判志/3097
009253045 西宁市志 第32卷 军事志/3097
009107555 西宁市志 第35卷 教育志/3097
009337173 西宁市志 第39卷 档案志/3097
008569809 城东区志/3099
013702917 城中区志初稿/3098
008874928 城中区志/3098
012174183 逯家寨村志/3099
007674738 城北区志/3099
012191371 鲍家寨村志/3099
012898310 大通回族土族自治县志 1986-2000/3100
007914604 大通县志/3100
007919018 湟中县志/3099
007356327 湟源县志/3100
006497394 乐都县志/3101
013723565 乐都县志 1986-2005/3101
011890651 高庙村志/3101
012955000 浪营村志/3101
007493563 平安县志/3101
007914603 民和县志/3102

011430449 川口镇志/3102
006497466 互助土族自治县志/3102
006497461 化隆县志/3102
008994410 循化撒拉族自治县志/3102
008668140 海北藏族自治州志/3103
007914638 门源县志/3104
007914587 祁连县志/3103
013860654 海晏蒙古族旗志/3103
008668128 海晏县志/3103
007930913 刚察县志/3104
008668143 黄南藏族自治州志/3105
009442048 同仁县志/3105
009310222 尖扎县志/3105
011294766 泽库县志/3105
002496286 河南蒙古族自治县志/3105
007932068 海南藏族自治州志/3106
007914595 共和县志/3106
008668131 同德县志/3106
007493553 贵德县志/3106
008845939 兴海县志/3106
007588033 贵南县志/3106
008838368 果洛藏族自治州志/3107
009854410 玛沁县志/3107
009472717 班玛县志/3107
009157141 甘德县志/3107
007621210 达日县志/3107
013955625 达日县志 1986-2010/3107
009889711 久治县志/3107
008936365 玛多县志/3108
013774641 玛多县志 1996-2010/3108
009688168 玉树州志/3108
007294737 海西蒙古族藏族自治州志/3109
010779402 海西蒙古族藏族自治州志

/3109
009147617 茫崖行政区志/3109
009889680 格尔木市志送审稿/3110
009961981 格尔木市志初稿/3110
009768927 格尔木市志/3110
011431442 格尔木市志西藏篇/3110
009312491 德令哈市志/3109
009310063 大柴旦镇志/3110
009082205 乌兰县志/3110
008846505 都兰县志/3111
007342717 天峻县志/3111
011310786 宁夏通志/3113
010112052 宁夏通志人物卷 送审稿/3113
011892330 宁夏通志第2卷 地理环境卷/3113
012721978 宁夏通志第3卷 行政建置卷/3113
011499468 宁夏通志第4卷 经济管理卷/3113
011441118 宁夏通志第6卷 工业卷/3113
011805806 宁夏通志第8卷 交通邮电卷/3113
012542728 宁夏通志第10卷 财税金融卷/3113
012099694 宁夏通志第11卷 党派社团卷/3113
011892352 宁夏通志第13卷 综合政务卷/3114
009406392 宁夏通志第15卷 军事卷/3114
011892337 宁夏通志第17卷 科学技术卷/3114
011805810 宁夏通志第18卷 社会科学卷/3114
012542739 宁夏通志第19卷 文化卷/3114

011441130 宁夏通志第20卷 卫生体育卷/3114
012680547 宁夏通志第21卷 民族宗教卷/3114
012882699 宁夏通志第23卷 社会卷/3114
008542890 银川市志/3121
012900158 银川市地方志工作志/3125
009081900 银川城区志/3126
009016834 银川市郊区志/3126
012769443 银川市西夏区志/3126
009621995 永宁县志送审稿/3127
007587982 永宁县志/3127
012613026 永宁县志 1978-2008/3127
013000617 纳家户村志/3127
008034106 贺兰县志/3128
013820237 贺兰县志 1980-2005/3128
008470957 灵武市志/3126
012719215 灵武市志 1991-2005/3126
008994350 石嘴山市志/3129
007791003 大武口区志/3131
011998287 石炭井区志/3131
011954341 惠农区志/3132
008640546 惠农县志/3132
009854346 石嘴山区志/3132
007425713 平罗县志/3132
010143361 陶乐县志/3132
008636617 吴忠市志/3134
006975514 盐池县志/3136
009018133 盐池县志 1981-2000/3136
007587986 同心县志/3137
009414246 青铜峡市志/3135
007728272 固原地区志/3137
012317859 固原市志/3138
009250619 固原地区史志资料/3138

012718825 固原市原州区志/3138
007913594 固原县志/3138
007587983 西吉县志/3139
010476507 续修西吉县志/3139
007990217 隆德县志/3139
009840173 隆德县志1991-2000/3139
008811334 泾源县志/3140
009399484 泾源县志1991-2000/3140
007672884 彭阳县志/3140
013002326 彭阳县志/3140
008034109 中卫县志/3141
008143642 中宁县志/3142
009398539 海原县志 送审稿/3142
008811339 海原县志/3142
013728725 海原县志1991-2008/3142
010112036 宁夏海原县志初稿/3143
010146813 新疆通志 供销合作社志 送审稿/3145
009622025 新疆通志 物资管理志 送审稿/3145
009480310 新疆通志第1卷 烟草志 1607-2000/3145
009399652 新疆通志第2卷 地质矿产志 1986-2000/3145
010293986 新疆通志第3卷 扶贫开发志/3145
012252885 新疆通志第4卷 电力工业志 1991-2002/3145
011909881 新疆通志第5卷 出版志 1990-2007/3146
012100579 新疆通志第6卷 商检志 1996-1999/3146
013464199 新疆通志第7卷 政协志 1995-2007/3146
009008740 新疆通志第9卷 地质矿产志/3146
009345303 新疆通志第10卷 气象志/3146
009025021 新疆通志第11卷 地震志/3146
013321241 新疆通志第12卷 地名志/3146
012100573 新疆通志第13卷 人口志/3146
008842772 新疆通志第14卷 共产党志/3146
009561820 新疆通志第15卷 政务志 人大/3147
010201454 新疆通志第15卷 政务志 政府/3147
009399641 新疆通志第16卷 人事志/3147
008488210 新疆通志第17卷 劳动志/3147
012140803 新疆通志第18卷 民主党派志/3147
009561824 新疆通志第19卷 群团志 工会/3147
011329529 新疆通志第19卷 群众团体志 妇联/3147
011429864 新疆通志第19卷 群众团体志 共青团/3147
009341044 新疆通志第20卷 公安志/3147
007913598 新疆通志第21卷 检察志/3148
008599803 新疆通志第22卷 审判志/3148
008629258 新疆通志第23卷 司法行政志/3148
007425684 新疆通志第24卷 民政志/3148
008637190 新疆通志第25卷 外事志/3148
009345307 新疆通志第26卷 侨务志/3148
009881569 新疆通志第27卷 民族志/3148
008599800 新疆通志第28卷 军事志/3148
010730811 新疆通志第29卷 综合经济志/3148
007588002 新疆通志第30卷 农业志/3149

009345402 新疆通志第31卷 农牧机械化志/3149

008793235 新疆通志第33卷 瓜果志/3149

009345409 新疆通志第34卷 畜牧志/3149

009337957 新疆通志第35卷 林业志/3149

008637218 新疆通志第36卷 水利志/3149

008637229 新疆通志第37卷 生产建设兵团志/3149

008637266 新疆通志第38卷 电力工业志/3149

009345416 新疆通志第39卷 煤炭工业志/3149

008637223 新疆通志第40卷 石油工业志/3150

008492757 新疆通志第41卷 钢铁工业志/3150

009890573 新疆通志第42卷 有色金属工业志/3150

008793230 新疆通志第43卷 机械电子工业志/3150

009561816 新疆通志第44卷 建材工业志/3150

009345421 新疆通志第45卷 轻工业志/3150

008599754 新疆通志第46卷 纺织工业志/3150

008637260 新疆通志第47卷 化学工业志/3150

008599799 新疆通志第48卷 公路交通志/3151

008842777 新疆通志第49卷 铁道志/3151

008838558 新疆通志第50卷 民用航空志/3151

008637215 新疆通志第51卷 邮电志/3151

007588001 新疆通志第52卷 城乡建设志/3151

009881565 新疆通志第53卷 建筑工程志/3151

009345426 新疆通志第54卷 测绘志/3151

011066398 新疆通志第55卷 环境保护志/3151

009881567 新疆通志第56卷 旅游志/3151

008637262 新疆通志第57卷 财政志/3152

009345442 新疆通志第58卷 审计志/3152

007588003 新疆通志第59卷 金融志/3152

013226615 新疆通志第60卷 工商行政管理志/3152

008637217 新疆通志第61卷 商业志/3152

008701944 新疆通志第62卷 物资管理志/3152

010730815 新疆通志第63卷 外贸志/3152

008432574 新疆通志第64卷 海关志/3152

008637220 新疆通志第65卷 商检志/3152

008668405 新疆通志第66卷 粮食志/3152

007588000 新疆通志第67卷 供销合作社志/3153

009349792 新疆通志第68卷 统计志/3153

009025022 新疆通志第70卷 标准计量志/3153

009881571 新疆通志第71卷 土地志/3153

008704477 新疆通志第72卷 科学技术志/3153

008845806 新疆通志第73卷 社会科学志/3153

010280149 新疆通志第74卷 教育志/3153

009349794 新疆通志第75卷 文化事业志/3153

008629261 新疆通志第76卷 语言文字志/3154

012613229	新疆通志第78卷 报业志/3154
009345460	新疆通志第79卷 广播电视志/3154
010731675	新疆通志第80卷 著述出版志/3154
010730825	新疆通志第81卷 文物志/3154
009345461	新疆通志第82卷 卫生志/3154
009082537	新疆通志第83卷 体育志/3154
010730807	新疆通志第85卷 人物志/3154
012814406	乌鲁木齐国家高新区志/3164
007731452	乌鲁木齐市志/3164
008708396	乌鲁木齐市志第5卷 政治/3164
008708408	乌鲁木齐市志第6卷 文化/3164
007705609	天山区志/3170
008994845	乌鲁木齐市天山区大事记 1949.10-1994.12/3171
009677924	乌鲁木齐市沙依巴克区志/3171
009393050	乌鲁木齐市新市区志/3171
009867314	乌鲁木齐市水磨沟区志/3171
009046157	乌鲁木齐市头屯河区志/3171
008623357	米泉县志/3171
008598552	乌鲁木齐县志/3172
008623354	克拉玛依市志/3172
009198594	独子山区志/3173
012968135	克拉玛依市克拉玛依区志/3173
008817078	克拉玛依市白碱滩区志/3174
009400080	克拉玛依市乌尔禾区志/3174
009867309	吐鲁番地区志/3174
009016967	吐鲁番市志/3175
008838519	鄯善县志/3175
009855888	托克逊县志/3175
008063809	哈密地区志/3176
010779179	哈密市志 1977-2000/3177
007509277	哈密县志/3177
007478028	巴里坤哈萨克自治县志/3178
007490392	伊吾县志/3178
008994772	昌吉回族自治州志/3190
008817208	阜康县志/3192
007913538	呼图壁县志/3192
008816778	呼图壁县志评论集/3192
007490393	玛纳斯县志/3193
007060933	奇台县志/3194
012614271	奇台县志/3194
009008812	吉木萨尔县志/3195
009105226	木垒哈萨克自治县志/3195
008598609	博尔塔拉蒙古自治州志/3195
006543008	博乐市志/3196
008623350	精河县志/3197
009174495	温泉县志/3198
007482392	巴音郭楞蒙古自治州志/3198
007693085	库尔勒市志/3199
007913536	轮台县志/3200
007659598	尉犁县志/3200
007913545	若羌县志/3201
007693082	且末县志/3201
008488219	焉耆回族自治县志/3203
007585909	和静县志/3201
008623339	和硕县志/3202
007508933	博湖县志/3202
010779176	阿克苏地区志/3179
007914599	阿克苏市志/3181
007426129	温宿县志/3182
006822852	库车县志/3183
007992176	沙雅县志/3183
007990218	新和县志/3183
010572377	拜城县志送审二稿/3183

009619729 拜城县志送审稿 三稿/3183
009393139 拜城县志/3183
009319920 乌什县志/3184
008623302 阿瓦提县志/3184
006755052 柯坪县志/3184
009554094 克孜勒苏柯尔克孜自治州志/3203
007978506 阿图什市志/3204
007755051 阿克陶县志/3204
007443490 阿合奇县志/3204
008034148 乌恰县志/3205
009442683 喀什地区志/3184
009062139 喀什市志/3185
008492741 疏附县志/3186
008866493 疏勒县志/3186
009198595 英吉沙县志/3186
006105376 泽普县志/3186
008623383 叶城县志/3186
007482380 麦盖提县志/3186
007585925 岳普湖县志/3187
010280439 伽师县志/3187
008637238 巴楚县志/3187
011998351 塔什库尔干塔吉克自治县志/3187
012811381 和田地区志/3188
010144763 和田市志/3189
011805710 墨玉县志/3189
009348301 洛浦县志/3189
010146798 策勒县志征求意见稿/3189
009890533 策勒县志/3189
009890581 于田县志/3190
010280441 民丰县志/3190
009442706 伊犁哈萨克自治州志/3205
012100696 伊犁州通志二轻工业志/3205

008817092 奎屯市志/3208
008817097 奎屯市概览/3208
009393125 伊宁县志/3209
010730760 察布查尔锡伯自治县志/3213
008623343 霍城县志/3210
009854403 巩留县志/3211
010280443 新源县志/3211
009348309 昭苏县志/3212
009700547 特克斯县志/3212
009341047 尼勒克县志/3213
008010439 塔城地区志/3214
012252529 石桥乡志/3215
012049379 古尔图牧场(镇)志/3215
008623327 额敏县志/3216
008637277 沙湾县志/3218
009016962 托里县志/3219
009190562 裕民县志/3219
008492868 和布克赛尔蒙古自治县志/3219
012999120 和布克赛尔蒙古自治县志/3219
010779183 喀纳斯志/3220
009117748 阿勒泰市志/3221
009008827 布尔津县志/3221
009400345 富蕴县志/3221
009190743 福海县志/3222
009348296 哈巴河县志/3222
010146800 吉木乃县志送审稿/3223
009854404 吉木乃县志/3223
007486967 农八师垦区石河子市志/3224
013689039 明珠史志/3226
013185766 台湾全志第3卷 住民志/3231
011353790 台湾全志第4卷/3231
010595641 台湾全志第9卷 社会志/3231

012048428 台湾全志第12卷 文化志/3231
008049225 台湾省通志/3231
007475850 台湾省通志稿/3231
007475783 台湾新志/3231
009328536 重修台湾省通志/3231
008381946 台湾乡土精志/3234
008022612 台湾乡土全志/3234
013067303 台湾史志/3234
012218632 芦州市志/3236
011827567 三重市志/3236
011515118 三重市志正续编/3236
009575391 树林市志/3237
007475779 台北县志/3237
012218614 新庄市志/3237
012075002 续修台北县志第2卷 土地志/3237
012075029 续修台北县志第3卷 住民志/3237
012075044 续修台北县志第4卷 政事志/3237
012075530 续修台北县志第5卷 社会志/3237
012075540 续修台北县志第6卷 经济志/3237
012075547 续修台北县志第7卷 选举志/3237
012075556 续修台北县志第8卷 文教志/3237
012075570 续修台北县志第9卷 艺文志/3237
009574829 中和市志/3237
012072332 八里乡志/3237
010292678 大溪镇志地理篇 历史篇 政治篇/3238

009833370 大溪镇志经济篇 社会篇/3238
010292700 大溪镇志文教篇 人物篇（附录）/3238
009833354 淡水镇志/3238
009694252 贡寮乡志/3238
009833439 金山乡志经济篇/3238
012653210 金山乡志第1卷 社会篇/3238
012738083 金山乡志第2卷 地理篇/3238
012736879 金山乡志第3卷 历史篇/3238
012736882 金山乡志第4卷 文化篇/3238
012736885 金山乡志第5卷 政事篇/3238
012218603 坪林乡志/3238
009833399 三峡镇志/3238
012218639 三芝乡志/3239
010595932 深坑乡志/3239
012987100 深坑乡志续编/3239
009833391 石碇乡志/3239
008894205 双溪乡志/3239
009575436 万里乡志/3239
012073456 乌来乡志/3239
012218585 五股志/3239
003033899 新庄志/3239
007477911 永和镇志/3239
007475997 宜兰县志/3239
012218574 大同乡志经济篇/3240
012218559 大同乡志民族篇/3240
012218537 罗东镇志/3240
007412383 头城镇志/3240
012218530 续修头城镇志/3240
012073466 桃园市志/3240
007476009 桃园县志/3240
012851581 新修桃园县志/3240
012653336 大园乡志/3240
012653339 大园乡志续篇/3240

012653340 大园乡志续篇 1993-2009/3240
012218647 龟山乡志/3240
012218655 芦竹乡志/3241
012218713 宝山乡志/3241
009900260 北埔乡志/3241
012072275 关西镇志稿本/3241
012072254 湖口乡志/3241
012218666 新丰乡志/3241
012218734 新埔镇志/3241
012218684 芎林乡志/3241
010089223 竹东镇志地理篇/3241
010235387 竹东镇志历史篇/3241
008897557 竹中乡土志/3241
010591215 苗栗市志/3241
007475844 苗栗县志/3241
007476011 台湾省苗栗县志/3242
011516204 重修苗栗县志第1卷/3242
011516218 重修苗栗县志第1卷 大事志/3242
011516229 重修苗栗县志第2卷 自然地理志/3242
011516237 重修苗栗县志第3卷 生物志/3242
011516250 重修苗栗县志第4卷 人文地理志/3242
011516256 重修苗栗县志第5卷 住民志/3242
011516261 重修苗栗县志第6卷 语言志/3242
011516269 重修苗栗县志第7卷 人口志/3242
011516273 重修苗栗县志第8卷 宗教志/3242
011516280 重修苗栗县志第9卷 行政志/3242
011516288 重修苗栗县志第10卷 自治志/3242
011516297 重修苗栗县志第11卷 社会志/3242
011516299 重修苗栗县志第12卷 建设志/3243
011516305 重修苗栗县志第13卷 交通志/3243
011516311 重修苗栗县志第14卷 地政志/3243
011516316 重修苗栗县志第15卷 财税志/3243
011516323 重修苗栗县志第16卷 户政志/3243
011516325 重修苗栗县志第17卷 警政司法志/3243
011516327 重修苗栗县志第18卷 役政志/3243
011516331 重修苗栗县志第19卷 农林志/3243
011516337 重修苗栗县志第20卷 渔牧志/3243
011516344 重修苗栗县志第21卷 水利志/3243
011516351 重修苗栗县志第22卷 矿业志/3243
011516355 重修苗栗县志第23卷 工商志/3243
011516360 重修苗栗县志第24卷 卫生志/3243
011516366 重修苗栗县志第25卷 环境保护志/3244
011516368 重修苗栗县志第26卷 教育志

/3244

011516370 重修苗栗县志第27卷 文化志/3244

011516377 重修苗栗县志第28卷 文学志/3244

011516380 重修苗栗县志第29卷 表演艺术志/3244

011516397 重修苗栗县志第30卷 视觉艺术志/3244

011516401 重修苗栗县志第32卷 人物志/3244

011516405 重修苗栗县志第32卷/3244

012237244 白沙屯志二〇〇三苗栗县白沙屯妈祖信仰圈文史调查报告/3244

012218755 后龙镇志/3244

012653297 苗栗县泰安乡志/3244

012653362 三义乡志/3244

009575427 狮潭乡志/3245

012237240 通霄镇志/3245

012237250 铜锣乡志/3245

012218742 头份镇志/3245

012237246 头屋乡志/3245

012237249 西湖乡志/3245

012072320 苑里镇志/3245

005631613 竹南镇志/3245

012218696 竹南镇志/3245

012237260 丰原市志/3245

010089258 太平市志/3245

012237280 大甲镇志/3246

012237271 东势镇志/3246

012237267 龙井乡志/3246

012237277 潭子乡志/3246

012073492 外埔乡志/3246

012073481 乌日乡志经济篇/3246

009836212 乌日乡志历史篇/3246

009836205 乌日乡志文化篇/3246

009836189 梧栖镇志/3246

012072291 雾峰乡志/3246

009836685 彰化市志/3246

012237309 北斗镇志/3246

009027068 二林镇志/3247

009833430 二水乡志/3247

012806193 芳苑乡志地理篇/3247

012806205 芳苑乡志经济篇/3247

012237416 芳苑乡志历史篇/3247

012806184 芳苑乡志社会篇/3247

012804609 芳苑乡志文化篇/3247

012806197 芳苑乡志政事篇/3247

012653246 芬园乡志/3247

012653259 和美镇志/3247

012237292 花坛乡志/3247

008652048 鹿港镇志第1卷 地理篇/3247

008652024 鹿港镇志第2卷 沿革篇/3247

008652030 鹿港镇志第3卷 政事篇/3248

008652010 鹿港镇志第4卷 经济篇/3248

008652008 鹿港镇志第5卷 交通篇/3248

008652034 鹿港镇志第6卷 氏族篇/3248

008652042 鹿港镇志第7卷 教育篇/3248

008652028 鹿港镇志第8卷 宗教篇/3248

008652014 鹿港镇志第9卷 艺文篇/3248

008652036 鹿港镇志第10卷 人物篇/3248

012072284 伸港乡志/3248

009464053 南投县志第1卷 自然志 博物篇 气候篇/3248

009464069 南投县志第2卷 住民志 风俗篇/3248

009464063 南投县志第2卷 住民志 宗教篇/3248

009464078 南投县志第3卷 政事志 警政篇 役政篇/3249

009464096 南投县志第4卷 经济志 水利篇 农业篇 水产篇 畜产篇 金融篇/3249

009464087 南投县志第6卷 文化志 文化事业篇/3249

010588457 集集镇志/3249

012653230 鹿谷乡志/3249

012237349 仁爱乡志/3249

012237384 水里乡志/3249

012237373 续修草屯镇志 1985-2004/3249

012237407 鱼池乡志/3249

012237316 竹山镇志/3249

003035578 云林县志稿/3249

003146861 嘉义县志/3249

012237469 朴子市志/3250

007794171 诸罗县志/3250

012237459 大埔乡志/3250

009250563 台南县志/3250

007476005 台南县志稿/3250

012237555 新营市志/3250

012237476 白河镇志/3250

012653371 佳里镇志/3250

009575432 柳营乡志/3250

012987090 七股乡志/3250

012237551 仁德乡志/3250

012237485 新化镇志 美丽的山林地大目降的历史/3251

012237491 盐水镇志/3251

003146911 麻豆镇乡土志/3251

007476013 高雄县志稿/3251

012653280 阿莲乡志/3251

012237563 甲仙乡志/3251

009833376 美浓镇志/3251

012653304 仁武乡志/3251

012237576 田寮乡志/3251

008447251 梓官乡志/3251

004634633 六堆客家乡土志/3252

012237571 内门乡志/3251

007475907 屏东县志/3252

012237581 车城乡志/3252

012653341 枋山乡志/3252

012237595 里港乡志/3252

012237613 满州乡志/3252

012653349 牡丹乡志/3252

012073462 万峦乡志/3252

012237605 新埤乡志/3252

008986667 竹田乡史志/3252

012237625 池上乡志/3252

012237621 关山镇志/3252

012237623 鹿野乡志/3253

011516170 绿岛乡志/3253

012237617 延平乡志/3253

007475775 花莲县志稿/3253

009832113 续修花莲县志 经济篇 1982-2001/3253

009832117 续修花莲县志 自然篇 1982-2001/3253

009832124 续修花莲县志 族群篇 1982-2001/3253

012237629 富里乡志/3253

009119745 吉安乡志/3253

012237643 瑞穗乡志初稿/3253

012237637 秀林乡志/3253

007475858 澎湖县志/3253

008451368 澎湖县志 教育志/3253

009900557 续修澎湖县志/3254

008440349 白沙乡志/3254

012072357 七美乡志/3254
010089235 西屿乡志/3254
012072340 重修白沙乡志/3254
007412350 基隆市志概述/3254
010591238 续修新竹市志/3254
006031301 台中市志/3254
012074917 台中市志第1卷 地理志/3254
012074933 台中市志第2卷 教育志/3254
012074939 台中市志第3卷 经济志/3255
012074907 台中市志第4卷 人物志/3255
012074954 台中市志第5卷 社会志/3255
012074899 台中市志第6卷 沿革志/3255
012074945 台中市志第7卷 艺文志/3255
012074922 台中市志第8卷 政事志/3255
009396839 嘉义市志/3255
007475990 台南市志/3255
007908344 台南市志稿/3255
007475766 大埔县志附社团学校简介人物事略/3255
005615382 台北市志/3255
007475756 台北市志/3255
007864931 台北市志/3256
007475863 台北市志稿/3256
012987093 士林区志/3256
010089251 凤山市志/3256
007905703 高雄市志财政篇/3256
007905709 高雄市志大事年表/3256
007905707 高雄市志地政篇/3256
007905708 高雄市志概述篇/3256
007905710 高雄市志港湾篇/3256
007905764 高雄市志教育篇/3256
007905763 高雄市志民政篇/3257
007905701 高雄市志卫生篇/3257
007908809 高雄市志艺文篇/3257

007905702 高雄市志自治篇/3257
008421359 续修高雄市志/3257
007665520 续修高雄市志第1卷 自然志 地理篇 博物篇/3257
007791008 续修高雄市志第6卷 工务志 公共工程 建筑管理篇/3257
007791025 续修高雄市志第6卷 工务志 都市计画国宅篇/3257
008421353 续修高雄市志第9卷 文化志 艺文 文化事业篇/3257
012072313 北竿乡志/3258
012073476 东引乡志/3258
012072246 莒光乡志千秋莒光万里闻海白犬浮生忆来时/3257
007475284 金门县志/3258
012653200 金门县志/3258
007475339 新金门志/3258
012653350 金城镇志/3258
012653265 金门县金湖镇志/3258
009896059 金门县金沙镇志/3258
012072306 金宁乡志/3258
012653368 增修烈屿乡志/3258
010587884 香港回归十年志/3259
007981698 香港离岛史迹志/3259

传记

012241373 当代中国酒界人物志/3272
011291293 二十世纪中华国乐人物志/3270
011496807 二十世纪中华人物志/3270
009397039 航空人物志/3272
002177318 红军人物志/3270
007599769 普通语言学人物志/3270
011805829 普通语言学人物志/3270

011478696 统一战线人物志 /3273
006216217 新四军人物志 /3271
008571394 新四军英烈志 /3271
011479465 冶金人物志 有色金属卷和黄金卷 /3272
011571199 邮票人物志 /3270
011328387 中国当代美学名人志 /3271
012208600 中国当代文博专家志 /3271
012175570 中国当代武林名人志 第1卷 /3271
012354328 中国当代武林名人志 第2卷 /3271
011329457 中国当代武林名人志 第3卷 海外卷 /3271
005018873 中国电力人物志 /3272
008442971 中国工农红军第一方面军人物志 /3271
003537400 中国古代监察人物志 /3273
013759304 中国古代西部开发人物志 /3270
012970963 中国国学专家人物志 /3271
009679240 中国历代名匠志 /3272
012903603 中国粮油人物志 /3272
009397021 中国煤炭基本建设人物志 /3273
004796839 中国民间美术艺人志 /3271
009331554 中国企业家人物志 /3271
002871587 中国人民解放军荣获一级红星功勋荣誉章人物志 /3271
005544052 中国人民志愿军人物志 /3272
008348406 中国人民志愿军人物志 修订合卷本 /3272
004129155 中国少数民族历史人物志 /3270

004393168 中国现代海洋科学人物志 /3272
008298348 中国现代水利人物志 /3272
009125778 中国医学人名志 /3272
010118679 中国医药名人志 /3273
008442904 中国印刷工业人物志 /3273
010732117 中华国学人物志 /3273
009554433 中华太极人物志 /3272
011447190 中华艺术家志 /3272
013794853 北航建校初期师资人物志 /32
012889211 北京航空航天大学航空科学与工程学院人物志 /32
012678156 北京师范大学名人志 大师篇 /32
012678157 北京师范大学名人志 校长篇 /32
012657597 北京师范大学名人志 学子篇 /32
011328368 北京医科大学人物志 /32
009996976 当代中国统计人物志 /32
007464404 [清华大学]人物志 /32
010291874 铁道部科学研究院人物志 1950-1987 /33
013994005 万安人物志 /32
008793070 燕京大学人物志 /32
008531685 中国中医研究院人物志 /32
012100980 中国中医研究院人物志 1955-2005 /33
013225650 [杨镇一中]人物志 /64
008350479 天津大学人物志 /86
011442087 天津当代曲艺人物志 /86
008492525 南开人物志 /90
012542780 秦皇岛人物志 /154
012995255 保定军校人物志略 /184

013333757	保定人物志/184
009107211	阜平县现代人物志/191
008534596	顺平现代人物志/197
012809972	定州人物志/188
012003091	张家口人物志当代卷/199
009992175	张家口人物志古代 近现代卷/199
012251107	怀安人物志/205
012612863	涿鹿风土人物志/208
008492948	沧州科学技术人物志/219
010252698	沧州刑警人物志/219
007619572	河间人物志/223
009412661	霸州人物志/231
012811438	衡水人物志当代卷/238
012872476	衡水人物志古代近现代卷/238
012903486	枣强人物志/239
013894496	地质尖兵志1980-2000/254
009081892	晋察冀革命文化艺术人物志/253
009397214	山西科技名人志/253
011586270	中国人民政治协商会议山西省委员会人物志1950-2007/253
009688398	山西电视台人物志/261
009312579	三晋煤炭英模志/264
009676041	大同煤矿人物志/271
009560769	阳高人物志/272
013508012	浑源县人物志/274
012658237	长治人物志/285
011806020	屯留人物志/289
013415141	壶关人物志/293
013758769	长子人物志/294
009397221	武乡人物志/295
013510728	武乡人物志/295
009349727	沁县人物志/296
012251446	潞城人物志/287
012266014	平鲁人物志/309
008844904	左权县人物志/315
009310066	和顺当代人物志/316
009840229	太谷人物志/318
013319990	祁县人物志/319
012999240	介休当代人物志/314
013606509	运城地区统战人物志/323
009333450	运城人物志/324
009561599	闻喜人物志/331
011955725	忻州市当代人物志/337
012540935	定襄文化人物志/339
010252466	五台县当代人物志/339
009962212	原平百年人物志/338
013342498	山西省临汾地区农业合作史人物志/344
009769138	翼城英模志1949-2004/349
013129047	古县现代人物志/352
013627980	交城革命历史人物志/363
013131017	内蒙古当代医学人物志/376
012139219	呼伦贝尔市人物志/421
009398318	鄂温克族人物志/431
012506435	兴和县人物志/438
010143526	凉城人物志/439
012174110	凉城人物志续/439
008594588	辽宁教育人物志/464
009961853	辽宁青年科技人物志/464
011499199	辽宁医学人物志/464
010277954	沈阳铁路人物志/485
009854270	沈阳市苏家屯区教育人物志1907-2002/492
009699736	法库县人物志/496
013330212	鞍钢60年人物志1948.12-2008.12/517

013726755 鞍山市教育人物志 英模卷 /517
013185871 铁岭市教育人物志 1649-1999 /560
012263950 北票人物志 /564
009241137 白求恩医科大学名人志 /588
013144629 讷河市人物志 /675
013731316 上海长征医院人物志（第二军医大学第二附属医院）1955-2008 /744
008195161 江苏科技群英志 第1卷 /801
008530712 江苏科技群英志 第2卷 续集 /801
001679280 江苏历代医人志 /801
011312381 馆藏陶行知文物志 /813
009441952 南京农林人物志 /813
008985321 南京人物简介 /813
008985270 南京人物志 /813
011294355 南京卫生人物志 /813
013776026 宜兴人物志 /841
013757253 宜兴人物志 /841
009817638 苏州历代名人小志 /884
012899846 吴江人物志 1874-1945 /891
010735827 抗日山志 /917
007264372 盐城人物志 /926
011909956 盐城中医人物志 /926
012903496 浙江当代中医名人志 /967
001780885 浙江人物简志 /967
009105948 浙江省人物志 /967
008380131 杭州大学教授志 /981
007714541 浙江大学教授志 /981
010200453 平阳林氏志 /1030
011793140 谢氏史志 平阳篇 /1031
008450332 湖州人物志 /1044
002785533 绍兴贤人志 /1050
009840468 浙江省诸暨市店口镇黄稼埠志 /1056
008018729 苎梦西施志 /1056
013097874 华溪山水人物志略 /1068
008160925 丽水地区人物志 /1100
013010695 芜湖人物志略 /1131
010107748 蚌埠人物志 /1135
011067653 安庆地区教育人物志 1903-1990 /1152
011578738 安庆科技人物志 /1152
011996708 徽州人物志 /1160
011066699 祁门县旅人志 /1162
012252524 颖上人物志 /1171
011476862 闽台历代中医医家志 /1202
009378220 闽台医林人物志 /1203
013462686 辛亥革命福建英杰图志 /1203
010359286 冰心志 /1210
010779018 福州人名志 /1210
010238292 郑振铎志 /1210
012264253 福莆仙人物志 /1236
013793078 九日山历代名人志 /1247
007352557 泉州市志人物传稿 /1243
011294280 德化县人物志 /1256
007482393 晋江市人物志 /1251
013045530 古田会议人物志 /1277
009472633 江西省人物志 /1290
009561952 中央苏区人物志 /1290
012872992 蒋巷镇人物志 /1302
013508410 江西省九江第一中学百年人物志 1902-2002 /1314
008300240 九江人物志稿 /1314
013143691 赣南党史人物志 1949-2005 /1329
011497721 赣州专家志 /1329
013797325 中国南康赤土人物志 /1330

012173856 韩氏历史人物志/1334	010143837 枣庄历史人物志/1468
009687447 龙南籍人物志/1336	009414457 滕州当代人物志/1473
012099682 宁都人物志/1338	013686422 烟台人物志/1491
007974685 于都县人物志/1341	012251474 牟平教育人物志/1496
009961974 兴国县人物志/1342	011805345 金乡人物志/1531
009687421 会昌县人物志/1343	009290030 新编陋巷志/1525
013092956 吉水县人物志/1348	008452371 [文登史志丛书] 文登学人/1548
012613283 井冈巾帼英雄志/1347	
012554776 井冈山红军人物志/1347	012872230 德州人物志 1949-2008/1579
009420749 上饶人物/1375	013899713 夏津县人物志/1585
009881273 扁鹊 仓公 王叔和志/1404	010577024 鄄城人物志/1606
008665122 贾思勰志/1404	009204320 第二届河南省志人物志候选人物名录/1616
009511288 姜太公志/1404	
012175676 孔尚任志/1402	011579955 河南劳动模范志/1623
010143814 孔尚任志/1403	012541672 河南劳动模范志 2008/1623
012175697 李清照志 辛弃疾志/1403	011294610 河南书画名家志/1623
012175684 刘勰志/1403	009204394 河南修志人物录/1623
008420677 鲁班志/1402	012970975 河南英模志/1623
009333655 蒲松龄志/1403	013661792 中讯邮电咨询设计院人物志 (原信息产业部邮电设计院) 1952-2002/1643
008452070 戚继光志/1403	
012639003 山东高级医药卫生人物志 (市县及企业部分)/1404	
	010252198 邙山区荣誉志/1658
012175686 孙子志附孙膑 吴起 司马穰苴志/1403	008422423 郑州市郊区人物志资料选辑征求意见稿 一稿/1658
012175688 王士禛志/1403	009413923 郑州市郊区人物志资料选辑征求意见稿 二稿/1658
010280140 王士禛志/1403	
008724493 王羲之志/1403	009332613 洛阳当代英才志/1690
012175692 王羲之志附王献之志/1403	008404847 洛阳工运人物志 1921-1992/1690
011296161 徐福志/1404	
008696167 颜真卿志/1403	008424866 平顶山历史人物志/1702
012175740 诸葛亮志/1404	011312053 汤阴人物志/1715
013991384 山东大学(青岛)人物志/1435	013991565 汤阴县人物志征求意见稿/1715
009744858 即墨人物志/1447	008836293 内黄县当代人物志/1718
012141610 淄博人物志/1457	013510787 新乡当代英才志/1726

013731089 清丰名人志/1747
013731313 商丘县人物志当代卷/1785
008666853 民权县人物志/1787
009441888 柘城县人物志/1789
013961227 虞城当代人物志/1789
010577210 夏邑县人物志当代/1790
008987773 沈丘县学校人物志学校志/1802
012680166 淮阳县人物志/1804
011321164 正阳人物志/1808
008987909 新蔡人物志/1811
013797009 新蔡县教育人物志 283－2008/1811
013506651 鄂豫边区新四军人物志/1822
009335304 湖北历代医林人物志/1822
002210705 湖北省志人物志稿/1816
011066989 湖北建材学校人物志/1836
011432748 湖北中医学院名师名医志/1836
010008660 东西湖区专志人物志/1843
012718988 黄陂创业功勋志/1847
012811507 黄陂人物志/1847
008380275 襄阳人物志/1886
008990519 鄂东人物志现代人物卷/1927
012140703 浠水新四军人名志/1933
011997396 麻城市人物志试写本/1928
008453080 随州市第一人民医院人物志/1941
009382610 随县人物志初稿/1943
011954272 湖南军事人物志/1973
008391997 湖南名人志/1973
009992725 湖南省计划生育人物志/1974
013129696 湖南省烹饪人物志/1974
012099795 三湘体育人物志/1973

013321152 中南大学湘雅二医院五十年人物志/1986
013939472 湘乡人物志/2018
013143921 衡阳县人物志/2028
012952099 衡山人物志/2030
009685996 常宁县人物志/2027
008195183 沅陵县当代人物志/2099
013602030 邵阳籍娄底人物志/2105
012266323 双峰人物志/2107
011320741 涟源人物志/2107
008990630 广东军事人物志/2128
009335854 岭南体坛人物志/2128
010476471 百年暨南人物志/2140
008101497 民国广东将领志/2140
008453667 天河人物志/2150
006176140 番禺县人物志/2155
012266422 特区人物志深圳卷/2171
007665040 珠海市人物志/2175
008982589 北京潮人人物志续1/2179
012831214 潮阳潮南人物志/2180
013220440 佛山人物志/2186
009378443 封开人物志/2218
013731649 四会市先进人物志/2214
009839190 惠东人物/2221
011444086 兴宁人物志/2226
012663824 郑观应志/2244
013797382 中山市人物志/2244
008101490 潮州人物/2246
004704780 潮州人物志/2246
004922167 六十年来海外潮州人物志/2246
009399069 广西少数民族人物志/2274
010195470 左右江革命根据地人物志/2274

009379974	珠乡人物志/2311	008665510	纳西族人物简志/2810
011311465	中共浦北党史人物志/2314	011995735	鹤庆人物志/2882
013509250	容县人物志/2318	008914096	川陕苏区人物志/2934
011805584	陆川人物志/2319	009018401	陕西高级医药卫生专家人名志/2934
008595608	博白当代人物志/2320	011321069	榆林人物志/3003
012587013	博白当代税务人物志/2320	008844106	府谷人物志/3005
011471207	北流人物志/2318	011325418	甘肃省民兵英模人物志/3028
009227085	百色起义人物志/2321	012816594	平凉崆峒区人物志/3062
012753141	百色市县(区)领导人物志/2321	012096652	敦煌人物志/3067
012503877	德保县当代人物简志/2322	008453827	庆阳地区志主要编修人员名录/3069
009557586	靖西县当代人物简志/2323	011445744	镇原县现代人物志/3073
011996967	来宾县领导人物志/2334	013995961	中国共产党定西人物志 党政篇/3073
010008254	象州人物志/2336	010577019	通渭人物志/3074
002825774	海南近代人物志/2346	013726900	宕昌人物志/3077
011584995	隋唐五代海南人物志/2346	012097750	临夏人物志/3079
008067528	东方人物志/2353	008667351	回族人物志/3119
012713971	澄迈县人物志/2353	008364928	回族人物志 近代/3119
001737061	重庆工商人物志/2361	007886286	回族人物志 明代/3119
012099940	四川大学华西第二医院建院二十周年人物志/2428	007884710	回族人物志 清代/3119
008186356	西南少数民族人物志/2428	001770226	回族人物志 元代/3119
009253932	青川县人物志/2498	010164977	西域文化名人志/3161
013863027	眉山市人物志/2543	012051903	鄯善人物志/3175
008672122	西昌市人物录/2613	009245023	新疆生产建设兵团高校教授志/3226
008836350	当代贵州水利人物志/2628	012073525	台湾百年柔道人物志/3234
008541272	息烽县人物志/2641	006329227	台湾水利人物志/3234
008597958	普安县人物志/2688	007555551	"中华民国"工商人物志/3234
009441854	黎平人物志 文史特辑/2699	009979777	中原在台人物志/3234
011890438	白族人物简志/2723	009700923	华夏萧氏志/3270
013647287	滇商人物志/2723	013148966	中华龚氏通志/3270
012317148	云南昆船电子设备有限公司人物志 1969-2005/2735	010201794	中华胡氏人物志/3270
013379576	镇雄人物志/2807		

010274753 中华彭姓通志/3270
009015772 中华尹氏通志/3270
011579926 河北省枣强县大金村步毓岩家族志/239
011998471 王南泗公家志/261
012636795 山西忻州芝郡杨氏家族谱志附芝郡史话/337
012802561 吕梁渠氏史志宗谱/357
013528628 百金堡武氏族志/362
012946875 交城县柰林村徐氏家族谱（志）/363
011497016 福陵觉尔察氏传芳志/493
013090792 浙江姓氏志苍南张氏史志/967
009511367 浙江姓氏志浙南徐氏志/967
011479326 萧山姓氏志/992
012722033 平阳蔡氏志/1030
012814077 平阳县陈氏通志/1030
012722045 平阳县黄氏志/1030
012099711 平阳县李氏志/1031
013375874 平阳叶氏志/1031
012096409 苍南黄姓通志/1032
011890456 苍南杨氏通志/1032
010278919 苍南章氏史志/1032
012635657 苍南周氏通志/1032
008450316 永康姓氏志/1071
013066988 衢县姓氏志/1078
009745098 六家志/1079
012541720 壶溪吕族志/1103
008323341 缙云姓氏志/1103
013894627 福建陈氏人物志/1202
012679317 福建连氏志/1202
009804583 福州姓氏志/1210
012813938 连江郑氏志/1221
012542668 罗源县姓氏志/1223

013791187 福清毛氏志/1217
010730258 长乐李姓谱志/1218
012982268 莆田市姓氏志/1234
012814526 尤溪姓氏志/1242
009683627 永安姓氏志/1239
012191767 丰泽区姓氏志/1248
010007681 安溪姓氏志/1254
012982266 永春县姓氏志/1255
012096616 德化县姓氏志/1256
011911561 福建苏氏闽东定居志/1274
009107187 外塘苏氏定居九百年志/1275
012505245 江西邓氏简志/1299
013901012 修水姓氏志姓氏源流辑 征求意见稿/1318
012173783 赣县钟氏志/1332
008994330 韩氏历史发展志/1334
010731756 于都县钟氏志/1341
013091063 高安朱氏通志/1360
011762881 临清姓氏志/1591
013990667 河南连姓志/1623
009799950 小宋佛姓氏志村志分册/1730
013030689 河南濮阳孟村郭村闫氏家谱人物志/1747
012722255 陕县下庄村志张氏家谱/1765
012877316 郸城县谢氏史志/1803
011954290 湖南夏姓人物志/1973
014056705 华夏黄氏谱志湘鄂卷/1973
007657693 华容县姓氏志/2047
013506618 潮汕孙氏志略/2179
009955116 台山江氏族谱志/2202
007414945 清远温氏族志略/2234
011430421 陈氏族志/2236
012831538 上杭丰顺揭西贺县五华高氏族志/2251

013795386 上林覃氏宗族志/2285
010195324 广西玉林贵港市甘氏宗亲志/2317
012507373 左氏家族志/2326
012264025 澄迈祖源志/2353
011998135 阮氏家族志/2848
013730200 刘兴运支系家族史志/3004
011499418 米脂常氏家志/3007
012661489 陇西树德堂岭顶李氏谱志/3074
012903497 浙江革命女烈志/967
004567921 湖南妇女英烈志/1973

文物考古

013381806 北京考古志房山卷/60
013375735 北京考古志延庆卷/73
013795537 石景山区文物小志/55
008982608 门头沟文物志/58
010577011 通州文物志/61
012951864 昌平文物志/67
009605538 平谷文物志/70
011325013 临城县文物志/175
010139888 内邱县文物志/175
008378547 保定市文物志/184
010294035 唐县文物志/193
010153063 涿州文物志/187
011534021 隆化文物志/213
009244743 丰宁文物志/214
010143736 托克托文物志/385
011804479 和林格尔县文物志/386
012766995 武川县文物志/387
011293402 克什克腾旗文物志/405
008660835 准格尔旗文物志/416
013317865 凉城县文物志/439

009961932 沈阳市文物志/485
011294249 法库县文物志/496
009242187 鞍山市文物志/517
009334623 凤城市文物志/535
009334633 北宁市文物志/540
009334811 营口市文物志/543
009334805 彰武县文物志/547
009334905 长春市文物志/588
009385079 双阳县文物志/592
011319959 农安县文物志/594
009385058 九台县文物志/592
009310558 榆树县文物志/593
009553762 吉林市市区文物志/602
009335503 永吉县文物志/611
009385055 蛟河县文物志/608
009385049 桦甸县文物志/609
009334926 舒兰县文物志/609
009335496 磐石县文物志/610
009385063 梨树县文物志/614
009385051 怀德县文物志/613
009797392 辽源市文物志/616
009797379 东辽县文物志/616
009385081 通化市文物志/618
009334894 通化县文物志/620
009335481 辉南县文物志/621
009385075 柳河县文物志/621
009335490 海龙县文物志/619
009338210 集安县文物志/619
009385067 前郭尔罗斯蒙古族自治县文物志/627
009335486 长岭县文物志/626
009334897 乾安县文物志/626
009335472 扶余县文物志/625
011496826 白城地区文物志简编/628

009385030 白城市文物志/628	009310007 舒城县文物志/1180
009335510 镇赉县文物志/630	009405802 泾县文物志/1189
009338214 通榆县文物志/630	012096703 福州市郊区文物志/1215
009335514 洮安县文物志/629	009145221 厦门文物志/1228
009334914 大安县文物志/629	012202863 惠安县文物志/1253
009385046 和龙县文物志/636	009683374 德化县文物志/1256
009385084 汪清县文物志/636	012661257 建阳市文物志/1265
009385025 安图县文物志/637	009441979 万载县文物志征求意见稿/1362
010140759 依兰县文物志/665	004477314 万载县文物志/1362
007947951 讷河县文物志/676	013660259 上高县文物志/1363
012100615 徐汇区文物志/750	009227390 高安县文物志/1360
008974288 松江文物志/777	009675982 青岛文物志/1435
008383070 南京文物志/814	010113278 淄博市文物志/1457
009441957 南京市白下区文物志/817	010143777 临淄文物志/1462
009310565 鼓楼区文物志/818	013329738 泰山区文物资源志/1538
014028983 高淳文物志/828	013662342 五莲文物志/1552
012872530 淮阴文物志/921	010143761 莒县文物志/1554
006195929 浙江文物简志/968	010009717 滨州地区文物志/1595
011475272 良渚文化简志/995	009412930 河南省文物志选稿/1623
008846494 余杭文物志/995	012173869 河南文物志/1623
010107090 绍兴文物志/1050	009441889 郑州市文物志/1643
009335211 绍兴县文物志/1054	013802642 郑州市文物志/1643
009341152 新昌文物志/1059	012724173 二七区文物志/1652
011377647 义乌市文化遗产图志/1068	013348365 管城回族区文物志/1654
009799846 临海文物志/1094	012956605 荥阳文物志/1661
010475776 青田县文物志/1102	010152996 新郑市文物志/1664
010730033 安徽省文物志稿/1117	009808407 登封文物志稿/1667
012950329 安庆地区文物志稿/1152	011566427 开封市文物志征求意见稿/1675
011890519 枞阳文物志/1155	009382193 洛阳市文物志征求意见稿/1690
010469303 桐城县文物志/1154	006788456 洛阳万安桥志 泉州洛阳桥志/1690
010686938 歙县文物志/1161	008989730 宜阳县文物志/1698
010251094 滁州市文物志/1165	009251602 偃师县文物志修改本/1694
010229441 全椒县文物志/1167	010239244 封丘文物志/1732
013067295 宿县地区文物志/1172	

010151284	焦作市文物志/1737
009251590	濮阳县文物志/1749
011997357	灵宝市文物志/1763
009310470	南阳市文物志/1773
011329678	十堰文物志/1865
011793422	岳阳地区文物志/2041
012900216	岳阳市文物志/2041
010577345	汨罗市文物志/2043
013066913	祁阳文物志/2088
002357789	广州市文物志/2140
008800841	广州文物志/2140
007692404	广州市天河区文物志/2150
006176125	番禺县文物志/2155
009016150	从化文物志/2160
005784221	曲江县文物志/2163
012899362	乳源文物志/2168
007908316	乐昌文物志/2164
009864057	南雄文物志/2165
009704619	深圳文物志/2171
012609524	大浪文物图志/2174
011763453	深圳宝安文物图志/2174
007662453	珠海市文物志/2175
010779230	珠海市文物志修订本/2175
008036514	潮汕文物志/2179
007464921	潮阳县文物志/2181
011544098	澄海县文物志/2181
011892265	南澳县文物志/2182
006876960	佛山市文物志/2186
009852018	南海市文物志/2191
007340816	顺德文物志/2192
005906994	开平县文物志/2202
004411357	吴川县文物志/2208
010278444	信宜市文物志/2210
008453711	肇庆文物志/2213
009851290	封开县文物志/2218
002125806	惠州文物志/2219
009378310	博罗县文物志/2221
008432221	梅县市文物志初稿/2225
011499312	龙川县文物志/2232
010293849	阳春文物志/2234
009379581	清远县文物志/2235
012814497	英德市文物志/2235
008431092	揭阳文物志/2249
008427684	揭西县文物志/2251
009863899	惠来文物志/2252
008405300	普宁县文物志/2251
008421172	云浮文物志/2256
013342678	文昌县文物志/2352
003310449	定安县文物志/2353
009388361	四川省文物志征求意见稿/2410
009891770	四川文物志/2410
010113980	都江堰文物志/2439
010021820	三星堆图志/2471
011501630	梓潼县文物志初稿/2488
011325305	剑阁县文物志/2500
011500798	宜宾地区文物简志/2548
011500775	雅安地区文物志/2567
009852650	贵州文物志稿/2629
009380013	贵阳文物志/2636
009227193	遵义地区文物志/2653
013606732	遵义县文物志/2656
013010680	桐梓县文物志拓片专辑/2656
013321002	绥阳县文物志/2657
013000464	湄潭县文物志/2659
011584970	石阡县文物志/2679
011585152	兴义文物志/2687
010243533	五华区文物志/2741
013093215	盘龙区文物志/2741

010468440 昆明市官渡区文物志/2745
010239144 昆明市西山区文物志/2748
008992692 石林文物志/2756
010473959 东川市文物志/2759
011469903 安宁市文物志/2750
011320039 曲靖市文物志/2762
013756071 师宗县文物志/2767
009561847 会泽县文物志/2770
010243600 娜姑镇文物志/2770
010473924 宣威县文物志/2764
011943202 楚雄彝族自治州文物志/2835
011432716 红河州文物志/2844
011805458 开远文物志/2847
011320490 石屏县文物志/2850
010244183 弥渡文物志/2877
011296171 怒江傈僳族自治州文物志/2894
010468581 拉萨文物志/2913
010201421 乃东县文物志/2915
010201435 扎囊县文物志/2916
010777078 桑日县文物志/2916
010201422 琼结县文物志/2916
011995419 错那 隆子 加查 曲松县文物志/2916
009313351 昂仁县文物志/2917
011998140 萨迦 谢通门县文物志/2918
012003019 亚东 康马 岗巴 定结县文物志/2918
011996723 吉隆县文物志/2918
011995209 阿里地区文物志/2919
009688434 户县文物志/2950
012506328 咸阳市文物志/2977
010778553 渭城文物志/2978
011570178 乾县文物志/2980

009024881 韩城市文物志/2985
009554016 延安市文物志/2993
008453817 嘉峪关市文物志/3044
010475778 天水市文物志/3050
013072605 武威市文物志/3055
013144473 金塔文物志/3068
010244290 西宁市大通县文物志/3100
010251790 乐都县文物志/3101
010010027 互助平安县文物志/3101
013374020 化隆县文物志/3102
013961230 原州区文物志/3139
009266150 彭阳县文物志/3140
011955376 鄯善文物志第1卷/3175
010474216 哈密文物志/3178
012965188 北京内城寺庙碑刻志/33
013461897 沁源金石志/297
008471283 晋城金石志/299
009676023 高平金石志/301
006876663 台南市南门碑林图志/3255
009310056 北京辽金史迹图志/34
012085337 北京元代史迹图志/34
009405929 常州市烈士陵园志1978-1998/869
011500851 镇江市烈士陵园志1966-2006/945
012611248 即墨市革命烈士纪念馆志/1447
013660349 泰安历史文化遗迹志/1537
008848140 靖远法泉寺石窟志/3047
008453909 麦积山石窟志/3051
013329737 甘肃石窟志/3067
008589014 中国石窟图文志/3067

风俗习惯

002986313 中国地方志民俗资料汇编东北卷/464

007719969 中国地方志民俗资料汇编华东卷/745

003055665 中国地方志民俗资料汇编中南卷/1822

002878209 中国地方志民俗资料汇编西南卷/2411

002986543 中国地方志民俗资料汇编西北卷/2934

009750798 中国民俗通志第1卷 禁忌志/3273

009750797 中国民俗通志第2卷 婚嫁志/3273

010006966 中国民俗通志第3卷 演艺志/3273

010006955 中国民俗通志第4卷 江湖志/3273

010006926 中国民俗通志第5卷 生养志/3273

009856068 中国民俗通志第6卷 丧葬志/3273

009996167 中国民俗通志第7卷 医药志/3274

009962637 中国民俗通志第8卷 信仰志/3274

010006934 中国民俗通志第9卷 民间文学志/3274

009689126 中国民俗通志第10卷 民间语言志/3274

009962576 中国民俗通志交通志/3273

010263430 中国民俗文化志第1卷 北京 宣武区卷/47

010263425 中国民俗文化志第1卷 北京 门头沟区卷/58

009221792 中国少数民族风俗志/3274

012099923 数字碑刻民俗志/34

012540940 东坝民俗文化志/50

011312553 高碑店村民俗文化志第1卷/50

012252741 吴桥民俗志/228

008192065 长治民俗志初稿/285

011320520 红山峪村民俗志/311

012048869 定襄民俗文化志/339

004477207 蒙古族风俗志第10卷/376

007071644 达斡尔族风俗志/429

008036513 鄂伦春族风俗志/430

004693806 满族风俗志第13卷/464

007308724 赫哲族风俗志/701

011321142 华一村民俗志/757

010778569 松江风俗志/777

012722309 上海雪米村民俗志/781

009159964 南京民俗志/814

012998998 海州民俗志/916

013647328 东海民俗志/918

007692999 中国民俗志浙江篇/968

012872285 芙蓉村民俗田野志/1029

013328663 永嘉传统风俗志/1029

012872994 金华地区风俗志/1063

011591632 金华市风俗简志/1063

012316905 武义风俗志/1072

009996027 浦江风俗志/1074

011591382 东阳风俗志/1070

005599308 惠安风土志/1253

002283739 畲族风俗志/1274

006710657 江西地方志风俗志文辑录/1291

009413697 九江市风俗志/1314
013689054 平度民俗志/1449
008838648 峄县民俗志/1470
012263896 安丘市王家庄镇民俗志/1513
009768578 郑州民俗志/1643
013321252 新密民俗志/1663
011584668 洛阳民俗志/1690
012613860 汤阴风物民俗志/1715
011499226 林县民俗志/1713
012613296 武陟县民俗志/1744
009391541 濮阳民俗志/1747
008414951 卢氏民俗志/1767
007684116 义马民俗志/1761
013065003 灵宝民俗志/1763
007684048 方城民俗志/1775
013000611 内乡民俗志/1777
008381168 鹿邑民俗志/1805
008989969 湖北民俗志/1822
009992464 黄石殡葬志/1852
002284002 土家族风俗志/1974
006176196 佛山市风俗志/2186
008122714 梅州客家风俗/2224
011954678 麻涌民俗志岭南水乡社会研究/2241
005747359 普宁县风俗志/2251
009251198 普宁县客家风俗志/2251
011329340 瑶族风俗志/2274
007548028 中国瑶族风土志/2274
002283240 壮族风俗志/2274
008395442 京族风俗志/2312
007809443 仫佬族风俗志/2331
002497003 毛南族风俗志/2331
011444014 西南少数民族风俗志/2410
013757128 新津民俗志/2450

008414556 自贡灯会志/2455
010244212 合江县社会风土志试写稿/2468
009232099 岳池民俗/2555
013092974 嘉绒藏族民俗志/2592
009561662 九寨沟民俗文化村志/2596
012251336 九寨沟县社会风土志/2597
001937113 布依族风俗志/2629
010137154 侗族风俗志/2629
011473116 贵州风俗图志/2629
008825587 中国苗族服饰图志/2629
009380858 布依族苗族风土志稿/2706
012950482 布依族民俗志/2706
009388446 傣族风俗志/2723
007445467 傈僳族风俗志/2723
007984242 佤族风俗志/2723
007610949 彝族风俗志/2724
008426822 云南方志民族民俗资料琐编/2724
001642448 云南少数民族婚俗志/2724
007734385 云南少数民族生产习俗志/2724
009388532 云南少数民族生葬志/2724
008395441 基诺族风俗志/2863
007951657 普米族风俗志/2899
001737315 西藏风土志/2912
011585146 兴平县风俗志/2979
011804638 黄帝祭祀大典图志1980-2007/2997
008380832 裕固族风俗志/3059
012100531 西和乞巧风俗志/3078
002284524 东乡族风俗志/3081
007832407 青海风俗简志/3094
006715104 撒拉族风俗志/3094
008395448 锡伯族风俗志/3214

001938206 高山族风俗志第5卷/3235
009119766 南瀛民间器物志/3235
008160962 台湾风土志台湾野史小札/3234
008300071 台湾风土志台湾农业脸谱/3234
005611749 台湾风土志/3235
008588291 台湾风土志台湾人的生死学/3235
007534575 台湾风土志探讨台湾民间信仰/3235
008104929 台湾风土志站在台湾庙会现场/3235
008395019 台湾风土志台湾大地震断层现场实录/3236
007913530 台湾后山风土志/3235
001690996 台湾民俗志/3235
007513930 台湾族群志第1卷 客家与台湾/3234
008103086 台湾族群志第2卷 台湾客家风土志/3234
008300076 台湾族群志第3卷 台湾的客家族群与信仰/3234
012832089 南瀛客家族群志/3251
008531366 六家庄风土志/3254

地理

005051370 中华人民共和国地名录/3274
001691670 全国乡镇地名录/3274
008450503 中国海域地名志/3274
009397038 北京市地名志/34
007724528 北京市崇文区地名志/44
009042907 北京市东城区地名录/44
007724480 北京市东城区地名志/44
012575429 北京市西城区地名录/44
007724520 北京市西城区地名志/47
009144739 北京市宣武区地名录/47
007724521 北京市宣武区地名志/47
009144690 北京市朝阳区地名录/50
009144684 北京市朝阳区地名录/50
007724516 北京市朝阳区地名志/50
009144711 北京市丰台区地名录/54
007724518 北京市丰台区地名志/54
009144732 北京市石景山区地名录/55
007724669 北京市石景山区地名志/55
008385911 北京市海淀区地名录/56
009144714 北京市海淀区地名录/56
007724519 北京市海淀区地名志/56
007724523 北京市门头沟区地名志/58
007724517 北京市房山区地名志/60
007724529 北京市通县地名志/61
007724526 北京市顺义县地名志/64
008195160 北京市昌平县地名志/67
009144701 北京市大兴县地名录/68
009144699 北京市大兴县地名录/69
007724527 北京市大兴县地名志/69
007724522 北京市怀柔县地名志/69
007724525 北京市平谷县地名志/70
007724524 北京市密云县地名志/71
007724479 北京市延庆县地名志/73
008700875 天津市地名志/86
008828153 天津市地名志第1卷 和平区/90
008298426 天津市地名志第2卷 河东区/90
008828137 天津市地名志第3卷 河西区/89
008828146 天津市地名志第4卷 南开区/90
012252706 天津市地名志第5卷 河北区/91
008298507 天津市地名志第6卷 红桥区/92
008298510 天津市地名志第7卷 塘沽区/100
009018451 天津市地名志第8卷 汉沽区

/100

008828162 天津市地名志 第9卷 大港区/100

008298511 天津市地名志 第10卷 东丽区/92

008298513 天津市地名志 第11卷 西青区/94

008298517 天津市地名志 第12卷 津南区/95

008298520 天津市地名志 第13卷 北辰区/97

008828145 天津市地名志 第14卷 宁河县/101

008298524 天津市地名志 第15卷 武清县/98

008298548 天津市地名志 第16卷 静海县/102

009157207 天津市河北区地名志/91

011763481 石家庄地区地名录/126

008533981 石家庄市地名志/127

010307164 井陉县地名资料汇编/135

008533795 正定县地名资料汇编/136

008533296 栾城县地名资料汇编/137

008593871 行唐县地名志/138

008533246 灵寿县地名资料汇编/138

008533793 高邑县地名资料汇编/138

008913874 深泽县地名资料汇编/139

012689970 赞皇县地名志/139

008533791 赞皇县地名资料汇编/139

008533275 无极县地名资料汇编/140

008533289 平山县地名资料汇编/140

008533800 元氏县地名资料汇编/141

008533716 赵县地名资料汇编/142

008533769 束鹿县地名资料汇编/131

008533264 藁城县地名资料汇编/132

008913858 晋县地名资料汇编/132

008533306 新乐县地名资料汇编/133

008533302 获鹿县地名资料汇编/133

002555707 唐山市地名志/145

008533721 丰南县地名资料汇编/146

008533809 丰润县地名资料汇编/147

008533812 唐海县地名资料汇编/148

008380821 滦县地名志/149

008533734 滦南县地名资料汇编/150

008533268 乐亭县地名资料汇编/150

008533269 迁西县地名资料汇编/151

008533271 玉田县地名资料汇编 玉田县地名志/151

008533309 遵化县地名资料汇编/148

008676492 迁安县地名资料汇编/149

008533312 秦皇岛市地名资料汇编/154

012049421 海港区地名志/154

008533362 青龙县地名资料汇编/157

008533285 昌黎县地名资料汇编/156

010138585 抚宁县地名志/156

008533278 抚宁县地名资料汇编/156

008533286 卢龙县地名资料汇编/157

008379179 邯郸市地名录/160

008533720 邯郸市地名资料汇编/160

011811224 河北省地名志邯郸分册/160

008533715 邯郸县地名志/164

008533295 临漳县地名资料汇编/165

008533999 成安县地名志/165

008533776 大名县地名资料汇编/166

008533980 涉县地名志/167

008533719 磁县地名资料汇编/168

008533292 肥乡县地名资料汇编/168

008533976 永年县地名志/168

008533979　邱县地名志/169
008533287　鸡泽县地名资料汇编/169
008533365　广平县地名资料汇编/170
008533788　馆陶县地名资料汇编/170
008533991　魏县地名志/171
008660253　曲周县地名资料汇编/171
008533977　武安县地名志/163
008533983　邢台市地名志/173
008533984　邢台县地名志/175
008533874　临城县地名资料汇编/175
008533922　内邱县地名资料汇编/176
008533995　柏乡县地名资料汇编/176
008533940　隆尧县地名资料汇编/176
008533877　任县地名资料汇编/176
008533962　南和县地名资料汇编/177
008533952　宁晋县地名志/177
008533963　巨鹿县地名资料汇编/177
008533817　新河县地名资料汇编/178
008533997　广宗县地名志/178
008533916　平乡县地名资料汇编/178
008533978　威县地名志/179
008533818　清河县地名资料汇编/180
008533921　临西县地名志/180
008186366　南宫市地名志/173
008533873　南宫县地名资料汇编/173
008533941　沙河县地名资料汇编/174
008533443　保定市地名资料汇编/185
011320076　保定市北市区地名志/186
009684370　保定市南市区地名志/186
008533439　满城县地名资料汇编/190
008533706　清苑县地名资料汇编/190
008533429　涞水县地名资料汇编/191
008533646　阜平县地名资料汇编/191
008533430　徐水县地名资料汇编/192

008533417　定兴县地名资料汇编/192
008533679　唐县地名资料汇编/193
008533425　高阳县地名资料汇编/194
008533693　容城县地名资料汇编/194
008533416　涞源县地名资料汇编/194
008533714　望都县地名资料汇编/194
008533370　安新县地名资料汇编/195
008533413　易县地名资料汇编/195
008533471　曲阳县地名资料汇编/196
008533437　蠡县地名资料汇编/196
008533469　完县地名资料汇编/197
008533684　博野县地名资料汇编/197
008533712　雄县地名资料汇编/198
007976498　涿州市地名志/187
008533472　定县地名资料汇编/189
008533688　安国县地名资料汇编/189
008533368　新城县地名资料汇编/189
009796989　张家口市地名志/200
008533773　张家口市地名资料汇编/200
008533920　宣化县地名资料汇编/202
013994258　张北县地名志/202
008533972　张北县地名资料汇编/202
008533879　康保县地名资料汇编/203
008533967　沽源县地名资料汇编/203
008533859　尚义县地名资料汇编/203
008533861　蔚县地名资料汇编/204
008533866　阳原县地名资料汇编/204
008533974　怀安县地名资料汇编/205
008533860　万全县地名资料汇编/206
008533857　怀来县地名资料汇编/206
008533870　涿鹿县地名资料汇编/208
008533864　赤城县地名资料汇编/208
008533966　崇礼县地名资料汇编/209
008533960　承德市地名资料汇编/211

011430433 承德县地名志/211
008533816 承德县地名资料汇编/212
008533955 兴隆县地名资料汇编/212
008533872 平泉县地名资料汇编/212
008533935 滦平县地名资料汇编/213
008533936 隆化县地名资料汇编/213
008533929 河北省丰宁县地名资料汇编/214
008533957 宽城县地名资料汇编/214
008534010 围场县地名资料汇编/215
008533420 沧州市地名资料汇编/219
008913866 沧县地名资料汇编/224
008533700 青县地名资料汇编/224
008533647 东光县地名资料汇编/225
008533468 海兴县地名资料汇编/225
008533641 盐山县地名资料汇编/226
008533467 肃宁县地名资料汇编/226
008533465 南皮县地名资料汇编/227
008533440 吴桥县地名资料汇编/228
008533634 献县地名资料汇编/229
008533464 交河县地名资料汇编/220
008533424 任丘县地名资料汇编/221
008533422 黄骅县地名资料汇编/222
008533644 南大港农场地名资料汇编/222
008533640 中捷农场地名资料汇编/222
008533473 河间县地名资料汇编/223
008533796 廊坊市地名资料汇编/230
008533933 安次县地名资料汇编/231
008533912 固安县地名资料/233
008533923 永清县地名资料汇编/233
008533901 香河县地名资料汇编/234
013987605 大城地名志/235
008533914 大城县地名资料汇编/235

008913914 文安县地名资料汇编/235
008533911 大厂回族自治县地名资料汇编/236
008533924 霸县地名资料汇编/231
008533905 三河县地名资料汇编/232
008533989 衡水市地名志/238
008533452 枣强县地名资料汇编/239
008533461 武邑县地名资料汇编/240
008382689 武强县地名资料汇编/240
010577522 饶阳县地名志/240
008533456 饶阳县地名资料汇编/240
008533450 安平县地名资料汇编/241
008533635 故城县地名资料汇编/241
008533807 景县地名资料汇编/242
008533455 阜城县地名资料汇编/242
008533438 冀县地名资料汇编/238
008533446 深县地名资料汇编/239
010293517 太原市南城区地名志/264
008906394 太原市北城区地名志/264
012266357 太原市北城区地名志增订本/264
011442064 太原市北郊区地名志/266
011067751 太原市河西区地名志/266
008864273 太原市清徐县地名志/267
008906346 阳曲县地名志/268
008906355 大同市地名志/271
008906306 阳高县地名录/272
008664882 天镇县地名录/273
008664894 山西省广灵县地名录/273
008906517 灵丘县地名录/274
008664897 浑源县地名录修改本/274
012723370 山西省阳泉市地名志/277
008664863 山西省平定县地名志/281
008906363 山西省盂县地名志/283

012587065 长治市地名志/285
008535786 山西省屯留县地名录/289
008906404 黎城县地名录/292
012722998 武乡县地名志/295
008906334 山西省晋城县地名录/299
008535803 山西省陵川县地名录/306
012505548 山西省应县地名志/310
008864271 右玉县地名录/310
008535790 山西省榆社县地名录/314
008906433 和顺县人民政府县地名录/316
008864270 平遥县地名录/320
013064781 介休市地名志/314
008923672 临猗县地名志/328
008923650 新绛县地名录/332
008906288 垣曲县地名录/334
008906475 平陆县地名录/335
008923688 山西省芮城县地名录/336
008906411 永济县地名录/325
008906506 忻州市地名录/338
008664875 山西省河曲县地名录/342
008906500 保德县地名录/342
008664888 浮山县地名录/353
008535800 山西省文水县地名录/362
008906489 柳林县地名录/365
008687640 内蒙古自治区地名志/376
008535869 内蒙古自治区地名志第1卷 呼和浩特市分册/383
008535854 内蒙古自治区地名志第2卷 阿拉善盟分册/450
008535877 内蒙古自治区地名志第3卷 乌海市分册/396
008535860 内蒙古自治区地名志第4卷 巴彦淖尔盟分册/433

008535882 内蒙古自治区地名志第5卷 伊克昭盟分册/415
008535853 内蒙古自治区地名志第6卷 哲里木盟分册/410
008535858 内蒙古自治区地名志第7卷 锡林郭勒盟分册/445
008535875 内蒙古自治区地名志第8卷 包头市分册/392
008535867 内蒙古自治区地名志第9卷 兴安盟分册/440
008535872 内蒙古自治区地名志第10卷 赤峰市分册/400
008535849 内蒙古自治区地名志第11卷 呼伦贝尔盟分册/421
008535851 内蒙古自治区地名志第12卷 乌兰察布盟分册/437
008801641 中华人民共和国内蒙古自治区地名录/376
009398298 内蒙古呼和浩特市郊区地名志/385
011319925 托克托县地名志/386
011476925 达尔罕茂明安联合旗地名志/395
012249771 赤峰市地名志/400
012264033 赤峰市红山区地名志/401
009768901 赤峰市元宝山区地名志/401
011476921 内蒙古赤峰市郊区地名志/402
009392481 阿鲁科尔沁旗地名志/404
011584711 巴林左旗地名志/404
011478735 内蒙古自治区赤峰市翁牛特旗地名志/405
008864750 喀喇沁旗地名志/406
011763074 库伦旗地名志/412

007518669 伊克昭盟地名志/415	012202869 吉林省自然地名志/578
011892191 内蒙古达拉特旗地名志/415	008923412 长春市地名录/588
008486596 呼伦贝尔盟地名志/421	011325499 长春市南关区地名志/590
011584699 内蒙古四子王旗地名录/440	008923380 长春市宽城区地名志/590
011954501 科尔沁右翼前旗地名志/442	008923445 长春市朝阳区地名志/591
012140690 西乌珠穆沁旗地名志/447	008444995 双阳县地名志/592
010962582 阿拉善左旗地名志/450	009397311 榆树县地名志/594
009961854 辽宁省地名录/464	008923409 吉林市地名录/603
009243310 辽宁省县名志附省暨各市地名称简志/465	008444186 吉林市地名志/603
008829851 沈阳市城区地名录/485	010110055 吉林市山水地名志略/603
008829869 大东区地名志/490	010289840 桦甸县地名志/609
008923533 金县地名志/509	011580091 舒兰县地名志/609
009334673 鞍山市地名管理志/517	009992780 磐石县地名志/610
008829823 鞍山市地名录/517	008923432 四平市地名录/611
008536596 鞍山市地名志/517	008923416 梨树县地名志/614
008924831 辽宁省岫岩县地名录/522	008923465 公主岭市地名志/613
007672542 丹东市区地名志/535	008444189 辽源市地名录/616
008829818 宽甸县地名志/536	008444991 吉林省通化市地名志/618
008829832 辽宁省东沟县地名志/535	008445007 通化县地名志/620
008829797 凤城满族自治县地名志/535	008923438 辉南县地名志/621
008829873 锦州市区地名录/539	008444147 吉林省柳河县地名志/621
008537927 锦州市乡镇地名志/539	008444997 海龙县地名志/619
008829847 辽宁省黑山县地名录/541	008445003 集安县地名志/620
008829806 北镇县地名录/540	008923399 浑江市地名志/622
008829864 营口市城区地名录/543	008444144 抚松县地名志/623
008829812 彰武县地名志/547	008444162 靖宇县地名志/623
008829825 辽阳市区地名录/551	008923452 长白朝鲜族自治县地名志/624
008537969 灯塔县地名志/552	010290575 前郭尔罗斯蒙古族自治县地名志/627
008829830 开原县地名录/561	008444160 吉林省扶余县地名志/625
008829793 绥中县地名录/568	009865086 白城地区地名录/628
008829794 辽宁省兴城县地名录/567	010289884 白城市地名志/628
009797382 吉林省地名志吉林省市县地名考释/577	009865102 吉林省白城市地名志清样本

/628
008923457 镇赉县地名志/630
010288589 延边朝鲜族自治州地名录/632
008444994 延吉市地名志/633
008444993 图们市地名志/633
008923353 敦化县地名志/634
008445002 龙井县地名志/635
008445005 和龙县地名志/636
008383955 黑龙江农垦地名录/649
013528962 哈尔滨市地名志/658
008445258 黑龙江省哈尔滨市地名录/658
008446123 黑龙江省呼兰县地名录/662
008446115 黑龙江省方正县地名录/665
008445286 黑龙江省宾县地名录/666
008445247 黑龙江省巴彦县地名录/666
008446121 黑龙江省木兰县地名录/667
008445328 黑龙江省通河县地名录/668
008446151 黑龙江省延寿县地名录/668
008446118 黑龙江省双城县地名录/663
008446156 黑龙江省尚志县地名录/664
008445323 黑龙江省五常县地名录/665
008445260 黑龙江省齐齐哈尔市地名录/673
008446152 黑龙江省龙江县地名录/676
008445276 黑龙江省依安县地名录/676
008445282 黑龙江省泰来县地名录/677
008445272 黑龙江省甘南县地名录/678
008445296 黑龙江省富裕县地名录/678
008445322 黑龙江省克东县地名录/678
008923486 黑龙江省拜泉县地名录/679
008446120 黑龙江省鸡东县地名录/682
008445269 黑龙江省密山县地名录/681

008446178 黑龙江省鹤岗市地名录/683
008446143 黑龙江省萝北县地名录/683
008445304 黑龙江省双鸭山市地名录/685
008446110 黑龙江省集贤县地名录/685
008446145 黑龙江省饶河县地名录/686
008446182 黑龙江省大庆市地名录/690
008446158 黑龙江省肇州县地名录/692
008446127 黑龙江省林甸县地名录/693
008445244 黑龙江省杜尔伯特蒙古族自治县地名录/693
008446167 黑龙江省伊春市地名录/694
008446129 黑龙江省铁力县地名录/697
008445252 佳木斯市地名志/700
008446139 黑龙江省桦川县地名录/702
008446169 黑龙江省牡丹江市地名录/706
008445288 黑龙江省东宁县地名录/709
008445299 黑龙江省海林县地名录/708
008446162 黑龙江省宁安县地名录/708
008446114 黑龙江省穆棱县地名录/709
008445307 黑龙江省黑河市地名录/710
008446132 黑龙江省逊克县地名录/713
008446161 黑龙江省孙吴县地名录/713
008445265 黑龙江省北安市地名录/711
008446165 黑龙江省德都县地名录/712
008446133 黑龙江省绥化县地名录/714
008445314 黑龙江省望奎县地名录/717
008446159 黑龙江省青冈县地名录/717
008923480 黑龙江省庆安县地名录/717
008446126 黑龙江省明水县地名录/718
008446107 黑龙江省绥棱县地名录/718
008446141 黑龙江省肇东县地名录/716
008446135 黑龙江省海伦县地名录/716

008445305 黑龙江省大兴安岭地区地名录/720
011809463 新林区地名志/720
009227298 黑龙江省大兴安岭地区呼中区地名志/721
008794015 漠河县地名志/722
005654110 上海地名小志/745
008170091 上海地名志/745
008917153 上海市地名录/745
008534892 南市区地名志/749
005308887 上海市黄浦区地名志/749
008382894 上海市卢湾区地名志/749
013462000 上海市徐汇区地名志2010/750
008842897 徐汇区地名志/750
002616351 长宁区地名志/751
012252457 静安区地名志/752
002616352 普陀区地名志/753
011327114 上海市闸北区地名志/754
012174875 上海市虹口区地名志/754
007969153 杨浦区地名志/755
013508682 闵行区地名志/757
011570258 上海市闵行区地名志/757
008096738 上海市宝山区地名志/759
009160225 嘉定地名志/762
008487010 上海市浦东新区地名志/769
011580208 金山县地名志/773
013131090 青浦地名小志/781
013184622 青浦区地名志/781
008528437 江苏省地名录/801
008528434 江苏省南京市地名录/814
009338402 南京市白下区地名志/817
013093178 南京市秦淮区地名志/817
008532444 江苏省江浦县地名录/820
009385251 南京市雨花台区地名志/821

012898985 江宁区地名志/825
008532438 江苏省江宁县地名录/825
008532415 江苏省六合县地名录/826
008528375 江苏省溧水县地名录/827
008446434 江苏省高淳县地名录/828
008528637 江苏省无锡市地名录/832
008528416 江苏省无锡县地名录/834
008528599 江苏省江阴市地名录/838
008528564 江苏省宜兴县地名录/841
008528566 江苏省徐州市地名录/849
010778936 徐州市地名录/849
008532379 江苏省铜山县地名录/854
008453188 江苏省丰县地名录/859
008532428 江苏省沛县地名录/860
008453242 江苏省睢宁县地名录/862
008528524 江苏省新沂县地名录/855
008528573 江苏省邳县地名录/857
008528371 常州市地名录/869
008528428 江苏省武进县地名录/877
008531470 江苏省溧阳县地名录/878
008528390 江苏省金坛县地名录/879
008446423 江苏省苏州市地名录/884
011996792 江苏省苏州市地名录/884
008446419 江苏省吴县地名录/888
008531521 江苏省吴江县地名录/891
010199816 常熟市地名录/896
008531504 江苏省常熟市地名录/896
008651422 江苏省沙洲县地名录/898
010252952 西张地名志/899
011480507 张家港市地名志/898
010253057 镇山地名志/899
008531514 江苏省昆山县地名录/902
008532501 江苏省太仓县地名录/904
008531478 江苏省南通市地名录/906

008528394 江苏省南通县地名录/907	008528403 江苏省扬中县地名录/950
008528369 江苏省海安县地名录/910	008528649 江苏省句容县地名录/951
008531462 江苏省如东县地名录/912	008532457 泰州市地名录/952
008528382 江苏省如皋县地名录/908	008532417 江苏省泰县地名录/953
008528388 江苏省海门县地名录/909	008532389 江苏省兴化县地名录/954
008531527 连云港市地名录市区部分/915	008532453 江苏省靖江县地名录/955
008531467 江苏省赣榆县地名录/917	008532411 泰兴县地名录/955
008531519 江苏省东海县地名录/918	008532493 江苏省宿迁县地名录/956
008531483 江苏省灌云县地名录/919	008531459 江苏省沭阳县地名录/957
008528009 江苏省灌南县地名录/919	008446416 江苏省泗阳县地名录/958
008531490 江苏省淮安县地名录/921	008531447 江苏省泗洪县地名录/958
008531452 江苏省淮阴市地名录/921	007731187 浙江地名简志/968
008531533 江苏省淮阴县地名录/922	008450902 杭州市地名志/981
008528644 江苏省涟水县地名录/922	013860660 杭州市地名志/981
008531488 江苏省洪泽县地名录/923	012999104 杭州市上城区地名志/984
008528703 江苏省盱眙县地名录/923	008446501 杭州市下城区地名简志/985
008528013 江苏省金湖县地名录/924	011804449 杭州市下城区地名续志/985
008531445 江苏省盐城县地名录/926	013335297 杭州市拱墅区地名简志/984
008531498 江苏省响水县地名录/930	011432647 杭州市拱墅区地名新志/984
008528003 江苏省滨海县地名录/930	008446506 杭州市西湖区地名简志/986
008531493 江苏省阜宁县地名录/931	008450941 萧山县地名志/992
008531457 江苏省射阳县地名录/932	012610588 杭州市余杭区地名志/995
008532506 江苏省建湖县地名录/932	008450905 余杭县地名志/995
008532489 江苏省东台县地名录/928	008450506 浙江省桐庐县地名志/1003
008531449 江苏省大丰县地名录/929	008725790 浙江省淳安县地名志/1005
008532363 江苏省扬州市地名录/935	008450605 建德县地名志/997
008532481 江苏省邗江县地名录/937	008450527 浙江省富阳县地名志/1000
008532387 江苏省江都县地名录/938	013753450 临安市地名志/1002
008532431 江苏省宝应县地名录/941	008450911 临安县地名志/1002
008532366 江苏省仪征县地名录/939	008450549 宁波市地名志市区部分/1009
008532433 江苏省高邮县地名录/941	008450882 宁波市镇海区地名志/1011
008446432 江苏省镇江市地名录/945	012721961 宁波市镇海区地名志/1011
008532495 江苏省丹徒县地名录/947	008450504 象山县地名志/1016
008446426 江苏省丹阳县地名录/949	008450336 象山县海域地名简志/1016

008450520 宁海县地名志/1018
008450517 余姚市地名志/1012
008450536 慈溪县地名志/1014
008450893 奉化县地名志/1015
008450509 鹿城地名志/1022
011475317 温州市龙湾区地名简志/1022
009042919 浙江省瓯海县地名志/1023
008450611 浙江省洞头县地名志/1027
008450513 永嘉县地名志/1029
008450531 浙江省平阳县地名志/1031
008450498 文成县地名志/1033
008450551 浙江省泰顺县地名志/1034
008450577 瑞安市地名志/1024
008450615 乐清县地名志/1027
009116512 浙江省嘉兴市地名志/1035
008450598 浙江省海宁县地名志/1038
008450559 平湖县地名志/1039
008450571 浙江省桐乡县地名志/1040
008450499 德清县地名志/1045
008450581 长兴县地名志/1046
008450582 安吉县地名志/1047
008450603 上虞县地名志/1054
008450588 新昌县地名志/1060
011444048 新昌县地名志/1060
008450584 诸暨县地名志/1056
008450493 嵊县地名志/1058
008450519 金华市地名志/1063
008528112 武义县地名志/1073
008450553 磐安县地名志/1075
008450889 浙江省兰溪县地名志/1066
008450899 浙江省义乌县地名志/1068
008450929 浙江省东阳地名志/1070
008450545 永康县地名志/1071
008450565 衢州市地名志/1077

008450515 浙江省常山县地名志/1080
008450607 浙江省开化县地名志/1081
008450895 浙江省龙游县地名志/1082
008450920 浙江省江山县地名志/1079
008450925 普陀县地名志/1085
008450489 岱山县地名志/1086
008450894 浙江省嵊泗县地名志/1086
008450609 椒江市地名志/1089
008450508 玉环县地名志/1095
008450501 浙江省三门县地名志/1095
008450543 浙江省天台县地名志/1097
008450563 仙居县地名志/1098
008450938 温岭县地名志/1092
008450595 浙江省临海市地名志/1094
008450922 青田县地名志/1102
008450879 遂昌县地名志/1104
008450600 浙江省松阳县地名志/1105
008450914 浙江省云和县地名志/1105
008450897 庆元县地名志/1106
008450934 景宁畲族自治县地名志/1106
008450490 浙江省龙泉县地名志/1101
008663306 安徽省合肥市地名录/1124
008662866 安徽省肥西县地名录/1127
008662863 安徽省庐江县地名录/1128
008846421 安徽省芜湖市地名录/1131
008663032 安徽省芜湖县地名录/1132
008663509 安徽省繁昌县地名录/1133
008662860 安徽省无为县地名录/1133
008662922 安徽省蚌埠市地名录/1135
008662991 安徽省怀远县地名录/1137
008662912 安徽省五河县地名录/1138
008663520 安徽省固镇县地名录/1138
008662908 淮南市地名录/1140
008663023 安徽省凤台县地名录/1140

008663314 安徽省马鞍山市地名录/1144	008663491 安徽省金寨县地名录/1180
008662901 安徽省当涂县地名录/1145	008662880 安徽省霍山县地名录/1181
008662910 安徽省淮北市地名录/1147	008663503 安徽省亳县地名录/1182
008662995 安徽省濉溪县地名录/1148	008662930 安徽省涡阳县地名录/1182
008663035 安徽省铜陵市地名录/1150	008663517 安徽省蒙城县地名录/1183
008663320 安徽省铜陵县地名录/1151	008663486 安徽省利辛县地名录/1183
008845944 安徽省安庆市地名录/1152	008662876 安徽省贵池县地名录/1184
008662899 安徽省怀宁县地名录/1154	008662924 安徽省东至县地名录/1185
008662887 安徽省枞阳县地名录/1155	008662903 安徽省青阳县地名录/1186
008663008 安徽省潜山县地名录/1156	008663515 宣城县地名录/1187
008662969 安徽省太湖县地名录/1156	008663307 安徽省郎溪县地名录/1188
008662894 安徽省宿松县地名录/1157	008663028 安徽省广德县地名录/1188
008663317 安徽省望江县地名录/1157	008844977 安徽省绩溪县地名录/1190
008663000 安徽省岳西县地名录/1158	008663039 旌德县地名录/1190
008662917 安徽省桐城县地名录/1154	008663350 安徽省宁国县地名录/1187
008663498 安徽省屯溪市地名录/1160	008914156 福建省海域地名志/1203
008663323 祁门县地名录/1162	006885100 福州市地名录/1210
008663331 安徽省滁州市地名录/1165	009510494 福州市地名志/1210
008844973 安徽省来安县地名录/1166	010194015 [福州市郊区]地名志/1215
008663526 安徽省嘉山县地名录/1166	008913826 闽侯县地名录/1219
008663495 安徽省阜阳市地名录/1169	008664180 连江县地名录/1221
008663025 安徽省阜阳县地名录/1169	008923578 罗源县地名录/1223
008663329 安徽省阜南县地名录/1170	008923622 福建省闽清县地名录/1224
008663504 安徽省颍上县地名录/1171	008663619 平潭县地名录/1224
008662865 安徽省宿县地名录/1173	008663659 长乐县地名录/1218
008662988 安徽省砀山县地名录/1173	009851141 厦门市地名志/1229
008663047 安徽省萧县地名录/1174	011998447 同安县地名志/1231
008663284 安徽省灵璧县地名录/1175	013375400 莆田市地名志/1234
008662868 安徽省泗县地名录/1176	008914550 莆田县地名录/1234
008845952 安徽省六安市地名录/1177	008663613 三明市地名录/1237
008662913 安徽省六安县地名录/1177	008923552 明溪县地名录/1239
008663501 安徽省寿县地名录/1178	008923628 清流县地名录/1240
008662885 安徽省霍邱县地名录/1179	008914305 宁化县地名录/1240
008662878 安徽省舒城县地名录/1180	008914176 大田县地名录/1241

008663648 尤溪县地名录/1242	008663610 武平县地名录/1271
008664186 沙县地名录/1242	008664067 连城县地名录/1272
008664027 将乐县地名录/1242	008923585 宁德县地名录/1274
008913798 泰宁县地名录/1243	008914172 古田县地名录/1277
008664046 永安县地名录/1239	008663639 柘荣县地名录/1278
008913807 福建省泉州市地名录/1247	008664033 福安县地名录/1275
008663650 惠安县地名录/1253	008663642 福鼎县地名录/1276
011804074 安溪地名志/1254	009386049 江西省南昌市地名志/1299
008663631 安溪县地名录/1254	009386051 江西省南昌市地名志 1983 年 初稿/1299
010290172 福建省永春县地名录/1255	011580191 江西省新建县地名志/1303
008914228 德化县地名录/1256	011580150 江西省安义县地名志/1303
008663654 福建省晋江县地名录/1251	013424189 江西省进贤县地名志/1304
011566155 晋江市地名志/1251	008914576 江西省景德镇市地名志/1306
008914184 福建省南安县地名录/1252	011589917 江西省乐平县地名志/1306
008914325 漳州市芗城区地名录/1258	008300246 江西省九江县地名志/1316
008914328 云霄县地名录/1259	012541898 江西省永修县地名志/1318
008664085 漳浦县地名录/1259	011475206 江西省德安县地名志/1319
008663614 诏安县地名录/1259	012811578 江西省都昌县地名志/1320
008923591 长泰县地名录/1260	011566135 江西省湖口县地名志/1321
008664183 南靖县地名录/1261	012661280 江西省彭泽县地名志/1321
008664187 华安县地名录/1261	012661299 江西省瑞昌县地名志/1316
008451140 龙海县标准地名录/1258	011475207 江西省鹰潭市地名志/1325
008664031 南平市地名录/1263	011580194 江西省余江县地名志/1326
008664036 顺昌县地名录/1265	006733246 江西省赣州市地名志/1329
008663606 光泽县地名录/1266	008831298 江西省赣县地名志/1332
008923611 松溪县地名录/1266	008831339 江西省大余县地名志/1333
008923603 政和县地名录/1267	008831308 江西省上犹县地名志/1334
008923568 崇安县地名录/1264	008831301 江西省崇义县地名志/1335
008541290 建瓯县地名录/1264	008914602 江西省安远县地名志/1336
008913816 建阳县地名录/1265	008830658 江西省龙南县地名志/1336
008914312 龙岩市地名录/1269	008429142 江西省全南县地名志/1337
008914342 长汀县地名录/1270	008423925 江西省宁都县地名志/1338
008914335 永定县地名录/1270	008830641 江西省于都县地名志/1341
008664007 上杭县地名录/1271	

008430544 江西省兴国县地名志/1342	008832000 山东省崂山县地名志/1441
008830650 江西省会昌县地名志/1343	008832015 山东省胶县地名志/1444
008830636 江西省寻乌县地名志/1343	008832005 山东省即墨县地名志/1447
008429161 江西省石城县地名志/1344	008928812 淄博市地名志/1457
008914591 江西省瑞金县地名志/1331	008831974 淄博市张店区地名志/1459
008429146 江西省吉安市地名志/1345	011763361 淄博市博山区地名志/1461
011580187 江西省新干县地名志/1349	008928799 山东省淄博市桓台县地名志/1463
012661305 江西省永丰县地名志/1350	
009043188 江西省宁冈县地名志/1347	009866827 高青县地名志/1464
011762354 江西省宜春县地名志/1355	008838766 山东省沂源县地名志/1464
009414227 江西省奉新县地名志/1362	012252428 山东省烟台市芝罘区地名志/1493
008423035 江西省万载县地名志/1363	
011439771 江西省上高县地名志/1363	009393537 福山区地名志/1494
009675594 江西省宜丰县地名志/1365	008831997 山东省牟平县地名志/1496
012661303 江西省铜鼓县地名志/1367	008928857 长岛县地名志/1503
011762342 江西省丰城县地名志/1358	008832110 山东省莱阳市地名志/1497
008423571 江西省清江县地名志/1359	008928779 山东省招远县地名志/1501
008358324 江西省高安县地名志/1360	012317190 招远地名志2005/1501
008429127 江西省临川县地名志/1370	010290539 潍城区地名志/1506
009386057 江西省上饶市地名志/1376	011890609 潍坊市坊子区地名志/1507
008430552 江西省广丰县地名志/1378	008382887 山东省青州市地名志/1508
012541901 江西省玉山县地名志/1379	008832090 安丘县地名志/1513
011439805 江西省弋阳县地名志/1381	008928869 高密县地名志/1514
011580156 江西省波阳县地名志/1383	008452393 昌邑县地名志/1515
008914566 江西省万年县地名志/1383	008379333 山东省兖州县地名志/1524
009386069 江西省婺源县地名志/1384	008665153 山东省微山县地名志/1530
008430556 江西省德兴县地名志/1377	008665145 山东省鱼台县地名志/1531
008452092 山东省地名志/1404	009799269 嘉祥县地名志/1532
011750644 山东省政区地名录/1404	008665143 泗水县地名志/1534
007682677 山东省济南市地名志第1-7部分 征求意见稿/1415	008452369 山东省梁山县地名志/1534
	008452162 曲阜市地名志/1525
009962113 济南市历下区地名志/1419	008976683 邹城市地名志/1528
012208110 济南市平阴县地名志/1425	011585003 泰山区地名志/1538
009881300 章丘市地名志/1424	008928848 山东省宁阳县地名志/1542

008928914 新泰市地名志/1539
010293278 山东省肥城县地名志/1542
010291574 山东省威海市地名志/1546
011296153 山东省荣成市地名志/1549
011998158 山东省乳山市地名志/1549
008831986 山东省五莲县地名志/1553
008928831 山东省莒县地名志/1555
008832058 山东省临沂市地名志/1562
008832086 山东省沂南县地名志/1565
008832095 山东省沂水县地名志/1568
008452313 山东省费县地名志/1570
008928825 山东省莒南县地名志/1571
008528140 蒙阴县地名志/1572
008832051 山东省临沭县地名志/1573
008928838 山东省武城县地名志/1586
009043162 山东省阳谷县地名志/1592
008832104 山东省沾化县地名志/1599
008832042 山东省郓城县地名志/1605
008452159 东明县地名志/1607
009413932 郑州市管城回族区地名志/1654
008425122 河南省密县地名志/1663
012265178 开封市地名志/1675
008666155 河南省杞县地名录/1678
013629388 杞县地名志/1678
008421513 河南省栾川县地名志/1696
008420956 河南省宝丰县地名志/1705
007520224 河南省鲁山县地名志/1706
012613986 熊背乡地名志/1706
012612917 昭平台库区乡地名志/1707
008424222 河南省郏县地名志/1707
009381351 河南省鹤壁市地名志/1719
008424230 河南省新乡市地名志/1726
012655263 河南省新乡市北站区地名志/1728
008425853 河南省卫辉市地名志/1728
010730288 河南省辉县市地名志/1729
009864586 河南省沁阳市地名志/1740
011579982 河南省孟县地名志/1741
008425913 河南省许昌地区地名资料汇编/1751
008421539 河南省许昌县地名志/1754
009381397 河南省鄢陵县地名志/1754
008420954 河南省禹州市地名志/1752
008421507 河南省长葛县地名志/1753
008424610 河南省舞阳县地名志/1757
012252750 舞阳县地名志北舞渡乡分册/1757
012505195 湖滨区地名志/1760
008666364 渑池县地名简志/1764
010238867 河南省南阳县地名录/1773
008427053 河南省南阳县地名志/1773
010292778 南阳市地名志修改稿/1773
008672848 南阳市地名志/1773
008426902 河南省方城县地名志/1776
011763441 社旗县大冯营乡地名志/1779
011955421 社旗县桥头镇地名志/1779
011584893 社旗县太和乡地名志/1779
010239182 河南省新野县地名志/1781
008424603 河南省民权县地名志/1787
009959831 河南省柘城县地名志征求意见稿/1789
008666166 河南省柘城县地名志/1789
008425922 河南省信阳地区地名资料汇编/1792
009381383 河南省商城县地名志/1795
012250972 河南省固始县地名志/1795
008421275 潢川县地名资料汇编/1796

009852768 河南省周口市川汇区地名志/1799	008378758 湖北省保康县地名志/1892
009348018 正阳县地名志/1808	008378554 湖北省老河口市地名志/1889
008424616 河南省确山县地名录/1809	008378707 枣阳县地名志/1889
008425165 河南省新蔡县地名录/1811	012540586 湖北省宜城县地名志/1890
008379863 湖北省光化县地名志/1822	008378551 湖北省鄂城市地名志/1895
008385592 汉阳县地名志/1845	008379839 湖北省鄂城县地名志/1895
008378826 武昌县地名志/1846	008644686 湖北省荆门市地名志/1898
008380909 黄陂县地名志/1847	008381110 湖北省荆门县地名志/1898
008382624 湖北省新洲县地名志/1849	008378954 湖北省京山县地名志/1902
008377931 黄石市地名志/1852	008380898 湖北省钟祥县地名志/1901
008379274 阳新县地名志/1856	009790341 湖北省孝感县地名志/1905
008385584 湖北省大冶县地名录/1854	008380243 湖北省大悟县地名志/1911
008379631 湖北省十堰市地名志/1866	008382693 湖北省云梦县地名志/1912
008379851 湖北省郧县地名志/1869	008382632 湖北省应城县地名志/1907
008380904 湖北省郧西县地名志/1869	008381119 湖北省安陆县地名志/1908
008378516 湖北省竹山县地名志/1870	008379848 湖北省汉川县地名志/1910
008380843 湖北省竹溪县地名志/1871	012096738 观音垱地名志/1916
008379790 湖北省房县地名志/1872	008378530 沙市市地名志/1916
008382933 湖北省均县地名志/1868	008382928 湖北省公安县地名志/1921
008378995 湖北省宜昌市地名志/1875	008381138 湖北省监利县地名志/1922
008381150 湖北省宜昌县地名志/1877	008378617 湖北省江陵县地名志/1924
008382921 湖北省远安县地名志/1880	008381142 湖北省石首县地名志/1918
008385194 兴山县地名志/1881	008380886 湖北省洪湖县地名志/1918
008381130 湖北省秭归县地名志/1882	008025752 湖北省松滋县地名志/1920
008380742 长阳县地名志/1883	008381104 湖北省黄冈县地名志/1927
008380928 湖北省五峰县地名志/1884	008380922 湖北省罗田县地名志/1931
008382922 湖北省宜都县地名志/1877	008379797 湖北省英山县地名志/1932
008380890 湖北省当阳县地名志/1878	008378526 湖北省浠水县地名志/1933
008378529 湖北省枝江县地名志/1879	008381199 湖北省蕲春县地名志/1935
008378767 湖北省襄樊市地名志/1886	008380845 湖北省黄梅县地名志/1936
008382965 湖北省襄阳县地名志/1887	008380888 湖北省麻城县地名志/1928
008379220 南漳县地名志/1890	008381135 湖北省广济县地名志/1929
008380174 湖北省谷城县地名志/1891	008378977 咸宁市地名志/1937
	008385589 嘉鱼县地名志/1939

008377870 通城县地名志/1939
008378968 崇阳县地名志/1940
008379203 通山县地名志/1941
008377577 蒲圻县地名志/1938
008381155 湖北省随州市地名志/1941
012505184 湖北省随县地名志/1943
008378524 湖北省应山县地名志/1942
008385842 湖北省恩施县地名志/1945
008377834 湖北省利川县地名志/1946
008378724 湖北省建始县地名志/1947
008378834 湖北省巴东县地名志/1948
008378975 湖北省宣恩县地名志/1948
008378841 湖北省咸丰县地名志/1949
008382944 来凤土家族自治县地名志/1950
008385292 鹤峰土家族自治县地名志/1951
008378619 湖北省沔阳县地名志/1953
008380926 湖北省潜江县地名志/1955
008382970 湖北省天门县地名志/1956
008380894 湖北省神农架林区地名志/1957
012173995 湖南地名志/1974
008453300 湖南省长沙市地名录/1985
008453303 湖南省望城县地名录/1990
008453331 湖南省长沙县地名志/1994
008453302 湖南省宁乡县地名录/1994
008453295 湖南省浏阳县地名资料汇编/1992
008453359 湖南省株洲市地名录/2000
011294746 株洲地名志/2000
008453357 湖南省株洲县地名录/2006
008620231 湖南省攸县地名录/2007
008453511 湖南省茶陵县地名录/2009

008453337 湖南省酃县地名录/2010
008453356 湖南省醴陵县地名录/2004
008453298 湖南省湘潭市地名录/2014
013732428 湘潭地名志/2014
008453229 湖南省湘潭县地名录/2020
008453228 湖南省湘乡县地名录/2018
011580017 衡阳市地名志/2024
008453343 湖南省衡阳市地名录/2024
008453341 湖南省衡阳县地名录/2028
008453307 湖南省衡南县地名录/2029
008453308 湖南省衡山县地名录/2030
008453309 湖南省衡东县地名录/2030
008453311 湖南省祁东县地名录/2030
008453363 湖南省耒阳县地名资料汇编/2026
008453345 湖南省常宁县地名录/2028
008453235 湖南省邵阳市地名录/2032
008453193 湖南省邵东县地名录/2034
008453192 湖南省新邵县地名录/2034
008453238 湖南省邵阳县地名录/2035
008453378 湖南省隆回县地名录/2035
008453226 湖南省洞口县地名志/2036
009116503 湖南省绥宁县地名录/2036
008453512 湖南省新宁县地名录/2037
008453217 湖南省城步苗族自治县地名志/2037
008453262 湖南省武冈县地名录/2033
008453264 湖南省岳阳市地名录/2041
008453282 湖南省华容县地名录/2047
008453233 湖南省湘阴县地名录/2048
008453284 湖南省平江县地名录/2049
008453354 湖南省汨罗县地名录/2043
008453367 湖南省临湘县地名志/2044
008453191 湖南省常德市地名录/2055

008453190 湖南省常德县地名录/2055
008453210 湖南省安乡县地名录/2058
008453222 湖南省汉寿县地名志/2058
008528668 湖南省澧县地名录/2059
008528662 湖南省临澧县地名录/2059
008453206 湖南省桃源县地名录/2061
008453208 湖南省石门县地名录/2062
008453212 湖南省津市市地名录/2057
008453194 湖南省大庸县地名录/2063
011472910 慈利县地名志/2065
008453195 湖南省慈利县地名录/2065
008453258 湖南省桑植县地名录/2065
008453244 湖南省益阳市地名录/2069
008453243 湖南省益阳县地名录/2069
008453265 南县地名志/2071
008453257 湖南省桃江县地名录/2072
008453234 湖南省安化县地名录/2072
008453396 湖南省沅江县地名录/2071
009399291 郴州地名志2003首版/2075
008453296 湖南省郴县地名录/2075
008453324 湖南省郴州市地名录/2075
008453288 湖南省桂阳县地名录/2078
008453318 湖南省宜章县地名录/2079
008453319 湖南省永兴县地名录/2080
008532112 湖南省嘉禾县地名录/2080
008453327 临武县地名录/2081
008453325 湖南省汝城县地名录/2081
008453290 湖南省桂东县地名录/2081
008453316 湖南省安仁县地名录/2082
008453321 湖南省资兴县地名录/2076
008453328 湖南省永州市地名录/2085
008453279 湖南省零陵县地名录/2086
008453276 湖南省祁阳县地名录/2088
008453286 湖南省东安县地名录/2089

008453280 湖南省双牌县地名录/2089
008453272 湖南省道县地名录/2090
008453260 湖南省江永县地名录/2090
008453278 湖南省宁远县地名录/2091
008453274 湖南省蓝山县地名录/2092
008453275 湖南省新田县地名录/2092
008453293 湖南省江华瑶族自治县地名录/2093
008453507 湖南省怀化县地名录/2095
011762271 怀化地名志/2095
008453508 怀化市地名录/2095
008453510 湖南省沅陵县地名录/2099
008532109 湖南省辰溪县地名录/2099
008453352 湖南省溆浦县地名录/2100
008453400 湖南省会同县地名录/2100
008453348 湖南省麻阳县地名录/2100
008453360 湖南省新晃侗族自治县地名录/2101
008453346 湖南省芷江县地名录/2102
008453390 湖南省靖县地名录/2103
008453515 湖南省通道侗族自治县地名录/2104
008615883 湖南省洪江市地名录/2096
008453387 湖南省黔阳县地名志/2096
008453196 湖南省娄底市地名录/2105
008453281 湖南省双峰县地名录/2107
008453392 湖南省新化县地名录/2108
008453215 湖南省冷水江市地名录/2106
008453342 湖南省涟源县地名录/2107
008453410 湖南省吉首市地名录/2112
008453402 湖南省泸溪县地名录/2113
008453408 湖南省凤凰县地名录/2113
008453418 湖南省花垣县地名录/2114
008453197 湖南省保靖县地名录/2114

008453425 湖南省古丈县地名录 /2114
008453198 湖南省永顺县地名录 /2115
008453421 湖南省龙山县地名录 /2115
002616169 广州市地名志 /2141
009378526 广州市东山区地名录 /2146
009378564 广州市越秀区地名录 /2147
009310225 番禺县地名志 /2155
008665169 花都市地名志 /2156
008360553 广州市芳村区地名录 /2157
007347866 增城县地名志 /2158
008063813 从化市地名志 /2160
008665178 韶关市地名志 /2162
008665160 深圳市地名志 /2171
002616256 广东省珠海市地名志 /2175
008665159 汕头市地名志 /2179
009864082 汕头市达濠区地名志 /2180
013528922 广东省潮阳市地名志 /2180
003035396 广东省佛山市地名志 /2186
009851531 南海市地名志 /2191
006613643 顺德县地名志 /2192
012250976 广东省高明县地名志 /2199
008665168 江门市地名志 /2200
010195281 湛江市地名志 /2205
009989100 徐闻县地名志 /2208
008665171 茂名市地名志 /2209
009379644 肇庆市地名志 /2213
002166752 广东省惠阳地区地名志 /2220
007457582 广东省梅州市地名志 /2224
007295295 梅县市地名志 /2225
012639084 平远县地名志 /2228
008665163 阳江市地名志 /2233
008665175 清远市地名志 /2235
003032704 广东省东莞市地名志 /2241
004157029 广东省中山市地名志 /2244

008614815 潮州市地名志 /2246
010008235 揭阳市地名志 /2249
012811304 广东省普宁县地名志 /2251
012545696 云浮市地名志 /2256
009250946 广西海域地名志 /2275
008539223 广西壮族自治区海域地名录 /2275
008539058 广西壮族自治区南宁市地名录 /2280
008539061 广西壮族自治区隆安县地名集 /2284
008539024 广西壮族自治区柳州地区乡镇地名志 /2289
008538906 广西壮族自治区柳州市地名志 /2289
008924783 广西壮族自治区柳城县地名集 /2291
008538938 广西壮族自治区鹿寨县地名志 /2292
008538983 广西壮族自治区融安县地名集 /2292
008539135 桂林市地名录 /2297
008924749 临桂县地名志 /2298
008538979 广西壮族自治区阳朔县地名志 /2299
010306700 广西壮族自治区全州县地名资料汇编 /2300
008539008 广西壮族自治区兴安县地名录 /2301
008539149 永福县地名志 /2301
008539227 广西壮族自治区龙胜各族自治县地名录 /2304
008539026 广西壮族自治区荔浦县地名志 /2303

008539229 广西壮族自治区恭城县地名录/2304

008538974 广西壮族自治区苍梧县地名集/2307

008538939 广西壮族自治区藤县地名志/2307

008539050 广西壮族自治区北海市地名志/2309

008924739 广西壮族自治区合浦县地名志/2311

008539031 广西壮族自治区桂平县地名志/2315

008539035 广西壮族自治区玉林市地名志/2317

008538920 广西壮族自治区百色市地名志/2321

009768248 田东县地名志/2322

008539005 广西壮族自治区靖西县地名志/2323

008539001 广西壮族自治区田林县地名志/2324

008538941 西林县地名志/2324

008539083 广西壮族自治区贺县地名志/2325

008539134 广西壮族自治区钟山县地名录/2326

008539080 广西壮族自治区河池市地名志/2328

008538937 广西壮族自治区南丹县地名集/2329

008539193 广西壮族自治区天峨县地名集/2330

008539188 广西壮族自治区凤山县地名集/2330

008539166 广西壮族自治区东兰县地名志/2330

008539106 广西壮族自治区罗城仫佬族自治县地名集/2331

008538970 巴马瑶族自治县地名集/2332

008539101 广西壮族自治区宜山县地名集/2329

008924756 广西壮族自治区来宾县地名志/2334

008538928 广西壮族自治区忻城县地名志/2335

008538942 广西壮族自治区象州县地名集/2336

008539032 广西壮族自治区宁明县地名集/2338

008539064 广西壮族自治区龙州县地名集/2339

008539029 凭祥市地名志/2337

004660667 南海诸岛地名资料汇编/2347

008428735 四川省重庆市地名录/2366

008414160 重庆市双桥区地名录/2366

008427312 四川省万县地名录/2371

008414201 四川省万县市地名录/2371

008414185 四川省涪陵县地名录/2372

008428244 四川省重庆市市中区地名录/2369

008428319 四川省重庆市大渡口区地名录/2372

008428831 四川省重庆市江北区地名录/2373

008428142 四川省重庆市沙坪坝区地名录/2374

008424050 四川省重庆市九龙坡区地名录/2374

008424119 四川省重庆市南岸区地名录/2375

008428647 四川省重庆市北碚区地名录/2375

008424191 四川省綦江县地名录/2376

008428137 四川省重庆市南桐矿区地名录/2376

008425306 四川省大足县地名录/2377

008423955 四川省江北县地名录/2379

008414168 四川省巴县地名录/2379

008414178 四川省黔江县地名录/2380

008428820 四川省长寿县地名录/2380

008428480 四川省江津县地名录/2381

008428146 四川省永川县地名录/2385

008414454 四川省南川县地名录/2385

008425835 四川省潼南县地名录/2388

008425285 四川省铜梁县地名录/2389

008425891 四川省荣昌县地名录/2389

008425837 四川省璧山县地名录/2390

008395102 四川省梁平县地名录/2390

008414213 四川省城口县地名录/2391

008395110 四川省丰都县地名录/2392

009769147 四川省垫江县地名录/2392

008414182 四川省武隆县地名录/2392

008424085 四川省忠县地名录/2394

008427270 四川省开县地名录/2394

008427285 四川省云阳县地名录/2394

008427263 四川省奉节县地名录/2395

008414217 四川省巫山县地名录/2395

008414164 四川省巫溪县地名录/2395

008414240 四川省石柱县地名录/2396

008414175 四川省秀山县地名录/2396

008395112 四川省酉阳土家族苗族自治县地名录/2396

008395129 四川省彭水县地名录/2397

008424169 四川省成都市地名录 青白江区部分/2436

008450919 四川省成都市地名录 第1卷 东城区 西城区 黄田坝办事处分册/2428

008395125 四川省成都市地名录 第2卷 金牛区部分/2434

008414233 四川省成都市地名录 第3卷 龙泉驿区/2435

008425199 四川省新都县地名录/2436

008424080 四川省温江地区温江县地名录/2437

008414208 四川省金堂县地名录/2443

008414207 四川省双流县地名录/2447

008427309 四川省郫县地名录/2448

008427302 四川省大邑县地名录/2448

008424000 四川省蒲江县地名录/2449

008424125 四川省新津县地名录/2450

008425844 四川省灌县地名录/2439

008425841 四川省彭县地名录/2441

008424058 四川省邛崃县地名录/2442

008427303 四川省崇庆县地名录/2443

008427173 四川省自贡市地名录/2455

008423988 四川省荣县地名录/2456

008427296 四川省富顺县地名录/2457

008427318 四川省米易县地名录/2464

008427327 四川省盐边县地名录/2464

008425832 四川省泸州市地名录/2466

008395097 四川省泸县地名录/2467

008427300 四川省合江县地名录/2468

008427292 四川省叙永县地名录/2468

008421486 四川省古蔺县地名录/2469

008634579 四川省德阳县地名录/2470

008424132 四川省中江县地名录/2474

008425839 四川省广汉县地名录/2471
008427170 四川省什邡县地名录/2472
008425848 四川省绵竹县地名录/2473
008424103 四川省绵阳市地名录/2480
008414457 四川省三台县地名录/2486
008395139 四川省盐亭县地名录/2486
008395133 四川省安县地名录/2487
008395135 四川省梓潼县地名录/2488
008395128 四川省北川县地名录/2490
008414171 四川省平武县地名录/2489
008414448 四川省江油县地名录/2484
008428251 四川省广元县地名录/2492
009995323 四川省旺苍县地名录/2494
008395134 四川省青川县地名录/2499
008414449 四川省剑阁县地名录/2500
008427259 四川省苍溪县地名录/2500
008414443 四川省遂宁县地名录/2504
008428071 四川省蓬溪县地名录/2505
008414195 四川省射洪县地名录/2507
008428717 四川省内江地区内江市地名录/2514
008425886 四川省内江县地名录/2516
008428746 四川省威远县地名录/2517
008428844 四川省资中县地名录/2518
008428086 四川省隆昌县地名录/2519
008428730 四川省乐山地区乐山市地名录/2521
008428728 四川省眉山县地名录/2521
008414090 四川省金口河工农区地名录/2523
008428094 四川省犍为县地名录/2529
008424046 四川省井研县地名录/2530
008428380 四川省夹江县地名录/2532
008414212 四川省沐川县地名录/2534

008425354 四川省马边彝族自治县地名录/2535
008428452 四川省峨眉县地名录/2524
008428816 四川省南充地区南充市地名录/2538
008428807 四川省南充县地名录/2538
008428197 四川省南部县地名录/2540
008424068 四川省营山县地名录/2541
008414225 四川省蓬安县地名录/2541
008424110 四川省仪陇县地名录/2542
008414188 四川省西充县地名录/2542
008428446 四川省阆中县地名录/2539
008414451 四川省仁寿县地名录/2544
008428722 四川省彭山县地名录/2545
008414203 四川省洪雅县地名录/2546
008414219 四川省丹棱县地名录/2546
008423992 四川省青神县地名录/2546
008425301 四川省宜宾地区宜宾市地名录/2549
008428660 四川省南溪县地名录/2549
008428655 四川省宜宾县地名录/2549
008428265 四川省江安县地名录/2550
008395119 四川省长宁县地名录/2550
008428649 四川省高县地名录/2551
008428260 四川省珙县地名录/2551
008395116 四川省筠连县地名录/2552
008414053 四川省兴文县地名录/2553
008427326 四川省屏山县地名录/2553
008414187 四川省广安县地名录/2554
008414223 四川省岳池县地名录/2555
008395105 四川省武胜县地名录/2556
008428651 四川省邻水县地名录/2557
008414191 四川省华云工农区地名录/2555

008414229 四川省达县地区达县市地名录/2559

008428468 四川省达县地名录/2560

008428179 四川省宣汉县地名录/2563

008428324 四川省开江县地名录/2563

008428236 四川省大竹县地名录/2564

008428190 四川省渠县地名录/2565

008428837 四川省白沙工农区地名录/2562

008428153 四川省万源县地名录/2562

008425295 四川省雅安地区雅安县地名录/2567

008425216 四川省名山县地名录/2569

008425279 四川省荥经县地名录/2569

008425257 四川省石棉县地名录/2572

008425222 四川省天全县地名录/2573

008428089 四川省芦山县地名录/2573

008428326 四川省巴中县地名录/2576

008428248 四川省通江县地名录/2579

008428205 四川省南江县地名录/2580

008428209 四川省平昌县地名录/2582

008428723 四川省资阳县地名录/2583

008428462 四川省安岳县地名录/2587

008425275 四川省汉源县地名录/2590

008428273 四川省乐至县地名录/2590

008428068 四川省简阳县地名录/2586

008414476 四川省阿坝藏族自治州汶川县地名录/2594

008414073 四川省阿坝藏族自治州理县地名录/2595

008414063 四川省阿坝藏族自治州茂汶羌族自治县地名录/2595

008423967 四川省阿坝藏族自治州松潘县地名录/2596

008423974 四川省阿坝藏族自治州南坪县地名录/2597

008414458 四川省阿坝藏族自治州金川县地名录/2597

008395100 四川省阿坝藏族自治州小金县地名录/2598

008395131 四川省阿坝藏族自治州黑水县地名录/2598

008425411 四川省阿坝藏族自治州马尔康县地名录/2593

008414466 四川省阿坝藏族自治州壤塘县地名录/2598

008414088 四川省阿坝藏族自治州阿坝县地名录/2599

008414482 四川省阿坝藏族自治州若尔盖县地名录/2599

008414480 四川省阿坝藏族自治州红原县地名录/2600

008425390 四川省甘孜藏族自治州康定县地名录/2603

008425422 四川省甘孜藏族自治州泸定县地名录/2603

008428123 四川省甘孜藏族自治州丹巴县地名录/2603

008425397 四川省甘孜藏族自治州九龙县地名录/2604

008425378 四川省甘孜藏族自治州雅江县地名录/2604

008428113 四川省甘孜藏族自治州道孚县地名录/2604

008428330 四川省甘孜藏族自治州炉霍县地名录/2605

008428131 四川省甘孜藏族自治州甘孜县地名录/2605

008428106 四川省甘孜藏族自治州新龙县地名录/2605

008428120 四川省甘孜藏族自治州德格县地名录/2606

008428711 四川省甘孜藏族自治州白玉县地名录/2606

008428101 四川省甘孜藏族自治州石渠县地名录/2606

008428116 四川省甘孜藏族自治州色达县地名录/2607

008425373 四川省甘孜藏族自治州理塘县地名录/2607

008428699 四川省甘孜藏族自治州巴塘县地名录/2607

008425382 四川省甘孜藏族自治州乡城县地名录/2608

008425345 四川省甘孜藏族自治州稻城县地名录/2608

008428702 四川省甘孜藏族自治州得荣县地名录/2608

008428685 四川省凉山彝族自治州西昌县地名录/2613

008428693 四川省凉山彝族自治州木里藏族自治县地名录/2619

008428665 四川省凉山彝族自治州盐源县地名录/2613

008428292 四川省凉山彝族自治州德昌县地名录/2613

008428284 四川省凉山彝族自治州会理县地名录/2613

008428334 四川省凉山彝族自治州宁南县地名录/2614

008428076 四川省凉山彝族自治州普格县地名录/2615

008428682 四川省凉山彝族自治州布拖县地名录/2615

009116520 四川省凉山彝族自治州金阳县地名录/2615

008428296 四川省凉山彝族自治州昭觉县地名录/2616

008428280 四川省凉山彝族自治州喜德县地名录/2616

008428673 四川省凉山彝族自治州冕宁县地名录/2617

008428672 四川省凉山彝族自治州越西县地名录/2617

008428667 四川省凉山彝族自治州甘洛县地名录/2618

008423959 四川省凉山彝族自治州美姑县地名录/2618

008423984 四川省凉山彝族自治州雷波县地名录/2619

009560679 贵州省地名志/2629

009348630 贵州省地名志溶洞录/2629

008660312 贵阳市乌当区地名志/2638

008540031 开阳县地名录/2640

008540041 贵州省息烽县地名录/2641

008540043 修文县地名录/2642

008539966 贵州省清镇县地名志/2640

008541020 贵州省六盘水市地名录/2647

008540959 贵州省遵义市地名志/2653

008541131 贵州省绥阳县地名志/2657

008539964 正安县地名志/2658

008540974 贵州省道真县地名录/2661

008541026 贵州省凤冈县地名录/2659

008540963 贵州省湄潭县地名录/2659

008540968 贵州省余庆县地名录/2659

008928949 习水县地名录/2660

008539951 贵州省赤水县地名志/2654
008540014 贵州省仁怀县地名录/2655
008540958 安顺市地名录/2663
008540522 安顺县地名录/2663
008540329 贵州省平坝县地名录/2664
008540977 贵州省普定县地名录/2665
008540023 贵州省关岭布依族苗族自治县地名录/2666
008541016 贵州省紫云苗族布依族自治县地名录/2666
008541027 贵州省毕节县地名录/2670
008540989 贵州省黔西县地名录/2671
008540992 贵州省织金县地名录/2673
008539985 贵州省纳雍县地名录/2673
008540056 贵州省威宁彝族回族苗族自治县地名录/2674
008541033 贵州省赫章县地名录/2673
008540980 贵州省铜仁县地名录/2678
008540983 贵州省万山特区地名录/2678
008540314 贵州省石阡县地名志/2680
008540216 贵州省思南县地名录/2680
008540046 贵州省兴仁县地名录/2687
008540336 贵州省普安县地名录/2688
008541133 贵州省贞丰县地名录/2688
008539978 贵州省册亨县地名录/2688
009335877 贵州省黔东南苗族侗族自治州地名志/2694
007851003 贵州省黔东南苗族侗族自治州地名志/2694
008541037 贵州省凯里市地名志/2695
008540996 贵州省黄平县地名志/2695
008541039 贵州省施秉县地名志/2695
008665841 贵州省三穗县地名志/2696
008539959 贵州省镇远县地名志/2696

008539990 贵州省岑巩县地名志/2697
008541129 贵州省天柱县地名志/2697
008541044 贵州省锦屏县地名志/2698
008541041 贵州省剑河县地名志/2698
008539993 贵州省台江县地名志/2699
008540998 贵州省黎平县地名志/2699
008541051 贵州省榕江县地名志/2700
008541047 贵州省从江县地名志/2700
008541001 雷山县地名志/2701
008540994 贵州省麻江县地名志/2701
008541005 贵州省丹寨县地名志/2702
008964677 贵州省都匀市地名志/2707
008541008 贵州省福泉县地名志/2707
008540025 贵州省贵定县地名录/2707
008541034 贵州省瓮安县地名录/2708
008540324 贵州省独山县地名录/2708
008541050 贵州省平塘县地名录/2708
008539975 贵州省龙里县地名录/2709
008540317 贵州省三都水族自治县地名录/2710
008416413 云南省昆明市地名志/2735
008427872 云南省昆明市五华区地名志/2741
008427867 云南省昆明市盘龙区地名志/2742
008416427 云南省昆明市官渡区地名志/2745
008427877 昆明市西山区地名志/2748
008423648 云南省呈贡县地名志/2740
008426801 晋宁县地名志/2752
008423594 云南省富民县地名志/2752
008427182 云南省宜良县地名志/2753
008427857 云南省路南彝族自治县地名志/2757

008427805 云南省嵩明县地名志/2754

008390675 云南省禄劝彝族苗族自治县地名志/2758

008420761 云南省东川市地名志/2759

009995669 云南省寻甸回族彝族自治县地名志/2759

008417964 云南省安宁县地名志/2750

008427190 云南省曲靖市地名志/2762

008424630 云南省马龙县地名志/2765

008424640 云南省陆良县地名志/2766

008423603 云南省师宗县地名志/2767

009678544 云南省罗平县地名志/2768

009677998 云南省富源县地名志/2769

008423057 云南省会泽县地名志/2770

008423831 云南省宣威县地名志/2764

008418172 云南省玉溪市地名志/2775

008416439 云南省江川县地名志/2779

008416436 云南省澄江县地名志/2780

008427239 云南省通海县地名志/2781

009677983 云南省峨山彝族自治县地名志/2788

008427810 云南省新平彝族傣族自治县地名志/2790

008416432 云南省元江哈尼族彝族傣族自治县地名志/2792

008426062 云南省保山市地名志/2795

009769263 云南省施甸县地名志/2798

008423348 云南省腾冲县地名志/2799

008426072 云南省龙陵县地名志/2800

008427793 云南省昭通市地名志/2802

008427214 云南省鲁甸县地名志/2804

008427222 云南省巧家县地名志/2805

008427860 云南省盐津县地名志/2805

008423623 云南省大关县地名志/2806

008427785 云南省永善县地名志/2806

008423345 云南省绥江县地名志/2806

008423662 云南省镇雄县地名志/2807

008416415 云南省彝良县地名志/2807

008427821 云南省威信县地名志/2808

008423542 水富县地名志/2808

008423085 云南省永胜县地名志/2811

008427246 云南省思茅县地名志/2815

007672168 普洱哈尼族彝族自治县地名志/2816

010239107 云南省普洱哈尼族彝族自治县地名志/2816

008427830 云南省墨江哈尼族自治县地名志/2817

008427787 云南省景东彝族自治县地名志/2818

008423514 云南省景谷傣族彝族自治县地名志/2819

008423838 云南省镇沅县地名志/2820

008427209 云南省江城哈尼族彝族自治县地名志/2821

008424625 云南省孟连傣族拉祜族佤族自治县地名志/2821

008423482 云南省澜沧拉祜族自治县地名志/2822

008426721 云南省西盟佤族自治县地名志/2822

008427802 云南省临沧县地名志/2825

009677995 云南省凤庆县地名志/2826

008427823 云南省云县地名志/2828

008418222 云南省永德县地名志/2829

008416423 云南省镇康县地名志/2829

008416434 云南省双江拉祜族佤族布朗族傣族自治县地名志/2830

008423545 云南省耿马傣族佤族自治县地名志/2831

008426742 云南省沧源佤族自治县地名志/2832

008423389 云南省楚雄市地名志/2836

008416445 云南省双柏县地名志/2837

008423089 云南省牟定县地名志/2837

008426724 云南省南华县地名志/2838

008427879 云南省姚安县地名志/2838

008417955 云南省大姚县地名志/2839

008418052 云南省永仁县地名志/2840

007183995 云南省元谋县地名志/2840

008423379 云南省武定县地名志/2841

008427175 云南省禄丰县地名志/2842

008427825 云南省个旧市地名志/2846

008427217 云南省开远市地名志/2847

008423846 云南省蒙自县地名志/2845

010289625 云南省弥勒县地名志/2848

009678775 云南省屏边苗族自治县地名志/2852

008423654 云南省建水县地名志/2849

008427204 云南省石屏县地名志/2850

012208561 云南省泸西县地名志/2850

008426728 云南省元阳县地名志/2851

008416442 云南省红河县地名志/2851

008427198 云南省金平苗族瑶族傣族自治县地名志/2852

008426737 云南省绿春县地名志/2851

009677990 云南省河口瑶族自治县地名志/2853

008427816 文山县地名志/2855

008427230 云南省砚山县地名志/2856

008426807 云南省西畴县地名志/2856

008426770 云南省麻栗坡县地名志/2857

008420749 云南省马关县地名志/2859

008423619 云南省邱北县地名志/2859

008426780 云南省广南县地名志/2860

008423863 云南省富宁县地名志/2860

008423528 云南省景洪县地名志/2863

008427249 云南省勐海县地名志/2864

008427792 云南省勐腊县地名志/2864

008427776 云南省大理市地名志/2872

008427243 云南省漾濞彝族自治县地名志/2883

008423588 云南省祥云县地名志/2874

008427193 云南省宾川县地名志/2876

008426739 云南省弥渡县地名志/2877

008418008 云南省南涧彝族自治县地名志/2884

008423610 云南省巍山彝族回族自治县地名志/2885

008426060 云南省永平县地名志/2878

008423065 云南省云龙县地名志/2879

008423079 云南省洱源县地名志/2880

008426734 云南省剑川县地名志/2881

008416426 云南省鹤庆县地名志/2882

008423642 云南省瑞丽县地名志/2889

008427799 云南省畹町市地名志/2889

008427837 云南省梁河县地名志/2890

009995674 云南省盈江县地名志/2890

009995651 云南省碧江县地名志/2895

008426046 云南省泸水县地名志/2894

009561839 福贡县地名志/2895

012609856 贡山独龙族怒族自治县地名志/2896

008418177 云南省贡山独龙族怒族自治县地名志/2896

008426067 云南省兰坪白族普米族自治

县地名志/2899
008427779 云南省中甸县地名志/2904
008423334 云南省德钦县地名志/2904
008427782 云南省维西傈僳族自治县地名志/2905
009149400 西藏自治区地名志/2912
008542632 陕西省西安市地名志/2942
008542636 西安市碑林区地名录/2946
009433661 西安市莲湖区地名录/2947
008542682 西安市灞桥区地名志/2947
008542685 西安市雁塔区地名录/2948
008542385 陕西省蓝田县地名志/2949
012636498 周至县地名志/2950
008542623 陕西省户县地名志/2950
008542064 陕西省高陵县地名志/2951
008542690 陕西省扶风县地名志/2966
012266256 陕西省咸阳市地名志/2977
009433650 陕西省三原县地名志/2979
008542313 陕西省泾阳县地名志/2980
008542052 陕西省乾县地名志/2980
008542343 陕西省彬县地名志/2981
008542622 陕西省旬邑县地名志/2982
013934396 陕西省澄城县地名志/2988
008542657 陕西省韩城市地名志/2985
013865479 延安市宝塔区地名志/2993
008542088 陕西省延长县地名志/2993
010293332 陕西省延川县地名志/2994
012836231 陕西省富县地名志/2996
008542675 陕西省黄龙县地名志/2997
008542639 陕西省黄陵县地名志/2997
013991401 陕西省汉中市地名志/2999
008542384 陕西省留坝县地名志/3001
008542644 陕西省佛坪县地名志/3001
012661829 陕西省石泉县地名志/3011

008542650 陕西省镇平县地名志/3012
012049313 甘肃省景泰县地名志/3048
008453868 甘肃省武威县地名资料汇编/3054
013146325 肃南裕固族自治县标准地名录/3061
012998915 敦煌地名志/3067
009043440 青海省西宁市地名录/3098
008668149 大通回族土族自治县地名志/3100
012252318 青海省湟中县地名志/3099
013958937 青海省海北藏族自治州地名志/3103
013461910 青海省门源回族自治县地名志/3104
013659772 青海省祁连县地名志/3104
012252314 青海省海晏县地名志/3103
013342437 青海省刚察县地名志/3104
012542797 青海省同德县地名志/3106
012252310 青海省海西蒙古族藏族自治州地名志/3109
009160020 银川市地名志/3125
013753729 宁夏回族自治区永宁县地名志/3128
009016946 宁夏回族自治区平罗县地名志/3133
009016936 陶乐县地名志/3133
009016931 宁夏回族自治区吴忠市地名志/3134
009387127 宁夏回族自治区盐池县地名志/3136
009016942 宁夏回族自治区同心县地名志/3137
009799254 宁夏回族自治区西吉县地名

志/3139

009016945 宁夏回族自治区隆德县地名志/3140

009392502 宁夏回族自治区泾源县地名志/3140

009016934 宁夏回族自治区中卫县地名志/3141

009387123 宁夏回族自治区海原县地名志/3143

009962444 新疆维吾尔自治区地名录乙种本/3161

012636858 新疆维吾尔自治区乌鲁木齐市地名图志/3169

011479366 新疆维吾尔自治区米泉县地名图志/3172

009393040 乌鲁木齐县地名图志/3172

009174489 新疆维吾尔自治区克拉玛依市地名图志/3173

012208472 新疆维吾尔自治区克拉玛依市地名志/3173

012175090 新疆维吾尔自治区昌吉回族自治州地名图志/3191

011479346 新疆维吾尔自治区昌吉市地名图志/3192

011909883 阜康县地名图志/3192

012208467 新疆维吾尔自治区呼图壁县地名图志/3193

009042838 博乐市地名图志/3197

012900037 新疆维吾尔自治区温泉县地名图志/3198

011809443 新疆维吾尔自治区库尔勒市地名图志/3200

012636873 和静县地名图志/3202

012506388 新疆维吾尔自治区温宿县地名图志/3182

012140811 新疆维吾尔自治区阿图什县地名图志/3204

011809372 新疆维吾尔自治区阿克陶县地名图志/3204

011809452 新疆维吾尔自治区乌恰县地名图志/3205

008924770 新疆维吾尔自治区喀什地区地名图志/3185

011809428 新疆维吾尔自治区喀什市地名图志/3185

012723377 叶城县地名图志/3186

012506384 新疆维吾尔自治区巴楚县地名图志/3187

012191938 和田地区地名图志/3188

012208477 墨玉县地名图志/3189

012052448 新疆维吾尔自治区洛浦县地名图志/3189

012208392 策勒县地名图志/3189

011479353 新疆维吾尔自治区奎屯市地名图志/3209

011793175 新疆维吾尔自治区伊宁县地名图志/3210

012052454 伊宁县地名志 新疆维吾尔自治区伊宁县地名志/3210

009414996 新疆维吾尔自治区察布查尔锡伯自治县地名图志/3214

012052443 新疆维吾尔自治区巩留县地名图志/3211

012052449 新疆维吾尔自治区特克斯县地名图志/3212

011584731 新疆维吾尔自治区尼勒克县地名图志/3213

012099799 沙湾县地名图志/3219

009042813 新疆维吾尔自治区裕民县地名图志/3219

011809405 新疆维吾尔自治区和布克赛尔蒙古自治县地名图志/3220

009042822 新疆维吾尔自治区富蕴县地名图志/3221

011479348 新疆维吾尔自治区哈巴河县地名图志/3223

012689847 新疆维吾尔自治区青河县地名图志/3223

013010961 新疆维吾尔自治区吉木乃县地名图志/3223

012174908 新疆维吾尔自治区石河子市地名图志/3226

008409684 台湾省地名录/3235

009290407 台南县平埔地名志/3251

007983969 香港地名录/3260

010731621 北京胡同志/34

009315134 北京街巷图志/34

009878613 北京街巷胡同分类图志/47

008380178 北京市丰台区街乡概况/54

008446367 江宁县施政概况 1986-1990/825

011905484 武林街巷志/981

009411865 永嘉山水图志/1029

012140247 三坊七巷志/1210

011585100 厦门地志/1229

008830626 罗田岩志/1341

005650682 广东地志/2128

005635178 中山地形志 初稿/2244

012635690 成都街巷志/2428

012545587 宜宾城街区图志/2548

007935938 台北地志新探/3239

009994859 营口资源图志 旅游 动植物 城乡 建设 矿产 水 人物 通信/543

012338663 营口资源图志 文化艺术 新闻 科技 体育 教育 卫生 交通 财税 金融/543

007597273 中国风物志/3274

011430317 [北京风物图志]会馆/33

011430328 [北京风物图志]祭坛/33

011430338 [北京风物图志]老字号/33

010148437 [北京风物图志]琉璃厂/33

009804445 [北京风物图志]庙会/33

011430343 [北京风物图志]前门/33

009804281 [北京风物图志]什刹海/33

009804274 [北京风物图志]天桥/33

009804278 [北京风物图志]王府/33

009804286 [北京风物图志]王府井/34

001736930 北京风物志/34

008758543 清华园风物志/29

009378158 清华园风物志 清华大学新清华特辑/29

013002501 [北京风物图志]什刹海图志/47

008679552 海淀古镇风物志略/56

001737964 天津风物志/86

009881541 蓟州风物志/102

001738326 河北风物志/116

013131235 石家庄风物志/126

011805841 任县风物志/176

013751651 定州风物志/188

011571267 张家口市风物志/200

001737521 山西风物志/254

012175151 杨家村风物志/265

011431326 大寨风物志/317

009349655 内蒙古风物志/376

009313073 内蒙古呼伦贝尔风物志/421

008959318 内蒙古锡林郭勒风物志/445

009387114 辽宁风物志/464

011804106 本溪满族自治县风物志 /532
008846183 锦州风物志 /539
001643331 吉林风物志 /577
001691274 上海风物志 /745
001718674 江苏风物志 /801
001795432 南京风物志 /814
001795230 无锡风物志 /832
001678917 徐州风物志 /849
011757717 丰县风物志 /859
001811257 苏州风物志 /884
012759004 江苏海安风物志 /910
001795346 连云港风物志 /915
005598488 扬州风物志 /935
012969676 宿迁风物志 /956
001643151 浙江风物志 /968
012719050 黄岩风物志 /1090
001936791 安徽风物志 /1117
010475894 马鞍山风物志 /1144
012899802 皖西风物志 /1177
002396311 福建风物志 /1203
013064790 晋安风物志 /1215
012661650 闽侯风物志 /1219
011757602 大泉州风物志 /1247
012872988 江山风物志 /1269
013090949 大宁德风物志 /1274
008451108 闽东风物志 /1274
001678919 江西风物志 /1291
001690808 山东风物志 /1404
010010299 山东平阴风物志 /1425
006125660 淄博风物志 /1457
003919475 烟台风物志 /1491
002051133 临沂风物志 /1562
010577446 德州风物志 /1579
002370579 河南风物志 /1623

013129039 巩义风物志 /1660
001718682 湖北风物志 /1822
010577079 应城风物志 历史人文风情100篇 /1907
001737577 湖南风物志 /1974
012049499 湖南望城一中风物志 /1989
012614008 醴陵风物志 /2004
001738149 广东风物志 /2128
001770573 罗浮山风物志 /2221
013731153 饶平风物志 /2247
001690740 广西风物志 /2275
012051741 南宁风物志 /2280
013190063 昭平风物志 /2326
001737779 四川风物志 /2411
010005563 金牛风物 /2432
011328432 大英风物志 /2509
012831544 珙县僰人风物志 /2551
001718679 贵州风物志 /2629
012684573 黔东南风物志 /2694
011995412 从江风物志 /2700
001738115 云南风物志 /2724
008664867 云南风物志 /2724
012052562 云南新旅游风物志 /2724
002175740 昆明风物志 /2735
009337918 新编昆明风物志 /2735
009174502 新编曲靖风物志 /2762
009162001 陆良风物志 /2766
010243930 沾益风物志 /2770
008597796 新编玉溪风物志 /2775
009677958 澄江风物志 /2780
009337933 新编昭通风物志 /2802
013630735 镇雄县风物志 /2807
008271740 新编丽江风物志 /2811
008597804 新编思茅风物志 /2815

008597807 新编临沧风物志/2824	005635628 基隆风物志/3254
008271680 新编楚雄风物志/2835	007475849 新竹风物志/3254
009867375 元谋风物志/2840	010577044 东区风物志 集体记忆社区情/3259
008597809 新编红河风物志/2844	013183719 九龙城区风物志/3259
011312412 弥勒风物志/2848	001738329 香港方物志/3259
008597795 新编文山风物志/2855	001737881 香港方物志/3259
008271611 新编西双版纳风物志/2862	001738328 香港方物志/3259
008271670 新编大理风物志/2869	012009347 香港风物志/3259
012100861 云龙风物志/2879	013190411 香港中西区风物志/3260
009561843 鹤庆风物志/2882	009243475 龙潭区地理志/606
008597802 新编德宏风物志/2887	003408632 浙江地理简志/968
008597810 新编怒江风物志/2894	010112105 肥城地理志/1542
008271686 新编迪庆风物志/2902	007591717 河南地理志/1624
012132632 迪庆·香格里拉旅游风物志 沿着地名的线索/2904	008417034 洛阳市地理志/1691
007274615 西藏风物志/2911	010294071 南阳地区地理志/1773
009790397 西藏风物志/2912	009240402 沿河土家族自治县地理志/2682
001737959 甘肃风物志/3028	005101459 西安市地理志/2942
009336890 甘肃河西走廊风物志/3028	008992716 陕西省铜川市地理志/2953
009510525 陇南风物志/3076	008096649 陕西省宝鸡市地理志/2960
008959313 甘肃甘南风物志/3082	007262060 陕西省渭南地区地理志/2984
001691168 青海风物志/3094	001737369 陕西省延安地区地理志/2993
009387126 宁夏风物志/3119	007366629 陕西省汉中地区地理志/2999
008959306 宁夏银川风物志/3125	006361484 陕西省榆林地区地理志/3003
008959310 宁夏固原风物志/3138	006322612 陕西省安康地区地理志/3010
007632849 新疆风物志/3161	005591189 陕西省商洛地区地理志/3014
013172531 新疆风物志/3161	008543257 克孜勒苏柯尔克孜自治州地理志/3204
009995574 新疆吐鲁番风物志/3175	007658504 "中华民国"史地理志 初稿/3235
011955368 鄯善风物志/3175	005539711 中国区域志/3274
009995567 新疆哈密风物志/3177	003905534 中国省市区志/3274
009399989 新疆巴音郭楞风物志/3199	011757316 北京市行政区划图志/34
009002176 新疆喀什风物志/3185	
009399994 新疆伊犁风物志/3207	
001738325 台湾风物志/3235	

001737431 河北政区沿革志/116
010577548 张家口地市行政区划沿革志/200
008866699 巴彦淖尔盟疆域志征求意见稿/433
008842790 上海旧政权建置志/725
013957738 江苏建置志/801
008817474 南京建置志/814
007468546 泉州市建置志/1247
009392115 江西省行政区划志/1291
012132715 鄂州市建制沿革志/1894
007743761 广州市沿革史略/2134
008437282 汕头建置沿革资料本/2179
007995592 南海县建置志/2191
008815339 南海县建置志/2191
008453684 三水建置志/2194
011375926 重庆建置沿革/2366
013337493 绵阳市建制沿革志/2480
009253946 青川县建置沿革志/2499
008541275 息烽县建置沿革志/2641
005584715 安西府沿革志/3068
009335375 灵山志/58
010730503 百花山志/60
009769209 盘山志/102
009387235 山西山河志/254
013224655 龙林山志/268
012048743 北岳恒山志/274
011998434 太行山大峡谷志/293
012542628 灵空山志/297
009744888 王莽岭志/306
011439888 珏山志/307
011312473 绵山志/314
009266228 五台山志/339
009354550 管涔山志/341

013129959 龙角山志/353
013066952 千山志/519
013066954 千山志1986-2002/519
010146978 五女山志/533
009881790 医巫闾山志/539
002210899 长白山志/578
009901581 九峰志/777
005503986 栖霞山志/820
012721851 马陵山志/855
012814231 苏州山水志/884
009686859 花果山志/915
013726890 大伊山志/919
008848200 焦山志/945
010008776 句容茅山志/951
009995845 径山史志/981
009335254 西天目山志/1002
009388716 莫干山志/1045
011296043 顾渚山志/1046
012680190 会稽山志/1050
011909095 五泄山志/1056
012139435 烂柯山志/1077
008338055 普陀洛迦山志/1085
009332408 九峰广志/1090
011578769 八公山志简编本/1140
009377275 采石志/1144
007506847 浮山志/1155
001717806 天柱山志/1156
010007595 黄山旅游地学志/1159
006361640 黄山志/1159
012811549 黄山志至2008/1159
013509224 齐云山志至2011.6.30/1161
009378093 琅琊山志/1165
013690599 凤阳山志/1168
008811653 九华山志修订本/1186

012141508 于山志/1210
008116868 石竹山志/1217
001719076 九日山志/1252
010280161 九日山志修订本/1247
009673104 清源山志/1247
012846135 戴云山志/1256
009227049 冠豸山志/1272
009386354 云居山新志/1318
011499320 龙虎山志/1325
008423906 翠微峰志/1338
013342438 青原山志/1346
012680325 军峰山志/1371
008846402 葛仙山志/1380
010147427 圭峰志/1381
008424642 三清山志/1377
009334580 崂山志/1441
013415118 鹤山志/1447
012003075 枣庄泉志/1468
013659564 昆嵛山志/1491
007753893 云门山志/1508
013144445 济宁山水志/1519
009962174 峄山新志/1528
010293840 岚山志 1840-2004/1551
008452431 蒙山志/1563
010265832 河南省郑州市密县山水志/1663
010730774 嵩山志/1667
013045675 鸡冠洞志/1696
008353269 大伾山志/1720
008386600 王屋山志/1812
009996620 新编灵泉志/1836
008487349 武当山志/1866
009686567 五雷山志/2065
012721854 莽山志 1958-2003/2079

009961650 九疑山志/2091
009379611 西樵山志/2191
008453763 鼎湖山志/2214
008384872 阴那山志/2225
012970643 玄武山志/2229
002090388 青城山志/2440
008303317 青城山志/2440
009442662 青城山志/2440
009336834 窦圌山志/2484
011478572 太蓬山志/2541
013797081 秀山志/2781
008708869 紫溪山志/2836
011997436 妙峰山志/2839
009855926 武定狮子山志/2841
011995278 苍山志/2869
013686271 太极顶志/2877
013096379 石宝山小志/2881
012766130 龙华山志/2882
012951948 大像山志/3052
011954511 崆峒山新志/3062
011295617 吧咪山志/3080
013897293 贺兰山滚钟口风景区志/3129
011312467 贺兰山志/3129
013756280 天山天池志/3192
008301311 台湾高山历志/3235
007477808 阳明山新方志/3256
004761537 中国河川志/3274
008378560 海河志/86
008453103 海河志大事记/86
008534183 滦河志/89
011320897 汾河志/255
011805429 晋中汾河志/312
011500561 三峪志/327
009804227 壶口志/353

009853987 辽河志/588	008982407 中国盐湖志/3276
009853989 松花江志/588	010293030 中国沼泽志/3276
010280398 京杭运河志苏北段/801	008385623 白洋淀志/195
012251326 京杭运河志苏南段/801	007913617 呼伦湖志/421
008845861 飞云江志/970	008729673 呼伦湖志续志一 1987-1997/421
009124598 瓯江志/970	013129689 呼伦湖志续志二 1998-2007/421
009348384 姚江志/970	009768639 长春净月潭志/588
008838753 淮河志/1136	012658217 查干湖志 1547-2007/627
009060066 淮河综述志/1135	013932185 镜泊湖志/706
012927695 修河志/1314	013752442 洪泽湖通志/923
013792437 济南泉水志/1415	009024681 洪泽湖志/923
013686595 郑州市金水河志/1647	009472578 南北湖志/1042
009045839 伊洛河志/1694	008067440 巢湖志/1126
012814154 沁河志/1738	012814283 微山湖志/1530
010160698 长江志/1840	010112101 东平湖志/1544
009157371 长江志通讯总第1-8期 1984-1986 合订本/1836	013662467 中国海岛志辽宁卷/465
013321145 渭水流域志/1920	013662468 中国海岛志江苏 上海卷/801
008835792 珠江志/2142	013723731 中国海岛志山东卷/1404
012546785 珠江续志 1986-2000/2143	013662462 中国海岛志广东卷/2128
011570020 灵渠志初稿/2301	008190704 中国海湾志/3293
012661478 灵渠志/2301	009867446 中国海洋志/3275
008429561 涪江志/2411	009996880 浙江海岛志/968
008429543 岷江志/2411	008450433 舟山海域岛礁志/1083
008429508 渠江志/2411	009799284 山东省海岛志/1405
008429551 沱江志/2411	010290921 河北名胜志/116
008429536 嘉陵江志/2428	009312584 太原风景名胜志/261
008422620 崇庆西河志/2443	011909964 阳泉风景名胜志/277
011998094 青衣江志/2521	010201229 上党风景名胜志/285
013335030 洱源县河湖专志集/2880	012684737 朔州风景名胜志/308
011321085 西藏江河志洪灾录/2912	009561939 小西天志/354
010576450 阿克苏河流域志/3180	009242727 锦州市风景名胜志/539
004757575 中国海港志/3274	012049457 黑龙江旅游景区志/645
008660531 中国湖泊志/3275	012956011 松江文物胜迹志/777
	009335633 十里秦淮志/817

009254107 双龙风景名胜区志/1063	010255459 颐和园志/34
008528206 马鞍山名胜古迹志/1144	012689935 圆明园百景图志/56
013239960 中国古城名胜图志山东卷/1404	013629552 上海方塔园志/745
009675924 临朐名胜志/1516	011441954 上海名园志/745
007772958 登封名胜文物志/1667	013958915 耦园志/884
009554122 石林志/1713	010577001 沈阳故宫志/485
012810020 鄂西北胜境志/1868	013000425 龙江紫云阁重修志/676
001737283 三峡游览志/1875	008429444 滕王阁志/1299
009441894 隆中志/1887	009387158 蓬莱阁志/1499
010577374 株洲文物名胜志/2000	008452473 黄鹤楼志/1842
009383773 武陵源风景志/2064	008380646 岳阳楼志/2041
013184584 千年益阳胜迹图志 历史渊源卷 山水仰止卷 地标景行卷 风物揽胜卷/2069	009510544 镇海楼史文图志/2141
	005397390 望江楼志/2428
009399170 都江堰风景名胜区志/2440	012950472 布达拉宫胜迹志/2913
011325283 合江县文物名胜志试写稿/2468	009045550 新编北京白云观志/46
008836262 阆中风景名胜/2539	013002528 双塔游览志/261
008670084 黄龙风景名胜区志/2596	012626279 晋祠志/266
011310839 九寨沟志/2597	010133967 永乐宫志/336
011310520 丽山古迹名胜志/2942	012503910 东岳庙志/355
009108057 鹿港胜迹志 龙山寺 天后宫 文武庙/3246	012638953 山西石壁玄中寺志/363
	010576832 真如寺志/752
009015706 中国会馆志/3266	012545705 云翔寺志/761
009385526 北京安徽会馆志稿/47	013726885 大林禅寺志/875
008067433 天津黄崖关长城志/103	010474199 常熟破山兴福寺志/896
009243705 山海关长城志/155	009686847 大明寺志/935
012096330 保定会馆志/185	013772725 杭州西湖岳王庙志/986
012543038 王家大院志/322	013144482 径山寺志/995
011492024 南京城墙志/814	013726773 北天目山灵峰寺志/1047
008983352 平遥古城志/320	009341148 大佛寺志/1058
013792199 杭州市党史胜迹图志/981	008973564 衢州孔氏南宗家庙志/1077
013508017 济南革命烈士陵园志 1948-2011/1415	012614146 衢州明果禅寺志/1077
	010118462 高明寺志/1096
011955865 羑里城志/1715	010577004 天台宗观宗讲寺志 1912-1949/1096

013959438 天宁寺志 /1094
009332377 迎江寺志 /1153
009856041 中国禅宗三祖寺志 /1156
012675072 福州开元寺志略 /1212
012139566 南湖太极道观志 /1221
013404417 寒岩天王寺志 /1218
012049517 晦翁岩志 /1218
013144627 南普陀寺志 /1229
012100754 永安寺庙志 /1239
007466624 泉州通淮关岳庙志 /1247
011764837 通淮关岳庙志 /1249
012871801 安溪县城隍庙志 /1254
010195241 清水岩志 /1254
012872233 东山关帝庙志 /1260
012315619 三平寺志 /1261
012952036 古田临水宫志 /1277
012680392 鲤山塔志 /1330
007457511 新编少林寺志 /1668
012049291 洛阳关林志 /1691
008386602 龙马负图寺志 河图之源 /1695
007472004 岳飞庙志 /1715
011329663 岳飞庙志 /1715
012661243 荆楚古刹纪山寺志 /1903
008865179 五祖寺志 /1935
012871828 宝宁寺志 1684-2010 /2006
009863793 广州六榕寺志 /2134
010195275 梅县灵光寺志 /2225
012636991 广东汕尾凤山祖庙志 /2229
009378645 龙山国恩寺志 /2260
010475318 梧州西竺园志 /2305
011512621 青羊宫二仙庵志 /2432
012250930 高堂寺志 /2448
013404373 广德寺志 /2504
010113987 广德寺志 618-1988 /2504

011328132 灵泉寺志 581-1992 /2501
013282468 德格县寺院志 /2606
012970771 云南峨山文明清真寺志 /2784
008844102 大慈恩寺志 /2937
013140915 草堂寺志 /2951
009216938 甘泉宫志 /2995
009337996 张良庙紫柏山风景名胜区志 /3001
009336958 伏羲庙志 /3050
009016805 玉泉观志 /3048
013467155 善华寺志 /3052
012100630 宣化冈图志 /3053
009673109 宣化冈志 /3053
010731761 平凉西寺志 /3062
009683643 西宁东关清真大寺志 /3097
008912061 台北保安宫专志 建宫二百四十周年 /3239
001920272 中港慈裕宫志 /3245
010576996 沈阳福陵志 /485
010577003 沈阳昭陵志 /486
012252356 清永陵志 /527
013940886 中山陵志 /814
009745093 大禹陵志 /1051
007885122 秦始皇帝陵志 /2942
009046103 秦始皇帝陵志 /2942
007986722 茂陵志 /2977
011066589 山海关图志 /155
009244976 娘子关志 /281
012723361 雁门关志 /340
009880359 浒墅关志 /886
013684396 剑门关志 /2500
012263952 碧落桥志 /1360
012658581 汉阳桥梁小志 /1841
012684975 溪东古井志 /1014
013379587 织金洞志 /2673

天文学、地球科学

测绘学

013684557 内蒙古测绘志 /376
008534805 上海测绘志 /745
008530707 浙江省测绘志 /968
008036573 江西省测绘志 /1291
009252575 湖北省测绘志 1840-1985 /1822
012680083 湖北省测绘志 1979-2005 /1823
008990356 武汉测绘志 /1836
011312549 武汉测绘志 1980-2000 /1836
011910135 云南省测绘志 资料版 /2724
008542884 宁夏测绘志 /3119

地球物理学

011294630 福州温泉志 /1210
009387573 横断山区温泉志 /2411
012769631 中国地震局地震研究所志 /35
013797327 中国地震局地壳应力研究所志 1966-2010 /35
008660549 中国地震台志 /3275
010107833 北京市地震监测志 /35
009769300 中国地震局地壳应力研究所地震监测志 /35
009769308 中国地震局地球物理勘探中心地震监测志 /35
009700491 中国地震局地球物理研究所地震监测志 /35
010230911 中国地震局地质研究所地震监测志 /35
009689145 中国地震局第一监测中心地震监测志 /35
010732101 中国地震局分析预报中心地震监测志 /35
012100939 中国地震局综合观测中心地震监测志 /35
009700484 天津市地震监测志 /86
009879173 河北省地震监测志 /116
010576953 山西省地震监测志 /254
009687839 内蒙古自治区地震监测志 /376
009675726 辽宁省地震监测志 /465
009814651 吉林省地震监测志 /578
009685660 黑龙江省地震监测志 /649
009688456 上海市地震监测志 /745
012049555 江苏省地震监测志 /801
009679008 浙江省地震监测志 /968
010293845 安徽省地震监测志 /1117
009804532 福建省地震监测志 /1203
009687428 江西省地震监测志 /1291
011805854 山东省地震监测志 /1405
010275909 山东地震台志 /1415
009959823 河南省地震监测志 /1624
009675311 湖北省地震监测志 /1823
009511233 湖南省地震监测志 /1974
009673623 广东省地震监测志 /2128
009989183 广西壮族自治区地震监测志 /2275
009887131 海南省地震监测志 /2347
013866375 重庆市地震监测志 /2366
009561798 四川省地震监测志 /2411

009678854 云南省地震监测志/2724
009700352 陕西省地震监测志/2934
011943626 甘肃省地震监测志/3028
009675806 青海省地震监测志/3094
009817812 宁夏回族自治区地震监测志/3119
009700487 新疆维吾尔自治区地震监测志/3161
013775987 小店区地震志/264
008866683 己巳雁北地震志/271
012811633 晋城市地震志/299
012766330 平遥县地震志/320
012899046 临汾市地震志/344
012662269 沈阳地震志1970-2009/486
008536757 鞍山市地震志/517
011563734 本溪市地震志送审稿/531
012506577 营口市地震志/543
011757791 [阜新市]地震志/546
010469301 通化市地震志/618
001947493 江苏地震志/801
011571032 徐州市地震志/849
009557503 福州市地震志/1211
009198442 江西省地震志/1291
011809785 枣庄市地震志/1468
013862834 临沭县地震志/1563
013752701 莒南县地震志/1571
008379336 湖北地震志/1823
012845997 湖北省地震志/1823
013314420 鄂州地震志/1894
011995613 佛山地震志/2186
002395817 广西地震志/2275
013629308 彭县地震志/2441
010250773 乐山地区地震志/2521
012968200 乐山市地震志1984-2003/2521

013819356 峨眉县地震志/2524
013820244 洪雅县地震志/2546
009387596 南坪县地震志/2597
012612997 玉溪市地震志/2775
008836997 峨山彝族自治县地震志/2788
007572591 西安市地震志/2942
008993625 陕西省商洛地区地震志/3014
013093107 兰州地震志/3038
013093109 兰州地震志/3038
009399127 武威市地震志/3055
013462657 天祝藏族自治县地震志/3057
009392489 中卫县地震志/3141
008195176 中国水文志/3275
008486602 呼伦贝尔盟水文志/421
008299021 江西省水文志/1291
009866868 山东黄河水文志/1405
011762050 河南省水文志/1624
010252067 黄河水文志送审稿/1647
008421052 黄河水文志/1647
010576643 湖南省水文志/1974
013369911 广东省水文志/2128
011942164 阿坝州水文志/2593
012900226 云南省水文志/2724
011501603 西藏水文志/2912
011584836 陕西省水文志/2934
009553982 宁夏水文志/3120

大气科学(气象学)

009869617 山西气象志/254
013220897 阿拉善盟气象局站史志/450
013936365 沈阳气象志/486
007838092 上海气象志/745
013898518 南通气象志/906
013045621 洪泽气象志/923

012208251 宿迁气象志/956
008446437 浙江省气象志/968
009341142 宁波气象志/1009
011809479 新台州气象志/1088
013881648 安徽省气象志 1986-2005/1117
013506759 阜阳地区气象志/1169
008298997 江西省气象志/1291
008299884 萍乡市气象志/1309
009687418 会昌县气象志/1343
008844706 江西省吉安地区气象志/1345
012249812 德州地区气象志/1579
009381421 河南省周口地区气象志/1799
009348077 湖北气象志/1823
012626273 湖北省气象志 1979-2000/1823
011954285 湖南省气象志/1974
013990677 湖南省浏阳市气象志 1956-2003/1992
007984245 醴陵气象志/2005
011998590 湘潭气象志/2014
008195182 沅陵县气象志/2099
012174889 深圳市气象志/2171
008067620 惠州市气象志/2219
010576582 东莞市气象志/2242
012769481 永川市志气象志 1986-2006/2382
008865328 四川省温江地区气象志/2438
011579683 大英气象志/2509
011570053 内江地区气象志终审稿/2514
013756350 桐梓县气象志/2657
013220907 安龙县气象志/2689
010475749 禄劝彝族苗族自治县气象志/2758
013732561 易门县气象志/2784
011570922 文山壮族苗族自治州气象志/2855
011804204 大理白族自治州气象志/2869
008418297 宝鸡市气象志/2960
007552934 宁夏气象志/3120
013863135 农六师气象志/3229
009553285 中国西北地区风沙志/2934
008486751 辽宁水灾志 1995/465
007651892 辽宁乙丑水灾志/465
008385380 '95鞍山水灾志/518
010009339 抚顺"8·13"水灾志/525
013699111 '95本溪水灾志/531
013659727 盘锦乙丑年水灾志/556
012265115 金华水旱灾害志/1063
011757454 成都水旱灾害志/2428
008421785 内江地区"81·7"洪灾志/2514
008421810 内江市洪灾志/2514
008422551 内江县洪灾志/2516
001969223 北京气候志/35
010118641 华北地区军事气候志资料/36
010200338 内蒙古自治区乌兰察布盟气候志/437
011584493 辽宁省军事气候志/465
011324962 吉林省军事气候志/578
009797084 军事气候志/710
013771859 东海区海洋站海洋水文气候志/770
013091044 阜南县气候志/1171
008299877 萍乡市气候志/1309
011570839 通许县农业气候志初稿/1679
002986530 湖北省气候志/1823
010198894 浏阳县农业气候志/1992
010199456 邵东县农业气候志/2034
010468409 湛江地区气候志/2205

011324944 宜宾专区农业气候志/2549

地质学

010201706 长江中下游地层志寒武-第四系/814

008830413 安徽地层志/1117

008830436 安徽地层志泥盆系石炭系分册/1117

010292611 ［大港石油管理局石油地质勘探开发研究院］地质研究院志 1964.1-1994.1/100

008444055 第一地质调查处志 1973-1991/102

012722239 山西省地质勘查局二一三地质队队志 1960-2009/345

013990906 辽宁省地质矿产研究院志 1952-2012/486

008379234 黑龙江省地质矿产局第一水文地质工程地质大队志 1956-1986/655

009385943 赣南地质调查大队志 1980-1989/1329

011954488 江西省地质矿产局九〇八队志 1952-1987/1329

011479379 新矿集团地质勘探公司志/1539

012139186 河南省地矿局测绘队河南省地质测绘总院队志 1996-2007/1643

012718919 河南省地质矿产勘查开发局第一水文地质工程地质队志 1996-2007/1643

013704171 ［河南省地质矿产厅第三水文地质工程队］队志 1986-1998/1806

009389874 中南冶勘六〇九队志/1837

012256539 ［广西壮族自治区区域地质调查研究院］院志 1958-2008/2281

013144415 桂林矿产地质研究院志 1955-2005/2297

012542924 四川省地质矿产勘查开发局区域地质调查队志 1959-2009/2428

008670003 四川石油管理局地质调查处志/2428

011955506 四川省地质矿产局四〇三地质队志 1954-1986/2524

013772662 贵州省地质矿产勘查开发局测绘院院志 1958-2008/2637

013647489 贵州省有色地质勘查局二总队志/2646

012506627 云南省有色地质三〇八队志/2846

012639053 青海省有色地质矿产勘查局志 1959-2007/3098

012873349 宁夏回族自治区煤田地质局志/3125

012140819 新疆维吾尔自治区地质矿产勘查开发局测绘大队志 1956-2004/3167

012636889 新疆维吾尔自治区地质矿产勘查开发局地球物理化学探矿大队队志 1958-2008/3191

009400081 第三地质调查处志/3200

009411877 石油物探局第二地质调查处志 1973-2002/3180

013757125 新疆维吾尔自治区地质矿产勘查开发局第四地质大队队志 1957-2006/3221

009804459 北京市区域地质志/36

009818052 天津市区域地质志/86

009817797 内蒙古自治区区域地质志/376

009814596	黑龙江省区域地质志/649
010275915	宁镇山脉地质志/802
002643959	浙江省区域地质志/969
001780927	江西省区域地质志/1291
010279687	江西有色地质勘查局志/1299
009817836	山东省区域地质志/1405
009814612	湖北省区域地质志/1823
002523017	湖南省区域地质志/1975
002643998	广东省区域地质志 区域地质/2129
006037870	广西壮族自治区区域地质志/2275
009881532	四川省区域地质志/2412
010201404	四川西康地质志/2412
009818055	西藏自治区区域地质志/2912
002523409	陕西省区域地质志/2934
009553990	青海省区域地质志/3095
009817809	宁夏回族自治区区域地质志/3120
009818047	台湾省区域地质志/3236
008385873	中国石油地质志第2卷 大庆 吉林油田/689
008190707	中国石油地质志第3卷 辽河油田/555
007981691	中国石油地质志第4卷 大港油田/100
008190674	中国石油地质志第5卷 华北油田/221
008190709	中国石油地质志第6卷 胜利油田/1479
008190706	中国石油地质志第7卷 中原南阳油田/1745
008190702	中国石油地质志第8卷 苏浙皖闽油气区/798
008385860	中国石油地质志第9卷 江汉油田/1954
008385857	中国石油地质志第10卷 四川油气区/2408
008190696	中国石油地质志第11卷 滇黔桂油气区/2721
008190701	中国石油地质志第12卷 长庆油田/2940
008385849	中国石油地质志第13卷 玉门油田/3066
008190692	中国石油地质志第14卷 青藏油气区/3092
008190737	中国石油地质志第15卷 新疆油气区/3158
009769292	浙江省水文地质志/968
013528953	贵州省水文地质志/2629
007662288	中国金矿物志/3275
006310644	中国矿产志/3275
011324952	白云鄂博矿物志/394
011324956	凤城矿物志/536
011324958	富钟贺矿物志/2327
013792209	河北省石家庄市地质矿产志/127
011955677	屯兰矿志/267
012873035	老虎台矿志 1901-1990/525
012873019	老虎台矿志 1991-2007/525
008486622	吉林地区矿产志略/603
008534800	上海地质矿产志/729
009190892	浙江省地质矿产志/968
008692554	江西省地质矿产志/1288
011998156	山东省地质矿产科学技术志/1405
010009725	山东省地质矿产志/1405
010200556	枣庄市地质矿产管理志/1467

008426819 河南省地质矿产志/1624
011440978 灵宝市地质矿产志至1999/1762
011312551 武汉地质矿产志1980-2000/1836
009686315 怀化地区地质矿产志/2095
009126081 雅安地区矿产志/2567
012766121 六枝矿志/2648
003055728 青海地质矿产志/3095
009157455 中国锰矿志/3275
011472927 东北煤田地质局科技志1986-2000/486
009386252 武山铜矿志/1316
010279814 江汉油田勘探志1958-2000/1955
010146971 水口山铅锌志1896-1980/2028
009962618 锡矿山锑矿志1897-1981/2106
012049415 贵州省煤田地质局志/2637
011445766 中国阿尔泰稀有元素矿床矿物志/3161
011447178 中国铀矿物志/3275

009335138 湖北应城石膏矿志/1907
013148936 中国地震局地球物理勘探中心志1955-2005/36
013222237 湖南省地球物理化学勘查院院志1958-2008/1985
012505121 广西壮族自治区地球物理勘察院院志1958-1998/2289

自然地理学

008817501 [南京市]自然地理志/814
011293498 鲤城区自然地理志初稿/1249
009124593 江西省自然地理志/1290
006943878 潮汕自然地理/2179
010244205 合江县自然地理志试写稿/2468
008430474 绵阳市自然地理志/2480
008430343 绵阳市自然地理志/2480
012722024 平武县自然地理志/2489
009253910 青川县自然地理志/2499
009313318 雅安地区自然地理志/2567
006045961 江苏湖泊志/814

生物科学

012264011 潮汕生物资源志略/2179
010730015 舟山海域海洋生物志/1085
013045491 迪庆藏族自治州生物志/2902
007938414 中国古生物志华北月沟群植物化石/36
007936603 中国古生物志南京附近五通系泥盆纪鱼化石/814
007936593 中国古生物志山东莱阳恐龙化石/1497
005981520 中国古生物志华中及西南奥陶纪三叶虫动物群/1823
005929340 中国古生物志湘西南早侏罗世早期植物化石/1974
002921613 中国古生物志湖南中部晚泥盆世及早石炭世苔藓动物/1974
001891485 中国古生物志华南晚二叠世头足

类/2129

001947440 中国古生物志 广东南雄古新世贫齿目化石/2165

005783977 中国古生物志 广东南雄古新世哺乳动物群/2165

005783978 中国古生物志 广东雷琼地区上新世介形类动物群/2207

012655917 中国古生物志 广西西部下三叠纪菊石/2275

005929313 中国古生物志 广西宜山地区晚石炭世马平组的䗴类/2329

003719229 中国古生物志 四川盆地侏罗纪恐龙化石/2411

006003030 中国古生物志 西南地区下奥陶统的笔石/2411

012663855 中国古生物志 贵州西部晚石炭世和早二叠世的䗴类/2629

002982984 中国古生物志 黔南桂中中泥盆世北流期腕足动物/2629

013098041 中国古生物志 云贵晚三叠世孢粉植物群/2724

008473179 中国古生物志 云南富源晚二叠世-早三叠世孢子花粉组合/2725

007936438 中国古生物志 陕北中生代延长层植物群/2935

006484074 中国古生物志 陕西蓝田公王岭更新世哺乳动物群/2949

011480581 中国古生物志 新疆三塘湖盆地三叠纪孢粉组合/3161

001820946 中国古生物志 中国的三趾马化石/3275

007936722 中国古生物志 中国龟鳖类化石/3275

006037618 中国古生物志 中国树形笔石/3275

007938334 中国古生物志 中国的假鳄类/3276

005985656 大巴山西段早古生代地层志/2934

012256652 中国化石植物志 第1卷 中国煤核植物/3276

012690126 中国化石植物志 第2卷 中国化石蕨类植物/3277

006007476 东北第四纪哺乳动物化石志/465

008388811 自贡市恐龙化石志/2455

植物学

013719339 昆仑植物志/3276

013794843 秦岭植物志增补 种子植物/3276

013323231 中国经济植物志/3277

013736489 中国湿地高等植物图志/3276

009840636 中国植物志中名和拉丁名总索引/3276

011310493 北京地区植物志 单子叶植物/36

009106167 北京植物园志/36

006439839 北京植物志/36

012003146 中国科学院植物研究所志/36

009348292 天津植物志/87

009310353 河北野生资源植物志/116

001631542 河北植物志/117

013731342 涉县植物资源志/167

013145719 小五台山植物志/200

011496872 承德地区习见木本植物志/211

009790070 丰宁木本植物志/214

012049443 河北木兰围场植物志/215

003911674 山西植物志/254

006319756 太原植物志/261
012140328 太原植物志/262
012832031 关帝山植物志/357
011998166 山西黑茶山林区植物志/366
012609697 鄂尔多斯植物志/415
003911661 辽宁植物志/465
011324949 吉林省野生经济植物志/578
012317294 中国长白山植物资源志/578
009385039 长白山西南坡野生经济植物志/618
009768587 黑龙江植物资源志/649
011954231 黑龙江省森林植物园园志 1958-2007/658
012999235 江苏省中国科学院植物研究所(南京中山植物园)所(园)志 1929-2009/816
007670687 浙江植物志/969
012559335 天目山植物志/1002
009411364 安徽植物志/1117
009962573 大别山植物志/1117
008830402 皖北资源植物志/1117
009226955 琅玡山植物志/1165
007670460 福建植物志/1203
008423008 江西省动植物志/1288
013630674 沂山植物志/1516
013064849 聊城大学园林植物志/1589
008420760 河南植物志/1624
011957364 郑州植物志/1643
010195490 焦作植物志/1737
006325455 湖北植物志/1823
008992828 湖北植物志/1837
009797315 竹溪植物志/1871
013012737 竹溪植物志补编/1871
012811501 湖南植物志猕猴桃科-交让木科/1975
013659641 明德中学校园植物志/1985
011954268 湖南壶瓶山植物志/2063
010293973 吉首大学校园植物志/2112
009158072 广东植物志/2129
013184296 乐昌植物志/2164
012725627 深圳植物志/2171
009379720 广西植物志/2275
006013481 海南植物志/2347
009679040 重庆缙云山植物志/2366
013183677 金沙江河谷四川攀枝花苏铁国家级自然保护区彩色植物图志/2461
003146871 贵州植物志/2629
006006086 云南植物志/2735
012636693 云南植物志中名拉丁名和经济植物总索引/2735
008994047 陕甘宁盆地植物志/2934
013185707 陕西省植被志/2934
006021319 秦岭植物志/3276
012100062 西安植物志/2942
009446545 黄土高原植物志/2977
009878644 甘肃植物志/3028
011499156 兰州植物通志/3038
001593719 中国沙漠植物志/3039
009336806 甘肃省小陇山高等植物志/3050
008846133 崆峒山植物志/3063
007860310 青海植物志/3095
009106152 麦秀林区植物简志/3105
011584740 宁夏植物志/3120
013335371 贺兰山植物志/3129
005733064 中国滩羊区植物志/3136
010293984 新疆荒漠区主要植物原色图

志/3161
009480322 新疆植物志/3161
013660462 新疆和田草地植物志/3188
013185770 湿地高等植物图志/3276
010238438 中国淡水藻志第11卷 黄藻门/3276
013379598 中国地衣志地卷目/3276
008385232 中国海藻志第2卷 红藻门/3277
012218487 中国海藻志第6卷 甲藻门 第1册 甲藻纲 角藻科/3277
008982511 中国禾草属志计算机自动分类 检索与描述/3277
006018128 中国蕨类植物志属/3277
012816223 中国梅花品种图志/3277
007166632 中国苔藓志第1卷 泥炭藓目/3277
013012708 中国苔藓志第5卷 变齿藓目/3277
004939473 中国藓类植物属志/3277
006017078 中国药用植物志/3289
011329671 中国银杏志/3277
012116217 中国真菌志黏菌卷1 鹅绒菌目 刺轴菌目 无丝菌目 团毛菌目/3277
012099811 中国真菌志黏菌卷2 绒泡菌目 发网菌目/3278
011810754 中国真菌志葚孢属及其相关属/3278
013074882 中国真菌志地星科鸟巢菌科/3278
013012713 中国真菌志腥黑粉菌目条黑粉菌目及相关真菌/3278
010138621 河北野生花卉志/117
006018129 华北经济植物志要/117
012639720 内蒙古白粉菌志/376

012540893 赤峰药用植物志/400
006071364 东北木本植物图志/466
011500860 中国东北野生食药用真菌图志/466
011809868 中国苔纲和角苔纲植物属志/486
009853046 长白山伞菌图志/578
009839654 中国长白山观赏植物彩色图志/579
013236386 中国长白山食用植物彩色图志/578
009480392 长江三角洲及邻近地区孢子植物志/746
008403280 中国食用菌志/747
011891862 江苏沿海地区原色种子植物志裸子植物和双子叶植物离瓣花类/802
009385248 江苏野生植物志/815
008377558 邳县银杏志/857
002923171 浙江药用植物志/969
011310488 杭州药用植物志/982
008830310 安徽经济植物志/1117
008041147 山东苔藓植物志/1405
013045586 河南菌物志/1624
011566234 开封菊花志/1676
012541540 伏牛山药用植物志/1773
009992406 鄂西南药用森林植物志/1824
010962602 湖北恩施药用植物志/1945
009378474 广东大型真菌志/2129
013955841 广东苔藓志/2129
009863895 华南杜鹃花志/2129
009250866 粤北山区大型真菌志/2129
013091090 广西饲用植物志/2275
010777309 海南饲用植物志/2347
006013574 四川省武隆县火炉区药用植

物图志/2393

012955998 四川盆地蕈菌图志/2412

009799369 四川竹类植物志/2412

013926004 贵州蕨类植物志/2630

011757901 贵州食用真菌和毒菌图志/2630

011809742 云南红河竹类图志/2844

001346829 西藏苔藓植物志/2912

011497028 甘肃蜜源植物志/3029

008453890 子午岭木本植物志/3071

010008945 青藏高原甘南藏药植物志/3082

010143750 青海木本植物志/3095

012542724 宁夏常见园林植物种子图志/3120

012099688 宁夏荒漠菌物志/3120

009062144 新疆主要饲用植物志/3161

动物学

008399834 中国动物志 环节动物门 多毛纲 叶须虫目/3279

007903134 中国动物志 环节动物门 蛭纲/3279

008398588 中国动物志 棘皮动物门 海参纲/3279

008399891 中国动物志 节肢动物门 甲壳动物亚门 软甲纲 十足目 束蟹科 溪蟹科/3279

006037708 中国动物志 节肢动物门 甲壳纲 淡水桡足类/3280

007655192 中国动物志 节肢动物门 甲壳纲 淡水枝角类/3280

008442830 中国动物志 节肢动物门 原尾纲/3280

008399858 中国动物志 昆虫纲 第10卷 直翅目 蝗总科 斑翅蝗科 网翅蝗科/3280

008399833 中国动物志 昆虫纲 第11卷 鳞翅目 天蛾科/3280

008399920 中国动物志 昆虫纲 第12卷 直翅目 蚱总科/3280

008399924 中国动物志 昆虫纲 第13卷 半翅目 异翅亚目 姬蝽科/3280

008399972 中国动物志 昆虫纲 第14卷 同翅目/3280

008400912 中国动物志 昆虫纲 第15卷 鳞翅目 尺蛾科 花尺蛾亚科/3280

008442838 中国动物志 昆虫纲 第16卷 鳞翅目 夜蛾科/3281

009059205 中国动物志 昆虫纲 第17卷 等翅目/3281

009059216 中国动物志 昆虫纲 第19卷 鳞翅目 灯蛾科/3281

009059558 中国动物志 昆虫纲 第23卷 双翅目 寄蝇科 1/3281

009059565 中国动物志 昆虫纲 第24卷 半翅目 毛唇花蝽科 细角花蝽科 花蝽科/3281

009059592 中国动物志 昆虫纲 第27卷 鳞翅目 卷蛾科/3281

009059654 中国动物志 昆虫纲 第28卷 同翅目 角蝉总科 犁胸蝉科 角蝉科/3281

009059658 中国动物志 昆虫纲 第29卷 膜翅目 螯蜂科/3281

012209601 中国动物志 昆虫纲 第30卷 鳞翅目 毒蛾科/3281

012209599 中国动物志 昆虫纲 第31卷 鳞翅目 舟蛾科/3281

012245998 中国动物志 昆虫纲 第32卷 直翅目 蝗总科 槌角蝗科 剑角蝗科/3282

010009101 中国动物志 昆虫纲 第43卷 直翅

目 蝗总科 斑腿蝗科/3282

008825664 中国动物志昆虫纲 第44卷 膜翅目 切叶蜂科/3282

010009093 中国动物志昆虫纲 第45卷 同翅目 飞虱科/3282

009962631 中国动物志昆虫纲 第46卷 膜翅目 茧蜂科 窄径茧蜂亚科/3282

011810606 中国动物志昆虫纲 第49卷 双翅目 蝇科(1)/3282

013379655 中国动物志昆虫纲 第50卷 双翅目 食蚜蝇科/3282

012636567 中国动物志昆虫纲 第51卷 广翅目/3282

012724088 中国动物志昆虫纲 第52卷 鳞翅目 粉蝶科/3282

012879009 中国动物志昆虫纲 第53卷 双翅目 长足虻科/3282

012878999 中国动物志昆虫纲 第54卷 鳞翅目 尺蛾科 尺蛾亚科/3283

008399829 中国动物志昆虫纲 第6卷 双翅目 丽蝇科/3283

008399830 中国动物志昆虫纲 第7卷 鳞翅目 祝蛾科/3283

008399828 中国动物志昆虫纲 第8-9卷 双翅目 蚊科/3283

012245995 中国动物志昆虫纲 蚤目/3283

009840630 中国动物志两栖纲/3283

011810616 中国动物志鸟纲 雀形目 鹟科 莺亚科 鸫亚科/3283

008400915 中国动物志爬行纲/3283

008398631 中国动物志腔肠动物门 海葵目 角海葵目 群体海葵目/3283

009357094 中国动物志软体动物门 腹足纲 肺螺亚纲 柄眼目 烟管螺科/3283

008399831 中国动物志软体动物门 腹足纲 中腹足目 宝贝总科/3284

008442832 中国动物志软体动物门 双壳纲 原鳃亚纲 异韧带亚纲/3284

009059702 中国动物志无脊椎动物 第29卷 软体动物门 腹足纲 原始腹足目 马蹄螺总科/3284

012209813 中国动物志无脊椎动物 第41卷 甲壳动物亚门 端足目 钓虾亚目/3284

012209841 中国动物志无脊椎动物 第42卷 甲壳动物亚门 蔓足下纲 围胸总目/3284

011810652 中国动物志无脊椎动物 第47卷 蛛形纲 蜱螨亚纲 植绥螨科/3284

013512072 中国动物志无脊椎动物 第48卷 软体动物门 双壳纲 满月蛤总科 心蛤总科 厚壳蛤总科 鸟蛤总科/3284

009059719 中国动物志硬骨鱼纲 灯笼鱼目 鲸口鱼目 骨舌鱼目/3284

008399844 中国动物志硬骨鱼纲 鲤形目/3285

011810655 中国动物志硬骨鱼纲 鲈形目 第5卷 虾虎鱼亚目/3285

012663843 中国动物志硬骨鱼纲 鳗鲡目 背棘鱼目/3285

008442817 中国动物志硬骨鱼纲 鲇形目/3285

010256644 中国动物志硬骨鱼纲 鲟形目 海鲢目 鲱形目 鼠鱚目/3285

011810683 中国动物志硬骨鱼纲 银汉鱼目 鳉形目 颌针鱼目 蛇鳗目 鳕形目/3285

009357225 中国动物志硬骨鱼纲 鲉形目/3285

008400930 中国动物志原生动物门 肉足虫纲 等辐骨虫目 泡沫虫目/3285

009059878 中国动物志 圆口纲 软骨鱼纲 /3285

008399859 中国动物志 粘体动物门 粘孢子纲 /3285

008399832 中国动物志 蛛形纲 蜘蛛目 蟹蛛 蝲 逍遥蛛科/3286

008399860 中国动物志 蛛形纲 蜘蛛目 园蛛 科/3286

008399857 中国动物志 蛛形纲 蜘蛛目 球蛛 科/3286

006037927 中国经济动物志 淡水软体动物 /3278

006067311 中国经济动物志 淡水鱼类/3278

006031250 中国经济动物志 海产软体动物 /3278

006037912 中国经济动物志 寄生蠕虫/3278

006037572 中国经济动物志 淡水鱼类/3278

009869648 中国经济动物志 海产鱼类/3278

006037893 中国经济动物志 环节(多毛纲) 棘皮 原索动物/3279

002984234 中国经济动物志 陆生软体动物 /3279

008403321 中国经济动物志 鸟类/3279

006037851 中国经济动物志 兽类/3279

012264975 河北动物志 半翅目 异翅亚目 /117

012811384 河北动物志 甲壳类/117

012264985 河北动物志 鳞翅目 小蛾类/117

011762034 河北动物志 蚜虫类/117

009796965 河北动物志 鱼类/117

009796968 河北动物志 蜘蛛类/117

013860743 河北滦河上游国家级自然保 护区脊椎动物志/215

013659779 塞罕坝动物志 脊椎动物卷/215

012208224 朔州市朔城区动物志/309

012317849 内蒙古动物志/376

003998345 辽宁动物志 鸟类/465

011310767 辽宁动物志 兽类/465

009385033 长白山西南坡野生经济动物 志/618

010250642 敦化县野生动物简志/634

011441221 七星河国家级自然保护区动 物志/686

010251780 浙江动物志/969

010292234 江西动物志 人与动物吸虫志 /1291

013990676 湖南动物志 鸟纲 雀形目/1975

012811492 湖南动物志 人体与动物寄生蠕虫 /1975

012811497 湖南动物志 蜘蛛类/1975

012872371 海南两栖爬行动物志/2347

005985768 四川资源动物志/2412

010251860 西双版纳动物志/2862

007670620 青海经济动物志/3095

007520214 宁夏脊椎动物志/3120

008066196 兰阳三郡动物志/3236

013923940 成都动物园志 1953-2010/2428

007670514 中国淡水轮虫志/3278

011809850 中国海产双壳类图志/3278

006047186 中国鲤科鱼类志/3279

009331543 中国骆驼资源图志/3279

008838472 中国鸟类志/3279

005080440 北京鸟类志/36

009332054 北京兽类志/36

011477160 秦皇岛鸟类图志/154

010251096 河北鼠类图志/200

013730286 内蒙古乌梁素海鸟类志/435

011954224 黑龙江省两栖爬行动物志

/649
008445125 黑龙江省鸟类志/649
001718813 黑龙江省兽类志/649
006047183 浙江蛇类志/969
013134018 浙江省家畜禽寄生螨虫志/969
013464347 浙江洞头海产贝类图志/1028
008830283 安徽两栖爬行动物志/1117
008486171 安徽兽类志/1118
010113083 山东鱼类志/1405
009348673 河南啮齿动物志/1624
012898560 河南蜘蛛志蛛形纲 蜘蛛目/1624
008665228 大亚湾鱼类及生物学图志/2219
011327044 南海诸岛海域鱼类志/2347
011068427 贵州两栖类志/2630
006272890 贵州鸟类志/2630
011068472 贵州兽类志/2630
009250951 贵州鱼类志/2630
011321113 滇桂地区蚱总科动物志/2725
008386591 云南两栖类志/2725
008539756 云南鸟类志/2725
001795204 西藏鸟类志/2912
012814152 秦岭兽类志/2935
011295876 中国陕西鸟类图志/2935
006049718 秦岭鸟类志/2942
008453808 甘肃脊椎动物志/3028
001737079 新疆啮齿动物志/3162
009388426 新疆鱼类志/3162
006074415 台湾脊椎动物志/3236
004421050 台湾鱼类志/3236

昆虫学

008401028 中国经济昆虫志/3286

012099751 内蒙古昆虫志/376
009105993 福建昆虫志/1203
012811404 河南昆虫志鳞翅目 刺蛾科 枯叶蛾科 舟蛾科 灯蛾科 毒蛾科 鹿蛾科/1624
012191941 河南昆虫志鳞翅目 螟蛾总科/1624
012265002 河南昆虫志膜翅目 姬蜂科/1624
008666076 河南昆虫志鞘翅目/1625
014030863 河南昆虫志区系及分布/1625
012264989 河南昆虫志双翅目 舞虻总科/1625
008987056 河南农业昆虫志/1625
008666051 河南森林昆虫志/1625
011890812 河南直翅类昆虫志螳螂目 蜚蠊目 等翅目 直翅目 蜻目 革翅目/1625
006536820 贵州农林昆虫志/2630
011954009 甘肃省叶甲科昆虫志/3028
009154329 青海经济昆虫志/3095
005884584 中国蝶类志/3279
009357170 中国动物志无脊椎动物无脊椎动物 第28卷 节肢动物门 甲壳动物亚门 端足目亚目/3284
007881653 中国盾蚧志/3286
011586223 中国国境口岸医学动物与病媒昆虫图志/3287
009348432 中国介壳虫寄生蜂志/3286
009800067 中国经济叩甲图志/3286
011805718 中国木虱志昆虫纲 半翅目/3286
012545813 中国瓢虫亚科图志/3286
012507298 中国土壤拟步甲志/3286
012612888 中国土壤拟步甲志鳖甲类/3286
012903613 中国西部蚱总科志/3286
008442976 中国细颚姬蜂属志膜翅目 姬蜂

科 瘦姬蜂亚科/3286
009799874 华北灯下蛾类图志/117
009154407 山西省寄蝇志/254
011579720 东北蝗虫志/466
012898355 东北农林蚜虫志昆虫纲 半翅目 蚜虫类/466
012903564 中国东北小蜂及青蜂志/466
011445775 中国长白山蝶类彩色图志/578
010730267 南京白蚁防治志/815
009415059 浙江蜂类志/969
012139340 江西生态蝶类志/1291
009798916 庐山蝶蛾志/1315
012174077 井冈山蝶类志/1347
008403452 山东省寄蝇志/1405
010113097 泰山蝶蛾志/1538
012898556 河南蜻蜓志蜻蜓目/1625

011320057 四川省蚊类志/2412
013728702 贵州蚊类志/2630
009380806 贵州吸虱类蚤类志/2630
008539755 云南瓢虫志/2725
012545701 云南蚊类志/2725
010243640 云南蚤类志/2725
009254021 西藏夜蛾志/2912
007664840 陕西省经济昆虫图志鳞翅目 蝶类/2935
011324964 陕西省经济昆虫志贮粮昆虫/2935
009330478 西北农林蚜虫志昆虫纲 同翅目 蚜虫类/2935
007881551 宁夏农业昆虫图志/3120
012685005 新疆农业昆虫图志/3162
009160296 新疆蚤目志/3162

医药、卫生

008382758 [秦皇岛市]医药志/152
008378559 保定医药志/183
011580031 呼和浩特医药志/379
008535835 鄂托克前旗医药志/416
006543059 呼伦贝尔盟医药志/419
011475287 辽宁省蒙医药志/466
009699758 沈阳医药志1948-1988/479
008385563 泰来县医药志/677
008385629 虎林县医药志/681
008382988 集贤县医药志/685
008379742 佳木斯市医药志/699
007677639 上海医药志/733

008188530 南京医药志/809
013961163 徐州医药志商业篇 1384-1985/850
013374438 江都医药志/939
008709728 浙江省医药志/969
013184532 宁波中医药文化志/1009
011067726 温州市医药志初稿/1021
009126269 兰溪医药志/1066
013317862 丽水市医药志/1099
010193965 安徽省医药志/1114
011294243 泉州市医药志/1245
011585262 永春医药志初稿/1255

008865141 江西省医药志/1292
007666264 江西医药志/1284
008665128 山东中医药志/1405
009881087 济南中医药志/1415
010112127 济阳县医药志/1425
010113095 商河县医药志/1427
011957553 淄博市医药志/1457
013148676 烟台医药志/1492
009799280 莱州医药志 1978-2003/1499
009881291 掖县医药志讨论稿/1498
013683685 寒亭区医药志/1507
013883834 安丘县医药志/1512
009880991 安邱县医药志初稿/1512
013991383 日照医药志/1551
009866849 临沂地区中医药志/1561
010244222 德州市医药志/1577
009962135 宁津县医药志/1582
010290903 庆云县医药志 1840-1985 初稿/1582
010112137 临邑县医药志/1583
010143781 齐河县医药志/1583
010244224 平原县医药志/1584
009962169 夏津县医药志/1585
009962168 武城县医药志/1585
010290901 乐陵县医药志/1580
010113216 禹城县医药志初稿/1581
009312492 聊城地区医药志/1588
009312503 阳谷县医药志/1591
011501614 [惠民地区]中医药志/1595
008666856 河南省医药志评审稿/1618
010251056 郑州市医药志初稿/1635
009768580 郑州市医药志 1905-1985/1635
008427908 郑州市郊区医药志征求意见稿二稿/1659

010250749 开封市医药志 1960-1983 初稿/1672
009888224 洛阳地区医药志讨论稿/1684
009412766 安阳地区医药志初稿/1710
010250783 新乡市医药志/1726
012680274 焦作中医志/1737
010250725 许昌市医药志 1644-1982 初稿/1750
010250775 漯河市医药志 1907-1983/1756
009888237 南阳市医药志初稿/1770
009413806 商丘县医药志初稿/1785
010251105 信阳地区医药志/1792
010251337 周口地区医药志/1797
010250801 驻马店地区医药志初稿/1806
009888898 确山县医药志/1809
009960293 鄂州中医志/1894
008835662 浏阳县医药志/1992
009378584 广州医药志/2137
010278310 韶关市医药志/2161
007908446 梅州医药志/2223
009510586 鹿寨县医药志初稿/2291
009510589 浦北县医药志/2314
010195464 容县医药志 1755-1987/2318
009510580 陆川县医药志/2319
008672726 自贡市医药志/2453
009348285 米易县医药志 1950-1990/2463
013093135 绵阳市医药志/2477
012954909 简阳县医药志 1919-1985/2585
011067793 普格县医药志/2615
010201638 云南省文山壮族苗族自治州医药志/2854
010201622 西畴县医药志 1956-2000/2857
008993335 陇县医药志 1954-1986/2970
013731102 庆阳市医药志/3070

009856096 中国医药机构志 /3287

013343607 浙江省医学科学院志 /969

010010017 山东省医学科学院志 /1416

010475803 云南省医学信息研究所所志 1979-1999 /2735

013606624 中华医学会江苏江阴市分会会志 /839

预防医学、卫生学

009796839 北京市第一清洁车辆场环境卫生志 1949-1990 /36

009796856 东城区环境卫生志 /44

008444075 北京市西城环卫史志 /47

010476139 北京市西城环卫志 /47

008660615 北京市宣武环卫志 /48

009145173 海淀环卫志 /56

013625903 长治市城区市容环卫志 1946.7-2009.12 /286

010239152 牡丹江市环卫志 /706

007679372 上海环境卫生志 /748

012661851 上海普陀市容环卫志 /753

012266214 青浦市容环卫志 /781

010475302 山东省卫生防疫站山东省环境卫生监测站站志 /1405

009016107 威海市城区环境卫生管理志 /1546

009962088 德州市环卫志 /1579

008452501 武汉市容环境卫生志 1900-1995 /1840

010199516 湘潭环卫志 /2014

008923297 衡阳市环卫志 /2024

012831181 常德市环卫志 /2055

009863610 东山环卫志 1909-1990 /2147

008670921 重庆市市政环卫建设志 /2361

013752329 贵阳市创建国家卫生城市工作志 /2637

010293522 南阳市农村卫生协会志 /1773

009243288 辽宁省劳动卫生研究所志 /486

013730122 江西省劳动卫生职业病防治研究所所志 1958-1990 /1300

013629517 山东省职业卫生与职业病防治研究院志 1959.10-2009.10 /1416

010198791 湖南省劳动卫生职业病防治研究所志 1961.11-2001.11 /1985

013226337 天津市食品药品监管分局志 /87

012722557 天津市食品药品监管志 /87

012836041 内蒙古自治区食品药品学会志 2003-2009 /377

013752808 聊城市食品药品监督管理志 1999-2011 /1589

013901217 张家界市食品药品监管志 /2063

013756928 吴忠市食品药品监督管理志 /3134

011311809 云南省流行病防治研究所所志 1951-2001 /2735

009397212 邯郸市抗击非典志 /160

010686856 无锡县血防志 /834

008380225 华容县血防志 /2047

009686300 湖南省慈利县血防志 /2065

013128885 云南省大理白族自治州洱源县血防志 1953-1979 /2880

009393618 中国检验检疫志修志参考 /3287

008533077 天津动植物检疫志 /87

012636906 二连浩特检验检疫志 1955-2008

/446

013728784 黑龙江检验检疫志/649

010294080 浙江检验检疫志送审稿/964

009890613 浙江检验检疫志/964

013074898 舟山市检验检疫志/1083

009389536 厦门动植物检疫局志/1229

011584802 泉州动植物检疫局志 1981-1998/1247

009472517 湖北检验检疫商检志/1823

011570261 深圳卫生检疫志/2171

009554119 中华人民共和国昆明动植物检疫局志 1965-1998/2736

013684469 瑞丽口岸动植物检疫简志 1982-1992/2889

009840634 中国出入境检验检疫志/3266

009840480 宁波出入境检验检疫志/1008

009767779 福建出入境检验检疫志/1203

012766186 海南出入境检验检疫志/2345

012636528 中华人民共和国甘肃出入境检验检疫局志/3039

009312479 宁夏出入境检验检疫志/3117

013626228 大连市卫生教育馆志 1959-1990/504

008595513 北海市爱国卫生运动志/2309

011997329 辽宁省健康教育所志 1957-2007/486

009174706 中国中医机构志/3287

013726770 北大医院麻醉科科志 1951-2011 初定本/37

009988744 北京军区总医院院志 1949-2003 送审稿/37

012678985 北京世纪坛医院志 1915-2009/38

013090726 北京市丰盛中医骨伤专科医院院志 1960-2010/37

013680570 北京市建筑工人医院院志简编 1953-1993/37

013090746 北京肿瘤医院科室志/37

010278456 燕化医院志 1971-1990/37

009331544 中国人民解放军第三〇九医院院志 1958.11-1998.12/37

013134051 中国人民解放军第三〇九医院志 1999-2010/37

012256664 中国人民解放军小汤山医院志/37

011320844 中国医学科学院中国协和医科大学皮肤病医院(研究所)院所志 1994-2003/37

008593376 北京市宣武区中医医院院志 1968-1996/48

013788273 北京京顺医院院志 2006-2010/64

009799582 [天津市]第一医院志 1930-1990/87

012836422 天津市第一中心医院院志 1949-1994/87

012831385 [天津市]儿童医院志 1873-1992/87

014052277 天津市口腔医院志 1947-2007/87

012837521 天津市胸科医院院志/87

011320753 天津市药品检验所所志/87

009445127 天津市肿瘤医院志 1861-2003/88

009799574 [天津铁路中心天津市第四中心医院]院志/87

011500695 天津医科大学总医院院志 1946-2006/88

013321025 天津市红桥医院院志 1965.12-2010.12/92

011809271 武清中医院志 1988-2005/98

011804197 大港石油管理局职工总医院志 1964-1993/100

009348632 河北省人民医院院志 1959-1993/117

012139177 河北医科大学第二医院志 1918-2004/127

010577204 武警河北省总队医院院志 1969.8-1998.12/127

009380877 唐山工人医院志/145

013143600 丰南中医院院志/146

013990656 邯郸市传染病医院志 1963-2013/161

013128897 峰峰矿务局总医院志/162

012722967 武安市医院志/164

013045572 河北省第六人民医院 河北省精神卫生中心医院院志 2007/185

013045573 河北省第六人民医院 河北省精神卫生中心医院院志 2008/185

010278476 承德医学院附属医院院志 1949-1990/211

013369198 沧州地区人民医院志 1898-1985/219

011441095 南皮县人民医院志 1945-2005/227

012816241 中国石油天然气集团公司中心医院 中国石油天然气管道局总医院院志 1996-2001/231

012545442 香河县人民医院院志/234

013461963 山西省儿童医院 山西省妇幼保健院志 1947-2005/262

011066624 山西省人民医院志 1955-2005/262

008487067 山西省人民医院志 1955.7-1995.7/262

012899382 山西省商业供销职工医院院志 1952-2006/262

012766479 山西省中西医结合医院 山西中医学院中西医结合医院 太原铁路中心医院/262

013097947 山西省中医药研究院 山西省中医院院志 1957-2007/262

013795140 山西省肿瘤医院院志 1952-2012/262

010279032 山西医科大学第二医院志 1919-1998/263

010113549 太原铁路中心卫生防疫站站志 1951-2001/262

013797211 [铁道部第十二工程局中心医院]院志 1948-1996/262

013010747 西山煤电集团有限责任公司职工总医院志 1956-2006/263

011442079 太原市小店区卫生防疫站站志 1976-2006/264

013507787 古交矿区总医院志 1991-2011/267

012837569 阳煤集团总医院院志 2000-2010/278

012837572 阳泉煤业集团总医院志 1950-2000/278

013133886 阳泉市第一人民医院院志 1948-2008/278

009107250 阳泉市第一人民医院志 1948-1995/278

012505442 平定县人民医院志 1946-2006/281

011312018 长治医学院附属和平医院志 1946-2006/286

012680454 潞安集团总医院院志 1959-2009/288

009397236 黎城县人民医院志/292

012542793 沁源县人民医院志 1949-2009/297

009387271 阳城县人民医院志 1947-1997/305

013897140 高平市人民医院志/302

012096723 高平市卫生防疫志/302

012505263 晋中市第一人民医院志 1949-2009/312

012663922 左权县人民医院志/315

012506220 寿阳县人民医院院志 1948-2008/317

013659734 平遥县中医院志/320

013730093 稷山县精神病院志 1972-2012/332

012049449 河津市人民医院志/327

013757106 忻州地区人民医院院志/337

013144522 临汾市第四人民医院志 1950-2008/345

013659777 曲沃县人民医院志/347

011585247 翼城县人民医院志/349

013320946 山西省汾西县人民医院志 1950-2010/356

011998173 山西省吕梁市人民医院志 1971.6-2007.12/357

011312474 孝义市人民医院志/360

011955351 山西省汾阳医院志/361

014032681 呼和浩特市卫生防疫站志 1953-1993/383

013066898 内蒙古电力中心医院志 1951-2000/383

008594243 内蒙古医学院附属医院志 1958-1998/383

009349664 内蒙古自治区医院志 1947-1997/384

013705196 内蒙古一机医院志（内蒙古医学院第四附属医院志）1958-2008/392

010730499 赤峰市医院志 1951-2005/400

013751421 阿鲁科尔沁旗医院志/404

012766259 莫力达瓦达斡尔族自治旗人民医院志/429

008535815 牙克石市卫生防疫站志/426

011584511 辽宁中医机构志/466

011320521 辽宁省人民医院志 1979-1997/486

009243316 辽宁省药品检验所所志 1950-2000/487

011499207 辽宁中医药大学附属医院院志 1956-2006/487

009994471 沈阳市传染病院志 1935-1983/487

012208202 沈阳市传染病院志 1935-2005/487

009387104 [沈阳铁路局中心卫生防疫站]站志 1949-1992/486

009994570 [沈阳铁路局中心医院]院志 1950-1992/486

009783019 中国人民解放军第二〇二医院志 1942.4-1992.4/487

012903612 中国人民解放军第二一〇医院志 1945-1988/505

011501601 中国人民解放军沈阳军区总医院志 1948-1990/487

012900042 新民市卫生防疫站站志/494

012872219 大连港医院志 1951-2001/505

012951939 大连市儿童医院医院志/505

011496970 大连市卫生防疫站志 1952-1985/505

013090947 大连医科大学附属第一医院院志 1988-2009/505

010280370 [沈阳铁路局大连疗养院]院志 1959-1993.5/504

012899795 瓦房店市中心医院志 1949-2009/509

012956033 汤岗子医院志 1950-2010/518

008594640 台安县恩良医院志/521

012836371 台安县恩良医院志 1996-2005/521

011431426 抚顺市中心医院志 1969.8-1999.6/526

011563676 本钢胸科医院院志 1954-1994/531

010009745 本溪市中心医院院志 1954-1993/531

011563741 本溪市中心医院志 1954-2004/531

012814443 辽宁医学院附属第一医院志 1946-2008/539

009744843 沈阳铁路局锦州中心医院院志 1922-1985/539

011943594 阜新矿业集团总医院志 1938-2008/546

012832434 辽阳市第三人民医院志 1982-2009/551

014047520 辽河石油勘探局辽河油田中心医院志 1970-2010/556

014047445 锦州市兴城疗养院志 1954-1985/568

010475990 长春市中心医院志 1948-2000/589

012505222 吉林大学中日联谊医院志 1949-2009/589

011311356 吉林省卫生防疫站站志 1953-1995/589

009961656 吉林省药品检验所志 1953-1987/589

013369114 北华大学北校区医院院志 1986-2002/603

013374090 吉林热电厂职工医院院志 1986-2002/603

013374093 吉林省电力建设总公司职工医院院志 1986-2002/603

013661577 [吉林市第二中心医院]院志 1909-2009/604

013374428 吉林市康润医院院志 1986-2002/603

012251160 吉林市中心医院志/603

012251167 吉林市中心医院志 1988-1998/603

011310827 吉林铁路中心医院志 1909-1985/603

013375241 龙潭区江北医院院志 1986-2002/606

013375244 龙潭区口腔医院院志 1986-2002/606

013375246 龙潭区铁东医院院志 1986-2002/606

012174919 四平市中心人民医院志 1995-2007/612

012174131 辽源矿业(集团)有限责任公司职工总医院志 1931.4-2006.5/616

010110096 辽源市中心医院志 1947.6-1999.

8/616

009992778 辽源市中医院志 1984.2-2003.12 /616

013402785 白山市疾病预防控制中心中心志/622

011585175 延边中西医医院志 1985-2005 /632

011809542 延边肿瘤（胸科）医院院志 1956-2006/632

012758794 敦化市医院院志 1947-2002/634

013626486 哈尔滨市第一医院志 1913-2000 /659

013626490 哈尔滨市红十字儿童医院院志/659

013683683 哈尔滨医科大学附属第一医院志 1949-1985/659

009992239 [哈尔滨站] 站志 1899-1999 /658

008661394 黑龙江省卫生防疫站志 1954-1985/659

011497749 黑龙江省中医研究院院志/659

012758856 哈尔滨铁路局齐齐哈尔中心医院院志 1928-1998/673

013775131 齐齐哈尔市中医医院志 1952-2012/673

013776375 肇源县中医医院志 1979-2011 /693

009382401 [牡丹江市第一人民医院]建院 50 周年纪念志 1946.9.1-1996.9.1/707

012252608 黑龙江省绥化市第一医院院志 1939-1999/714

013731318 上海电业职工医院志 1951-1989 /746

011908739 上海市胸科医院上海交通大学附属胸科医院 50 年院志 1957-2007/746

010252071 曙光医院志 1922-1994/746

011475240 中山医院志 1937-2007/746

013775201 上海市长宁区中心医院院志 1952-1990/751

013731322 上海市杨浦区四平街道医院院志/755

014050243 [杨浦区] 卫生防疫志 1950-1990/755

013531043 江苏省中医院南京中医药大学附属医院院志 1986-2004/815

011320452 [南京军区南京总医院] 院志 1929-1994/815

014047767 南京脑科医院院志 1986-1996 /815

009784713 南京神经精神病防治院院志 1947-1985/815

010244217 南京市儿童医院院志 1936-1985 /815

011476987 南京市口腔医院志 1947-2007 /815

009784710 南京市中医院院志 1986-2000 /815

011794303 中国人民解放军第八一医院志 1947.1-1989.12/815

011321395 南京市鼓楼医院院志 1892-1990 /818

012139479 六合区人民医院志 1949-2009 /826

013752750 溧水县人民医院志/827

010730170 无锡市第二人民医院志续 1987-1997/832

013822933 无锡市第五人民医院 南京医科

大学附属无锡第五医院 无锡市胸科医院院志/832

011328470 无锡市第一人民医院院志/832

012174060 江阴市人民医院志 1897-2007/839

013604574 宜兴市人民医院院志 1946-2004/841

013148644 徐州市第三人民医院志 1964-2004/849

013961162 徐州市第一人民医院院志 1935-1985/849

011444132 徐州市妇幼保健院志 1957-2007/849

012003015 徐州市口腔医院志 1958-2008/850

011320413 徐州市卫生防疫站志/850

013994209 徐州市中心医院志/850

013901021 徐州市中医院志/850

011571153 徐州医学院附属医院院志 1897-1997/850

013226721 徐州医学院附属医院院志 1897-2007/850

013955619 大屯煤电公司职工中心医院志 1972-1987/860

012814435 新沂市人民医院志 1949-2009/856

011319921 常州市第一人民医院志 1918-1983/869

010468492 常州市精神病医院志 1959-1983/870

013334385 常州市卫生防病志 1984-2005/870

013342644 卫生防病史志 1953.8-2010.10/870

012173694 常州市武进中医医院志/877

012545398 武进人民医院志/877

013317822 金坛市中医志/879

012662299 苏州大学附属第二医院志 1988-2008/884

013320994 苏州市中医医院院志 1956-1982/884

012956017 苏州医学院附属儿童医院 苏州市儿童医院院志 1959-1985/884

010280297 吴江市第一人民医院志/891

009385194 常熟市红十字第六人民医院志 1959-1998/896

012541987 昆山市第三人民医院院志 1960-2005/902

012762231 昆山市第一人民医院志 1925-2007/902

013093183 南通大学附属医院志/906

011892276 南通市第一人民医院志/906

009413543 南通市肿瘤医院志/906

013684479 连云港市第一人民医院院志 1951-2011/913

009338363 连云港市第二人民医院院志 1908-2000/915

013375218 连云港市第一人民医院志 1951-2000/916

012251397 连云港市中医院院志 1984-2008/915

011995632 赣榆县人民医院院志/917

014052909 盐城市第三人民医院志 1946-1996/926

012837559 盐城市第一人民医院院志 1997-2008/926

013379151 盐城市中医院院志 1955-1995

/926

011328428 盐城市城区人民医院院志 1958-1998/927

013702901 滨海县人民医院志 1946-1996/930

012713981 大丰市人民医院志/929

009865191 江苏省苏北人民医院志/935

013186150 扬州市第三人民医院志 1975-2000/935

013379153 扬州市第一人民医院志 1960-1990/935

011955812 扬州市红十字中心血站志/935

012506470 扬州市卫生防疫志 1840-1990/936

012506473 扬州市卫生防疫续志 1991-2002/935

012317008 仪征市人民医院志/940

012545577 仪征市中医院志/940

013994280 镇江市第三人民医院简志 1954-2008/945

009768745 丹阳市人民医院志/949

010776993 泰州市人民医院志 1932-1988/952

010776967 浙江省中医机构志/969

012100904 浙江省肿瘤医院志 1963-2008/969

010146841 杭州市第七人民医院志 1954-2004/982

009799843 杭州市公安局安康医院志 1954-2004/982

013404436 杭州市整形医院院志 1988-1998/982

012878950 浙江大学医学院附属第一医院浙江省第一医院院史志/982

013074807 浙江大学医学院附属第一医院浙江省第一医院院史志 1947-2002/982

012100897 浙江大学医学院附属第一医院浙江省第一医院院史志 1947-2007/982

013708133 浙江省第一医院浙江大学附属第一医院院史志 1947-2012/982

012769574 浙江省新华医院浙江中医药大学附属第二医院院志 1960-2010/982

012878940 浙江医科大学附属第一医院院史志/982

012610584 杭州市拱墅区卫生防疫五十五年志 1950-2004/984

012837484 萧山第五人民医院志 1958-2002/992

009996509 萧山市第一人民医院志 1935-2000/992

013464195 萧山市卫生防疫志/992

013045474 淳安县第二人民医院志/1005

012639021 瑞安市人民医院院志 1937-2007/1025

013224427 嘉兴市第二医院百年志 1895-1995/1035

012100017 桐乡市第二人民医院院志 1935-2005/1040

012766520 绍兴第二医院志 1910-2010/1050

011320468 绍兴市第七人民医院院志 1956.4-1996.4/1050

013096364 绍兴市人民医院院志 1942-1990/1050

013731332 绍兴市人民医院志/1050

013961193 [义煤集团总医院]院志 1958-

2008/1068

013190009 义乌市中心医院院志 1941-2011/1068

013461914 衢州市人民医院衢州中心医院院志 1948-2007/1077

013798858 舟山市人民医院院志 1954-2004/1083

011911527 舟山市卫生防疫志/1083

014052263 台州市立医院院志 1952-2002/1088

014052264 台州市立医院院志 2002-2012/1088

011805945 台州市中医院院志 1958-2005/1088

010138059 黄岩第一人民医院院志 1940-2000/1090

013145621 温岭市第一人民医院院志 1941-2011/1092

013096205 青田县人民医院志 1929-1999/1102

014030804 合肥市第二人民医院院志 1958-2008/1124

012505127 合肥市第一人民医院院志 1954-2004/1124

010107755 合肥市妇幼保健院志 1951-2001/1125

010730232 合肥卫生防疫志 1949-1999/1124

012266451 皖南医学院弋矶山医院院志 1988-2008/1131

012638629 芜湖市第二人民医院院志 1953-2003/1131

013096565 芜湖市第一人民医院院志 1939-2009/1131

013859317 蚌埠医学院第一附属医院院志 2002-2012/1135

011496830 蚌埠医学院附属医院院志 1952-2002/1135

013531020 淮北矿工总医院志/1147

013686304 铜陵市中医医院院志 1955.3-2005.3/1150

013462680 铜陵有色金属(集团)公司第二职工医院志 1973-1996/1150

010291628 安庆市卫生防疫志 1497-1985 文稿/1153

013680529 安徽省天长市人民医院志 1949-2009/1166

013092996 界首市人民医院志 1950-2000/1170

010229370 六安地区人民医院院志 1949-1999/1177

013144537 六安市人民医院院志 1999-2009/1178

012505338 六安市中医院院志 1978-2003/1178

012052484 皖南医学院第二附属医院宣城地区人民医院院志 1949-1999/1187

012139420 泾县医院志 1940-2007/1189

012661723 莆田市第一医院志/1234

009839175 涵江医院志/1234

008664215 福建省永定县医院志 1938-1998/1270

008299069 江西知名医院志/1292

010292994 江西省人民医院志 1897-1997/1300

010110595 江西医学院第二附属医院科技志 1924-1994/1300

013957740 江西医学院第一附属医院院

志 1946-1992/1300

013774997 南昌大学第二附属医院志 1927-2010/1300

013661579 南昌铁路分局南昌中心医院院志 1946-1991/1300

013933301 萍乡市人民医院志 1928-2008/1309

012758820 赣州市卫生防疫志/1329

010110772 兴国县人民医院志/1342

013686414 兴国县人民医院志 1930-2010/1342

013342452 瑞金市人民医院志/1331

013991563 泰和县人民医院志 1933-2012/1350

012173720 江西省宜春市人民医院院志 1937-2007/1355

013093223 鄱阳县人民医院志 1933-2008/1383

011432881 济南市儿童医院志 1957-2007/1416

010009433 济南铁路局济南西铁路医院简志 1953-1984/1984.7-1990/1412

011329336 山东大学第二医院志 1978-2007/1416

008844053 山东大学齐鲁医院志 1890-2000/1416

013684595 山东大学齐鲁医院志 2000-2010/1416

009962151 山东省交通医院志 1986-1999/1416

013461959 山东省皮肤病防治所所志 1955-1998/1416

008664556 山东省千佛山医院志 1960-1999/1417

012638973 山东省千佛山医院志 2000-2009/1417

013131170 山东省荣军医院史志 1946-1996/1416

009881227 山东省血液中心志 1963-2003/1416

008664561 山东医科大学附属医院志 1890-1990/1416

011996905 青岛大学医学院附属医院志/1435

009333648 青岛大学医学院附属医院志 1898-1998/1435

012954926 胶南市人民医院志 1950-2010/1437

013792432 即墨市中医医院志/1447

011957541 淄博市第五人民医院院志 1966-2006/1457

012839361 淄博市中心医院志/1457

008664545 淄川区卫生防疫志/1460

011311012 枣庄矿务局枣庄医院志 1963-1993/1468

012636676 枣庄矿务局中心医院院志 1956-1989/1468

013901214 枣庄市立第二医院院志 1960-2010/1468

012052572 枣庄市立医院院志 1958-2008/1469

012636661 枣庄市峄城区人民医院志 1950-2003/1470

013959433 滕州市妇幼保健院院志 2004-2013/1473

010278340 胜利油田卫生防疫站志/1480

010010278 广饶县人民医院志 1944-2000/1487

013865476 烟台市口腔医院院志 1952-2012/1491

011809531 烟台市卫生防疫站志 1956-2005/1491

013133858 烟台市心理康复医院志 1958-2008/1491

013072735 烟台市职业病医院肿瘤医院院志/1491

013148673 烟台市中医医院志 1958-1998/1491

012636811 烟台桃村中心医院志 1942-2002/1492

010278718 烟台毓璜顶医院志 1914-1994/1492

013186129 烟台市芝罘区卫生防疫站志 1953-2003/1493

012955077 龙口市卫生防疫站志 1957-2007/1496

012256444 烟台市莱阳中心医院志 1950-2000/1497

012612850 莱州市第三人民医院院志 1958-2008/1498

012097713 莱州市人民医院志 1947-2007/1498

011321153 招远市人民医院志/1501

013647494 海阳市第三人民医院院志 1943-2009/1502

013072568 潍坊市人民医院志 1881-1991/1505

013660381 潍坊市人民医院志 1991-2010/1505

012638672 潍坊市药品检验所志/1505

013706861 潍坊市益都中心医院志 1882-2012/1505

011500582 潍坊市益都中心医院志 1892-1992/1505

009881289 潍坊市中医院志 1955-2005/1505

013863894 潍坊市肿瘤医院(潍坊市第四人民医院)志(1992-2012)建院二十周年 1992-2012/1505

013726805 昌乐县人民医院志 1951-2011/1516

012317836 诸城卫生防疫志 1956-2006/1509

012899420 寿光市人民医院志/1512

011908840 寿光卫生防疫志 1957-2007/1512

013860530 高密市人民医院志 1999-2010/1514

012503976 高密市卫生防疫志 1956-2006/1514

010730478 济宁市第一人民医院志 1896-2006/1519

009348208 济宁医学院附属医院志 1951-1996/1519

011293344 兖州矿务局总医院院志 1972-1987/1524

008949924 泗水县人民医院志 1948-2000/1534

008665054 邹城市人民医院志 1948-1999/1528

010475777 山东省泰安市中心医院志 1948-1998/1537

014052266 泰安市中医二院院志 1986-2013/1537

011793285 新汶矿务局中心医院志 1948-1989/1537

012252284 宁阳县第一人民医院志 1948-2007/1543

011479385 新泰市人民医院志 1945-2004/1540

013894583 肥城矿务局中心医院志 1960-1990/1542

013894605 肥城矿业集团公司中心医院志 1991-2000/1542

009783965 山东省文登整骨医院志 1958-2003/1548

010475965 威海市文登中心医院志 1941-2000/1548

011892428 日照市人民医院志 1949-1999/1551

013706098 日照市人民医院志 1949-2009/1551

013072583 五莲县人民医院志 1950-2010/1553

013756979 五莲县中医医院志 1989-2010/1553

014047466 莒县人民医院志 1943-2012/1555

011320824 莒县中医医院志 1984-2004/1555

008452350 莱钢医院志 1970-1985/1559

009962132 莱芜市妇幼保健院 莱芜市第二人民医院院志 1953-2003/1560

013093103 莱芜市人民医院志 1950-2000/1559

010253384 莱芜市莱城区人民医院志 1956-2005/1560

012265297 临沂市红十字会中心血站志 1992-2007/1563

012100701 沂南县人民医院志 1947.10-2007.10/1565

010151345 临沂市沂水中心医院院志(临沂市第二人民医院)1945-2005/1568

012048752 苍山县人民医院院志 1943-2005/1568

012898375 费县人民医院志 1948-2007/1570

011477119 平邑县中医院志/1570

012203013 临沭县人民医院志/1573

013314297 德州地区人民医院志/1579

009105587 聊城市第二人民医院志 1886-1998/1589

013064868 聊城市复退军人医院聊城国际和平医院院志 1986-2010/1589

008452157 聊城市人民医院志 1949-1999/1589

012952028 高唐县人民医院志(济宁医学院附属高唐县人民医院志)1947-2010/1593

013958754 临清市人民医院志/1591

008844040 滨州地区人民医院志 1950-1999/1595

012173881 菏泽市药品检验所所志 1961-2006/1602

013183502 菏泽市药品检验所所志 1961-2006/1602

012658254 成武县人民医院志 1949.10-2009.10/1604

012872460 河南电力医院志 1979-1995/1644

009251030 河南省地方病防治研究所所志/1644

008987112 河南省卫生防疫站志 1953-1993/1645

009808427 河南省卫生防疫站志 1953-2003/1645

010777256 河南中医学院第一附属医院院志 1953-1998/1644

009959976 郑州市第四人民医院院志 1954-1985/1644

009959980 郑州市儿童医院院志/1644

013866303 郑州市妇幼保健院志 1953-2013/1644

013759081 郑州市骨科医院简志 1952-2012/1644

009959983 郑州市骨科医院志/1644

014053104 郑州市疾病预防控制中心志 1952-2012/1644

013343610 郑州市金海皮肤病专科医院院志 1983-1999/1644

011585414 郑州市卫生防疫站志/1644

010253988 郑州市职业病防治所志 1949-1985/1645

011311832 郑州铁路局中心医院院志 1915-2000/1645

010238864 中国人民解放军第一五三医院院志/1645

009814243 新密市中医院院志 1988-2002/1663

013403083 登封市人民医院院志 1951-2001/1668

012952071 河南大学附属南石医院志 1970-2008/1676

011320838 河南大学淮河医院志 1985-2004/1676

014032664 河南省开封医学专科学校附属医院院志 1949-1983/1676

013064802 开封市第二人民医院院志/1676

011566247 开封市第二人民医院志续修 1983-2001/1677

013064805 开封市第二人民医院志续编 2002-2011/1676

011566258 开封市第一人民医院志/1676

013184272 开封市第一人民医院志 1983-1998/1676

011566308 开封市回族医院院志/1676

011497950 开封市结核病防治所志 1979-1984/1676

009413715 开封市卫生防疫站志征求意见稿/1676

012613298 开封市卫生防疫站志 1952-2002/1676

011325012 开封县卫生防疫站志/1680

014047686 洛阳市第二中医院志 1978-1986/1691

012203023 洛阳市中心医院志 1984-2005/1691

011499506 平顶山市卫生防疫站志 1986-2005/1702

013865243 舞钢职工医院志/1704

011496814 安阳市人民医院志 1887-1984/1710

013772850 滑县人民医院院志 1952.5-2002.5/1716

011533906 河南省荣军休养院院志 1947-2007/1726

013939600 新乡市中心医院志 1986-2002/1726

012636760 原阳县人民医院志 1928-2009/1731

013897586 辉县市人民医院志 1949-2009/1729

012139361 焦作矿务局医院志 1948-1985/1737

012139364 焦作矿务局中央医院志 1986-2000/1737

013335418 焦作市第二人民医院志 1965-1985/1737

013958685 焦作市第二人民医院续志 1986-2000/1737

012900114 修武县防疫站志/1742

013093256 沁阳市卫生防疫站志 1986-2000/1740

013753777 沁阳县人民医院院志/1740

011499526 河南省濮阳市卫生防疫站志/1747

013002382 濮阳市郊区卫生防疫站站志/1749

011068452 许昌市卫生防疫站志/1751

011585291 禹州市人民医院志 1951-2000/1752

009699649 黄河医院志 1956-1996/1760

012722291 商丘市第三人民医院志 1986-2000/1785

013509366 商丘市第一人民医院志 1912-1999/1785

013072867 柘城县人民医院志 1985-2011/1789

010238920 固始县中医院 黄山医院 妇幼保健院 药品检验所 卫生学校志/1795

009381427 河南省周口地区人民医院志/1799

013074901 周口市卫生防疫站志 1965.7-2002.12/1799

012769677 周口市中医院志 1978-2005/1799

009381312 扶沟县人民医院志/1800

009381327 扶沟县卫生防疫站志/1800

009382286 商水县人民医院志 1950-1985/1802

009381389 河南省沈丘县人民医院院志/1802

009382306 项城县第一人民医院院志/1800

013757060 西平县卫生防疫志/1807

012611066 湖北省妇幼保健院志 1977-2004/1823

009252274 汉口铁路医院志 1897-1997/1837

013316269 湖北省中山医院志 1951-2011/1837

011320269 湖北医学院口腔医院志 1960-1990/1837

009382434 湖北制药厂厂志 1968-1988/1838

010142766 湖北中医附院院志/1838

009126440 华中科技大学同济医学院同济医院志 1900-2000/1838

011328467 华中科技大学同济医学院志 1907-2002/1837

012052398 武汉大学人民医院湖北省人民医院志 1990-2002/1837

011294782 武汉市第七医院志 1955-2005/1837

009335515 武汉市第一医院武汉市中西医结合医院院志/1837

009348069 武汉市儿童医院志 1954-1994/1837

011327611 武汉市精神病医院院志 1956-

1991/1838

011328650 协和医院志/1838

012636553 中国人民解放军第四五七医院志 1950-2005/1838

009254210 中国人民解放军第一六一中心医院志 1944-1994/1838

009382430 湖北省肿瘤医院志 1973-1998/1842

009382544 黄石市第三人民医院志 1956-1993/1852

013067196 十堰市人民医院院志/1866

013756076 十堰市人民医院院志 1982-2012/1866

009107241 太和医院院志 1965.11-2000.11/1866

012140302 太和院志/1866

014056736 竹溪县人民医院志 1950-2008/1871

012967470 丹江口市第一医院志 1951-2011/1868

012769434 宜昌市第一人民医院院志 1949-2009/1875

013464218 宜都市第一人民医院志 2000-2010/1877

009382634 襄樊市中心医院志 1986-1998/1887

011995601 鄂州市中心医院志 1946-2006/1894

012639103 荆门市第二人民医院志/1899

013183681 荆门市第一人民医院志 1950-2010 征求意见稿/1899

011954484 荆门市石化医院志 1951-2006/1899

013184675 沙洋人民医院院志 1951-2000/1903

012723429 云梦县人民医院院志 1940.10-2003.12/1912

013990882 荆州市妇幼保健院荆州市妇女儿童医院院志 1984-2005/1913

013317833 荆州市中心血站志 1980-2008/1913

013990883 荆州市中心医院院志 2000-2010/1914

012251329 荆州市中心医院志 1990-1999/1914

013446282 荆州医院志/1914

013184654 沙市市传染病医院院志 1974-1989/1916

008990605 随州市第一人民医院院志 1950.1-2000.1/1942

010244264 沔阳县人民医院志 1950-1989/1953

012814419 仙桃市第一人民医院志 1950-2000/1953

011764801 天门市第一人民医院院志 1950.6-2004.6/1956

013704255 湖南省人民医院志 1912-2012/1975

013824317 长沙市第三医院院志 1951-1985/1985

013824321 长沙市第三医院院志 1986-2012/1985

014053062 长沙市第一医院院志 1920-1985 初稿/1986

010198760 湖南省第二人民医院湖南省脑科医院志 1950-2004/1986

013926328 湖南省马王堆疗养院志 1963-2013/1986

013647644 湖南省肿瘤医院 40 年院志 1972-2012/1986

012505435 宁乡县人民医院院志 第1卷 1939-1987/1994

012505433 宁乡县人民医院院志 第2卷 1988-2008/1994

013730202 浏阳市妇幼保健院院志 1952-2012/1993

013730205 浏阳市人民医院院志 2001-2012/1993

013792224 湖南省工业设备安装公司职工医院院志 1958-1990/2000

013798862 株洲市口腔医院院志 1985-1990/2000

011793116 湘潭市中心医院志 1900-2000/2014

012662402 乌石中心医院志/2020

009383744 湖南省邵阳市中心医院志 1946-1995/2032

011585309 岳阳市二人(红十字会)医院院志 1902-1992/2041

013661582 岳阳市二人民医院院志 1902-2005/2041

009383621 常德市第一人民医院志 1898-1998/2055

012951891 常德市第一人民医院志 1999-2008/2055

013402898 常德市老年病医院志 1951-2004/2055

013646830 永州市中心医院志 1905-2011/2085

011892387 祁阳县卫生防疫志/2088

010686945 新晃侗族自治县人民医院志/2101

013316275 湖南省湘西自治州人民医院志 1952-2002/2111

010279886 广州军区机关门诊部志(原广州军区直属第二门诊部) 1955.12-2004.10/2141

009145506 广州市第二人民医院院志 1899-1999/2141

009145511 广州市第一人民医院院志 1899-1999/2141

013507820 广州市红十字会医院(暨南大学医学院第四附属医院)院志 1904-2004/2142

011311444 广州市精神病医院院志 1898-1998/2141

011431578 广州新海医院院志 1981-2006/2142

009863864 广州医学院第一附属医院志 1903-2003/2141

012967578 广州中医药大学第一附属医院院志 1964-2004/2142

009378624 暨南大学医学院第一附属医院广州华侨医院院志 1981-2001/2142

013824980 中国人民解放军广州军区广州总医院院志 1949.10-2012.2/2142

011794309 中国人民解放军广州军区武汉总医院志 1946-1994/2141

013776419 中山大学肿瘤防治中心志 1964-2008/2142

009379660 中山医科大学附属第三医院院志 1971-2001/2141

010777964 中山医科大学孙逸仙纪念医院院志 1835-2000/2141

012900211 广州中医药大学深圳附属医院深圳市中医院院志/2171

010730390 汕头市结核病防治所所志 1959-2004/2179

008990719 佛山市第一人民医院志/2186

007982867 佛山市中医院志 1956-1994/2186

013225867 顺德第一人民医院院志 1927-2008/2192

009310891 惠州市中心人民医院志 1950-1995/2219

010293837 惠阳区第一人民医院志/2220

012249941 东莞市厚街医院（方树泉医院）院志 1957-2007/2242

013926396 揭阳市人民医院志 1890-2010/2249

013686531 云浮市人民医院志 1935-2011/2256

013464261 郁南县第二人民医院院志/2261

012638792 广西医科大学口腔医学院广西医科大学附属口腔医院志 1978-2008/2281

009379736 广西壮族自治区妇幼保健院志初稿/2281

009553701 广西壮族自治区卫生防疫站志 1954-1988/2281

012639688 南宁市卫生防疫站站志 1987-2001/2281

011294623 广西壮族自治区宾阳县人民医院志 1941.12-2001.12/2285

009379746 广西壮族自治区龙泉山医院志 1974-1993/2289

008594833 [柳州市]卫生防疫站志/2289

013222076 桂林市卫生防疫站站志/2297

013731906 [铁道部桂林疗养院]院志建院五十周年纪念 1952.11-2002.11/2297

010476105 梧州市工人医院志 1903-2002/2306

010195442 广西壮族自治区藤县人民医院志/2307

013220992 岑溪市人民医院志 1937-2008/2307

011890439 北海市人民医院志 1886-2005/2310

012541573 贵港市人民医院志 1938-2008/2315

013091093 广西壮族自治区百色地区人民医院志 1928-1989/2321

008596080 广西壮族自治区来宾县人民医院志 1951-1998/2334

010195333 广西壮族自治区大新县人民医院志/2339

011804395 广西壮族自治区天等县人民医院志 1951-2001/2340

012836177 三亚市卫生防病志 1953-2007/2351

012612880 重庆三峡中心医院志 1999-2008/2367

009783867 重庆市第二人民医院院志 1939-1999/2367

009783864 重庆市第九人民医院院志/2367

013759374 重庆市第九人民医院院志 2003-2010/2367

009553207 重庆市卫生防疫站志 1953-1990/2367

010244790 重庆市中医研究所志 1900-1989/2367

014056725 重庆医科大学附属第一医院院志 1957-2007/2367

009553152 重庆市歌乐山红军休养所志 /2374

011500708 潼南县人民医院志 /2388

013342687 巫山县人民医院志 1941-2011 /2395

013369659 成都市第二人民医院院志 1892-2002/2429

013702912 成都市妇产科医院院志 建院六十周年纪念 1938-1998/2429

013680660 成都市药品检验所所志 1960-1985/2429

008670773 成都中西医结合医院志 1953-1985/2429

012638796 四川省革命伤残军人休养院四川省革命伤残军人医院院志/2429

011804151 成都市新都区人民医院志 /2436

012051939 双流县第二人民医院志 1984-2007/2447

013939499 新津县人民医院志/2450

013901004 新津县中医医院志 1982-2008 /2450

008427997 富顺县人民医院志/2457

013863675 四川省绵阳市第三人民医院院志/2480

009231807 四川省绵阳市中心医院志 1939-2000/2480

009995318 三台县人民医院志/2486

014056742 梓潼县人民医院志/2488

012968085 江油市人民医院志/2484

013010689 威远县人民医院志 1941-2008 /2517

012968218 乐山市中心血站志 1986-2006 /2522

008991724 武警乐山医院志/2522

008991877 犍为县人民医院志 1985-2000 /2529

008991842 犍为县卫生局志 1985-1999 /2529

009106223 犍为县中医院志 1949-1999 /2529

008991881 清溪中心卫生院志 1986-1999 /2529

013933233 南充市第五人民医院院志 /2538

011805797 南充市中心医院院志/2538

009414591 四川省南充中心医院志 建院六十年纪/2538

008672129 西充县人民医院志/2542

013933231 南充地区人民医院志 1937-1986 /2540

013096243 仁寿县人民医院志 1941-1985 /2544

013863602 仁寿县中医院志/2544

008670504 凉山彝族自治州第二人民医院院志 1952-1996/2611

013706359 水矿集团总医院志 1965-2005 /2647

013926274 贵州省遵义医院院志 1998-2008 /2653

013342628 桐梓县人民医院志/2657

013795586 天柱县人民医院院志 1935-1995 /2697

008539752 云南卫生通志/2725

011311790 昆明市延安医院志/2736

012762207 昆明铁路局中心卫生防疫站站志 1959-2001/2736

011954529 昆明医学院第二附属医院院

志 1952-1992/2736

013861878 昆明医学院第二附属医院院志 1993-2009/2736

013861882 昆明医学院第一附属医院院志 1941-1991/2736

010243562 云南省第一人民医院院志/2737

012636700 云南省工人疗养院志/2736

012003058 云南省精神病医院志 1955-2005/2737

009700581 云南省卫生防疫站志 1993-2001/2736

011809769 云南省中医医院院志 1947-2006/2736

013002318 盘龙区人民医院志 1958-2008/2742

012954994 昆明市西山区金顶山军队离退休干部休养所志/2748

008992678 路南彝族自治县医院志/2757

010201635 云南省曲靖地区第一人民医院院志/2762

013821912 陆良县中医院院志 2002-2012/2766

011294704 玉溪市人民医院志/2775

012877317 新平彝族傣族自治县妇幼卫生志/2790

013321257 新平彝族傣族自治县人民医院志/2790

014026350 保山市第二人民医院院志 1950-2008/2795

013991570 腾冲县人民医院志 1940-2009/2799

010243931 昭通地区人民医院志/2802

009337943 鲁甸县人民医院院志/2804

013067234 思茅地区精神病医院院志 1979-1999/2815

012049639 景东彝族自治县人民医院院志 1938-2000/2819

013990768 江城哈尼族彝族自治县人民医院院志 1953.4-2004.4/2821

013894439 楚雄彝族自治州人民医院院志 1991-2010/2835

011579513 楚雄彝族自治州中医院志/2835

013236339 云南省楚雄彝族自治州人民医院志 1938-1990/2835

013661512 姚安县人民医院志 1941-2011/2839

011584675 弥勒县人民医院志/2848

013860624 广南县人民医院志 1941-2012/2860

013775965 西双版纳傣族自治州民族医药研究所西双版纳傣族自治州傣医院志/2862

013072851 云南省农垦总局第一职工医院志 1971.10-2004.12/2863

013316314 大理白族自治州人民医院志 1992-2001/2869

013128803 宾川县人民医院志/2876

013144600 弥渡县人民医院志 1951-2006/2877

012877272 巍山彝族回族自治县人民医院志/2885

013751624 德宏州傣族景颇族自治州医疗集团志 1954-2003/2887

013735518 云南省农垦总局第二职工医院志 1972-2010/2887

013508785 怒江州中心血站志/2894

012003061 云南省怒江傈僳族自治州人民医院志 1995-2006/2894

013236405 中国人民解放军西藏军区总医院院志 1949.11-2003.12/2913

008845125 陕西省药品检验所志 1974-1993/2943

011294824 陕西省中医药研究院陕西省中医医院志 1956-2006/2943

013096579 西安市红十字会医院志 1911-2011/2943

013630266 西安市精神卫生中心志 1957-1997/2943

013959447 铜川市人民医院志 1949-2011/2953

008418279 宝鸡市中医医院志 1939-1987/2960

012662556 华县人民医院志 1949-2009/2987

011469895 安康市卫生防疫志/3010

013220901 陕西省安康市中心医院院志 1937.8-2005.12/3010

011995472 丹凤县医院志/3017

009244987 丹凤县中医医院志/3017

012191830 甘肃省妇幼保健院志 1942-2002/3039

012139123 甘肃省康复中心医院志 1991-2008/3039

011497701 甘肃省中医院院志 1953-1999/3039

010475800 兰化医院志/3039

012202975 兰州医学院第二附属医院院志 1959-1999/3039

013684463 兰州医学院第一附属医院院志 1948-2004/3039

012097589 金川公司医院志/3045

013776033 永昌县人民医院志 1943-2011/3045

013797002 武威地区人民医院志/3055

013097981 张掖地区人民医院志/3059

010238304 张掖市人民医院志/3059

013991289 平凉市第二人民医院志/3062

012003247 庄浪县人民医院志/3064

011584386 酒钢公司医院志 1958-1997/3066

011566174 酒泉地区人民医院志 1951-2001/3066

010730274 定西地区医院志 1950.10-2000.12/3074

009010254 青海省人民医院志/3098

011762256 互助土族自治县人民医院志/3102

013461819 宁夏医学院第二附属医院银川市第一人民医院院志 1957-2007/3125

012878868 银川市妇幼保健院志/3125

013236402 中国人民解放军第五医院院志/3125

013462583 石嘴山市第一人民医院志 1959-2009/3131

012877181 石嘴山市妇幼保健院志/3131

013045566 海原县中医医院志 1986-2010/3143

011294758 新疆维吾尔自治区卫生防疫站志/3162

011955687 乌鲁木齐市卫生防疫站志 1952-2001/3169

012208300 [乌鲁木齐市畜牧兽医检疫草原工作总站]站志 1988-1998/3169

012837498 新疆精神卫生中心乌鲁木齐

市第四人民医院院志 1985-2008/3170
012100560 新疆维吾尔自治区建工医院志 1957-2005/3169
009769260 新疆维吾尔自治区人民医院志 1934-2003/3169
011444054 新疆医科大学第二附属医院院志 1954-2004/3170
012636901 新疆昌吉回族自治州人民医院院志 1955-2005 修改稿/3191
013604199 阿克苏地区第一人民医院志 1935-2010/3181
012832263 喀什地区第一人民医院院志 1990-2003/3185
013661548 伊犁哈萨克自治州友谊医院志/3207
009024997 农四师医院志/3207
011312057 新疆维吾尔自治区塔城地区人民医院简志 1936-2006/3215
008543166 农九师医院志/3217
012969580 石河子绿洲医院院志/3226
013991271 农一师阿拉尔市疾病预防控制中心志/3227
013751663 芳草湖医院志/3230
008702111 台湾省政府卫生处志/3236
013010693 汶川特大地震抗震救灾志医疗防疫志初稿/36
009332056 北京卫生志/38
013646888 北京市东城区卫生志/44
008949756 北京市海淀区卫生志/57
011328175 门头沟区卫生志/58
012635579 北京市房山区卫生志/60
010251799 通县卫生志/61
011296184 延庆县卫生志征求意见稿/73
013820502 津南区卫生志/95

010251362 石家庄地区卫生志/127
008378044 石家庄市卫生志/127
009046115 滦县卫生志/149
008379140 [秦皇岛市]卫生志/154
013335283 邯郸市卫生志 1814-1985/161
011757280 保定市卫生志/185
013335444 康保县卫生志 1949-2009/203
008377876 阳原县卫生志 477-1987/204
008377722 涿鹿县卫生志/208
011293095 丰宁满族自治县卫生志 1840-1990/214
009310326 沧州地区卫生志 1867-1988/219
013321020 太原卫生志 1840-1998/263
014028620 大同卫生志/271
012251148 浑源县卫生志/274
009128383 长治市卫生志 1840-1985/286
013646906 长子县卫生志/294
013462872 武乡县卫生志征求意见稿/295
011892175 米山中心卫生院志/302
012099713 平遥县卫生志/320
010231695 灵石县卫生志/322
012903481 运城市卫生志/324
013144455 稷山县卫生志/332
012899369 芮城卫生志/336
009889730 河津卫生志/327
013133973 翼城卫生志/349
011066916 吕梁地区卫生志/357
013659585 临县卫生志/364
008594163 内蒙古精神卫生中心志 1958-1996/383
009349624 包头市卫生志/392
011500655 松山区卫生志/402
013702853 敖汉旗卫生志 1892-1985/407
012506264 通辽市卫生志 1644-2004/410

007986454 呼伦贝尔盟卫生志/421
008829152 临河市卫生志/434
011909122 锡林郭勒盟卫生志/445
009243301 辽宁省卫生志/466
009243298 辽宁省卫生志(稿)583-1985/466
009472650 大连市爱国卫生运动志1988-1998/505
008536592 鞍山市卫生志/518
013143658 抚顺市卫生志1905-1985/526
010277945 本溪卫生志1826-1985 续篇 1986-1989/531
009242348 [本溪县]卫生志/532
011439897 宽甸卫生志/536
011566152 锦州市古塔区卫生志1852-1985/540
013704224 黑山县卫生志1854-1985/541
008094380 营口市卫生志1840-1985/543
012506599 营口县医药公司志/543
013958748 辽宁省阜新蒙医药研究所志/546
011325500 [中国第一汽车制造厂]医疗卫生1953-1985/589
013375243 吉林市龙潭区金珠卫生院院志1986-2002/606
013375231 龙潭街道卫生所所志1986-2002/606
013375234 龙潭区大口钦满族镇卫生院志1986-2002/606
013375239 龙潭区缸窑中心卫生院院志1986-2002/606
013375242 龙潭区结核病防治所所志1986-2002/606
012967567 官地中心卫生院院志1948-2004/634

012139157 哈尔滨市爱国卫生运动史志1952.3-1990.12/659
013991409 尚志市卫生志1878-1995/664
010251373 齐齐哈尔市卫生志/673
013897698 克山县卫生志/678
008534790 上海卫生志/746
010730235 上海市静安区卫生志/752
013705556 普陀卫生志/753
012952120 虹口卫生志/754
012256466 杨浦卫生志/755
013144458 嘉定卫生志/762
012832192 金山县卫生志/773
013753787 青浦卫生志/781
011068456 奉贤县卫生志/786
012096680 奉贤县卫生志1985-2001/786
010473932 南京爱国卫生运动志1949.4-1989.12/815
008188522 南京卫生志/816
013659366 江浦县卫生志/820
013862875 洛社卫生志/834
009252836 无锡县卫生志/834
013797182 宜兴县卫生志1912-1987/841
013226711 徐州市卫生志/850
008036603 邳州卫生志/858
010469352 常州市卫生志/870
013462861 武进县卫生志1879-1983/877
012613300 吴江卫生志/891
010473844 常熟市卫生志/897
008446218 昆山市血防志/902
008532028 太仓市卫生志/904
009116206 连云港市卫生志/916
013792147 灌云县卫生志/919
010143103 灌南县卫生志1775-1986 初稿

/919
013374033 淮阴市卫生志/921
013790298 大丰市卫生志/929
009993109 扬州卫生志/936
009993009 江都市卫生志 1988-2000/938
008378776 江都县卫生志/939
009992970 高邮市卫生志/941
013759074 镇江市卫生志/945
009105478 丹徒县卫生志/947
009338303 丹阳市卫生志/950
012541978 句容市卫生志/952
011479422 兴化卫生志/954
010110344 泰兴卫生志/956
013686246 泗阳县卫生志/958
013141079 淳安卫生志/1006
013703347 富阳县卫生志/1000
011491212 宁波市北仑区卫生志/1010
008446550 慈溪卫生志/1014
010523135 温州市卫生志/1021
008382910 绍兴市卫生志/1050
010147413 绍兴县卫生志/1054
013010951 新昌县卫生志/1060
010118480 金华县卫生志/1064
009840430 东阳市卫生志/1070
009046554 舟山市卫生志/1083
008379693 浙江省黄岩县卫生志/1090
012208297 温岭市卫生志/1092
009840513 遂昌县卫生志/1104
013508491 浙江省景宁畲族自治县卫生志/1106
010229255 安徽卫生志/1118
013822923 铜陵卫生志 1950-2000/1150
010251352 滁县地区卫生志/1165
009783893 宿州市医药卫生志/1173

013688979 六安市卫生志/1178
008985704 池州地区卫生志/1184
012832237 泾县妇幼卫生志 1953-2008/1189
008830561 绩溪县卫生志/1190
010252918 旌德卫生志/1190
010138256 福建省卫生志/1203
013897117 福州市卫生志/1211
008451932 连江县卫生志/1222
011444021 厦门市卫生志/1229
011764870 同安医药卫生志/1231
009117936 泉州市卫生志/1247
008692732 江西省卫生志/1291
010143333 南昌县卫生志/1302
009385340 都昌县卫生志/1320
008299947 新余市卫生志/1323
010250810 分宜卫生志/1324
013865575 于都县卫生志/1341
013861830 于都县卫生志 1999-2009/1341
013899419 石城县卫生志/1344
008425985 新干县医药卫生志/1349
012837618 宜春地区卫生志/1355
008428904 铜鼓县卫生志/1367
008426131 丰城县卫生志/1358
013925252 高安市卫生志/1360
011584855 上饶地区卫生志/1375
007620758 山东省卫生志/1406
012684675 山东省卫生志 1986-2005/1406
009881223 山东省卫生志医学教育篇资料长编征求意见稿/1406
012611250 济南市卫生志 1840-1988/1417
009881084 济南医药志资料汇编/1417
009881212 山东省平阴县药志初稿/1425
011312837 章丘卫生志/1424

009387165	青岛市卫生志 1891-1990/1436
013092992	胶州市卫生志/1444
009399348	即墨市卫生志 1986-2002/1447
012202873	即墨县卫生志/1447
009114614	齐鲁石化公司卫生志/1457
011911543	淄博市卫生志 1840-1985/1457
012317839	淄川区卫生志/1460
011957289	张店区卫生志/1459
009783917	博山区卫生志/1461
013772620	高青县卫生志/1464
010469346	枣庄市卫生志/1469
009962166	滕县卫生志/1473
011955655	滕州市卫生志 1985-2005/1473
013897703	垦利县卫生志 1943-2008/1484
011499162	利津县卫生志/1485
012816172	招远卫生志/1501
013530815	海阳市卫生志/1502
011479502	益都县卫生志初稿/1508
012879058	诸城市卫生志/1509
009700209	济抗厂志 1966-1987/1519
013656351	济宁市市中区卫生志/1521
013939715	鱼台县卫生志/1531
013795624	汶上县卫生志/1533
013148984	邹县卫生志/1528
010278344	泰安卫生志/1537
008986828	东平县卫生志/1544
013687419	东平县卫生志/1544
013958701	莒县卫生志/1555
009799273	莱芜卫生志/1560
013753486	临沂地区卫生志/1563
009340735	莒南县卫生志 1840-1999/1571
013314320	德州市医药卫生志 1840-1985/1580
012051661	临邑县卫生志/1583
010577302	聊城地区卫生志/1589
013064943	聊城市卫生志/1589
013092937	惠民地区卫生志/1595
010010072	惠民县卫生志/1597
011809777	郓城县卫生志/1605
013702961	东明卫生志/1607
009251577	河南省医药卫生学会志/1625
009348668	郑州卫生志 1986-2000/1645
010778384	郑州市二七区卫生志 1912-2003/1652
008427912	郑州市郊区卫生志/1658
010251070	中牟县卫生志/1668
010229454	巩县卫生志/1660
010238992	河南省荥阳县卫生志/1661
010238979	密县卫生志/1663
010238876	新郑县卫生志/1664
009560785	登封市卫生志/1668
008421871	开封市卫生志/1677
013659417	开封制药厂志 1949-1982/1677
012638660	尉氏县卫生志/1679
012661388	开封县卫生志 1983-2005/1680
013375269	洛阳市卫生志/1691
010238873	新安县卫生志 1932-1984/1696
013377039	汝阳县卫生志/1698
010238986	叶县卫生志/1706
012898665	郏县卫生志 1986-2006/1707
011585005	汤阴县卫生志 1984/1716
010250748	浚县卫生志初稿/1720
010735950	新乡市卫生志 1368-1985/1726
013861737	辉县市卫生志/1729
010229500	焦作市卫生志 1904-1985/1737
010244216	河南省武陟县卫生志/1744
011805838	沁阳市卫生志 1986-2000/1740
008421335	濮阳市卫生志/1747

013002400 濮阳市郊区卫生志/1749
010735914 河南省鄢陵县卫生志/1754
010735936 河南省长葛县卫生志/1753
008422419 临颍县卫生志/1757
012766483 陕县卫生志 1985-2000/1766
010735939 南阳地区卫生志/1773
013319856 南阳市卫生志 1986-2004/1773
010238983 南阳县卫生志/1773
010238905 南召县卫生志/1775
010735913 河南省方城县卫生志/1776
009413770 内乡县卫生志 1483-1984/1777
012505384 内乡县卫生志 1984-2004/1777
011584896 社旗县卫生志 1782-1985/1779
011570381 唐河县卫生志/1780
008422399 河南省商丘县卫生志/1785
010195522 商丘地区卫生志/1785
008666851 民权县卫生志/1787
008422503 睢县卫生志/1788
008422402 宁陵县卫生志/1788
011445702 柘城县卫生志 1840-1984/1789
008422488 夏邑县卫生志/1790
010238872 息县卫生志/1796
009768583 周口地区卫生志/1799
010469058 扶沟县乡卫生志合订本/1800
010468914 商水县卫生志 1949-1985/1802
009242676 河南省郸城县卫生志/1803
011890897 淮阳县卫生志 1983-2002/1804
008422483 上蔡县卫生志/1808
012814409 武昌卫生志 1840-2000/1842
010109740 武昌县卫生志/1846
009335330 黄石市卫生志 1880-1985/1852
013824959 [中国第二汽车制造厂]医疗卫生志 1966-1984/1866
012724151 竹山县卫生志 1991-2008/1870

013707230 竹溪县卫生志 1867-1985/1871
013703337 房县卫生志/1872
011327092 宜昌县卫生志 1860-1985/1877
008486743 [老河口市]卫生志/1889
013506653 鄂州市卫生志 1983-2007/1895
013335435 荆门卫生志/1899
011310836 汉川县卫生志 1727-1985/1910
012719123 荆州市卫生志 1985-2005/1914
009675364 荆州卫生志/1914
010195599 [沙市市]卫生志/1916
013093050 荆州区卫生志/1917
013774223 江陵县卫生志/1924
003033413 松滋县卫生志 1911-1985/1920
013957723 嘉鱼县卫生志/1939
012638738 天门市卫生志 1984-2003/1956
011805969 天门卫生志/1956
010291869 宁乡县卫生志/1994
013000396 浏阳市卫生志 1949-2004/1993
010577308 株洲市卫生志/2000
011586373 株洲市卫生志资料长编/2000
013726796 茶陵县卫生志/2009
006088107 醴陵爱国卫生志/2005
006088108 醴陵卫生志/2005
008383018 湘潭县卫生志 1840-1988/2020
008453520 衡阳市卫生志/2024
013092895 衡山县卫生志/2030
008384906 邵阳市卫生志/2032
011892133 隆回县卫生志/2035
008531844 湖南新宁县卫生志 1738-1988/2037
007672829 华容县卫生志/2047
009383727 临湘市卫生志/2044
009797355 常德县卫生志/2055
009383752 石门县卫生志/2063

010523842 湖南省慈利县卫生志 1912-1987 /2065	009310920 梧州市卫生志送审稿/2306
012141526 沅江市卫生志 1986-2004/2071	008595564 北海市卫生志 1867-1993/2310
008847979 桂阳县卫生志 1840-1988/2078	013819395 贵港市卫生志 1990-2004/2315
012832485 零陵县医药卫生志/2086	008595588 陆川县卫生志/2319
013601952 祁阳县卫生志/2088	009867435 重庆市卫生志 1840-1985/2367
008195187 沅陵县卫生志/2099	008430572 重庆卫生志送审稿/2367
008835161 [湘西土家族苗族自治州]卫生志/2111	009553163 重庆市南岸区卫生志/2375
009335659 广东防痨史志/2129	013626253 大足县卫生志/2378
009378520 广州市爱国卫生运动志/2141	013758764 长寿县卫生志 1986-2001/2380
010777150 荔湾卫生志/2147	013940892 重庆永川市卫生志 1986-2006 /2385
009863887 海珠区卫生志/2148	010244241 潼南县卫生志/2388
010779074 番禺百年卫生志/2155	013626296 丰都县卫生志/2392
009673734 翁源县卫生志/2167	008669051 四川省医药卫生志/2412
013898419 罗湖区卫生志 1979-1998/2172	013334404 成都市卫生志 1990-2005/2429
013602023 汕头卫生志/2179	008670760 成都市西城区卫生志 1950-1985 /2432
009378462 佛山市卫生志/2186	010146780 新都县卫生志/2437
009852013 南海市卫生志/2192	013822927 温江区卫生志 1998-2005/2438
013335259 高明市卫生志/2199	008672102 温江县卫生志/2438
013002625 台山卫生志/2202	008414565 自贡市卫生志/2455
007908445 梅州卫生志/2224	008427945 富顺县卫生志/2457
007995595 梅县市卫生志 1896-1985/2225	011499488 攀枝花市卫生志/2461
010730765 东莞市卫生志/2242	009962436 泸州市卫生志 1911-2003/2466
006514930 揭阳县卫生志/2249	013726908 德阳卫生志 1983-2008/2470
013012608 云浮市卫生志/2256	013774985 绵阳市卫生志初稿/2480
007684094 新兴县卫生志/2260	013337509 绵阳市卫生志/2481
013732485 [新兴县]卫生志 1979-2000 /2260	009561672 绵阳市卫生志/2481
008595415 南宁市卫生志/2281	009254005 青川县卫生志/2499
008539696 柳州市卫生志/2289	012969410 蓬溪县卫生志 1986-2005/2505
008594875 柳城县卫生志/2291	009995279 大英卫生志/2509
009683669 融安县卫生志/2292	011570079 内江地区卫生志/2515
012049349 恭城瑶族自治县卫生志/2304	011570127 内江市卫生志/2515
	008421805 四川省内江县卫生志/2516

011570892 威远县卫生志/2517
014047504 乐山市卫生志 2002/2522
009336991 夹江县卫生志/2532
013131008 沐川县卫生志 1942-2006/2534
013703256 峨眉县卫生志/2524
013629494 仁寿县卫生志/2544
013000321 邻水县卫生志 1981-2008/2557
011431299 达县卫生志/2560
013775244 石棉县卫生志 1985-2000/2572
012969744 通江县卫生志 1986-2005/2579
012955228 南江县卫生志/2580
008992049 阿坝州卫生志/2593
008992113 汶川县卫生志/2595
008992093 四川省理县卫生志/2595
008992143 茂县卫生志/2595
009387548 甘孜藏族自治州医药卫生志/2602
008835976 美姑县卫生志/2618
009411484 正安县卫生志/2658
008597975 雷山县卫生志初稿/2701
008597932 昆明卫生志/2736
013820538 昆明卫生志 1978-2008/2736
011319978 云南纺织厂卫生专业志 1936-1985/2736
013775023 盘龙区卫生志 1978-2008/2742
012638819 石林彝族自治县卫生志/2757
013067284 嵩明县卫生志 1950-2010/2754
010147003 禄劝彝族苗族自治县卫生志/2758
007988984 曲靖市卫生志/2762
011068513 罗平县卫生志/2768
010576731 会泽卫生志/2770
008597833 玉溪地区卫生志/2775
013706863 玉溪市卫生志/2775

013707159 玉溪市卫生志 1989-2005 送审稿/2775
013143956 华宁县卫生志/2783
011293362 保山市卫生志/2795
008539869 腾冲县卫生志/2799
008426717 鲁甸县卫生志/2804
012505284 丽江市卫生志/2811
010777311 宁蒗彝族自治县卫生志/2813
013509219 普洱市卫生志 1949-2009/2815
013771706 楚雄彝族自治州卫生志/2835
014026674 楚雄市卫生志/2836
013689041 牟定县卫生志/2837
009337930 元谋县卫生志/2841
012680478 蒙自县爱国卫生运动志 1950-2007/2845
010735970 弥勒县卫生志/2848
013343516 元阳县卫生志/2851
011294827 景洪市卫生志/2863
008426836 大理白族自治州卫生志/2869
013894476 大理市卫生志/2872
013072721 祥云县卫生志/2874
013702875 宾川县卫生志/2876
011499337 弥渡县卫生志/2877
013226389 巍山彝族回族自治县卫生志/2885
012191734 德宏州卫生志/2887
011584755 怒江傈僳族自治州卫生志/2894
013859384 碧江县卫生志/2895
013860500 福贡县卫生志/2895
012832342 [兰坪]卫生志/2899
008539897 德钦县卫生志/2905
008542846 西安市卫生志/2943
011329807 西安市卫生志续篇 1990-2000

/2943

008417842 宝鸡市卫生志 前1122-1990/2960

008993257 陇县卫生志/2971

011444024 咸阳市卫生志 前581-1990/2977

013939601 兴平县卫生志初稿/2979

013402780 白河县卫生志/3013

008993636 洛南县卫生志/3016

013143687 甘肃省医药卫生简志 216-1985/3028

013866256 榆中县妇幼卫生志/3043

011320354 天水市医药卫生志/3050

011764818 天水市北道区卫生志/3051

011479278 武威卫生志/3055

009683653 武威市卫生志/3055

012955216 民勤县卫生志初修续修合辑/3056

013704268 华亭县卫生志 1949-1999/3064

009878621 静宁卫生志/3065

008453830 庆阳地区卫生志/3070

010779383 永靖县卫生志/3080

008453879 甘南藏族自治州藏医志/3082

008835772 甘南藏族自治州卫生志/3082

010291714 青海医药卫生志初稿/3095

008846499 大通卫生志/3100

013374577 乐都县医药卫生志/3101

008694352 宁夏卫生志/3120

012758947 贺兰县卫生志/3129

009561096 吴忠市卫生志/3134

009414207 青铜峡市卫生志/3135

008667353 西吉县卫生志/3139

009414238 中卫县卫生志/3142

009399631 中宁县卫生志/3142

011571013 新疆生产建设兵团卫生志/3162

012950469 博尔塔拉卫生志/3196

中国医学

012208555 [山西省中医药研究院]院志 1957-1997/262

013660099 山东省中医药研究院院志 1958-2008/1417

010151384 洛阳正骨志/1691

009843142 中国民族药志要/3287

009996179 中国药用石斛图志/3287

006109929 中国中药资源志要/3287

006006442 中药志/38

007508802 祁州中药志/189

011324939 山西中药志/254

009398358 内蒙古植物药志/377

012832429 辽宁中药志 植物类/466

001631597 长白山植物药志/578

011320430 吉林药材图志/578

007995564 中国长白山药用植物彩色图志/578

009853058 黑龙江省中药志/649

006006435 江苏省植物药材志/816

013735653 浙江大盘山药材志/1075

010193968 安徽中药志/1118

005416328 福建药物志/1203

012635706 大别山药物志略/1625

009010161 河南中药志 审订稿/1625

010250723 新乡地区中药厂志 1956-1982 初稿/1726

010230888 禹州中药志/1752

009888241 南阳市中药厂志 初稿/1774

008972096 湖北药材志/1824

006133856 湖北中草药志/1824

009382442 湖北中草药志/1824
009853824 中国武当中草药志/1866
011757676 鄂西民族药志/1945
013336265 利川黄连志/1946
006003119 湖南药物志/1975
009992740 湖南药物志/1975
010778589 土家族药物志/1975
009840275 四川道地中药材志/2412
006006672 四川中药志/2412
011910127 云南民族药志第1卷/2725
012612981 云南民族药志第2卷/2725
001770392 彝药志/2835
008637825 大理中药资源志/2869
002924112 秦岭巴山天然药物志/2935
006007044 陕西中药志/2935
011804596 华山药物志/2986
009348554 甘肃中草药资源志/3029
008542887 宁夏中药志/3120
009880960 宁夏中药志/3120
011320425 朝药志/633
009145748 中国壮药志/2275
007358320 藏药志/3095
002878189 维吾尔药志/3162
012191866 哈萨克药志/3162
012541595 哈萨克药志/3162
011324965 西双版纳傣药志/2862
011805516 黎族药志/2347
012611069 湖北省临床检验中心志 1987-2007/1824

内科学

012049291 福建省防痨志/1203
011311813 珠海防痨史志/2175
012265049 湖南省寄生虫病防治研究所志 1950.6.1-2000.6.1/2041
009784362 广西壮族自治区寄生虫病防治研究所志 1958-1988/2281
013133823 下关县血防史志 1953-1979/818
009338426 吴江市血防志/891
010777159 常熟市血防志/897
013752622 江都血防志/939
013143694 高邮县血防史志 1950-1982/941
011321352 安徽血吸虫病防治志/1118
013990880 进贤县血防志 1956-2009/1304
012900176 江西省余江县血防志 1953-1980/1326
012724003 郑州市丝虫病防治志/1645
013090776 博爱县丝虫病防治志/1743
009992746 岳阳县血防志/2045
013133997 云南省血吸虫病防治史志/2725
010243632 云南省血吸虫病防治史志续集/2726
013133892 漾濞县血吸虫病防治工作史志 1964-1984/2883
013133994 云南省剑川县血吸虫防治工作史志/2881
013129120 鹤庆县防治血吸虫病工作史志 1954-1979/2882
011066890 吉林省地方病第二防治研究所所志 1950-2000/604
013756975 五峰土家族自治县地方病防治志/1884
012955187 绵阳市地方病防治志/2481
013464269 云南省疟疾防治研究所志/2737
013190053 云南省地方病防治所所志 2001-2010/2872

012100575 新疆维吾尔自治区地方病防治研究所志/3170
013510598 天津泌尿外科史志/88
010293547 江苏泌尿外科史志/802
008421758 盐亭县肿瘤防治志/2486
012141601 株洲市麻风病防治志 1954-2003/2011
012898991 江苏省原子医学研究所所志 1959-2009/832

药学

010730300 山西省药检所 50 年所志 1953-2003/263
004028108 中国民族药志/3287
011534082 中国民族药志/3287
012661696 宁夏药事志 1032-2000/3120
009408269 中国新药志 1985-2000/3287

农业科学

009157508 中国农业科学院志 1957-1997/38
010232008 山西省农业科学院农业资源综合考察研究所所志 1979-1999/263
013131026 内蒙古自治区农业科学院志 1950-1990/384
013728907 呼伦贝尔盟农业科学研究所志/421
011312032 辽宁省农业科学院院志 1956-2005/487
013629859 沈阳市农业科学院志 1972-2012/487
011954347 吉林省农业科学院志/589
013652730 吉林市农业科学院院志 1908-2008/604
009879582 红兴隆科研所志 1959-1990/685
012719114 江苏徐淮地区徐州农业科学研究所志 1910-2010/850
010475909 浙江省农业科学院志/983
013797266 浙江省台州市农业科学研究所所志 1962-2002/1088
013064859 聊城地区农科所史志征求意见稿/1589
012505153 河南省农业科学院志 1909-2008/1645
010777273 新乡市农业科学研究所志 1949-1999/1726
012506413 新乡市农业科学院志 1949-2009/1726
013902037 周口市农业科学院志 1965-2010/1799
011294614 湖北省农业科学院志 1986-1999/1838
009839691 湖南农业科研志/1975
013728926 湖南省农林工业勘察设计研究总院湖南省林业调查规划设计院院志 1957-2009/1986
012249740 常德市农业科学研究所科技志 1931-1999/2055
011294253 益阳市农科所志/2069
011066839 四川省农业科学院蚕业研究所所志/2429

012051940 四川省农业科学院志 1986-2005 /2429

009799635 云南省农业科学院科技情报研究所志 1985-2004 /2737

010962591 云南省农业科学院志 1950-2004 /2737

012546817 新疆农业科学院志 1986-2004 /3170

013510763 新疆农业科学院志略 1955-1985 /3170

008994797 农一师农业科学研究所志 /3182

009198596 新疆生产建设兵团农四师农科所志 /3208

013987620 德州市农业科学研究院志 1961-2011 /1580

农业基础科学

011319906 肥料志 /3287

010201790 中国有机肥料养分志 /3288

011445843 中国农业科学院土壤肥料研究所所志 1957-1996 /38

011805525 辽宁省土壤肥料总站站志 1987-2007 /488

009817649 泰兴土肥工作志 /956

008401042 中国土种志 /3288

009240439 河北土种志 /117

012889266 长治土种志 /286

008195146 中国内蒙古土种志 /377

009244125 沈阳土种志 /488

011328382 吉林土种志 /579

012951996 福建土种志 /1203

011910052 宜春地区土种志 /1355

011570232 山东土种志 /1406

013758757 枣庄市土种志 /1469

013822735 泰安市土种志 /1537

010577254 河南土种志 /1625

012545736 郑州土种志 /1645

013092912 湖南土种志 /1975

012769673 中国农业科学院祁阳红壤试验站站志 1960-2010 /2088

009145471 广东土种志 /2129

008594813 广西土种志 /2275

008669057 四川土种志 /2412

014047762 绵阳市土种志 /2481

008597823 云南省思茅地区土种志 /2815

009174469 西藏自治区土种志 /2912

010473939 拉萨土种志 /2913

010473949 西藏自治区日喀则地区土种志 /2917

012952024 甘肃土种志 /3029

013065016 陇南土种志 /3076

013002428 青海土种志 /3095

013732440 新疆土种志 /3162

008224096 山西水土保持志 /254

013687144 朝阳市水土保持志 /564

012810595 福建省水土保持志 /1204

012969498 泉州市水土保持志 /1247

009387200 黄河水土保持志送审稿 /1645

009045596 黄河水土保持志 /1647

012767149 兴山县水土保持志 1955-2004 /1881

009553745 秭归县水土保持志 /1882

009153979 庄浪县水土保持志 /3064

010577523 中国农业土壤志初稿 /3288

010468482 延庆土壤志 /73

013987649 丰润县土壤志 /147

013883847 保定市土壤志 /185

011472218 赤城县土壤志/209
011325007 崇礼县土壤志/209
010250772 泊头市土壤志1983-1985/220
011325003 永清县土壤志/233
011324996 景县土壤志/242
011580095 吉林省土壤志/579
013183618 吉林省吉林市郊区土壤志/607
013797193 永吉县土壤志/611
012951873 长白朝鲜族自治县土壤志/624
010250409 白城市土壤志/628
012873316 牡丹江市郊区土壤志/707
011320034 南京土壤志/816
012968059 江苏省无锡市土壤志/832
009385242 江苏省无锡县土壤志/835
012968008 江阴县土壤志/839
012968077 江苏省徐州市郊区土壤志/853
010199839 江苏省铜山县土壤志/854
012967998 江苏省丰县土壤志/859
010199831 江苏省沛县土壤志/860
012968056 江苏省睢宁县土壤志/862
010199841 江苏省新沂县土壤志/856
010199833 江苏省邳县土壤志/858
012968071 江苏省武进县土壤志/877
010735728 吴县土壤志/888
012968043 江苏省沙洲县土壤志/899
011497873 江苏省昆山县土壤志/902
010239034 江苏省南通市土壤志/906
012968031 江苏省南通市郊区土壤志/906
009865188 江苏省海安县土壤志/911
011497879 江苏省如东县土壤志/912

012968034 江苏省如皋县土壤志/908
012968005 江苏省海门县土壤志/909
013792481 江苏省淮阴市土壤志/921
011068459 江苏省扬州市土壤志/936
013990773 江苏省丹阳县土壤志/945
013990778 江苏省镇江市土壤志/946
012968048 江苏省宿迁县土壤志/956
011908743 上虞土壤志/1055
012950324 安徽省舒城县土壤志/1180
009386065 江西省省属国营垦殖场土壤志/1292
011496843 长清县土壤志/1422
011310496 利津县土壤志/1485
010265809 沂水县土壤志/1568
013510635 无棣县土壤志/1598
011068512 菏泽县土壤志/1602
009252726 武汉市土壤志/1838
013090972 东西湖土壤志/1843
011325000 武昌县土壤志/1846
013957655 黄陂县土壤志/1847
010686806 新洲土壤志/1849
013956879 大冶县土壤志/1854
013959378 十堰市土壤志/1866
013965096 竹山县土壤志/1870
013965101 秭归县土壤志/1883
013334571 当阳土壤志/1878
013959603 襄阳县土壤志/1887
013961334 枣阳县土壤志/1889
013958696 京山县土壤志/1902
013959612 孝感土壤志/1905
011324981 江陵县土壤志/1924
009961498 黄冈地区土壤志/1927
013957441 红安县土壤志/1930
013958857 罗田土壤志/1931

013961201 英山县土壤志 /1932
013958929 蕲春土壤志 /1935
014047724 麻城县土壤志 /1929
013957722 嘉鱼土壤志 /1939
011324997 通城县土壤志初稿 /1939
013955628 崇阳土壤志 /1940
013959394 随州土壤志 /1942
009685823 咸丰县土壤志 /1949
010686812 来凤县土壤志 /1950
013958876 沔阳土壤志 /1953
013957637 湖南省茶陵县土壤志 /2010
010577524 湖南湘潭专区土壤志 /2014
010577518 桃江县土壤志 /2072
009686576 宜章县土壤志 /2079
013092904 湖南省嘉禾县土壤志 /2080
013820249 湖南省宁远县土壤志 /2091
011580060 怀化地区土壤志 /2095
013820254 湖南省芷江县土壤志 湖南省芷江县土壤普查统计表格 /2102
013507790 古丈县土壤志 /2114
011497699 甘肃省天水市土壤志 /3050
013897123 甘肃省肃南裕固族自治县土壤志 /3061
011497700 甘肃省玉门市土壤志初稿 /3066
011497031 甘肃省敦煌县土壤志初稿 /3067
011497041 甘肃省宁县土壤志 /3072
011497035 甘肃省陇西县土壤志初稿 /3074
011497037 甘肃省岷县土壤志 /3075

农业工程

011067249 四川省沼气志 /2412

012208265 天津市农业机械化志 /81
013045497 定州市农业机械化志 /188
009962182 大同市农业机械化志 /269
012052411 襄汾县农机志 /350
011805731 内蒙古自治区农业机械化科学技术志 /373
009243840 沈阳农机志 /488
013369248 朝阳市农机志 /564
010473849 敦化市农业机械公司志 /634
010010066 上海市农业机械流通志 /736
009348827 江宁区农机化志 /824
009328426 江阴市农业机械化志 1988-2000 /838
013820463 江阴市水利农机志 2001-2010 /839
012316975 徐州市农机志 /850
012506421 新沂市农机志 /856
013185989 武进县农业机械志 /878
012767077 萧山市农业机械志 /989
008451069 南靖县农业机械志 /1260
009783901 农具农机志征求意见稿 /1406
010009448 山东省农机志 1940-1985 /1406
011294938 即墨市农机管理志 /1445
013510633 潍坊市农机志 /1506
009784113 潍坊市农业机械化志讨论稿 /1504
009472740 济宁市农机志 /1519
011792968 文登市农机志 1814-2005 /1548
011294775 莒县农机志 1949-2004 /1555
013897263 菏泽地区农业机械化志 /1601
008421556 郑州市郊区农机志征求意见稿二稿 /1659
008424339 开封地区农机志 /1677
008421954 北站农机志 /1728

012721950 南阳农机化志 1986-2005/1768	009348307 新疆生产建设兵团农业机械志/3162
012722265 商丘地区农业机械志/1783	012658186 北京市农业机械研究所志 1958-1999/38
008452462 湖北省农业机械化志/1818	013731196 山西省农业机械化科学研究所所志 1958-1990/257
008216451 [老河口市]农业机械志/1888	012639718 内蒙古自治区农牧业机械化研究所志 1956-2006/384
009685916 茶陵县农机志/2010	010686861 吉林省农业机械研究所志 1958-1988/589
007984246 醴陵农业机械志/2004	012611153 吉林省农业机械研究院志 1958-2008/589
013728890 衡南县农机志/2029	012955928 山东省农业机械科学研究所志 1959-2008/1417
009685993 常宁县农业机械志/2027	012836328 四川省农业机械研究设计院院志 1960-2010/2429
007672822 华容县农业机械志/2045	009414596 四川省农业机械研究所所志 1960-1986/2429
008844230 桂阳县农业机械志/2077	010278802 冶河灌区志/127
008531602 靖州县农业机械志/2103	009699417 滦河下游灌区志/145
008835167 [湘西土家族苗族自治州]农业机具志/2111	008593791 滏阳河灌区志/161
003035285 中山市农机志/2244	010201732 民有灌区志/161
012680423 柳州市农业机械化志/2286	009160136 平定县娘子关提水工程志/282
009379934 融安县农机志/2292	008384864 汾河灌区志/319
008835876 金牛区农机志/2434	009995000 三坝灌区志/320
013991531 双流县农机志 2005 年本/2447	008663564 陈村灌区志/333
013689051 攀枝花市水利农机志 1986-2010/2461	012969567 山西禹门口黄河提水工程志/327
009232112 中江县农机志 1949-1999/2474	009319852 前郭尔罗斯蒙古族自治县引松工程志/627
009253858 青川县水电农机志/2499	010777073 珲春灌区志/635
013002332 蓬溪县农机志/2505	011570194 瑞平灌区志/1021
011294807 大英农机管理志/2509	009554445 温瑞灌区志/1019
008991848 犍为县农机志 1986-2000/2530	
008421787 达县地区机械志 1950-1985/2557	
011997131 乐至县农业机械志 1948-2005/2589	
008992030 马尔康县农机志/2593	
011439940 凉山彝族自治州农业机械志/2609	
013955602 毕节市农业机械管理志/2670	
008453834 庆阳地区农机化志/3071	

008845168 驷马山引江灌溉工程志/1145

012051765 淠史杭灌溉工程志/1178

010278945 引沁灌区志/1737

009348088 双牌灌区志/2089

008667308 交口抽渭志/2984

008994323 甘肃省景泰川电力提灌第二期工程古浪灌区志/3056

012955304 宁夏青铜峡灌区渠首志/3136

012639828 奎管处志/3209

008543208 奎屯河流域水利工程灌溉管理处志送审稿/3209

009411690 沙井子灌区水利管理处志/3228

008994791 塔里木灌区水利管理处志/3227

013959386 水利部中国农业科学院农田灌溉研究所建所四十周年志略 1959-1999/1727

012970968 中国农业科学院水利部农田灌溉研究所所志 1959-2009/1727

农学（农艺学）

011497723 高产志/3288

008829053 内蒙古自治区农业技术推广志/377

012998986 国家作物种质资源库圃志/38

009313085 内蒙古农作物品种志/377

008594251 内蒙古自治区农作物种子志/377

011499434 内蒙古自治区农作物种子志 1991-2002/377

012096500 赤峰市农作物种子志/400

009106169 吉林省农作物品种志/579

009348703 黑龙江农作物品种志/649

009853054 哈尔滨市三大农作物优良品种志/659

011444027 象山县农作物品种志 1949-1989/1016

011292036 [晋江市]农作物品种志/1251

010292661 湖南省农作物品种志/1976

012952147 湖南水稻研究志/1976

011320036 甘肃小麦品种志 1950-1987/3029

010732085 甘肃省陇南冬小麦农家品种志/3076

009154328 青海省农作物品种志/3095

012099737 青海省农作物品种志 1983-2005/3095

009393058 新疆生产建设兵团农作物种子志/3163

013863137 农六师种子志/3230

010280367 涡湖良种繁育场志/878

013994278 镇江黄山园艺良种场志/943

植物保护

010143320 江西植保志/1292

010475761 中国农业科学院植物保护研究所建所四十周年志略 1957-1997/38

011312031 辽宁省农业科学院植物保护研究所所志 1956-2005/488

011809760 云南省农业科学院植物保护研究所所志/2737

013074822 植物线虫志/3288

008488295 浙江植物病虫志/969

011580131 江西经济植物病害志/1292

009864548 河北稻区飞虱图志/117

008403353 山西经济植物真菌病害志/254

008427158　河南省经济植物病害志/1625

011294220　广东省栽培药用植物真菌病害志/2129

009399125　甘肃省经济植物病害志/3029

010251092　北京蔬菜病情志/38

010291655　河北省农田杂草志/118

008594189　内蒙古农田杂草志/377

013752629　江苏省盐城市农田杂草志/926

009381345　河南农田杂草志/1626

013067164　陕西农田杂草图志/2984

006419449　化学农药志/3288

006006708　中国土农药志/3288

农作物

012003178　中国农业科学院麻类研究所所志 1998-2007/38

010252693　中国农业科学院麻类研究所志 1959-1997/39

011480633　中国农业科学院作物育种栽培研究所所志 1957-2002/38

013185693　山西省农业科学院高寒区作物研究所志/263

011954575　辽宁省农业科学院稻作研究所所志 1956-2005/488

009411580　黑龙江省农业科学院水稻研究所志 1949-1999/700

011294617　中国水稻研究所志 1981-1999/983

012264237　福建省农业科学院茶业研究所所志/1211

012264246　福建省农业科学院水稻研究所所志 1935-2005/1211

013759306　中国农业科学院油料作物研究所志 1960-2009/1838

011809752　云南省农业科学院粮食作物研究所志 1979-2005/2737

011892304　宁夏农林科学院枸杞研究所（宁夏芦花台园林试验场）志/3125

010265767　河北省水(陆)稻品种志/118

012251246　江苏省稻麦品种志/802

009855960　浙江稻种资源图志/969

011580142　江西农业病虫害志 害虫部分/1292

010195441　广西僮族自治区农作物优良品种志/2275

010474148　云南稻谷品种志 1981-1990/2726

006378361　中国小麦品种志/3288

001679593　中国小麦品种志/3288

010232731　山西小麦品种志/254

010280307　山西小麦品种志/254

009310458　河南小麦品种志/1626

009154378　山西玉米品种志/254

011432674　河北谷子品种志/118

009330344　中国谷子品种志/255

012317319　中国食用豆类品种志/3288

011432686　河北食用豆类品种志/118

011585432　中国甘薯品种志/850

009446585　台湾番薯文化志/3236

012679478　海南禾草志/2347

012208611　中国棉花品种志/3288

012003153　中国棉花品种志 1978-2007/3288

011432678　河北棉花品种志/118

013772813　河北棉花品种志/118

013689530　江西省棉花研究所志 1973-2011/1300

009386100 江西苎麻品种志/1355

001725661 中国黄麻红麻品种志/2129

009389865 中国花生品种志/3288

002825896 中国芝麻品种志/3289

013183487 河南省花生品种志讨论稿/1626

013530006 海南莎草志/2347

009149856 中国甘蔗品种志/2276

011327112 抚松县人参志/623

003496820 通江银耳志/2579

012814274 通江银耳志/2579

008542919 中宁枸杞志/3142

008949664 中国茶树品种志/3289

007024918 中国地方志茶叶历史资料选辑/3289

005619029 中国名茶志/3289

008713387 中国名茶志/3289

009769285 浙江省茶叶志/970

012191693 淳安县茶业志/1006

013735515 云南茶树品种志/2726

008418708 凤庆县茶叶志/2826

011477155 羌州茶志/3000

008045583 紫阳茶业志/3012

011794326 中国烟草品种志/3289

008597818 云南烟草品种志/2726

园艺

012052440 新疆生产建设兵团园艺志/3163

009799989 中国农业科学院蔬菜花卉研究所志 1958-1997/39

012877291 武汉市蔬菜科学研究所所志 1950-2010/1838

009015776 中国蔬菜品种志/3289

010138616 河北蔬菜品种志/118

008594232 内蒙古蔬菜品种志/377

010735878 吉林省蔬菜品种志/579

006395195 上海蔬菜品种志/747

013601785 连云港蔬菜品种志/916

013926283 合肥蔬菜品种志/1125

010290917 江西蔬菜品种志/1292

010735938 河南蔬菜优良品种志/1626

010142613 湖北蔬菜品种志/1824

009382558 十堰市蔬菜品种志/1866

009378570 广州蔬菜品种志 1993/2142

011068495 重庆蔬菜品种志/2367

008825605 中国油菜品种志/3289

010110406 广昌白莲志/1374

001737467 新疆甜瓜西瓜志/3163

012967599 哈密瓜志/3177

012816224 中国农业科学院郑州果树研究所志 1960-1999/1645

012839333 中国农业科学院郑州果树研究所志 1960-2010/1646

009745140 中国果树志 草莓卷/3289

012956932 中国果树志 柑橘卷/3289

009348114 中国果树志 核桃卷/3289

010256261 中国果树志 李卷/3290

010256588 中国果树志 荔枝卷/3290

010256598 中国果树志 龙眼枇杷卷/3290

010256607 中国果树志 苹果卷/3290

009480483 中国果树志 桃卷/3290

010256595 中国果树志 杏卷/3290

008982580 北京果树志/39

009796963 河北省果树志/118

010265748 沈阳市郊区果树品种志/488

010290956 镇江市果树志/946

010278805 山东果树志/1406

009840194 临沂果茶志/1563

009867315 西藏果树种质资源志/2912

009959540 甘肃果树志/3029

012877120 青海果树志/3095

013148629 新疆兵团果树品种志/3163

006394537 台湾果树志/3236

009405900 河北省苹果志/118

010251338 泊头市梨业志/220

013129952 灵宝苹果志 1921-2010/1763

010144762 四川梨志/2412

013091054 甘肃省梨树志/3029

013128908 福山大樱桃志/1494

009393663 中国葡萄志/3290

009160040 沾化冬枣志/1599

009996059 衢州柑桔志/1077

009386001 江西柑桔品种志/1292

009864115 四会柑桔志/2214

009335630 广东荔枝志/2129

003158900 广西荔枝志/2276

010113074 山东花卉志/1406

007518746 鄢陵花卉志/1754

013067224 水仙花志/1258

011793526 中国桂花品种图志/3290

008190732 中国牡丹品种图志/3290

012191839 古县牡丹志/352

012174815 平阴玫瑰志/1425

009676352 菏泽牡丹志/1602

006067030 云南山茶花图志/2726

009996172 中国牡丹品种图志西北 西南 江南卷/2935

林业

013045632 河南省林业调查规划院志 1951-2010/1646

013860619 广东省林业调查规划院院志 1952.10-2012.10/2142

008836412 云南省林业科学院志/2737

008401039 中国木材志/3290

001630937 中国树木志/3290

008949737 北京郊区古树名木志/34

012967623 河北古树志/118

008223022 华北树木志/118

012542967 太行山树木志/118

008195133 山西树木图志/255

009242472 抚顺地区树木志/526

011996715 吉林树木图志/579

013092891 黑龙江树木志/649

009854357 山东树木志/1406

012811559 济南树木志/1417

011892403 青岛古树名木志/1436

013064824 兰山古树名木图志/1564

014047681 罗庄树木志/1564

009414035 中州古树志/1626

014029007 广西树木志/2276

009388370 四川省重点保护珍贵树木图志/2412

010730209 凉山州经济树木图志/2611

005203518 陕西树木志/2935

009337980 关山树木志/2971

012052590 樟木林志/3063

007661142 甘南树木图志/3082

013464170 西宁树木志/3098

012689845 新疆树木志/3163

008392556 河南古树志/1626

013820626 辽宁省固沙造林研究所志 1952-2011/466

012542609 辽宁省干旱地区造林研究所志/564

011500810 右玉县绿化志/310

008432940 上海园林志/747

009840457 杭州市城市绿化志/983

009107180 福州市园林绿化志/1211

007559806 重庆市园林绿化志/2367

009411788 柯柯牙绿化工程志/3181

013897622 江西省林学会志/1292

011567221 辽宁省森林经营研究所志/488

011892068 辽宁省森林经营研究所志1986-2007/535

012872368 [国家林业局中南调查规划设计院]院志1962-2002/1986

013704055 [国家林业局中南林业调查规划设计院]院志1962-2012/1986

010252186 云南省林业调查规划设计院志/2737

010475734 云南省林业勘察设计院志/2729

009480490 中国经济林名优产品图志/3290

012266222 赛罕乌拉自然保护区志/385

012680407 辽宁蛇岛老铁山国家级自然保护区志1980-2010/509

011067730 吉林长白山国家级自然保护区管理局志/637

010577531 清凉峰自然保护区志/1002

013897680 九龙山国家级自然保护区志/1104

013863641 神农架自然保护区志1982-2011/1957

011312059 张家界国家森林公园志/2063

012684969 西双版纳傣族自治州自然保护区志1958-2008/2862

012264268 甘肃祁连山国家级自然保护区志/3059

010732064 宁夏贺兰山国家级自然保护区志/3129

012252897 兴安盟森林草原防火志1947-2006/440

008869569 东北航空护林志/713

010576558 大兴安岭地区森林防火志/721

010293871 西南航空护林志/2738

009379926 马尾松毛虫天敌图志/3290

012679435 国家林业局森林病虫害防治总站站志1964-2009/39

009881176 山东林木病害志/1406

012607158 台湾产金花虫科图志/3292

010280123 陕西林木病虫图志/2935

013703924 甘肃林木病虫图志/3029

012816217 中国储木和建筑木材腐朽菌图志/3291

011793535 中国林木病原腐朽菌图志/3291

010144636 山西中条山木材志/334

006018122 东北经济木材志/466

002679179 常州市木材志1800-1985/870

008067710 广宁竹志/2215

010275911 云南经济木材志/2726

008666791 泡桐图志/1626

006101827 中国油桐品种图志/3291

013185733 上海竹种图志/747

010245100 明溪竹类图志/1239

畜牧、动物医学、狩猎、蚕、蜂

010109657 大冶市畜牧兽医志1952-2003/1855

012208169 山西省农业科学院畜牧兽医研究所所志 1958-2008/263

011957422 中国农业科学院兰州畜牧与兽药研究所所志/3039

012003169 中国农业科学院北京畜牧兽医研究所所志 1957-2007/39

013759370 重庆市畜牧科学院院志 1951-2011/2367

012100580 新疆畜牧科学院志 1955-1990/3170

012174074 金山县畜牧水产志/773

013190185 中国畜禽遗传资源志 家禽志/3291

013190193 中国畜禽遗传资源志 马驴驼志/3291

013190270 中国畜禽遗传资源志 蜜蜂志/3291

013190277 中国畜禽遗传资源志 牛志/3291

013190280 中国畜禽遗传资源志 羊志/3291

013190283 中国畜禽遗传资源志 猪志/3291

012872407 河北省家畜家禽品种志/119

007892349 内蒙古家畜家禽品种志/377

007801594 内蒙古自治区家畜家禽品种志/377

012251410 辽宁省家畜家禽品种资源志/467

008446280 国营常熟畜禽良种场志 第11卷/897

011497888 江西省畜禽志/1292

011329785 山东省畜禽品种志/1406

008427903 河南省地方优良畜禽品种志/1626

009961497 湖北省家畜家禽品种志/1824

005743470 湖南省家畜家禽品种志和品种图谱/1976

009335628 广东省家畜家禽品种志/2130

008990907 广西家畜家禽品种志/2276

013647491 海南省畜禽遗传资源志/2347

013706368 四川家畜家禽品种志/2413

012613889 四川畜禽遗传资源志/2413

011564654 贵州省畜禽品种志/2637

010239097 云南省家畜家禽品种志/2726

013133785 文山州地方畜禽品种志/2855

010265753 西双版纳州地方畜禽品种志/2862

010265752 大理州地方畜禽品种志/2869

013342506 陕西省地方家畜家禽品种志/2935

009387135 青海省畜禽品种志/3096

007841243 新疆家畜家禽品种志/3163

002921810 中国马驴品种志/3291

002925642 中国牛品种志/3291

009415110 中国羊品种志/3291

012251406 辽宁绒山羊育种志 1980-2008/467

001957252 中国猪品种志/3292

009016909 西吉县传统动物医药志/3139

011445830 中国农业科学院兰州兽医研究所所志续1 1997.1-2006.12/3039

010254108 中国农业科学院哈尔滨兽医研究所所志 1948-1998/659

012663871 中国农业科学院哈尔滨兽医研究所所志 1999-2008/659

011954066 广西兽医研究所所志/2281

009409475 中国动物疫病志/3292

013625867 北京市动物疫病志 1990-2003/39

011580215 锦州市动物疫病志 1949-1989/539

011585258 营口市畜禽疫病志/543

013335251 盖县畜禽疫病志 1949-1989/544

011762870 辽阳市畜禽疫病志 1949-1989/551

011579676 大洼县畜禽疫病志 1949-1989/557

011067721 吉林省畜禽疫病志/579

011497881 江苏省畜禽疫病志/802

014052908 盐城市畜禽疫病志 1949-1988/926

013221126 福建省畜禽疫病志/1204

009962155 山东省畜禽疫病志/1406

011320275 枣庄市畜禽疫病志/1469

009251575 河南省畜禽疫病志/1626

011310911 湖南省畜禽疫病志/1976

012872357 广西兽医防疫检疫站志 1980-2007/2282

013225878 四川省畜禽疫病志 1949-1989/2413

013704407 昆明市畜禽疫病志/2738

010474394 云南省曲靖地区畜禽疫病志/2762

010201466 大理白族自治州畜禽疫病志 1949-1989/2869

008453811 甘肃省畜禽疫病志/3029

008845932 青海省畜禽疫病志/3096

008037815 宁夏回族自治区畜禽疫病志 1949-1989/3120

010138126 北京市畜禽疫病志 1949-1989/39

011584715 内蒙古自治区家畜寄生虫概志/377

009253037 宁夏动物寄生虫病志/3121

013090735 北京市郊区家畜家禽疫病志/39

003719211 中国药用动物志/3292

010250655 洛阳地区鹿场志初稿/1691

010730017 黑龙江省药用动物志/649

010146867 浙江绍兴东亚全蝎开发中心志/1050

011479430 徐州蚕桑志/850

009881706 浙江省蚕桑志/970

010278942 嘉兴市蚕桑志/1035

013756867 万县地区蚕桑丝绸志/2371

013756354 潼南县蚕桑志/2388

001920559 中国家蚕品种志/3292

008660419 中国柞蚕品种志/467

009994395 辽宁柞蚕丝绸科学研究所所志初稿/535

013726970 中国农业科学院蜜蜂研究所所志/39

水产、渔业

008042312 辽渔志/502

007366513 舟山渔志/1083

012612852 烟渔志 1996-2000/1489

009818510 中国水产科学研究院志 1978-1997/39

012317323 中国水产科学研究院志 1998-2007/39

009243239 辽宁省淡水水产研究所志 1959-1988/488

013961394 中国水产科学研究院南海水产研究所志 2008-2012/2142

001770555　北京鱼类志/40
008380076　大连水产志/505
010576706　江苏鱼类志/802
008446473　浙江省水产志/970
013731335　绍兴县水产志/1054
009988736　太湖鱼类志/1156
004021546　福建鱼类志/1204
012968125　荆州水产简志/1914
009383717　湖南鱼类志/1976
012898612　湖南省水产科学研究所所志 1959-2009/1986
008453609　广东淡水鱼类志/2130
008990909　广西淡水鱼类志/2276
006046835　湖北省鱼病病原区系图志/1824

工业技术

一般工业技术

009387471　成都市勘测志/2428
013757120　新疆生产建设兵团勘测规划设计研究院史志 1952-2012/3163
012837505　勘测设计院志 1954-2006.2/3170
012140261　山东省特种设备检验研究院志 1978-2008/1417
009159985　南京标准计量管理志/816
011534016　江西省标准计量志/1288
009869562　山东省标准计量志 1930-1989 初稿/1407
009686528　澧县标准计量志/2059
007829293　从化县标准计量志/2160
008063609　佛山市标准计量志/2183
012967993　江门市标准计量志/2200
008414562　自贡市标准计量志/2454
011570040　内江地区标准计量志/2515
013626221　[大理白族自治州]标准计量志/2868
008993264　陇县标准计量志/2971
010292649　湖北省计量志/1824

矿业工程

008427930　煤炭工业部重庆设计研究院志/2368
009890631　煤炭科学研究总院上海分院志/747
010250729　冶金工业部长沙矿冶研究院志/1987
012506408　新汶矿务局机电修配厂志/1537
010278486　沈阳煤矿设计院志 1952-1990/488

石油、天然气工业

013940875　中国近海油气田开发志/3292
013074874　中国油气田开发志华北中国石化油气区油气田卷/119
012663895　中国油气田开发志渤海油气区油气田卷/467
012839349　中国油气田开发志江苏油气区油气田卷/802
013190331　中国油气田开发志江汉油气区油

气田卷/1955

013074875 中国油气田开发志南方（中国石化）油气区油气田卷/2130

013718209 中国油气田开发志延长油气田卷/2993

013344056 中国油气田开发志/3292

013732463 中国油气田开发志综合卷/3292

013190306 中国油气田开发志第1卷 大庆油气区卷/691

014061157 中国油气田开发志第1卷 大庆油气区油气田卷/691

013630093 中国油气田开发志第2卷/3292

013190337 中国油气田开发志第3卷 辽河油气区卷/556

013667058 中国油气田开发志第3卷 辽河油气区油气田卷/556

013190299 中国油气田开发志第4卷 大港油气区卷/100

014061177 中国油气田开发志第4卷 大港油气区油气卷/101

013190325 中国油气田开发志第5卷 冀东油气区卷/119

013630119 中国油气田开发志第5卷 冀东油气区油气田卷/119

013668153 中国油气田开发志第6卷 华北中国石油油气区卷/119

013630124 中国油气田开发志第6卷 华北中国石油油气区油气田卷/119

013190397 中国油气田开发志第7卷 新疆油气区卷/3163

013630132 中国油气田开发志第7卷 新疆油气区油气田卷/3163

013667114 中国油气田开发志第8卷 青海油气区卷/3096

013667151 中国油气田开发志第8卷 青海油气区油气田卷/3096

013190354 中国油气田开发志第9卷 塔里木油气区卷/3200

013630156 中国油气田开发志第9卷 塔里木油气区油气田卷/3200

013667021 中国油气田开发志第10卷 吐哈油气区卷/3163

013630164 中国油气田开发志第10卷 吐哈油气区油气田卷/3163

013190404 中国油气田开发志第11卷 玉门油气区卷/3066

014061174 中国油气田开发志第11卷 玉门油气区油气田卷/3067

013630168 中国油气田开发志第12卷 长庆油气区卷/2943

013705591 中国油气田开发志第13卷 西南中国石油油气区卷/2413

013667091 中国油气田开发志第13卷 西南中国石油油气区油气田卷/2413

013667045 中国油气田开发志第14卷 南方（中国石油）油气区卷/2130

012663902 中国油气田开发志第15卷 胜利油气区卷/1480

013667174 中国油气田开发志第16卷 中原油气区卷/1626

013667177 中国油气田开发志第16卷 中原油气区油气田卷/1626

013667180 中国油气田开发志第17卷 河南油气区卷/1626

013667004 中国油气田开发志第18卷 江汉油气区卷/1955

013667185 中国油气田开发志第19卷 江苏

油气区卷/802

013630188 中国油气田开发志 第20卷/3292

013190388 中国油气田开发志 第21卷 西南（中国石化）油气区卷/2413

013630200 中国油气田开发志 第21卷 西南（中国石化）油气区油气田卷/2413

013667137 中国油气田开发志 第22卷 南方（中国石化）油气区卷/2130

013667161 中国油气田开发志 第22卷 南方（中国石化）油气区油气田卷/2130

013666974 中国油气田开发志 第23卷 西北油气区卷/2936

013667080 中国油气田开发志 第23卷 西北油气区油气田卷/2936

013965374 中国油气田开发志 第24卷 东北油气区卷/467

013630205 中国油气田开发志 第24卷 东北油气区油气田卷/467

013666994 中国油气田开发志 第25卷 华北（中国石化）油气区卷/119

013190343 中国油气田开发志 第27卷 南海东部油气区卷/2130

013683449 中国油气田开发志 第27卷 南海东部油气区油气田卷/2130

013190344 中国油气田开发志 第28卷 南海西部油气区卷/2130

013630208 中国油气田开发志 第28卷 南海西部油气区油气田卷/2130

013190315 中国油气田开发志 第29卷 东海油气区卷/1407

013190401 中国油气田开发志 第30卷 延长油气区卷/2993

013630215 中国油气田开发志 第30卷 延长油气区油气田卷/2993

013190357 中国油气田开发志 第31卷 台湾油气区卷/3292

011890670 孤岛油田开发志 1968-2005/1425

008051779 塔指油气开发志/3200

010252059 燕化研究院志 1971-1991/40

009145217 中国石化北京设计院志 1953-1992/40

010293877 工程技术研究院志 2000-2004/556

009334610 中国石油天然气总公司辽河设计院志/555

013183555 吉化设计院志 1958-1985/599

012636539 中国石油吉林石化公司研究院志/604

011584880 [大庆油田建设]设计院志 1960-1985/691

013011195 [大庆油田建设]设计院志 1996-2009/691

009227535 齐鲁石化公司研究院志/1458

008452403 胜利石油管理局钻井工艺研究院志 1973-1990/1480

008672075 四川石油管理局天然气研究所志/2429

009796904 兰州石化公司石油化工研究院志 1958-2003/3039

013901324 中国石油化工总公司兰州石油化工设计院院志 1958-1981/3040

012545411 西气东输工程志西气东输工程掠影/40

冶金工业

009398308 冶金工业部包头钢铁设计研

究院院志 1957-1987/392

011324974 武汉钢铁公司设计院志 1952-1981/1839

010577543 武建院志 1963.6-2003.6/1839

010198788 湖南省钢铁冶金设计院志 1964-1981/1987

013758746 铜陵有色运输部志 1952-2007/1151

012872310 钢铁研究总院院志 1986-2002/40

010156241 中华铁冶志/3292

010197181 长沙矿冶研究院志/1987

009863873 广州有色金属研究院志 1971-1990/2142

011068395 吉林金属材料志/579

009153927 壮志凌云 北京有色金属研究总院志 1952-1992/40

013926333 湖南有色金属研究所志 1986-1990/1987

008669038 四川省机械研究设计院院志 1957-1985/2430

012638773 四川省机械研究设计院院志 1997-2006/2430

012051833 山东省科学院能源研究所志 1998-2008/1418

009242150 鞍山市锅炉检验研究所志/518

电工技术

010118651 中国电力科学研究院志/40

011312062 中国电力科学研究院志 2001-2005 初稿/40

014052275 天津电力设计院志 1954-2006/88

010200323 内蒙古电力勘测设计院志/380

010201720 华东电力设计院志 1953-2003/747

012139319 江苏省电力设计院志 1991-2002/816

012250927 福建省电力勘测设计院志/1211

012658446 福建省电力勘测设计院志 1990-2002/1211

011995618 福建省电力试验研究院志 1991-2002/1211

009869607 山东电力工程咨询院志 1958-1998/1418

012140254 山东电力工程咨询院志 1958-2008/1418

012049242 恩施州水利电力勘测设计院电力工业志 1956-2005/1944

012505202 湖南省电力试验研究所所志 1991-2000/1987

011311348 广东省电力工业局试验研究所志/2142

009784415 国家电力公司成都勘测设计研究院志 1953-1995/2422

013732389 西南电力设计院志 1961-2011/2430

011294655 国家电力公司贵阳勘测设计研究院志 1958-2002/2637

011998301 水利电力部鲁布革工程管理局志/2738

010779113 陕西省水利电力勘测设计研究院志/2944

008442959 西北电力设计院志 1856-1995/2943

013603439 西北电力设计院志 1996-2005 /2943

009415085 西北勘测设计研究院志 1950-1996/2942

011955736 新疆电力设计院志 1999-2007/3167

013345939 新疆电力设计院志 1999-2007/3167

008543219 新疆维吾尔自治区电力设计院志 1958-1998/3170

012208605 中国电机工程学会会志 1934-2008/40

010776962 铜陵发电厂志/1151

013630428 徐州灯泡厂志 1960-1985/851

012684776 铁道部科学研究院通信信号研究所志 1950.3-1987.12/40

012609830 抚州移动通信志/1368

010280137 山东省计算中心志 1976-2006/1418

012545599 银光志 1979-2009/1563

化学工业

009412531 北京化工研究院志 1958-1996/40

008989676 钧瓷志/1752

013236398 中国钧窑志/1752

013321308 徐州耐火材料厂志 1950-1985/851

009814250 河南省新乡市耐火材料厂志 1958-1981 未定稿/1727

012256671 中国石棉制品工业山东烟台石棉制品总厂厂志 1950-1993/1492

012658561 国家药品监督管理局天津药物研究院院志 1996-2000/88

012658558 国家医药管理局天津药物研究院院志 1955-1990/88

012658559 国家医药管理局天津药物研究院院志 1991-1995/88

013343442 [中国乐凯胶片集团公司研究院]研究所志 1960-1999/185

轻工业、手工业

012998909 迪庆藏族自治州食品药品监督管理志/2902

013660117 陕西中烟工业有限责任公司宝鸡卷烟厂志 1996-2008/2960

011794298 中国皮革工业研究所所志 1959-1999/41

013940879 中国皮革和制鞋工业研究院院志 1959-2009/41

011447183 中国制浆造纸工业研究所所志 1956-1996/50

011571535 中国造纸植物原料志/3293

012956872 镇平玉雕志/1776

012003041 雨花石志/826

012955003 崂山绿石志/1441

011804281 费县奇石志/1570

013145452 苏州刺绣研究所志 1983-1985/884

009310330 河北酒文化志/119

建筑科学

011910335 中国建筑装饰百年图志 1900-2006/3293

012950419 北京建筑志设计资料汇编/41

007895729 南京建筑志/816

010475746 淮阴市建筑志/920

008446228 泰兴建筑志/955

008451094 泉州市建筑志/1245

010292599 新余建筑志送审稿/1323
008299936 新余建筑志/1323
009126045 淄博市建筑志/1455
009147646 桓台县建筑志/1463
009126030 滕州市建筑志/1472
009391098 洛阳建筑志/1684
008424357 安阳市建筑志/1709
011892080 林州市建筑志/1712
008424785 商丘地区建筑志/1782
009383701 湖南省建筑志/1976
012505177 衡阳市建筑志/2022
009383915 岳阳市建筑志/2039
008848011 [湘西土家族苗族自治州]建筑志/2112
008545276 岭南建筑志/2130
008488292 湛江市建筑志/2206
009391051 南宁市建筑志/2278
008539681 桂林市规划建筑志/2298
008424208 重庆建筑志/2362
008671501 攀枝花市建筑志/2459
010144757 泸州市建筑志/2465
008428866 德阳市建筑志/2469
009962439 绵阳市建筑志/2477
011321412 铁道部科学研究院铁道建筑研究所志 1941-1987.12/42
010293526 铁道建筑研究设计院志 1958-1995/18
013731728 太原市建筑设计研究院建院五十年志 1958-2008/259
012955932 山西省第二建筑设计院成立四十周年院志 1970-2010/286
011586241 中国建筑东北设计研究院院志 1952-1995/488
013143640 抚顺市建筑设计研究院志 1952-1992/526
013926309 黑龙江省建筑设计院志 1954-1985/659
011320345 山东省建筑科学研究院史志 1958-1993/1418
012099810 山东省建筑科学研究院史志 1994-2008.06/1418
011329732 中南建筑设计院四十年志 1952-1992/1839
010292976 中国建筑西南设计研究院志 1950-1995/2430
010474455 云南省设计院院志 1952-1993/2738
008672868 中国建筑西北设计研究院志 1952-1996/2944
013797371 中国建筑西北设计研究院志 1997.1-2012.3/2944
012831333 大理白族自治州土木建筑学会志 1979-2009/2869
009388356 四川省建筑设计院院志 1953-1989/2430
009817959 上海名建筑志/747
011499566 青岛优秀建筑志/1436
012141499 永定客家土楼志/1271
009961983 塔尔寺维修志/3099
012132434 北京城建设计研究总院院志简编 1958-2008/41
012889208 北京城市规划图志 1949-2005/41
008827799 北京城市建设开发集团总公司志 1977-1995/41
009018258 东城区规划志/45
008385259 天津市城市规划志/88
011311467 天津市河北区城市建设志/91

012639170 井陉矿区城建志/130
010577357 唐山城市建设志/145
008469080 秦皇岛市城建志 1381-1985/154
008819746 邯郸市城市建设志/161
009124961 保定市城市建设志/185
010731795 侯马市城建志/346
008486196 包头市市政公用志/392
013702925 赤峰市建设志/400
008829256 沈阳城建志 1388-1990/474
009244422 新民规划志/495
013143652 抚顺市市政设施建设志 1884-1985/526
009242342 本溪市南芬区村镇建设志/532
009310658 阜新市城市规划志/546
009244231 绥中城建志/568
012809905 长春市城乡规划设计研究院三十周年院庆院志 1980-2010/589
010469098 吉林市昌邑区城建志/605
010293683 吉林市龙潭区城建志 1986-2002/606
011996712 吉林省白城市城乡建设专业志城乡建设 1996-2000/628
010473943 南岗区城乡规划建设志 1898-1990/660
009797075 鸡西市建设志/680
008275010 上海城市规划志/747
009046544 嘉定建设志/762
012208247 松江规划志/778
007840164 奉贤县建设志/786
011892269 南京城市规划志/816
007988848 南京城镇建设综合开发志/816
013148640 徐州市城乡规划志 1945-1985/851
008446253 常州城市建设志/870
013179342 常州市规划设计院院志 1999-2009/870
013819174 常州市规划设计院志 1989-1999/870
012174091 昆山村镇建设志/902
011890769 海安县建设志 1995-2004/911
013334619 东海县建设志/918
007506842 盐城市建设志/926
008845119 丹阳市建设志/950
009995789 杭州市市政志/983
010278549 温州市城市建设志/1021
013129703 湖州市市政志/1044
013792203 合肥城市规划志至 2009/1125
013186060 萧县城建志/1174
012139292 绩溪县城建志/1190
009839181 福州市台江建设志/1213
007535979 福州市仓山区建设志/1213
008034149 福州市郊区建设志/1215
011473006 福清市规划建设志/1217
013894444 ［南平市］村镇建设志/1263
012139350 江西省城乡规划设计研究院院志 1979-2004/1300
009962101 济南城市建设管理志 1840-1985/1418
012061166 济南市历城区建设志 1976-2006/1421
013141188 东营市城乡规划志/1480
012723982 招远市规划建设管理志 1975-2009/1501
013735505 鱼台县建设志 1949-2008/1531
011757713 费县建设志 1911-2006/1570
013704187 菏泽市城市建设志征求意见稿

/1602
013097900 荥阳市建设志/1661
013689617 新郑市建设志/1665
011566242 开封市城建志/1670
013604237 新乡市城市建设志 586-1985/1727
013731297 商丘市城市建设志/1785
012252749 武汉城市规划志 1980-2000/1839
008835204 武汉市城市规划志/1839
009252730 武汉市市政建设志/1839
008492843 秭归迁城志/1883
010109742 襄樊市城市规划志/1887
013775111 平江县建设志 1985-2003/2049
011292517 益阳市城市建设志/2069
010577038 益阳市建委志 1994-2001/2069
011477137 祁阳县城建志/2088
003035366 佛山市城市建设志/2186
009851759 南海市规划志/2192
012505386 南海市建设志/2192
013707201 肇庆市城市规划建设志至 1995/2213
008595389 南宁市城市规划志/2282
008539683 桂林市城市建设管理志/2298
008596008 河池市城建志/2327
013528993 海口市城建志/2349
009553198 重庆市市中区城市建设志 1840-1990/2369
013987586 成都市灾后城乡住房重建志/2430
012970512 汶川特大地震绵竹灾后重建图志/2473
013010721 西充县规划和建设志 1986-2005/2542

012609893 贵阳市城乡规划志/2637
012139484 六盘水市志城乡规划志/2646
010008306 遵义市城建志 1176-1989/2653
013319933 盘龙区城市建设管理志/2742
013131076 普洱哈尼族彝族自治县建设志/2816
008637961 西安市城建系统志/2944
013626432 高陵县建设志/2951
008993423 安康市建设志/3011
012107773 永登县城镇建设志/3042
008385890 天水城市建设志/3050
013097880 银川市建设志 1949-2005/3125
012638944 山西重点工程大事志 2009/249
013185695 山西重点工程大事志 2010/249
013775199 山西重点工程大事志 2011/249
009962220 榆次市重点工程志 1991.1-1997.9/313
011480439 榆次重点工程志 2001-2006/312
013731630 寿阳重点工程志 2004-2011/317
012696235 北京私家园林志/41
013994021 芜湖市园林工具厂厂志/1131
009553202 重庆市市中区园林绿化志 1840-1985/2369
013991538 四川省成都市园林志/2430
013897882 昆明园林志续集/2738
009839163 北京园林绿化志征求意见稿/41
010730495 北京市宣武区园林绿化志/48
009863274 宣武区园林绿化志长编稿/48
010730410 密云县园林绿化志/71
008661960 南京园林志/816
013795661 无锡园林志/832
010239135 徐州园林志/851
010008907 亭林园志/902
009678936 金华园林志/1063

013961166 烟台园林志 1955-2006/1492

009413027 焦作园林志/1738

013704377 焦作园林志 2003.9-2011.6/1738

013129957 柳州市园林志/2289

009688993 江北县园林志/2379

009126137 昆明园林志/2738

009106509 天坛公园志/34

008949785 香山公园志/41

009331972 中山公园志/44

008869574 北海景山公园志/47

008838954 玉渊潭公园志/57

010197253 湖南烈士公园园志/1985

008542897 银川中山公园志/3125

008442906 中国市政工程设计通志/3293

008527672 北京市市政工程设计研究总院志 1955-1995/41

013936419 天津市市政工程设计研究院简志 1949-2004/88

013959431 太原市市政工程设计研究院志/263

014053061 长春市市政工程设计研究院六十周年院庆院志 1953-2013/589

009414671 中国市政工程西南设计研究院院志 1956.9-1996.9/2430

013511997 ［中国市政工程西北设计研究院］院志 1959-1994/3040

水利工程

009173829 北京水利志稿/42

009145109 朝阳区水利志/50

009959495 丰台区水利志/53

011998276 石景山区水利志/55

009445115 海淀区水利志/56

008444082 门头沟区水利志/57

011442101 通县水利志/61

010007674 顺义县水利志/62

009796898 昌平县水利志/66

009959486 大兴县水利志/68

011441179 平谷县水利志/70

010577346 密云县水利志/71

009890505 天津水利志/88

013072540 天津水利志于桥水库志/89

008828176 天津水利志第1卷 蓟县水利志/103

009890514 天津水利志第2卷 宝坻县水利志/98

008828197 天津水利志第3卷 武清县水利志/98

008533111 天津水利志第4卷 宁河县水利志/101

009890519 天津水利志第5卷 静海县水利志/102

008533130 天津水利志第6卷 塘沽区水利志/101

008828203 天津水利志第7卷 汉沽区水利志/101

008828215 天津水利志第8卷 大港区水利志/101

008828209 天津水利志第9卷 东丽区水利志/92

008533132 天津水利志第10卷 津南区水利志/95

008828205 天津水利志第11卷 西青区水利志/94

008828218 天津水利志第12卷 北辰区水利志/97

008377768 河北省水利志/113

008289638 河北水利大事记/119

009310410 石家庄地区水利志/122
012097651 井陉县水利志/135
008216449 栾城县水利志/137
008379622 新乐县水利志/132
008793891 获鹿县水利志/133
009412674 唐山市水利志/144
012877216 唐山市水利志1987-2006/144
009380929 唐海县水利志/148
009380924 滦南县水利志/150
009380934 迁安县水利志/148
007532441 秦皇岛市水利志/152
010118640 峰峰矿区水利志/162
013334555 大名县水利志/166
008593759 磁县水利志/167
013706864 魏县水利志/170
012506295 武安水利志/163
008793384 内邱县水利志/175
009992171 巨鹿县水利志/177
008793908 新河县水利志/178
010108705 清河县水利志/179
008492880 临西县水利志/180
008793890 南宫县水利志/173
009124852 保定地区水利志/182
009796940 保定市水利志/182
008593761 满城县水利志/190
008593732 清苑县水利志/190
008593767 涞水县水利志/191
008380792 阜平县水利志/191
008793893 徐水县水利志/192
008793896 定兴县水利志/192
008793393 唐县水利志/193
013528912 高阳县水利志/193
013531162 涞源县水利志/194
008844725 安新县水利志/195

008593755 易县水利志/195
008593764 曲阳县水利志/196
008593740 蠡县水利志/196
008839011 顺平县水利志/197
008593743 博野县水利志/197
008192176 涿州市水利志/187
008593770 定州市水利志/188
008793378 安国市水利志/189
011327726 张家口地区水利志/198
008379096 宣化县水利志/201
008793903 张北县水利志/202
012609859 沽源县水利志/203
008793389 尚义县水利志/203
010776978 万全县水利志/205
011995388 赤城县水利志/208
011293527 崇礼县水利志/209
008377403 丰宁水利志/213
010292646 沧州地区水利志/216
008534496 沧县水利志/224
009227206 东光县水利志/225
008486463 海兴县水利志/225
008487347 吴桥县水利志/228
008793905 献县水利志/228
009381021 孟村回族自治县水利志/229
008793900 泊头市水利志/220
008793886 任丘市水利志/221
009240426 黄骅县水利志/222
010278546 南大港农场水利志/222
010108796 中捷友谊农场水利志/222
009412676 廊坊地区水利志/230
008949809 固安县水利志1986-2000/233
008534584 文安县水利志/235
007971341 衡水地区水利志/237
008377859 衡水市水利志/237

008486411 故城县水利志/241	009243293 辽宁省水利学会史志 初稿/467
008486387 阜城县水利志/242	009561054 沈阳市水利志 1986-1992/478
010239176 冀县水利志 初稿/238	012638855 沈阳市水利志 1993-1996/478
013958693 晋祠水利志/263	013145388 沈阳市水利志 1997-2000/478
013958731 黎城县水利志/293	012638861 沈阳市水利志 2001-2005/478
012955067 陵川县水务志/306	013647334 东陵区水利志/493
013129026 高平市水利水保志/302	010278929 于洪区水利志/494
012837798 运城地区水利志/324	012900045 新民县水利志/495
010730417 闻喜水利志/330	009480537 大连市水利志/503
013335406 稷山水利志/332	008536574 鞍山市水利志/515
012847059 大禹渡志/336	009244262 台安县水利志/520
013957427 河津水利志/327	013647583 黑山县水利志/541
010731637 滹沱河灌区水利志/337	011584522 辽阳市水利志/549
013753914 曲沃水利志/347	013730319 盘锦市水利志 1451-1990/556
012837639 翼城水利志/348	011584759 盘山县水利志 1436-1990/558
008193858 洪洞县水利志/351	011500699 铁岭河流志/560
011995770 洪洞县水利志/351	010777244 吉林省水利志/579
012832471 临县水利水保志/364	010735955 长春市郊区水利志/591
010576815 柳林县水利志/365	010776961 双阳县水利志/592
011804523 呼和浩特市郊区水利志/385	011310896 农安县水利志/594
013706392 松山区水利志 评审稿/402	010735968 九台市水利志/592
007685891 喀喇沁旗水利志/406	010776977 榆树县水利志/593
008067692 达拉特旗水利水保志/415	010776969 德惠县水利志/594
013143939 呼伦贝尔水利志 1947-2009/421	010473837 舒兰县水利志/609
012249634 巴彦淖尔市水利志/432	013660329 四平市水利志/611
012832614 内蒙古河套灌区解放闸灌域水利志/433	010776975 双辽县水利志/613
012265374 内蒙古河套灌区永济灌域水利志/432	012871822 白山市水利志 1986-2005/622
012832618 内蒙古河套灌区总干渠水利志/433	013775138 前郭尔罗斯蒙古族自治县水利志/627
009313093 锡林郭勒盟水利志/444	010776957 乾安县水利志/626
007677603 苏尼特右旗水利志/447	010776970 扶余县水利志/625
009392471 阿拉善左旗水利志/450	012967350 白城地区水利志/629
	010777988 延边朝鲜族自治州水利志/632

010110056 敦化市水利志/634
009879601 哈尔滨水利志/655
009310490 黑龙江省木兰县水利志/667
008382996 鸡东县水利志/682
009411538 肇东县水利志/716
008712986 上海水利志/732
007707090 上海县水利志/757
007707085 宝山县水利志/759
009149294 川沙县水利志/768
013628761 南汇水利志/770
009149311 南汇县水利志/768
007707069 金山县水利志/772
008487240 松江县水利志/777
010293913 青浦水利志/781
009387390 青浦县水利志/781
011564539 奉贤水利志/786
013626210 崇明县水利志/787
011430441 崇明县水利续志 1986-2001/787
008665721 南京水利志/808
009338348 江宁县水利志/825
009338376 六合县水利志/826
013862807 溧水县水利志/827
010293544 高淳县水利志/828
010476204 无锡市水利志/832
011955693 无锡市水利志 2001-2005/832
009106720 江阴市水利志/839
009414208 徐州市水利志/845
012505234 贾汪区水利志/852
010292734 铜山县水利志/853
010778585 丰县水利志/858
011875681 沛县水利志 1911-1985/860
008569864 睢宁县水利志/861
012889275 常州水利志/866
010686823 武进水利志/878

013959581 武进水利志 1984-2007/878
013601783 溧阳县水利志/878
008379717 金坛县水利志/879
008842931 苏州水利志/882
008446323 吴江县水利志/890
013686606 张家港市水利志 1986-2008/899
009397507 昆山县水利志/901
013822731 太仓水利志 1034-1988/904
009241645 连云港市水利志/914
009241653 海州区水利志/916
009241654 赣榆县水利志/917
009241598 东海县水利志/918
009241648 灌云县水利志/918
009335646 灌南县水利志/919
010253135 淮阴市水利志/921
010110162 淮阴县水利志/922
009252797 涟水县水利志/922
008446322 金湖县水利志/924
009125592 盐城水利志/926
013145651 响水县水利志/930
013179327 滨海县水利志/930
013183433 阜宁县水利志/931
009413547 射阳县水利志/931
013822688 射阳县水利志 1993-2010/931
012609520 大丰市水利志/929
008661979 大丰县水利志/929
008492839 扬州水利志/936
008817774 邗江县水利志/937
012613261 江都水利志/939
013097872 仪征市水利志 1988-2006/940
008661969 仪征水利志/940
008842942 镇江市水利志/944
009560857 丹徒县水利志/947
009174337 丹阳水利志/949

010730543 扬中水利志/951
013531050 姜堰水利志/953
009105566 兴化水利志/953
010730148 靖江水利志/955
009338420 泰兴水利志/955
013510550 沭阳水利志/957
013067276 泗阳县水利志/958
013145443 泗洪县水利志/958
008532846 浙江省水利志/963
012541645 杭州市水利志/983
008845853 萧山市水利志/990
009996262 桐庐县水利志/1003
013183642 建德市水利志 1980-2005/997
013957732 建德县水利志 860-1985/997
013771904 富阳市水利志/1000
009769275 宁波市水利志 征求意见稿/1007
010147423 镇海县水利志/1011
010009721 鄞县水利志/1011
012769469 鄞州水利志/1012
008450338 象山水利志/1016
008450413 余姚市水利志/1012
013148766 余姚市水利志 1988-2009/1012
009341129 慈溪水利志/1014
012684883 温州市鹿城区水利志/1022
011328689 温州市鹿城区水利志/1022
010730566 永嘉县水利志/1028
008983205 平阳县水利志/1030
008450397 苍南县水利志/1032
008846382 瑞安市水利志/1024
013684467 乐清市水利志/1026
011804725 嘉兴市水利志/1036
012097400 海盐县水利志/1042
008450486 海宁市水利志/1037
010201656 德清县水利志/1046

008450218 长兴县水利志/1046
009790087 安吉县水利志/1047
012613999 绍兴县水利志/1054
008446511 上虞市水利志/1054
013010933 新昌县水利志/1059
011571567 诸暨市水利志 1988-2003/1055
009840508 嵊州市水利志/1057
008446579 金华市水利志/1063
011804741 金华市水利续志 1991 - 2004 /1063
009962500 金华县水利志/1064
013730379 浦江县水利志/1074
011431370 东阳市水利志/1070
009962453 常山县水利志/1080
013730147 开化水利志/1081
009688801 江山市水利志/1079
010730575 舟山市水利志/1083
009020628 温岭市水利志/1092
012613406 莲都区水利志/1100
010476436 松阳县水利志/1105
009996635 云和县水利志/1105
013990885 景宁畲族自治县水利志 讨论稿/1106
012719238 龙泉市水利志/1101
008663550 安徽省水利志 水文志/1114
008663553 合肥市水利志/1121
010474215 肥西县水利志/1127
010193987 芜湖县水利志/1132
013128791 蚌埠市水利志/1135
008663545 淮南市水利志/1139
013045568 和县水利志/1145
012872207 枞阳县水利志/1155
011313040 滁州水利志 1912-1987/1165
013630281 萧县水利志/1174

008663551 六安地区水利志/1177
008663539 六安县水利志/1177
008663559 霍邱县水利志/1179
008663535 舒城县水利志/1180
008663548 霍山县水利志/1181
008663534 涡阳县水利志1949-1981/1182
011890588 东至县水利志/1185
011570977 厦门水利志/1227
009117825 木兰陂水利志/1232
008451099 泉州市水利志/1247
008451089 漳州水利志/1257
013461687 南平市水利志/1263
012208580 政和县水利志/1267
013959584 武夷山水利志/1264
013415323 建瓯市水利志/1264
013066903 宁德市水利志/1274
008692615 江西省水利志/1292
012899170 南昌县水利志/1302
008844709 安义县水利志/1303
013684587 瑞昌县水利志征求意见稿/1316
008430560 余江县水利志/1327
013686527 于都县水利志/1341
008430501 兴国县水利志/1342
008430496 会昌县水利志/1343
008429109 瑞金县水利志/1331
010292126 吉水县水利志/1348
008429250 峡江县水利志/1348
012889173 安福县水利志/1352
013686515 永新县水利志/1352
008421993 奉新县水利志/1361
008300084 宜丰县水利志/1366
013686301 铜鼓县水利志送审稿/1367
009335402 丰城县水利志/1358
010110400 高安市水利志/1360

013681554 抚州地区水利志送审稿/1368
012636903 东乡县水利志/1373
009687499 玉山县水利志/1379
009385299 波阳县水利志/1382
009869351 山东省水利志边界水利问题资料长编送审稿/1407
009869348 山东省水利志部分篇章资料长编征求意见稿/1407
013002447 山东水利志稿/1407
010278713 济南市水利志/1410
013045709 济南市水利志1986-2005/1410
013627968 济南市历城区水利志/1421
010278491 长清县水利志/1421
010112126 济阳县水利志/1425
013509271 商河县水利志/1426
013509274 商河县水利志1991-2005/1426
012545707 章丘市水利志1986-2008/1423
009869344 山东省水利志资料长编青岛部分/1436
012202890 胶州市水利志1993-2003/1444
009414912 即墨市水利志/1446
013659567 莱西市水利志/1450
009881306 淄博市水利志/1455
011955845 沂源县水利志/1464
011320012 枣庄市水利志/1467
008838635 峄城区水利志/1470
008986883 滕州市水利志/1473
009082338 东营市水利志/1480
012898366 东营市水利志2006-2010/1480
013404269 福山区水利志/1495
013344023 诸城市水利志/1509
013681566 高密县水利志/1514
013415310 济宁市水利志/1518
009688203 济宁市任城区水利志/1520

011320270 金乡县水利志/1531	010278692 菏泽地区水利志/1602
008535776 汶上县水利志/1533	010278333 菏泽市水利志/1601
013991361 曲阜水利志/1525	010276027 成武县水利志/1604
013131361 泰安市水利志/1538	010265849 东明县水利志/1607
008986825 东平县水利志/1543	010278917 东明县水利志 1288-1995/1607
012613313 文登水利志/1548	009960098 郑州市水利志初稿/1645
011499260 莒县水利志/1555	013686616 郑州市水利志/1645
011499268 临沂地区水利志/1563	008421547 郑州市郊区水利志篇目征求意见稿 一稿/1659
011499273 临沂市水利志/1563	
013343507 沂南县水利志/1565	013939502 新密市水利志/1663
010275870 沂水县水利志征求意见稿/1567	008421894 新郑市水利志/1664
011499248 苍山县水利志/1568	008424681 偃师市水利志/1694
012832245 莒南县水利志 1989-2006/1571	009796997 安阳市水利志/1709
011499276 蒙阴县水利志/1572	009879575 安阳县水利志/1714
011499264 临沭县水利志/1572	011310733 汤阴县水利志/1716
013221095 德州地区水利志/1576	012541980 浚县水利志/1720
013090956 德州市水利志 1986-2000/1576	012052460 新乡市水利志/1723
013224608 陵县水利志 1986-2005/1581	009864624 新乡县水利志/1730
008452147 齐河县水利志/1584	013627954 辉县水利志/1730
008452435 平原县水利志/1584	010108888 武陟县水利志/1743
011327156 夏津县水利志/1585	010252842 许昌市水利志/1750
013096589 夏津县水利志 1986-2005/1585	013684546 临颍县水利志/1757
011809252 武城县水利志/1585	009240633 三门峡市水利志/1758
012003051 禹城市水利志 1986-2005/1581	008492552 三门峡市湖滨区水利志/1760
010278700 禹城县水利志/1581	012638939 陕县水利志/1766
013684545 聊城地区水利志/1588	009125484 卢氏县水利志/1767
009387154 聊城市水利志/1588	013961197 义马市水利志/1761
011068468 聊城县水利志第二稿/1589	009413785 南阳地区水利志/1769
012679221 东昌府区水利志/1590	013508760 南阳地区水利志水产志/1769
013706970 阳谷县水利志/1591	013508762 南阳地区水利志述要/1769
014050257 莘县水利志征求意见稿/1592	013461703 南阳水利志 1986-2005/1770
011762876 临清市水利志/1591	009813732 商丘地区水利志/1783
012809900 滨州水利志/1597	012955220 民权县水利志/1788
008452373 阳信县水利志/1597	013684634 沈丘县水利志/1803

007534772 太康县水利志/1804
011310744 确山县水利志修改稿/1808
008839939 湖北水利志/1824
011327177 汉阳县水利志/1845
011328116 汉阳县续辑水利志 1986-1992/1845
011325445 黄陂县水利志/1848
009382666 新州县水利志/1849
012175110 新洲县水利志/1849
012837574 阳新县水利志 1986-2005/1856
012613917 十堰市水利志/1864
011296038 宜昌水利志/1874
013939756 远安县水利志 1949-2005/1880
011327130 荆门市水利志/1897
013774279 荆门市水利志 1986-2008/1897
012175598 钟祥水利志/1901
008453156 孝感地区水利志/1904
013865411 孝感市水利志 1990-2007/1905
009685793 监利水利志/1923
009382482 江陵县水利志/1924
012099949 松滋水利志/1920
008450966 黄冈地区水利志/1925
013688775 黄冈市水利志 1991-2010/1927
013861581 湖北省蕲春县水利志 1949-2008/1935
013415292 黄梅县水利志/1936
009407919 咸宁地区水利志/1936
010109655 崇阳县水利志/1939
013141070 崇阳县水利志 1985-2005/1940
009382572 随县水利志/1942
011809311 仙桃水利志/1952
008453180 潜江水利志/1954
008453147 天门水利志/1955
013647642 湖南省水利志/1970

009383900 攸县水利志/2007
008383035 湘潭县水利志/2020
008538667 湘乡水利志/2017
012873041 耒阳水利志/2026
011585316 岳阳市水利志/2041
008416693 华容县水利志/2046
009405912 常德县水利志/2056
009829176 [石门县]水利志/2062
012139529 民主垸水利志/2067
009383654 益阳地区水利志初稿/2067
010199766 益阳市水利志/2067
011793410 湖南省沅江县水利志/2071
011578956 郴州地区水利志/2074
008384879 广东省水利志工程志概述选编/2131
008990627 广州市水利志/2137
012967575 广州市白云区水利志/2152
012872359 广州市白云区水利志 1991-2000/2152
007908348 花县水利志/2157
013606516 增城县水利志/2157
007837740 从化县水利志/2160
009673698 翁源县水利志/2166
008664978 乐昌县水利志/2164
008036690 南雄水利志/2165
010577516 深圳市水利志/2171
008990634 斗门县水利志/2176
007532563 汕头市水利志/2177
007884852 佛山市水利志/2184
009852000 南海市水利志 1979-2002/2192
009332452 南海水利续志 1986-1995/2187
012265397 南海县水利志/2190
008453685 三水县水利志/2194
008834604 高明水利续志 1987-1998/2199

007412377 高明县水利志/2197	010113925 崇庆县水利志/2442
011891005 江门市水利志/2200	011431320 大英水利志/2508
008380143 新会县水利志/2200	010117841 威远县水利志/2517
007677631 开平县水利志/2202	013730171 乐山市水利志/2520
008451938 廉江县水利志/2207	008991826 犍为县水利志 1986-1999/2526
008453704 肇庆水利志/2212	013130992 沐川县水务志 1942-2009/2534
008379668 肇庆市端州区水利志/2213	008421951 南充地区水利志/2536
009378449 封开县水利志/2218	013128818 达州水利志 1949-2006/2559
012998955 高要县水利志/2214	012969417 平昌县水利志 1986-2005/2582
012132473 博罗县水利志/2221	011997247 乐至县水利志 1986-2005/2590
008453659 梅州水利志/2223	007988981 绥阳县水利志/2657
012766216 梅县市水利志/2225	007685459 安顺县水利志/2662
009379553 陆丰县水利志/2230	009310274 赫章县水利志/2673
010730029 漯河水利志/2229	007830795 石阡水利志/2680
011327207 河源县水利志/2231	012689853 兴仁县水利志/2687
008379675 连南瑶族自治县水利志/2236	008597981 雷山县水利志/2701
003055724 中山市水利志/2245	009472100 都匀市水利志/2706
011501608 中山市水利志 1988-2005/2245	013776366 云南省水利志 1978-2005/2726
009310227 揭阳县水利志/2248	012132638 滇池水利志/2738
013686536 云浮市水务志/2256	009388457 昆明市水利志/2738
009439377 云浮县水利志/2256	011473052 官渡区水利志/2745
009839197 新兴县水利志/2259	013226446 西山区水利志/2748
012956628 郁南县水利志/2261	013531090 晋宁县水利志 21-1988/2751
007677698 灵川县水利志/2300	010239069 嵩明县水利志/2754
007685864 兴安县水利志/2301	012173752 东川市水利志/2758
013629485 琼山县水利志/2350	008420920 曲靖地区水利志/2760
012542632 陵水县水利志/2355	010577418 曲靖市水利志/2761
008428060 重庆市水利志/2363	010239171 陆良县水利志/2765
009854386 四川省水利志/2407	010577463 师宗县水利志/2767
010113649 成都市龙泉驿区水利志/2435	013956989 富源县水利志/2769
011444051 新都县水利志/2436	009700569 玉溪地区水利志/2775
011067216 金堂县水利志/2443	013661570 玉溪市水利志/2776
010251787 大邑县水利志/2448	011068402 江川县水利志/2779
008670045 灌县都江堰水利志/2439	011067186 华宁县水利志/2782

013683709 华宁县水利志 1624-2005 送审稿 /2782

013686442 易门县水利志/2784

008836948 峨山彝族自治县水利志/2788

011066981 保山地区水利志/2793

010577314 保山市水利志/2793

013128795 保山市水利志 1978-2005/2793

010244270 施甸县水利志/2797

008539813 腾冲县水利志/2798

011066991 龙陵县水利志/2800

010577376 昌宁县水利志/2801

008426189 鲁甸县水利志/2803

013776042 永胜县水利志/2811

013225480 宁蒗彝族自治县水利志/2813

008426323 思茅地区水利志/2813

013184544 普洱哈尼族彝族自治县水利志/2816

012954947 景东彝族自治县水利志/2819

011067239 双江拉祜族佤族布朗族傣族自治县水利志/2830

012689963 楚雄彝族自治州水利志 1991-2005/2835

010475345 楚雄州水利志/2833

009867323 楚雄市水利志/2836

009840417 双柏县水利志/2837

010577297 元谋县水利志/2840

013379054 武定县水利志/2841

011329721 红河哈尼族彝族自治州水利志/2843

010577456 弥勒县水利志/2848

010577383 建水县水利志/2849

013706915 西双版纳傣族自治州水利志 1978-2005/2862

012661611 勐腊县水利志/2864

008420928 大理白族自治州水利志/2870

011294602 祥云县水利志/2873

012814422 祥云县水利志 1978-2005/2874

013771533 宾川县水利志/2876

010474218 弥渡县水利志/2877

010577362 巍山彝族回族自治县水利志/2884

008539903 永平县水利志/2878

013334550 洱源县水利志/2880

013184362 潞西市水利志/2888

010577547 盈江县水利志/2890

011067145 迪庆藏族自治州水利志/2901

011067687 德钦县水利志/2904

013222175 河曲水利志/2914

008793340 西安市水利志/2944

013402895 长安县水利志/2949

008928884 蓝田县水利志/2949

013415273 户县水利志送审稿/2951

008866649 高陵县水利志/2951

008866660 铜川市水利志/2952

013775740 铜川市水利志/2952

008417637 宝鸡市水利志/2960

013402835 宝鸡市水利志/2960

012096682 扶风县水利志/2966

008993243 陇县水利志/2969

013771888 凤县水利志/2972

009010229 咸阳市水利志/2975

008929145 武功县水利志/2982

013630424 兴平县水利志送审稿/2979

007882087 东雷抽黄志/2984

009045902 渭南市水利志/2983

008845156 渭南市临渭区水利志/2984

013822152 蒲城县水利志/2988

008845151 韩城市水利续志 1986-2000

/2985
008486474 汉中地区水利志/2999
008928874 汉中市水利志/2998
008929133 榆林县水利志/3003
008928959 安康地区水利志/3011
008866648 商洛地区水利志/3014
008866654 丹凤县水利志/3016
008993627 山阳县水利志/3017
011579855 榆中县水利志/3043
008846137 武威市水利志/3054
008453881 民勤县水利志/3056
008453843 张掖地区水利志/3058
013730367 平凉地区水利志/3062
008453856 灵台县水利志/3063
008453866 崇信县水利志/3063
008453880 华亭县水利志/3064
008453895 庄浪县水利志/3064
008453894 静宁县水利志/3065
013688982 陇西县水利志 1949-2009/3074
009994878 湟中水利志/3099
012832081 湟源水务志/3100
013753707 民和水利志/3102
008471191 祁连水利志/3104
009866820 宁夏水利新志/3121
007672683 宁夏水利志/3116
009414078 贺兰县水利志/3129
010292139 灵武县水利志/3127
009392494 平罗县水利志/3132
012051770 平罗县水利志/3132
013940887 中卫县水利志/3141
010779145 海原县水利志/3143
008380265 新疆生产建设兵团水利志/3155
011909988 叶尔羌河流域水利志/3157

013689528 呼图壁河水利志/3193
013064809 库车县水利志/3183
009117641 水利二处志/3209
012873354 农六师水利志/3230
013510605 天津市勘察院志 天津市勘察院建院三十周年纪念 1979-2009/88
010118636 ［水利部东北勘测设计研究院］院志/590
010010010 中南院志 1949-1994/1987
013323321 遵义水利水电勘测设计研究院志 1959-2004/2654
011327732 大荔改水志/2987
009813643 洛阳水利勘测设计院志 1959-1998/1691
009252669 湖北省水利水电勘测设计院院志/1839
012256543 云南省水利水电勘测设计研究院院志 1964-2004/2731
012505225 吉林省水利水电勘测设计研究院院志/590
013316367 江苏省水利测绘志/802
010731787 河南省豫北水利勘测设计院志 1949-2004/1710
011067716 长江水利测绘志/1836
011954519 中国水电顾问集团昆明勘测设计研究院志续编（1）1996-2005/2738
010251366 密云水库志/72
009380897 陡河水库志/145
009412682 邱庄水库志/148
011328459 跃峰渠志/161
007506837 汾河水库志/269
012967548 汾河水库志/269
009106973 漳泽水库志/286
012658550 关河水库志/296

011763370 山西省三门峡库区志 /324
013183498 河套灌区总干渠志 /433
008660847 黄河三盛公水利枢纽工程志 /433
013752468 黄河三盛公水利枢纽工程志 1991-2010 /434
008864811 碧流河水库志 /505
010731627 碧流河水库志 1996-2005 /505
010476185 大伙房水库志 /526
013629656 参窝水库志 /551
012684750 汤河水库志 /551
011578904 柴河水库志 1972-2002 /560
009243648 清河水库志 1958-1995 /561
010735948 共青团水库志 /594
013795539 石头口门水库志 1958-1992 /593
010776964 星星哨水库志 1958-1985 /611
009349856 江都水利枢纽志 /939
012658105 白溪水库志 /1018
010253913 亭下水库志 /1015
009126188 苍南县水利工程志 /1032
012252302 桥墩水库志 /1032
011892010 乐清市中型水库志 /1027
011594602 赋石水库志 /1047
013037935 长诏水库志初稿 /1060
011571311 征天水库志 /1056
011997297 里石门水库志 /1097
012836462 通济堰志 /1100
008663562 董铺水库志 /1125
007981968 安丰塘志 /1178
012506339 响洪甸水库电站志 1986-2008 /1180
013629529 山美水库志 /1248
008424934 袁惠渠志 /1323
008380057 宁都团结水库志 /1338

011441975 安福县社上水库志 /1352
008429116 安福县社上水库志 /1352
009386207 七一水库志 /1379
008665137 青峰岭水库志 /1555
008421051 黄河水利水电工程志 /1647
012813991 黄河小浪底水利枢纽 洛阳移民志 /1691
008421330 洛河故县水库志 /1699
013702858 白龟山水库志 /1702
008358103 红旗渠志 /1713
009699454 白沙水库志 /1752
008427161 黄河三门峡水利枢纽志 /1760
008424674 窄口水库志 /1763
009959867 南湾水库志 /1792
008421957 鲶鱼山水库志 /1795
010142777 黄龙滩房县库区志 /1872
009411528 长渠志 /1891
010731590 漳河水库志 1990-2000 /1899
008453117 渭水水库志 /1914
007677584 白莲河水库志 /1927
008990516 三峡试验坝陆水蒲圻水利枢纽志 /1938
009125521 四邑公堤志 /1938
009250880 龙潭水库志 /2230
010730429 万绿湖美丽志 /2231
011998085 青狮潭水库志 /2298
011804462 合浦水库志 /2311
011443981 武思江水库志 /2315
011478750 武隆县山虎关水库志 /2393
009387505 都江堰东风渠志 /2440
012758790 都江堰人民渠志 /2439
007132412 都江堰志 /2440
009414489 长葫水库志 /2517
008913747 黑龙滩水库志 /2544

008539773 昆明市松华坝水库志/2738	013730132 荆江堤防志/1914
010577335 化念水库志/2788	009252267 '98荆州抗洪志/1914
012954962 ［三门峡］库区图志/2944	013184667 沙市水利堤防志/1917
011295662 陕西省三门峡库区志/2944	009348062 监利堤防志/1923
010777062 冯家山水库志/2960	003399133 江陵堤防志/1924
009790412 冯家山水库志/2961	009864709 '98江陵抗洪志/1924
009840235 石头河水库志/2961	011327183 嘉鱼县堤防志/1939
008488445 泾惠渠志/2979	008402809 东荆河堤防志/1955
008542858 洛惠渠志/3015	009407942 '98岳阳抗洪志/2042
008668145 龙羊峡志/3106	013771510 北江大堤志/2186
010291850 唐徕渠志/3125	012998952 高要县堤防志/2214
012952161 惠农渠志/3129	008839919 荆江分洪工程志/1921
009414202 七星渠志跃进渠志/3134	009045858 山西黄河小北干流志/255
011441110 宁夏青铜峡河东灌区渠道志/3136	012898544 河津治理黄河志/328
012614294 宁夏七星渠志/3142	013002431 山东黄河志/1404
006310070 石门水库建设志/3241	010577315 济南市黄河志/1415
009335569 北部引嫩工程志续卷/691	009147631 东营市黄河志/1482
009147360 北部引嫩工程志1970-2000/691	010010039 德州地区黄河志 1855-1985/1580
012658489 甘肃省水力发电工程学会会志/3040	010112132 聊城地区黄河志/1589
009385451 响洪甸水电站志/1181	013726791 滨州黄河志资料长编1986-2005/1596
010292614 佛子岭水电站志/1181	013897285 菏泽牡丹黄河志 1986-2005/1603
008453092 戊寅公安抗洪志/3293	007311042 河南黄河志/1627
011497869 江宁县抗洪志1991/825	012097417 河南黄河志 1984-2003/1627
009689136 无为大堤志/1126	003901909 黄河大事记/1646
008663537 安徽省淮北大堤志/1147	007683810 黄河防洪志/1646
009385349 赣抚大堤志/1292	007295407 黄河规划志/1646
009814551 河南省驻马店地区"75.8"抗洪志/1806	008421035 黄河河政志/1646
009311438 荆江大堤志/1839	009768488 黄河河政志稿/1646
009252736 武汉堤防志/1839	009045578 黄河勘测志/1646
009125518 粑铺大堤志/1895	008420539 黄河科学研究志/1646
010244198 荆江大堤新志试写稿/1914	009045603 黄河人文志/1646

009889450 郑州黄河志征求意见稿/1647
006434161 郑州黄河志/1647
009414033 中牟黄河志/1668
009413712 开封市黄河志/1677
009045830 开封市郊区黄河志/1678
009189753 兰考黄河志/1680
012661473 灵宝黄河志 1949-2006/1763
008228879 陕西黄河小北干流志/2936
011325457 荆江分洪工程专志初稿/1921
010194725 淮河规划志/1136
011312206 淮河人文志/1136
012999148 淮河水道志 1952 初稿/1136

009442767 淮河治理与开发志/1136
009125559 沂沭泗河道志/1534
011998529 无锡运河志/833
012191933 杭州市中东河综合治理志/983
012898629 怀洪新河志/1136
009254018 漳卫南运河志/1580
010279030 沈阳市浑河河道志 1986-1992/488
013096432 苏州河道志 前514-2000/884
012722330 苕溪运河志/970

交通运输

铁路运输

011327146 铁道部科学研究院金属及化学研究所志 1949.5-1987.12/42
010686871 铁道部科学研究院铁道运输及经济研究所志 1956.9-1987.12/42
008835235 铁道部武汉工程机械研究所志 1979-1996/1840
008487290 铁道部专业设计院志 1957-1994/42
009745136 铁四院志 1953-1993/1840
012252711 铁道部第二工程局机械筑路处志 1964-1995/2431
013131366 铁道部科学研究院西南研究所志 1959.12-1987.12/2430
013961419 中铁二局隧道志/2431
012252713 铁道部科学研究院西北研究所志 1961-1987/3040

013961422 中铁西北科学研究院有限公司院志 1988-2005/3040
011585023 铁道第五勘察设计院志 1996-2006/24
008487280 铁道部第三勘测设计院志 1953-1993/89
009745116 铁道部第二勘测设计院志 1952-1995/2431
009856048 铁道部第一勘测设计院志 1953-1993/3040
012836439 铁道部科学研究院环形铁道试验基地志 1958.1-1987.12/42
010138108 北京电铁通信信号勘测设计院志 1983-1998 送审稿/42
013902031 中铁通信信号勘测设计(北京)有限公司志 1983-2012/21
010278317 沈阳铁路货运志 1894-1990/489

013373684 中国铁路安全志 1876-2011 /3293

公路运输

012052553 云南省公路规划勘察设计院院志 1956-2006/2738

012051915 嵊州桥梁图志 古桥/1058

008453185 月湖桥志/1841

012690190 重庆桥梁志/2368

009399145 四川桥梁图志/2413

007508968 西江汽车维修志/2218

012249969 中国交通建设监理二十年志 1987-2007/42

010110538 江西省公路专用通信史志 1928-2003/1293

013704329 江苏省交通规划设计院院志 1960-2010/817

012139115 福建省交通规划设计院院志续集 1991.1-2003.12/1207

009866609 江西省交通设计院志/1297

013736556 淄博市城市客运管理处志 1987-1997/1458

012998977 广州市交通防火安全委员会交通防火安全志 1949[1972]-2001/2143

水路运输

009880367 泰州船闸志/936

009880372 邵伯船闸志 初稿/939

010201724 华南沿海港口海湾要志/2143

011804188 船舶工艺研究所志 1964-2003/748

013464403 中国救捞志/3293

008534783 上海救捞志/748

013148664 烟台打捞局志 2003.6.28-2008.12.31/1492

007984363 大连海监志/505

008446544 宁波港监志/1009

009383846 益阳港航监督志/2069

013404260 福建海事局志 1999-2010/1212

航空、航天

011500866 中国国际航空股份有限公司志/24

013797366 中国国际航空股份有限公司志 西南分公司卷 1987-2002/2425

011500870 中国航空图志/3293

012663864 中国民用航空志 华北地区卷/24

011501591 中国民用航空志 东北地区卷/482

013323239 中国民用航空志 西南地区卷/2446

012612896 中国民用航空志 新疆卷/3158

013981305 中国民用航空志 中南地区卷/3266

012506675 中国南方航空志/3266

013824978 中国民用航空总局空中交通管理局志/24

011312113 沈阳桃仙国际机场机场志/482

009867440 中国北方航空公司志/482

009154308 大连周水子国际机场志 1973-

2003 /505
010243752 中国北方航空公司朝阳飞行大队志 /563
007679393 上海航空工业志 /730
008569848 上海民用航空志 /735
012554074 浙江航空史志 /963
008298991 江西省民用航空志 /1283

009312480 宁夏民用航空志 /3117
013994126 新疆生产建设兵团航空企业管理局新疆通用航空有限责任公司志 1983-2010 /3225
012249849 东北空管志 /489
010778577 中国民航华东空管志 /735
008712409 上海航天志 /748

环境科学、安全科学

009243815 沈阳环境科学研究所志 1963.6-1993.12 征求意见稿 /489
012096517 大连市环境科学设计研究院三十年院志 /506
012758950 黑龙江省森林与环境科学研究院志研究所时期 1962-2004 /660
009790139 浙江省环境保护科学设计研究院院志 1977-1997 /983
012612915 浙江省环境保护科学设计研究院院志 1977-2007 /983
012661811 山东省环境保护科学研究设计院院志 1978-2008 /1418

环境保护管理

009045524 东城区环境保护志 /45
008486259 昌平县环境保护志 第2卷 /67
008377939 石家庄市环境保护志 /128
012635667 长治县环境保护志 /288
010280427 黎城县城建环保志 /293
013630555 阳城县环境保护志 /305
011571263 泽州环境保护志 /307
011792970 闻喜环境保护志 /331
010293928 河津环境保护志 /328

013647600 侯马市环保志 /346
008828594 汾阳环保志 /361
009349621 包头环境保护志 /392
013179263 敖汉旗城乡建设环境保护志 /406
009840159 辽宁省环境保护志 /467
009243481 旅大环境志 /506
008536770 鞍山市环境保护志 /518
010011519 抚顺市环境保护志 /526
013508433 锦州市环境污染志 /539
011995605 方正县建设环境保护志 1947-2007 /665
013184418 讷河县环境保护志 /676
008382912 上海环境保护志 /748
013628758 南汇环境保护志 /770
012898987 江宁区环境保护志 /825
011917957 海门市环境保护志 /909
013630486 盐城市环境保护志 /926
009996208 浙江省环境保护志 /970
008051486 温州市环境保护志 /1021
011293557 安徽省环境保护志 /1118
009767682 芜湖市环境保护志 /1131

012719349 罗源县环境保护志/1223	008662153 桂林市环境保护志 1991-1995 /2298
008298998 江西省环境保护志/1293	008430568 重庆环境保护志/2368
008429184 樟树市城乡建设环境保护志/1359	008671498 攀枝花市环境保护志 1965-1985 /2462
013461900 青岛市环境保护志/1436	010201331 绵阳市环境保护志/2481
011996890 垦利县环境保护志 1978-2006 /1484	008670066 广元县城乡建设环保志/2493
012139440 利津县环境保护志 1984-2006 /1485	013771537 苍溪县城乡建设环境保护志/2501
012899808 潍坊市环境保护志/1506	010476144 大英规划·建设·城管·环保志/2509
009348697 郑州环境保护志/1647	013601821 内江市环境保护志/2515
007685396 新郑市环境志/1665	008422003 西充县城乡建设环境保护志/2542
011909960 偃师市建设环保志/1694	013140874 巴中市环境保护志 1979-2006 /2576
009819197 灵宝市环境保护志/1763	
009413833 遂平县环境保护志/1810	013604584 玉溪市城乡建设环境保护志/2776
007677590 湖北省环境保护志/1824	
006806563 武汉环境志/1840	008836432 峨山彝族自治县城乡建社环境保护志/2788
009335316 鄂州市环境保护志初稿/1895	
012266032 潜江市环境保护志/1955	008664956 西双版纳傣族自治州城乡建设环境保护志/2861
009686291 湖南省茶陵县环境保护志/2010	
007988922 醴陵环境保护志 1993/2005	013343363 祥云县城乡建设环境保护志/2874
011328746 [大庸市永定区]环境保护志/2064	013628770 怒江州城乡建设环境保护志/2892
011292486 益阳市环境保护志/2070	012836065 怒江傈僳族自治州首府——六库镇城乡建设环境保护志 1909-1990 /2895
013956861 番禺市环境保护志 1973-2000 /2155	
012507353 珠海市环境保护志/2176	009106179 铜川市环境保护志/2953
003034858 佛山市环境保护志/2187	012541627 韩城市环境保护志 1973-2006 /2985
008453723 肇庆环境保护志/2213	
009346503 梅县环境保护志/2225	009557527 城乡建设环境保护志/3055
006361881 梅县市城乡建设环保志/2225	013899426 石嘴山市环境保护志/3131
008453672 中山市环境保护志/2245	
009234457 云浮市环境保护志/2256	

009675799 盐池县生态建设志 /3137

011479337 新疆生产建设兵团建设环保志 /3164

012052041 乌鲁木齐市环境保护志 /3170

灾害及其防治

012096505 赤峰灾害志 /400

010376864 辽宁古代自然灾害 237-1840 /467

009389837 浙江灾异简志 /970

012174146 临澧县灾害志 送审稿 /2059

012051653 临澧县灾害志 1729-2008 /2059

010201386 绵阳市自然灾害志 /2481

009253924 青川县土特产灾害志 /2498

环境质量评价与环境监测

013702850 鞍山市环境监测中心站志 1974-1994 /518

013772828 湖南省环境监测中心站站志 1975-2010 /1987

安全科学

013704392 九江市安全生产监督管理局局志 2002-2012 /1314

011321393 潼南县安全生产监督管理志 /2388

011294802 大英安全生产志 /2509

综合性图书

013991347 秦淮著作志 /817

012266350 苏州当代艺文志 /885

009854036 苏州民国艺文志 /885

013175972 吴江艺文志 /891

009061187 鹰潭市著作志 /1325

012638854 河南省社会科学著述志 1986-2000 /1627

011496995 东西湖区专志艺文志 /1843

011909148 襄樊著述志 /1887

006176127 番禺县书目志 /2155

012638940 陕西师范大学著作志 /2944

011586311 中国医籍志 /3287

007505384 河北地方志提要 /119

010731634 临汾经籍志 /345

011432937 江苏艺文志 徐州卷 连云港卷 /851

011476891 江苏艺文志 南通卷 /906

011476894 江苏艺文志 盐城卷 淮阳卷 /927

013628052 连云港艺文志 /913

008067438 贵州省水利艺文志 /2627

008488270 玉溪方志提要 /2776

012680219 剑川县艺文志 /2881